中国大宗与专营商品流通体系规划与建设政策文献汇编（第十四辑）

北京物资学院　北京现代物流研究基地　资助出版

我国中成药与中药材流通体系规划与建设

孙前进　曾　渝　主编

中国财富出版社

图书在版编目（CIP）数据

我国中成药与中药材流通体系规划与建设/孙前进，曾渝主编．—北京：中国财富出版社，2014.12

（中国大宗与专营商品流通体系规划与建设政策文献汇编）

ISBN 978-7-5047-5490-5

Ⅰ.①我…　Ⅱ.①孙…②曾…　Ⅲ.①中成药—商品流通—流通体系—经济规划—中国②中药材—商品流通—流通体系—经济规划—中国　Ⅳ.①F724.73

中国版本图书馆CIP数据核字（2014）第278250号

策划编辑　葛晓雯　　**责任印制**　何崇杭
责任编辑　葛晓雯　　**责任校对**　梁　凡

出版发行　中国财富出版社
社　　址　北京市丰台区南四环西路188号5区20楼　　**邮政编码**　100070
电　　话　010-52227568（发行部）　　010-52227588转307（总编室）
　　　　　　010-68589540（读者服务部）　　010-52227588转305（质检部）
网　　址　http://www.cfpress.com.cn
经　　销　新华书店
印　　刷　北京京都六环印刷厂
书　　号　ISBN 978-7-5047-5490-5/F·2283
开　　本　710mm×1000mm　1/16　　**版　　次**　2014年12月第1版
印　　张　39　　**印　　次**　2014年12月第1次印刷
字　　数　808千字　　**定　　价**　120.00元

前　言

本书《我国中成药与中药材流通体系规划与建设》是《中国大宗与专营商品流通体系规划与建设政策文献汇编》第十四辑，主要包括国务院、国务院办公厅、国家中医药管理局、商务部、国家卫生和计划委员会、国家药品食品监督管理总局等制定发布的，促进中医药发展、中医药发展规划、中药材管理、中药材市场、流通追溯体系等相关方面的政策文件、发展规划及重要文献资料。

中医药是我国医学科学的特色，也是我国优秀传统文化的重要组成部分，不仅为中华文明的发展做出了重要贡献，而且对世界文明的进步产生了积极的影响。

2014 年 12 月，商务部办公厅印发了《关于加快推进中药材现代物流体系建设指导意见的通知》(商办秩函〔2014〕809 号)。《通知》明确了到 2020 年初步形成采收、产地加工、包装、仓储和运输一体化的中药材现代物流体系的总体目标，提出了六项主要任务：一是建设中药材产业加工基地；二是规范中药材包装；三是建设集中仓储配送网络；四是推广应用现代物流管理与技术；五是完善中药材专业市场的配套物流服务功能；六是做强做大中药材仓储物流企业。

2003 年 4 月 7 日，《中华人民共和国中医药条例》公布，自 2003 年 10 月 1 日起施行。《条例》规定：国家保护、扶持、发展中医药事业，实行中西医并重的方针，鼓励中西医相互学习、相互补充、共同提高，推动中医、西医两种医学体系的有机结合，全面发展我国中医药事业。发展中医药事业应当遵循继承与创新相结合的原则，保持和发扬中医药特色和优势，积极利用现代科学技术，促进中医药理论和实践的发展，推进中医药现代化。

2009 年 4 月 21 日，国务院发布《关于扶持和促进中医药事业发展的若干意见》(国发〔2009〕22 号)。发展的基本原则为：坚持中西医并重，把中医药与西医药摆在同等重要的位置；坚持继承与创新的辩证统一，既要保持特色优势又要积极利用现代科技；坚持中医与西医相互取长补短、发挥各自优势，促进中西医结合；坚持统筹兼顾，推进中医药医疗、保健、科研、教育、产业、文化全面发展；坚持发挥政府扶持作用，动员各方面力量共同促进中医药事业发展。

2011 年 12 月 28 日，国家中医药管理局公布《关于印发中医药事业发展“十二五”规划的通知》(国中医药规财发〔2011〕49 号)。《通知》强调：中医药服务贸易是我国特有的、具有巨大发展潜力的新兴产业，抓住经济结构调整和外贸增长方式转变的机遇，进一步开展中医药服务贸易发展战略研究，制定和推广一批中医药服务贸易相关标准。建立一支中医药服务贸易人才队伍。培育中医药服务贸易产业，扶持和促进中医药服务贸易发展。

2012 年 3 月 5 日，商务部等十四部门《关于促进中医药服务贸易发展的若干意见》（商服贸发〔2012〕64 号）公布。总体目标确定为：用五年左右的时间，建立完善的中医药服务贸易管理体制，基本建立起以国际市场需求为导向的中医药服务贸易促进体系和国际营销体系。制订促进中医药服务贸易的政策法规，完善技术性贸易措施，建立中医药服务标准，并力争取得国际共识。积极开展中医药服务贸易人才相关法律法规政策和业务培训，培养壮大中医药服务贸易人才队伍。建设境内外中医药服务贸易示范机构，加强中医药服务贸易的宣传和推广。通过重点扶持、分类指导，打造一批具有国际影响力的知名品牌，培育一批中医药服务贸易骨干企业，扶持大型中医药服务贸易企业，为组建集团打好基础。统筹规划国际市场布局，大力推动中医药服务贸易企业“走出去”，不断提高中医药服务出口的质量、档次和附加值，促进中医药服务出口的全面增长。

为了全面而系统地了解与掌握我国大宗与专营商品的流通体系建设过程，更好地推进我国流通业的健康发展，忠实地记录其历史发展足迹，我们挑选了十九种大宗与专营商品，策划编撰了这套《中国大宗与专营商品流通体系规划与建设政策文献汇编》系列丛书。丛书主要收录了国务院及相关部委、地方政府、行业协会所公开发布与公布的，与物流业相关的政策法规、专项规划等重要文献，旨在对从事流通政策制定、学术研究、专业教学的专家、学者、教师以及从事企业管理与实践的广大相关人士提供一部具有参考与收藏价值的历史文献丛书。

本书所使用资料来自于文献原件、政府公报、正式报刊、政府网站等公开的正式发行物与媒体。尽管在资料的收集、整理、编排过程中，我们一再对所用资料进行了认真的反复查阅与校对，但因各种原因，可能会出现这样或那样的疏漏与差错，敬请读者谅解。本丛书主要供使用者作为研究参考资料使用，若用于处理正式公务或资料引用时，请以发文单位的原件为准。为了节省篇幅，对于一部分文献中诸如表格之类的附件，我们做了删略处理，一般用“（略）”表示，敬请原发文单位与读者理解。

北京物资学院商学院孙静老师、海南医学院管理学院雷丽华老师自始至终参与了本书编写的全过程，为本书的资料查找、文字整理、校对付出了辛勤的劳动；中国财富出版社供应链与物流技术编辑室的相关编辑给与了许多中肯的建议与大力支持，在此一并向他们表示深深地感谢。

由于编者学术功力有限，自知存在许多不足与遗憾，请使用者谅解、补充与完善。

编　者

二〇一四年十二月

目　录

一　中医药行政

二　促进中医药发展

三　药品管理

四　药品流通

五　中医药重点工作

六　中医药事业发展规划

七　中药材管理

八　中药材市场

九　中医药信息化建设

十　中药注射剂

十一　中药材生产

十二　中医药标准化

十三　中医药服务

十四　中医药服务贸易

十五　中医医院建设

十六　中药材流通追溯体系

十七　重点品种流通分析报告

十八　中医药统计

十九　附　　录

一　中医药行政

001

国务院办公厅关于印发国家中医药管理局主要职责内设机构和人员编制规定的通知

国办发〔2009〕17号

各省、自治区、直辖市人民政府，国务院各部委、各直属机构：

《国家中医药管理局主要职责内设机构和人员编制规定》已经国务院批准，现予印发。

国务院办公厅

二〇〇九年三月二日

国家中医药管理局主要职责内设机构和人员编制规定

国务院办公厅

2009年3月2日

根据《国务院关于部委管理的国家局设置的通知》（国发〔2008〕12号），设立国家中医药管理局（副部级），为卫生部管理的国家局。

一、职责调整

（一）取消已由国务院公布取消的行政审批事项。

（二）加强促进中医药和民族医药事业发展、继承和发展中医药文化职责。

（三）加强中医药人才培养、中医药师承教育职责，提高农村和城市社区中医药人员的职业素质和技术水平。

二、主要职责

（一）拟订中医药和民族医药事业发展的战略、规划、政策和相关标准，起草有关法律法规和部门规章草案，参与国家重大中医药项目的规划和组织实施。

（二）承担中医医疗、预防、保健、康复及临床用药等的监督管理责任。规划、指导和协调中医医疗、科研机构的结构布局及其运行机制的改革。拟订各类中医医疗、保健等机构管理规范和技术标准并监督执行。

（三）负责监督和协调医疗、研究机构的中西医结合工作，拟订有关管理规范和技术标准。

（四）负责指导民族医药的理论、医术、药物的发掘、整理、总结和提高工作，拟订民族医医疗机构管理规范和技术标准并监督执行。

（五）组织开展中药资源普查，促进中药资源的保护、开发和合理利用，参与制定中药产业发展规划、产业政策和中医药的扶持政策，参与国家基本药物制度建设。

（六）组织拟订中医药人才发展规划，会同有关部门拟订中医药专业技术人员资格标准并组织实施。会同有关部门组织开展中医药师承教育、毕业后教育、继续教育和相关人才培训工作，参与指导中医药教育教学改革，参与拟订各级各类中医药教育发展规划。

（七）拟订和组织实施中医药科学研究、技术开发规划，指导中医药科研条件和能力建设，管理国家重点中医药科研项目，促进中医药科技成果的转化、应用和推广。

（八）承担保护濒临消亡的中医诊疗技术和中药生产加工技术的责任，组织开展对中医古籍的整理研究和中医药文化的继承发展，提出保护中医非物质文化遗产的建议，推动中医药防病治病知识普及。

（九）组织开展中医药国际推广、应用和传播工作，开展中医药国际交流合作和与港澳台的中医药合作。

（十）承办国务院及卫生部交办的其他事项。

三、内设机构

根据上述职责，国家中医药管理局设 7 个内设机构（副司局级）：

（一）办公室

负责文电、会务、机要、档案等机关日常运转工作以及安全保密、政务公开、来信来访、新闻发布、信息统计等工作；承担继承和发展中医药文化的有关工作；承办中医药工作部际协调机制的有关具体工作。

（二）人事教育司

拟订中医药人才发展规划，拟订中医药专业技术人员资格标准并组织实施；按照管理权限负责机关及直属事业单位的人事工作；承办中医药师承教育、毕业后教育、继续教育和相关人才培训的组织和指导工作；承办参与指导中医药教育教学改革和参与拟订各级各类中医药教育发展规划的有关工作；负责机关离退休干部工作。

（三）规划财务司

起草中医药事业中长期发展规划；承办部门预、决算和财务、资产管理的有关工作；管理有关重点项目；组织开展中药资源的普查，促进中药资源的保护、开发和合理利用；承办参与拟订中药产业发展规划和产业政策的有关工作。

（四）政策法规与监督司

起草中医药相关法律法规和部门规章草案；承办机关有关规范性文件的合法性审核工作；承办有关行政复议、行政应诉工作；组织拟订有关中医药标准；承办中医医疗机构、医疗服务的监管工作；规范中医医疗服务秩序，督办重大中医医疗违法案件。

（五）医政司（中西医结合与民族医药司）

拟订中医药防治重大疾病规划并组织实施；指导和组织实施农村卫生、社区卫生服务中的中医药工作；拟订中医、中西医结合、民族医医疗和保健机构及其技术应用的管理规范、标准并组织实施，对其他医疗机构的中医业务进行指导；拟订中医医疗、保健等人员的执业资格标准、服务规范并监督实施；承办参与拟订国家基本药物目录的有关工作。

（六）科技司

拟订和组织实施中医药科学研究、技术开发规划；指导中医药科研条件和科技能力建设，组织实施中医药重点科研项目，促进中医药科技成果的转化、应用和推广。

（七）国际合作司（港澳台办公室）

拟订中医药国际交流合作规划；承办政府间的中医药多双边交流合作工作；开展与有关国际组织在传统医药领域的交流合作；承办与港澳台的中医药交流合作工作。

机关党委负责机关和在京直属单位的党群工作。

四、人员编制

国家中医药管理局机关行政编制为 76 名（含两委人员编制 1 名、援派机动编制 2 名、离退休干部工作人员编制 3 名）。其中：局长 1 名、副局长 4 名，正副司长职数 22 名（含机关党委专职副书记 1 名）。

五、其他事项

所属事业单位的设置、职责和编制事项另行规定。

六、附　　则

本规定由中央机构编制委员会办公室负责解释，其调整由中央机构编制委员会办公室按规定程序办理。

002

国务院办公厅关于印发国家食品药品监督管理局主要职责内设机构和人员编制规定的通知

国办发〔2008〕100号

各省、自治区、直辖市人民政府，国务院各部委、各直属机构：

《国家食品药品监督管理局主要职责内设机构和人员编制规定》已经国务院批准，现予印发。

国务院办公厅

二〇〇八年七月十日

国家食品药品监督管理局主要职责内设机构和人员编制规定

国务院办公厅

2008年7月10日

根据《国务院关于部委管理的国家局设置的通知》（国发〔2008〕12号），设立国家食品药品监督管理局（副部级），为卫生部管理的国家局。

一、职责调整

（一）取消已由国务院公布取消的行政审批事项。

（二）将药品、医疗器械等技术审评工作交给事业单位。

（三）将综合协调食品安全、组织查处食品安全重大事故的职责划给卫生部。

（四）将卫生部食品卫生许可，餐饮业、食堂等消费环节（以下简称消费环节）食品安全监管和保健食品、化妆品卫生监督管理的职责，划入国家食品药品监督管理局。

二、主要职责

（一）制定药品、医疗器械、化妆品和消费环节食品安全监督管理的政策、规划并监督实施，参与起草相关法律法规和部门规章草案。

（二）负责消费环节食品卫生许可和食品安全监督管理。

（三）制定消费环节食品安全管理规范并监督实施，开展消费环节食品安全状况调查和监测工作，发布与消费环节食品安全监管有关的信息。

（四）负责化妆品卫生许可、卫生监督管理和有关化妆品的审批工作。

（五）负责药品、医疗器械行政监督和技术监督，负责制定药品和医疗器械研制、生产、流通、使用方面的质量管理规范并监督实施。

（六）负责药品、医疗器械注册和监督管理，拟订国家药品、医疗器械标准并监督实施，组织开展药品不良反应和医疗器械不良事件监测，负责药品、医疗器械再评价和淘汰，参与制定国家基本药物目录，配合有关部门实施国家基本药物制度，组织实施处方药和非处方药分类管理制度。

（七）负责制定中药、民族药监督管理规范并组织实施，拟订中药、民族药质量标准，组织制定中药材生产质量管理规范、中药饮片炮制规范并监督实施，组织实施中药品种保护制度。

（八）监督管理药品、医疗器械质量安全，监督管理放射性药品、麻醉药品、毒性药品及精神药品，发布药品、医疗器械质量安全信息。

（九）组织查处消费环节食品安全和药品、医疗器械、化妆品等的研制、生产、流通、使用方面的违法行为。

（十）指导地方食品药品有关方面的监督管理、应急、稽查和信息化建设工作。

（十一）拟订并完善执业药师资格准入制度，指导监督执业药师注册工作。

（十二）开展与食品药品监督管理有关的国际交流与合作。

（十三）承办国务院及卫生部交办的其他事项。

三、内设机构

根据上述职责，国家食品药品监督管理局设10个内设机构（副司局级）：

（一）办公室（规划财务司）

负责文电、会务、机要、档案等机关日常运转工作以及安全保密、政务公开、来信来访、统计管理等工作；拟订局机关和直属单位规划、财务管理制度并组织实施；承担本系统行政事业性收费的监督管理工作，指导本系统信息化建设。

（二）政策法规司

参与起草食品药品监督管理的有关法律法规和部门规章草案；承担行政执法监督工作；承担有关行政复议、行政应诉和听证等工作；承担有关新闻发布等工作。

（三）食品许可司

承担食品、化妆品卫生许可管理工作；拟订实施食品、化妆品卫生许可的有关规范；拟订化妆品卫生标准和技术规范；依法承担化妆品新原料使用、国产特殊用途化妆品生产和化妆品首次进口等的审批工作。

（四）食品安全监管司

承担消费环节食品安全监督管理工作；拟订消费环节食品安全管理规范并监督实施，承担消费环节食品安全状况调查和监测工作，发布与消费环节食品安全监管有关的信息；依法承担有关化妆品安全性评审工作；承担化妆品卫生监督管理工作。

（五）药品注册司（中药民族药监管司）

组织拟订国家药品标准、直接接触药品的包装材料和容器产品目录、药用要求及标准并负责注册；拟订中药饮片炮制规范并监督实施；拟订非处方药物目录；组织拟订药物非临床研究、药物临床试验质量管理规范并监督实施；实施中药品种保护制度。

（六）医疗器械监管司

组织拟订国家医疗器械标准并监督实施；拟订医疗器械分类管理目录；承担医疗器械的注册和监督管理工作；拟订医疗器械临床试验、生产、经营质量管理规范并监督实施；承担医疗器械生产、经营许可的监督工作；组织开展医疗器械不良事件监测、再评价和淘汰工作。

（七）药品安全监管司

拟订中药材生产和药品生产、经营以及医疗机构制剂等质量管理规范并监督实施；参与拟订国家基本药物目录；组织实施药品分类管理制度；承担放射性药品、麻醉药品、毒性药品及精神药品、药品类易制毒化学品等监督管理工作；承担药品生产、经营及医疗机构制剂配制等许可的监督工作；组织开展药品不良反应监测、再评价和淘汰工作。

（八）稽查局

拟订消费环节食品安全、药品、医疗器械、化妆品监督管理稽查制度并组织实施；承担中药材市场监管工作；指导和监督地方有关方面的稽查执法、应急管理、广告审批、产品召回和案件查处工作；组织查处有关方面的违法行为。

（九）人事司

承担机关和直属单位的人事管理工作；拟订并完善执业药师资格准入制度，监督和指导执业药师注册工作。

（十）国际合作司（港澳台办公室）

组织开展食品药品监督管理的国际交流与合作；承担与港澳台的食品药品监督管理的交流与合作工作。

机关党委负责机关和在京直属单位的党群工作。

离退休干部局负责机关离退休干部工作，指导直属单位的离退休干部工作。

四、人员编制

国家食品药品监督管理局机关行政编制为197名（含两委人员编制2名、援派机动编制2名、离退休干部工作人员编制20名）。其中：局长1名、副局长4名，正副司长职数41名（含机关党委专职副书记1名、国家食品药品稽查专员7名），离退休干部局领导职数2名。

五、其他事项

（一）保健食品的监督管理由国家食品药品监督管理局负责，法律法规另有规定的从其规定。

（二）食品生产、流通、消费环节许可工作监督管理的职责分工。卫生部负责提出食品生产、流通环节的卫生规范和条件，纳入食品生产、流通许可的条件。国家食品药品监督管理局负责餐饮业、食堂等消费环节食品卫生许可的监督管理。国家质量监督检验检疫总局负责食品生产环节许可的监督管理。国家工商行政管理总局负责食品流通环节许可的监督管理。不再发放食品生产、流通环节的卫生许可证。

（三）由卫生部会同国家食品药品监督管理局适时推进食品安全监管队伍整合。

（四）所属事业单位的设置、职责和编制事项另行规定。

六、附　　则

本规定由中央机构编制委员会办公室负责解释，其调整由中央机构编制委员会办公室按规定程序办理。

二 促进中医药发展

003

国务院关于扶持和促进中医药事业发展的若干意见

国发〔2009〕22号

各省、自治区、直辖市人民政府，国务院各部委、各直属机构：

中医药（民族医药）是我国各族人民在几千年生产生活实践和与疾病做斗争中逐步形成并不断丰富发展的医学科学，为中华民族繁衍昌盛做出了重要贡献，对世界文明进步产生了积极影响。新中国成立特别是改革开放以来，党中央、国务院高度重视中医药工作，中医药事业取得了显著成就。但也要清醒地看到，当前中医药事业发展还面临不少问题，不能适应人民群众日益增长的健康需求。《中共中央国务院关于深化医药卫生体制改革的意见》（中发〔2009〕6号）提出，要坚持中西医并重的方针，充分发挥中医药作用。为进一步扶持和促进中医药事业发展，落实医药卫生体制改革任务，现提出以下意见：

一、充分认识扶持和促进中医药事业发展的重要性和紧迫性

长期以来，中医药和西医药互相补充、协调发展，共同担负着维护和增进人民健康的任务，这是我国医药卫生事业的重要特征和显著优势。中医药临床疗效确切、预防保健作用独特、治疗方式灵活、费用比较低廉，特别是随着健康观念变化和医学模式转变，中医药越来越显示出独特优势。中医药作为中华民族的瑰宝，蕴含着丰富的哲学思想和人文精神，是我国文化软实力的重要体现。扶持和促进中医药事业发展，对于深化医药卫生体制改革、提高人民群众健康水平、弘扬中华文化、促进经济发展和社会和谐，都具有十分重要的意义。

随着经济全球化、科技进步和现代医学的快速发展，我国中医药发展环境发生了深刻变化，面临许多新情况、新问题。中医药特色优势逐渐淡化，服务领域趋于萎缩；老中医药专家很多学术思想和经验得不到传承，一些特色诊疗技术、方法濒临失传，中医药理论和技术方法创新不足；中医中药发展不协调，野生中药资源破坏严重；中医药发展基础条件差，人才匮乏。各地区、各有关部门要充分认识扶持和促进中医药事业发展的重要性和紧迫性，采取有效措施，全面加强

中医药工作，开创中医药事业持续健康发展新局面。

二、发展中医药事业的指导思想和基本原则

（一）指导思想。坚持以邓小平理论和“三个代表”重要思想为指导，全面贯彻落实科学发展观，把满足人民群众对中医药服务的需求作为中医药工作的出发点。遵循中医药发展规律，保持和发扬中医药特色优势，推动继承与创新，丰富和发展中医药理论与实践，促进中医中药协调发展，为提高全民健康水平服务。

（二）基本原则。坚持中西医并重，把中医药与西医药摆在同等重要的位置；坚持继承与创新的辩证统一，既要保持特色优势又要积极利用现代科技；坚持中医与西医相互取长补短、发挥各自优势，促进中西医结合；坚持统筹兼顾，推进中医药医疗、保健、科研、教育、产业、文化全面发展；坚持发挥政府扶持作用，动员各方面力量共同促进中医药事业发展。

三、发展中医医疗和预防保健服务

（一）加强中医医疗服务体系建设。县级以上地方人民政府要在区域卫生规划中合理规划和配置中医医疗机构（包括中西医结合和民族医医疗机构）。大力加强综合医院、乡镇卫生院和社区卫生服务中心的中医科室建设，积极发展社区卫生服务站、村卫生室的中医药服务。在其他医疗卫生机构中积极推广使用中医药适宜技术。通过中央和地方共同努力，进一步加大公立中医医院的改造建设力度，有条件的县以上综合医院和乡镇卫生院、社区卫生服务中心都要设置中医科和中药房，配备中医药专业技术人员、基本中医诊疗设备和必备中药，基本实现每个社区卫生服务站、村卫生室都能够提供中医药服务。加强中医医疗机构服务能力建设，研究制订中医诊疗常规、出入院标准、用药指南、临床诊疗路径、医疗服务质量评价标准等技术标准和规范，促进中医医疗机构因病施治、规范诊疗、合理用药，提高医疗服务质量。培育、培养一批名院、名科、名医。推动中医药进乡村、进社区、进家庭。

积极促进非公立中医医疗机构发展，形成投资主体多元化、投资方式多样化的办医格局。鼓励有资质的中医专业技术人员特别是名老中医开办中医诊所或个体行医，允许符合条件的药品零售企业举办中医坐堂医诊所。非公立中医医疗机构在医保定点、科研立项、职称评定和继续教育等方面，与公立中医医疗机构享受同等待遇，对其在服务准入、监督管理等方面一视同仁。

（二）积极发展中医预防保健服务。充分发挥中医预防保健特色优势，将中医药服务纳入公共卫生服务项目，在疾病预防与控制中积极运用中医药方法和技术。推动中医医院和基层医疗卫生机构开展中医预防保健服务。鼓励社会力量投

资兴办中医预防保健服务机构。制定中医预防保健服务机构、人员准入条件和服务规范，加强引导和管理。

四、推进中医药继承与创新

（一）做好中医药继承工作。开展中医药古籍普查登记，建立综合信息数据库和珍贵古籍名录，加强整理、出版、研究和利用。整理历代医家医案，研究其学术思想、技术方法和诊疗经验，总结中医药学重大学术创新规律。依托现有中医药机构设立一批当代名老中医药专家学术研究室，系统研究其学术思想、临证经验和技术专长。整理研究传统中药制药技术和经验，形成技术规范。挖掘整理民间医药知识和技术，加以总结和利用。

（二）加快中医药科技进步与创新。建立符合中医药特点的科技创新体系、评价体系和管理体制，改革和创新项目组织管理模式，整合中医药科技资源。推进中医药科研基地特别是国家和省级中医临床研究基地建设。支持中医药科技创新，开展中医药基础理论、诊疗技术、疗效评价等系统研究，推动中药新药和中医诊疗仪器、设备的研制开发，加强重大疾病的联合攻关和常见病、多发病、慢性病的中医药防治研究。推行中医药科研课题立项、科技成果评审同行评议制度。

五、加强中医药人才队伍建设

（一）改革中医药院校教育。根据经济社会发展和中医药事业需要，规划发展中医药院校教育。调整中医药高等教育结构和规模，坚持以中医药专业为主体，按照中医药人才成长规律施教，强化中医药基础理论教学和基本实践技能培养。选择部分高等中医药院校进行中医临床类本科生招生与培养改革试点。加强中医药职业教育，加快技能型人才培养。国家支持建设一批中医药重点学科、专业和课程，重点建设一批中医临床教学基地。

（二）完善中医药师承和继续教育制度。总结中医药师承教育经验，制订师承教育标准和相关政策措施，探索不同层次、不同类型的师承教育模式，丰富中医药人才培养方式和途径。落实名老中医药专家学术经验继承人培养与专业学位授予相衔接的政策。妥善解决取得执业资格的师承人员在职称评定和岗位聘用等方面的相关问题。完善中医药继续教育制度，健全继续教育网络。

（三）加快中医药基层人才和技术骨干的培养。制订切实可行的实施方案，积极探索定向为农村培养中医药人才的措施。鼓励基层中医药人员参加学历教育以及符合条件的中医执业医师带徒培训。探索中医执业医师多点执业的办法和形式。将农村具有中医药一技之长的人员纳入乡村医生管理。制订实施中医药学科带头人和技术骨干培养计划，造就新一代中医药领军人才和一大批中青年名中医。鼓励西医师学习中医，培养一批中西医结合人才。开展面向基层医生的中医药基本知识与适宜技术培训。

（四）完善中医药人才考核评价制度。制订体现中医药特点的中医药专业技术人员水平能力评价标准，改进和完善卫生专业技术人员资格考试中的中医药专业考试方法和标准。建立国家中医药专业人员职业资格证书制度，开展中医药行业特有工种技能鉴定工作。建立政府表彰和社会褒奖相结合的中医药人才激励机制。

六、提升中药产业发展水平

（一）促进中药资源可持续发展。加强对中药资源的保护、研究开发和合理利用。开展全国中药资源普查，加强中药资源监测和信息网络建设。保护药用野生动植物资源，加快种质资源库建设，在药用野生动植物资源集中分布区建设保护区，建立一批繁育基地，加强珍稀濒危品种保护、繁育和替代品研究，促进资源恢复与增长。结合农业结构调整，建设道地药材良种繁育体系和中药材种植规范化、规模化生产基地，开展技术培训和示范推广。合理调控、依法监管中药原材料出口。

（二）建设现代中药工业和商业体系。加强中药产业发展的统筹规划，制定有利于中药产业发展的优惠政策。组织实施现代中药高技术产业化项目，加大支持力度。鼓励中药企业优势资源整合，建设现代中药产业制造基地、物流基地，打造一批知名中药生产、流通企业。加大对中药行业驰名商标、著名商标的扶持与保护力度。优化中药产品出口结构，提高中药出口产品附加值，扶持中药企业开拓国际市场。

（三）加强中药管理。完善中药注册管理，充分体现中药特点，着力提高中药新药的质量和临床疗效。推进实施中药材生产质量管理规范，加强对中药饮片生产质量和中药材、中药饮片流通监管。加强对医疗机构使用中药饮片和配制中药制剂的管理，鼓励和支持医疗机构研制和应用特色中药制剂。

七、加快民族医药发展

加强民族医医疗机构服务能力建设，改善就医条件，满足民族医药服务需求。加强民族医药教育，重视人才队伍建设，提高民族医药人员素质。完善民族医药从业人员准入制度。加强民族医药继承和科研工作，支持重要民族医药文献的校勘、注释和出版，开展民族医特色诊疗技术、单验方等整理研究，筛选推广一批民族医药适宜技术。建设民族药研发基地，促进民族医药产业发展。

八、繁荣发展中医药文化

将中医药文化建设纳入国家文化发展规划。加强中医药文物、古迹保护，做好中医药非物质文化遗产保护传承工作，加大对列入国家级非物质文化遗产名录项目的保护力度，为国家级非物质文化遗产中医药项目代表性传承人创造良好传习条件。推进中医药机构文化建设，弘扬行业传统职业道德。开展中医药科学文化普及教育，加强宣传教育基地建设。加强中医药文化资源开发利用，打造中医药文化品牌。加强舆论引导，营造全社会尊重、保护中医药传统知识和关心、支持中医药事业发展的良好氛围。

九、推动中医药走向世界

积极参与相关国际组织开展的传统医药活动，进一步开展与外国政府间的中医药交流合作，扶持有条件的中医药企业、医疗机构、科研院所和高等院校开展对外交流合作。完善相关政策，积极拓展中医药服务贸易。在我国对外援助、政府合作项目中增加中医药项目。加强中医药知识和文化对外宣传，促进国际传播。

十、完善中医药事业发展保障措施

（一）加强对中医药工作的组织领导。根据国民经济和社会发展总体规划和医疗卫生事业、医药产业发展要求，编制实施国家中医药中长期发展专项规划。充分发挥中医药工作部际协调机制作用，加强对中医药工作的统筹协调。地方各级人民政府要切实加强对中医药工作的领导，及时研究解决中医药事业发展中的问题，认真落实各项政策措施。

（二）加大对中医药事业投入。各级政府要逐步增加投入，重点支持开展中医药特色服务、公立中医医院基础设施建设、重点学科和重点专科建设以及中医药人才培养。落实政府对公立中医医院投入倾斜政策，研究制订有利于公立中医医院发挥中医药特色优势的具体补助办法。完善相关财政补助政策，鼓励基层医疗卫生机构提供中医药适宜技术与服务。制定优惠政策，鼓励企事业单位、社会团体和个人捐资支持中医药事业。合理确定中医医疗服务收费项目和价格，充分体现服务成本和技术劳务价值。

（三）医疗保障政策和基本药物政策要鼓励中医药服务的提供和使用。将符合条件的中医医疗机构纳入城镇职工基本医疗保险、城镇居民基本医疗保险和新型农村合作医疗的定点机构范围，将符合条件的中医诊疗项目、中药品种和医疗机构中药制剂纳入报销范围。按照中西药并重原则，合理确定国家基本药物目录中的中药品种，基本药物的供应保障、价格制定、临床应用、报销比例要充分考虑中药特点，鼓励使用中药。

（四）加强中医药法制建设和知识产权保护。积极推进中医药立法进程，完善法律法规。加强中医药知识产权保护和利用，完善中医药专利审查标准和中药品种保护制度，研究制订中医药传统知识保护名录，逐步建立中医药传统知识专门保护制度。加强中药道地药材原产地保护工作，将道地药材优势转化为知识产权优势。

（五）加强中医药行业管理。加强中医药行业统一规划，按照中医药自身特点和规律管理中医药。推进中医药信息化建设，建立健全综合统计制度。推进中医药标准化建设，建立标准体系，推动我国中医药标准向国际标准转化。严格中医药执法监督，严厉打击假冒中医名义非法行医、发布虚假违法中医中药广告以及制售假冒伪劣中药行为。加强地方中医药管理机构建设，强化管理职能，提高管理水平。

国务院

二〇〇九年四月二十一日

004

中华人民共和国国务院令

第374号

《中华人民共和国中医药条例》已经2003年4月2日国务院第3次常务会议通过，现予公布，自2003年10月1日起施行。

总理　温家宝

二〇〇三年四月七日

中华人民共和国中医药条例

第一章　总　　则

第一条　为了继承和发展中医药学，保障和促进中医药事业的发展，保护人体健康，制定本条例。

第二条　在中华人民共和国境内从事中医医疗、预防、保健、康复服务和中医药教育、科研、对外交流以及中医药事业管理活动的单位或者个人，应当遵守本条例。

中药的研制、生产、经营、使用和监督管理依照《中华人民共和国药品管理法》执行。

第三条　国家保护、扶持、发展中医药事业，实行中西医并重的方针，鼓励中西医相互学习、相互补充、共同提高，推动中医、西医两种医学体系的有机结合，全面发展我国中医药事业。

第四条　发展中医药事业应当遵循继承与创新相结合的原则，保持和发扬中医药特色和优势，积极利用现代科学技术，促进中医药理论和实践的发展，推进中医药现代化。

第五条　县级以上各级人民政府应当将中医药事业纳入国民经济和社会发展计划，使中医药事业与经济、社会协调发展。

县级以上地方人民政府在制定区域卫生规划时，应当根据本地区社会、经济发展状况和居民医疗需求，统筹安排中医医疗机构的设置和布局，完善城乡中医服务网络。

第六条　国务院中医药管理部门负责全国中医药管理工作。国务院有关部门在各自的职责范围内负责与中医药有关的工作。

县级以上地方人民政府负责中医药管理的部门负责本行政区域内的中医药管理工作。县级以上地方人民政府有关部门在各自的职责范围内负责与中医药有关的工作。

第七条　对在继承和发展中医药事业中做出显著贡献和在边远地区从事中医药工作做出突出成绩的单位和个人，县级以上各级人民政府应当给予奖励。

第二章　中医医疗机构与从业人员

第八条　开办中医医疗机构，应当符合国务院卫生行政部门制定的中医医疗机构设置标准和当地区域卫生规划，并按照《医疗机构管理条例》的规定办理审批手续，取得医疗机构执业许可证后，方可从事中医医疗活动。

第九条　中医医疗机构从事医疗服务活动，应当充分发挥中医药特色和优势，遵循中医药自身发展规律，运用传统理论和方法，结合现代科学技术手段，发挥中医药在防治疾病、保健、康复中的作用，为群众提供价格合理、质量优良的中医药服务。

第十条　依法设立的社区卫生服务中心（站）、乡镇卫生院等城乡基层卫生服务机构，应当能够提供中医医疗服务。

第十一条　中医从业人员，应当依照有关卫生管理的法律、行政法规、部门规章的规定通过资格考试，并经注册取得执业证书后，方可从事中医服务活动。

以师承方式学习中医学的人员以及确有专长的人员，应当按照国务院卫生行政部门的规定，通过执业医师或者执业助理医师资格考核考试，并经注册取得医师执业证书后，方可从事中医医疗活动。

第十二条　中医从业人员应当遵守相应的中医诊断治疗原则、医疗技术标准和技术操作规范。

全科医师和乡村医生应当具备中医药基本知识以及运用中医诊疗知识、技术，处理常见病和多发病的基本技能。

第十三条　发布中医医疗广告，医疗机构应当按照规定向所在地省、自治区、直辖市人民政府负责中医药管理的部门申请并报送有关材料。省、自治区、直辖市人民政府负责中医药管理的部门应当自收到有关材料之日起 10 个工作日内进行审查，并作出是否核发中医医疗广告批准文号的决定。对符合规定要求的，发给中医医疗广告批准文号。未取得中医医疗广告批准文号的，不得发布中医医疗广告。

发布的中医医疗广告，其内容应当与审查批准发布的内容一致。

第三章　中医药教育与科研

第十四条　国家采取措施发展中医药教育事业。

各类中医药教育机构应当加强中医药基础理论教学，重视中医药基础理论与中医药临床实践相结合，推进素质教育。

第十五条　设立各类中医药教育机构，应当符合国家规定的设置标准，并建立符合国家规定标准的临床教学基地。

中医药教育机构的设置标准，由国务院卫生行政部门会同国务院教育行政部门制定；中医药教育机构临床教学基地标准，由国务院卫生行政部门制定。

第十六条　国家鼓励开展中医药专家学术经验和技术专长继承工作，培养高层次的中医临床人才和中药技术人才。

第十七条　承担中医药专家学术经验和技术专长继承工作的指导老师应当具备下列条件：

（一）具有较高学术水平和丰富的实践经验、技术专长和良好的职业品德；

（二）从事中医药专业工作 30 年以上并担任高级专业技术职务 10 年以上。

第十八条　中医药专家学术经验和技术专长继承工作的继承人应当具备下列条件：

（一）具有大学本科以上学历和良好的职业品德；

（二）受聘于医疗卫生机构或者医学教育、科研机构从事中医药工作，并担任中级以上专业技术职务。

第十九条　中医药专家学术经验和技术专长继承工作的指导老师以及继承人的管理办法，由国务院中医药管理部门会同有关部门制定。

第二十条　省、自治区、直辖市人民政府负责中医药管理的部门应当依据国家有关规定，完善本地区中医药人员继续教育制度，制定中医药人员培训规划。

县级以上地方人民政府负责中医药管理的部门应当按照中医药人员培训规划的要求，对城乡基层卫生服务人员进行中医药基本知识和基本技能的培训。

医疗机构应当为中医药技术人员接受继续教育创造条件。

第二十一条　国家发展中医药科学技术，将其纳入科学技术发展规划，加强重点中医药科研机构建设。

县级以上地方人民政府应当充分利用中医药资源，重视中医药科学研究和技术开发，采取措施开发、推广、应用中医药技术成果，促进中医药科学技术发展。

第二十二条　中医药科学研究应当注重运用传统方法和现代方法开展中医药基础理论研究和临床研究，运用中医药理论和现代科学技术开展对常见病、多发病和疑难病的防治研究。

中医药科研机构、高等院校、医疗机构应当加强中医药科研的协作攻关和中医药科技成果的推广应用，培养中医药学科带头人和中青年技术骨干。

第二十三条　捐献对中医药科学技术发展有重大意义的中医诊疗方法和中医药文献、秘方、验方的，参照《国家科学技术奖励条例》的规定给予奖励。

第二十四条　国家支持中医药的对外交流与合作，推进中医药的国际传播。

重大中医药科研成果的推广、转让、对外交流，中外合作研究中医药技术，应当经省级以上人民政府负责中医药管理的部门批准，防止重大中医药资源流失。

属于国家科学技术秘密的中医药科研成果，确需转让、对外交流的，应当符合有关保守国家秘密的法律、行政法规和部门规章的规定。

第四章　保障措施

第二十五条　县级以上地方人民政府应当根据中医药事业发展的需要以及本地区国民经济和社会发展状况，逐步增加对中医药事业的投入，扶持中医药事业的发展。

任何单位和个人不得将中医药事业经费挪作他用。

国家鼓励境内外组织和个人通过捐资、投资等方式扶持中医药事业发展。

第二十六条　非营利性中医医疗机构，依照国家有关规定享受财政补贴、税收减免等优惠政策。

第二十七条　县级以上地方人民政府劳动保障行政部门确定的城镇职工基本医疗保险定点医疗机构，应当包括符合条件的中医医疗机构。

获得定点资格的中医医疗机构，应当按照规定向参保人员提供基本医疗服务。

第二十八条　县级以上各级人民政府应当采取措施加强对中医药文献的收集、整理、研究和保护工作。

有关单位和中医医疗机构应当加强重要中医药文献资料的管理、保护和利用。

第二十九条　国家保护野生中药材资源，扶持濒危动植物中药材人工代用品的研究和开发利用。

县级以上地方人民政府应当加强中药材的合理开发和利用，鼓励建立中药材种植、培育基地，促进短缺中药材的开发、生产。

第三十条　与中医药有关的评审或者鉴定活动，应当体现中医药特色，遵循中医药自身的发展规律。

中医药专业技术职务任职资格的评审，中医医疗、教育、科研机构的评审、评估，中医药科研课题的立项和成果鉴定，应当成立专门的中医药评审、鉴定组织或者由中医药专家参加评审、鉴定。

第五章　法律责任

第三十一条　负责中医药管理的部门的工作人员在中医药管理工作中违反本条例的规定，利用职务上的便利收受他人财物或者获取其他利益，滥用职权，玩忽职守，或者发现违法行为不予查处，造成严重后果，构成犯罪的，依法追究刑事责任；尚不够刑事处罚的，依法给予降级或者撤职的行政处分。

第三十二条　中医医疗机构违反本条例的规定，有下列情形之一的，由县级以上地方人民政府负责中医药管理的部门责令限期改正；逾期不改正的，责令停业整顿，直至由原审批机关吊销其医疗机构执业许可证、取消其城镇职工基本医疗保险定点医疗机构资格，并对负有责任的主管人员和其他直接责任人员依法给予纪律处分：

（一）不符合中医医疗机构设置标准的；

（二）获得城镇职工基本医疗保险定点医疗机构资格，未按照规定向参保人员提供基本医疗服务的。

第三十三条　未经批准擅自开办中医医疗机构或者未按照规定通过执业医师或者执业助理医师资格考试取得执业许可，从事中医医疗活动的，依照《中华人民共和国执业医师法》和《医疗机构管理条例》的有关规定给予处罚。

第三十四条　中医药教育机构违反本条例的规定，有下列情形之一的，由县级以上地方人民政府负责中医药管理的部门责令限期改正；逾期不改正的，由原审批机关予以撤销：

（一）不符合规定的设置标准的；

（二）没有建立符合规定标准的临床教学基地的。

第三十五条　违反本条例规定，造成重大中医药资源流失和国家科学技术秘密泄露，情节严重，构成犯罪的，依法追究刑事责任；尚不够刑事处罚的，由县级以上地方人民政府负责中医药管理的部门责令改正，对负有责任的主管人员和其他直接责任人员依法给予纪律处分。

第三十六条　违反本条例规定，损毁或者破坏中医药文献的，由县级以上地方人民政府负责中医药管理的部门责令改正，对负有责任的主管人员和其他直接责任人员依法给予纪律处分；损毁或者破坏属于国家保护文物的中医药文献，情节严重，构成犯罪的，依法追究刑事责任。

第三十七条　篡改经批准的中医医疗广告内容的，由原审批部门撤销广告批准文号，1 年内不受理该中医医疗机构的广告审批申请。

负责中医药管理的部门撤销中医医疗广告批准文号后，应当自作出行政处理决定之日起5个工作日内通知广告监督管理机关。广告监督管理机关应当自收到负责中医药管理的部门通知之日起15个工作日内，依照《中华人民共和国广告法》的有关规定查处。

第六章　附　则

第三十八条　本条例所称中医医疗机构，是指依法取得医疗机构执业许可证的中医、中西医结合的医院、门诊部和诊所。

民族医药的管理参照本条例执行。

第三十九条　本条例自2003年10月1日起施行。

005

国家卫生计生委　国家中医药管理局关于在卫生计生工作中进一步加强中医药工作的意见

国卫办发〔2014〕18号

各省、自治区、直辖市、计划单列市、新疆生产建设兵团卫生计生委（卫生厅局）、中医药局、委机关各司局：

中医药作为我国独特的卫生资源、潜力巨大的经济资源、具有原创优势的科技资源、优秀的文化资源和重要的生态资源，在经济社会发展的全局中具有重要意义。《中共中央关于全面深化改革若干重大问题的决定》明确要完善中医药事业发展政策和机制。各级卫生计生行政部门要从讲政治的高度、民族复兴的使命和事业发展的大局出发，充分认识加强中医药工作的重要性和紧迫性，切实采取有效措施，加快推进中医药持续健康发展。现就在卫生计生工作中进一步加强中医药工作提出以下意见。

一、加强中医药工作的指导思想和基本原则

（一）指导思想：坚持以中国特色社会主义理论体系为指导，把满足人民群众的健康需求作为加强中医药工作的出发点和着力点，全面贯彻落实党的十八届三中全会精神和《国务院关于扶持和促进中医药事业发展的若干意见》，以推动中医药事业科学发展为核心，以完善中医药事业发展政策和机制为重点，遵循中医药发展规律，满足中医药发展要求，发挥中医药特色优势，促进中医西医协调发展，共同为提高全民健康水平服务。

（二）基本原则：坚持中西医并重，把中医药与西医药摆在同等重要的位置；坚持改革创新，完善政策机制，激活中医药发展的活力与潜力，提升能力和水平；坚持中医与西医相互取长补短、共同提高，发挥各自优势；坚持统筹规划，强化扶持，促进中医药医疗、保健、科研、教育、产业、文化和国际合作交流全面发展。

二、加强中医药工作的组织领导

各级卫生计生部门要加强对中医药工作的领导，把中医药工作摆上重要议事日程。部门主要负责同志要切实履行好加快推进中医药发展的重要职责，每年至少组织召开一次党组（党委）会议，专题研究中医药工作，讨论部署和推动解决中医药改革发展中的问题。

各级卫生计生部门要推动建立中医药工作跨部门协调机制并发挥好机制的作用，研究解决中医药改革发展中的重大问题，督促各项工作任务和政策措施的贯彻落实。

各地要在卫生计生机构改革中，加强中医药管理体系建设。要加强省级中医药管理机构建设，强化管理职能，加强领导班子和干部队伍建设。指导市级卫生计生部门在机构改革中设置专门的中医药管理部门，在县级卫生计生部门配备专职人员或指定专人管理中医药工作。

三、加强卫生计生与中医药改革发展的规划统筹

各级卫生计生行政部门要处理好卫生计生改革发展与中医药改革发展的关系，建立健全规划统筹机制。

在编制实施卫生计生发展综合规划及各项专项规划时，要将中医药作为重要内容纳入其中，同研究、同部署、同落实，并体现向中医药倾斜的政策要求。

在编制实施卫生计生体系建设等重大项目计划中，如基础设施建设、医疗服务、公共卫生服务、卫生应急、妇幼健康、药品基本药物供应保障、干部教育培训、人才培养、科学研究、科普和宣传、综合监督、国际合作以及法律法规、信息化等体系建设，要合理配置和利用中医药和西医药两种资源，满足人民群众多样化、多层次的健康需求。

在推进深化医药卫生体制改革和开展重大疾病防控、卫生应急救治、卫生援外和国际交流等工作中，要注重发挥中医药的作用。同时对中医药发展战略研究、政策法规建设、执法监督、信息统计、财务管理等方面给予支持和指导。

四、加强卫生计生与中医药工作的沟通协调

进一步理顺卫生计生部门与中医药管理部门的工作关系，建立完善信息沟通、定期协调会商制度，形成既相对独立、又紧密互动的工作协调机制。

卫生计生部门在研究有关工作、制定有关政策文件时，要统筹兼顾中医药工作，考虑中医药的特点和规律，要有中医药管理部门的人员参加，充分听取中医药系统的意见。要进一步建立健全工作机制，保障中医药深度参与卫生计生全局工作，并切实发挥作用。

中医药管理部门要加强与卫生计生部门的沟通协调，主动向卫生计生行政部门党组（党委）汇报中医药工作，及时了解卫生计生重点工作进展情况和工作安排，反映中医药改革发展要求，在卫生计生改革发展大局中推动中医药事业科学发展。

国家卫生计生委

国家中医药管理局

二〇一四年四月二十二日

006

国家中医药管理局关于印发《中医药政务信息报送管理暂行办法》的通知

国中医药发〔2006〕38号

各省、自治区、直辖市卫生厅局、中医药管理局，新疆生产建设兵团卫生局，局各直属单位：

现将《中医药政务信息报送管理暂行办法》印发给你们，请结合本单位、本部门实际，遵照执行。

国家中医药管理局

二〇〇六年七月十三日

中医药政务信息报送管理暂行办法

国家中医药管理局

2006年7月13日

第一条 为了加强国家中医药管理局与各省、自治区、直辖市中医药管理部门（以下简称省级中医药管理部门）的信息沟通和联系，建立及时、准确、全面、有效的中医药政务信息收集报送机制，确保信息收集、报送的质量，提高中医药科学管理水平，根据中共中央、国务院办公厅转发《国家信息化领导小组关于我国电子政务建设指导意见》等有关规定，制定本办法。

第二条 本办法所称中医药政务信息（以下简称信息），指省级中医药行政管理活动中产生的纸质和电子图文、影像等信息。

第三条 信息报送指省级中医药管理部门采取信息调研、信息综合、信息约稿等手段，定期向所属医疗、教学、科研等单位收集一定数量相关信息，及时或定期以书面或电子文本等形式报送国家中医药管理局。

第四条 信息报送的主要内容：

（一）中医药重要事件、紧急事项；

（二）中医药有关政策法规、规范性文件发布，重大措施、重要会议和重要活动等情况；

（三）中央及省、部级领导涉及中医药工作视察、批示、讲话等情况；

（四）全国中医药工作有关会议落实情况及工作总结和计划；

（五）国家中医药管理局医疗、教育、科研、国际合作等工作落实情况；

（六）有关中医药统计数据及分析报告；

（七）突发公共卫生事件处置工作情况、紧急灾情、疫情；

（八）其他需要报送的信息。

第五条 国家中医药管理局信息化领导小组领导信息报送工作。

国家中医药管理局办公室负责信息报送的组织、管理和协调；布置信息报送任务；负责信息公开的审核等。

国家中医药管理局信息工作办公室具体承办信息的整理、综合、分析等工作；负责信息传输技术建设与维护；负责统计信息报送情况等。

第六条 省级中医药管理部门负责本单位、本地区信息的报送，制定相应的收集报送范围和目标责任制，建立健全信息收集报送内部机制，明确分管领导，落实承办人员，组织信息工作培训。

第七条 报送信息应当准确，确保信息的真实。反映工作进展和成绩的信息要求实事求是，反映问题的信息要求真实可靠，反映困难的信息要求如实准确。

报送信息应当完整，确保信息的全面。注重挖掘典型性、普遍性的信息，做到报送信息有数据、有分析、有建议，从多层面、多角度、全方位地提供高质量信息。

报送信息应当及时，确保信息的时效。遇到重大事项时，应当一事一报、即时报送，作到不漏报、不瞒报、不迟报、不虚报。

第八条 中医药重要事件或紧急事项在处置同时，应当在事发后 24 小时内及时向国家中医药管理办公室报送，必要时续报事态进展。

报送内容主要有：

（一）事件发生的时间、地点、人数及原因；

（二）事件当事人的身份、单位及所属地区或部门；

（三）事件的影响与危害程度；

（四）事件前后的有关情况，主管部门在现场所做工作，采取了哪些处置办法；

（五）其他需要报告的事项。

第九条 中医药有关政策法规、规范性文件发布，重大措施、重要会议和重要活动等，应当在正式形成或实施后当月内，向国家中医药管理局相关部门报送。有特殊要求的，按要求办理。

第十条 中医药年度工作总结和计划应当在每年底和第二年初向国家中医药管理局办公室报送。

第十一条 中央及省、部级领导涉及中医药工作的视察、批示、讲话等，应当在事项发生1周内，向国家中医药管理局办公室报送。

第十二条 国家中医药管理局医疗、教育、科研、国际合作等工作落实情况，按照规定的报送时间向相关部门报送。

第十三条 突发公共卫生事件处置工作情况、紧急灾情、疫情的报送按照《全国中医药系统应对突发公共卫生事件工作方案》和国家有关规定执行。

第十四条 信息报送格式包括：所属地区、单位或部门、文件名称、文号或期号、标题、正文、主送范围、签批人、编辑人、联系电话、备注等。

第十五条 建立信息报送审批制度，按照谁主管，谁负责的原则，由报送单位负责对原始材料和数据等信息审核，保证信息报送质量。

第十六条 以纸介质为载体的信息可以采取邮寄、电传等方法报送，特殊情况可采用电话等方法报送。

以电子媒介为载体的信息，除有关业务报送网络专门规定外，应当通过中医药电子政务信息交换系统报送。

第十七条 发挥中医药网站功能，推行网站链接、网上下载、栏目共建等信息报送保障方式，建立规范的网站信息互联互通报送体系，实现中医药管理部门之间信息资源共享。

第十八条 涉密信息报送按照有关保密规定管理。

第十九条 统计信息报送按照国家有关统计法规管理。

第二十条 国家中医药管理局直属单位信息报送按照本办法执行。

第二十一条 省级中医药管理部门参照本办法制定相应规定。

第二十二条 本办法由国家中医药管理局负责解释。

第二十三条 本办法自二○○六年十月一日起施行。

007

关于切实加强民族医药事业发展的指导意见

国中医药发〔2007〕48 号

各省、自治区、直辖市卫生厅局、中医药管理局，民（宗）委（厅局），发展改革委，教育厅（委、局），科技厅（委），财政厅局，人事厅局，劳动和社会保障厅局，食品药品监管局，知识产权局：

为深入贯彻党的十七大精神，落实十七大报告中关于坚持中西医并重，扶持中医药和民族医药事业发展的重要论述，切实加强民族医药事业的发展，现提出以下意见。

一、发展民族医药事业的指导思想、基本原则和工作目标

（一）指导思想。以邓小平理论和“三个代表”重要思想为指导，全面贯彻落实科学发展观和党的十七大精神，以发掘整理总结为基础，人才培养为重点，科学研究为先导，加强民族医药机构和服务网络建设，努力提高防治能力和学术水平，进一步促进民族医药事业发展，为人民健康服务，为促进民族团结，构建社会主义和谐社会做出应有的贡献。

（二）基本原则。坚持保持和发挥民族医药特色优势，遵循民族医药自身发展规律和特点；坚持政府主导，鼓励社会参与，多渠道发展民族医药；坚持以社会需求为导向，拓宽民族医药服务领域，提高服务能力和水平；坚持民族区域自治，统筹协调发展；坚持因地制宜，分类指导，稳步发展。

（三）工作目标。到 2015 年，民族医医疗、教育、科研机构和民族药企业的基础设施条件得到明显改善；民族医药应对突发公共卫生事件和防治常见病、多发病及部分重大疾病能力得到增强；民族医药人才培养体系逐步完善，队伍素质明显提高；逐步建立完善符合民族医药特点的执业准入制度；民族医药继承与创新取得新进展，学术水平进一步提高；民族医药资源和知识产权得到有效保护与合理利用；初步建立民族医药标准；民族药产业进一步扩大；民族医药国际交流与合作更加广泛。

二、推进民族医药服务能力建设

（四）加强民族医医疗机构服务能力建设。民族医医疗机构承担着继承、发掘、整理民族医药，满足广大人民群众对民族医药服务需求的重要任务。各地要

根据区域卫生规划和各民族医的特点，制定民族医医疗机构标准，针对目前普遍存在的民族医医疗机构基础条件较差状况，切实加大投入，改善就医条件；要根据本地区的实际情况和当地群众对民族医药服务的需求，在有条件的综合性医院、乡镇卫生院、社区卫生服务中心设立民族医科（室）。民族医医疗机构要注重发挥民族医药特色和优势，加强民族医专科（专病）建设，进一步提高诊疗水平；同时，要发挥民族医药在预防保健和养生康复中的作用。鼓励社会力量举办民族医医疗机构，对民办民族医医疗机构一视同仁，营造各类民族医医疗机构平等参与竞争的环境。鼓励和支持民族医医疗机构间、民族医医疗机构与其他医疗机构间的合作、联合，实现优势互补、资源共享。

（五）发挥民族医药在基层卫生工作中的优势与作用。各地要组织民族医医院和综合性医院民族医科开展对农村医疗机构民族医药的业务指导工作，采取培训、技术合作、巡回医疗等方式，提高农村民族医药业务水平和服务能力；要加强乡镇卫生院民族医药服务能力建设，使有条件的乡镇卫生院特别是中心卫生院，进一步突出民族医药专科（专病）特色并逐步形成优势，并通过多种形式加强对村卫生室的民族医药业务管理和指导；要在民族地区乡镇卫生院、村卫生室组织推广安全、有效、简便、价廉的民族医药适宜技术；在规范农村民族医药管理和服务的基础上，允许乡村民族医药技术人员自种自采自用民族草药。

各地要根据当地群众对民族医药服务的需求，将民族医药服务纳入本地区社区卫生服务发展规划，统一安排、统筹发展。在调整现有卫生资源时，要将民族医药作为社区内卫生资源的重要组成部分加以充分利用；民族聚居地区要按照《城市社区卫生服务中心基本标准》和《城市社区卫生服务站基本标准》，在有条件的社区卫生服务中心开设民族医诊室，配备一定数量的民族医医师，社区卫生服务站至少要配备 1 名能够提供民族医药服务的医师。

（六）加强民族医药服务的监督管理。各地要认真贯彻执行《中华人民共和国执业医师法》、《中华人民共和国药品管理法》、《中华人民共和国中医药条例》、《医疗机构管理条例》、《乡村医生从业管理条例》等法律法规，加强民族医医疗机构、民族医药从业人员、民族医诊疗技术的准入和民族药使用的管理。健全民族医医疗机构“质量、安全、服务、费用”等项管理制度，探索建立民族医医疗机构科学管理的长效机制。坚决打击各种出租、承包科室和聘用非卫生技术人员、虚假民族医医疗广告、制售假劣民族药品等违法违规行为，规范民族医药服务市场，保证广大人民群众的医疗用药安全。

三、加强民族医药人才队伍建设

（七）继续加强民族医药院校教育工作。教育行政部门要会同中医药等部门加强现有民族医药院校的基础设施建设，鼓励和扶持民族地区举办高等民族医药教育，鼓励有条件的高等学校设立民族医药学院、民族医药系，或设立相应的专业、专业方向，鼓励有条件的民族医药积极开展民族医药专业研究生教育；高等医学院校开展的医学专业教育应有民族医药内容。继续扶持建设藏医、蒙医、维药、傣医等民族医药重点学科建设点，加强其学科内涵建设和研究。在完成藏、蒙、维、傣医学教材编写的基础上，积极组织好壮医、藏药等民族医药教材的编写工作，逐步完善民族医药教材。进一步加强对民族医药院校教育办学方向、突出特色、教学质量等方面的宏观指导，探索建立民族医药教育质量保障机制，积极开展民族医药教学质量评估试点工作，提高民族医药院校教育教学质量。

（八）切实加强民族医药继续教育工作。各地要充分利用现有的民族医药资源，依托各民族医药医疗、教育、科研机构，建立一定数量的民族医药继续教育基地。继续做好全国老民族医药专家学术经验继承和优秀民族医临床人才培养工作，造就一批民族医药学科带头人和技术骨干。加强农村、社区民族医药人才培养和队伍建设，鼓励民族医药人员参加民族医药技术骨干培训、乡村医生民族医药知识与技能培训和城市社区岗位培训、规范化培训。鼓励在职的中医药、西医药人员积极学习民族医药知识与技能。

四、加强民族医药挖掘继承和科研工作

（九）继续做好民族医药文献发掘整理工作。国家中医药管理局将在过去整理研究民族医药文献的基础上，进一步组织有关民族医药单位和专家，编著文献目录，有计划、有步骤地完成一批民族医药文献的校勘、注释、出版工作，并将其中的重要著作汉译出版；对历史上无通行文字的民族医药深入发掘整理，继续将口传心授的医药资料编著成书，保存保护下来。民族地区省级中医药、民族医药管理部门要结合当地民族医药实际，制定出本地区民族医药文献整理计划，并组织好民族医药文献课题的申报工作。

（十）加强民族医学临床应用研究。科技部门要加强对民族医药发展的科学技术研究工作的支持。重点开展民族医特色诊疗技术、单验方及临床治疗方案整理评价等方面的研究；开展常见病与多发病民族医药临床诊疗指南、临床技术操作规范、疗效评价标准的研究；筛选推广一批民族医药适宜技术，并在部分地区开展基层民族医药适宜技术推广示范地区建设工作，研究探索民族医药适宜技术推广的方式方法。

（十一）加强民族药物研究与产业化。组织有条件的民族医药机构和人员积极开展民族药物理论研究；开展民族药材质量控制、种子种苗、民族药资源保护等技术标准研究；加强工艺、设备等生产共性技术和民族药成药特殊成分和特殊工艺的研究；做好民族药中的濒危动植物药材的保护、应用、替代、栽培、养殖等方面的研究；积极研究开发具有自主知识产权、安全有效、附加值高的的创新

民族药产品，实现产业化。

（十二）加强民族医药科研管理和支撑条件建设。民族地区省级中医药、民族医药管理部门要根据民族医药科研特点，加强对各级民族医药科研机构的建设和指导，鼓励支持民族医药科研机构与高校、企业开展科研合作，按照“多学科、跨行业、医教研产结合”的思路组织开展科研工作。要积极探索符合民族医药自身发展规律的科学研究方法和组织管理形式；要明确民族医药科研机构的研究方向和重点。国家中医药管理局在藏、蒙、维等民族医药医疗、研究机构中建设若干重点研究室（实验室），设立2～3个中医药、民族医药特色技术和方药筛选评价中心。在民族医药科学研究中充分考虑民族医药的特点并作为单独序列加以管理，增大课题立项比例。

五、加强民族医药知识产权保护和药用资源保护利用

（十三）加强民族医药知识产权保护。知识产权部门要会同中医药部门研究制定民族医药传统知识保护的相关法规和政策。加大宣传力度，增强民族医药知识产权保护与利用的意识，充分利用现有的知识产权制度保护民族医药传统知识。明晰民族医药知识产权的权利归属，规范民族医药的开发和利用行为。建立民族医药文献出版、国际学术交流与合作等方面的民族医药知识产权保护审查制度，完善相应的保密措施，避免民族医药传统知识不当泄密或流失。研究建立民族医药知识产权保护名录及其数据库，防止对民族医药传统知识的不当占有和利用。符合《中药品种保护条例》的民族药品种要依法进行品种保护。

（十四）认真做好民族药资源的保护。在开展民族药资源普查的基础上，继续做好《中国民族药志》的编著工作。要建立民族药濒危品种和道地药材养殖种植基地；要建立民族药自然保护区，加强家种、家养驯化研究；要选好品种，建立规范的民族药材生产基地，保证民族医医疗的需要；要对民族药材和民族成药实行原产地保护和标识保护。

六、完善发展民族医药事业的政策措施

（十五）着力推进符合民族医药特点的执业医师、执业药师资格制度建设。对于已开展国家医师资格考试的民族医，符合条件的民族医师承和确有专长人员可以按照《传统医学师承和确有专长人员医师资格考核考试办法》（卫生部令52号）的规定参加国家医师资格考试。具有中医医师资格并能够熟练运用民族医诊疗技术防治疾病的人员，经省级中医药管理部门考核合格，可注册相应民族医专业开展执业活动。对具有一技之长和实际本领的民族医药人员，经县级以上中医药、民族医药管理部门组织培训、考核和公示合格后，可以按照《乡村医生从业管理条例》的有关规定注册为乡村医生，但要限定执业的地点和提供服务的技术

方法和病种。在执业药师资格制度中，增设民族药专业。

完善民族医药人员专业技术职务聘任制度。对于长期从事民族医药工作、符合晋升条件的专业技术人员，由地方政府人事行政部门会同业务主管部门按照职称政策有关规定，评聘相应民族医药专业技术职务。

（十六）积极发挥民族医药在医疗保障体系建设中的作用。劳动保障、卫生部门在制订政策时要考虑充分发挥民族医药的作用，在城镇基本医疗保险和新型农村合作医疗中，要将符合条件的民族医医疗机构纳入定点医疗机构，将符合条件的民族医诊疗项目及民族药纳入相应的目录。在研究制订新型农村合作医疗补偿政策时，要增加纳入报销范围的民族医诊疗项目和民族药品种，降低民族医药报销起付线，提高民族医药报销比例。要采取有效措施，引导参保人员和参合农民充分利用民族医药服务。

（十七）扶持民族药医疗机构制剂开发与使用。经省级食品药品监督管理部门批准的民族药医疗机构制剂，经批准可以委托本辖区内符合条件的医疗机构和药品生产企业配制；符合《医疗机构制剂注册管理办法（试行）》减免申报项目条件的民族药医疗机构制剂，可免报相关研究资料。对于民族药医疗机构制剂的审批，各省、自治区、直辖市食品药品监督管理部门要根据《医疗机构制剂注册管理办法（试行）》，结合本地实际制定实施细则。符合《医疗机构制剂注册管理办法（试行）》医疗机构制剂调剂使用有关规定的民族药医疗机构制剂，经省级食品药品监督管理部门批准，可以在本辖区内指定的民族医医疗机构和综合性医院民族医科之间调剂使用。

（十八）民族医药的有关审批和鉴定活动要实行同行评议制度。在民族医药专业技术职务任职资格的评审，民族医药医疗、教育、科研机构的评审评估，民族医药科研项目立项评审和成果鉴定，民族医药相关产品的评审、鉴定等工作中，要成立专门的民族医药评审、鉴定组织或者由民族医药专家进行评审、鉴定。在评审的相关要求、条件和标准制定上，要充分考虑民族医药的特点和实际。

七、加强对民族医药工作的领导

（十九）加强组织领导，加大经费投入。各级中医药、民族医药管理部门要加强组织领导，安排专人负责民族医药工作，在制定实施中医药工作计划和方案时，要将民族医药工作纳入其中。各级政府要加大对民族医药的投入，为民族医药事业发展提供必要的物质条件，对涉及政府安排投资的建设性项目应按建设程序审批。各地要积极拓展筹资渠道，广泛动员和筹集社会各方面的资金，发展民族医药事业。

（二十）做好民族医药法制化和标准化建设。各民族地区要根据《中华人民共和国民族区域自治法》以及相关法律法规中有关民族医药的规定，结合本地区实际情况，制定相应的地方性法规和实施细则，推动民族医药的发展。

积极开展民族医药标准化、规范化建设。通过政府主导和全行业共同参与，分类指导、循序渐进地开展民族医药标准化、规范化建设工作，制订并颁布一批民族医药名词术语标准、临床诊疗指南、技术操作规范及疗效评价标准。具备较为完整医学理论的民族医药要重点开展民族医药基础标准、技术标准和管理标准的研究制定。医学理论相对还不够完整的民族医药，要结合本民族医药的实际情况，比照较为完整医学理论的民族医药，本着先易后难、突出重点的原则，开展规范化、标准化建设的前期研究。目前尚无医学理论的民族医药，要在做好发掘、收集、整理的基础上，进行研究总结，重点要对本民族医药治疗优势病种进行系统总结，逐步形成技术规范。

（二十一）加强民族医药学术交流和对外合作。充分发挥民族医药学术团体在引导学术发展、促进学术交流、规范行业行为等方面的积极作用。各民族医药社会团体、报刊等机构要积极开展形式多样的学术活动，加强学术交流，鼓励学术创新，开展民族医药的科普宣传和科技咨询活动，促进民族医药科学技术的普及与推广。加强中医药、西医药和民族医药之间的学习和交流。

大力开展民族医药国际间的交流与合作。推动民族医药政府间及民间的合作，积极与世界各国特别是民族地区周边国家开展合作办医、合作办学和合作开展科学研究。通过出访讲学、召开国际学术会议、出版外文民族医药学术刊物，以加强民族医特色诊疗技术、科研成果和民族药的对外宣传与交流，扩大民族医药的国际影响。同时，还要积极学习、吸收、运用国际先进的科学技术、方法和管理经验，增强民族医药的创新发展能力。

国家中医药管理局
国家民族事务委员会　卫生部
国家发展和改革委员会　教育部
科学技术部　财政部　人事部
劳动和社会保障部
国家食品药品监督管理局
国家知识产权局
二〇〇七年十月二十五日

008

关于在深化医药卫生体制改革工作中进一步发挥中医药作用的意见

卫办发〔2011〕57号

各省、自治区、直辖市卫生厅（局）、中医药管理局，新疆生产建设兵团卫生局：

中医药是我国独具特色的卫生资源，是中国特色医药卫生事业的显著特征和巨大优势，其临床疗效确切、预防保健作用独特、治疗方式灵活、费用较为低廉，深受广大人民群众的欢迎。扶持和促进中医药事业发展，充分发挥中医药的优势和作用，对于深化医药卫生体制改革，探索建立群众支付得起、政府承受得了、中西医相互补充的中国特色医药卫生体制，提高人民群众健康水平具有十分重要的意义。《中共中央国务院关于深化医药卫生体制改革的意见》（中发〔2009〕6号，以下简称《意见》）提出，要坚持中西医并重的方针，充分发挥中医药作用。2009年，《国务院关于扶持和促进中医药事业发展的若干意见》（国发〔2009〕22号）正式印发，进一步扶持和促进中医药事业发展。

为更好地贯彻落实中共中央、国务院有关文件精神，在深化医药卫生体制改革工作中进一步发挥中医药的优势和作用，现提出以下意见：

一、统筹做好公立中医医院改革试点工作

各级卫生行政部门要将公立中医医院纳入公立医院改革试点总体部署，同步考虑，统筹安排，整体部署，体现特色；在信息化建设尤其是电子病历试点、临床路径试点、优质护理等工作中，要统筹考虑中医医院，整体推进。各级卫生行政部门要会同中医药管理部门积极协调财政等有关部门，落实《意见》中关于对中医院（民族医院）“在投入政策上予以倾斜”的政策，研究制订有利于公立中医医院发挥中医药特色优势的具体补助办法。合理确定中医医疗服务项目价格，充分体现服务成本和技术劳务价值。

各省级卫生行政部门在县级医院综合改革试点工作中要将县级中医医院作为重要组成部分，会同省级中医药管理部门大力加强县级中医医院中医药服务能力和综合服务能力建设；充分发挥县级中医医院城乡纽带作用和县域内的龙头作用；积极开展对针灸、推拿等中医非药物疗法财政补贴试点工作，以补偿机制改革为切入点，推进县级中医医院体制机制综合改革。

各级卫生行政部门在卫生服务资源配置中要把中医医院作为卫生服务资源的

重要组成部分，巩固完善中医医疗服务体系，加强现有公立中医医院的建设；要会同中医药管理部门共同编制区域卫生规划和区域医疗机构设置规划。

二、贯彻落实基本医疗保障制度中鼓励利用中医药服务政策

各省级卫生行政部门要切实贯彻落实卫生部、国家中医药管理局等5部门印发的《关于巩固和发展新型农村合作医疗制度的意见》（卫农卫发〔2009〕68号）有关提高中医药报销比例的要求，结合当地实际适当提高在新型农村合作医疗政策范围内属于国家基本药物和地方增补药品的中药有关费用的报销比例；将针灸和治疗性推拿等中医非药物诊疗技术纳入新农合报销范围，引导应用中医药适宜技术；在制定省级新农合报销目录时，应当适当考虑将符合条件的医疗机构中药制剂纳入目录。

各省级卫生行政部门要与中医药管理部门共同协调医保部门，切实落实国家基本医疗保险的有关政策规定，将符合条件的医疗机构中药制剂、针灸及治疗性推拿等中医非药物诊疗技术纳入城镇职工和居民医疗保险报销范围。

三、进一步加强基层中医药服务网络建设

各省级卫生行政部门要会同中医药管理部门，切实加强县级中医医院建设，进一步加大对卫生部、国家中医药管理局联合印发的《乡镇卫生院中医科基本标准》（国中医药发〔2010〕3号）和《城市社区卫生服务中心基本标准》（卫医发〔2006〕240号）中有关中医药科室建设要求的贯彻落实力度，将中医药科室建设和中医药服务提供作为乡镇卫生院、社区卫生服务中心等基层医疗卫生机构绩效考核的重要内容。在基层医疗卫生服务体系建设中，要根据卫生部、国家中医药管理局、发展改革委办公厅（室）印发的《中央预算内专项资金项目中心乡镇卫生院建设指导意见》、《村卫生室建设指导意见》（卫办规财发〔2009〕98号）有关标准，进一步强化项目中心乡镇卫生院和村卫生室中医药科室建设和中医诊疗设备配备。

各省级中医药管理部门要进一步加强基层常见病多发病中医药适宜技术推广，对基层中医和西医人员进行分类推广培训。鼓励基层西医人员经过培训考核后运用中医药适宜技术。

通过卫生、中医药等多部门共同努力，力争用3年时间使大多数乡镇卫生院和90%以上的社区卫生服务中心建立标准化的中医科和中药房，大多数村卫生室和社区卫生服务站能够提供中医药适宜技术服务。

四、在基本公共卫生服务中进一步发挥中医药作用

各级卫生行政部门要会同中医药管理部门在孕产妇、老年人、儿童等重点人

群和高血压、2型糖尿病等慢病患者健康管理中积极运用中医药技术和方法，加大中医药健康教育力度，逐步扩大在中医体质辨识基础上开展养生保健的人群范围。按照由点到面、由地方到全国的原则，探索将中医药防治在校学生和老年人等易感和聚集人群呼吸道和肠道传染病列入重大公共卫生项目。

各省级中医药管理部门要牵头组织开展本地区基本公共卫生服务中医药服务项目试点工作，探索基本公共卫生服务中的中医药服务项目和服务模式。

五、在建立国家基本药物制度中体现中药特点

各省级卫生行政部门要会同中医药管理部门将符合条件的中成药和民族药纳入本省增补药品目录，在基本药物集中采购、统一配送、配备使用等工作中体现中成药特点，注重产品质量，服务人民群众。

六、加强中医药人才培养

各省级卫生行政部门要将中医药人才培养纳入地方“十二五”人才培养规划中，会同省级中医药管理部门将中医住院医师规范化培训、中医类别全科医师培训作为住院医师规范化培训和全科医师培训的重要内容，中医药人员培养数量应当占住院医师、全科医师人员培养总数的一定比例。要共同发挥中医药优势特色教育培训基地作用。各省级卫生行政部门要大力支持《医药卫生中长期人才发展规划（2011—2020年）》中有关中医药人才培养内容的贯彻落实工作，切实加强中医药人才队伍建设。

各级卫生行政部门和中医药管理部门要切实提高对中医药参与医改重要意义的认识，高度重视中医药事业的发展，本着为医改作贡献、为百姓谋福利的原则，在深化医药卫生体制改革工作中充分发挥中医药作用。各级卫生行政部门在开展深化医药卫生体制改革各项工作中，要把中医药作为重要工作内容，安排具体工作时要与中医药管理部门共同研究，把中医药有关内容纳入，统筹安排，整体推进。在卫生事业“十二五”规划中，统筹考虑扶持和促进中医药事业发展。各级卫生行政部门和中医药管理部门要探索建立有利于充分发挥中医药作用的体制机制，建立必要的沟通和协调机制，保证扶持和促进中医药事业发展的各项政策措施在医改五项重点任务中全面实施，确保在医改中中医药工作不缺位、有特色、见成效，进一步发挥中医药在促进人民健康中的优势和作用。

卫生部

国家中医药管理局

二〇一一年六月二十九日

009

国家中医药管理局关于进一步加强中医药继承发展工作意见的通知

国中医药发〔2002〕25号

各省、自治区、直辖市卫生厅（局）、中医（药）管理局，局各直属单位：

为进一步做好中医药继承发展工作，推动中医药现代化进程，在认真调查研究和广泛听取意见的基础上，我局研究制定了《关于进一步加强中医药继承发展工作的意见》，现印发给你们，请结合实际，认真贯彻执行。

国家中医药管理局

二〇〇二年五月十五日

关于进一步加强中医药继承发展工作的意见

国家中医药管理局

2002年5月15日

为进一步加强中医药继承发展工作，不断推进中医药现代化，切实发挥中医药在我国医疗卫生保健事业中的作用，更好地为人民健康服务，为社会主义现代化建设服务，现提出以下意见。

一、充分认识加强中医药继承发展工作的重要性和紧迫性

（一）中医药学是我国医学科学的特色，也是我国优秀传统文化的重要组成部分，不仅为中华文明的发展做出了重要贡献，而且对世界文明的进步产生了积极的影响。改革开放以来，在党的中医药政策的正确指引下，中医药事业在努力继承和保持特色的基础上不断创新与发展，取得了令人瞩目的成就，在人民群众医疗卫生保健方面发挥了并且正在发挥着不可替代的重要作用。进一步加强中医药继承发展工作，大力推进中医药现代化，是学习实践江泽民同志“三个代表”重要思想、全面建设有中国特色社会主义卫生事业的根本要求，对于保障人民健康、保护和发展生产力，对于促进经济发展、推动社会进步，对于弘扬民族文化、振奋民族精神，对于繁荣医学科学、丰富世界医学宝库，都具有十分重要的意义。

（二）当前，经济全球化进程大大加快，现代科学技术突飞猛进，综合国力的竞争日趋激烈；我国加入世界贸易组织，对外开放进入一个新的阶段；适应社会主义市场经济体制要求的各项改革日益深化，城镇医药卫生体制三项改革全面推进，农村卫生改革正在加紧进行；随着人类疾病谱的变化、医学模式的转变以及人类健康观念的改变，传统医药在世界范围内更加受到关注，中医药在世界传统医学中的突出地位和影响逐步扩大。这些新形势、新变化为中医药事业的发展提供了难得的机遇，也提出了严峻的挑战。

必须看到，尽管近年来在中医药继承发展工作中取得了不少成绩，但是也存在着一些不容忽视的问题，既有继承方面的不足，也有创新方面的不够。一方面，对古典医籍文献、历代名医和当代老中医药专家学术经验整理开发利用相对薄弱，对历史上长期积累下来的一些行之有效的学术思想、诊疗方法等继承应用不够。另一方面，中医药学术发展相对滞后，缺乏重大的理论创新与技术创新；中医药人才培养、科学研究、中医办院模式等方面也遇到了许多新情况、新问题，其中最为突出的问题是在时代发展、科技进步和社会需求不断发生变化的新形势下，如何充分体现中医药的特色和优势，更好地为人民群众健康服务。这些已成为新形势下制约中医药事业发展的关键所在，必须给予足够的重视，采取有力措施加以解决。

二、进一步明确加强中医药继承发展工作的指导思想

（三）坚持把为人民群众健康服务作为做好中医药继承发展工作的根本宗旨。中医药事业是造福于人民的事业，继承发展中医药关系人民群众的切身利益，体现了党和政府对人民群众的关怀。充分发挥中医药在我国医学科学中的特色和优势，全心全意为广大人民群众提供更加完善的医疗保健服务，是中医药行业实践江泽民同志“三个代表”重要思想的具体体现，是中医药事业改革与发展的总体目标，是做好中医药继承发展工作的根本宗旨。必须始终坚持把最大限度地满足人民群众健康对中医药的需求作为做好中医药继承发展工作的出发点和归宿。

（四）正确认识和处理好继承与发展的关系。继承是发展的源泉、基础和前提，发展是在继承基础上的突破、提高和超越，创新是继承与发展的辩证统一。继承和发展是实现中医药现代化的基础，创新是实现中医药现代化的根本动力。一方面，必须切实做好中医药的继承工作，主要是认真继承中医药理论的科学内涵，认真继承历代医家在长期医疗实践中不断积累、创造出来的丰富经验，认真继承古往今来在中医药人才培养、科学研究、临床治疗等方面一切行之有效的独具特色的方式方法，加以应用而不致失传。另一方面，必须大力发扬求真务实、勇于创新的精神，勇于和善于根据实践的要求进行创新，做到与时俱进，在继承中发展，在创新中前进，不断吸取现代科学技术的新经验、新思想、新成果，不

断丰富和发展中医药理论与实践，始终保持中医药的生机和活力，努力推进中医药现代化。

（五）坚持把提高中医药防病治病能力作为加强中医药继承发展工作的核心任务。不断提高中医药防病治病能力，既是中医药能否满足人民群众日益增长的医疗保健服务的需要，也是中医药事业持续健康发展的根本要求。因此，必须充分发挥中医药特色和优势，坚持依靠科技进步，加强人才队伍建设，促进中医药理论创新和技术创新，紧紧围绕提高中医药防病治病能力这一核心任务，切实加强中医药继承发展工作。

（六）坚持实践是检验真理的唯一标准，努力在实践中促进中医药的继承发展。做好中医药继承发展工作，不断推进中医药现代化，既是一个实践认识的过程，也是一项长期而艰巨的任务。中医药继承发展和实现中医药现代化中的问题包括思想认识上的问题，必须也只能通过不断的研究、探索与实践来解决。在具体实践过程中，由于人们不同的知识结构、不同的工作经历，有的在继承传统的方面多做一些，以使中医药的继承工作有所加强，有的在创新方面有所侧重，提出一些中医药发展的新思路新方法；有的从其他学科角度研究中医药，其根本的、共同的目标都是为了发展中医药。因此，必须始终高举团结的旗帜，充分调动各方面的积极因素，充分尊重老、中、青三代中医药人员的主动性和创造性，从实际出发，积极投身于继承发展中医药的伟大实践；必须坚持“百花齐放、百家争鸣”的方针，避免对中医药学术问题的行政干预，对不同学术见解不打棍子、不扣帽子，大力发扬学术民主，创造相互平等、相互尊重、畅所欲言、宽松和谐的学术氛围和开放包容的团队精神，着力营造追求真理、鼓励探索的良好人文环境。

三、当前和今后一个时期加强中医药继承发展工作的重点任务

（七）加速培养各级各类中医药人才，大力提高中医药队伍的整体素质。热爱中医药事业，牢固掌握中医药基本理论、基本技能、基本方法，是对各级各类中医药人才的共同的基本的要求，也是做好中医药继承发展工作的根本保证。在此基础上，要以社会需求和中医药事业发展的需要为目标，努力培养造就一支结构合理、规模适度、业务精良、德才兼备的中医药人才队伍。其中，要下大力气加快培养一批医德高尚、中医药理论功底深厚、临床疗效好、群众公认的优秀中医临床人才；要重视和加强具有创新能力的中医药学术和技术带头人的培养；抓紧培养一大批农村和城市社区卫生服务所需要的中医药人才；同时也要注意加强中医药管理人才、复合性人才、外向型人才等的培养。继续开展形式多样的在职教育，通过几年的不懈努力，使现有中医药人才队伍结构不断改善，素质明显提高，更好地担负起中医药继承发展的历史重任。

（八）适应医药卫生体制改革的新形势，切实加强中医医疗机构内涵建设。中医医疗机构是继承发展中医药的主要阵地，是发挥中医药特色和优势，保护和增进人民群众健康的不可缺少的重要力量。要本着“巩固、充实、完善、提高”的原则，切实加强现有中医医院内涵建设，坚持以中医药为主体，突出中医药特色。要集中主要的精力、主要的力量，研究和实践如何运用中医药学术、技术努力为广大人民群众提供优质、便捷、高效、价廉的中医医疗保健康复服务，如何使中医药的特色和优势更好地得到继承并在继承的基础上有所创新。各级中医医院要积极探索有利于中医药特色优势发挥的办院模式。要把中医专科建设作为加强中医医院内涵建设的重要组成部分继续抓紧抓好。重点中医专科要有中医学术水平高的学科带头人和一支结构合理、中医学术与技术水平领先的队伍，要有系统的中医药综合治疗方法和显著的临床疗效。继续加强和不断完善全国示范中医医院建设，总结推广先进的建设思路和经验，充分发挥其在中医医院办院方向、科学管理、运行机制改革等方面的示范带动作用。其中，根据区域卫生规划和人民群众对中医药的需求，着眼于21世纪中医医院的发展，要努力建设一批现代化的、具有专科特色的综合性中医医院。适应农村卫生改革的新形势，继续加强农村中医药工作。充分发挥县级中医医院的龙头和指导作用，探索和建立向农村推广适宜技术的新机制，进一步巩固和扩大农村中医工作先进县，充分发挥其示范带动作用。

（九）突出重点，采取切实有效的措施，充分利用现代科技方法和手段，力求中医药继承工作取得新的进展。在认真总结以往中医药继承工作经验的基础上，针对中医药继承发展不同时期存在的薄弱环节和实际问题，统筹规划，突出重点，抓出成效。当前和今后一个时期，要着重做好以下几方面的工作：1. 大力加强中医药文献的整理、出版工作。要有计划、有步骤地系统整理各历史时期、各学科、各领域有影响的中医药文献资料，陆续刊行出版。各地应重点抓好本区域历史上有较大学术价值的中医药文献的整理出版工作，支持重要典籍文献和著名老中医药专家学术著作的出版。2. 对当代名老中医药专家学术思想和临床诊疗经验继续进行系统地总结整理。3. 切实加大总结、整理、研究和推广中医独特的临床诊疗技术的力度。要有组织、有计划、有重点地在全国范围内遴选、推广具有明显特色和优势、有显著社会效益和经济效益的中医药新方法、新技术、新成果，促进中医临床疗效的提高。

（十）大力推进中医药的理论创新和技术创新，加快中医药现代化进程。中医药科技进步是实现中医药现代化的重要保证。中医药科研工作首先要解决中医药科研工作的思路、技术路线和科研方法等问题，既要遵循科学研究的基本精神，强调科研设计的严密性、规范性、逻辑性和技术路线的合理性、可行性，同时也必须注重体现中医药的特点。要系统总结和整理传统中医药研究方法的优势和特点，揭示中医药学与现代医学方法论的不同特点、规律及其优越性，相互借鉴，建立能够真正体现中医药学自身发展规律的科学研究方法。

中医药科技工作要遵循“有所为，有所不为”的方针，实行有限目标，重点突破。注重基础与临床、理论与应用的有机衔接，形成基础理论研究与临床研究相互促进的良性运行机制。精心组织全国多学科的研究队伍，围绕提高中医药学术水平和防治疾病能力的重大问题，选择重点领域，运用现代科学技术研究方法与传统中医药研究方法相结合，积极开展对中医药理论、中医临床有重大推动作用的学术研究工作。

强化中药应用技术的研究与开发。面向中医临床需要和中药生产实际，面向社会需求，研究解决影响行业发展的重大或关键技术问题。要努力建立和完善我国现代中药研究开发体系，切实加强中药产业化的基础性研究工作和中药制药关键技术的基础性研究，尽快形成体现中医药理论特点并逐步获得国际认可的现代中药标准规范体系。坚持开发与引进相结合，大力引进关键技术，注重高新技术的消化吸收，使中药产品更好地满足中医临床的需要，并逐步增强我国中药在国际医药市场上的竞争力。

（十一）认真研究并大力加强中西医结合工作。中西医结合是继承和发展中医药学的重要途径之一，是沟通中西医学、促进中医药走向世界的重要桥梁。在过去的几十年里，中西医结合工作者对中医药学的发展和中国医药事业的进步，做出了突出贡献。现阶段，要认真总结经验，积极推动中西医结合工作，充分发挥中西医结合的学科优势，要从临床入手，抓住临床重大及难治性疾病防治的关键问题，加强中西医结合的基础及临床的系统研究。注重中西医结合中方法学等问题的研究，以促使中西医结合工作步步深入。通过多种形式和途径，加速中西医结合人才特别是高级人才的培养，继续鼓励西医学工作者特别是高年资的西医师学习和研究中医药。大力扶持一批中西医结合重点专科，不断提高中西医结合临床疗效。

（十二）积极发展民族医药。我国各少数民族医药是祖国传统医药学的重要组成部分，为各民族繁荣昌盛做出了重要贡献。要按照分类指导的原则，对理论体系比较完整的民族医药，在继续挖掘整理的基础上，努力提高其标准化、规范化水平；对其他民族医药，重点是做好有效方药和诊疗技术的挖掘整理工作。加强对民族医药文献的整理与翻译，继续做好《中国民族医药志》的编写工作。注重对民族药的开发及生产关键技术的基础研究，积极开展适合民族药特点的制药设备、技术及剂型的研究，建立和完善民族医药制剂规范和质量控制标准，促进民族医药学和医药产业的发展。注重民族医药学的教育及人才培养工作。进一步加强和完善民族医院和民族医专科的建设。

（十三）进一步促进中医药的国际交流与合作，推动中医药更广泛地走向世界。我国加入世界贸易组织，为做好中医药继承发展工作提供了更加广阔的空间和更加有利的条件，也带来了新的机遇和挑战，必须抓住这一契机，加强中医药的国际交流与合作，促进中医药的继承发展。要加强对世贸组织规则以及中医药知识产权保护、中医药国际化运作机制的研究，继续坚持“立足国内、以内促外，依靠科教、医药并举，因地制宜、双向接轨”的战略方针，不断巩固和开拓民间渠道，重视和加强与各国政府和国际组织间的交流与合作，努力形成全方位、多层次、宽领域的中医药对外交流与合作格局，不断提高中医药国际交流与合作的质量、水平和层次，推动中医药更广泛地走向世界。

四、进一步加强中医药继承发展工作的相关措施

（十四）充分认识和遵循中医药人才成长的规律，把院校培养与在职教育有机地衔接起来。在中医药教育结构调整、指导性教学计划和人才培养标准制定等方面，配合教育行政管理部门，积极引导各级各类中医药院校在认真总结办学经验与教训的基础上，深化中医药院校教育教学改革，尽快改变当前中医药基础理论、经典著作和中医临床教学环节薄弱的现象，为学生树立牢固的专业思想、打下扎实的中医药基本功底奠定良好基础。进一步加强中医药教材建设，强化中医药基本理论知识教学和基本功训练，并用中医药学术新进展和现代科学技术新成果充实和更新教育内容。积极发展七年制本科和研究生教育，逐步开展非医学专业毕业生直接攻读中医研究生学位试点工作。进一步加强中医药院校师资队伍建设，从事中医临床教学的教师应当具备执业中医师资格，并保证有一定时间从事中医临床实践；有关高等中医药院校应当为从事中医药教学工作的教师提供必要的中医临床实践条件。认真执行《执业医师法》，调整中医执业医师考试科目，增加中医理论与临床考试科目和内容，加强中医临床实际操作能力考核，使中医执业医师的中医临床能力与其所获执业资格相符合。

（十五）逐步建立中医药专业技术人员终身教育制度。大力开展以学习中医药基本理论知识和技能、名老中医药专家诊疗经验和中医药学术新进展为主要内容的继续教育，采取多种形式和途径，巩固和提高不同学历层次、不同知识结构、不同职称的中医药人员的业务素质。加强中医药继续教育内容的教学指导，规范各级各类中医药专业技术人员培训目标和要求，把参加继续教育情况同执业注册、职称评定和职务聘任等工作紧密结合起来。全面推进中医住院医师规范化培训，并做好与临床专业学位的衔接。开展对全科医师和乡村医生中医药知识和技术的培训，提高他们运用中医药的能力，发挥中医药在农村和城市社区医疗卫生服务中的作用。

近年来开展的名老中医药专家学术思想和技术专长经验继承工作，不仅抢救、保存和继承了一批老中医药专家的宝贵经验，而且有利于培养具有流派特色

和技术专长的高层次中医药人才，要在认真总结经验的基础上，进一步完善和落实相关政策，继续推行。中医名医是一个时期中医药学术和临床疗效水平的主要体现者、继承者和发扬者，是中医药事业的宝贵财富。要在全社会形成尊重名医、爱护名医的良好环境，为他们的工作和生活提供有利条件，注重发挥他们在提高中医药防病治病能力、培养中医药人才等方面的作用。

（十六）积极推进中医医疗机构管理体制和运行机制改革，为中医药的继承发展创造良好的体制环境。各地应根据本地区社会、经济发展状况和居民医疗需求，在区域卫生规划中合理安排中医医院的设置和布局。要根据历史和现实的状况，加大对现有中医医院的建设力度。要从中医医院的特点出发，认真落实好医疗卫生体制改革中对中医药的各项政策，积极推动公立中医医院的管理体制和内部运行机制改革。在办好政府举办的非营利性中医医院的同时，要鼓励社会组织和个人举办非营利性或营利性中医医疗机构，在严格审核的基础上，适当放宽在农村和城市社区兴办中医医疗机构的限制。各级中医药行政管理部门要加强对各类中医医疗机构的指导和监督，认真审核其办医资格和条件，规范其医疗服务行为。

（十七）大力深化中医药科研体制改革。建立以优秀人才为核心、开放流动竞争协作的科研运行机制和与之相适应的激励机制，充分调动和发挥中医药科研人员的积极性和创造性。建立科学的评审指标体系和公开、公平、公正的科研评估机制。加强中医药科研相关条件的建设，通过重点中医药研究室（实验室）、重点中医专科和中医药重点学科的紧密结合，形成中医药学术发展的整体合力。改革科研经费的投入和管理方式，集中力量支持中医药继承发展中的战略性、全局性和关键性问题的研究，力争取得在国内外医学科学领域有显示度的重要突破。发挥市场和社会需求对中医药科技进步的导向和推动作用，支持和鼓励中医医疗机构、中药企业从事中医药的科研、开发和技术改造。在中医药科技工作中要鼓励创新、竞争和合作，鼓励走医教研结合、产学研结合、中医中药结合、基础与临床结合的道路，鼓励跨行业、跨学科、跨领域的交流与合作。

（十八）推进中医药法制化、标准化、规范化建设，依法保障中医药的继承与发展。加紧制订国家中医条例，逐步完善国家中医药立法。积极推动地方中医药法规建设，创造中医药发展的良好法制环境。认真研究制定和完善中医师、中医医疗机构准入条件和技术标准规范。加强中医行业管理与执法工作，加大对盗用中医名义的各种非法行医行为的打击力度，维护中医医疗市场的秩序和中医药行业的良好声誉。

坚持依法治业与以德治业相结合，切实加强行业精神文明建设。高尚的医德、廉洁的医风是中医药文化内涵的重要组成部分，也是中医药继承发展的重要内容。仁爱救人、淡泊名利、博采众长、谦和谨慎等优良的传统职业道德在中医药行业中源远流长。我们要把继承和发扬中医药行业优良传统道德与社会主义精神文明建设紧密结合起来，引导和教育广大中医药工作者始终坚持“以病人为中心”，树立“救死扶伤、忠于职守，爱岗敬业、满腔热忱，开拓进取、精益求精，乐于奉献、文明行医”的行业风尚，为振兴中医药事业而努力奋斗。

（十九）进一步做好中医药科学普及工作。要从弘扬优秀传统文化，加强爱国主义教育的高度，通过新闻出版、影视音像等各种传播媒介和途径，努力在全社会中宣传党的中医药政策，宣传中医药的科学性以及在保障人民群众健康方面的地位、作用和优势。各中医药院校、中医药研究机构、中医医疗机构及有关学术团体，都应将以各种形式宣传、普及中医药科学知识视为己任，为做好中医药的继承发展，推进中医药现代化奠定更加坚实的群众基础。

（二十）切实加强对中医药继承发展工作的领导。加强中医药继承发展工作，不断推进中医药现代化是一项规模宏大、任务繁重的系统工程，必须用改革的精神、创新的思路去加以实施。各级中医药行政管理部门必须充分认识做好这项工作的重要性、紧迫性，统一思想，切实转变职能，转变工作作风，努力提高工作水平。各地要按照加强中医药继承发展工作的指导原则、重点任务和基本要求，紧密结合本地实际，制定切实可行的工作计划，精心组织实施，并认真研究、解决继承发展工作中的薄弱环节和工作中出现的新情况、新问题。要加强调查研究，坚持分类指导、示范先行的工作方法，及时掌握有关情况，总结推广成功经验。要主动争取各级党委、政府对加强中医药继承发展工作的关心与支持，积极协调好计划、财政、教育、科技等有关部门的通力合作，广泛动员社会力量，加大投入，为中医药的继承发展和推进中医药现代化创造良好的政策和社会环境。

三 药品管理

010

中华人民共和国主席令

第45号

《中华人民共和国药品管理法》已由中华人民共和国第九届全国人民代表大会常务委员会第二十次会议于2001年2月28日修订通过，现将修订后的《中华人民共和国药品管理法》公布，自2001年12月1日起施行。

中华人民共和国主席　江泽民

二〇〇一年二月二十八日

中华人民共和国药品管理法

（1984年9月20日第六届全国人民代表大会常务委员会第七次会议通过
2001年2月28日第九届全国人民代表大会常务委员会第二十次会议修订）

第一章　总　　则

第一条　为加强药品监督管理，保证药品质量，保障人体用药安全，维护人民身体健康和用药的合法权益，特制定本法。

第二条　在中华人民共和国境内从事药品的研制、生产、经营、使用和监督管理的单位或者个人，必须遵守本法。

第三条　国家发展现代药和传统药，充分发挥其在预防、医疗和保健中的作用。

国家保护野生药材资源，鼓励培育中药材。

第四条　国家鼓励研究和创制新药，保护公民、法人和其他组织研究、开发新药的合法权益。

第五条　国务院药品监督管理部门主管全国药品监督管理工作。国务院有关部门在各自的职责范围内负责与药品有关的监督管理工作。

省、自治区、直辖市人民政府药品监督管理部门负责本行政区域内的药品监督管理工作。省、自治区、直辖市人民政府有关部门在各自的职责范围内负责与药品有关的监督管理工作。

国务院药品监督管理部门应当配合国务院经济综合主管部门，执行国家制定的药品行业发展规划和产业政策。

第六条　药品监督管理部门设置或者确定的药品检验机构，承担依法实施药品审批和药品质量监督检查所需的药品检验工作。

第二章　药品生产企业管理

第七条　开办药品生产企业，须经企业所在地省、自治区、直辖市人民政府药品监督管理部门批准并发给《药品生产许可证》，凭《药品生产许可证》到工商行政管理部门办理登记注册。无《药品生产许可证》的，不得生产药品。

《药品生产许可证》应当标明有效期和生产范围，到期重新审查发证。

药品监督管理部门批准开办药品生产企业，除依据本法第八条规定的条件外，还应当符合国家制定的药品行业发展规划和产业政策，防止重复建设。

第八条　开办药品生产企业，必须具备以下条件：

（一）具有依法经过资格认定的药学技术人员、工程技术人员及相应的技术工人；

（二）具有与其药品生产相适应的厂房、设施和卫生环境；

（三）具有能对所生产药品进行质量管理和质量检验的机构、人员以及必要的仪器设备；

（四）具有保证药品质量的规章制度。

第九条　药品生产企业必须按照国务院药品监督管理部门依据本法制定的《药品生产质量管理规范》组织生产。药品监督管理部门按照规定对药品生产企业是否符合《药品生产质量管理规范》的要求进行认证；对认证合格的，发给认证证书。

《药品生产质量管理规范》的具体实施办法、实施步骤由国务院药品监督管理部门规定。

第十条　除中药饮片的炮制外，药品必须按照国家药品标准和国务院药品监督管理部门批准的生产工艺进行生产，生产记录必须完整准确。药品生产企业改变影响药品质量的生产工艺的，必须报原批准部门审核批准。

中药饮片必须按照国家药品标准炮制；国家药品标准没有规定的，必须按照省、自治区、直辖市人民政府药品监督管理部门制定的炮制规范炮制。省、自治区、直辖市人民政府药品监督管理部门制定的炮制规范应当报国务院药品监督管理部门备案。

第十一条　生产药品所需的原料、辅料，必须符合药用要求。

第十二条 药品生产企业必须对其生产的药品进行质量检验；不符合国家药品标准或者不按照省、自治区、直辖市人民政府药品监督管理部门制定的中药饮片炮制规范炮制的，不得出厂。

第十三条 经国务院药品监督管理部门或者国务院药品监督管理部门授权的省、自治区、直辖市人民政府药品监督管理部门批准，药品生产企业可以接受委托生产药品。

第三章 药品经营企业管理

第十四条 开办药品批发企业，须经企业所在地省、自治区、直辖市人民政府药品监督管理部门批准并发给《药品经营许可证》；开办药品零售企业，须经企业所在地县级以上地方药品监督管理部门批准并发给《药品经营许可证》，凭《药品经营许可证》到工商行政管理部门办理登记注册。无《药品经营许可证》的，不得经营药品。

《药品经营许可证》应当标明有效期和经营范围，到期重新审查发证。

药品监督管理部门批准开办药品经营企业，除依据本法第十五条规定的条件外，还应当遵循合理布局和方便群众购药的原则。

第十五条 开办药品经营企业必须具备以下条件：

（一）具有依法经过资格认定的药学技术人员；

（二）具有与所经营药品相适应的营业场所、设备、仓储设施、卫生环境；

（三）具有与所经营药品相适应的质量管理机构或者人员；

（四）具有保证所经营药品质量的规章制度。

第十六条 药品经营企业必须按照国务院药品监督管理部门依据本法制定的《药品经营质量管理规范》经营药品。药品监督管理部门按照规定对药品经营企业是否符合《药品经营质量管理规范》的要求进行认证；对认证合格的，发给认证证书。

《药品经营质量管理规范》的具体实施办法、实施步骤由国务院药品监督管理部门规定。

第十七条 药品经营企业购进药品，必须建立并执行进货检查验收制度，验明药品合格证明和其他标识；不符合规定要求的，不得购进。

第十八条 药品经营企业购销药品，必须有真实完整的购销记录。购销记录必须注明药品的通用名称、剂型、规格、批号、有效期、生产厂商、购（销）货单位、购（销）货数量、购销价格、购（销）货日期及国务院药品监督管理部门规定的其他内容。

第十九条 药品经营企业销售药品必须准确无误，并正确说明用法、用量和注意事项；调配处方必须经过核对，对处方所列药品不得擅自更改或者代用。对有配伍禁忌或者超剂量的处方，应当拒绝调配；必要时，经处方医师更正或者重新签字，方可调配。

药品经营企业销售中药材，必须标明产地。

第二十条 药品经营企业必须制定和执行药品保管制度，采取必要的冷藏、防冻、防潮、防虫、防鼠等措施，保证药品质量。

药品入库和出库必须执行检查制度。

第二十一条 城乡集市贸易市场可以出售中药材，国务院另有规定的除外。

城乡集市贸易市场不得出售中药材以外的药品，但持有《药品经营许可证》的药品零售企业在规定的范围内可以在城乡集市贸易市场设点出售中药材以外的药品。具体办法由国务院规定。

第四章 医疗机构的药剂管理

第二十二条 医疗机构必须配备依法经过资格认定的药学技术人员。非药学技术人员不得直接从事药剂技术工作。

第二十三条 医疗机构配制制剂，须经所在地省、自治区、直辖市人民政府卫生行政部门审核同意，由省、自治区、直辖市人民政府药品监督管理部门批准，发给《医疗机构制剂许可证》。无《医疗机构制剂许可证》的，不得配制制剂。

《医疗机构制剂许可证》应当标明有效期，到期重新审查发证。

第二十四条 医疗机构配制制剂，必须具有能够保证制剂质量的设施、管理制度、检验仪器和卫生条件。

第二十五条 医疗机构配制的制剂，应当是本单位临床需要而市场上没有供应的品种，并须经所在地省、自治区、直辖市人民政府药品监督管理部门批准后方可配制。配制的制剂必须按照规定进行质量检验；合格的，凭医师处方在本医疗机构使用。特殊情况下，经国务院或者省、自治区、直辖市人民政府的药品监督管理部门批准，医疗机构配制的制剂可以在指定的医疗机构之间调剂使用。

医疗机构配制的制剂，不得在市场销售。

第二十六条 医疗机构购进药品，必须建立并执行进货检查验收制度，验明药品合格证明和其他标识；不符合规定要求的，不得购进和使用。

第二十七条 医疗机构的药剂人员调配处方，必须经过核对，对处方所列药品不得擅自更改或者代用。对有配伍禁忌或者超剂量的处方，应当拒绝调配；必要时，经处方医师更正或者重新签字，方可调配。

第二十八条 医疗机构必须制定和执行药品保管制度，采取必要的冷藏、防冻、防潮、防虫、防鼠等措施，保证药品质量。

第五章 药品管理

第二十九条 研制新药，必须按照国务院药品监督管理部门的规定如实报送研制方法、质量指标、药理及毒理试验结果等有关资料和样品，经国务院药品监督管理部门批准后，方可进行临床试验。药物临床试验机构资格的认定办法，由国务院药品监督管理部门、国务院卫生行政部门共同制定。

完成临床试验并通过审批的新药，由国务院药品监督管理部门批准，发给新药证书。

第三十条 药物的非临床安全性评价研究机构和临床试验机构必须分别执行药物非临床研究质量管理规范、药物临床试验质量管理规范。

药物非临床研究质量管理规范、药物临床试验质量管理规范由国务院确定的部门制定。

第三十一条 生产新药或者已有国家标准的药品的，须经国务院药品监督管理部门批准，并发给药品批准文号；但是，生产没有实施批准文号管理的中药材和中药饮片除外。实施批准文号管理的中药材、中药饮片品种目录由国务院药品监督管理部门会同国务院中医药管理部门制定。

药品生产企业在取得药品批准文号后，方可生产该药品。

第三十二条 药品必须符合国家药品标准。中药饮片依照本法第十条第二款的规定执行。

国务院药品监督管理部门颁布的《中华人民共和国药典》和药品标准为国家药品标准。

国务院药品监督管理部门组织药典委员会，负责国家药品标准的制定和修订。

国务院药品监督管理部门的药品检验机构负责标定国家药品标准品、对照品。

第三十三条 国务院药品监督管理部门组织药学、医学和其他技术人员，对新药进行审评，对已经批准生产的药品进行再评价。

第三十四条 药品生产企业、药品经营企业、医疗机构必须从具有药品生产、经营资格的企业购进药品；但是，购进没有实施批准文号管理的中药材除外。

第三十五条 国家对麻醉药品、精神药品、医疗用毒性药品、放射性药品，实行特殊管理。管理办法由国务院制定。

第三十六条 国家实行中药品种保护制度。具体办法由国务院制定。

第三十七条 国家对药品实行处方药与非处方药分类管理制度。具体办法由国务院制定。

第三十八条　禁止进口疗效不确、不良反应大或者其他原因危害人体健康的药品。

第三十九条　药品进口，须经国务院药品监督管理部门组织审查，经审查确认符合质量标准、安全有效的，方可批准进口，并发给进口药品注册证书。

医疗单位临床急需或者个人自用进口的少量药品，按照国家有关规定办理进口手续。

第四十条　药品必须从允许药品进口的口岸进口，并由进口药品的企业向口岸所在地药品监督管理部门登记备案。海关凭药品监督管理部门出具的《进口药品通关单》放行。无《进口药品通关单》的，海关不得放行。

口岸所在地药品监督管理部门应当通知药品检验机构按照国务院药品监督管理部门的规定对进口药品进行抽查检验，并依照本法第四十一条第二款的规定收取检验费。

允许药品进口的口岸由国务院药品监督管理部门会同海关总署提出，报国务院批准。

第四十一条　国务院药品监督管理部门对下列药品在销售前或者进口时，指定药品检验机构进行检验；检验不合格的，不得销售或者进口：

（一）国务院药品监督管理部门规定的生物制品；

（二）首次在中国销售的药品；

（三）国务院规定的其他药品。

前款所列药品的检验费项目和收费标准由国务院财政部门会同国务院价格主管部门核定并公告。检验费收缴办法由国务院财政部门会同国务院药品监督管理部门制定。

第四十二条　国务院药品监督管理部门对已经批准生产或者进口的药品，应当组织调查；对疗效不确、不良反应大或者其他原因危害人体健康的药品，应当撤销批准文号或者进口药品注册证书。

已被撤销批准文号或者进口药品注册证书的药品，不得生产或者进口、销售和使用；已经生产或者进口的，由当地药品监督管理部门监督销毁或者处理。

第四十三条　国家实行药品储备制度。

国内发生重大灾情、疫情及其他突发事件时，国务院规定的部门可以紧急调用企业药品。

第四十四条　对国内供应不足的药品，国务院有权限制或者禁止出口。

第四十五条　进口、出口麻醉药品和国家规定范围内的精神药品，必须持有国务院药品监督管理部门发给的《进口准许证》、《出口准许证》。

第四十六条　新发现和从国外引种的药材，经国务院药品监督管理部门审核批准后，方可销售。

第四十七条 地区性民间习用药材的管理办法，由国务院药品监督管理部门会同国务院中医药管理部门制定。

第四十八条 禁止生产（包括配制，下同）、销售假药。

有下列情形之一的，为假药：

（一）药品所含成份与国家药品标准规定的成份不符的；

（二）以非药品冒充药品或者以他种药品冒充此种药品的。

有下列情形之一的药品，按假药论处：

（一）国务院药品监督管理部门规定禁止使用的；

（二）依照本法必须批准而未经批准生产、进口，或者依照本法必须检验而未经检验即销售的；

（三）变质的；

（四）被污染的；

（五）使用依照本法必须取得批准文号而未取得批准文号的原料药生产的；

（六）所标明的适应症或者功能主治超出规定范围的。

第四十九条 禁止生产、销售劣药。

药品成份的含量不符合国家药品标准的，为劣药。

有下列情形之一的药品，按劣药论处：

（一）未标明有效期或者更改有效期的；

（二）不注明或者更改生产批号的；

（三）超过有效期的；

（四）直接接触药品的包装材料和容器未经批准的；

（五）擅自添加着色剂、防腐剂、香料、矫味剂及辅料的；

（六）其他不符合药品标准规定的。

第五十条 列入国家药品标准的药品名称为药品通用名称。已经作为药品通用名称的，该名称不得作为药品商标使用。

第五十一条 药品生产企业、药品经营企业和医疗机构直接接触药品的工作人员，必须每年进行健康检查。患有传染病或者其他可能污染药品的疾病的，不得从事直接接触药品的工作。

第六章 药品包装的管理

第五十二条 直接接触药品的包装材料和容器，必须符合药用要求，符合保障人体健康、安全的标准，并由药品监督管理部门在审批药品时一并审批。

药品生产企业不得使用未经批准的直接接触药品的包装材料和容器。

对不合格的直接接触药品的包装材料和容器，由药品监督管理部门责令停止使用。

第五十三条　药品包装必须适合药品质量的要求，方便储存、运输和医疗使用。

发运中药材必须有包装。在每件包装上，必须注明品名、产地、日期、调出单位，并附有质量合格的标志。

第五十四条　药品包装必须按照规定印有或者贴有标签并附有说明书。

标签或者说明书上必须注明药品的通用名称、成份、规格、生产企业、批准文号、产品批号、生产日期、有效期、适应症或者功能主治、用法、用量、禁忌、不良反应和注意事项。

麻醉药品、精神药品、医疗用毒性药品、放射性药品、外用药品和非处方药的标签，必须印有规定的标志。

第七章　药品价格和广告的管理

第五十五条　依法实行政府定价、政府指导价的药品，政府价格主管部门应当依照《中华人民共和国价格法》规定的定价原则，依据社会平均成本、市场供求状况和社会承受能力合理制定和调整价格，做到质价相符，消除虚高价格，保护用药者的正当利益。

药品的生产企业、经营企业和医疗机构必须执行政府定价、政府指导价，不得以任何形式擅自提高价格。

药品生产企业应当依法向政府价格主管部门如实提供药品的生产经营成本，不得拒报、虚报、瞒报。

第五十六条　依法实行市场调节价的药品，药品的生产企业、经营企业和医疗机构应当按照公平、合理和诚实信用、质价相符的原则制定价格，为用药者提供价格合理的药品。

药品的生产企业、经营企业和医疗机构应当遵守国务院价格主管部门关于药价管理的规定，制定和标明药品零售价格，禁止暴利和损害用药者利益的价格欺诈行为。

第五十七条　药品的生产企业、经营企业、医疗机构应当依法向政府价格主管部门提供其药品的实际购销价格和购销数量等资料。

第五十八条　医疗机构应当向患者提供所用药品的价格清单；医疗保险定点医疗机构还应当按照规定的办法如实公布其常用药品的价格，加强合理用药的管理。具体办法由国务院卫生行政部门规定。

第五十九条　禁止药品的生产企业、经营企业和医疗机构在药品购销中帐外暗中给予、收受回扣或者其他利益。

禁止药品的生产企业、经营企业或者其代理人以任何名义给予使用其药品的医疗机构的负责人、药品采购人员、医师等有关人员以财物或者其他利益。禁止医疗机构的负责人、药品采购人员、医师等有关人员以任何名义收受药品的生产企业、经营企业或者其代理人给予的财物或者其他利益。

第六十条 药品广告须经企业所在地省、自治区、直辖市人民政府药品监督管理部门批准，并发给药品广告批准文号；未取得药品广告批准文号的，不得发布。

处方药可以在国务院卫生行政部门和国务院药品监督管理部门共同指定的医学、药学专业刊物上介绍，但不得在大众传播媒介发布广告或者以其他方式进行以公众为对象的广告宣传。

第六十一条 药品广告的内容必须真实、合法，以国务院药品监督管理部门批准的说明书为准，不得含有虚假的内容。

药品广告不得含有不科学的表示功效的断言或者保证；不得利用国家机关、医药科研单位、学术机构或者专家、学者、医师、患者的名义和形象作证明。

非药品广告不得有涉及药品的宣传。

第六十二条 省、自治区、直辖市人民政府药品监督管理部门应当对其批准的药品广告进行检查，对于违反本法和《中华人民共和国广告法》的广告，应当向广告监督管理机关通报并提出处理建议，广告监督管理机关应当依法作出处理。

第六十三条 药品价格和广告，本法未规定的，适用《中华人民共和国价格法》、《中华人民共和国广告法》的规定。

第八章 药品监督

第六十四条 药品监督管理部门有权按照法律、行政法规的规定对报经其审批的药品研制和药品的生产、经营以及医疗机构使用药品的事项进行监督检查，有关单位和个人不得拒绝和隐瞒。

药品监督管理部门进行监督检查时，必须出示证明文件，对监督检查中知悉的被检查人的技术秘密和业务秘密应当保密。

第六十五条 药品监督管理部门根据监督检查的需要，可以对药品质量进行抽查检验。抽查检验应当按照规定抽样，并不得收取任何费用。所需费用按照国务院规定列支。

药品监督管理部门对有证据证明可能危害人体健康的药品及其有关材料可以采取查封、扣押的行政强制措施，并在七日内作出行政处理决定；药品需要检验的，必须自检验报告书发出之日起十五日内作出行政处理决定。

第六十六条 国务院和省、自治区、直辖市人民政府的药品监督管理部门应当定期公告药品质量抽查检验的结果；公告不当的，必须在原公告范围内予以更正。

第六十七条 当事人对药品检验机构的检验结果有异议的，可以自收到药品检验结果之日起七日内向原药品检验机构或者上一级药品监督管理部门设置或者确定的药品检验机构申请复验，也可以直接向国务院药品监督管理部门设置或者确定的药品检验机构申请复验。受理复验的药品检验机构必须在国务院药品监督管理部门规定的时间内作出复验结论。

第六十八条 药品监督管理部门应当按照规定，依据《药品生产质量管理规范》、《药品经营质量管理规范》，对经其认证合格的药品生产企业、药品经营企业进行认证后的跟踪检查。

第六十九条 地方人民政府和药品监督管理部门不得以要求实施药品检验、审批等手段限制或者排斥非本地区药品生产企业依照本法规定生产的药品进入本地区。

第七十条 药品监督管理部门及其设置的药品检验机构和确定的专业从事药品检验的机构不得参与药品生产经营活动，不得以其名义推荐或者监制、监销药品。

药品监督管理部门及其设置的药品检验机构和确定的专业从事药品检验的机构的工作人员不得参与药品生产经营活动。

第七十一条 国家实行药品不良反应报告制度。药品生产企业、药品经营企业和医疗机构必须经常考察本单位所生产、经营、使用的药品质量、疗效和反应。发现可能与用药有关的严重不良反应，必须及时向当地省、自治区、直辖市人民政府药品监督管理部门和卫生行政部门报告。具体办法由国务院药品监督管理部门会同国务院卫生行政部门制定。

对已确认发生严重不良反应的药品，国务院或者省、自治区、直辖市人民政府的药品监督管理部门可以采取停止生产、销售、使用的紧急控制措施，并应当在五日内组织鉴定，自鉴定结论作出之日起十五日内依法作出行政处理决定。

第七十二条 药品生产企业、药品经营企业和医疗机构的药品检验机构或者人员，应当接受当地药品监督管理部门设置的药品检验机构的业务指导。

第九章 法律责任

第七十三条 未取得《药品生产许可证》、《药品经营许可证》或者《医疗机构制剂许可证》生产药品、经营药品的，依法予以取缔，没收违法生产、销售的药品和违法所得，并处违法生产、销售的药品（包括已售出的和未售出的药品，下同）货值金额两倍以上五倍以下的罚款；构成犯罪的，依法追究刑事责任。

第七十四条 生产、销售假药的，没收违法生产、销售的药品和违法所得，并处违法生产、销售药品货值金额两倍以上五倍以下的罚款；有药品批准证明文件的予以撤销，并责令停产、停业整顿；情节严重的，吊销《药品生产许可证》、

《药品经营许可证》或者《医疗机构制剂许可证》；构成犯罪的，依法追究刑事责任。

第七十五条 生产、销售劣药的，没收违法生产、销售的药品和违法所得，并处违法生产、销售药品货值金额一倍以上三倍以下的罚款；情节严重的，责令停产、停业整顿或者撤销药品批准证明文件、吊销《药品生产许可证》、《药品经营许可证》或者《医疗机构制剂许可证》；构成犯罪的，依法追究刑事责任。

第七十六条 从事生产、销售假药及生产、销售劣药情节严重的企业或者其他单位，其直接负责的主管人员和其他直接责任人员十年内不得从事药品生产、经营活动。

对生产者专门用于生产假药、劣药的原辅材料、包装材料、生产设备，予以没收。

第七十七条 知道或者应当知道属于假劣药品而为其提供运输、保管、仓储等便利条件的，没收全部运输、保管、仓储的收入，并处违法收入百分之五十以上三倍以下的罚款；构成犯罪的，依法追究刑事责任。

第七十八条 对假药、劣药的处罚通知，必须载明药品检验机构的质量检验结果；但是，本法第四十八条第三款第（一）、（二）、（五）、（六）项和第四十九条第三款规定的情形除外。

第七十九条 药品的生产企业、经营企业、药物非临床安全性评价研究机构、药物临床试验机构未按照规定实施《药品生产质量管理规范》、《药品经营质量管理规范》、药物非临床研究质量管理规范、药物临床试验质量管理规范的，给予警告，责令限期改正；逾期不改正的，责令停产、停业整顿，并处五千元以上两万元以下的罚款；情节严重的，吊销《药品生产许可证》、《药品经营许可证》和药物临床试验机构的资格。

第八十条 药品的生产企业、经营企业或者医疗机构违反本法第三十四条的规定，从无《药品生产许可证》、《药品经营许可证》的企业购进药品的，责令改正，没收违法购进的药品，并处违法购进药品货值金额两倍以上五倍以下的罚款；有违法所得的，没收违法所得；情节严重的，吊销《药品生产许可证》、《药品经营许可证》或者医疗机构执业许可证书。

第八十一条 进口已获得药品进口注册证书的药品，未按照本法规定向允许药品进口的口岸所在地的药品监督管理部门登记备案的，给予警告，责令限期改正；逾期不改正的，撤销进口药品注册证书。

第八十二条 伪造、变造、买卖、出租、出借许可证或者药品批准证明文件的，没收违法所得，并处违法所得一倍以上三倍以下的罚款；没有违法所得的，处两万元以上十万元以下的罚款；情节严重的，并吊销卖方、出租方、出借方的《药品生产许可证》、《药品经营许可证》、《医疗机构制剂许可证》或者撤销药品批准证明文件；构成犯罪的，依法追究刑事责任。

第八十三条　违反本法规定，提供虚假的证明、文件资料样品或者采取其他欺骗手段取得《药品生产许可证》、《药品经营许可证》、《医疗机构制剂许可证》或者药品批准证明文件的，吊销《药品生产许可证》、《药品经营许可证》、《医疗机构制剂许可证》或者撤销药品批准证明文件，五年内不受理其申请，并处一万元以上三万元以下的罚款。

第八十四条　医疗机构将其配制的制剂在市场销售的，责令改正，没收违法销售的制剂，并处违法销售制剂货值金额一倍以上三倍以下的罚款；有违法所得的，没收违法所得。

第八十五条　药品经营企业违反本法第十八条、第十九条规定的，责令改正，给予警告；情节严重的，吊销《药品经营许可证》。

第八十六条　药品标识不符合本法第五十四条规定的，除依法应当按照假药、劣药论处的外，责令改正，给予警告；情节严重的，撤销该药品的批准证明文件。

第八十七条　药品检验机构出具虚假检验报告，构成犯罪的，依法追究刑事责任；不构成犯罪的，责令改正，给予警告，对单位并处三万元以上五万元以下的罚款；对直接负责的主管人员和其他直接责任人员依法给予降级、撤职、开除的处分，并处三万元以下的罚款；有违法所得的，没收违法所得；情节严重的，撤销其检验资格。药品检验机构出具的检验结果不实，造成损失的，应当承担相应的赔偿责任。

第八十八条　本法第七十三条至第八十七条规定的行政处罚，由县级以上药品监督管理部门按照国务院药品监督管理部门规定的职责分工决定；吊销《药品生产许可证》、《药品经营许可证》、《医疗机构制剂许可证》、医疗机构执业许可证书或者撤销药品批准证明文件的，由原发证、批准的部门决定。

第八十九条　违反本法第五十五条、第五十六条、第五十七条关于药品价格管理的规定的，依照《中华人民共和国价格法》的规定处罚。

第九十条　药品的生产企业、经营企业、医疗机构在药品购销中暗中给予、收受回扣或者其他利益的，药品的生产企业、经营企业或者其代理人给予使用其药品的医疗机构的负责人、药品采购人员、医师等有关人员以财物或者其他利益的，由工商行政管理部门处一万元以上二十万元以下的罚款，有违法所得的，予以没收；情节严重的，由工商行政管理部门吊销药品生产企业、药品经营企业的营业执照，并通知药品监督管理部门，由药品监督管理部门吊销其《药品生产许可证》、《药品经营许可证》；构成犯罪的，依法追究刑事责任。

第九十一条　药品的生产企业、经营企业的负责人、采购人员等有关人员在药品购销中收受其他生产企业、经营企业或者其代理人给予的财物或者其他利益的，依法给予处分，没收违法所得；构成犯罪的，依法追究刑事责任。

医疗机构的负责人、药品采购人员、医师等有关人员收受药品生产企业、药品经营企业或者其代理人给予的财物或者其他利益的，由卫生行政部门或者本单位给予处分，没收违法所得；对违法行为情节严重的执业医师，由卫生行政部门吊销其执业证书；构成犯罪的，依法追究刑事责任。

第九十二条 违反本法有关药品广告的管理规定的，依照《中华人民共和国广告法》的规定处罚，并由发给广告批准文号的药品监督管理部门撤销广告批准文号，一年内不受理该品种的广告审批申请；构成犯罪的，依法追究刑事责任。

药品监督管理部门对药品广告不依法履行审查职责，批准发布的广告有虚假或者其他违反法律、行政法规的内容的，对直接负责的主管人员和其他直接责任人员依法给予行政处分；构成犯罪的，依法追究刑事责任。

第九十三条 药品的生产企业、经营企业、医疗机构违反本法规定，给药品使用者造成损害的，依法承担赔偿责任。

第九十四条 药品监督管理部门违反本法规定，有下列行为之一的，由其上级主管机关或者监察机关责令收回违法发给的证书、撤销药品批准证明文件，对直接负责的主管人员和其他直接责任人员依法给予行政处分；构成犯罪的，依法追究刑事责任：

（一）对不符合《药品生产质量管理规范》、《药品经营质量管理规范》的企业发给符合有关规范的认证证书的，或者对取得认证证书的企业未按照规定履行跟踪检查的职责，对不符合认证条件的企业未依法责令其改正或者撤销其认证证书的；

（二）对不符合法定条件的单位发给《药品生产许可证》、《药品经营许可证》或者《医疗机构制剂许可证》的；

（三）对不符合进口条件的药品发给进口药品注册证书的；

（四）对不具备临床试验条件或者生产条件而批准进行临床试验、发给新药证书、发给药品批准文号的。

第九十五条 药品监督管理部门或者其设置的药品检验机构或者其确定的专业从事药品检验的机构参与药品生产经营活动的，由其上级机关或者监察机关责令改正，有违法收入的予以没收；情节严重的，对直接负责的主管人员和其他直接责任人员依法给予行政处分。

药品监督管理部门或者其设置的药品检验机构或者其确定的专业从事药品检验的机构的工作人员参与药品生产经营活动的，依法给予行政处分。

第九十六条 药品监督管理部门或者其设置、确定的药品检验机构在药品监督检验中违法收取检验费用的，由政府有关部门责令退还，对直接负责的主管人员和其他直接责任人员依法给予行政处分。对违法收取检验费用情节严重的药品检验机构，撤销其检验资格。

第九十七条　药品监督管理部门应当依法履行监督检查职责，监督已取得《药品生产许可证》、《药品经营许可证》的企业依照本法规定从事药品生产、经营活动。

已取得《药品生产许可证》、《药品经营许可证》的企业生产、销售假药、劣药的，除依法追究该企业的法律责任外，对有失职、渎职行为的药品监督管理部门直接负责的主管人员和其他直接责任人员依法给予行政处分；构成犯罪的，依法追究刑事责任。

第九十八条　药品监督管理部门对下级药品监督管理部门违反本法的行政行为，责令限期改正；逾期不改正的，有权予以改变或者撤销。

第九十九条　药品监督管理人员滥用职权、徇私舞弊、玩忽职守，构成犯罪的，依法追究刑事责任；尚不构成犯罪的，依法给予行政处分。

第一百条　依照本法被吊销《药品生产许可证》、《药品经营许可证》的，由药品监督管理部门通知工商行政管理部门办理变更或者注销登记。

第一百零一条　本章规定的货值金额以违法生产、销售药品的标价计算；没有标价的，按照同类药品的市场价格计算。

第十章　附　　则

第一百零二条　本法下列用语的含义是：

药品，是指用于预防、治疗、诊断人的疾病，有目的地调节人的生理机能并规定有适应症或者功能主治、用法和用量的物质，包括中药材、中药饮片、中成药、化学原料药及其制剂、抗生素、生化药品、放射性药品、血清、疫苗、血液制品和诊断药品等。

辅料，是指生产药品和调配处方时所用的赋形剂和附加剂。

药品生产企业，是指生产药品的专营企业或者兼营企业。

药品经营企业，是指经营药品的专营企业或者兼营企业。

第一百零三条　中药材的种植、采集和饲养的管理办法，由国务院另行制定。

第一百零四条　国家对预防性生物制品的流通实行特殊管理。具体办法由国务院制定。

第一百零五条　中国人民解放军执行本法的具体办法，由国务院、中央军事委员会依据本法制定。

第一百零六条　本法自 2001 年 12 月 1 日起施行。

011

中华人民共和国国务院令

第 360 号

现公布《中华人民共和国药品管理法实施条例》，自 2002 年 9 月 15 日起施行。

总理 朱镕基

二〇〇二年八月四日

中华人民共和国药品管理法实施条例

第一章 总 则

第一条 根据《中华人民共和国药品管理法》（以下简称《药品管理法》），制定本条例。

第二条 国务院药品监督管理部门设置国家药品检验机构。

省、自治区、直辖市人民政府药品监督管理部门可以在本行政区域内设置药品检验机构。地方药品检验机构的设置规划由省、自治区、直辖市人民政府药品监督管理部门提出，报省、自治区、直辖市人民政府批准。

国务院和省、自治区、直辖市人民政府的药品监督管理部门可以根据需要，确定符合药品检验条件的检验机构承担药品检验工作。

第二章 药品生产企业管理

第三条 开办药品生产企业，应当按照下列规定办理《药品生产许可证》：

（一）申办人应当向拟办企业所在地省、自治区、直辖市人民政府药品监督管理部门提出申请。省、自治区、直辖市人民政府药品监督管理部门应当自收到申请之日起 30 个工作日内，按照国家发布的药品行业发展规划和产业政策进行审查，并作出是否同意筹建的决定。

（二）申办人完成拟办企业筹建后，应当向原审批部门申请验收。原审批部门应当自收到申请之日起 30 个工作日内，依据《药品管理法》第八条规定的开办条件组织验收；验收合格的，发给《药品生产许可证》。申办人凭《药品生产许可证》到工商行政管理部门依法办理登记注册。

第四条 药品生产企业变更《药品生产许可证》许可事项的，应当在许可事项发生变更 30 日前，向原发证机关申请《药品生产许可证》变更登记；未经批准，不得变更许可事项。原发证机关应当自收到申请之日起 15 个工作日内作出决定。申请人凭变更后的《药品生产许可证》到工商行政管理部门依法办理变更登记手续。

第五条 省级以上人民政府药品监督管理部门应当按照《药品生产质量管理规范》和国务院药品监督管理部门规定的实施办法和实施步骤，组织对药品生产企业的认证工作；符合《药品生产质量管理规范》的，发给认证证书。其中，生产注射剂、放射性药品和国务院药品监督管理部门规定的生物制品的药品生产企业的认证工作，由国务院药品监督管理部门负责。

《药品生产质量管理规范》认证证书的格式由国务院药品监督管理部门统一规定。

第六条 新开办药品生产企业、药品生产企业新建药品生产车间或者新增生产剂型的，应当自取得药品生产证明文件或者经批准正式生产之日起 30 日内，按照规定向药品监督管理部门申请《药品生产质量管理规范》认证。受理申请的药品监督管理部门应当自收到企业申请之日起 6 个月内，组织对申请企业是否符合《药品生产质量管理规范》进行认证；认证合格的，发给认证证书。

第七条 国务院药品监督管理部门应当设立《药品生产质量管理规范》认证检查员库。《药品生产质量管理规范》认证检查员必须符合国务院药品监督管理部门规定的条件。进行《药品生产质量管理规范》认证，必须按照国务院药品监督管理部门的规定，从《药品生产质量管理规范》认证检查员库中随机抽取认证检查员组成认证检查组进行认证检查。

第八条 《药品生产许可证》有效期为 5 年。有效期届满，需要继续生产药品的，持证企业应当在许可证有效期届满前 6 个月，按照国务院药品监督管理部门的规定申请换发《药品生产许可证》。

药品生产企业终止生产药品或者关闭的，《药品生产许可证》由原发证部门缴销。

第九条 药品生产企业生产药品所使用的原料药，必须具有国务院药品监督管理部门核发的药品批准文号或者进口药品注册证书、医药产品注册证书；但是，未实施批准文号管理的中药材、中药饮片除外。

第十条 依据《药品管理法》第十三条规定，接受委托生产药品的，受托方必须是持有与其受托生产的药品相适应的《药品生产质量管理规范》认证证书的药品生产企业。

疫苗、血液制品和国务院药品监督管理部门规定的其他药品，不得委托生产。

第三章 药品经营企业管理

第十一条 开办药品批发企业，申办人应当向拟办企业所在地省、自治区、直辖市人民政府药品监督管理部门提出申请。省、自治区、直辖市人民政府药品监督管理部门应当自收到申请之日起30个工作日内，依据国务院药品监督管理部门规定的设置标准作出是否同意筹建的决定。申办人完成拟办企业筹建后，应当向原审批部门申请验收。原审批部门应当自收到申请之日起30个工作日内，依据《药品管理法》第十五条规定的开办条件组织验收；符合条件的，发给《药品经营许可证》。申办人凭《药品经营许可证》到工商行政管理部门依法办理登记注册。

第十二条 开办药品零售企业，申办人应当向拟办企业所在地设区的市级药品监督管理机构或者省、自治区、直辖市人民政府药品监督管理部门直接设置的县级药品监督管理机构提出申请。受理申请的药品监督管理机构应当自收到申请之日起30个工作日内，依据国务院药品监督管理部门的规定，结合当地常住人口数量、地域、交通状况和实际需要进行审查，作出是否同意筹建的决定。申办人完成拟办企业筹建后，应当向原审批机构申请验收。原审批机构应当自收到申请之日起15个工作日内，依据《药品管理法》第十五条规定的开办条件组织验收；符合条件的，发给《药品经营许可证》。申办人凭《药品经营许可证》到工商行政管理部门依法办理登记注册。

第十三条 省、自治区、直辖市人民政府药品监督管理部门负责组织药品经营企业的认证工作。药品经营企业应当按照国务院药品监督管理部门规定的实施办法和实施步骤，通过省、自治区、直辖市人民政府药品监督管理部门组织的《药品经营质量管理规范》的认证，取得认证证书。《药品经营质量管理规范》认证证书的格式由国务院药品监督管理部门统一规定。

新开办药品批发企业和药品零售企业，应当自取得《药品经营许可证》之日起30日内，向发给其《药品经营许可证》的药品监督管理部门或者药品监督管理机构申请《药品经营质量管理规范》认证。受理药品零售企业认证申请的药品监督管理机构应当自收到申请之日起7个工作日内，将申请移送负责组织药品经营企业认证工作的省、自治区、直辖市人民政府药品监督管理部门。省、自治区、直辖市人民政府药品监督管理部门应当自收到认证申请之日起3个月内，按照国务院药品监督管理部门的规定，组织对申请认证的药品批发企业或者药品零售企业是否符合《药品经营质量管理规范》进行认证；认证合格的，发给认证证书。

第十四条　省、自治区、直辖市人民政府药品监督管理部门应当设立《药品经营质量管理规范》认证检查员库。《药品经营质量管理规范》认证检查员必须符合国务院药品监督管理部门规定的条件。进行《药品经营质量管理规范》认证，必须按照国务院药品监督管理部门的规定，从《药品经营质量管理规范》认证检查员库中随机抽取认证检查员组成认证检查组进行认证检查。

第十五条　国家实行处方药和非处方药分类管理制度。国家根据非处方药品的安全性，将非处方药分为甲类非处方药和乙类非处方药。

经营处方药、甲类非处方药的药品零售企业，应当配备执业药师或者其他依法经资格认定的药学技术人员。经营乙类非处方药的药品零售企业，应当配备经设区的市级药品监督管理机构或者省、自治区、直辖市人民政府药品监督管理部门直接设置的县级药品监督管理机构组织考核合格的业务人员。

第十六条　药品经营企业变更《药品经营许可证》许可事项的，应当在许可事项发生变更30日前，向原发证机关申请《药品经营许可证》变更登记；未经批准，不得变更许可事项。原发证机关应当自收到企业申请之日起15个工作日内作出决定。申请人凭变更后的《药品经营许可证》到工商行政管理部门依法办理变更登记手续。

第十七条　《药品经营许可证》有效期为5年。有效期届满，需要继续经营药品的，持证企业应当在许可证有效期届满前6个月，按照国务院药品监督管理部门的规定申请换发《药品经营许可证》。

药品经营企业终止经营药品或者关闭的，《药品经营许可证》由原发证机关缴销。

第十八条　交通不便的边远地区城乡集市贸易市场没有药品零售企业的，当地药品零售企业经所在地县（市）药品监督管理机构批准并到工商行政管理部门办理登记注册后，可以在该城乡集市贸易市场内设点并在批准经营的药品范围内销售非处方药品。

第十九条　通过互联网进行药品交易的药品生产企业、药品经营企业、医疗机构及其交易的药品，必须符合《药品管理法》和本条例的规定。互联网药品交易服务的管理办法，由国务院药品监督管理部门会同国务院有关部门制定。

第四章　医疗机构的药剂管理

第二十条　医疗机构设立制剂室，应当向所在地省、自治区、直辖市人民政府卫生行政部门提出申请，经审核同意后，报同级人民政府药品监督管理部门审批；省、自治区、直辖市人民政府药品监督管理部门验收合格的，予以批准，发给《医疗机构制剂许可证》。

省、自治区、直辖市人民政府卫生行政部门和药品监督管理部门应当在各自收到申请之日起30个工作日内，作出是否同意或者批准的决定。

第二十一条 医疗机构变更《医疗机构制剂许可证》许可事项的，应当在许可事项发生变更30日前，依照本条例第二十条的规定向原审核、批准机关申请《医疗机构制剂许可证》变更登记；未经批准，不得变更许可事项。原审核、批准机关应当在各自收到申请之日起15个工作日内作出决定。

医疗机构新增配制剂型或者改变配制场所的，应当经所在地省、自治区、直辖市人民政府药品监督管理部门验收合格后，依照前款规定办理《医疗机构制剂许可证》变更登记。

第二十二条 《医疗机构制剂许可证》有效期为5年。有效期届满，需要继续配制制剂的，医疗机构应当在许可证有效期届满前6个月，按照国务院药品监督管理部门的规定申请换发《医疗机构制剂许可证》。

医疗机构终止配制制剂或者关闭的，《医疗机构制剂许可证》由原发证机关缴销。

第二十三条 医疗机构配制制剂，必须按照国务院药品监督管理部门的规定报送有关资料和样品，经所在地省、自治区、直辖市人民政府药品监督管理部门批准，并发给制剂批准文号后，方可配制。

第二十四条 医疗机构配制的制剂不得在市场上销售或者变相销售，不得发布医疗机构制剂广告。

发生灾情、疫情、突发事件或者临床急需而市场没有供应时，经国务院或者省、自治区、直辖市人民政府的药品监督管理部门批准，在规定期限内，医疗机构配制的制剂可以在指定的医疗机构之间调剂使用。

国务院药品监督管理部门规定的特殊制剂的调剂使用以及省、自治区、直辖市之间医疗机构制剂的调剂使用，必须经国务院药品监督管理部门批准。

第二十五条 医疗机构审核和调配处方的药剂人员必须是依法经资格认定的药学技术人员。

第二十六条 医疗机构购进药品，必须有真实、完整的药品购进记录。药品购进记录必须注明药品的通用名称、剂型、规格、批号、有效期、生产厂商、供货单位、购货数量、购进价格、购货日期以及国务院药品监督管理部门规定的其他内容。

第二十七条 医疗机构向患者提供的药品应当与诊疗范围相适应，并凭执业医师或者执业助理医师的处方调配。

计划生育技术服务机构采购和向患者提供药品，其范围应当与经批准的服务范围相一致，并凭执业医师或者执业助理医师的处方调配。

个人设置的门诊部、诊所等医疗机构不得配备常用药品和急救药品以外的其他药品。常用药品和急救药品的范围和品种，由所在地的省、自治区、直辖市人民政府卫生行政部门会同同级人民政府药品监督管理部门规定。

第五章　药品管理

第二十八条　药物非临床安全性评价研究机构必须执行《药物非临床研究质量管理规范》，药物临床试验机构必须执行《药物临床试验质量管理规范》。《药物非临床研究质量管理规范》、《药物临床试验质量管理规范》由国务院药品监督管理部门分别商国务院科学技术行政部门和国务院卫生行政部门制定。

第二十九条　药物临床试验、生产药品和进口药品，应当符合《药品管理法》及本条例的规定，经国务院药品监督管理部门审查批准；国务院药品监督管理部门可以委托省、自治区、直辖市人民政府药品监督管理部门对申报药物的研制情况及条件进行审查，对申报资料进行形式审查，并对试制的样品进行检验。具体办法由国务院药品监督管理部门制定。

第三十条　研制新药，需要进行临床试验的，应当依照《药品管理法》第二十九条的规定，经国务院药品监督管理部门批准。

药物临床试验申请经国务院药品监督管理部门批准后，申报人应当在经依法认定的具有药物临床试验资格的机构中选择承担药物临床试验的机构，并将该临床试验机构报国务院药品监督管理部门和国务院卫生行政部门备案。

药物临床试验机构进行药物临床试验，应当事先告知受试者或者其监护人真实情况，并取得其书面同意。

第三十一条　生产已有国家标准的药品，应当按照国务院药品监督管理部门的规定，向省、自治区、直辖市人民政府药品监督管理部门或者国务院药品监督管理部门提出申请，报送有关技术资料并提供相关证明文件。省、自治区、直辖市人民政府药品监督管理部门应当自受理申请之日起30个工作日内进行审查，提出意见后报送国务院药品监督管理部门审核，并同时将审查意见通知申报方。国务院药品监督管理部门经审核符合规定的，发给药品批准文号。

第三十二条　生产有试行期标准的药品，应当按照国务院药品监督管理部门的规定，在试行期满前3个月，提出转正申请；国务院药品监督管理部门应当自试行期满之日起12个月内对该试行期标准进行审查，对符合国务院药品监督管理部门规定的转正要求的，转为正式标准；对试行标准期满未按照规定提出转正申请或者原试行标准不符合转正要求的，国务院药品监督管理部门应当撤销该试行标准和依据该试行标准生产药品的批准文号。

第三十三条　变更研制新药、生产药品和进口药品已获批准证明文件及其附件中载明事项的，应当向国务院药品监督管理部门提出补充申请；国务院药品监督管理部门经审核符合规定的，应当予以批准。

第三十四条　国务院药品监督管理部门根据保护公众健康的要求，可以对药品生产企业生产的新药品种设立不超过5年的监测期；在监测期内，不得批准其他企业生产和进口。

第三十五条 国家对获得生产或者销售含有新型化学成份药品许可的生产者或者销售者提交的自行取得且未披露的试验数据和其他数据实施保护，任何人不得对该未披露的试验数据和其他数据进行不正当的商业利用。

自药品生产者或者销售者获得生产、销售新型化学成份药品的许可证明文件之日起6年内，对其他申请人未经已获得许可的申请人同意，使用前款数据申请生产、销售新型化学成份药品许可的，药品监督管理部门不予许可；但是，其他申请人提交自行取得数据的除外。

除下列情形外，药品监督管理部门不得披露本条第一款规定的数据：

（一）公共利益需要；

（二）已采取措施确保该类数据不会被不正当地进行商业利用。

第三十六条 申请进口的药品，应当是在生产国家或者地区获得上市许可的药品；未在生产国家或者地区获得上市许可的，经国务院药品监督管理部门确认该药品品种安全、有效而且临床需要的，可以依照《药品管理法》及本条例的规定批准进口。

进口药品，应当按照国务院药品监督管理部门的规定申请注册。国外企业生产的药品取得《进口药品注册证》，中国香港、澳门和台湾地区企业生产的药品取得《医药产品注册证》后，方可进口。

第三十七条 医疗机构因临床急需进口少量药品的，应当持《医疗机构执业许可证》向国务院药品监督管理部门提出申请；经批准后，方可进口。进口的药品应当在指定医疗机构内用于特定医疗目的。

第三十八条 进口药品到岸后，进口单位应当持《进口药品注册证》或者《医药产品注册证》以及产地证明原件、购货合同副本、装箱单、运单、货运发票、出厂检验报告书、说明书等材料，向口岸所在地药品监督管理部门备案。口岸所在地药品监督管理部门经审查，提交的材料符合要求的，发给《进口药品通关单》。进口单位凭《进口药品通关单》向海关办理报关验放手续。

口岸所在地药品监督管理部门应当通知药品检验机构对进口药品逐批进行抽查检验；但是，有《药品管理法》第四十一条规定情形的除外。

第三十九条 疫苗类制品、血液制品、用于血源筛查的体外诊断试剂以及国务院药品监督管理部门规定的其他生物制品在销售前或者进口时，应当按照国务院药品监督管理部门的规定进行检验或者审核批准；检验不合格或者未获批准的，不得销售或者进口。

第四十条 国家鼓励培育中药材。对集中规模化栽培养殖、质量可以控制并符合国务院药品监督管理部门规定条件的中药材品种，实行批准文号管理。

第四十一条　国务院药品监督管理部门对已批准生产、销售的药品进行再评价，根据药品再评价结果，可以采取责令修改药品说明书，暂停生产、销售和使用的措施；对不良反应大或者其他原因危害人体健康的药品，应当撤销该药品批准证明文件。

第四十二条　国务院药品监督管理部门核发的药品批准文号、《进口药品注册证》、《医药产品注册证》的有效期为5年。有效期届满，需要继续生产或者进口的，应当在有效期届满前6个月申请再注册。药品再注册时，应当按照国务院药品监督管理部门的规定报送相关资料。有效期届满，未申请再注册或者经审查不符合国务院药品监督管理部门关于再注册的规定的，注销其药品批准文号、《进口药品注册证》或者《医药产品注册证》。

第四十三条　非药品不得在其包装、标签、说明书及有关宣传资料上进行含有预防、治疗、诊断人体疾病等有关内容的宣传；但是，法律、行政法规另有规定的除外。

第六章　药品包装的管理

第四十四条　药品生产企业使用的直接接触药品的包装材料和容器，必须符合药用要求和保障人体健康、安全的标准，并经国务院药品监督管理部门批准注册。

直接接触药品的包装材料和容器的管理办法、产品目录和药用要求与标准，由国务院药品监督管理部门组织制定并公布。

第四十五条　生产中药饮片，应当选用与药品性质相适应的包装材料和容器；包装不符合规定的中药饮片，不得销售。中药饮片包装必须印有或者贴有标签。

中药饮片的标签必须注明品名、规格、产地、生产企业、产品批号、生产日期，实施批准文号管理的中药饮片还必须注明药品批准文号。

第四十六条　药品包装、标签、说明书必须依照《药品管理法》第五十四条和国务院药品监督管理部门的规定印制。

药品商品名称应当符合国务院药品监督管理部门的规定。

第四十七条　医疗机构配制制剂所使用的直接接触药品的包装材料和容器、制剂的标签和说明书应当符合《药品管理法》第六章和本条例的有关规定，并经省、自治区、直辖市人民政府药品监督管理部门批准。

第七章　药品价格和广告的管理

第四十八条　国家对药品价格实行政府定价、政府指导价或者市场调节价。

列入国家基本医疗保险药品目录的药品以及国家基本医疗保险药品目录以外

具有垄断性生产、经营的药品，实行政府定价或者政府指导价；对其他药品，实行市场调节价。

第四十九条 依法实行政府定价、政府指导价的药品，由政府价格主管部门依照《药品管理法》第五十五条规定的原则，制定和调整价格；其中，制定和调整药品销售价格时，应当体现对药品社会平均销售费用率、销售利润率和流通差率的控制。具体定价办法由国务院价格主管部门依照《中华人民共和国价格法》(以下简称《价格法》)的有关规定制定。

第五十条 依法实行政府定价和政府指导价的药品价格制定后，由政府价格主管部门依照《价格法》第二十四条的规定，在指定的刊物上公布并明确该价格施行的日期。

第五十一条 实行政府定价和政府指导价的药品价格，政府价格主管部门制定和调整药品价格时，应当组织药学、医学、经济学等方面专家进行评审和论证；必要时，应当听取药品生产企业、药品经营企业、医疗机构、公民以及其他有关单位及人员的意见。

第五十二条 政府价格主管部门依照《价格法》第二十八条的规定实行药品价格监测时，为掌握、分析药品价格变动和趋势，可以指定部分药品生产企业、药品经营企业和医疗机构作为价格监测定点单位；定点单位应当给予配合、支持，如实提供有关信息资料。

第五十三条 发布药品广告，应当向药品生产企业所在地省、自治区、直辖市人民政府药品监督管理部门报送有关材料。省、自治区、直辖市人民政府药品监督管理部门应当自收到有关材料之日起10个工作日内作出是否核发药品广告批准文号的决定；核发药品广告批准文号的，应当同时报国务院药品监督管理部门备案。具体办法由国务院药品监督管理部门制定。

发布进口药品广告，应当依照前款规定向进口药品代理机构所在地省、自治区、直辖市人民政府药品监督管理部门申请药品广告批准文号。

在药品生产企业所在地和进口药品代理机构所在地以外的省、自治区、直辖市发布药品广告的，发布广告的企业应当在发布前向发布地省、自治区、直辖市人民政府药品监督管理部门备案。接受备案的省、自治区、直辖市人民政府药品监督管理部门发现药品广告批准内容不符合药品广告管理规定的，应当交由原核发部门处理。

第五十四条 经国务院或者省、自治区、直辖市人民政府的药品监督管理部门决定，责令暂停生产、销售和使用的药品，在暂停期间不得发布该品种药品广告；已经发布广告的，必须立即停止。

第五十五条 未经省、自治区、直辖市人民政府药品监督管理部门批准的药品广告，使用伪造、冒用、失效的药品广告批准文号的广告，或者因其他广告违法活动被撤销药品广告批准文号的广告，发布广告的企业、广告经营者、广告发布者必须立即停止该药品广告的发布。

对违法发布药品广告，情节严重的，省、自治区、直辖市人民政府药品监督管理部门可以予以公告。

第八章 药品监督

第五十六条 药品监督管理部门（含省级人民政府药品监督管理部门依法设立的药品监督管理机构，下同）依法对药品的研制、生产、经营、使用实施监督检查。

第五十七条 药品抽样必须由两名以上药品监督检查人员实施，并按照国务院药品监督管理部门的规定进行抽样；被抽检方应当提供抽检样品，不得拒绝。

药品被抽检单位没有正当理由，拒绝抽查检验的，国务院药品监督管理部门和被抽检单位所在地省、自治区、直辖市人民政府药品监督管理部门可以宣布停止该单位拒绝抽检的药品上市销售和使用。

第五十八条 对有掺杂、掺假嫌疑的药品，在国家药品标准规定的检验方法和检验项目不能检验时，药品检验机构可以补充检验方法和检验项目进行药品检验；经国务院药品监督管理部门批准后，使用补充检验方法和检验项目所得出的检验结果，可以作为药品监督管理部门认定药品质量的依据。

第五十九条 国务院和省、自治区、直辖市人民政府的药品监督管理部门应当根据药品质量抽查检验结果，定期发布药品质量公告。药品质量公告应当包括抽验药品的品名、检品来源、生产企业、生产批号、药品规格、检验机构、检验依据、检验结果、不合格项目等内容。药品质量公告不当的，发布部门应当自确认公告不当之日起5日内，在原公告范围内予以更正。

当事人对药品检验机构的检验结果有异议，申请复验的，应当向负责复验的药品检验机构提交书面申请、原药品检验报告书。复验的样品从原药品检验机构留样中抽取。

第六十条 药品监督管理部门依法对有证据证明可能危害人体健康的药品及其有关证据材料采取查封、扣押的行政强制措施的，应当自采取行政强制措施之日起7日内作出是否立案的决定；需要检验的，应当自检验报告书发出之日起15日内作出是否立案的决定；不符合立案条件的，应当解除行政强制措施；需要暂停销售和使用的，应当由国务院或者省、自治区、直辖市人民政府的药品监督管理部门作出决定。

第六十一条 药品抽查检验，不得收取任何费用。

当事人对药品检验结果有异议，申请复验的，应当按照国务院有关部门或者省、自治区、直辖市人民政府有关部门的规定，向复验机构预先支付药品检验费用。复验结论与原检验结论不一致的，复验检验费用由原药品检验机构承担。

第六十二条 依据《药品管理法》和本条例的规定核发证书、进行药品注册、药品认证和实施药品审批检验及其强制性检验，可以收取费用。具体收费标准由国务院财政部门、国务院价格主管部门制定。

第九章 法律责任

第六十三条 药品生产企业、药品经营企业有下列情形之一的，由药品监督管理部门依照《药品管理法》第七十九条的规定给予处罚：

（一）开办药品生产企业、药品生产企业新建药品生产车间、新增生产剂型，在国务院药品监督管理部门规定的时间内未通过《药品生产质量管理规范》认证，仍进行药品生产的；

（二）开办药品经营企业，在国务院药品监督管理部门规定的时间内未通过《药品经营质量管理规范》认证，仍进行药品经营的。

第六十四条 违反《药品管理法》第十三条的规定，擅自委托或者接受委托生产药品的，对委托方和受托方均依照《药品管理法》第七十四条的规定给予处罚。

第六十五条 未经批准，擅自在城乡集市贸易市场设点销售药品或者在城乡集市贸易市场设点销售的药品超出批准经营的药品范围的，依照《药品管理法》第七十三条的规定给予处罚。

第六十六条 未经批准，医疗机构擅自使用其他医疗机构配制的制剂的，依照《药品管理法》第八十条的规定给予处罚。

第六十七条 个人设置的门诊部、诊所等医疗机构向患者提供的药品超出规定的范围和品种的，依照《药品管理法》第七十三条的规定给予处罚。

第六十八条 医疗机构使用假药、劣药的，依照《药品管理法》第七十四条、第七十五条的规定给予处罚。

第六十九条 违反《药品管理法》第二十九条的规定，擅自进行临床试验的，对承担药物临床试验的机构，依照《药品管理法》第七十九条的规定给予处罚。

第七十条 药品申报者在申报临床试验时，报送虚假研制方法、质量标准、药理及毒理试验结果等有关资料和样品的，国务院药品监督管理部门对该申报药品的临床试验不予批准，对药品申报者给予警告；情节严重的，3 年内不受理该药品申报者申报该品种的临床试验申请。

第七十一条 生产没有国家药品标准的中药饮片，不符合省、自治区、直辖市人民政府药品监督管理部门制定的炮制规范的；医疗机构不按照省、自治区、直辖市人民政府药品监督管理部门批准的标准配制制剂的，依照《药品管理法》

第七十五条的规定给予处罚。

第七十二条　药品监督管理部门及其工作人员违反规定，泄露生产者、销售者为获得生产、销售含有新型化学成份药品许可而提交的未披露试验数据或者其他数据，造成申请人损失的，由药品监督管理部门依法承担赔偿责任；药品监督管理部门赔偿损失后，应当责令故意或者有重大过失的工作人员承担部分或者全部赔偿费用，并对直接责任人员依法给予行政处分。

第七十三条　药品生产企业、药品经营企业生产、经营的药品及医疗机构配制的制剂，其包装、标签、说明书违反《药品管理法》及本条例规定的，依照《药品管理法》第八十六条的规定给予处罚。

第七十四条　药品生产企业、药品经营企业和医疗机构变更药品生产经营许可事项，应当办理变更登记手续而未办理的，由原发证部门给予警告，责令限期补办变更登记手续；逾期不补办的，宣布其《药品生产许可证》、《药品经营许可证》和《医疗机构制剂许可证》无效；仍从事药品生产经营活动的，依照《药品管理法》第七十三条的规定给予处罚。

第七十五条　违反本条例第四十八条、第四十九条、第五十条、第五十一条、第五十二条关于药品价格管理的规定的，依照《价格法》的有关规定给予处罚。

第七十六条　篡改经批准的药品广告内容的，由药品监督管理部门责令广告主立即停止该药品广告的发布，并由原审批的药品监督管理部门依照《药品管理法》第九十二条的规定给予处罚。

药品监督管理部门撤销药品广告批准文号后，应当自作出行政处理决定之日起5个工作日内通知广告监督管理机关。广告监督管理机关应当自收到药品监督管理部门通知之日起15个工作日内，依照《中华人民共和国广告法》的有关规定作出行政处理决定。

第七十七条　发布药品广告的企业在药品生产企业所在地或者进口药品代理机构所在地以外的省、自治区、直辖市发布药品广告，未按照规定向发布地省、自治区、直辖市人民政府药品监督管理部门备案的，由发布地的药品监督管理部门责令限期改正；逾期不改正的，停止该药品品种在发布地的广告发布活动。

第七十八条　未经省、自治区、直辖市人民政府药品监督管理部门批准，擅自发布药品广告的，药品监督管理部门发现后，应当通知广告监督管理部门依法查处。

第七十九条　违反《药品管理法》和本条例的规定，有下列行为之一的，由药品监督管理部门在《药品管理法》和本条例规定的处罚幅度内从重处罚：

（一）以麻醉药品、精神药品、医疗用毒性药品、放射性药品冒充其他药品，或者以其他药品冒充上述药品的；

（二）生产、销售以孕产妇、婴幼儿及儿童为主要使用对象的假药、劣药的；

（三）生产、销售的生物制品、血液制品属于假药、劣药的；

（四）生产、销售、使用假药、劣药，造成人员伤害后果的；

（五）生产、销售、使用假药、劣药，经处理后重犯的；

（六）拒绝、逃避监督检查，或者伪造、销毁、隐匿有关证据材料的，或者擅自动用查封、扣押物品的。

第八十条 药品监督管理部门设置的派出机构，有权作出《药品管理法》和本条例规定的警告、罚款、没收违法生产、销售的药品和违法所得的行政处罚。

第八十一条 药品经营企业、医疗机构未违反《药品管理法》和本条例的有关规定，并有充分证据证明其不知道所销售或者使用的药品是假药、劣药的，应当没收其销售或者使用的假药、劣药和违法所得；但是，可以免除其他行政处罚。

第八十二条 依照《药品管理法》和本条例的规定没收的物品，由药品监督管理部门按照规定监督处理。

第十章　附　　则

第八十三条 本条例下列用语的含义：

药品合格证明和其他标识，是指药品生产批准证明文件、药品检验报告书、药品的包装、标签和说明书。

新药，是指未曾在中国境内上市销售的药品。

处方药，是指凭执业医师和执业助理医师处方方可购买、调配和使用的药品。

非处方药，是指由国务院药品监督管理部门公布的，不需要凭执业医师和执业助理医师处方，消费者可以自行判断、购买和使用的药品。

医疗机构制剂，是指医疗机构根据本单位临床需要经批准而配制、自用的固定处方制剂。

药品认证，是指药品监督管理部门对药品研制、生产、经营、使用单位实施相应质量管理规范进行检查、评价并决定是否发给相应认证证书的过程。

药品经营方式，是指药品批发和药品零售。

药品经营范围，是指经药品监督管理部门核准经营药品的品种类别。

药品批发企业，是指将购进的药品销售给药品生产企业、药品经营企业、医疗机构的药品经营企业。

药品零售企业，是指将购进的药品直接销售给消费者的药品经营企业。

第八十四条《药品管理法》第四十一条中“首次在中国销售的药品”，是指国内或者国外药品生产企业第一次在中国销售的药品，包括不同药品生产企业生产的相同品种。

第八十五条　《药品管理法》第五十九条第二款“禁止药品的生产企业、经营企业或者其代理人以任何名义给予使用其药品的医疗机构的负责人、药品采购人员、医师等有关人员以财物或者其他利益”中的“财物或者其他利益”，是指药品的生产企业、经营企业或者其代理人向医疗机构的负责人、药品采购人员、医师等有关人员提供的目的在于影响其药品采购或者药品处方行为的不正当利益。

第八十六条　本条例自2002年9月15日起施行。

012

中华人民共和国卫生部令

第 90 号

《药品经营质量管理规范》已于 2012 年 11 月 6 日经卫生部部务会审议通过，现予公布，自 2013 年 6 月 1 日起施行。

部长　陈竺

二〇一三年一月二十二日

药品经营质量管理规范

第一章　总　　则

第一条　为加强药品经营质量管理，规范药品经营行为，保障人体用药安全、有效，根据《中华人民共和国药品管理法》、《中华人民共和国药品管理法实施条例》，制定本规范。

第二条　本规范是药品经营管理和质量控制的基本准则，企业应当在药品采购、储存、销售、运输等环节采取有效的质量控制措施，确保药品质量。

第三条　药品经营企业应当严格执行本规范。

药品生产企业销售药品、药品流通过程中其他涉及储存与运输药品的，也应当符合本规范相关要求。

第四条　药品经营企业应当坚持诚实守信，依法经营。禁止任何虚假、欺骗行为。

第二章　药品批发的质量管理

第一节　质量管理体系

第五条　企业应当依据有关法律法规及本规范的要求建立质量管理体系，确定质量方针，制定质量管理体系文件，开展质量策划、质量控制、质量保证、质量改进和质量风险管理等活动。

第六条　企业制定的质量方针文件应当明确企业总的质量目标和要求，并贯彻到药品经营活动的全过程。

第七条　企业质量管理体系应当与其经营范围和规模相适应，包括组织机构、人员、设施设备、质量管理体系文件及相应的计算机系统等。

第八条　企业应当定期以及在质量管理体系关键要素发生重大变化时，组织开展内审。

第九条　企业应当对内审的情况进行分析，依据分析结论制定相应的质量管理体系改进措施，不断提高质量控制水平，保证质量管理体系持续有效运行。

第十条　企业应当采用前瞻或者回顾的方式，对药品流通过程中的质量风险进行评估、控制、沟通和审核。

第十一条　企业应当对药品供货单位、购货单位的质量管理体系进行评价，确认其质量保证能力和质量信誉，必要时进行实地考察。

第十二条　企业应当全员参与质量管理。各部门、岗位人员应当正确理解并履行职责，承担相应质量责任。

第二节　组织机构与质量管理职责

第十三条　企业应当设立与其经营活动和质量管理相适应的组织机构或者岗位，明确规定其职责、权限及相互关系。

第十四条　企业负责人是药品质量的主要责任人，全面负责企业日常管理，负责提供必要的条件，保证质量管理部门和质量管理人员有效履行职责，确保企业实现质量目标并按照本规范要求经营药品。

第十五条　企业质量负责人应当由高层管理人员担任，全面负责药品质量管理工作。独立履行职责，在企业内部对药品质量管理具有裁决权。

第十六条　企业应当设立质量管理部门，有效开展质量管理工作。质量管理部门的职责不得由其他部门及人员履行。

第十七条　质量管理部门应当履行以下职责：

（一）督促相关部门和岗位人员执行药品管理的法律法规及本规范；

（二）组织制订质量管理体系文件，并指导、监督文件的执行；

（三）负责对供货单位和购货单位的合法性、购进药品的合法性以及供货单位销售人员、购货单位采购人员的合法资格进行审核，并根据审核内容的变化进行动态管理；

（四）负责质量信息的收集和管理，并建立药品质量档案；

（五）负责药品的验收，指导并监督药品采购、储存、养护、销售、退货、运输等环节的质量管理工作；

（六）负责不合格药品的确认，对不合格药品的处理过程实施监督；

（七）负责药品质量投诉和质量事故的调查、处理及报告；

（八）负责假劣药品的报告；

（九）负责药品质量查询；

（十）负责指导设定计算机系统质量控制功能；

（十一）负责计算机系统操作权限的审核和质量管理基础数据的建立及更新；

（十二）组织验证、校准相关设施设备；

（十三）负责药品召回的管理；

（十四）负责药品不良反应的报告；

（十五）组织质量管理体系的内审和风险评估；

（十六）组织对药品供货单位及购货单位质量管理体系和服务质量的考察和评价；

（十七）组织对被委托运输的承运方运输条件和质量保障能力的审查；

（十八）协助开展质量管理教育和培训；

（十九）其他应当由质量管理部门履行的职责。

第三节　人员与培训

第十八条　企业从事药品经营和质量管理工作的人员，应当符合有关法律法规及本规范规定的资格要求，不得有相关法律法规禁止从业的情形。

第十九条　企业负责人应当具有大学专科以上学历或者中级以上专业技术职称，经过基本的药学专业知识培训，熟悉有关药品管理的法律法规及本规范。

第二十条　企业质量负责人应当具有大学本科以上学历、执业药师资格和3年以上药品经营质量管理工作经历，在质量管理工作中具备正确判断和保障实施的能力。

第二十一条　企业质量管理部门负责人应当具有执业药师资格和3年以上药品经营质量管理工作经历，能独立解决经营过程中的质量问题。

第二十二条　企业应当配备符合以下资格要求的质量管理、验收及养护等岗位人员：

（一）从事质量管理工作的，应当具有药学中专或者医学、生物、化学等相关专业大学专科以上学历或者具有药学初级以上专业技术职称；

（二）从事验收、养护工作的，应当具有药学或者医学、生物、化学等相关专业中专以上学历或者具有药学初级以上专业技术职称；

（三）从事中药材、中药饮片验收工作的，应当具有中药学专业中专以上学历或者具有中药学中级以上专业技术职称；从事中药材、中药饮片养护工作的，应当具有中药学专业中专以上学历或者具有中药学初级以上专业技术职称；直接收购地产中药材的，验收人员应当具有中药学中级以上专业技术职称。

经营疫苗的企业还应当配备2名以上专业技术人员专门负责疫苗质量管理和

验收工作，专业技术人员应当具有预防医学、药学、微生物学或者医学等专业本科以上学历及中级以上专业技术职称，并有3年以上从事疫苗管理或者技术工作经历。

第二十三条　从事质量管理、验收工作的人员应当在职在岗，不得兼职其他业务工作。

第二十四条　从事采购工作的人员应当具有药学或者医学、生物、化学等相关专业中专以上学历，从事销售、储存等工作的人员应当具有高中以上文化程度。

第二十五条　企业应当对各岗位人员进行与其职责和工作内容相关的岗前培训和继续培训，以符合本规范要求。

第二十六条　培训内容应当包括相关法律法规、药品专业知识及技能、质量管理制度、职责及岗位操作规程等。

第二十七条　企业应当按照培训管理制度制定年度培训计划并开展培训，使相关人员能正确理解并履行职责。培训工作应当做好记录并建立档案。

第二十八条　从事特殊管理的药品和冷藏冷冻药品的储存、运输等工作的人员，应当接受相关法律法规和专业知识培训并经考核合格后方可上岗。

第二十九条　企业应当制定员工个人卫生管理制度，储存、运输等岗位人员的着装应当符合劳动保护和产品防护的要求。

第三十条　质量管理、验收、养护、储存等直接接触药品岗位的人员应当进行岗前及年度健康检查，并建立健康档案。患有传染病或者其他可能污染药品的疾病的，不得从事直接接触药品的工作。身体条件不符合相应岗位特定要求的，不得从事相关工作。

第四节　质量管理体系文件

第三十一条　企业制定质量管理体系文件应当符合企业实际。文件包括质量管理制度、部门及岗位职责、操作规程、档案、报告、记录和凭证等。

第三十二条　文件的起草、修订、审核、批准、分发、保管，以及修改、撤销、替换、销毁等应当按照文件管理操作规程进行，并保存相关记录。

第三十三条　文件应当标明题目、种类、目的以及文件编号和版本号。文字应当准确、清晰、易懂。

文件应当分类存放，便于查阅。

第三十四条　企业应当定期审核、修订文件，使用的文件应当为现行有效的文本，已废止或者失效的文件除留档备查外，不得在工作现场出现。

第三十五条　企业应当保证各岗位获得与其工作内容相对应的必要文件，并严格按照规定开展工作。

第三十六条 质量管理制度应当包括以下内容：

（一）质量管理体系内审的规定；

（二）质量否决权的规定；

（三）质量管理文件的管理；

（四）质量信息的管理；

（五）供货单位、购货单位、供货单位销售人员及购货单位采购人员等资格审核的规定；

（六）药品采购、收货、验收、储存、养护、销售、出库、运输的管理；

（七）特殊管理的药品的规定；

（八）药品有效期的管理；

（九）不合格药品、药品销毁的管理；

（十）药品退货的管理；

（十一）药品召回的管理；

（十二）质量查询的管理；

（十三）质量事故、质量投诉的管理；

（十四）药品不良反应报告的规定；

（十五）环境卫生、人员健康的规定；

（十六）质量方面的教育、培训及考核的规定；

（十七）设施设备保管和维护的管理；

（十八）设施设备验证和校准的管理；

（十九）记录和凭证的管理；

（二十）计算机系统的管理；

（二十一）执行药品电子监管的规定；

（二十二）其他应当规定的内容。

第三十七条 部门及岗位职责应当包括：

（一）质量管理、采购、储存、销售、运输、财务和信息管理等部门职责；

（二）企业负责人、质量负责人及质量管理、采购、储存、销售、运输、财务和信息管理等部门负责人的岗位职责；

（三）质量管理、采购、收货、验收、储存、养护、销售、出库复核、运输、财务、信息管理等岗位职责；

（四）与药品经营相关的其他岗位职责。

第三十八条 企业应当制定药品采购、收货、验收、储存、养护、销售、出库复核、运输等环节及计算机系统的操作规程。

第三十九条 企业应当建立药品采购、验收、养护、销售、出库复核、销后退回和购进退出、运输、储运温湿度监测、不合格药品处理等相关记录，做到真实、完整、准确、有效和可追溯。

第四十条　通过计算机系统记录数据时，有关人员应当按照操作规程，通过授权及密码登录后方可进行数据的录入或者复核；数据的更改应当经质量管理部门审核并在其监督下进行，更改过程应当留有记录。

第四十一条　书面记录及凭证应当及时填写，并做到字迹清晰，不得随意涂改，不得撕毁。更改记录的，应当注明理由、日期并签名，保持原有信息清晰可辨。

第四十二条　记录及凭证应当至少保存5年。疫苗、特殊管理的药品的记录及凭证按相关规定保存。

第五节　设施与设备

第四十三条　企业应当具有与其药品经营范围、经营规模相适应的经营场所和库房。

第四十四条　库房的选址、设计、布局、建造、改造和维护应当符合药品储存的要求，防止药品的污染、交叉污染、混淆和差错。

第四十五条　药品储存作业区、辅助作业区应当与办公区和生活区分开一定距离或者有隔离措施。

第四十六条　库房的规模及条件应当满足药品的合理、安全储存，并达到以下要求，便于开展储存作业：

（一）库房内外环境整洁，无污染源，库区地面硬化或者绿化；

（二）库房内墙、顶光洁，地面平整，门窗结构严密；

（三）库房有可靠的安全防护措施，能够对无关人员进入实行可控管理，防止药品被盗、替换或者混入假药；

（四）有防止室外装卸、搬运、接收、发运等作业受异常天气影响的措施。

第四十七条　库房应当配备以下设施设备：

（一）药品与地面之间有效隔离的设备；

（二）避光、通风、防潮、防虫、防鼠等设备；

（三）有效调控温湿度及室内外空气交换的设备；

（四）自动监测、记录库房温湿度的设备；

（五）符合储存作业要求的照明设备；

（六）用于零货拣选、拼箱发货操作及复核的作业区域和设备；

（七）包装物料的存放场所；

（八）验收、发货、退货的专用场所；

（九）不合格药品专用存放场所；

（十）经营特殊管理的药品有符合国家规定的储存设施。

第四十八条 经营中药材、中药饮片的，应当有专用的库房和养护工作场所，直接收购地产中药材的应当设置中药样品室（柜）。

第四十九条 经营冷藏、冷冻药品的，应当配备以下设施设备：

（一）与其经营规模和品种相适应的冷库，经营疫苗的应当配备两个以上独立冷库；

（二）用于冷库温度自动监测、显示、记录、调控、报警的设备；

（三）冷库制冷设备的备用发电机组或者双回路供电系统；

（四）对有特殊低温要求的药品，应当配备符合其储存要求的设施设备；

（五）冷藏车及车载冷藏箱或者保温箱等设备。

第五十条 运输药品应当使用封闭式货物运输工具。

第五十一条 运输冷藏、冷冻药品的冷藏车及车载冷藏箱、保温箱应当符合药品运输过程中对温度控制的要求。冷藏车具有自动调控温度、显示温度、存储和读取温度监测数据的功能；冷藏箱及保温箱具有外部显示和采集箱体内温度数据的功能。

第五十二条 储存、运输设施设备的定期检查、清洁和维护应当由专人负责，并建立记录和档案。

第六节 校准与验证

第五十三条 企业应当按照国家有关规定，对计量器具、温湿度监测设备等定期进行校准或者检定。

企业应当对冷库、储运温湿度监测系统以及冷藏运输等设施设备进行使用前验证、定期验证及停用时间超过规定时限的验证。

第五十四条 企业应当根据相关验证管理制度，形成验证控制文件，包括验证方案、报告、评价、偏差处理和预防措施等。

第五十五条 验证应当按照预先确定和批准的方案实施，验证报告应当经过审核和批准，验证文件应当存档。

第五十六条 企业应当根据验证确定的参数及条件，正确、合理使用相关设施设备。

第七节 计算机系统

第五十七条 企业应当建立能够符合经营全过程管理及质量控制要求的计算机系统，实现药品质量可追溯，并满足药品电子监管的实施条件。

第五十八条 企业计算机系统应当符合以下要求：

（一）有支持系统正常运行的服务器和终端机；

（二）有安全、稳定的网络环境，有固定接入互联网的方式和安全可靠的信息平台；

（三）有实现部门之间、岗位之间信息传输和数据共享的局域网；

（四）有药品经营业务票据生成、打印和管理功能；

（五）有符合本规范要求及企业管理实际需要的应用软件和相关数据库。

第五十九条　各类数据的录入、修改、保存等操作应当符合授权范围、操作规程和管理制度的要求，保证数据原始、真实、准确、安全和可追溯。

第六十条　计算机系统运行中涉及企业经营和管理的数据应当采用安全、可靠的方式储存并按日备份，备份数据应当存放在安全场所，记录类数据的保存时限应当符合本规范第四十二条的要求。

第八节　采　　购

第六十一条　企业的采购活动应当符合以下要求：

（一）确定供货单位的合法资格；

（二）确定所购入药品的合法性；

（三）核实供货单位销售人员的合法资格；

（四）与供货单位签订质量保证协议。

采购中涉及的首营企业、首营品种，采购部门应当填写相关申请表格，经过质量管理部门和企业质量负责人的审核批准。必要时应当组织实地考察，对供货单位质量管理体系进行评价。

第六十二条　对首营企业的审核，应当查验加盖其公章原印章的以下资料，确认真实、有效：

（一）《药品生产许可证》或者《药品经营许可证》复印件；

（二）营业执照及其年检证明复印件；

（三）《药品生产质量管理规范》认证证书或者《药品经营质量管理规范》认证证书复印件；

（四）相关印章、随货同行单（票）样式；

（五）开户户名、开户银行及账号；

（六）《税务登记证》和《组织机构代码证》复印件。

第六十三条　采购首营品种应当审核药品的合法性，索取加盖供货单位公章原印章的药品生产或者进口批准证明文件复印件并予以审核，审核无误的方可采购。

以上资料应当归入药品质量档案。

第六十四条　企业应当核实、留存供货单位销售人员以下资料：

（一）加盖供货单位公章原印章的销售人员身份证复印件；

（二）加盖供货单位公章原印章和法定代表人印章或者签名的授权书，授权书应当载明被授权人姓名、身份证号码，以及授权销售的品种、地域、期限；

（三）供货单位及供货品种相关资料。

第六十五条 企业与供货单位签订的质量保证协议至少包括以下内容：

（一）明确双方质量责任；

（二）供货单位应当提供符合规定的资料且对其真实性、有效性负责；

（三）供货单位应当按照国家规定开具发票；

（四）药品质量符合药品标准等有关要求；

（五）药品包装、标签、说明书符合有关规定；

（六）药品运输的质量保证及责任；

（七）质量保证协议的有效期限。

第六十六条 采购药品时，企业应当向供货单位索取发票。发票应当列明药品的通用名称、规格、单位、数量、单价、金额等；不能全部列明的，应当附《销售货物或者提供应税劳务清单》，并加盖供货单位发票专用章原印章、注明税票号码。

第六十七条 发票上的购、销单位名称及金额、品名应当与付款流向及金额、品名一致，并与财务账目内容相对应。发票按有关规定保存。

第六十八条 采购药品应当建立采购记录。采购记录应当有药品的通用名称、剂型、规格、生产厂商、供货单位、数量、价格、购货日期等内容，采购中药材、中药饮片的还应当标明产地。

第六十九条 发生灾情、疫情、突发事件或者临床紧急救治等特殊情况，以及其他符合国家有关规定的情形，企业可采用直调方式购销药品，将已采购的药品不入本企业仓库，直接从供货单位发送到购货单位，并建立专门的采购记录，保证有效的质量跟踪和追溯。

第七十条 采购特殊管理的药品，应当严格按照国家有关规定进行。

第七十一条 企业应当定期对药品采购的整体情况进行综合质量评审，建立药品质量评审和供货单位质量档案，并进行动态跟踪管理。

第九节 收货与验收

第七十二条 企业应当按照规定的程序和要求对到货药品逐批进行收货、验收，防止不合格药品入库。

第七十三条 药品到货时，收货人员应当核实运输方式是否符合要求，并对照随货同行单（票）和采购记录核对药品，做到票、账、货相符。

随货同行单（票）应当包括供货单位、生产厂商、药品的通用名称、剂型、规格、批号、数量、收货单位、收货地址、发货日期等内容，并加盖供货单位药品出库专用章原印章。

第七十四条 冷藏、冷冻药品到货时，应当对其运输方式及运输过程的温度记录、运输时间等质量控制状况进行重点检查并记录。不符合温度要求的应当拒收。

第七十五条 收货人员对符合收货要求的药品，应当按品种特性要求放于相应待验区域，或者设置状态标志，通知验收。冷藏、冷冻药品应当在冷库内待验。

第七十六条 验收药品应当按照药品批号查验同批号的检验报告书。供货单位为批发企业的，检验报告书应当加盖其质量管理专用章原印章。检验报告书的传递和保存可以采用电子数据形式，但应当保证其合法性和有效性。

第七十七条 企业应当按照验收规定，对每次到货药品进行逐批抽样验收，抽取的样品应当具有代表性。

（一）同一批号的药品应当至少检查一个最小包装，但生产企业有特殊质量控制要求或者打开最小包装可能影响药品质量的，可不打开最小包装；

（二）破损、污染、渗液、封条损坏等包装异常以及零货、拼箱的，应当开箱检查至最小包装；

（三）外包装及封签完整的原料药、实施批签发管理的生物制品，可不开箱检查。

第七十八条 验收人员应当对抽样药品的外观、包装、标签、说明书以及相关的证明文件等逐一进行检查、核对；验收结束后，应当将抽取的完好样品放回原包装箱，加封并标示。

第七十九条 特殊管理的药品应当按照相关规定在专库或者专区内验收。

第八十条 验收药品应当做好验收记录，包括药品的通用名称、剂型、规格、批准文号、批号、生产日期、有效期、生产厂商、供货单位、到货数量、到货日期、验收合格数量、验收结果等内容。验收人员应当在验收记录上签署姓名和验收日期。

中药材验收记录应当包括品名、产地、供货单位、到货数量、验收合格数量等内容。中药饮片验收记录应当包括品名、规格、批号、产地、生产日期、生产厂商、供货单位、到货数量、验收合格数量等内容，实施批准文号管理的中药饮片还应当记录批准文号。

验收不合格的还应当注明不合格事项及处置措施。

第八十一条 对实施电子监管的药品，企业应当按规定进行药品电子监管码扫码，并及时将数据上传至中国药品电子监管网系统平台。

第八十二条 企业对未按规定加印或者加贴中国药品电子监管码，或者监管码的印刷不符合规定要求的，应当拒收。监管码信息与药品包装信息不符的，应当及时向供货单位查询，未得到确认之前不得入库，必要时向当地药品监督管理部门报告。

第八十三条 企业应当建立库存记录，验收合格的药品应当及时入库登记；验收不合格的，不得入库，并由质量管理部门处理。

第八十四条 企业按本规范第六十九条规定进行药品直调的，可委托购货单位进行药品验收。购货单位应当严格按照本规范的要求验收药品和进行药品电子监管码的扫码与数据上传，并建立专门的直调药品验收记录。验收当日应当将验收记录相关信息传递给直调企业。

第十节 储存与养护

第八十五条 企业应当根据药品的质量特性对药品进行合理储存，并符合以下要求：

（一）按包装标示的温度要求储存药品，包装上没有标示具体温度的，按照《中华人民共和国药典》规定的贮藏要求进行储存；

（二）储存药品相对湿度为35％～75％；

（三）在人工作业的库房储存药品，按质量状态实行色标管理：合格药品为绿色，不合格药品为红色，待确定药品为黄色；

（四）储存药品应当按照要求采取避光、遮光、通风、防潮、防虫、防鼠等措施；

（五）搬运和堆码药品应当严格按照外包装标示要求规范操作，堆码高度符合包装图示要求，避免损坏药品包装；

（六）药品按批号堆码，不同批号的药品不得混垛，垛间距不小于5厘米，与库房内墙、顶、温度调控设备及管道等设施间距不小于30厘米，与地面间距不小于10厘米；

（七）药品与非药品、外用药与其他药品分开存放，中药材和中药饮片分库存放；

（八）特殊管理的药品应当按照国家有关规定储存；

（九）拆除外包装的零货药品应当集中存放；

（十）储存药品的货架、托盘等设施设备应当保持清洁，无破损和杂物堆放；

（十一）未经批准的人员不得进入储存作业区，储存作业区内的人员不得有影响药品质量和安全的行为；

（十二）药品储存作业区内不得存放与储存管理无关的物品。

第八十六条 养护人员应当根据库房条件、外部环境、药品质量特性等对药品进行养护，主要内容是：

（一）指导和督促储存人员对药品进行合理储存与作业；

（二）检查并改善储存条件、防护措施、卫生环境；

（三）对库房温湿度进行有效监测、调控；

（四）按照养护计划对库存药品的外观、包装等质量状况进行检查，并建立养护记录；对储存条件有特殊要求的或者有效期较短的品种应当进行重点养护；

（五）发现有问题的药品应当及时在计算机系统中锁定和记录，并通知质量管理部门处理；

（六）对中药材和中药饮片应当按其特性采取有效方法进行养护并记录，所采取的养护方法不得对药品造成污染；

（七）定期汇总、分析养护信息。

第八十七条　企业应当采用计算机系统对库存药品的有效期进行自动跟踪和控制，采取近效期预警及超过有效期自动锁定等措施，防止过期药品销售。

第八十八条　药品因破损而导致液体、气体、粉末泄漏时，应当迅速采取安全处理措施，防止对储存环境和其他药品造成污染。

第八十九条　对质量可疑的药品应当立即采取停售措施，并在计算机系统中锁定，同时报告质量管理部门确认。对存在质量问题的药品应当采取以下措施：

（一）存放于标志明显的专用场所，并有效隔离，不得销售；

（二）怀疑为假药的，及时报告药品监督管理部门；

（三）属于特殊管理的药品，按照国家有关规定处理；

（四）不合格药品的处理过程应当有完整的手续和记录；

（五）对不合格药品应当查明并分析原因，及时采取预防措施。

第九十条　企业应当对库存药品定期盘点，做到账、货相符。

第十一节　销　　售

第九十一条　企业应当将药品销售给合法的购货单位，并对购货单位的证明文件、采购人员及提货人员的身份证明进行核实，保证药品销售流向真实、合法。

第九十二条　企业应当严格审核购货单位的生产范围、经营范围或者诊疗范围，并按照相应的范围销售药品。

第九十三条　企业销售药品，应当如实开具发票，做到票、账、货、款一致。

第九十四条　企业应当做好药品销售记录。销售记录应当包括药品的通用名称、规格、剂型、批号、有效期、生产厂商、购货单位、销售数量、单价、金额、销售日期等内容。按照本规范第六十九条规定进行药品直调的，应当建立专门的销售记录。

中药材销售记录应当包括品名、规格、产地、购货单位、销售数量、单价、金额、销售日期等内容；中药饮片销售记录应当包括品名、规格、批号、产地、生产厂商、购货单位、销售数量、单价、金额、销售日期等内容。

第九十五条 销售特殊管理的药品以及国家有专门管理要求的药品，应当严格按照国家有关规定执行。

第十二节 出 库

第九十六条 出库时应当对照销售记录进行复核。发现以下情况不得出库，并报告质量管理部门处理：

（一）药品包装出现破损、污染、封口不牢、衬垫不实、封条损坏等问题；

（二）包装内有异常响动或者液体渗漏；

（三）标签脱落、字迹模糊不清或者标识内容与实物不符；

（四）药品已超过有效期；

（五）其他异常情况的药品。

第九十七条 药品出库复核应当建立记录，包括购货单位、药品的通用名称、剂型、规格、数量、批号、有效期、生产厂商、出库日期、质量状况和复核人员等内容。

第九十八条 特殊管理的药品出库应当按照有关规定进行复核。

第九十九条 药品拼箱发货的代用包装箱应当有醒目的拼箱标志。

第一百条 药品出库时，应当附加盖企业药品出库专用章原印章的随货同行单（票）。

企业按照本规范第六十九条规定直调药品的，直调药品出库时，由供货单位开具两份随货同行单（票），分别发往直调企业和购货单位。随货同行单（票）的内容应当符合本规范第七十三条第二款的要求，还应当标明直调企业名称。

第一百零一条 冷藏、冷冻药品的装箱、装车等项作业，应当由专人负责并符合以下要求：

（一）车载冷藏箱或者保温箱在使用前应当达到相应的温度要求；

（二）应当在冷藏环境下完成冷藏、冷冻药品的装箱、封箱工作；

（三）装车前应当检查冷藏车辆的启动、运行状态，达到规定温度后方可装车；

（四）启运时应当做好运输记录，内容包括运输工具和启运时间等。

第一百零二条 对实施电子监管的药品，应当在出库时进行扫码和数据上传。

第十三节 运输与配送

第一百零三条 企业应当按照质量管理制度的要求，严格执行运输操作规程，并采取有效措施保证运输过程中的药品质量与安全。

第一百零四条 运输药品，应当根据药品的包装、质量特性并针对车况、道路、天气等因素，选用适宜的运输工具，采取相应措施防止出现破损、污染等问题。

第一百零五条 发运药品时，应当检查运输工具，发现运输条件不符合规定的，不得发运。运输药品过程中，运载工具应当保持密闭。

第一百零六条 企业应当严格按照外包装标示的要求搬运、装卸药品。

第一百零七条 企业应当根据药品的温度控制要求，在运输过程中采取必要的保温或者冷藏、冷冻措施。

运输过程中，药品不得直接接触冰袋、冰排等蓄冷剂，防止对药品质量造成影响。

第一百零八条 在冷藏、冷冻药品运输途中，应当实时监测并记录冷藏车、冷藏箱或者保温箱内的温度数据。

第一百零九条 企业应当制定冷藏、冷冻药品运输应急预案，对运输途中可能发生的设备故障、异常天气影响、交通拥堵等突发事件，能够采取相应的应对措施。

第一百一十条 企业委托其他单位运输药品的，应当对承运方运输药品的质量保障能力进行审计，索取运输车辆的相关资料，符合本规范运输设施设备条件和要求的方可委托。

第一百一十一条 企业委托运输药品应当与承运方签订运输协议，明确药品质量责任、遵守运输操作规程和在途时限等内容。

第一百一十二条 企业委托运输药品应当有记录，实现运输过程的质量追溯。记录至少包括发货时间、发货地址、收货单位、收货地址、货单号、药品件数、运输方式、委托经办人、承运单位，采用车辆运输的还应当载明车牌号，并留存驾驶人员的驾驶证复印件。记录应当至少保存 5 年。

第一百一十三条 已装车的药品应当及时发运并尽快送达。委托运输的，企业应当要求并监督承运方严格履行委托运输协议，防止因在途时间过长影响药品质量。

第一百一十四条 企业应当采取运输安全管理措施，防止在运输过程中发生药品盗抢、遗失、调换等事故。

第一百一十五条 特殊管理的药品的运输应当符合国家有关规定。

第十四节 售后管理

第一百一十六条 企业应当加强对退货的管理，保证退货环节药品的质量和安全，防止混入假冒药品。

第一百一十七条 企业应当按照质量管理制度的要求，制定投诉管理操作规程，内容包括投诉渠道及方式、档案记录、调查与评估、处理措施、反馈和事后跟踪等。

第一百一十八条 企业应当配备专职或者兼职人员负责售后投诉管理，对投诉的质量问题查明原因，采取有效措施及时处理和反馈，并做好记录，必要时应当通知供货单位及药品生产企业。

第一百一十九条 企业应当及时将投诉及处理结果等信息记入档案，以便查询和跟踪。

第一百二十条 企业发现已售出药品有严重质量问题，应当立即通知购货单位停售、追回并做好记录，同时向药品监督管理部门报告。

第一百二十一条 企业应当协助药品生产企业履行召回义务，按照召回计划的要求及时传达、反馈药品召回信息，控制和收回存在安全隐患的药品，并建立药品召回记录。

第一百二十二条 企业质量管理部门应当配备专职或者兼职人员，按照国家有关规定承担药品不良反应监测和报告工作。

第三章 药品零售的质量管理

第一节 质量管理与职责

第一百二十三条 企业应当按照有关法律法规及本规范的要求制定质量管理文件，开展质量管理活动，确保药品质量。

第一百二十四条 企业应当具有与其经营范围和规模相适应的经营条件，包括组织机构、人员、设施设备、质量管理文件，并按照规定设置计算机系统。

第一百二十五条 企业负责人是药品质量的主要责任人，负责企业日常管理，负责提供必要的条件，保证质量管理部门和质量管理人员有效履行职责，确保企业按照本规范要求经营药品。

第一百二十六条 企业应当设置质量管理部门或者配备质量管理人员，履行以下职责：

（一）督促相关部门和岗位人员执行药品管理的法律法规及本规范；

（二）组织制订质量管理文件，并指导、监督文件的执行；

（三）负责对供货单位及其销售人员资格证明的审核；

（四）负责对所采购药品合法性的审核；

（五）负责药品的验收，指导并监督药品采购、储存、陈列、销售等环节的质量管理工作；

（六）负责药品质量查询及质量信息管理；

（七）负责药品质量投诉和质量事故的调查、处理及报告；

（八）负责对不合格药品的确认及处理；

（九）负责假劣药品的报告；

（十）负责药品不良反应的报告；

（十一）开展药品质量管理教育和培训；

（十二）负责计算机系统操作权限的审核、控制及质量管理基础数据的维护；

（十三）负责组织计量器具的校准及检定工作；

（十四）指导并监督药学服务工作；

（十五）其他应当由质量管理部门或者质量管理人员履行的职责。

第二节　人员管理

第一百二十七条　企业从事药品经营和质量管理工作的人员，应当符合有关法律法规及本规范规定的资格要求，不得有相关法律法规禁止从业的情形。

第一百二十八条　企业法定代表人或者企业负责人应当具备执业药师资格。

企业应当按照国家有关规定配备执业药师，负责处方审核，指导合理用药。

第一百二十九条　质量管理、验收、采购人员应当具有药学或者医学、生物、化学等相关专业学历或者具有药学专业技术职称。从事中药饮片质量管理、验收、采购人员应当具有中药学中专以上学历或者具有中药学专业初级以上专业技术职称。

营业员应当具有高中以上文化程度或者符合省级药品监督管理部门规定的条件。中药饮片调剂人员应当具有中药学中专以上学历或者具备中药调剂员资格。

第一百三十条　企业各岗位人员应当接受相关法律法规及药品专业知识与技能的岗前培训和继续培训，以符合本规范要求。

第一百三十一条　企业应当按照培训管理制度制定年度培训计划并开展培训，使相关人员能正确理解并履行职责。培训工作应当做好记录并建立档案。

第一百三十二条　企业应当为销售特殊管理的药品、国家有专门管理要求的药品、冷藏药品的人员接受相应培训提供条件，使其掌握相关法律法规和专业知识。

第一百三十三条　在营业场所内，企业工作人员应当穿着整洁、卫生的工作服。

第一百三十四条　企业应当对直接接触药品岗位的人员进行岗前及年度健康检查，并建立健康档案。患有传染病或者其他可能污染药品的疾病的，不得从事直接接触药品的工作。

第一百三十五条　在药品储存、陈列等区域不得存放与经营活动无关的物品及私人用品，在工作区域内不得有影响药品质量和安全的行为。

第三节　文　　件

第一百三十六条　企业应当按照有关法律法规及本规范规定，制定符合企业实际的质量管理文件。文件包括质量管理制度、岗位职责、操作规程、档案、记录和凭证等，并对质量管理文件定期审核、及时修订。

第一百三十七条　企业应当采取措施确保各岗位人员正确理解质量管理文件的内容，保证质量管理文件有效执行。

第一百三十八条　药品零售质量管理制度应当包括以下内容：

（一）药品采购、验收、陈列、销售等环节的管理，设置库房的还应当包括储存、养护的管理；

（二）供货单位和采购品种的审核；

（三）处方药销售的管理；

（四）药品拆零的管理；

（五）特殊管理的药品和国家有专门管理要求的药品的管理；

（六）记录和凭证的管理；

（七）收集和查询质量信息的管理；

（八）质量事故、质量投诉的管理；

（九）中药饮片处方审核、调配、核对的管理；

（十）药品有效期的管理；

（十一）不合格药品、药品销毁的管理；

（十二）环境卫生、人员健康的规定；

（十三）提供用药咨询、指导合理用药等药学服务的管理；

（十四）人员培训及考核的规定；

（十五）药品不良反应报告的规定；

（十六）计算机系统的管理；

（十七）执行药品电子监管的规定；

（十八）其他应当规定的内容。

第一百三十九条　企业应当明确企业负责人、质量管理、采购、验收、营业员以及处方审核、调配等岗位的职责，设置库房的还应当包括储存、养护等岗位职责。

第一百四十条　质量管理岗位、处方审核岗位的职责不得由其他岗位人员代为履行。

第一百四十一条　药品零售操作规程应当包括：

（一）药品采购、验收、销售；

（二）处方审核、调配、核对；

（三）中药饮片处方审核、调配、核对；

（四）药品拆零销售；

（五）特殊管理的药品和国家有专门管理要求的药品的销售；

（六）营业场所药品陈列及检查；

（七）营业场所冷藏药品的存放；

（八）计算机系统的操作和管理；

（九）设置库房的还应当包括储存和养护的操作规程。

第一百四十二条　企业应当建立药品采购、验收、销售、陈列检查、温湿度监测、不合格药品处理等相关记录，做到真实、完整、准确、有效和可追溯。

第一百四十三条　记录及相关凭证应当至少保存5年。特殊管理的药品的记录及凭证按相关规定保存。

第一百四十四条　通过计算机系统记录数据时，相关岗位人员应当按照操作规程，通过授权及密码登录计算机系统，进行数据的录入，保证数据原始、真实、准确、安全和可追溯。

第一百四十五条　电子记录数据应当以安全、可靠方式定期备份。

第四节　设施与设备

第一百四十六条　企业的营业场所应当与其药品经营范围、经营规模相适应，并与药品储存、办公、生活辅助及其他区域分开。

第一百四十七条　营业场所应当具有相应设施或者采取其他有效措施，避免药品受室外环境的影响，并做到宽敞、明亮、整洁、卫生。

第一百四十八条　营业场所应当有以下营业设备：

（一）货架和柜台；

（二）监测、调控温度的设备；

（三）经营中药饮片的，有存放饮片和处方调配的设备；

（四）经营冷藏药品的，有专用冷藏设备；

（五）经营第二类精神药品、毒性中药品种和罂粟壳的，有符合安全规定的专用存放设备；

（六）药品拆零销售所需的调配工具、包装用品。

第一百四十九条　企业应当建立能够符合经营和质量管理要求的计算机系统，并满足药品电子监管的实施条件。

第一百五十条　企业设置库房的，应当做到库房内墙、顶光洁，地面平整，门窗结构严密；有可靠的安全防护、防盗等措施。

第一百五十一条　仓库应当有以下设施设备：

（一）药品与地面之间有效隔离的设备；

（二）避光、通风、防潮、防虫、防鼠等设备；

（三）有效监测和调控温湿度的设备；

（四）符合储存作业要求的照明设备；

（五）验收专用场所；

（六）不合格药品专用存放场所；

（七）经营冷藏药品的，有与其经营品种及经营规模相适应的专用设备。

第一百五十二条 经营特殊管理的药品应当有符合国家规定的储存设施。

第一百五十三条 储存中药饮片应当设立专用库房。

第一百五十四条 企业应当按照国家有关规定，对计量器具、温湿度监测设备等定期进行校准或者检定。

第五节 采购与验收

第一百五十五条 企业采购药品，应当符合本规范第二章第八节的相关规定。

第一百五十六条 药品到货时，收货人员应当按采购记录，对照供货单位的随货同行单（票）核实药品实物，做到票、账、货相符。

第一百五十七条 企业应当按规定的程序和要求对到货药品逐批进行验收，并按照本规范第八十条规定做好验收记录。

验收抽取的样品应当具有代表性。

第一百五十八条 冷藏药品到货时，应当按照本规范第七十四条规定进行检查。

第一百五十九条 验收药品应当按照本规范第七十六条规定查验药品检验报告书。

第一百六十条 特殊管理的药品应当按照相关规定进行验收。

第一百六十一条 验收合格的药品应当及时入库或者上架，实施电子监管的药品，还应当按照本规范第八十一条、第八十二条的规定进行扫码和数据上传，验收不合格的，不得入库或者上架，并报告质量管理人员处理。

第六节 陈列与储存

第一百六十二条 企业应当对营业场所温度进行监测和调控，以使营业场所的温度符合常温要求。

第一百六十三条 企业应当定期进行卫生检查，保持环境整洁。存放、陈列药品的设备应当保持清洁卫生，不得放置与销售活动无关的物品，并采取防虫、防鼠等措施，防止污染药品。

第一百六十四条 药品的陈列应当符合以下要求：

（一）按剂型、用途以及储存要求分类陈列，并设置醒目标志，类别标签字迹清晰、放置准确；

（二）药品放置于货架（柜），摆放整齐有序，避免阳光直射；

（三）处方药、非处方药分区陈列，并有处方药、非处方药专用标识；

（四）处方药不得采用开架自选的方式陈列和销售；

（五）外用药与其他药品分开摆放；

（六）拆零销售的药品集中存放于拆零专柜或者专区；

（七）第二类精神药品、毒性中药品种和罂粟壳不得陈列；

（八）冷藏药品放置在冷藏设备中，按规定对温度进行监测和记录，并保证存放温度符合要求；

（九）中药饮片柜斗谱的书写应当正名正字；装斗前应当复核，防止错斗、串斗；应当定期清斗，防止饮片生虫、发霉、变质；不同批号的饮片装斗前应当清斗并记录；

（十）经营非药品应当设置专区，与药品区域明显隔离，并有醒目标志。

第一百六十五条 企业应当定期对陈列、存放的药品进行检查，重点检查拆零药品和易变质、近效期、摆放时间较长的药品以及中药饮片。发现有质量疑问的药品应当及时撤柜，停止销售，由质量管理人员确认和处理，并保留相关记录。

第一百六十六条 企业应当对药品的有效期进行跟踪管理，防止近效期药品售出后可能发生的过期使用。

第一百六十七条 企业设置库房的，库房的药品储存与养护管理应当符合本规范第二章第十节的相关规定。

第七节 销售管理

第一百六十八条 企业应当在营业场所的显著位置悬挂《药品经营许可证》、营业执照、执业药师注册证等。

第一百六十九条 营业人员应当佩戴有照片、姓名、岗位等内容的工作牌，是执业药师和药学技术人员的，工作牌还应当标明执业资格或者药学专业技术职称。在岗执业的执业药师应当挂牌明示。

第一百七十条 销售药品应当符合以下要求：

（一）处方经执业药师审核后方可调配；对处方所列药品不得擅自更改或者代用，对有配伍禁忌或者超剂量的处方，应当拒绝调配，但经处方医师更正或者重新签字确认的，可以调配；调配处方后经过核对方可销售；

（二）处方审核、调配、核对人员应当在处方上签字或者盖章，并按照有关规定保存处方或者其复印件；

（三）销售近效期药品应当向顾客告知有效期；

（四）销售中药饮片做到计量准确，并告知煎服方法及注意事项；提供中药饮片代煎服务，应当符合国家有关规定。

第一百七十一条 企业销售药品应当开具销售凭证，内容包括药品名称、生产厂商、数量、价格、批号、规格等，并做好销售记录。

第一百七十二条 药品拆零销售应当符合以下要求：

（一）负责拆零销售的人员经过专门培训；

（二）拆零的工作台及工具保持清洁、卫生，防止交叉污染；

（三）做好拆零销售记录，内容包括拆零起始日期、药品的通用名称、规格、批号、生产厂商、有效期、销售数量、销售日期、分拆及复核人员等；

（四）拆零销售应当使用洁净、卫生的包装，包装上注明药品名称、规格、数量、用法、用量、批号、有效期以及药店名称等内容；

（五）提供药品说明书原件或者复印件；

（六）拆零销售期间，保留原包装和说明书。

第一百七十三条 销售特殊管理的药品和国家有专门管理要求的药品，应当严格执行国家有关规定。

第一百七十四条 药品广告宣传应当严格执行国家有关广告管理的规定。

第一百七十五条 非本企业在职人员不得在营业场所内从事药品销售相关活动。

第一百七十六条 对实施电子监管的药品，在售出时，应当进行扫码和数据上传。

第八节 售后管理

第一百七十七条 除药品质量原因外，药品一经售出，不得退换。

第一百七十八条 企业应当在营业场所公布药品监督管理部门的监督电话，设置顾客意见簿，及时处理顾客对药品质量的投诉。

第一百七十九条 企业应当按照国家有关药品不良反应报告制度的规定，收集、报告药品不良反应信息。

第一百八十条 企业发现已售出药品有严重质量问题，应当及时采取措施追回药品并做好记录，同时向药品监督管理部门报告。

第一百八十一条 企业应当协助药品生产企业履行召回义务，控制和收回存在安全隐患的药品，并建立药品召回记录。

第四章 附 则

第一百八十二条 药品零售连锁企业总部的管理应当符合本规范药品批发企

业相关规定，门店的管理应当符合本规范药品零售企业相关规定。

第一百八十三条　本规范为药品经营质量管理的基本要求。对企业信息化管理、药品储运温湿度自动监测、药品验收管理、药品冷链物流管理、零售连锁管理等具体要求，由国家食品药品监督管理局以附录方式另行制定。

第一百八十四条　本规范下列术语的含义是：

（一）在职：与企业确定劳动关系的在册人员。

（二）在岗：相关岗位人员在工作时间内在规定的岗位履行职责。

（三）首营企业：采购药品时，与本企业首次发生供需关系的药品生产或者经营企业。

（四）首营品种：本企业首次采购的药品。

（五）原印章：企业在购销活动中，为证明企业身份在相关文件或者凭证上加盖的企业公章、发票专用章、质量管理专用章、药品出库专用章的原始印记，不能是印刷、影印、复印等复制后的印记。

（六）待验：对到货、销后退回的药品采用有效的方式进行隔离或者区分，在入库前等待质量验收的状态。

（七）零货：指拆除了用于运输、储藏包装的药品。

（八）拼箱发货：将零货药品集中拼装至同一包装箱内发货的方式。

（九）拆零销售：将最小包装拆分销售的方式。

（十）国家有专门管理要求的药品：国家对蛋白同化制剂、肽类激素、含特殊药品复方制剂等品种实施特殊监管措施的药品。

第一百八十五条　医疗机构药房和计划生育技术服务机构的药品采购、储存、养护等质量管理规范由国家食品药品监督管理局商相关主管部门另行制定。

互联网销售药品的质量管理规定由国家食品药品监督管理局另行制定。

第一百八十六条　药品经营企业违反本规范的，由药品监督管理部门按照《中华人民共和国药品管理法》第七十九条的规定给予处罚。

第一百八十七条　本规范自 2013 年 6 月 1 日起施行。依照《中华人民共和国药品管理法》第十六条规定，具体实施办法和实施步骤由国家食品药品监督管理局规定。

013

关于印发《药品经营质量管理规范实施细则》的通知

国药管市〔2000〕526号

各省、自治区、直辖市药品监督管理局：

为贯彻执行《药品经营质量管理规范》（国家药品监督管理局令第20号，以下简称《规范》），根据《规范》第八十六条的规定，我局制定了《药品经营质量管理规范实施细则》（以下简称《实施细则》），现印发给你们。请各地按照《规范》和《实施细则》的标准及要求，切实担负起监督实施GSP的责任，大力推进辖区内药品经营企业的GSP改造，为提高药品经营企业素质，规范市场行为，保障人民群众用药安全、有效而作出努力。

特此通知。

药品监管局

二〇〇〇年十一月十六日

药品经营质量管理规范实施细则

药品监管局

2000年11月16日

第一章 总 则

第一条 为贯彻实施《药品经营质量管理规范》（以下简称《规范》），根据《规范》的有关规定，制定本细则。

第二条 本细则适用范围与《规范》相同。

第三条 本细则是对《规范》部分条款的具体说明。《规范》中已有明确规定的，本细则不再说明。

第二章 药品批发和零售连锁的质量管理

第一节 管理职责

第四条 药品批发和零售连锁企业应按照依法批准的经营方式和经营范围，

从事药品经营活动。

第五条　药品批发和零售连锁企业应建立以主要负责人为首，包括进货、销售、储运等业务部门负责人和企业质量管理机构负责人在内的质量领导组织。其具体职能是：

（一）组织并监督企业实施《中华人民共和国药品管理法》等药品管理的法律、法规和行政规章；

（二）组织并监督实施企业质量方针；

（三）负责企业质量管理部门的设置，确定各部门质量管理职能；

（四）审定企业质量管理制度；

（五）研究和确定企业质量管理工作的重大问题；

（六）确定企业质量奖惩措施。

第六条　药品批发和零售连锁企业应设置质量管理机构，机构下设质量管理组、质量验收组。批发企业和直接从工厂进货的零售连锁企业还应设置药品检验室。

批发和零售连锁企业应按经营规模设立养护组织。大中型企业应设立药品养护组，小型企业设立药品养护组或药品养护员。养护组或养护员在业务上接受质量管理机构的监督指导。

第七条　药品批发和零售连锁企业质量管理机构的主要职能是：

（一）贯彻执行有关药品质量管理的法律、法规和行政规章。

（二）起草企业药品质量管理制度，并指导、督促制度的执行。

（三）负责首营企业和首营品种的质量审核。

（四）负责建立企业所经营药品并包含质量标准等内容的质量档案。

（五）负责药品质量的查询和药品质量事故或质量投诉的调查、处理及报告。

（六）负责药品的验收和检验，指导和监督药品保管、养护和运输中的质量工作。

（七）负责质量不合格药品的审核，对不合格药品的处理过程实施监督。

（八）收集和分析药品质量信息。

（九）协助开展对企业职工药品质量管理方面的教育或培训。

（十）其他相关工作。

第八条　药品批发和零售连锁企业制定的质量管理制度应包括以下内容：

（一）质量方针和目标管理；

（二）质量体系的审核；

（三）有关部门、组织和人员的质量责任；

（四）质量否决的规定；

（五）质量信息管理；

（六）首营企业和首营品种的审核；

（七）质量验收和检验的管理；

（八）仓储保管、养护和出库复核的管理；

（九）有关记录和凭证的管理；

（十）特殊管理药品的管理；

（十一）有效期药品、不合格药品和退货药品的管理；

（十二）质量事故、质量查询和质量投诉的管理；

（十三）药品不良反应报告的规定；

（十四）卫生和人员健康状况的管理；

（十五）质量方面的教育、培训及考核的规定。

第二节　人员与培训

第九条　药品批发和零售连锁企业质量管理工作的负责人，大中型企业应具有主管药师（含主管药师、主管中药师）或药学相关专业（指医学、生物、化学等专业，下同）工程师（含）以上的技术职称；小型企业应具有药师（含药师、中药师）或药学相关专业助理工程师（含）以上的技术职称；

跨地域连锁经营的零售连锁企业质量管理工作负责人，应是执业药师。

第十条　药品批发和零售连锁企业质量管理机构的负责人，应是执业药师或符合本细则第九条的相应条件。

第十一条　药品批发和零售连锁企业药品检验部门的负责人，应符合本细则第九条的相应条件。

第十二条　药品批发和零售连锁企业从事质量管理和检验工作的人员，应具有药师（含药师、中药师）以上技术职称，或者具有中专（含）以上药学或相关专业的学历。以上人员应经专业培训和省级药品监督管理部门考试合格后，取得岗位合格证书方可上岗。

从事质量管理和检验工作的人员应在职在岗，不得为兼职人员。

第十三条　药品批发和零售连锁企业从事药品验收、养护、计量和销售工作的人员，应具有高中（含）以上的文化程度。以上人员应经岗位培训和地市级（含）以上药品监督管理部门考试合格后，取得岗位合格证书方可上岗。

第十四条　药品批发企业从事质量管理、检验、验收、养护及计量等工作的专职人员数量，不少于企业职工总数的4%（最低不应少于3人），零售连锁企业此类人员不少于职工总数的2%（最低不应少于3人），并保持相对稳定。

第十五条　药品批发和零售连锁企业从事质量管理、检验的人员，每年应接受省级药品监督管理部门组织的继续教育；从事验收、养护、计量等工作的人员，应定期接受企业组织的继续教育。以上人员的继续教育应建立档案。

第十六条 药品批发和零售连锁企业在质量管理、药品检验、验收、养护、保管等直接接触药品的岗位工作的人员，每年应进行健康检查并建立档案。

第三节 设施与设备

第十七条 药品批发和零售连锁企业应按经营规模设置相应的仓库，其面积（指建筑面积，下同）大型企业不应低于1500平方米，中型企业不应低于1000平方米，小型企业不应低于500平方米。

第十八条 药品批发和零售连锁企业应根据所经营药品的储存要求，设置不同温、湿度条件的仓库。其中冷库温度为2℃～10℃；阴凉库温度不高于20℃；常温库温度为0℃～30℃；各库房相对湿度应保持在45％～75％。

第十九条 药品批发和零售连锁企业设置的药品检验室应有用于仪器分析、化学分析、滴定液标定的专门场所，并有用于易燃易爆、有毒等环境下操作的安全设施和温、湿度调控的设备。药品检验室的面积，大型企业不小于150平方米；中型企业不小于100平方米；小型企业不小于50平方米。

第二十条 药品检验室应开展化学测定、仪器分析（大中型企业还应增加卫生学检查、效价测定）等检测项目，并配备与企业规模和经营品种相适应的仪器设备。

（一）小型企业：配置万分之一分析天平、酸度仪、电热恒温干燥箱、恒温水浴锅、片剂崩解仪、澄明度检测仪。经营中药材和中药饮片的，还应配置水分测定仪、紫外荧光灯和显微镜。

（二）中型企业：在小型企业配置基础上，增加自动旋光仪、紫外分光光度计、生化培养箱、高压灭菌锅、高温炉、超净工作台、高倍显微镜。经营中药材、中药饮片的还应配置生物显微镜。

（三）大型企业：在中小型企业配置基础上，增加片剂溶出度测定仪、真空干燥箱、恒温湿培养箱。

第二十一条 药品批发和零售连锁企业应在仓库设置验收养护室，其面积大型企业不小于50平方米；中型企业不小于40平方米；小型企业不小于20平方米。验收养护室应有必要的防潮、防尘设备。如所在仓库未设置药品检验室或不能与检验室共用仪器设备的，应配置千分之一天平、澄明度检测仪、标准比色液等；企业经营中药材、中药饮片的还应配置水分测定仪、紫外荧光灯、解剖镜或显微镜。

第二十二条 药品批发和零售连锁企业分装中药饮片应有固定的分装室，其环境应整洁，墙壁、顶棚无脱落物。

第二十三条 药品零售连锁企业应设置单独的、便于配货活动展开的配货场所。

第四节　进　　货

第二十四条　购进药品应按照可以保证药品质量的进货质量管理程序进行。此程序应包括以下环节：

（一）确定供货企业的法定资格及质量信誉。

（二）审核所购入药品的合法性和质量可靠性。

（三）对与本企业进行业务联系的供货单位销售人员，进行合法资格的验证。

（四）对首营品种，填写“首次经营药品审批表”，并经企业质量管理机构和企业主管领导的审核批准。

（五）签订有明确质量条款的购货合同。

（六）购货合同中质量条款的执行。

第二十五条　对首营品种合法性及质量情况的审核，包括核实药品的批准文号和取得质量标准，审核药品的包装、标签、说明书等是否符合规定，了解药品的性能、用途、检验方法、储存条件以及质量信誉等内容。

第二十六条　购货合同中应明确质量条款。

（一）工商间购销合同中应明确：

1. 药品质量符合质量标准和有关质量要求；
2. 药品附产品合格证；
3. 药品包装符合有关规定和货物运输要求。

（二）商商间购销合同中应明确：

1. 药品质量符合质量标准和有关质量要求；
2. 药品附产品合格证；
3. 购入进口药品，供应方应提供符合规定的证书和文件；
4. 药品包装符合有关规定和货物运输要求。

第二十七条　购进药品，应按国家有关规定建立完整的购进记录。记录应注明药品的品名、剂型、规格、有效期、生产厂商、供货单位、购进数量、购货日期等项内容。购进记录应保存至超过药品有效期1年，但不得少于3年。

第二十八条　购进特殊管理的药品，应严格按照国家有关管理规定进行。

第五节　验收与检验

第二十九条　药品质量验收，包括药品外观的性状检查和药品内外包装及标识的检查。包装、标识主要检查以下内容：

（一）每件包装中，应有产品合格证。

（二）药品包装的标签和所附说明书上，有生产企业的名称、地址，有药品的品名、规格、批准文号、产品批号、生产日期、有效期等；标签或说明书上还应有药品的成分、适应症或功能主治、用法、用量、禁忌、不良反应、注意事项以及贮藏条件等。

（三）特殊管理药品、外用药品包装的标签或说明书上有规定的标识和警示说明。处方药和非处方药按分类管理要求，标签、说明书上有相应的警示语或忠告语；非处方药的包装有国家规定的专有标识。

（四）进口药品，其包装的标签应以中文注明药品的名称、主要成分以及注册证号，并有中文说明书。

进口药品应有符合规定的《进口药品注册证》和《进口药品检验报告书》复印件；进口预防性生物制品、血液制品应有《生物制品进口批件》复印件；进口药材应有《进口药材批件》复印件。以上批准文件应加盖供货单位质量检验机构或质量管理机构原印章。

（五）中药材和中药饮片应有包装，并附有质量合格的标志。每件包装上，中药材标明品名、产地、供货单位；中药饮片标明品名、生产企业、生产日期等。实施文号管理的中药材和中药饮片，在包装上还应标明批准文号。

第三十条 药品验收应做好记录。验收记录记载供货单位、数量、到货日期、品名、剂型、规格、批准文号、批号、生产厂商、有效期、质量状况、验收结论和验收人员等项内容。验收记录按《规范》第三十五条要求保存。

第三十一条 对销后退回的药品，验收人员按进货验收的规定验收，必要时应抽样送检验部门检验。

第三十二条 对特殊管理的药品，应实行双人验收制度。

第三十三条 首营品种应进行内在质量检验。某些项目如无检验能力，应向生产企业索要该批号药品的质量检验报告书，或送县以上药品检验所检验。

第三十四条 药品抽样检验（包括自检和送检）的批数，大中型企业不应少于进货总批次数的1.5%，小型企业不应少于进货总批次数的1%。

第三十五条 药品检验部门或质量管理机构负责药品质量标准的收集。

第三十六条 药品检验应有完整的原始记录，并做到数据准确、内容真实、字迹清楚、格式及用语规范。记录保存5年。

第三十七条 用于药品验收、检验、养护的仪器、计量器具及滴定液等，应有使用和定期检定的记录。

第六节 储存与养护

第三十八条 药品储存时，应有效期标志。对近效期药品，应按月填报效期报表。

第三十九条 药品堆垛应留有一定距离。药品与墙、屋顶（房梁）的间距不小于30厘米，与库房散热器或供暖管道的间距不小于30厘米，与地面的间距不小于 10 厘米。

第四十条 药品储存应实行色标管理。其统一标准是：待验药品库（区）、退货药品库（区）为黄色；合格药品库（区）、零货称取库（区）、待发药品库（区）为绿色；不合格药品库（区）为红色。

第四十一条 对销后退回的药品，凭销售部门开具的退货凭证收货，存放于退货药品库（区），由专人保管并做好退货记录。经验收合格的药品，由保管人员记录后方可存入合格药品库（区）；不合格药品由保管人员记录后放入不合格药品库（区）。

退货记录应保存 3 年。

第四十二条 不合格药品应存放在不合格品库（区），并有明显标志。不合格药品的确认、报告、报损、销毁应有完善的手续和记录。

第四十三条 对库存药品应根据流转情况定期进行养护和检查，并做好记录。检查中，对由于异常原因可能出现问题的药品、易变质药品、已发现质量问题药品的相邻批号药品、储存时间较长的药品，应进行抽样送检。

第四十四条 库存养护中如发现质量问题，应悬挂明显标志和暂停发货，并尽快通知质量管理机构予以处理。

第四十五条 应做好库房温、湿度的监测和管理。每日应上、下午各一次定时对库房温、湿度进行记录。如库房温、湿度超出规定范围，应及时采取调控措施，并予以记录。

第七节　出库与运输

第四十六条 药品出库时，应按发货或配送凭证对实物进行质量检查和数量、项目的核对。如发现以下问题应停止发货或配送，并报有关部门处理：

（一）药品包装内有异常响动和液体渗漏；

（二）外包装出现破损、封口不牢、衬垫不实、封条严重损坏等现象；

（三）包装标识模糊不清或脱落；

（四）药品已超出有效期。

第四十七条 药品批发企业在药品出库复核时，为便于质量跟踪所做的复核记录，应包括购货单位、品名、剂型、规格、批号、有效期、生产厂商、数量、销售日期、质量状况和复核人员等项目。

药品零售连锁企业配送出库时，也应按规定做好质量检查和复核。其复核记录包括药品的品名、剂型、规格、批号、有效期、生产厂商、数量、出库日期，以及药品送至门店的名称和复核人员等项目。

以上复核记录按《规范》第四十五条的要求保存。

第四十八条 药品运输时，应针对运送药品的包装条件及道路状况，采取相应措施，防止药品的破损和混淆。运送有温度要求的药品，途中应采取相应的保温或冷藏措施。

第八节　销　　售

第四十九条　药品批发企业应按规定建立药品销售记录，记载药品的品名、剂型、规格、有效期、生产厂商、购货单位、销售数量、销售日期等项内容。销售记录应保存至超过药品有效期 1 年，但不得少于 3 年。

第五十条　药品批发和零售连锁企业应按照国家有关药品不良反应报告制度的规定和企业相关制度，注意收集由本企业售出药品的不良反应情况。发现不良反应情况，应按规定上报有关部门。

第三章　药品零售的质量管理

第一节　管理职责

第五十一条　药品零售企业和零售连锁门店应按依法批准的经营方式和经营范围经营药品。连锁门店应在门店前悬挂本连锁企业的统一商号和标志。

第五十二条　药品零售企业应按企业规模和管理需要设置质量管理机构，其职能与本细则第七条相同。小型零售企业如果因经营规模较小而未能设置质量管理机构的，应设置质量管理人员，其工作可参照管理机构的职能进行。

第五十三条　药品零售企业制定的质量管理制度，应包括以下内容：

（一）有关业务和管理岗位的质量责任；

（二）药品购进、验收、储存、陈列、养护等环节的管理规定；

（三）首营企业和首营品种审核的规定；

（四）药品销售及处方管理的规定；

（五）拆零药品的管理规定；

（六）特殊管理药品的购进、储存、保管和销售的规定；

（七）质量事故的处理和报告的规定；

（八）质量信息的管理；

（九）药品不良反应报告的规定；

（十）卫生和人员健康状况的管理；

（十一）服务质量的管理规定；

（十二）经营中药饮片的，有符合中药饮片购、销、存管理的规定。

药品零售连锁门店的质量管理制度，除不包括购进、储存等方面的规定外，应与药品零售企业有关制度相同。

第二节　人员与培训

第五十四条　药品零售企业质量管理工作的负责人，大中型企业应具有药师（含药师和中药师）以上的技术职称；小型企业应具有药士（含药士和中药士）以上的技术职称。

药品零售连锁门店应由具有药士（含药士和中药士）以上技术职称的人员负责质量管理工作。

第五十五条　药品零售企业从事质量管理和药品检验工作的人员，应具有药师（含药师和中药师）以上技术职称，或者具有中专（含）以上药学或相关专业的学历。

药品零售企业从事药品验收工作的人员以及营业员应具有高中（含）以上文化程度。如为初中文化程度，须具有 5 年以上从事药品经营工作的经历。

第五十六条　药品零售企业从事质量管理、药品检验和验收工作的人员以及营业员应经专业或岗位培训，并经地市级（含）以上药品监督管理部门考试合格，发给岗位合格证书后方可上岗。

从事质量管理和检验工作的人员应在职在岗，不得在其他企业兼职。

第五十七条　药品零售连锁门店质量管理、验收人员和营业员应符合本细则第五十五条和五十六条中的相关规定。

第五十八条　药品零售企业和零售连锁门店应按照本细则第十五条的要求，对企业人员进行继续教育。

第五十九条　对照本细则第十六条的规定，药品零售企业和零售连锁门店的相关人员以及营业员，每年应进行健康检查并建立档案。

第三节　设施和设备

第六十条　用于药品零售的营业场所和仓库，面积不应低于以下标准：

（一）大型零售企业营业场所面积 100 平方米，仓库 30 平方米；

（二）中型零售企业营业场所面积 50 平方米，仓库 20 平方米；

（三）小型零售企业营业场所面积 40 平方米，仓库 20 平方米。

（四）零售连锁门店营业场所面积 40 平方米。

第六十一条　药品零售企业和零售连锁门店的营业场所应宽敞、整洁，营业用货架、柜台齐备，销售柜组标志醒目。

第六十二条　药品零售企业和零售连锁门店应配备完好的衡器以及清洁卫生的药品调剂工具、包装用品，并根据需要配置低温保存药品的冷藏设备。

第六十三条　药品零售企业和零售连锁门店销售特殊管理药品的，应配置存放药品的专柜以及保管用设备、工具等。

第六十四条 药品零售企业的仓库应与营业场所隔离，库房内地面和墙壁平整、清洁，有调节温、湿度的设备。

第六十五条 药品零售企业设置药品检验室的，其仪器设备可按本细则第二十条对小型药品批发企业的要求配置。

第四节 进货与验收

第六十六条 药品零售企业应按本细则第二十四条、二十五条、二十六条、二十七条、二十八条的要求购进药品，购进记录保存至超过药品有效期1年，但不得少于2年。

药品零售连锁门店不得独立购进药品。

第六十七条 药品零售企业应按本细则第二十九条、三十条、三十二条的相关要求进行药品验收。

第六十八条 药品零售连锁门店在接收企业配送中心药品配送时，可简化验收程序，但验收人员应按送货凭证对照实物，进行品名、规格、批号、生产厂商以及数量的核对，并在凭证上签字。送货凭证应按零售企业购进记录的要求保存。

验收时，如发现有质量问题的药品，应及时退回配送中心并向总部质量管理机构报告。

第六十九条 药品零售企业购入首营品种时，如无进行内在质量检验能力，应向生产企业索要该批号药品的质量检验报告书，或送县以上药品检验所检验。

第五节 陈列与储存

第七十条 药品零售企业储存药品，应按本细则第三十八条、三十九条、四十条、四十二条、四十五条进行。

对储存中发现的有质量疑问的药品，不得摆上柜台销售，应及时通知质量管理机构或质量管理人员进行处理。

第七十一条 药品零售企业和零售连锁门店在营业店堂陈列药品时，除按《规范》第七十七条的要求外，还应做到：

（一）陈列药品的货柜及橱窗应保持清洁和卫生，防止人为污染药品。

（二）陈列药品应按品种、规格、剂型或用途分类整齐摆放，类别标签应放置准确、字迹清晰。

（三）对陈列的药品应按月进行检查，发现质量问题要及时处理。

第六节 销售与服务

第七十二条 药品零售企业和零售连锁门店应按国家药品分类管理的有关规

定销售药品。

（一）营业时间内，应有执业药师或药师在岗，并佩戴标明姓名、执业药师或其技术职称等内容的胸卡。

（二）销售药品时，应由执业药师或药师对处方进行审核并签字后，方可依据处方调配、销售药品。无医师开具的处方不得销售处方药。

（三）处方药不应采用开架自选的销售方式。

（四）非处方药可不凭处方出售。但如顾客要求，执业药师或药师应负责对药品的购买和使用进行指导。

（五）药品销售不得采用有奖销售、附赠药品或礼品销售等方式。

第七十三条　药品零售企业和零售连锁门店销售的中药饮片应符合炮制规范，并做到计量准确。

第七十四条　药品零售企业和零售连锁门店应按照本细则第五十条，做好药品不良反应报告工作。

第七十五条　药品零售企业和零售连锁门店在营业店堂内进行的广告宣传，应符合国家有关规定。

第七十六条　药品零售企业和零售连锁门店应在营业店堂明示服务公约，公布监督电话和设置顾客意见簿。对顾客反映的药品质量问题，应认真对待、详细记录、及时处理。

第四章　附　则

第七十七条　本细则中批发企业是指具有法人资格的药品批发企业，或是非专营药品的企业法人下属的药品批发企业。

第七十八条　本细则中所指企业规模的含义是：

（一）药品批发或零售连锁企业

1. 大型企业，年药品销售额 20000 万元以上；

2. 中型企业，年药品销售额 5000 万元～20000 万元；

3. 小型企业，年药品销售额 5000 万元以下。

（二）药品零售企业

1. 大型企业，年药品销售额 1000 万元以上；

2. 中型企业，年药品销售额 500 万元～1000 万元；

3. 小型企业，年药品销售额 500 万元以下。

以上企业规模的划定，仅适用于本细则。

第七十九条　本细则由国家药品监督管理局负责解释。

第八十条　本细则自发布之日起施行。

014

国家食品药品监督管理总局公告

2013年 第38号

关于发布《药品经营质量管理规范》冷藏、冷冻药品的储存与运输管理等5个附录的公告

根据《药品经营质量管理规范》第一百八十三条规定，现发布冷藏、冷冻药品的储存与运输管理，药品经营企业计算机系统，温湿度自动监测，药品收货与验收和验证管理等5个附录，作为《药品经营质量管理规范》配套文件。

特此公告。

国家食品药品监督管理总局

二〇一三年十月二十三日

附录1：

冷藏、冷冻药品的储存与运输管理

第一条 企业经营冷藏、冷冻药品的，应当按照《药品经营质量管理规范》（以下简称《规范》）的要求，在收货、验收、储存、养护、出库、运输等环节，根据药品包装标示的贮藏要求，采用经过验证确认的设施设备、技术方法和操作规程，对冷藏、冷冻药品储存过程中的温湿度状况、运输过程中的温度状况，进行实时自动监测和控制，保证药品的储运环境温湿度控制在规定范围内。

第二条 企业应当按照《规范》的要求，配备相应的冷藏、冷冻储运设施设备及温湿度自动监测系统，并对设施设备进行维护管理。

（一）冷库设计符合国家相关标准要求；冷库具有自动调控温湿度的功能，有备用发电机组或双回路供电系统。

（二）按照企业经营需要，合理划分冷库收货验收、储存、包装材料预冷、装箱发货、待处理药品存放等区域，并有明显标示。验收、储存、拆零、冷藏包

装、发货等作业活动，必须在冷库内完成。

（三）冷藏车具有自动调控温度的功能，其配置符合国家相关标准要求；冷藏车厢具有防水、密闭、耐腐蚀等性能，车厢内部留有保证气流充分循环的空间。

（四）冷藏箱、保温箱具有良好的保温性能；冷藏箱具有自动调控温度的功能，保温箱配备蓄冷剂以及与药品隔离的装置。

（五）冷藏、冷冻药品的储存、运输设施设备配置温湿度自动监测系统，可实时采集、显示、记录、传送储存过程中的温湿度数据和运输过程中的温度数据，并具有远程及就地实时报警功能，可通过计算机读取和存储所记录的监测数据。

（六）定期对冷库、冷藏车以及冷藏箱、保温箱进行检查、维护并记录。

第三条 企业应当按照《规范》和相关附录的要求，对冷库、冷藏车、冷藏箱、保温箱以及温湿度自动监测系统进行验证，并依据验证确定的参数和条件，制定设施设备的操作、使用规程。

第四条 企业应当按照《规范》的要求，对冷藏、冷冻药品进行收货检查。

（一）检查运输药品的冷藏车或冷藏箱、保温箱是否符合规定，对未按规定运输的，应当拒收。

（二）查看冷藏车或冷藏箱、保温箱到货时温度数据，导出、保存并查验运输过程的温度记录，确认运输全过程温度状况是否符合规定。

（三）符合规定的，将药品放置在符合温度要求的待验区域待验；不符合规定的应当拒收，将药品隔离存放于符合温度要求的环境中，并报质量管理部门处理。

（四）收货须做好记录，内容包括：药品名称、数量、生产企业、发货单位、运输单位、发运地点、启运时间、运输工具、到货时间、到货温度、收货人员等。

（五）对销后退回的药品，同时检查退货方提供的温度控制说明文件和售出期间温度控制的相关数据。对于不能提供文件、数据，或温度控制不符合规定的，应当拒收，做好记录并报质量管理部门处理。

第五条 储存、运输过程中，冷藏、冷冻药品的码放应当符合以下要求：

（一）冷库内药品的堆垛间距，药品与地面、墙壁、库顶部的间距符合《规范》的要求；冷库内制冷机组出风口100厘米范围内，以及高于冷风机出风口的位置，不得码放药品。

（二）冷藏车厢内，药品与厢内前板距离不小于10厘米，与后板、侧板、底板间距不小于5厘米，药品码放高度不得超过制冷机组出风口下沿，确保气流正常循环和温度均匀分布。

第六条　企业应当由专人负责对在库储存的冷藏、冷冻药品进行重点养护检查。

药品储存环境温湿度超出规定范围时，应当及时采取有效措施进行调控，防止温湿度超标对药品质量造成影响。

第七条　企业运输冷藏、冷冻药品，应当根据药品数量、运输距离、运输时间、温度要求、外部环境温度等情况，选择适宜的运输工具和温控方式，确保运输过程中温度控制符合要求。

冷藏、冷冻药品运输过程中，应当实时采集、记录、传送冷藏车、冷藏箱或保温箱内的温度数据。运输过程中温度超出规定范围时，温湿度自动监测系统应当实时发出报警指令，由相关人员查明原因，及时采取有效措施进行调控。

第八条　使用冷藏箱、保温箱运送冷藏药品的，应当按照经过验证的标准操作规程，进行药品包装和装箱的操作。

（一）装箱前将冷藏箱、保温箱预热或预冷至符合药品包装标示的温度范围内。

（二）按照验证确定的条件，在保温箱内合理配备与温度控制及运输时限相适应的蓄冷剂。

（三）保温箱内使用隔热装置将药品与低温蓄冷剂进行隔离。

（四）药品装箱后，冷藏箱启动动力电源和温度监测设备，保温箱启动温度监测设备，检查设备运行正常后，将箱体密闭。

第九条　使用冷藏车运送冷藏、冷冻药品的，启运前应当按照经过验证的标准操作规程进行操作。

（一）提前打开温度调控和监测设备，将车厢内预热或预冷至规定的温度。

（二）开始装车时关闭温度调控设备，并尽快完成药品装车。

（三）药品装车完毕，及时关闭车厢厢门，检查厢门密闭情况，并上锁。

（四）启动温度调控设备，检查温度调控和监测设备运行状况，运行正常方可起运。

第十条　企业应当制定冷藏、冷冻药品运输过程中温度控制的应急预案，对运输过程中出现的异常气候、设备故障、交通事故等意外或紧急情况，能够及时采取有效的应对措施，防止因异常情况造成的温度失控。

第十一条　企业制定的应急预案应当包括应急组织机构、人员职责、设施设备、外部协作资源、应急措施等内容，并不断加以完善和优化。

第十二条　从事冷藏、冷冻药品收货、验收、储存、养护、出库、运输等岗位工作的人员，应当接受相关法律法规、专业知识、相关制度和标准操作规程的培训，经考核合格后，方可上岗。

第十三条　企业委托其他单位运输冷藏、冷冻药品时，应当保证委托运输过程符合《规范》及本附录相关规定。

（一）索取承运单位的运输资质文件、运输设施设备和监测系统证明及验证文件、承运人员资质证明、运输过程温度控制及监测等相关资料。

（二）对承运方的运输设施设备、人员资质、质量保障能力、安全运输能力、风险控制能力等进行委托前和定期审计，审计报告存档备查。

（三）承运单位冷藏、冷冻运输设施设备及自动监测系统不符合规定或未经验证的，不得委托运输。

（四）与承运方签订委托运输协议，内容包括承运方制定并执行符合要求的运输标准操作规程，对运输过程中温度控制和实时监测的要求，明确在途时限以及运输过程中的质量安全责任。

（五）根据承运方的资质和条件，必要时对承运方的相关人员进行培训和考核。

附录 2：

药品经营企业计算机系统

第一条 药品经营企业应当建立与经营范围和经营规模相适应的计算机系统（以下简称系统），能够实时控制并记录药品经营各环节和质量管理全过程，并符合电子监管的实施条件。

第二条 药品经营企业应当按照《药品经营质量管理规范》（以下简称《规范》）相关规定，在系统中设置各经营流程的质量控制功能，与采购、销售以及收货、验收、储存、养护、出库复核、运输等系统功能形成内嵌式结构，对各项经营活动进行判断，对不符合药品监督管理法律法规以及《规范》的行为进行识别及控制，确保各项质量控制功能的实时和有效。

第三条 药品批发企业系统的硬件设施和网络环境应当符合以下要求：

（一）有支持系统正常运行的服务器；

（二）质量管理、采购、收货、验收、储存、养护、出库复核、销售等岗位配备专用的终端设备；

（三）有稳定、安全的网络环境，有固定接入互联网的方式和可靠的信息安全平台；

（四）有实现相关部门之间、岗位之间信息传输和数据共享的局域网；

（五）有符合《规范》及企业管理实际需要的应用软件和相关数据库。

第四条 药品批发企业负责信息管理的部门应当履行以下职责：

（一）负责系统硬件和软件的安装、测试及网络维护；

（二）负责系统数据库管理和数据备份；

（三）负责培训、指导相关岗位人员使用系统；

（四）负责系统程序的运行及维护管理；

（五）负责系统网络以及数据的安全管理；

（六）保证系统日志的完整性；

（七）负责建立系统硬件和软件管理档案。

第五条　药品批发企业质量管理部门应当履行以下职责：

（一）负责指导设定系统质量控制功能；

（二）负责系统操作权限的审核，并定期跟踪检查；

（三）监督各岗位人员严格按规定流程及要求操作系统；

（四）负责质量管理基础数据的审核、确认生效及锁定；

（五）负责经营业务数据修改申请的审核，符合规定要求的方可按程序修改；

（六）负责处理系统中涉及药品质量的有关问题。

第六条　药品批发企业应当严格按照管理制度和操作规程进行系统数据的录入、修改和保存，以保证各类记录的原始、真实、准确、安全和可追溯。

（一）各操作岗位通过输入用户名、密码等身份确认方式登录系统，并在权限范围内录入或查询数据，未经批准不得修改数据信息。

（二）修改各类业务经营数据时，操作人员在职责范围内提出申请，经质量管理人员审核批准后方可修改，修改的原因和过程在系统中予以记录。

（三）系统对各岗位操作人员姓名的记录，根据专有用户名及密码自动生成，不得采用手工编辑或菜单选择等方式录入。

（四）系统操作、数据记录的日期和时间由系统自动生成，不得采用手工编辑、菜单选择等方式录入。

第七条　药品批发企业应当根据计算机管理制度对系统各类记录和数据进行安全管理。

（一）采用安全、可靠的方式存储、备份。

（二）按日备份数据。

（三）备份记录和数据的介质存放于安全场所，防止与服务器同时遭遇灾害造成损坏或丢失。

（四）记录和数据的保存时限符合《规范》第四十二条的要求。

第八条　药品批发企业应当将审核合格的供货单位、购货单位及经营品种等信息录入系统，建立质量管理基础数据库并有效运用。

（一）质量管理基础数据包括供货单位、购货单位、经营品种、供货单位销售人员资质、购货单位采购人员资质及提货人员资质等相关内容。

（二）质量管理基础数据与对应的供货单位、购货单位以及购销药品的合法性、有效性相关联，与供货单位或购货单位的经营范围相对应，由系统进行自动跟踪、识别与控制。

（三）系统对接近失效的质量管理基础数据进行提示、预警，提醒相关部门及岗位人员及时索取、更新相关资料；任何质量管理基础数据失效时，系统都自动锁定与该数据相关的业务功能，直至数据更新和生效后，相关功能方可恢复。

（四）质量管理基础数据是企业合法经营的基本保障，须由专门的质量管理人员对相关资料审核合格后，据实确认和更新，更新时间由系统自动生成。

（五）其他岗位人员只能按规定的权限，查询、使用质量管理基础数据，不能修改数据的任何内容。

第九条 药品采购订单中的质量管理基础数据应当依据数据库生成。系统对各供货单位的合法资质，能够自动识别、审核，防止超出经营方式或经营范围的采购行为发生。

采购订单确认后，系统自动生成采购记录。

第十条 药品到货时，系统应当支持收货人员查询采购记录，对照随货同行单（票）及实物确认相关信息后，方可收货。

第十一条 验收人员按规定进行药品质量验收，对照药品实物在系统采购记录的基础上录入药品的批号、生产日期、有效期、到货数量、验收合格数量、验收结果等内容，确认后系统自动生成验收记录。

第十二条 药品批发企业系统应当按照药品的管理类别及储存特性，自动提示相应的储存库区。

第十三条 药品批发企业系统应当依据质量管理基础数据和养护制度，对库存药品按期自动生成养护工作计划，提示养护人员对库存药品进行有序、合理的养护。

第十四条 药品批发企业系统应当对库存药品的有效期进行自动跟踪和控制，具备近效期预警提示、超有效期自动锁定及停销等功能。

第十五条 药品批发企业销售药品时，系统应当依据质量管理基础数据及库存记录生成销售订单，系统拒绝无质量管理基础数据或无有效库存数据支持的任何销售订单的生成。系统对各购货单位的法定资质能够自动识别并审核，防止超出经营方式或经营范围的销售行为的发生。

销售订单确认后，系统自动生成销售记录。

第十六条 药品批发企业系统应当将确认后的销售数据传输至仓储部门提示出库及复核。复核人员完成出库复核操作后，系统自动生成出库复核记录。

第十七条 药品批发企业系统对销后退回药品应当具备以下功能：

（一）处理销后退回药品时，能够调出原对应的销售、出库复核记录；

（二）对应的销售、出库复核记录与销后退回药品实物信息一致的方可收货、验收，并依据原销售、出库复核记录数据以及验收情况，生成销后退回验收记录；

（三）退回药品实物与原记录信息不符，或退回药品数量超出原销售数量时，系统拒绝药品退回操作；

（四）系统不支持对原始销售数据的任何更改。

第十八条 药品批发企业系统应当对经营过程中发现的质量有疑问药品进行控制。

（一）各岗位人员发现质量有疑问药品，按照本岗位操作权限实施锁定，并通知质量管理人员。

（二）被锁定药品由质量管理人员确认，不属于质量问题的，解除锁定，属于不合格药品的，由系统生成不合格记录。

（三）系统对质量不合格药品的处理过程、处理结果进行记录，并跟踪处理结果。

第十九条 药品批发企业系统应当对药品运输的在途时间进行跟踪管理，对有运输时限要求的，应当提示或警示相关部门及岗位人员。系统应当按照《规范》要求，生成药品运输记录。

第二十条 药品零售企业系统的硬件、软件、网络环境及管理人员的配备，应当满足企业经营规模和质量管理的实际需要。

第二十一条 药品零售企业系统的销售管理应当符合以下要求：

（一）建立包括供货单位、经营品种等相关内容的质量管理基础数据；

（二）依据质量管理基础数据，自动识别处方药、特殊管理的药品以及其他国家有专门管理要求的药品；

（三）拒绝国家有专门管理要求的药品超数量销售；

（四）与结算系统、开票系统对接，对每笔销售自动打印销售票据，并自动生成销售记录；

（五）依据质量管理基础数据，对拆零药品单独建立销售记录，对拆零药品实施安全、合理的销售控制；

（六）依据质量管理基础数据，定期自动生成陈列药品检查计划；

（七）依据质量管理基础数据，对药品有效期进行跟踪，对近效期的给予预警提示，超有效期的自动锁定及停销；

（八）各类数据的录入与保存符合本附录第六条、第七条的相关要求。

第二十二条 药品经营企业应当根据有关法律法规、《规范》以及质量管理体系内审的要求，及时对系统进行升级，完善系统功能。

附录 3：

温湿度自动监测

第一条 企业应当按照《药品经营质量管理规范》（以下简称《规范》）的要求，在储存药品的仓库中和运输冷藏、冷冻药品的设备中配备温湿度自动监测系统（以下简称系统）。系统应当对药品储存过程的温湿度状况和冷藏、冷冻药品运输过程的温度状况进行实时自动监测和记录，有效防范储存运输过程中可能发生的影响药品质量安全的风险，确保药品质量安全。

第二条 系统由测点终端、管理主机、不间断电源以及相关软件等组成。各测点终端能够对周边环境温湿度进行数据的实时采集、传送和报警；管理主机能够对各测点终端监测的数据进行收集、处理和记录，并具备发生异常情况时的报警管理功能。

第三条 系统温湿度数据的测定值应当按照《规范》第八十五条的有关规定设定。

系统应当自动生成温湿度监测记录，内容包括温度值、湿度值、日期、时间、测点位置、库区或运输工具类别等。

第四条 系统温湿度测量设备的最大允许误差应当符合以下要求：

（一）测量范围在 0℃～40℃，温度的最大允许误差为±0.5℃；

（二）测量范围在－25℃～0℃，温度的最大允许误差为±1.0℃；

（三）相对湿度的最大允许误差为±5%RH。

第五条 系统应当自动对药品储存运输过程中的温湿度环境进行不间断监测和记录。

系统应当至少每隔 1 分钟更新一次测点温湿度数据，在药品储存过程中至少每隔 30 分钟自动记录一次实时温湿度数据，在运输过程中至少每隔 5 分钟自动记录一次实时温度数据。当监测的温湿度值超出规定范围时，系统应当至少每隔 2 分钟记录一次实时温湿度数据。

第六条 当监测的温湿度值达到设定的临界值或者超出规定范围，系统应当能够实现就地和在指定地点进行声光报警，同时采用短信通讯的方式，向至少 3 名指定人员发出报警信息。

当发生供电中断的情况时，系统应当采用短信通讯的方式，向至少 3 名指定人员发出报警信息。

第七条 系统各测点终端采集的监测数据应当真实、完整、准确、有效。

（一）测点终端采集的数据通过网络自动传送到管理主机，进行处理和记录，并采用可靠的方式进行数据保存，确保不丢失和不被改动。

（二）系统具有对记录数据不可更改、删除的功能，不得有反向导入数据的功能。

（三）系统不得对用户开放温湿度传感器监测值修正、调整功能，防止用户随意调整，造成监测数据失真。

第八条　企业应当对监测数据采用安全、可靠的方式按日备份，备份数据应当存放在安全场所，数据保存时限符合《规范》第四十二条的要求。

第九条　系统应当与企业计算机终端进行数据对接，自动在计算机终端中存储数据，可以通过计算机终端进行实时数据查询和历史数据查询。

第十条　系统应当独立地不间断运行，防止因供电中断、计算机关闭或故障等因素，影响系统正常运行或造成数据丢失。

第十一条　系统保持独立、安全运行，不得与温湿度调控设施设备联动，防止温湿度调控设施设备异常导致系统故障的风险。

第十二条　企业应当对储存及运输设施设备的测点终端布点方案进行测试和确认，保证药品仓库、运输设备中安装的测点终端数量及位置，能够准确反映环境温湿度的实际状况。

第十三条　药品库房或仓间安装的测点终端数量及位置应当符合以下要求：

（一）每一独立的药品库房或仓间至少安装 2 个测点终端，并均匀分布。

（二）平面仓库面积在 300 平方米以下的，至少安装 2 个测点终端；300 平方米以上的，每增加 300 平方米至少增加 1 个测点终端，不足 300 平方米的按 300 平方米计算。

平面仓库测点终端安装的位置，不得低于药品货架或药品堆码垛高度的 2/3 位置。

（三）高架仓库或全自动立体仓库的货架层高在 4.5 米～8 米的，每 300 平方米面积至少安装 4 个测点终端，每增加 300 平方米至少增加 2 个测点终端，并均匀分布在货架上、下位置；货架层高在 8 米以上的，每 300 平方米面积至少安装 6 个测点终端，每增加 300 平方米至少增加 3 个测点终端，并均匀分布在货架的上、中、下位置；不足 300 平方米的按 300 平方米计算。

高架仓库或全自动立体仓库上层测点终端安装的位置，不得低于最上层货架存放药品的最高位置。

（四）储存冷藏、冷冻药品仓库测点终端的安装数量，须符合本条上述的各项要求，其安装数量按每 100 平方米面积计算。

第十四条　每台独立的冷藏、冷冻药品运输车辆或车厢，安装的测点终端数量不得少于 2 个。车厢容积超过 20 立方米的，每增加 20 立方米至少增加 1 个测点终端，不足 20 立方米的按 20 立方米计算。

每台冷藏箱或保温箱应当至少配置一个测点终端。

第十五条 测点终端应当牢固安装在经过确认的合理位置，避免储运作业及人员活动对监测设备造成影响或损坏，其安装位置不得随意变动。

第十六条 企业应当对测点终端每年至少进行一次校准，对系统设备应当进行定期检查、维修、保养，并建立档案。

第十七条 系统应当满足相关部门实施在线远程监管的条件。

附录4：

药品收货与验收

第一条 企业应当按照国家有关法律法规及《药品经营质量管理规范》（以下简称《规范》），制定药品收货与验收标准。对药品收货与验收过程中出现的不符合质量标准或疑似假、劣药的情况，应当交由质量管理部门按照有关规定进行处理，必要时上报药品监督管理部门。

第二条 药品到货时，收货人员应当对运输工具和运输状况进行检查。

（一）检查运输工具是否密闭，如发现运输工具内有雨淋、腐蚀、污染等可能影响药品质量的现象，及时通知采购部门并报质量管理部门处理。

（二）根据运输单据所载明的启运日期，检查是否符合协议约定的在途时限，对不符合约定时限的，报质量管理部门处理。

（三）供货方委托运输药品的，企业采购部门要提前向供货单位索要委托的承运方式、承运单位、启运时间等信息，并将上述情况提前通知收货人员；收货人员在药品到货后，要逐一核对上述内容，内容不一致的，通知采购部门并报质量管理部门处理。

（四）冷藏、冷冻药品到货时，查验冷藏车、车载冷藏箱或保温箱的温度状况，核查并留存运输过程和到货时的温度记录；对未采用规定的冷藏设备运输或温度不符合要求的，应当拒收，同时对药品进行控制管理，做好记录并报质量管理部门处理。

第三条 药品到货时，收货人员应当查验随货同行单（票）以及相关的药品采购记录。无随货同行单（票）或无采购记录的应当拒收；随货同行单（票）记载的供货单位、生产厂商、药品的通用名称、剂型、规格、批号、数量、收货单位、收货地址、发货日期等内容，与采购记录以及本企业实际情况不符的，应当拒收，并通知采购部门处理。

第四条 应当依据随货同行单（票）核对药品实物。随货同行单（票）中记载的药品的通用名称、剂型、规格、批号、数量、生产厂商等内容，与药品实物不符的，应当拒收，并通知采购部门进行处理。

第五条　收货过程中，对于随货同行单（票）或到货药品与采购记录的有关内容不相符的，由采购部门负责与供货单位核实和处理。

（一）对于随货同行单（票）内容中，除数量以外的其他内容与采购记录、药品实物不符的，经供货单位确认并提供正确的随货同行单（票）后，方可收货。

（二）对于随货同行单（票）与采购记录、药品实物数量不符的，经供货单位确认后，应当由采购部门确定并调整采购数量后，方可收货。

（三）供货单位对随货同行单（票）与采购记录、药品实物不相符的内容，不予确认的，应当拒收，存在异常情况的，报质量管理部门处理。

第六条　收货人员应当拆除药品的运输防护包装，检查药品外包装是否完好，对出现破损、污染、标识不清等情况的药品，应当拒收。

收货人员应当将核对无误的药品放置于相应的待验区域内，并在随货同行单（票）上签字后，移交验收人员。

第七条　药品待验区域及验收药品的设施设备，应当符合以下要求：

（一）待验区域有明显标识，并与其他区域有效隔离；

（二）待验区域符合待验药品的储存温度要求；

（三）设置特殊管理的药品专用待验区域，并符合安全控制要求；

（四）保持验收设施设备清洁，不得污染药品；

（五）按规定配备药品电子监管码的扫码与数据上传设备。

第八条　企业应当根据不同类别和特性的药品，明确待验药品的验收时限，待验药品要在规定时限内验收，验收合格的药品，应当及时入库，验收中发现的问题应当尽快处理，防止对药品质量造成影响。

第九条　验收药品应当按照批号逐批查验药品的合格证明文件，对于相关证明文件不全或内容与到货药品不符的，不得入库，并交质量管理部门处理。

（一）按照药品批号查验同批号的检验报告书，药品检验报告书需加盖供货单位药品检验专用章或质量管理专用章原印章；从批发企业采购药品的，检验报告书的传递和保存，可以采用电子数据的形式，但要保证其合法性和有效性。

（二）验收实施批签发管理的生物制品时，有加盖供货单位药品检验专用章或质量管理专用章原印章的《生物制品批签发合格证》复印件。

（三）验收进口药品时，有加盖供货单位质量管理专用章原印章的相关证明文件：

1.《进口药品注册证》或《医药产品注册证》；

2.进口麻醉药品、精神药品以及蛋白同化制剂、肽类激素需有《进口准许证》；

3. 进口药材需有《进口药材批件》；

4. 《进口药品检验报告书》或注明“已抽样”字样的《进口药品通关单》；

5. 进口国家规定的实行批签发管理的生物制品，有批签发证明文件和《进口药品检验报告书》。

（四）验收特殊管理的药品须符合国家相关规定。

第十条 应当对每次到货的药品进行逐批抽样验收，抽取的样品应当具有代表性，对于不符合验收标准的，不得入库，并报质量管理部门处理。

（一）对到货的同一批号的整件药品按照堆码情况随机抽样检查。整件数量在2件及以下的，要全部抽样检查；整件数量在2件以上至50件以下的，至少抽样检查3件；整件数量在50件以上的，每增加50件，至少增加抽样检查1件，不足50件的，按50件计。

（二）对抽取的整件药品需开箱抽样检查，从每整件的上、中、下不同位置随机抽取3个最小包装进行检查，对存在封口不牢、标签污损、有明显重量差异或外观异常等情况的，至少再增加一倍抽样数量，进行再检查。

（三）对整件药品存在破损、污染、渗液、封条损坏等包装异常的，要开箱检查至最小包装。

（四）到货的非整件药品要逐箱检查，对同一批号的药品，至少随机抽取一个最小包装进行检查。

第十一条 验收人员应当对抽样药品的外观、包装、标签、说明书等逐一进行检查、核对，出现问题的，报质量管理部门处理。

（一）检查运输储存包装的封条有无损坏，包装上是否清晰注明药品通用名称、规格、生产厂商、生产批号、生产日期、有效期、批准文号、贮藏、包装规格及储运图示标志，以及特殊管理的药品、外用药品、非处方药的标识等标记。

（二）检查最小包装的封口是否严密、牢固，有无破损、污染或渗液，包装及标签印字是否清晰，标签粘贴是否牢固。

（三）检查每一最小包装的标签、说明书是否符合以下规定：

1. 标签有药品通用名称、成份、性状、适应症或者功能主治、规格、用法用量、不良反应、禁忌、注意事项、贮藏、生产日期、产品批号、有效期、批准文号、生产企业等内容；对注射剂瓶、滴眼剂瓶等因标签尺寸限制无法全部注明上述内容的，至少标明药品通用名称、规格、产品批号、有效期等内容；中药蜜丸蜡壳至少注明药品通用名称。

2. 化学药品与生物制品说明书列有以下内容：药品名称（通用名称、商品名称、英文名称、汉语拼音）、成分〔活性成分的化学名称、分子式、分子量、化学结构式（复方制剂可列出其组分名称）〕、性状、适应症、规格、用法用量、不良反应、禁忌、注意事项、孕妇及哺乳期妇女用药、儿童用药、老年用药、药物相互作用、药物过量、临床试验、药理毒理、药代动力学、贮藏、包装、有效期、执行标准、批准文号、生产企业（企业名称、生产地址、邮政编码、电话和传真）。

3. 中药说明书列有以下内容：药品名称（通用名称、汉语拼音）、成分、性状、功能主治、规格、用法用量、不良反应、禁忌、注意事项、药物相互作用、贮藏、包装、有效期、执行标准、批准文号、说明书修订日期、生产企业（企业名称、生产地址、邮政编码、电话和传真）。

4. 特殊管理的药品、外用药品的包装、标签及说明书上均有规定的标识和警示说明；处方药和非处方药的标签和说明书上有相应的警示语或忠告语；非处方药的包装有国家规定的专有标识；蛋白同化制剂和肽类激素及含兴奋剂类成分的药品有“运动员慎用”警示标识。

5. 进口药品的包装、标签以中文注明药品通用名称、主要成分以及注册证号，并有中文说明书。

6. 中药饮片的包装或容器与药品性质相适应及符合药品质量要求。中药饮片的标签需注明品名、包装规格、产地、生产企业、产品批号、生产日期；整件包装上有品名、产地、生产日期、生产企业等，并附有质量合格的标志。实施批准文号管理的中药饮片，还需注明批准文号。

7. 中药材有包装，并标明品名、规格、产地、供货单位、收购日期、发货日期等；实施批准文号管理的中药材，还需注明批准文号。

第十二条 在保证质量的前提下，如果生产企业有特殊质量控制要求或打开最小包装可能影响药品质量的，可不打开最小包装；外包装及封签完整的原料药、实施批签发管理的生物制品，可不开箱检查。

第十三条 验收地产中药材时，如果对到货中药材存在质量疑问，应当将实物与企业中药样品室（柜）中收集的相应样品进行比对，确认后方可收货。

验收人员应当负责对中药材样品的更新和养护，防止样品出现质量变异。收集的样品放入中药样品室（柜）前，应当由质量管理人员进行确认。

第十四条 企业应当加强对退货药品的收货、验收管理，保证退货环节药品的质量和安全，防止混入假冒药品。

（一）收货人员要依据销售部门确认的退货凭证或通知对销后退回药品进行核对，确认为本企业销售的药品后，方可收货并放置于符合药品储存条件的专用待验场所。

（二）对销后退回的冷藏、冷冻药品，根据退货方提供的温度控制说明文件和售出期间温度控制的相关数据，确认符合规定条件的，方可收货；对于不能提供文件、数据，或温度控制不符合规定的，给予拒收，做好记录并报质量管理部门处理。

（三）验收人员对销后退回的药品进行逐批检查验收，并开箱抽样检查。整件包装完好的，按照本附录第十条规定的抽样原则加倍抽样检查；无完好外包装的，每件须抽样检查至最小包装，必要时送药品检验机构检验。

（四）销后退回药品经验收合格后，方可入库销售，不合格药品按《规范》有关规定处理。

第十五条 检查验收结束后，应当将检查后的完好样品放回原包装，并在抽样的整件包装上标明抽验标志，对已经检查验收的药品，应当及时调整药品质量状态标识或移入相应区域。

第十六条 对验收合格的药品，应当由验收人员与仓储部门办理入库手续，由仓储部门建立库存记录。

第十七条 验收药品应当做好验收记录。

（一）验收记录包括药品的通用名称、剂型、规格、批准文号、批号、生产日期、有效期、生产厂商、供货单位、到货数量、到货日期、验收合格数量、验收结果、验收人员姓名和验收日期等内容。

（二）中药材验收记录包括品名、产地、供货单位、到货数量、验收合格数量等内容，实施批准文号管理的中药材，还要记录批准文号。中药饮片验收记录包括品名、规格、批号、产地、生产日期、生产厂商、供货单位、到货数量、验收合格数量等内容，实施批准文号管理的中药饮片还要记录批准文号。

（三）建立专门的销后退回药品验收记录，记录包括退货单位、退货日期、通用名称、规格、批准文号、批号、生产厂商（或产地）、有效期、数量、验收日期、退货原因、验收结果和验收人员等内容。

（四）验收不合格的药品，需注明不合格事项及处置措施。

第十八条 对实施电子监管的药品，企业应当按规定进行药品电子监管码扫码，并及时将数据上传至中国药品电子监管网系统平台。

（一）企业对未按规定加印或加贴中国药品电子监管码，或因监管码印刷不符合规定要求，造成扫描设备无法识别的，应当拒收。

（二）监管码信息与药品包装信息不符的，要及时向供货单位进行查询、确认，未得到确认之前不得入库，必要时向当地药品监督管理部门报告。

第十九条 企业按照《规范》的相关规定，进行药品直调的，可委托购货单位进行药品验收。购货单位应当严格按照《规范》的要求验收药品，并进行药品电子监管码的扫码与数据上传，建立专门的直调药品验收记录。验收当日应当将验收记录、电子监管数据相关信息传递给直调企业。

附录5：

验证管理

第一条 本附录适用于《药品经营质量管理规范》（以下简称《规范》）中涉及的验证范围与内容，包括对冷库、冷藏车、冷藏箱、保温箱以及温湿度自动监测系统（以下简称监测系统）等进行验证，确认相关设施、设备及监测系统能够符合规定的设计标准和要求，并能安全、有效地正常运行和使用，确保冷藏、冷冻药品在储存、运输过程中的质量安全。

第二条 企业质量负责人负责验证工作的监督、指导、协调与审批，质量管理部门负责组织仓储、运输等部门共同实施验证工作。

第三条 企业应当按照质量管理体系文件的规定，按年度制定验证计划，根据计划确定的范围、日程、项目，实施验证工作。

第四条 企业应当在验证实施过程中，建立并形成验证控制文件，文件内容包括验证方案、标准、报告、评价、偏差处理和预防措施等，验证控制文件应当归入药品质量管理档案，并按规定保存。

（一）验证方案根据每一项验证工作的具体内容及要求分别制定，包括验证的实施人员、对象、目标、测试项目、验证设备及监测系统描述、测点布置、时间控制、数据采集要求，以及实施验证的相关基础条件，验证方案需经企业质量负责人审核并批准后，方可实施。

（二）企业需制定实施验证的标准和验证操作规程。

（三）验证完成后，需出具验证报告，包括验证实施人员、验证过程中采集的数据汇总、各测试项目数据分析图表、验证现场实景照片、各测试项目结果分析、验证结果总体评价等，验证报告由质量负责人审核和批准。

（四）在验证过程中，根据验证数据分析，对设施设备运行或使用中可能存在的不符合要求的状况、监测系统参数设定的不合理情况等偏差，进行调整和纠正处理，使相关设施设备及监测系统能够符合规定的要求。

（五）根据验证结果对可能存在的影响药品质量安全的风险，制定有效的预防措施。

第五条 企业应当根据验证方案实施验证。

（一）相关设施设备及监测系统在新投入使用前或改造后需进行使用前验证，对设计或预定的关键参数、条件及性能进行确认，确定实际的关键参数及性能符合设计或规定的使用条件。

（二）当相关设施设备及监测系统超出设定的条件或用途，或是设备出现严重运行异常或故障时，要查找原因、评估风险，采取适当的纠正措施，并跟踪效果。

（三）对相关设施设备及监测系统进行定期验证，以确认其符合要求，定期验证间隔时间不超过1年。

（四）根据相关设施设备和监测系统的设计参数以及通过验证确认的使用条件，分别确定最大的停用时间限度；超过最大停用时限的，在重新启用前，要评估风险并重新进行验证。

第六条　企业应当根据验证的内容及目的，确定相应的验证项目。

（一）冷库验证的项目至少包括：

1. 温度分布特性的测试与分析，确定适宜药品存放的安全位置及区域；
2. 温控设备运行参数及使用状况测试；
3. 监测系统配置的测点终端参数及安装位置确认；
4. 开门作业对库房温度分布及药品储存的影响；
5. 确定设备故障或外部供电中断的状况下，库房保温性能及变化趋势分析；
6. 对本地区的高温或低温等极端外部环境条件，分别进行保温效果评估；
7. 在新建库房初次使用前或改造后重新使用前，进行空载及满载验证；
8. 年度定期验证时，进行满载验证。

（二）冷藏车验证的项目至少包括：

1. 车厢内温度分布特性的测试与分析，确定适宜药品存放的安全位置及区域；
2. 温控设施运行参数及使用状况测试；
3. 监测系统配置的测点终端参数及安装位置确认；
4. 开门作业对车厢温度分布及变化的影响；
5. 确定设备故障或外部供电中断的状况下，车厢保温性能及变化趋势分析；
6. 对本地区高温或低温等极端外部环境条件，分别进行保温效果评估；
7. 在冷藏车初次使用前或改造后重新使用前，进行空载及满载验证；
8. 年度定期验证时，进行满载验证。

（三）冷藏箱或保温箱验证的项目至少包括：

1. 箱内温度分布特性的测试与分析，分析箱体内温度变化及趋势；
2. 蓄冷剂配备使用的条件测试；
3. 温度自动监测设备放置位置确认；
4. 开箱作业对箱内温度分布及变化的影响；
5. 高温或低温等极端外部环境条件下的保温效果评估；
6. 运输最长时限验证。

（四）监测系统验证的项目至少包括：

1. 采集、传送、记录数据以及报警功能的确认；
2. 监测设备的测量范围和准确度确认；
3. 测点终端安装数量及位置确认；

4. 监测系统与温度调控设施无联动状态的独立安全运行性能确认；

5. 系统在断电、计算机关机状态下的应急性能确认；

6. 防止用户修改、删除、反向导入数据等功能确认。

第七条 应当根据验证对象及项目，合理设置验证测点。

（一）在被验证设施设备内一次性同步布点，确保各测点采集数据的同步、有效。

（二）在被验证设施设备内，进行均匀性布点、特殊项目及特殊位置专门布点。

（三）每个库房中均匀性布点数量不得少于 9 个，仓间各角及中心位置均需布置测点，每两个测点的水平间距不得大于 5 米，垂直间距不得超过 2 米。

（四）库房每个作业出入口及风机出风口至少布置 5 个测点，库房中每组货架或建筑结构的风向死角位置至少布置 3 个测点。

（五）每个冷藏车箱体内测点数量不得少于 9 个，每增加 20 立方米增加 9 个测点，不足 20 立方米的按 20 立方米计算。

（六）每个冷藏箱或保温箱的测点数量不得少于 5 个。

第八条 应当确定适宜的持续验证时间，以保证验证数据的充分、有效及连续。

（一）在库房各项参数及使用条件符合规定的要求并达到运行稳定后，数据有效持续采集时间不得少于 48 小时。

（二）在冷藏车达到规定的温度并运行稳定后，数据有效持续采集时间不得少于 5 小时。

（三）冷藏箱或保温箱经过预热或预冷至规定温度并满载装箱后，按照最长的配送时间连续采集数据。

（四）验证数据采集的间隔时间不得大于 5 分钟。

第九条 应当确保所有验证数据的真实、完整、有效、可追溯，并按规定保存。

第十条 验证使用的温度传感器应当经法定计量机构校准，校准证书复印件应当作为验证报告的必要附件。验证使用的温度传感器应当适用被验证设备的测量范围，其温度测量的最大允许误差为±0.5℃。

第十一条 企业应当根据验证确定的参数及条件，正确、合理使用相关设施设备及监测系统，未经验证的设施、设备及监测系统，不得用于药品冷藏、冷冻储运管理。

验证的结果，应当作为企业制定或修订质量管理体系文件相关内容的依据。

第十二条 企业可与具备相应能力的第三方机构共同实施验证工作，企业应当确保验证实施的全过程符合《规范》及本附录的相关要求。

四 药品流通

015

商务部关于做好五个药品流通行业标准宣传贯彻工作的通知

商办秩函〔2012〕1192号

各省、自治区、直辖市、计划单列市及新疆生产建设兵团商务主管部门：

《药品批发企业物流服务能力评估指标》、《零售药店经营服务规范》、《药品流通企业诚信经营准则》、《药品流通行业职业经理人标准》、《药品流通企业通用岗位设置规范》五个药品流通行业标准（以下简称“五项标准”）将于2012年12月1日起实施（商务部公告2012年第58号）。为切实做好“五项标准”的宣传和贯彻实施，现就有关事项通知如下：

一、充分认识五项标准公布实施的重要意义

改革开放以来，我国药品流通行业取得了长足发展。但由于多种原因，行业管理比较薄弱，企业竞争能力不强，缺乏行业标准，低水平重复建设和经营不规范等问题比较突出。五项标准的公布填补了我国药品流通行业标准的空白，对于规范药品流通企业经营行为，提升从业人员素质和服务能力，促进药品流通行业健康发展，完善安全用药和方便购药的市场体系具有重大意义。各级商务主管部门要充分认识行业标准化建设的重要性，不断丰富行业管理的内容和手段，积极主动地开展五项标准的学习和宣传贯彻工作，切实发挥五项标准在规范和引导行业健康发展方面的技术支撑和基础保障作用。

二、加强宣传贯彻工作的组织领导

各级商务主管部门要加强领导，把五项标准的宣传贯彻工作纳入重要议事日程，结合本地区情况制定具体的工作方案。一是要认真学习五项标准的具体内容，熟悉每一个标准的制定背景、主要目的和详细内容，做到心中有数、耳熟能详；二是要尽快下发宣传贯彻文件，做好标准宣传贯彻的组织工作，对标准的实施提出明确要求；三是要加强统筹协调，建立由相关部门、行业协会、重点企业以及新闻媒体等方面参加的工作联系机制，强化对药品流通企业执行五项标准的

工作指导，明确工作分工和责任，形成标准宣传贯彻的工作合力；四是要充分发挥各级药品流通行业协会的主力军作用，依靠他们联系和动员广大企业，积极参与标准的贯彻落实；五是要建立标准宣传贯彻工作考评制度，明确宣传贯彻及示范工作量化考核指标，对工作取得实效、成绩突出的单位和个人给予表彰。

三、采取多种形式开展宣传培训工作

药品流通企业是市场的主体，也是落实标准的主体。各级商务主管部门要采取各种有效途径，组织相关协会大力开展宣传培训，把五项标准的内容和要求传达到每个企业。各地可通过发放宣传资料、组织集中学习、聘请专家解读、举办专题讲座和知识竞赛活动等方式，动员行政区域行政区域内药品流通行业从业人员广泛参与，普及行业标准的相关知识。同时，可邀请相关单位就标准的实施交换意见，并就其中的问题进行答疑和互动交流。

四、积极运用五项标准加强行业管理

各级商务主管部门要积极引导和监督药品流通企业认真执行五项标准。要鼓励有实力的企业积极发挥骨干作用，在执行五项标准中强化引领示范作用，提升企业管理和服务能力，促进药品流通行业健康发展。

《药品批发企业物流服务能力评估指标》和《零售药店经营服务规范》两个标准的宣传贯彻工作，要与丰富行业管理的有效手段相结合。下一步商务部将根据以上两个标准，与相关部门研究制定药品批发和零售企业分级分类管理制度，分级评定结果将作为行业准入和退出、药品招标配送、定点医保药店选择等工作的参考依据。各级商务主管部门要向行政区域内企业阐明标准对于分级分类管理制度的重要作用，做好实施分级分类管理工作的前期调研和动员准备工作。

《药品流通企业诚信经营准则》的宣传贯彻工作要与打击侵权假冒、开展行业信用评价、实行行业自律和商务诚信建设试点工作相结合，切实规范药品流通企业经营秩序。《药品流通行业职业经理人标准》、《药品流通企业通用岗位设置规范》的宣传贯彻工作要与加强企业内部管理、提升药品安全保障能力和服务水平相结合，为提高药品流通企业的现代管理水平、促进行业转型发展服务。

商务部办公厅

二〇一一年十一月二十八日

016

全国药品流通行业发展规划纲要
(2011—2015 年)

商务部

2011 年 5 月 5 日

药品是关系人民生命健康的特殊商品，药品流通行业是关系国计民生的重要行业。党中央、国务院高度重视人民群众生命健康和医药卫生事业的发展，提出了关于深化医药卫生体制改革的意见，并对药品流通行业改革和发展提出要求。为适应医药卫生事业改革发展的新形势，促进药品流通行业科学发展，保障人民群众用药安全合理方便，根据有关法律法规和《中华人民共和国国民经济和社会发展第十二个五年规划纲要》，制定本规划纲要，规划期为 2011—2015 年。

一、现状与形势

（一）发展现状

改革开放以来，我国药品流通从计划分配体制转向市场化经营体制，行业获得了长足发展，药品流通领域的法律框架和监管体制基本建立，药品供应保障能力明显提升，多种所有制并存、多种经营方式互补、覆盖城乡的药品流通体系初步形成。

市场规模持续扩大。截至 2009 年底，全国共有药品批发企业 1.3 万多家；药品零售连锁企业 2149 家，下辖门店 13.5 万多家，零售单体药店 25.3 万多家，零售药店门店总数达 38.8 万多家。2009 年，全国药品批发企业销售总额达到 5684 亿元，2000 年至 2009 年，年均增长 15%；零售企业销售总额 1487 亿元，年均增长 20%；城市社区和农村基层药品市场规模明显扩大。

发展水平逐步提升。药品流通企业兼并重组步伐加快，行业集中度开始提高。2009 年，药品百强批发企业销售额占全国药品批发销售总额的 70%。连锁经营发展较快，连锁企业门店数已占零售门店总数的 1/3，百强连锁企业销售额占零售企业销售总额的 39%；现代医药物流、网上药店以及第三方医药物流等新型药品流通方式逐步发展，扁平化、少环节、可追踪、高效率的现代流通模式比重开始提高。

社会作用不断增强。2009 年，全国药品流通行业从业人员约 400 万人，占城乡商业服务业就业人数的 5%；各类药店提供销售及服务约 130 亿人次，较 2005 年增长 33%，在方便群众购药、平抑药品价格等方面发挥了重要作用。药品流通骨干企业成为药品储备和应急配送主体，不仅确保了2008年北京奥运会和2010年上海世博会等重大活动的药品需求，而且有效保证了"非典"、"禽流感"等重大疫情和"5·12"汶川特大地震等自然灾害中的药品供应。药品流通行业对相关产业发展的带动性增强，在国民经济中的地位日益显现，为维护国家安全、社会稳定和人民群众利益作出了重大贡献。

但是，由于长期实行的以药补医体制等体制性弊端，以及药品定价、采购和医保支付机制不完善等问题，加上准入门槛较低、行业规划管理欠缺、市场竞争不充分、执法监督工作不到位等因素，导致药品流通行业存在以下突出问题：一是流通组织化现代化水平较低。药品流通行业集中度低，发展水平不高，跨区域扩展缓慢。现代医药物流发展相对滞后，管理水平、流通效率和物流成本与发达国家存在很大差距。二是行业发展布局不够合理。药品流通城乡发展不够平衡，发达地区和城市药品流通企业过度集中，农村和"老、少、边、岛、渔、牧"等偏远地区药品配送网络未能全面有效覆盖，药品可及性有待提高。三是流通秩序有待规范。药品购销领域各类违规经营现象比较突出。部分零售药店出售假劣、过期等不合格药品。部分中药材市场存在药材交易混乱、质量缺乏保障、市场管理缺位等问题。

（二）面临形势

医药卫生体制改革对行业提出新要求。2011—2015年，是实现深化医药卫生体制改革目标的关键时期，也是药品流通行业结构调整和转变发展方式的关键时期。中央提出加快建立药品供应保障体系，发展药品现代物流和连锁经营，规范药品生产流通秩序，建立便民惠民的农村药品供应网等任务，迫切要求行业必须加快结构调整，转变发展方式，实现科学发展。

加快发展面临较好机遇。未来5年，全球药品市场将维持快速扩张态势，市场规模预计将从2009年的7730亿美元，增加到2015年的1.2万亿美元以上，年均增长8%左右，全球药品流通行业集中度和流通效率将继续提高。在药品市场增长空间方面，中国将是潜力最大的市场。随着我国开始向中高收入国家迈进以及人口老龄化的加快，人民生活需求和消费结构将发生重大变化，对医疗卫生服务和自我保健的需求将大幅度增加，药品市场增长潜力巨大。中央提出"政事分开、管办分开、医药分开、营利性和非营利性分开"的医改方向，以及"保基本、强基层、建机制"的医药卫生体制改革任务，要求建设覆盖城乡的公共卫生服务体系、医疗服务体系、医疗保障体系和药品供应保障体系，必将在推动医药卫生事业发展的同时，带动药品市场规模的增加，为药品流通行业带来新的机遇。

抓住机遇仍需面对诸多挑战。药品流通行业改革发展与国家医药卫生体制改革相辅相成，与用药制度设计密切相关，而医药卫生体制改革是一个复杂和渐进的过程。从外部环境看，改革与药品流通有关的体制机制，涉及行业管理体制的完善和重大利益格局调整，其进展状况在本规划期内存在一定程度的不确定性，全国统一市场的形成仍需克服地方保护等多种因素的影响。从内部看，药品流通行业基础薄弱，总体发展程度较低，管理水平、设备设施相对落后，人才匮乏，行业结构调整和实现转型发展仍有一定难度。

二、指导思想与总体目标

（一）指导思想

按照国民经济和社会发展“十二五”规划的总体要求，以科学发展观为指导，坚持以人为本，贯彻落实中央医药卫生体制改革精神，以加强政府政策引导、发挥市场机制基础性作用、强化现代科学技术和新型管理方式应用为基本原则，以深化体制机制改革、加快转变发展方式、形成全国统一市场为主线，充分发挥药品流通行业在服务医疗卫生事业发展、维护人民群众健康权益和促进经济社会和谐发展等方面的作用。

（二）总体目标

到 2015 年，全国药品流通行业的发展适应经济社会发展的总体目标和人民群众不断增长的健康需求，形成网络布局合理，组织化程度显著提升，流通效率不断提高，营销模式不断创新，骨干企业竞争力增强，市场秩序明显好转，城乡居民用药安全便利，以及满足公共卫生需要的药品流通体系。

具体发展目标：形成 1～3 家年销售额过千亿的全国性大型医药商业集团，20 家年销售额过百亿的区域性药品流通企业；药品批发百强企业年销售额占药品批发总额 85％以上，药品零售连锁百强企业年销售额占药品零售企业销售总额 60％以上；连锁药店占全部零售门店的比重提高到 2/3 以上。县以下基层流通网络更加健全。骨干企业综合实力接近国际分销企业先进水平。

三、主要任务

（一）加强行业布局规划，健全准入退出制度

制定行业布局规划。各地商务主管部门要会同相关部门，结合本地经济社会发展水平、医药卫生事业发展和体制改革进展、城乡建设规划、人口增长与密度和年龄结构变化、药品供应能力等实际，制订药品批发零售网点合理设置和布局的具体规划，保证药品供应。完善准入退出机制。提高行业准入标准，将是否符合行业规划作为行业准入的重要依据，严格控制药品经营企业数量。加强日常监管和考核，建立退出制度，对违法违规和不遵守各项管理制度的企业要限期整改，严重的取消经营资格。

(二) 调整行业结构，完善药品流通体系

提高行业集中度。鼓励药品流通企业通过收购、合并、托管、参股和控股等多种方式做强做大，实现规模化、集约化和国际化经营。推动实力强、管理规范、信誉度高的药品流通企业跨区域发展，形成以全国性、区域性骨干企业为主体的遍及城乡的药品流通体系。整合现有药品流通资源，引导一般中小药品流通企业通过市场化途径并入大型药品流通企业。在兼并重组过程中要做好人员安置等工作，保证平稳过渡。

发展特色经营。支持老字号药店在保持传统优势的基础上创新发展，发挥品牌效应，拓展特色服务，增强核心竞争力。支持专业化和有特色的中小药品流通企业做精做专，满足多层次市场需求。引导中小药品流通企业采用联购分销、共同配送等方式，降低经营成本，提高组织化程度。

完善药品流通网络。配合医药卫生体制改革和基本药物制度实施，积极参加药品招标采购，做好药品配送。健全药品供应保障体系，鼓励建设一批全国性和区域性的药品物流园区和配送中心，加快形成若干具有较强辐射带动作用的药品流通枢纽。实施“放心药”服务体系建设工程，鼓励大中型骨干药品流通企业向居民社区和村镇延伸销售与配送网络，实现药品流通对基层的有效覆盖，提高农村和偏远地区药品供应的安全性、便利性。建立西药、中成药、中药材重点品种的市场运行信息监测、预警体系；鼓励市场中介组织开展药品销售渠道、消费结构和区域分布情况等信息服务，发挥政府信息和市场机制在完善流通网络中的引导作用。保障药品应急供应。建立中药材重点品种储备制度。按照国家应急和战略储备的统一规划和部署，做好流通环节实物和资金的储备。根据各类突发事件的特点，建立相应的应急保障机制。

(三) 发展现代医药物流，提高药品流通效率

以信息化带动现代医药物流发展。广泛使用先进信息技术，运用企业资源计划管理系统（ERP）、供应链管理等新型管理方法，优化业务流程，提高管理水平。发展基于信息化的新型电子支付和电子结算方式，降低交易成本。构建全国药品市场数据、电子监管等信息平台，引导产业发展，实现药品从生产、流通到使用全过程的信息共享和反馈追溯机制。

用现代科技手段改造传统的医药物流方式。鼓励积极探索使用无线射频（RFID）、全球卫星定位（GPS）、无线通讯、温度传感等物联网技术，不断提高流通效率，降低流通成本。促进使用自动分拣、冷链物流等先进设备，加快传统仓储、配送设施改造升级。完善医疗用毒性药品、麻醉药品、精神药品、放射性药品和生物制品等特殊药品物流技术保障措施，确保质量安全。

推动医药物流服务专业化发展。鼓励药品流通企业的物流功能社会化，实施医药物流服务延伸示范工程，引导有实力的企业向医疗机构和生产企业延伸现代

医药物流服务。在满足医药物流标准的前提下，有效利用邮政、仓储等社会物流资源，发展第三方医药物流。

（四）促进连锁经营发展，创新药品营销方式

加快发展药品连锁经营。鼓励药品连锁企业采用统一采购、统一配送、统一质量管理、统一服务规范、统一联网信息系统管理、统一品牌标识等方式，发展规范化连锁，树立品牌形象，拓展跨区域和全国性连锁网络，发挥规模效益。随着医药卫生体制改革深入和医药分开的逐步实施，鼓励连锁药店积极承接医疗机构药房服务和其他专业服务。

创新药品经营模式。鼓励批零一体化经营。鼓励药品零售企业开展药妆、保健品、医疗器械销售和健康服务等多元化经营，满足群众自我药疗等多方面需求。支持连锁经营、物流配送与电子商务相结合，提高药品流通领域的电子商务应用水平。鼓励经营规范的零售连锁企业发展网上药店。

（五）健全行业管理制度，规范药品流通秩序

制定完善与流通秩序有关的行业规范。会同有关部门研究制定药品批发企业营销人员、药品生产企业和代理企业医药代表的资质管理办法和行为规范，实行持证上岗和公示制度，保证依法依规销售药品和推广新药。完善药品购销管理制度，依法索取税票，保证经合法渠道经营药品。逐步实施药品流通企业分类分级管理制度，根据不同类别和等级，采取不同的管理措施，激励企业在规范经营的基础上改善服务设施，提升管理和服务水平。

打击违法违规行为。配合有关部门严厉打击经营假劣药品、商业贿赂、倒买倒卖税票、挂靠经营、非法经营网上药店、发布虚假药品和保健品广告等违法违规行为；整顿规范中药材市场，加强有害物质残留和质量检验。充分发挥12312商务行政执法投诉举报热线的作用，完善投诉举报的受理、处理、移送和反馈机制。发动各方面力量，加强对药品流通行业的社会监督。

（六）加强行业信用建设，推动企业诚信自律

推进全行业信用建设。加强全行业诚信和职业道德教育，广泛开展“诚信经营示范创建”活动，树立一批遵纪守法、诚实守信、管理规范、服务到位，能够积极履行社会责任，自觉接受监督的诚信经营典型。建立违法违规企业信息披露制度，在“商务领域信用信息系统”中归集企业信用信息，建立信用档案。推动部门间监管信息的公开和共享，实行信用分类监管。

建立行业自律机制。指导和鼓励行业协会制定和执行行规行约；维护正常价格秩序，防止垄断行为；探索建立对职业经理人、执业药师等人员从业行为信息的采集、记录、公开、共享等制度，对有违规失信行为的个人实行行业禁入；加强信用知识培训，帮助企业建立信用风险管理制度，开展行业信用评价，提高行业自律和信用水平。

（七）统筹内外两个市场，形成开放竞争的市场格局

搭建多功能服务平台。发挥政府部门和行业协会作用，建立药品交易、投融资合作、信息交流、政策发布等多层次、多功能平台，服务企业发展。发展医药会展经济，促进内外贸、中西药、产供销协调发展，加快国内外市场融合。

提高利用外资的质量和水平。优化投资结构，吸引境外药品流通企业按照有关政策扩大在境内投资，参与药品流通企业兼并重组，拓展分销业务；引导外资到中西部地区和中小城市发展。保护投资者的合法权益。学习借鉴国外先进管理经验和营销方式。

鼓励药品流通企业“走出去”。鼓励有条件的药品流通企业“走出去”，通过新建、收购、境外上市等多种方式，到境外开展业务，参与国际药品采购和营销网络建设，参与国际竞争。

（八）加强行业基础建设，提升行业服务能力

建立行业标准体系。结合行业特点和市场需求，借鉴国际先进经验，建立药品流通业态分类分级、药品统一编码及现代流通设施与信息化、中药材商品等级、职业经理人与从业人员资质和岗位规范、企业经营服务、信用建设和社会责任等相关标准体系。

建立行业统计制度。合理确定行业统计指标，建立直报企业和行业主管部门及有关方面共同参与的全国药品流通行业统计制度与网上报送平台，及时掌握行业运行和发展的全面信息，辅助政府决策，引导行业发展。

加强企业内部管理。药品流通企业是药品流通过程中质量安全的第一责任人，要完善法人治理结构，建立现代企业制度；健全药品购销索证索票、出入库及运输安全管理责任制；加强税票管理，积极与税务管理机关联网；落实各项财务会计管理规范和员工“三险一金”等各项规定和政策，保障员工教育经费。

提升经营服务水平。药品批发企业要提升药品品种保障能力，建立对客户需求的快速反应机制，保证药品及时、安全、足额供应。零售企业要按规定配备执业药师或相关药学技术人员，提高药品质量管理和药学服务水平，零售药店应当提供24小时服务；建立以消费者为中心的服务理念，指导消费者正确、安全、有效、合理用药。对药品流通企业设备设施、营业场所环境、售后服务等经营服务内容，以及各类从业人员专业能力、岗位责任、仪容仪表等，进行全面规范。

四、保障措施

（一）完善法律法规和政策体系

推动修改完善与药品流通有关的法律法规和部门规章，清理、废止阻碍药品流通行业改革发展和妨碍公平竞争的政策规定，健全市场机制。研究制订鼓励性政策措施，支持企业技术改造、科技创新，完善相关基础设施。在搞活流通，扩

大消费的各项政策中，积极支持药品流通行业结构调整和药品供应保障体系建设。改善融资环境，鼓励企业利用产业基金、融资担保、信用保险、上市融资、应收账款和仓单质押等金融工具，多渠道筹集资金，加快改革发展步伐。有条件的地方应争取财政、土地、金融、专项资金等优惠政策，支持药品流通行业发展。避免重复建设大型药品物流设施。

（二）改善药品流通行业发展环境

会同相关部门积极推动改革以药补医体制，完善药品定价、采购和医保支付机制，破除地方保护、地区封锁。保障药品批发企业平等参与招标采购及配送业务，促进医疗机构依合同规定按期向流通企业支付货款。在公立医院改革和基本药物制度实施等医改措施中，积极探索实现医药分开的具体途径，在已实施基本药物制度、取消以药补医的基层医疗机构，特别是周边药品零售配套设施比较完善的城市社区医疗服务机构，可率先探索医生负责门诊诊断，患者凭处方到零售药店购药的模式。加快赋予所有符合条件的药店处方药销售资格。支持零售连锁企业和其他具备条件的零售药店申请医保定点资格，扩大基本医疗保险定点药店覆盖范围，逐步提高社会零售药店在药品终端市场上的销售比重。密切跟踪医药卫生体制改革各项政策实施对行业的影响，研究提出解决对策和措施。

（三）加强药品流通理论研究和人才队伍建设

鼓励大专院校、研究院所、大型药品流通企业集团加强现代药品流通理论研究与创新。建立国内药品流通人才培训机制，支持和鼓励药品流通职业培训和继续教育，形成层次多元、市场需要、企业欢迎的人才培养与职业教育体系；建立全国药品流通职业经理人和其他从业人员的资格认证制度；建立药品流通领域人才激励与约束机制。实施从业人员培训工程，“十二五”期间培训高级职业经理人 2000 人，中级职业经理人 5000 人，执业药师继续教育 5000 人，药学技术服务人员 10000 人，其他重点岗位 20000 人。

（四）形成促进药品流通行业健康发展的合力

将药品流通行业管理切实纳入商贸流通工作体系进行统筹规划，与深化医药卫生体制改革领导小组其他成员单位进行工作对接，建立沟通协调和合作机制。大力支持药品流通行业协会等中介组织的发展，加强协会的组织建设，增强服务意识，提高为企业服务的能力。充分发挥协会在行业统计、行业培训、行业自律、国际交流合作、维护企业合法权益等方面的作用。

（五）建立规划纲要的实施机制

各地商务主管部门应根据本规划纲要制订 2011—2015 年本地药品流通行业发展的具体规划。建立年度跟踪监督、中期评估和终期检查制度，加强对规划实施的监督检查，确保年度工作计划与规划协调一致。各项扶持政策的实施应符合规划确定的发展目标和重点领域。

五　中医药重点工作

017

关于印发《国家中医药管理局深化改革总体思路及2014年工作方案》的通知

国中医药办发〔2014〕12号

各省、自治区、直辖市卫生计生委（卫生厅局）、中医药管理局，新疆生产建设兵团卫生局，局各直属单位，局机关各部门：

《国家中医药管理局深化改革总体思路及2014年工作方案》已于2014年4月16日经国家中医药管理局深化改革领导小组2014年第1次会议审议通过。现印发给你们，请遵照执行。

国家中医药管理局

二〇一四年四月三十日

国家中医药管理局深化改革总体思路及2014年工作方案

国家中医药管理局

2014年4月30日

一、总体目标

通过改革，完善中医药发展政策和机制，进一步激发中医药发展的活力和潜力，全面提升中医药服务能力和水平，更好地满足人民群众对中医药服务的需求，提高中医药对我国经济社会发展的贡献率。

二、基本原则

（一）坚持遵循规律。要准确把握发展趋势，顺应多元化多层次社会需求，遵循中医药内在规律，明确中医药发展要求，彰显中医药特色优势。

（二）坚持统筹协调。要把握大局，加强顶层设计、整体谋划，强化改革的整体性、协调性、耦合性，注重蹄疾步稳，实现重点突破和整体推进相统一。

（三）坚持突出重点。要注重问题导向、择要而行，聚焦影响和制约中医药发展的关键问题，在完善中医药发展政策和机制上下功夫。

（四）坚持力求实效。要强化目标导向，用钉钉子的精神咬住青山不放松，用踏石有印、抓铁有痕的作风狠抓落实。

三、主要任务

按照中央明确的全面深化改革重要举措及其任务分工，结合中医药实际，确定以下主要任务、优先顺序和重点工作。

（一）积极参与医改，创新服务模式。一是鼓励社会办中医，二是加快公立中医医院改革，三是推动医保支付方式和基本药物制度改革，四是创新中医药服务和管理。

（二）完善科技创新机制，推进协同创新。一是建立协同创新机制，二是建立健全中医药知识产权及传统知识保护和运用制度，三是完善科研项目管理、促进科研成果转化，四是完善中药资源保护和合理利用机制。

（三）深化教育教学改革，提高中医药人才队伍素质。一是推进中医药教育教学改革，二是完善中医药人才评价机制。

（四）推进文化体制机制创新，构建中医药核心价值观。一是推进中医药传统文化传承体系建设，二是创新中医药文化科普传播模式，三是完善中医药新闻宣传机制。

（五）完善政策机制，推动中医药对外交流合作。一是深化中医药海外发展战略研究，二是建立中医药参与我国国际经贸谈判、公共外交的新机制，三是完善中医药服务贸易发展政策。

（六）加快转变政府职能，完善工作机制。一是改善和加强宏观管理，二是加快转变政府职能，三是完善工作机制。

四、2014 年具体方案

（一）完成的重点工作

1. 在积极参与医改、创新服务模式方面（共 9 项）

——配合相关部门出台鼓励社会办医相关文件，体现社会办中医的特殊要求。（医政司）

——联合国家卫生计生委等部门出台医师多点执业的政策文件。（医政司）

——联合相关部门编制《全国卫生服务体系规划纲要（2015—2020 年）》。（规财司）

——联合相关部门制订《关于推进县级公立医院综合改革的意见》，研究提

出县级公立中医医院综合改革评价指标体系。出台城市公立中医医院改革试点实施方案。(医政司)

——研究提出破除以药补医、理顺医药价格的补偿原则，指导各地制订具体的补偿办法。(规财司)

——联合相关部门制订医疗卫生机构绩效评价的指导性文件，建立符合中医医院特点的绩效评价机制。(人教司)

——研究提出公立中医医院人事薪酬制度政策建议，建立适应中医药行业特点的人事薪酬制度。(人教司)

——联合国家卫生计生委出台中医类别医师在养生保健机构提供保健咨询和调理服务的管理办法。(医政司)

——推动中医医疗广告审批情况网上查询。建立完善中医药健康服务监督工作与会商应对机制。(法监司)

2. 在完善科技创新机制、推进协同创新方面（共 6 项）

——推进跨领域、跨产业、跨学科的产学研协同创新政策，出台加强中医药科技创新体系建设的指导意见。(科技司)

——落实关于加强中医药知识产权工作的指导意见，探索完善科技成果权利归属和利益分享机制。(科技司)

——深化中医药传统知识调查，研究制定中医药传统知识保护目录，出台中医药传统知识保护研究纲要。(科技司)

——制定落实加强改进中央财政科研项目和资金管理的若干意见具体措施，完善科研项目申报、评审、立项、验收制度。(科技司)

——推进重点依托中药资源动态监测体系，促进中药材技术创新和服务体系建设。(科技司)

——加强中药材产业发展的宏观调控，会同相关部门编制《中药材产业中长期（2015—2020）发展规划》。(规财司)

3. 在深化教育教学改革、提高中医药人才队伍素质方面（共 4 项）

——协调有关部门研究制定加强中医药教育改革与发展的指导意见。(人教司)

——建立中医药人才褒奖机制，完善国医大师等候选人提名和遴选渠道办法。(人教司)

——研究提出中医药行业特有工种职业技能鉴定工作管理办法。(人教司)

——研究提出中医执业医师准入评价改革方案。(医政司)

4. 在推进文化体制机制创新、构建中医药核心价值观方面（共 4 项）

——研究制订中医药非物质文化遗产保护和运用的办法。(办公室)

——总结中医中药中国行、养生保健类电视广播节目等中医药文化科普宣传模式，研究提出中医药文化科普传播方案。(办公室)

——推动中医药科普知识更多纳入中小学课程体系。(人教司)

——推动中医药新闻发布制度落实。做好涉及中医药事件舆论的应对和处置工作。(办公室)

5. 在完善政策机制、推动中医药对外交流合作方面(共4项)

——研究制定中医药海外发展战略。(国合司)

——研究提出中医药参与孔子学院和海外文化中心建设的总体设计和实施方案。(国合司)

——研究提出推动中医药纳入丝绸之路经济带、海上丝绸之路建设的措施。(国合司)

——协调相关部门出台符合中医药服务贸易发展规律的优惠政策。(国合司)

6. 在加快转变政府职能、完善工作机制方面(共7项)

——完成中医药发展战略研究报告。(法监司)

——牵头组织编制中医药健康服务发展规划。(规财司)

——制定中医药政策体系建设总体规划(2015—2020年)。(法监司)

——推动完成国务院中医药工作部际协调机制的调整。(办公室)

——推动出台《在卫生计生工作中进一步加强中医药工作的意见》、《国家卫生计生委与国家中医药局工作关系细则》。(办公室)

——完善规范性文件、重大决策合法性审查机制,健全规范性文件审查制度,完成规范性文件的清理。(法监司)

——成立中医药改革发展专家咨询委员会,制定管理办法,建立立法、政策等专家咨询机制。(办公室)

(二)启动的重点工作

1. 在积极参与医改、创新服务模式方面(共5项)

——开展中医优势病种付费方式改革试点。(医政司)

——推进县乡中医药服务一体化管理和中医医疗联合体试点。(医政司)

——研究制定大型中医医院巡查制度并启动试点工作。(医政司)

——开展中医药与养老结合试点。(医政司)

——推进全民健康保障信息化工程中医药信息化建设。(办公室)

2. 在完善科技创新机制、推进协同创新方面

3. 在深化教育教学改革、提高中医药人才队伍素质方面(共1项)

——启动中医药院校教育综合改革试点,研究提出加强中华优秀传统文化教育的基本要求。(人教司)

4. 在推进文化体制机制创新、构建中医药核心价值观方面(共1项)

——探索建立中医药科普知识群众需求征集和反馈机制。(办公室)

5. 在完善政策机制、推动中医药对外交流合作方面（共1项）

——探索建立中医药参与我国国际经贸谈判、公共外交的新机制。（国合司）

6. 在加快转变政府职能、完善工作机制方面（共2项）

——开展学会、协会有序承接政府转移职能的试点工作。（人教司）

——开展中医师准入及执业政策研究，为《执业医师法》及配套文件修订做好准备工作。（医政司）

（三）研究的重点工作

1. 在积极参与医改、创新服务模式方面（共4项）

——开展中药基本药物生产供应、配备使用及价格形成机制研究。（医政司）

——开展中医医院服务模式研究，总结可复制、可推广的中医医院服务模式并研究制定试点方案。（医政司）

——加强对中西医结合医院办院模式研究。（医政司）

——开展中医药服务价格形成机制研究。（规财司）

2. 在完善科技创新机制、推进协同创新方面（共1项）

——开展促进中医药科研成果转化的机制研究。（科技司）

3. 在深化教育教学改革、提高中医药人才队伍素质方面（共2项）

——开展中医药人才培养机制改革研究。（人教司）

——协调相关部门启动中医药专业技术职务评审制度改革研究。（人教司）

4. 在推进文化体制机制创新、构建中医药核心价值观方面（共2项）

——深化中医药核心价值观的内涵和外延。（办公室）

——中医药行业职业道德规范研究。（直属机关党委）

5. 在完善政策机制、推动中医药对外交流合作方面（共1项）

——研究提出促进民间更多参与中医药国际交流合作的相关政策。（国合司）

6. 在加快转变政府职能、完善工作机制方面（共1项）

——完善省局联动机制，研究省局共建等相关工作的管理办法。（办公室）

五、工作要求

2014年是全面贯彻落实党的十八大和十八届三中全会精神的重要一年，是完善中医药事业发展政策和机制的关键一年。做好今年深化改革工作的总体要求是：全面贯彻落实党的十八大和十八届二中、三中全会精神，坚持以邓小平理论、“三个代表”重要思想、科学发展观为指导，认真学习习近平总书记系列讲话精神，紧紧围绕中央关于全面深化改革工作的总体部署，紧密结合中医药工作实际，统筹兼顾，科学实施，有重点、有步骤、有秩序地落实。

国家中医药管理局深化改革领导小组负责对2014年中医药改革工作要点落实的总协调，并进行督促检查。各部门要按照工作要点明确的分工任务，精心部署，周密安排，狠抓落实。主要领导要亲自抓，组织力量抓紧制定完善落实任务的实施方案，明确提出可检验的成果形式、时间表和路线图。牵头部门要加强统筹协调，参加部门要积极支持配合，形成工作合力。改革办要及时对工作要点落实情况进行跟踪督促，年中检查，年底对账，汇总报告深化改革领导小组。

各部门要把全面深化改革同日常工作结合起来，坚持稳中求进，把改革创新贯穿于中医药工作各个方面各个环节，坚持问题导向，勇于突破创新，以改革促发展。

018

国家中医药管理局办公室关于印发2013年中医医政工作要点的通知

国中医药办医政发〔2013〕8号

各省、自治区、直辖市及副省级市卫生厅局、中医药管理局，新疆生产建设兵团卫生局，局各直属单位，北京中医药大学：

根据2013年全国中医药工作会议精神和《2013年中医药工作要点》，我局确定了《2013年中医医政工作要点》，现印发给你们。请结合本地区、本单位工作实际，认真贯彻落实，并及时将工作进展情况报我局医政司。

国家中医药管理局办公室

二〇一三年三月二十五日

2013年中医医政工作要点

国家中医药管理局办公室

2013年3月25日

按照2013年全国中医药工作会议部署和2013年中医药工作要点，2013年中医医政工作的总体要求是深入贯彻落实党的十八大精神，在深化医改中进一步发挥中医药作用，继续完善中医医疗和预防保健服务体系，提升基层中医药服务能力，全面推进中医医政各项工作。

一、在深化医改中进一步发挥中医药作用

（一）积极推进公立中医医院改革。

继续推进县级公立中医医院综合改革试点工作，与国家发展改革委、财政部、国家卫生和计划生育委员会、人力资源社会保障部联合印发《关于在县级公立医院综合改革试点工作中充分发挥中医药特色优势的通知》并抓好落实；及时总结推广第一批311个试点县的改革经验，配合有关部门适时启动第二批改革试点。

继续加强对17个公立医院改革国家联系试点城市的调研督导；围绕调整中医医疗服务价格体系、改革医保支付方式、中医医疗联合体等改革重点开展政策研究，积极协调相关部门完善政策；开展公立中医医院院长职业化、专业化培训。

继续开展中医临床路径试点工作，进一步扩大实施临床路径的病种范围，增加病例数量。

加强中医远程医疗服务管理，开展中医远程医疗业务指导试点，探索建立中医远程医疗运行发展的长效机制，提升中医远程医疗服务整体能力。

继续开展“三好一满意”活动并做好三年总结，落实各项便民惠民措施，加强中医药文化建设。

（二）做好基本公共卫生服务中医药健康管理项目实施工作。

与国家卫生和计划生育委员会、财政部联合印发《关于进一步做好2013年国家基本公共卫生服务项目工作的通知》，将中医药健康管理项目纳入国家基本公共卫生服务项目，开展老年人中医体质辨识和儿童中医调养服务；与国家卫生和计划生育委员会联合印发《关于做好中医药健康管理服务工作的指导意见》和中医药健康管理服务规范及技术规范，并适时开展师资培训；会同国家卫生和计划生育委员会、财政部加强中医药健康管理服务项目绩效考核。

制定国家基本公共卫生服务健康教育中医药基本内容和中国公民中医药养生保健素养。

继续开展基本公共卫生服务中医药服务项目试点工作，扩大试点内容，并分批对试点地区相关人员进行培训。

（三）巩固完善基本药物制度。

配合国家卫生和计划生育委员会等部门完善基本药物目录和相关管理办法；推动并规范各地中成药药品增补；修订国家基本药物中成药临床应用指南，继续制作培训视频资料，加强医务人员中成药合理用药培训和考核；开展鼓励使用中药饮片的政策研究。

（四）继续完善医保中医药政策，参与推进基层综合改革。

继续协调相关部门完善相关政策，在健全全民医保体系中发挥中医药优势和作用；继续督促和协调各地将符合条件的中药（含中药饮片、中成药、中药制剂）和中医诊疗项目按规定纳入基本医疗保险基金支付范围，提高新农合中医药报销比例。

参与20种重大疾病医疗保障试点工作，做好中医药医疗救治工作，并以此为重点，加强县级中医医院基本功能建设，保障中医药特色优势发挥，提高医疗服务能力水平。

参与起草中国农村初级卫生保健发展纲要以及乡镇卫生院评审办法及标准、村卫生室管理规范性文件等，充分体现中医药内容和特点。

推进“万名医师支援农村卫生工程”，继续组织东部9省（市）三级中医医院对口支援西部地区8省（区）县级中医医院；会同国家卫生和计划生育委员会共同组织开展“对口支援年”活动，创建城乡医院对口支援示范医院。

配合国务院医改办等部门指导10个试点地区全科医生执业方式和服务模式改革工作，在全科医生服务中鼓励提供和使用中医药服务。

二、提升基层中医药服务能力

（五）加大基层中医药服务能力提升工程实施力度。

将提升工程主要内容和目标纳入国务院医改领导小组办公室与各省（区、市）医改领导小组、国家卫生和计划生育委员会与各省（区、市）卫生厅局签订的医改目标责任书中。加大对各地实施工作调研和督导力度，督促各省（区、市）尽快制定实施方案（意见），召开启动工作会议，推动各省（区、市）与市（地）、市（地）与县（市、区）签订提升工程目标责任书。适时开展阶段性检查评估工作，督促年内各省（区、市）至少要开展一次省级检查评估。

（六）积极争取财政支持各级基层中医药服务能力提升工程项目建设。

继续开展基层中医药适宜技术推广基地、农村医疗机构中医特色优势重点专科建设、乡镇卫生院和社区卫生服务中心中医药综合服务区建设以及村卫生室和社区卫生站中医诊疗设备配备，加强尚未设置中医医院的县（市、区）综合医院中医部中药房建设。

（七）继续开展全国基层中医药工作先进单位创建活动。

修订《全国基层中医药工作先进单位管理办法和建设标准》、《全国基层中医药工作先进单位检查评估方案和检查评估细则》以及专家评估手册等文件，并做好2013年期满复核工作和市（地）级以上地区创建工作。

三、持续加强中医医院中医药特色优势建设，提高中医临床疗效。

（八）进一步完善中医医院评审制度并组织开展评审工作。

开展二级中医医院评审工作，加强二级中医医院负责人和评审专家培训。

组织中医医院开展以“以病人为中心，发挥中医药特色优势提高中医临床疗效”为主题的持续改进活动，印发活动方案和检查评估细则等文件。

制订一级中医医院和中医专科医院评审标准和细则，开展一级中医医院、中医专科医院评审评价培训。

（九）加强中医重点专科建设。

做好优势病种中医诊疗方案的推广实施工作，认真做好资料收集整理和疗效评价，提高中医临床疗效。

开展中医优势病种诊疗协作中心试点；组织开展2013年国家临床重点专科（中医专业）的遴选评估工作。

组织制订《国家中医药管理局“十二五”重点专科项目建设目标与要求》，做好国家中医药管理局“十二五”重点专科建设工作。

（十）加强中医护理工作。

印发《关于加强中医护理工作的意见》，继续组织制定优势病种中医护理方案，召开全国中医护理工作会议。

继续推进优质护理服务示范工程，扩大优质护理服务覆盖面，加强护理服务内涵建设，转变护理模式，提高护理水平，发挥中医药特色优势；大力推动中医医院实施护士岗位管理工作。

（十一）加强中医医疗机构药事管理。

结合中医医院评审及持续改进活动等加强中医医疗机构药事管理，保障药品质量。

继续推广使用小包装中药饮片和新型煎药机，探索提高中药饮片调剂速度的有效途径和手段。

（十二）实施中医诊疗设备促进工程。

组织中医诊疗设备提升、改造、开发项目按照要求开展相关工作。

组织制定《中医诊疗设备生产示范基地建设要求》，开展中医诊疗设备生产示范基地建设。

组织制定中医诊疗设备技术操作方案，指导医疗机构合理配备应用中医诊疗设备。

（十三）加强中医医疗技术管理。

完善中医医疗技术协作组组织，组织开展中医医疗技术临床验证和难点解决等工作；探索加强中医医疗技术准入管理。

制定印发中医医疗技术手册（普及版），推广应用中医医疗技术。

（十四）加强中医医院综合治疗工作。

印发《关于中医医院加强综合治疗提高中医临床疗效的通知》，规范中医综合治疗区（室）建设。

（十五）加强中医医院中医药文化建设。

制定《中医医院中医药核心价值读本编写指南》，印发《中医医院工作制度与人员岗位职责》，进一步规范中医医院人员行为。

（十六）深入推进以中医电子病历为核心的中医医院信息化建设工作，抓好《关于“十二五”期间推进以电子病历为核心医院信息化建设工作的指导意见》落实。

（十七）配合修订《医疗机构设置规划指导原则》，指导各地中医药管理部门配合制订医疗机构设置规划。

四、提高中医药应对突发公共卫生事件能力

（十八）贯彻落实全国中医药应急工作会议精神，进一步完善中医药应急和

防治新发传染病工作机制。印发《关于加强突发公共事件中医药应急工作的意见》和《中医医院应对突发公共事件医疗救治应急预案》。

组织制定《国家中医药管理局中医药应急临床基地建设标准》和《国家中医药管理局中医、中西医结合防治传染病临床基地建设标准》，加强国家中医药管理局中医药应急临床基地和中医、中西医结合防治传染病临床基地建设。

（十九）开展传染病中医药防治工作。

继续做好新发突发传染病中医药防治工作。

继续开展中医药治疗艾滋病试点项目，开展技术培训工作，修订、完善中医药治疗艾滋病诊疗方案。

五、推进中医预防保健服务体系建设

（二十）加强中医预防保健服务提供平台建设。

贯彻执行《中医医院“治未病”科建设与管理指南（试行）》，加强中医医院“治未病”科室建设。

以社区为中医预防保健服务网络的网底，在每个地级市所属的每个区选择1所社区卫生服务中心作为基层医疗机构“治未病”服务工作协作组成员单位，打造一批具有引领、示范、带动作用的社区卫生服务中心，探索基层“治未病”服务的有效途径和模式。

在全国每个市（地）各选择3～5所社会资本举办的独立中医养生保健机构作为中医养生保健服务机构协作组成员单位，规范服务行为、提高服务能力、探索服务模式，打造一批具有引领、示范、带动作用的社会独立养生保健服务机构。

（二十一）加强中医预防保健技术体系建设。

制定《常见疾病高危人群中医预防保健服务技术指南》并逐步推广应用；加强对膏方、穴位贴敷等中医技术的规范使用和管理。

（二十二）加强中医预防保健队伍建设。

修订中医预防保健服务人员资格认证标准，发布《中医预防保健服务人员考试大纲》，编写《中医预防保健服务人员培训教材》，制订培训基地标准，遴选一批培训基地，继续开展中医预防保健服务人员资格认证试点工作。

（二十三）完成“治未病”效果评价指标的制订，开展效果评价工作。

（二十四）在每个省选择1～2个市（地）开展区域中医预防保健服务体系建设试点，推动区域中医预防保健服务体系建设。

修订中医预防保健服务机构准入标准；积极与工商部门协调，以“中医药管理部门主导，工商部门参与，行业协会配合”为原则开展中医预防保健服务机构准入试点，探索社会独立养生保健服务机构管理的有效途径和模式。

六、做好中西医结合和民族医药工作

（二十五）开展二级中西医结合医院和民族医医院评审工作。印发中西医结合医院和民族医医院持续改进活动检查评估细则，推动中西医结合医院和民族医医院进一步突出特色、提高疗效、促进发展、深化改革、加强管理。制订一级民族医医院评审标准和细则。

（二十六）做好第三批重点中西医结合医院和第二批重点民族医医院项目建设，开展项目建设中期评估工作。

（二十七）做好“十二五”民族医重点专科（专病）建设工作，制订民族医优势病种诊疗方案和临床路径。做好民族医医疗技术的整理和规范，制定民族医医疗技术目录和操作方案。召开全国民族医药工作座谈会。开展基层民族医药服务与需求调查工作。

七、完善中医民族医执业医师准入制度

（二十八）做好2013年全国中医类别医师资格考试工作。与国家卫生和计划生育委员会联合印发《进一步贯彻落实〈传统医学师承和确有专长人员医师资格考核考试办法（卫生部令第52号）〉的通知》。与国家卫生和计划生育委员会共同做好乡村全科执业助理医师考试试点工作。完成民族医纳入国家医师资格考试的标准和程序，推动符合条件的民族医纳入国家医师资格考试体系。

八、加强综合医院中医药、民间医药和民营医疗机构工作

（二十九）与国家卫生和计划生育委员会、总后勤部卫生部继续开展全国综合医院中医药工作示范单位创建活动。召开综合医院中医药工作经验交流会议，总结交流经验，部署下一阶段工作。

（三十）推动各地继续贯彻落实《关于加强民间医药工作的意见》和《民间医药近期重点工作实施方案》。推动各省（区、市）建设省级中医药特色技术和方药筛选评价中心。推动各省（区、市）按照分级负责原则开展民间医药技术的收集整理工作，建立本地区民间医药技术信息数据库。

（三十一）推动各地进一步贯彻落实《关于进一步鼓励和引导社会资本举办医疗机构的意见》。对符合条件的民营中医（含中西医结合）医院进行等级医院评审，引导民营中医医院加强自身建设，规范管理。进一步抓好《中医坐堂医诊所管理办法》和基本标准贯彻落实。

（三十二）与国家卫生和计划生育委员会联合印发《关于做好中医药一技之长人员纳入乡村医生管理工作的通知》，推动各省（区、市）按照《乡村医生从业管理条例》第十二条规定和通知要求尽快制定本地区具体工作方案，并抓好落实。

019

国家中医药管理局办公室关于印发2011年中医医政工作要点的通知

国中医药办医政发〔2011〕12号

各省、自治区、直辖市及计划单列市、副省级省会城市卫生厅局、中医药管理局，新疆生产建设兵团卫生局，局各直属单位，北京中医药大学：

根据2011年全国中医药工作会议精神和2011年中医药工作要点，我局制定了《2011年中医医政工作要点》，现印发给你们。请结合本地 区、本单位工作实际，认真贯彻落 实，并及时将工作进展情况报我局医政司。

国家中医药管理局办公室

二〇一一年三月四日

2011年中医医政工作要点

国家中医药管理局办公室

2011年3月4日

2011年，全国中医医政工作以邓小平理论和“三个代表”重要思想为指导，深入学习实践科学发展观，全面贯彻党的十七届五中全会精神，按照2011年全国中医药工作会议部署和2011年中医药工作要点，全力推进和落实深化医药卫生体制改革中中医药各项政策措施和任务，继续完善中医医疗和预防保健服务体系，进一步提高基层中医药服务能力和可及性、可得性，充分发挥中医药防治常见病多发病和新发传染病的特色和优势，全面推进中医医政各项工作。

一、认真做好深化医药卫生体制改革五项重点工作

（一）加快推进公立中医医院改革试点。做好公立中医医院改革试点动员部署和组织实施工作，加大公立中医医院改革试点的指导力度，开展督导检查，及时解决试点中的重大问题，总结和推广好的做法和成熟经验。对试点中医医院开展监测，继续开展公立中医医院体制机制改革相关政策研究。

与卫生部联合制定出台建立医院与城乡基层医疗卫生机构的分工协作机制的指导性意见。参与推进中医医院收费结算和医保支付方式的改革。参与公立中医医院治理机制改革的研究，推动试点城市探索建立公立中医医院法人治理结构，

理顺公立中医医院所有者与管理者责权。研究建立公立中医医院以公益性和中医药特色为核心的绩效考核制度。研究制定中医医院院长资格管理办法，建立职业化、专业化的中医医院院长培训考核体系，继续举办中医医院院长培训班。

继续制定印发100个病种中医临床路径。开展中医临床路径实施试点，在全国50%三级甲等中医医院开展不少于5个病种的临床路径管理，在全国20%二级甲等中医医院开展不少于2个病种的临床路径管理。

抓好中医医院信息化建设，选择部分中医医院开展中医电子病历试点工作，实施《电子病历基本规范》和《电子病历功能规范》；推进中医优势病种远程会诊试点工作。

实施《中医医院中医护理工作指南》，继续在中医医院开展优质护理服务示范工程，全国所有三级中医医院推行优质护理服务工作，二级中医医院中，各省（区、市）根据实际，确定一定比例的中医医院开展优质护理服务，其中地市级中医医院比例不低于40%，县级中医医院不低于20%。

继续推进各项便民惠民措施，三级中医医院普遍开展预约诊疗服务，优化医院门急诊环境和流程，广泛开展便民门诊服务。

鼓励和引导社会资本举办中医医疗机构。

（二）做好基本药物制度实施工作。加强中药基本药物配备和使用管理，推广《中成药基本药物临床应用指南》、《中成药临床应用指导原则》和《中药注射剂临床应用指南》，制作并推广国家基本药物临床应用指南（中成药）视频资料，广泛开展宣传和培训，指导基层医务人员合理使用中成药。会同有关部门制定《国家基本药物目录（其他医疗卫生机构配备使用部分）》中成药卷。开展中药饮片生产供应保障和配备使用管理等专题研究。

（三）落实基本医疗保障制度的相关政策。抓好新农合统筹补偿方案中提高使用中医药有关费用补偿比例政策的落实，力争所有参合县均提高10%以上，将推拿等中医诊疗技术和符合要求的医疗机构中药制剂纳入新农合报销范围，引导农民应用中医药适宜技术。探索制定鼓励提供和使用中医药服务的城镇医保政策。

（四）在基本公共卫生服务中发展中医药服务。抓好《国家基本公共卫生服务规范》中居民健康档案、健康教育以及老年人、孕产妇和高血压、2型糖尿病患者健康管理中有关中医药内容的实施。参与修改确定新增国家基本公共卫生服务项目，在病毒性传染病防治中将中医药技术方法作为重要手段。将应用中医药预防保健技术和方法纳入基本公共卫生服务绩效考核体系并列为重点指标予以考核。推进中医药基本公共卫生服务综合配套试点工作。

（五）加强城乡基层医疗卫生服务体系建设。认真贯彻落实《健全农村医疗卫生服务体系建设方案》，将中医药科室建设和中医诊疗设备配备作为基层医疗卫生机构建设的重要内容，力争设置中医科的乡镇卫生院比例达到90%以上。

选择部分乡镇卫生院和社区卫生服务中心开展全国基层医疗卫生机构中医药综合服务区建设试点。对基层医疗卫生机构卫生技术人员开展中医药适宜技术推广和知识培训，力争90%以上的村卫生室和社区卫生服务站接受培训。继续组织实施“万名医师支援农村卫生工程”，进一步做好城市三级医院对口支援县级医院工作，确保10%的县级中医医院接受支援。

二、做好中医药应急和新发传染病防治工作

（六）进一步完善中医药应急和防治新发传染病工作机制。开展中医医院应急能力建设和第三批国家中医药管理局中医、中西医结合防治传染病临床基地建设。制定中医医院应急工作预案。完善中医药应急救治技术方案和新发传染病中医药防治技术方案。加强中医药应急和防治新发传染病专业技术队伍建设。适时召开中医药应急暨传染病防治工作座谈会。

（七）继续开展传染病中医药防治工作。继续做好手足口病和甲型H1N1流感等传染病的中医药防治工作，继续开展中医药治疗艾滋病试点项目，进一步扩大救治规模，并适时对新增项目省份进行督导。

三、巩固发展城乡基层中医药服务

（八）继续实施《农村中医药工作近期重点实施方案（2010—2011年）》，抓好《乡镇卫生院中医科基本标准》贯彻实施。实施基层中医药服务能力推进工程，以推进基层常见病多发病中医药适宜技术推广、农村医疗机构中医特色专科等基层中医药服务能力项目实施并取得实效为主要内容，适时开展项目绩效评估暨农村和社区中医药工作评价，以进一步提高基层中医药服务能力和可及性、可得性。继续开展农村和社区中医药服务监测。

（九）加大基层中医药适宜技术推广力度，探索建立中医药适宜技术推广长效机制。继续开展省级和县级中医药适宜技术培训基地建设，加强省级和县级师资培训；继续出版《基层中医药适宜技术手册》系列丛书，分层分类对县级中医医院、乡镇卫生院和社区卫生服务中心、村卫生室和社区卫生服务站中、西医人员进行中医药适宜技术推广培训。

（十）加大典型示范推广力度。加强对农村中医药服务工作的指导，印发《农村中医药工作指南》，举办农村中医药工作培训班，对全国县（市）卫生局局长进行轮训。

（十一）继续开展全国基层中医药工作先进单位创建活动，上半年和下半年各完成一批候选地区检查评估工作，重点完成原全国农村中医工作先进县建设单位的检查评估。命名一批直辖市级和地市级全国基层中医药工作先进单位。对获得全国农村中医工作先进县和全国中医药特色社区卫生服务示范区荣誉称号满5

年的地区开展重点复核。

（十二）参与制定《乡镇卫生院管理办法》、《村卫生室管理办法》以及乡镇卫生院、社区卫生服务机构绩效考核的指导性意见，充分发挥中医药在基层医疗卫生服务机构中的作用。

四、加强中医医院中医药特色优势建设

（十三）加强中医医院管理。继续深入开展"以病人为中心、以发挥中医药特色优势为主题"的中医医院管理年活动，适时组织开展检查评估和总结评优。

（十四）印发《中医医院评审管理办法》、《中医医院评审标准》及实施细则和《中医医院评审专家库管理办法》。修订《中医医院基本标准》，继续制定中医医院内设科室建设与管理指南，加强中医医院诊疗科目准入管理。

（十五）加强重点中医专科建设。开展"十一五"重点中医专科项目建设检查评估，启动"十二五"重点中医专科建设，继续印发并推广一批中医优势病种临床诊疗方案。启动中医优势病种临床协作中心建设。继续推动中医重点专科视频网络平台建设。

（十六）加强中医医疗机构药事管理。推进《关于加强医疗机构中药制剂管理的意见》、《中药处方格式及书写规范》的落实。继续推广使用小包装中药饮片和新型煎药机，规范小包装中药饮片规格和色标，对小包装中药饮片试点应用工作进行阶段性总结。

（十七）继续实施中医诊疗设备促进工程。对第一批推广的中医诊疗设备进行评价，开展第二批"推广一批、改造一批、提升一批、开发一批"中医诊疗设备遴选和评审工作。研究提出中医诊疗设备准入标准和注册审批标准的建议。开展中医诊疗设备生产示范基地建设，制定建设标准并开展评选工作。

五、加强中医预防保健服务体系建设

（十八）继续做好"治未病"健康工程的实施，总结"治未病"预防保健服务试点工作经验。扩大"治未病"预防保健服务试点范围，积极推进区域中医预防保健服务体系建设，选择20个以上市辖区开展试点。

（十九）研究中医预防保健服务机构、服务人员准入标准并开展试点。

（二十）积极推广运用《中医养生保健技术操作规范》，加强服务技术方法及其相关产品研究开发，探索制定10种慢性病"治未病"菜单式服务，形成具体的服务项目。

六、做好中西医结合与民族医药工作

（二十一）继续做好中西医结合工作。印发《中西医结合医院工作指南》，开

展推广培训和交流。做好中西医结合医院管理年活动检查评估工作。制定中西医结合医院评审标准。做好重点中西医结合医院建设项目检查评估，启动“十二五”重点中西医结合医院建设项目。

（二十二）继续做好民族医药工作。抓好《全国民族医药工作近期重点实施方案（2010—2012 年）》贯彻落实。做好民族医医院管理年活动检查评估工作。制定民族医医院评审标准。研究制定民族医纳入国家医师资格考试标准和程序。开展“十一五”重点民族医医院和民族医重点专科项目建设检查评估，启动“十二五”重点民族医医院和民族医重点专科项目建设，印发并推广一批民族医优势病种诊疗方案。

七、进一步推动综合医院中医药工作

（二十三）进一步贯彻落实《关于切实加强综合医院中医药工作的意见》，督促各地落实好《综合医院中医临床科室基本标准》、《医院中药房基本标准》等标准规范，参与制定综合医院评审标准、基本标准中有关中医药内容。

（二十四）印发《综合医院中医药工作指南》，并开展培训与交流。

（二十五）与卫生部、总后卫生部继续开展全国综合医院中医药工作示范单位创建活动。

八、其他

（二十六）贯彻落实全国民间医药暨民营中医医疗工作座谈会精神，印发《关于加强民间医药工作的意见》。抓好《中医坐堂医诊所管理办法》和基本标准贯彻落实。

（二十七）进一步抓好《传统医学师承和确有专长人员考核办法》（卫生部令第 52 号）的落实，督促各地按要求组织实施好师承人员出师考核和确有专长人员考核工作；研究探索将掌握中医保健技能的民间医药人员纳入中医职业技能考试。

（二十八）继续完善中医类别医师执业范围相关规定，加强中医类别医师定期考核。与卫生部共同扩大乡镇执业助理医师考试试点。推进农村具有中医药一技之长人员纳入乡村医生管理工作。

（二十九）做好中医技术和现代技术的管理，开展中医药治疗技术整理、规范、准入和推广工作。积极探索现代技术在中医医疗机构的准入和推广机制。

（三十）深入开展创先争优活动。紧密结合中医医政工作实际，围绕中心，立足岗位，创先争优。在各级各类中医医院普遍开展公开承诺活动，做好先进典型的发现树立、充分运用和广泛宣传等工作，带动中医医疗行业创先进、争优秀，努力营造学习先进、争当先进、赶超先进的良好氛围，把受人民群众欢迎的中医药工作干得让人们群众更加满意。

020

国家中医药管理局关于印发2011年工作要点的通知

国中医药法监发〔2011〕5号

各省、自治区、直辖市及计划单列市、副省级省会城市卫生厅局、中医药管理局，新疆生产建设兵团卫生局，局各直属单位，北京中医药大学：

现将《2011年工作要点》印发给你们。请结合本地区、本单位工作实际，认真贯彻落实，并及时将工作进展报告我局。

国家中医药管理局

二○一一年二月十五日

2011年中医药工作要点

国家中医药管理局

2011年2月15日

2011年中医药工作的总体要求是：以邓小平理论和“三个代表”重要思想为指导，深入学习实践科学发展观，全面贯彻党的十七大、十七届三中、四中、五中全会、中央经济工作会议和全国卫生工作会议精神，正确把握中医药改革发展面临的形式与任务、围绕卫生工作的总体部署和“十二五”中医药发展总体思路、目标任务，抓住机遇、奋发有为，全面推进中医药事业又好又快发展。

一、全面落实《若干意见》，认真做好“十二五”规划编制工作

（一）以党的十七届五中全会通过的《中共中央关于制定国民经济和社会发展第十二个五年规划的建议》为指导，以推动和实现中医药事业科学发展为主题，以在深化医改中全面贯彻落实《国务院关于扶持和促进中医药事业发展的若干意见》（以下简称《若干意见》）为主线，认真做好中医药“十二五”规划编制工作，科学设置规划目标、指标、重点工程和项目、真正做到目标围绕主题主线确定、任务围绕主题主线展开、政策针对主题主线设计、措施紧扣主题主线安排。规划的编制，既要仅仅围绕经济社会发展规划和卫生发展规划大局，又要积极将中医药内容容纳到经济社会发展规划和卫生发展规划中去，使“十二五”中医药的发展与经济社会发展相协调，与卫生发展相衔接，真正体现中央要求、反

映行业特点、符合地方特色。

（二）贯彻落实《若干意见》。充分发挥中医药工作协调机制作用，加强协调，争取支持，完善相关政策，解决重大问题。积极协调有关部门，研究制定中医药发展中长期规划、中医药服务体系建设专项规划、中医药人才队伍建设专项规划、中医药继承创新专项规划、中医药标准化发展专项规划和中医药文化发展专项规划；加强与教育部协调，积极推进中医药院校教育改革；加强与工业和信息化部协调，推动制定中药产业发展规划；加强与国家食品药品监督管理局协调，制定中药饮片炮制规范；加强与发展改革委、商务部、国家食品药品监督管理局等部门协调，加强对中药材和中药饮片质量、价格及流通的监管及调控，提高中药饮片质量，稳定中药材价格，保障中药材及中药饮片市场供应，启动并开展中药资源普查工作。围绕中医药改革发展中的重大理论和时间问题，深化中医药发展规律、中医药服务提供与利用的激励机制、中医药服务组织形态等方面的专题要就，提出具体政策措施。

（三）利用《若干意见》发布两周年之机，进一步做好《若干意见》精神宣传工作，采取多种形式，及时总计贯彻落实《若干意见》的好经验、好做法，特别是结合深化医药卫生体制改革探索的新思路、新举措，认真提炼，加以推广。

二、积极参与实施医改各项重点任务

（四）抓好基本药物制度实施工作。加强对中药基本药物的宣传，巩固和扩大实施范围，推广中成药基本药物临床应用指南，加强配备和使用管理，开展中药饮片质量标准和价格、生产供应保证、配备使用管理专题研究。会同卫生部制定《国家基本药物目录（其他医疗卫生机构配备使用部分）》中成药卷。

（五）加快推进公立中医医改改革。继续审核公立医院改革试点城市工作方案，及时掌握公立医院改革试点动态。开展中医药服务财政补偿试点工作，探索按病种收费等中医临床路径实施试点。做好中医医院中医电子病历试点工作。鼓励和引导社会资本举办中医医疗机构。

（六）落实基本医疗保障制度的相关政策。抓好新农合统筹补偿方案中提高使用中医药有关费用补偿比例政策的落实，引导农民使用中医药适宜技术。探索制定鼓励提供和利用中医药服务的城镇医保政策。

（七）加强城乡基层中医医疗服务体系建设。开展中医医疗资源配置及基层医疗卫生机构中医药人员建设规划研究，抓好县级公立中医医院建设及乡镇卫生院、社区卫生服务中心的中医科及中药房建设工作。

（八）在基本公共卫生服务中开展中医药服务，将应用中医药预防保健技术和方法、发挥中医药在公共卫生服务中的作用，纳入基本公共卫生服务绩效考核体系并作为重点指标予以考核。抓好《国家基本公共卫生服务规范》中有关中医药内容的实施，推进中医药基本公用卫生服务综合配套试点工作。

三、加强中医医疗与预防保健服务

（九）巩固发展城乡基层中医药服务，全面贯彻落实《农村中医药工作近期重点实施方案（2010—2011年）》继续抓好农村医疗机构中医特色专科，县级中医医院中药房、急诊急救能力等项目建设，开展全国基层医疗卫生机构中医药综合服务区建设试点。举办《农村中医药工作指南》培训班，对全国县（市）卫生局局长进行中医药工作培训。加大中医药适宜技术推广力度，加强省级和县级培训基地建设和师资培训，分层分类进行推广培训，探索建立长效机制，继续编写《基层中医药适宜技术手册》系列丛书。继续开展全国农村和社区中医药工作先进单位创建活动，开展农村、社区中医药工作评价。制定加强民间医药工作的意见，推动民间医药的挖掘整理、总结提高、推广利用，促进民营中医医疗机构健康持续发展。做好药品零售企业设置中医坐堂医诊所工作，继续推动农村将具有中医药一技之长人员纳入乡村医生管理工作。

（十）继续做好应对突发公共卫生事件和重大疾病重要防止工作。进一步完善中医药参与卫生应急工作的机制，加强中医药应急救治体系建设，开展中医医院应急能力建设，完善中医医院应急工作预案，加强中医药防控传染病和应急救治专业技术队伍建设，完善重大传染病中医药防治技术方案和突发公共事件应急救治技术方案。做好传染病国家科技重大专项，加强中医药应对新发、突发传染病防治临床科研体系建设，健全中医药参与重大传染病防治应急网络和临床科研同步机制。继续做好手足口病和甲型H1N1流感等传染病的中医药防治工作。做好中医药治疗艾滋病试点项目，扩大救治规模，对新增项目省份进行督导。召开中医药应急救治暨传染病防治工作座谈会。组织开展“十一五”重点专科建设项目评审验收，启动中医优势病种临床协作中心建设，继续做好中医诊疗方案和临床路径的研究制定并组织实施。

（十一）推进中医预防保健服务体系建设。继续做好“治未病”健康工程的实施，总结“治未病”预防保健服务试点工作经验。扩大“治未病”预防保健服务的试点范围，推动区域中医预防保健服务体系建设。加强服务技术方法及其相关产品的研究开发，形成具体的服务项目，建设明确的服务规范，探索实施慢性病“治未病”干预菜单式服务。开展中医预防保健服务机构、人员规范管理试点。

（十二）加强中医医院管理。深入开展“以病人为中心、以发挥中医药特色优势为主题”的中医医院管理年活动。修定《中医医疗机构基本标准》、制定中医医院评审标准。完善中医医院评审标准，完善中医医院的评价、检测、预警和警示制度。加强中医医院中医护理工作，继续开展优质护理服务示范工程。

（十三）加强中医医疗机构中医药服务管理。推进《关于加强医疗机构中药制剂管理的意见》、《中药处方格式及书写规范》的落实。继续推广使用小包装中药饮片和新型煎药机，对小包装中药饮片推广应用工作进行阶段性总结。

（十四）继续实施中医诊疗设备促进工程。对第一批推广的中医诊疗设备进行评价，开展第二批中医诊疗设备遴选工作。研究提出中医诊疗设备准入标准和注册审批标准的建议。开展中医诊疗设备生产示范基地建设，制定建设标准并开展评选工作。

四、做好中西医结合与民族医药及综合医院中医药工作

（十五）继续做好民族医药工作。抓好《全国民族医药工作近期重点实施方案（2010—2012年）》的贯彻实施。做好医院管理年活动民族医医院检查评估工作。制定民族医医疗机构管理指南和标准。做好重点民族医医院建设项目的评审验收。研究制定民族医纳入国家医师资格考试标准和程序。做好民族医药文献整理，完成一批重要文献的校勘、注释和出版，筛选并推广一批民族医药适宜技术。

（十六）继续做好中西医结合工作。印发《中西医结合医院工作指南》，开展推广培训和交流。做好医院管理年活动中西医结合医院检查评估工作。做好重点中西医结合医院建设项目的验收工作。

（十七）进一步加强综合医院中医药工作。重点促进中医药科室规范化建设，落实中医药服务基本要求。会同卫生部、总后卫生部继续开展全国综合医院中医药工作示范单位创建活动。印发《综合医院中医药工作指南》，对部分综合医院进行培训。

五、加强中医药科技支撑体系和能力建设

（十八）加强中医药临床科研体系建设，完善科技组织管理模式和机制。加强国家中医临床研究基地建设，深化业务建设和重点病种研究，完善资源整合和顶层设计，建立基地良性运行模式及机制。加强中医药应对新发，突发传染病防治临床科研体系建设，探索慢性非传染疾病防治科研体系组织模式和机制。做好传染病国家科技重大专项的统筹协调工作。深化重点研究室内涵建设，在具有优势科技资源和特色技术的重点单位特别是中药企业建设一批重点研究室。加强科技组织管理和质量管理，召开科技管理工作会议，印发《关于加强中医药科技管理工作的指导意见》，建设科技信息服务、临床科研信息共享和临床研究伦理审查等公共平台，建立健全专家咨询体系。

（十九）做好中医药传承研究及重大项目组织实施。做好400部中医古籍整理出版工作，建立综合信息数据库和珍贵古籍名录，适时开展古籍普查登记。继

续加强名老中医研究性传承，提炼并推广成果。做好重大研究项目的规划与论证，积极争取“十二五”科技支撑。继续组织实施973中医专题，研究重大基础理论问题。启动2011年行业专项，深化中医药防治慢性非传染性疾病研究。

（二十）促进中医药科技成果转化和传统知识保护。发挥技术转移机构的作用，总结推广“十一五”重大疑难疾病、常见病及针灸、重要等方面的研究成果。加强中医临床诊疗技术研究，推广中医诊疗技术筛选研究工作规范。总结道地药材、中药老字号等知识产权保护研究成果，开展中医药传统知识文献数据库建设，推进中医药传统知识保护、使用、管理和传承等专门制度的建立。

（二十一）强化中药产业发展的科技支撑。推进全国中药资源普查，完善普查实施方案并开展普查试点。加强中药种质资源库建设落实《国务院关于发展和培育战略性新兴产业的决定》，继续与发改委共同组织实施现代中药高技术产业发展专项，扶优扶强，促进中药新药产业化、促进濒危、大宗常用中药材生产，促进中药制药技术水平提高，促进中药产业技术联盟形成。

六、加大中医药人才培养力度

（二十二）加强高层次人才培养和师承教育工作。落实领导有关批示，会同教育部共同研究探索建立将中医药师承纳入高等中医药教育体系中，制定相关政策措施。做好第四批全国老中医药专家学术经验继承工作、第二批全国优秀中医临床人才研修项目、全国名老中医药专家传承工作室（基地）建设和中医学术流派传承工作室（基地）建设，加强项目管理，落实工作方案。

（二十三）抓好基层人才培养。建立健全农村中医药人员培训制度，抓好农村中医药人员学历教育。印发中医类别全科医师规范化培训管理办法、培训大纲和基地认可办法及标准，做好中医类别全科医师转岗培训和规范化培训，建立中医类别全科医师规范化培训制度。

（二十四）推进该院校教育和毕业后教育。继续做好中医药院校教育改革研究及试点工作，开展中医药院校教育质量监控试点工作。推进该中医药重点学科建设工作，召开新一轮中医药重点学科建设工作会议，组织制定《中医药重点学科建设中长期规划》，就行推进中医药重点学科共享管理平台建设等各项工作。开展中医住院医师规范化培训试点工作，建立中医住院医师规范化培训制度。

（二十五）加强继续教育。加强继续教育项目质量监管，规范继续教育学分证书发放。审定公布2011年度中医药继续教育项目。抓好各级中医药继续教育基地建设与管理。

（二十六）发展职业教育。开展中医药职业教育现状调研，研究提出中等中医药院校和中医药高职高专转型、开展职业教育的相关政策措施。加强中医药特有工种职业技术技能培训工作，制定培训大纲、培训基地标准，规范职业技能培训与鉴定工作。

七、推动中医药文化建设

（二十七）推动中医药文化科普和中医药机构文化建设。组织实施好“中医中药中国行进乡村、进社区、进家庭”活动。加强中医药知识及文化传播网络建设，抓好宣传教育基地建设，组织开展中医药文化科普巡讲。继续做好中医医院中医药文化建设试点，推动中医药院校等其他中医药机构的文化建设，开展中医药文化建设经验交流活动。

（二十八）加强中医药新闻宣传与非物质文化遗产保护。加大新闻发布工作力度、完善新闻发布制度，及时发布中医药行业的重大新闻。加强与主流媒体合作，拓展宣传渠道、加强正面引导，扩大社会影响。做好中医药非物质文化遗产保护传承工作，加大对列入非物质文化遗产名录项目的保护力度。

八、推进中医药法制化、标准化、信息化建设

（二十九）加强中医药法制建设。加快推进《中医药法》的立法进程，开展中医药立法有关问题的专题研究和调研工作，配合卫生部做好草拟稿的修改完善，促进《中医药法》早日出台。积极参与相关法律、法规、规章的制修订，以更好地体现中医药特点，加强中医药规范性文件的制修订。推进地方中医药法制建设。做好中医药行业“五五”普法工作总结，制定“六五”普法规划。认真做好行政复议和行政应诉工作。

（三十）加强中医药监督工作。加强对中医医疗机构和中医医疗服务质量安全的监管，规范中医类别医师执业行为。强化对虚假违法中医医疗广告的检测和查处、严厉打击假冒中医名义的非法行医行为。开展监督人员中医药专业知识和相关法律法规培训，提高执法监督水平。

（三十一）推进中医药标准化建设。在完成中医药标准化发展战略研究的基础上，组织制定并实施“十二五”中医药标准化发展规划，推进该中医药标准体系建设，加紧完成已立项的国家标准、行业标准的研究制定，加强中医药标准制定方法学及共性技术的研究，不断提高标准制定质量。加强对中华中医药学会等相关团体组织研究制定标准的组织指导，改革创新中医药标准化管理体制和工作机制，成了中医药标准化专家委员会，抓好第一批中医药标准研究推广基地（试点）建设工作，切实加强中医药标准化工作支撑体系建设。

（三十二）加快中医药信息化建设。组织制定并实施“十二五”中医药信息化建设规划。积极参与医药卫生信息化建设，加强中医药信息标准规范的制定，开展信息技术培训与推广积极推进公共卫生信息资源的共享。

九、巩固发展中医药对外交流与合作

（三十三）加强中医药对外交流与合作的总体规划。开展中医药国际战略研究，适时召开中医药对外交流与合作工作会议，进一步明确发展思路、目标任务和重点工作。成立中医药对外交流与合作专家咨询委员会，建立和完善中医药国际发展专家咨询机制。加强中医药对外合作基础地域外向型专家队伍建设。

（三十四）加强多边合作。继续加强与世界卫生组织合作，积极参与国际疾病分类传统医学部分的制定。加强与国际标准化组织的合作，协调中医药国际标准的申报工作。加强与世界教科文组织合作，争取中医古籍申报世界记忆遗产代表作名录。

（三十五）推进双边交流合作。继续推动与外国政府的务实合作，落实已签署的合作协议，深化合作项目，推进医疗、科研、教育、产业等内容的海外发展。组织研究论证、加强沟通协调，推动中医药企业取得成果，落实“南宁宣言”，加快中国—东盟传统医学合作。

（三十六）深化中医药对外文化交流与服务贸易。开展中医药对外文化宣传活动，在双边、多边贸易谈判中推动中医药服务贸易，服务与国家服务贸易战略并积极发挥中医药的作用。

（三十七）深化与港澳台地区的交流与合作。完善内陆与港澳的三地中医药高层协调机制，落实内地与香港、澳门中医药合作协议，推动港澳地区中医药服务发展。落实海峡两岸医药卫生合作协议，实施两岸中医药交流合作重点项目。

十、强化中医药队伍自身建设

（三十八）加强干部队伍建设，推进人事制度改革。以《国家中医药管理局关于贯彻落实〈2010—2020 年深化干部队伍人事制度改革规划纲要〉的实施意见》为指导，深入贯彻落实《2010—2020 年深化干部人事制度改革规划纲要》，进一步健全人事工作制度，探索推行干部竞争性选拔，加大干部交流轮岗力度，坚决维护干部选拔任用公信度。统筹直属单位领导班子建设，健全局管干部管理体制。建立干部学习培训机制，推动落实干部监督工作制度，不断加强干部队伍建设，切实改进工作作风，狠抓各项任务的落实，切实提高干部行政管理水平和工作效率。

（三十九）深入开展创先争优活动。紧密结合实际，围绕中心，立足岗位，创先争优。开展公开承诺、领导点评、群众评议等活动。开展好“先进基层党组织、优秀共产党员和优秀党务工作者”表彰活动，做好先进典型的发展树立、充分利用和广泛宣传等工作，以评选表彰先进基层党组织、优秀共产党员和优秀党务工作者，带动行业创先进、争优秀，努力营造学习先进、争当先进、赶超先进的良好氛围，把受人民群众欢迎的中医药工作干得让人民群众更加满意。

（四十）深入开展学习型组织、服务型机关（单位）、和谐团队“三项建设”。充分利用各种学习阵地，多种形式地做好学习培训工作，不断提高干部职工的能力和素质。进一步增强服务意识，改进工作作风，提高服务质量和水平。加强单位文化建设，用丰富多彩的活动，不断增强队伍的凝聚力和战斗力，内增素质、外树形象，打造奋发有为、能当重任的坚强和谐团队。

（四十一）大力加强行业精神文明建设。深入开展职业道德教育，完善医德医风教育制度，总结推广各地在加强行风建设方面的经验。弘扬大医精诚的优良传统，发扬救死扶伤的人道主义精神和无私奉献精神。

（四十二）抓好党风廉政建设和反腐败工作。加强中医药系统惩治和预防腐败体系建设，深入开展反腐倡廉经常性教育，加强对项目和资金的监督，继续深入治理医药购销领域商业贿赂，坚决纠正行业不正之风。

021

国家中医药管理局关于印发2010年中医药工作要点的通知

国中医药发〔2010〕1号

各省、自治区、直辖市及计划单列市、副省级省会城市卫生厅局、中医药管理局，新疆生产建设兵团卫生局，局各直属单位，北京中医药大学：

现将《2010年中医药工作要点》印发给你们。请结合本地区、本单位工作实际，认真贯彻落实，并及时将工作进展情况报告我局。

国家中医药管理局

二〇一〇年二月五日

2010年中医药工作要点

国家中医药管理局

2010年2月5日

2010年中医药工作的总体要求是：以邓小平理论和“三个代表”重要思想为指导，深入学习实践科学发展观，全面贯彻党的十七大和十七届三中、四中全会以及中央经济工作会议精神，认真落实深化医药卫生体制改革和《国务院关于扶持和促进中医药事业发展的若干意见》提出的各项任务要求，围绕卫生工作的总体部署，着力做好推进中医药继承与创新，大力发展中医医疗和预防保健服务，加强中医药人才培养和科技支撑体系建设，繁荣发展中医药文化等工作，抓住机遇、改革创新，扎实工作、狠抓落实，努力开创中医药事业持续健康发展新局面。

一、积极参与实施医改各项重点任务

（一）在基本医疗保障制度建设中，认真研究制定有利于提供和使用中医药服务的优惠政策。各地调整新农合补偿方案时，要落实好统筹补偿方案重点提高使用中医药有关费用补偿比例的政策措施，引导农民应用中医药适宜技术。

（二）按照国家基本药物制度的实施意见，认真做好中药基本药物配备和使用管理以及各省（区、市）增补中药品种的遴选工作。与卫生部联合制订《国家

基本药物目录临床应用指南（其他医疗机构配备使用部分）》中成药卷。开展国家基本药物中的中成药临床应用培训和应用情况的监测与评估。

（三）在健全基层医疗服务体系中，继续组织实施县中医医院建设项目，加强乡镇卫生院和村卫生室中医药条件建设。完善各类中医医疗机构及中医科室建设标准，进一步强化县、乡、村三级网络协作。继续参与实施“万名医师支援农村卫生工程”，组织开展城乡医院对口支援工作，建立一批三级中医医院与县级中医医院对口协作关系，确保10%以上的县级中医医院接受对口支援。加强中医临床适宜技术筛选工作，制定中医适宜技术筛选研究工作指南。积极推广基层中医药适宜技术，建立基层中医药适宜技术推广长效机制。

（四）落实国家基本公共卫生服务项目中的中医药内容。将应用中医药预防保健技术和方法、发挥中医药在公共卫生服务中的作用，纳入基本公共卫生服务绩效考核体系并列为重点指标予以考核。

（五）积极稳妥推进公立中医医院改革试点。各地特别是在国家级的公立医院改革试点地区，要在公立医院区域布局和结构调整规划中，合理规划公立中医医院的布局，探索建立有利于公立中医医院发挥中医药特色优势的财政补偿机制和具体补助办法，落实对公立中医医院在投入上的倾斜政策，协调相关部门完善中医医疗服务收费项目及价格政策。深化中医医疗机构应用临床路径管理的试点研究与创新，加快研究制订常见病的中医临床路径和中医电子病历标准和规范。加强公立中医医院的运行管理和内涵建设，建立健全有利于发挥中医药特色优势的医院管理和服务监管的评价指标体系。开展中医执业医师多点执业试点。鼓励和引导社会资本举办中医医疗机构，推进符合条件的药品零售企业举办中医坐堂医诊所，研究制定中医专业技术人员特别是名老中医开办中医诊所鼓励政策。

二、加强和改善中医医疗与预防保健服务

（六）巩固发展城乡基层中医药服务，推动中医药服务进乡村、进社区、进家庭。印发实施《农村中医药工作近期重点实施方案（2010—2011年）》和《农村中医药工作指南》。进一步完善农村中医药服务网络，抓好农村医疗机构中医特色专科、针灸理疗康复特色专科，县级中医医院中药房、急诊急救能力等项目建设。认真总结经验，做好将农村具有中医药一技之长人员纳入乡村医生管理工作。继续开展全国中医药特色社区卫生服务先进单位创建活动，加大《社区中医药服务工作指南》推广实施力度。探索建立中医类别全科医师规范化培训制度，对全国10000名中医类别执业医师进行岗位培训。修订印发中医民族医（师承和确有专长人员）医师资格考试大纲。制定加强民间医药和民营中医医疗机构工作的意见，推动民间医药的挖掘整理和推广应用。

（七）继续做好中医药防治重大疾病工作。建立健全中医药参与重大疾病防

治与突发公共事件卫生应急工作机制和应急网络。进一步加强中医药防治甲型H1N1流感、手足口病等重大传染病工作，继续开展中医药治疗艾滋病试点项目，在项目省试行《中医药治疗HIV/AIDS疗效评价分期标准及指标体系》。

（八）努力提高中医医疗服务质量和水平。继续开展发挥中医药特色优势为主题的中医医院管理年活动，加强中医医疗机构医疗服务质量管理与评价，促进中医医疗机构因病施治、规范诊疗、合理用药。大力实施中医“三名三进”战略，加快培育一批中医名医、名科、名院。继续组织实施重点中医医院建设项目。实施重点专科（专病）行动计划，继续开展临床诊疗方案验证和临床治疗难点解决工作，组织重点专科建设项目的评审验收。推进中医医院信息化建设，提高中医药服务科学化管理水平。加强综合医院中医药工作，印发《综合医院中医药工作指南》，开展“全国综合医院中医药工作示范单位”创建活动。

（九）加强和改进中医医疗机构中药服务管理。加强与食品药品监管部门协调，完善医疗机构中药制剂管理办法。实施中医医院中药制剂能力建设项目，加强医疗机构中药制剂的研制，出台提高中药饮片质量的政策措施，继续推广使用小包装中药饮片和新型煎药机。规范中成药合理应用，对中药处方书写提出规范要求。

（十）组织实施中医诊疗设备促进工程。制订关于发展中医诊疗设备的意见和中医医院设备配置标准，组织实施“改造一批，提升一批，开发一批”中医诊疗设备项目，适时开展第二批中医诊疗设备推荐工作。

（十一）继续实施“治未病”健康工程。对第一批中医预防保健服务试点单位试点情况进行督导，加强对“治未病”服务的效果评价和总结工作。建立健全中医预防保健机构和人员等方面的管理规范，并开展试点工作。继续组织举办“治未病”高峰论坛及其系列专题讲坛。

三、切实做好中西医结合与民族医药工作

（十二）大力促进中西医结合。加强重点中西医结合医院和重点中西医结合专科建设，总结交流中西医结合医院建设经验，制定印发《中西医结合医院工作指南》，采取有效措施，鼓励西医师学习中医，培养一批中西医结合人才。

（十三）印发实施《全国民族医药工作近期重点实施方案（2010—2011年）》。继续加强重点民族医院、民族医重点专科（专病）建设。督导检查《关于切实加强民族医药事业发展的指导意见》的贯彻落实情况。研究制定民族医名词术语、疾病诊疗指南、技术操作规范等标准。开展民族医药文献整理及适宜技术筛选推广项目，支持一批重要民族医药文献的校勘、注释和出版，挖掘规范、推广一批疗效明显的民族医适宜技术项目。推动将傣医、朝医、壮医纳入国家医师资格考试。

四、加强中医药科技支撑体系和能力建设

（十四）认真做好中医药继承工作。适时开展中医药古籍普查登记工作，建立综合信息数据库和珍贵古籍名录，加强整理、研究和利用。继续加强名老中医研究型传承，设立一批当代名老中医药专家学术研究室，提炼并推广成果，促进知识和技术传承。做好 973 中医理论基础研究专项实施。

（十五）加强科技创新体系建设，完善科研组织管理模式和机制。组织实施中医临床研究基地建设项目，加强业务建设和重点病种研究，开展临床科研能力培训。深化重点研究室内涵建设，适时开展交流活动。建立科研实验室开放交流服务的信息平台。统筹协调做好传染病重大专项的实施，加强中医药防治传染病临床科研体系建设，促进临床科研紧密结合，为更好地发挥中医药优势提供科学证据和技术支撑。探索防治疾病、保障中药质量科研体系的组织模式和机制，完善分级管理制度和部门协调机制，开展中医药科技资源调查，启用中医药科技管理系统。制定发布加强中医药科技创新能力建设的指导意见。

（十六）加大中医药科技成果转化和推广力度。制定发布关于促进中医药科技成果转化的指导意见，实施中医药科技成果推广项目，面向需求，总结重大疑难疾病、常见病、针灸、中药研究等方面研究成果，以临床证据为基础，结合研究名老中医药专家经验，明确中医药治疗的优势病种和优势环节并加以推广。加强与知识产权保护部门协调，研究制订加强中医药知识产权保护的指导意见和中医药专利审查标准。

（十七）为中药产业发展提供科技支撑。组织开展中药资源普查工作，促进中药资源的保护、研究开发和合理利用。扩大道地药材保护和规范化基地建设试点。与国家发改委共同实施现代中药产业发展专项。积极协调相关部门，研究制定有利于中药产业发展的优惠政策。

五、加大中医药人才培养力度

（十八）继续做好第四批全国老中医药专家学术经验继承工作和第二批全国优秀中医临床人才研修项目，开展中期检查。加强“国医大师”等名老中医的学术思想和临床经验的传承工作，研究中医药人才成才规律，探索符合中医药发展规律的人才培养机制。

（十九）继续推进中医药重点学科建设工作，建立重点学科共享管理平台。贯彻落实《中医药继续教育规定》，强化中医药继续教育组织管理，完善各级中医药继续教育管理体系，加强中医药继续教育基地建设与管理。做好有关中医药院校共建工作，开展中医药院校教育质量评价试点工作。会同有关部门制订其他中医药行业特有工种职业标准，推行职业资格证书制度。加强与教育等部门协

调，研究提出推进中医药院校教育改革的方案，制定重点中医临床教学基地建设方案，协调教育部选择部分高等中医药院校进行中医临床类本科生招生与培养改革试点。建设一批中医临床教学基地。

（二十）加强农村中医药人才队伍建设。印发进一步加强农村中医药人才队伍建设重点实施方案，建立健全农村中医药人员培训制度，开展乡村医生中医药知识与技能培训，加强县级中医临床技术骨干培训。继续抓好农村中医药人员学历教育，完成24000名的乡村医生中专学历教育计划，协调教育部开展农村基层中医药人员中医专业大专学历教育。探索定向为农村培养中医药人才的措施，通过招聘、师带徒等多种途径吸引中医药人员进入乡镇卫生院和村卫生室工作。建设一批农村中医药知识与技能培训示范基地。

六、努力提高中医药文化建设水平

（二十一）研究制定中医药文化发展中长期规划，并协调有关部门将中医药文化建设纳入国家文化发展规划。继续组织实施好“中医药知识宣传普及项目”。做好中医药申报国家非物质文化遗产工作。

（二十二）认真做好“中医中药中国行”活动总结和深化工作。深入实施中医药文化建设“五个一”工程，即建立一支中医药文化科普人才队伍，建设一批门类相对齐全、布局比较合理的中医药文化宣传教育基地，开展一批内容丰富、形式多样的中医药文化科普宣传活动，开发一批科学、规范、普及性强的中医药文化科普创意产品，探索建立一个文化科普工作的长效机制。

（二十三）进一步推进中医药机构文化建设。继续做好中医医院中医药文化建设试点工作，研究制定中医药教育、产业机构文化建设指导意见，适时开展中医药文化建设经验交流活动。

（二十四）加强中医药新闻宣传工作。加大新闻发布工作力度，深入开展中医药新闻宣传，正确引导舆论。加强与各地信息的沟通，及时了解和宣传各地中医药工作的重要进展。加大对中医药行业先进集体、先进人物的宣传力度。

七、推进中医药法制化、标准化、规范化建设

（二十五）进一步推动中医药法制建设。加快中医药立法进程，开展立法中重点难点问题的研究，抓紧完成《中（传统）医药法》草案和说明的起草，配合卫生部尽早上报国务院。做好中医药行业法制宣传教育和“五五”普法总结验收工作。

（二十六）加快推进中医药标准化工作步伐。推动中医药标准体系构建，继续做好中医药名词术语、服务规范等国家标准的制修订工作，推进中医各科常见病证诊疗指南和中医诊疗技术操作规范的研究制定。加强中医药标准化支撑体系

建设，加强中医药标准化人才特别是国际标准化后备人才的培养。

（二十七）加强中医药监督工作。进一步规范中医类别医师执业行为。加强对中医医疗机构和中医医疗服务质量安全的监管。继续开展虚假违法中医医疗广告监测和查处工作，完善中医医疗广告出证查询系统等管理措施。严厉打击假冒中医名义的非法行医行为。加强中医药监督工作的基础条件建设，完善有关规章制度，开展从事中医药监督工作人员的专业知识和相关法律法规培训。

八、继续深化中医药对外交流与合作

（二十八）制定实施新时期中医药对外交流与合作中长期规划。继续加强与世界卫生组织合作，促进“传统医学决议”各项任务的落实。进一步加强与联合国教科文组织合作，力争将中医药纳入世界非物质文化遗产和世界记忆遗产代表作名录。认真筹备开好国际标准化组织中医药技术委员会（ISO/TC249）第一次会议。提出中医药国际标准制定的重点领域，推动我国中医药标准向国际标准转化。配合世界卫生组织做好国际疾病分类代码（ICD—11）传统医学部分的研究制定工作。建设好中国—东盟传统医药合作长效机制。继续加强与非洲的传统医药合作，推动中医药治疗艾滋病、控疟等项目的落实。加强政府间双边合作，落实各项合作协议。加强和指导民间中医药国际交流与合作。

（二十九）推动中医药对外文化交流，组织好中医药海外文化巡展系列活动。协调有关部门，制定实施促进中医药服务贸易发展的政策措施，开展中医药服务贸易试点工作。深化中医药贸易便利化工作，在中医药服务贸易谈判中发挥积极作用，破除有关技术壁垒。逐步完善中医药对外交流与合作的支撑体系，加强基地和人才队伍建设。

（三十）进一步推动与港澳台地区的交流与合作。抓好内地与港澳合作协议的落实。促进“两岸搭桥专案”中医药领域的合作，建设好两岸中医药稳定的交流平台，促进两岸中医药实质性项目合作。

九、科学编制中医药发展“十二五”规划

（三十一）根据我国经济社会发展的新变化和卫生事业发展的新要求，全面总结“十一五”规划实施情况，开展重大问题的研究，确定“十二五”中医药事业发展的基本目标、重点任务、主要措施及项目需求。同时，做好中医药规划与总体规划和相关专项规划的衔接，将中医药内容更多地纳入总体规划和卫生专项规划。

（三十二）加强重大项目的设计和筛选论证工作，加强与各级政府和有关部门的沟通协调，将中医药重大项目纳入国家和各地总体规划重点支持项目。参与做好中药产业发展规划的编制和实施工作。

十、全面加强中医药队伍自身建设

（三十三）大力加强行业精神文明建设。深入开展职业道德教育，完善医德医风教育制度，总结推广各地在加强行风建设方面的经验。弘扬大医精诚的优良传统，发扬救死扶伤的人道主义精神和无私奉献精神，继续开展向先进典型的学习活动。

（三十四）抓好党风廉政建设和反腐败工作。认真贯彻中纪委十七届五次全会精神。加强中医药系统惩治和预防腐败体系建设，重点解决群众反映的突出问题。深入开展反腐倡廉经常性教育，继续深入治理医药购销领域商业贿赂，加强对项目和资金的监管，坚决纠正行业不正之风。

（三十五）继续开展创建学习型组织、服务型机关、和谐团队活动。加强学习，开阔视野，结合中医药改革发展的实践，提高科学领导中医药事业发展的能力和水平。加强中医药信息和政务公开工作。进一步更新思想观念、调整工作思路、提高工作效率、转变工作作风，深入基层，贴近群众，开展调查研究，了解和掌握真实情况，不断增强服务意识，进一步营造团结和谐、奋发有为的环境和氛围。

022

关于 2009 年中医药重点工作任务及其分工的通知

国中医药办发〔2009〕6 号

局机关各部门：

为认真贯彻李克强副总理重要批示精神，落实 2009 年全国中医药工作会议提出的各项工作任务和 2009 年中医药工作要点，经局长会议研究，确定了 2009 年局机关重点要抓好的 10 个方面重点工作 50 项任务，并明确了具体分工。现将有关事项通知如下：

一、工作任务及其分工

（一）加强中医药事业发展的行业规划，做好参与深化医药卫生体制改革五项重点工作。

1. 认真总结检查“十一五”行业发展规划完成和进展情况，开展“十二五”规划的相关专题研究，确定“十二五”规划的总体目标与发展思路。（牵头部门：办公室，协助部门：局机关各部门，主管领导：马建中）

2. 积极参与深化医药卫生体制改革五项重点工作实施方案的制订，主动与相关部门沟通，加强政策研究，力争在实施方案中更多体现扶持中医药事业发展、有利于中医药特色优势发挥的政策措施。（牵头部门：办公室，协助部门：法监司、医政司，主管领导：马建中）

3. 推进公立中医医院体制改革试点工作，在全国有针对性地选择若干所试点公立中医医院，进行专题研究，探索建立符合中医医院健康发展的机制、政策、措施。（牵头部门：医政司，协助部门：办公室、法监司，主管领导：吴刚）

4. 参与“健康中国 2020”战略发展规划的制定，根据卫生部的工作安排，完成中医药部分战略发展规划的制定。（牵头部门：法监司，主管领导：李大宁）

5. 开展中药资源普查工作，研究制订工作方案，落实承担单位和项目启动资金，争取年底前正式启动普查工作。（牵头部门：科技司、办公室，主管领导：于文明、马建中）

（二）推进农村和社区中医药工作，提高中医药基层服务能力。

6. 制定农村中医药工作的整体规划和农村中医药工作方案，明确农村中医药工作的目标、重点任务和主要措施。年内召开全国农村中医药工作会议，落实

规划方案，交流典型经验。（牵头部门：医政司，协助部门：办公室、人事教育司，主管领导：吴刚）

7. 实施县级中医医院基础设施建设、中药房建设、急诊急救能力建设、农村医疗机构中医民族医特色专科专病建设等项目，了解进展，加强督导，组织专家对在建的农村医疗机构中医（民族医）特色专科专病建设进行评估。（牵头部门：医政司、办公室，主管领导：吴刚、马建中）

8. 协调财政部、卫生部，加强农村中医药人才培训、农村免费定向中医全科医生培养，扩大乡镇卫生院招聘中医执业医师的比例，根据卫生部整体工作进度，落实工作计划安排。（牵头部门：人事教育司，协助部门：办公室，主管领导：于文明）

9. 继续开展基层常见病多发病中医药适宜技术推广，在对部分地区执行情况进行调研的基础上，制定项目考核标准，对中西部地区县（区、市）进行督导和效果评估，发布第四批中医临床适宜技术。（牵头部门：医政司，协助部门：科技司，主管领导：吴刚）

10. 开展“全国农村中医药工作先进单位”、“全国社区中医药工作先进单位”创建活动，印发创建标准，对已创建单位进行复核。举办县级以上中医医院院长培训班、第三期地级市卫生局局长培训班。（牵头部门：医政司，主管领导：吴刚）

11. 继续开展社区中医类别全科医师岗位培训工作，完善培训制度，完成6000名中医执业医师的岗位培训。启动中医类别全科医师规范化培训试点工作，制定并印发管理办法和培训大纲，完成试点筹备工作。（牵头部门：人事教育司，主管领导：于文明）

（三）完善中医药服务体系，加强中医药服务能力建设。

12. 组织开展国家中医临床研究基地建设，制定实施计划，会同相关部门审核基地建设可行性研究报告和工作方案，研究、推广信息共享平台，争取完成第一批投资。（牵头部门：科技司，协助部门：办公室、医政司、人事教育司，主管领导：领导小组）

13. 组织实施重点中医医院建设项目，印发建设与发展规划，会同相关部门安排2009年建设项目的投资，加强在建项目的督导。（牵头部门：办公室，协助部门：医政司，主管领导：马建中）

14. 继续实施重点专科专病建设，开展临床诊疗方案验证工作，对“十一五”重点专科（专病）建设项目进行中期评估。（牵头部门：医政司，协助部门：科技司，主管领导：吴刚）

15. 继续实施中医药治疗艾滋病试点项目。总结完善中医药治疗肝病和结核病的治疗方案，注重与重点专科专病协作组诊疗方案的衔接。继续开展氟骨病、矽肺等地方病、职业病中医药防治试点，制定中医诊疗方案。（牵头部门：医政

司、科技司，主管领导：吴刚、于文明）

16. 加强中医医院建设、规范和监督管理，召开全国中医医院工作会议。建立中医医院评价体系，组织好相关试点工作。印发《医院中药房基本标准》、《医疗机构中药煎药室管理规范》。继续推广使用小包装中药饮片。（牵头部门：医政司，主管领导：吴刚）

17. 组织起草中医医院管理人员配备、诊疗设备配置等基本要求，论证完善后正式印发。（牵头部门：医政司，协助部门：人事教育司，主管领导：吴刚）

18. 开展示范中医医院、综合医院中医药工作示范单位创建活动，制定创建标准和管理办法，完成2009年评选工作。组织实施“中医诊疗设备促进工程”，并对遴选出的第一批诊疗设备进行推广。（牵头部门：医政司，主管领导：吴刚）

（四）提高中医药科技创新能力，推动中医药的学术发展。

19. 召开中医药科技工作会，确定中医药科技创新指导思想和工作思路。印发《加强中医药继承创新能力建设的指导意见》、《加强中医药科技成果推广应用的指导意见》，制定实施计划，与相关部门协调落实政策措施。（牵头部门：科技司，主管领导：于文明）

20. 继续组织实施“治未病”健康工程、“治未病”高峰论坛系列专题讲坛，提高试点质量，扩大试点范围。总结经验，推广典型，加强“治未病”服务的方法、技术和设备的推广工作，制定中医预防保健机构、科室、人员等方面的管理规范。（牵头部门：医政司、科技司，主管领导：吴刚、于文明）

21. 加强对散在民间、民族地区的特色疗法、方药的挖掘整理工作，成立组织机构，制定工作方案，设立特色技术和方药筛选评价中心，争取专项资金。（牵头部门：医政司、科技司，主管领导：吴刚、于文明）

（五）培养多层次中医药人才，提高中医药队伍的整体能力和水平。

22. 做好第四批全国老中医药专家学术经验继承工作，完成继承人的招生、指导老师聘任工作，建成管理数据库，落实将继承工作与专业学位相衔接。实施好第二批全国优秀中医临床人才研修项目，制定培训计划和考核方案，完成第一期、第二期培训课程和年度考核工作。（牵头部门：人事教育司，主管领导：于文明）

23. 组织首届“国医大师”的评选，制定评选条件，成立评选专家委员会，完成评选工作，适时召开授名大会。（牵头部门：人事教育司，协助部门：医政司、办公室，主管领导：王国强、吴刚）

24. 修订完善中医药专业技术资格评审条件，加强与相关部门协调，争取早日联合下发。（牵头部门：人事教育司，主管领导：王国强）

25. 实施县级中医临床技术骨干培训、乡村医生中医专业中专学历教育、农村基层中医在岗人员的中医专业大专学历教育试点等项目，修改完善实施方案、培训大纲，遴选培养对象，确定教学单位，加强监督检查。（牵头部门：人事教

育司，主管领导：于文明）

（六）探索学科发展规律，推进中西医结合与民族医药工作。

26. 结合重点中医医院建设和重点专科建设工作，开展重点民族医医院和民族医重点专科的建设，组织中期评估，完善建设标准。（牵头部门：医政司，主管领导：吴刚）

27. 在总结傣医专业医师资格考试试点工作经验的基础上，正式开始傣医专业医师资格考试。继续开展朝医、壮医医师资格考试试点，及时总结经验。（牵头部门：医政司，主管领导：吴刚）

28. 开展中西医结合医院评价体系的研究，组织起草中西医结合医院工作指南，适时召开中西医结合医院建设经验交流会。（牵头部门：医政司，主管领导：吴刚）

29. 做好第二批重点中西医结合医院和重点中西医结合专科的建设工作，组织中期评估，召开建设工作研讨会。（牵头部门：医政司，主管领导：吴刚）

（七）实施中医药文化建设工程，积极推进中医药文化建设。

30. 组织好“中医中药中国行”收官之年的各项活动，认真筹备并组织召开“中医中药中国行”活动总结会。探索持久开展文化科普宣传活动的形式和机制。（牵头部门：办公室，主管领导：马建中）

31. 成立“中医药文化建设和科学普及专家委员会”，研究起草《中医药文化建设五年规划》，制定本年度工作计划和实施方案。（牵头部门：办公室，主管领导：马建中）

32. 组织实施“中医药知识宣传普及项目”，制定工作计划和实施方案，确定参与单位，探索建立长效机制。继续开展中医药文化宣传教育基地建设，制定基地建设规划，进一步完善建设标准，评选一批新的建设基地，加强现有教育基地的建设。（牵头部门：办公室，主管领导：马建中）

33. 继续推动中医医院的中医药文化建设，扩大试点范围，制定中医医院文化建设指南，召开经验交流会，将中医药文化建设纳入医院管理评价指标体系。（牵头部门：医政司，协助部门：办公室，主管领导：吴刚）

（八）加强部门沟通协调，着力解决影响中医药发展的体制机制问题。

34. 发挥国务院中医药工作部际协调小组作用，承担好办公室日常工作。组织建立与相关部门的协调机制，落实相关事项。（牵头部门：办公室，协助部门：局机关各部门，主管领导：马建中）

35. 协调国务院办公厅及有关部门，修改完善并适时印发《关于促进和扶持中医药事业发展的若干意见》。（牵头部门：法监司，协助部门：办公室，主管领导：王国强）

36. 建立与食品药品监管部门的协调机制，完成中药制剂专项调研，完善医

疗机构中药制剂管理办法和制剂室标准。（牵头部门：医政司，主管领导：吴刚）

37. 协调教育部，研究起草《中国中医药教育发展纲要》，做好部局、省局共建中医药院校工作。探索建立中医药院校教育教学及人才培养质量监测机制。（牵头部门：人事教育司，主管领导：于文明）

38. 协调卫生部，建立在重大突发公共事件医疗卫生救援中发挥中医药作用的机制，对中医坐堂医和农村一技之长中医民族医纳入乡村医生管理试点工作进行总结，研究制定并印发规范管理的文件。（牵头部门：医政司，主管领导：吴刚）

39. 协调卫生部、国务院法制办，研究起草《中（传统）医药法（草案）》，完成上报工作。（牵头部门：法监司，主管领导：李大宁）

40. 协调科技部，建立共同推进落实《中医药创新发展规划纲要》的协作机制，共同制定相关计划、建立符合中医药特点的项目评审原则、建立定期会商制度，共同组织实施相关项目。（牵头部门：科技司，主管领导：于文明）

41. 协调中编办，尽快确定我局新的“三定”规定，做好指导各地中医药管理部门建设工作。（牵头部门：人事教育司，主管领导：王国强）

（九）抓好项目协议的落实，深化中医药对外合作与交流。

42. 制定《中医药对外交流与合作规划》，明确未来五年中医药对外交流与合作的指导思想、总体目标、各项任务和保障措施。召开全国中医药对外交流与合作暨对台港澳工作会议，进一步分析形势、总结经验、厘清思路、统一认识，部署好中医药对外交流与合作暨对台港澳的各项重点工作。（牵头部门：国际合作司，主管领导：李大宁）

43. 进一步深化与各国政府在中医药领域的双边交流与合作，重点通过加强中美、中法、中国与亚洲、非洲、南美洲等部分国家在中医药合作协议框架下的交流与合作，拓展合作领域，落实合作项目，提高合作水平与效益，为中医药服务和产品“走出去”搭建高水平政府合作平台和促进与保障机制。（牵头部门：国际合作司，主管领导：李大宁）

44. 加强与世界卫生组织、联合国教科文组织等重要国际组织的合作，与卫生部共同做好世界卫生组织成员国工作，积极促成世界卫生大会上通过“传统医学”决议。积极配合文化部，争取中医“申遗”成功。（牵头部门：国际合作司，主管领导：李大宁）

45. 落实已经签署的内地与港、澳之间的中医药领域的合作协议，召开海峡两岸中医药发展大会。（牵头部门：国际合作司，主管领导：李大宁）

（十）落实学习实践科学发展观成果，加强局机关自身建设。

46. 针对制约中医药科学发展的突出问题，根据分工，落实整改方案，进一步完善体制机制，加强制度建设。（牵头部门：机关党委，协助部门：局机关各部门，主管领导：王国强）

47. 根据新的局“三定”规定，完成机关内设机构调整和部门建设工作，探索建立适合我局情况的公务员轮岗机制。（牵头部门：人事教育司，协助部门：局机关各部门，主管领导：王国强）

48. 开展创建学习型组织、服务型机关、和谐团队活动，进一步完善实施计划和活动方案，狠抓落实，调动局机关各部门、全体公务员的积极性，推动三项建设活动。（牵头部门：机关党委、办公室、人事教育司，协助部门：局机关各部门，主管领导：王国强、李大宁、马建中）

49. 加强协调，加快进度，完成新办公楼的装修改造和局机关的搬迁工作，以搬迁为契机，推进局机关的全面建设。（牵头部门：办公室、机关服务中心，主管领导：马建中）

50. 组织开展综合调研督导，加强对已经部署的重大项目和重点工作的督促检查，制定调研、督导计划，突出重点，加强总结，将经验落实到重大项目和重点工作的日常管理当中。（牵头部门：法监司、办公室，协助部门：局机关各部门，主管领导：李大宁、马建中）

二、工作要求

（一）制定方案，落实责任。

各部门要严格按照上述工作任务分工，研究制定落实任务的工作方案和具体可行的工作计划，明确工作进度和完成时限，职责落实到具体部门和人员。重点任务实行牵头部门和主管领导负责制。对未列入分工的各项工作，请各部门对照《2009 年中医药工作要点》，按照职责分工，认真抓好落实。各单位重点工作和任务完成情况，作为年终考核的重要内容。

（二）相互协作，密切配合。

重点工作任务事关中医药工作全局，时间紧、任务重、责任大，且涉及多个部门，需各部门共同努力，才能取得切实成效。牵头部门要切实履行职责，主动加强与协助部门的沟通协调。协助部门要按照职能分工，积极参与、支持和配合牵头部门做好落实工作。各部门要在主管局领导的领导下，加强协作，密切配合，共同完成工作任务。

（三）加强督办，确保实效。

各部门要定期将工作任务落实进展情况告知办公室。办公室要切实履行督办职责，及时了解工作进度，根据各部门制定的工作方案和计划，按季度进行督促检查，并将进展情况报告局领导。

国家中医药管理局办公室

二〇〇九年二月二十七日

023

国家中医药管理局关于印发2008年中医药工作要点的通知

国中医药发〔2008〕4号

各省、自治区、直辖市及计划单列市、副省级省会城市卫生厅局、中医药管理局，新疆生产建设兵团卫生局，局各直属单位：

现将《2008年中医药工作要点》印发给你们。请结合本地区、本单位工作实际，认真贯彻落实，并及时将工作进展情况报告我局。

国家中医药管理局

二〇〇八年三月四日

2008年中医药工作要点

国家中医药管理局

2008年3月4日

2008年中医药工作，要以邓小平理论和“三个代表”重要思想为指导，认真学习贯彻党的十七大精神，深入落实科学发展观，积极参与医药卫生体制改革，加强和完善中医医疗服务体系，探索构建中医保健服务体系，进一步加强农村、社区中医药工作，加强中医药防治重大疾病的研究，加强中医药人才培养，大力弘扬中医药文化，充分发挥中医药在基本医疗卫生制度中的作用，解放思想，改革创新，突出重点，狠抓落实，努力开创中医药工作新局面。

一、积极参与医药卫生体制改革

（一）充分认识深化医药卫生体制改革工作的必要性、紧迫性和艰巨性，认真学习国务院即将出台的深化医药卫生体制改革的有关文件，深刻领会医改的指导思想、基本原则、目标任务。认真落实好医改方案中提出的各项要求，积极做好中医药行业的试点工作。积极争取将中医药纳入具体实施方案，充分体现中医药的特点。在试点中，及时总结经验、完善方案，推进试点工作的顺利进行。加强对新情况、新问题的研究和了解，深入研究中医药参与医药卫生体制改革的相关政策和措施，为制定配套政策提供依据。

（二）围绕建立基本医疗卫生制度的任务，将中医医疗预防保健服务体系纳入到公共卫生服务体系、基本医疗服务体系中统筹规划，同步建设。将中医药作为重要内容纳入医疗保障体系建设，制定鼓励参保人员利用中医药的优惠政策。在建立国家基本药物制度中，提高中药品种在国家基本药物目录中的比例，制定引导中药使用的政策；在建立比较规范的公立医院管理体制中，充分考虑中医药的特殊性，建立合理的补偿机制。在创新和完善医药卫生的管理、运行、投入、价格、监管等支撑建设中，提出充分体现中医药特点的政策措施。

二、加强中医医疗服务体系建设

（三）进一步完善农村三级中医医疗服务网络和以中医药社区卫生服务为基础的新型城市中医医疗服务体系。按照国务院关于加强社区卫生服务的指导意见及配套文件的要求，加快社区卫生服务中心中医药科室的建设，落实社区卫生服务站人员和设施的配备。认真落实《农村卫生服务体系建设与发展规划》，建设好乡镇卫生院中医科和中药房。扩大具有一技之长和实际本领的中医药人员纳入乡村医生管理的试点范围，逐步提高村一级的中医药服务能力。

（四）组织落实好重点中医医院建设项目。加强领导，建立省级中医药管理部门和发改委联合工作领导机制。按照标准和程序审核项目建设单位，严格把好入口关；加强项目建设过程的监管，管理好项目资金的使用；做好项目完成后的检查验收，确保每个项目建设达到国家规定的要求。加强对正在实施的县级中医医院建设项目监管，对资金的使用、医院运营状况、特色优势、内涵建设等进行检查。

（五）切实加强中医医疗机构内涵建设和管理。开展中医药特色评价工作，制定中医医院发挥中医药特色优势评价方案，建立中医药特色优势监测评价制度，分省对中医医院中医药特色情况进行监测。加强中医医院的管理，规范中医医院临床科室设置、人员配备、设备配置。继续加强中医医院管理者的培训，提高管理能力。提高中药饮片调剂质量，推广应用小包装中药饮片。加强医疗机构中药煎药室规范建设，修订有关管理规范。

（六）加强综合医院中医药工作。落实好《关于加强综合医院中医药工作的指导意见》，修订综合医院中医科建设的有关标准和管理办法，开展综合医院中医药工作示范单位评选活动，对综合医院中医药工作进行督导。

（七）鼓励发展多种形式的中医医疗机构。总结推广中医“坐堂医”诊所试点经验，扩大试点范围，制定相关标准和管理办法，加强对中医坐堂医诊所的监管。鼓励和规范民营中医医疗机构的发展。

三、实施“三名三进”工程，推进中医药进农村、进社区

（八）加强重点专科（专病）建设。引导各建设单位围绕中医药具有优势的重点病种进行临床研究，优化诊疗方案，形成诊疗规范，开发院内中药制剂，使中医临床诊疗水平和疗效切实得到提高。在此基础上，打造一批在防治常见病、多发病以及重大疑难疾病方面独具疗效，具有广泛社会影响的中医“名科”，带动“名医”培养，推动“名院”建设。开展好首届“国医大师”、“国家名中医”评选活动，逐步建立中医药人员奖励制度。在开展好省级名中医评选的基础上，做好推荐工作，确保公平性与权威性。

（九）推进中医药服务进农村。与相关部门联合开展《农村卫生服务体系建设与发展规划》中期评估工作，提出下一步加强农村中医药服务网络建设的意见。根据新型农村合作医疗制度实现全面覆盖的要求，全面检查和重点督导在新农合中鼓励应用中医药的政策措施落实情况。大力开展基层常见病、多发病中医药适宜技术推广工作，推广一批安全有效、成本低廉、简便易学、适用农村的中医药技术和方法，探索建立农村中医药适宜技术推广的新机制。深入开展“农村中医工作先进县”创建活动，适时召开专门会议，进行全面总结和表彰。修订农村中医工作先进县项目管理办法和建设目标，提出进一步加强项目建设的具体要求。建立农村中医工作先进县项目管理长效机制，对项目政策、资金的落实情况进行检查复审。加大对农村中医药工作典型经验的宣传力度，发挥示范作用。

（十）推进中医药服务进社区。进一步落实《国务院关于发展城市社区卫生服务的指导意见》，加强社区中医药服务能力建设，落实好社区中医药服务的各项政策，达到中医药服务基本标准。开展社区中医药适宜技术的推广应用。建立中医医院与社区卫生服务机构的分工协作机制，加强中医医院对社区中医药服务的技术支持和指导。以家庭和居民为对象，主动服务、上门服务，引导群众学习中医药防病治病的知识，掌握自我保健的方法。深入实施创建“中医药特色社区卫生服务示范区”活动，召开社区中医药服务工作经验交流会议，加大对典型经验的宣传力度。

（十一）加强农村和社区中医药人才培养。实施好县级中医医院中医专科（专病）技术骨干培训、乡村中医专业中等学历教育、乡镇卫生院中医人员培训以及乡村医生中医药基本知识与技能培训等项目，做好农村基层中医专业大专学历教育试点工作。探索建立城市社区中医药人才培养机制，对社区卫生服务机构中医药专业技术人员开展岗位培训，启动中医类别全科医师规范化培训试点，提高城市社区中医药人员的素质和中医药服务水平。

四、实施中医“治未病”健康工程，探索构建中医预防保健服务体系

（十二）继续组织中医医院开展“治未病”试点工作，适当扩大试点范围，加强对上海、广东等地开展构建中医预防保健服务体系试点工作的指导，适时对试点工作进行总结。

（十三）研究制定加强中医保健服务工作的指导意见，明确有关原则、目标和任务，总结实现“治未病”理念的有效途径和方法。实施中医“治未病”健康工程，鼓励、支持中医医院和城市社区、农村基层医疗机构开展中医“治未病”保健服务，积极协调在各级疾病预防控制机构配备中医药专业技术人员，积极运用中医药知识与技术。鼓励、支持社会力量投资兴办中医药保健服务机构。

（十四）加强中医“治未病”工作的支撑条件建设。加强科研对中医“治未病”工作的支撑，筛选、推广一批中医“治未病”的技术方法和手段，规范技术方案，完善评价体系。积极探索中医“治未病”的服务模式，建设符合中医药特点的健康管理平台。探索中医预防保健服务的体制机制、政策措施，研究制定机构、人员准入的条件和业务范围，健全管理规范，为中医预防保健服务的发展提供制度保障。

（十五）加强中医“治未病”人才队伍建设。培养一批中医药基本功扎实、具有丰富的临床实践经验、掌握中医养生保健知识和技能的医师队伍，培养一批具有养生保健康复基本知识、掌握中医特色技术方法等中医“治未病”职业技能的实用型人才。

五、加强中医药防治重大疾病的研究

（十六）做好国家中医临床研究基地建设项目组织申报工作。会同有关部门，根据相关要求，组织专家筛选、评审，确定建设项目单位，开展基地建设。各地要提前做好调研分析，在全国范围内选出优势病种，整合资源，优化人才、科研等各方面条件，按统一格式和规范要求提出申请。参照国家的做法建立省级中医临床研究基地，抓好首批中医药重点研究室建设，切实提高本地区的中医药科研能力。

（十七）加强对防治重大疾病的科研攻关。结合国家中医临床研究基地建设，集中力量组织针对心脑血管病、肿瘤、病毒性肝炎、结核病等重大疾病、传染性疾病防治的联合攻关，力争在治疗手段和方法上有所突破，形成较为成熟的综合治疗方案和几个有确切疗效的方剂或新药。继续组织实施中医药治疗艾滋病试点项目，试行《中医药治疗 HIV/AIDS 疗效评价分期标准及指标体系》，做好艾滋病中西医综合治疗方案的制定工作。积极研究中医特色的健康状态检测、监测、

评估、干预方法，研发体现自主创新的中医诊疗仪器设备。

（十八）加强中医药重大项目的组织管理。深入贯彻落实《中医药创新发展规划纲要（2006—2020年）》，联合有关部门制定“中医药继承创新科技行动计划”。抓好已经启动的行业科研专项、科技支撑计划项目、973专项及重大新药创制专项的组织实施。加强科研项目过程监管，建立公开、公正、透明的科技评估及监督机制，建立课题终止、淘汰的制度。充分发挥学术组织作用，培育相应的评估机构及中介服务机构。开展好中医药传统知识保护试点工作。与科技部、国家自然科学基金委等部门协商，形成相互协调合作的中医药科技管理工作机制。充分发挥地方中医药管理部门在科技工作中的作用，对实施的一些重点项目，建立国家局、省级中医药管理部门和项目承担单位权责分明、密切配合、齐抓共管的分层管理机制。

六、大力培养合格中医药人才

（十九）加强对中医药院校教育的宏观指导。与教育部研究建立中医药教育宏观管理工作协调机制，共同起草《中医药教育发展纲要》，发布《中医学专业本科生中医药理论知识与技能基本标准》等六个文件，建立符合中医药人才成长规律的中医药人才培养质量评估体系。启动中医药院校教育质量监控试点工作。探索中医药院校省、部、局共建模式。

（二十）完善中医药师承教育制度。开展中医药师承教育与专业学位衔接的试点工作，探索建立中医药师承教育的学位政策。开展中医药继续教育基地建设，建立一批局级中医药优势学科继续教育基地和城市社区、农村中医药知识与技能培训示范基地。规范继续教育项目学分证书发放工作和继续教育登记工作。规范各级各类中医药专业技术人员的培训。培养中医药继续教育师资，开展西医学习中医高级研修工作。抓好中医药人才培养专项，启动第四批全国老中医药专家学术经验继承工作和第二批全国优秀中医临床人才研修项目。

（二十一）继续推进中医药重点学科建设。制定《中医药重点学科建设中长期规划》。对“十五”期间的中医药重点学科建设点进行验收。启动“十一五”中医药重点学科建设工作，逐步建立科学、合理、结构完善的学科体系，形成一批高水平的中医药临床、教学和科研基地，培养一批高层次中医药人才。加强中医药人才评价和使用，组织制定中医护理等专业技术职务评聘条件。

七、做好中西医结合和民族医药工作

（二十二）继续加强中西医结合工作。加强重点中西医结合医院建设，完成第一批国家中医药管理局重点中西医结合医院建设单位评估验收，开展第二批建设工作。抓好局“十一五”重点中西医结合专科（专病）建设。筛选、优化、推广一批中西医结合优势单病种诊疗规范。加强中西医结合急诊和传染病临床基地建设。组织制定中西医结合专业技术职务评聘条件。

（二十三）全面实施《关于切实加强民族医药事业发展的指导意见》，组织相关部委局联合对实施情况进行督导。抓好中医医院建设项目中的民族医医院的建设，做好重点民族医专科（专病）建设。开展民族医药教育工作相关调研，提出民族医药人才培养工作方案。继续加强民族医药教材建设。开展民族医药文献、实用技术、药物的研究。开展民族医药知识产权保护试点。积极开展民族医药标准化、规范化建设，开展民族医药疾病诊疗指南和临床技术操作规范的研究制定。

八、推进中医药文化建设，做好中医药宣传工作

（二十四）加强中医药文化宣传，打造文化宣传品牌，探索创新中医药文化宣传的机制和方法。继续组织开展“中医中药中国行”大型科普宣传活动，在天津、内蒙古、山东、广西、新疆等十四个省（区、市）启动“中医中药中国行”活动，总结经验，加强领导，深入基层，动员社会，丰富内涵，创新形式，进一步增强活动效果。继续开展全国中医药文化宣传教育基地的建设工作，大力普及中医药科学知识。

（二十五）加强中医医院中医药文化建设，结合行风建设和医院发展规划，落实好《关于加强中医医院中医药文化建设的指导意见》要求，及时总结推广典型经验。加强对中医医院中医药文化建设工作的督促和指导。加强中医药文化建设的内容、形式和方法等方面的研究，推进中医药文化的创新。

（二十六）加强中医药新闻发布工作，牢牢把握正确导向，切实提高舆论引导能力。建立和完善沟通顺畅、反应迅速的新闻发布制度和机制，及时、准确地发布有关信息，增强中医药工作的透明度，让全社会关注、支持中医药事业的发展。

九、加强中医药法制建设，强化行业监管

（二十七）推进《中医药法》的立法进程，配合卫生部做好草拟稿的修改完善工作并上报国务院；协调全国人大、国务院法制办开展立法专项调研，争取列入全国人大立法规划。开展中医药知识产权、野生中药材资源保护的立法调研。积极参与中医药相关法律法规和部门规章的起草和制定，充分体现中医药的内容和特点。进一步落实《全面推进依法行政实施纲要》要求，实施好中医药行业“五五”普法规划，开展法制宣传教育活动，举办提高中医药管理部门依法行政能力培训班。系统开展中医药发展重大战略问题的政策研究和调研，提出政策措施建议，为制定中医药发展的政策提供支撑，为中医药发展的决策提供依据。

（二十八）加大《中医药标准化发展规划（2006—2010年）》的落实力度。开展一批中医药相关技术和管理标准的研究制定。完成针灸名词术语、火针技术操作规范等24项国家中医药技术标准的起草制定。完成一批中医常见病证诊疗指南等行业标准的制定，组织《中医内科病证诊疗指南》等标准的实施推广。进一步参与中医药技术国际标准的制定，加强针灸技术操作规范向国际标准转化工作。加强中医药标准化支撑体系建设，建立若干中医药标准化研究中心和培训基地。开展中医药标准化人才的培训，建立中医药标准化工作骨干队伍。开展中医药认证认可工作，启动中医药行业特有工种职业技能鉴定、中医药服务贸易等认证的研究和试点。

（二十九）坚持依法行政、依法管理，加强中医药监督队伍建设。推行政务公开、院务公开。加大对中医医疗机构、从业人员的资格准入和中医医疗服务的监管，依法规范医疗服务行为，提高医疗质量管理，保证医疗安全。继续严厉打击非法行医活动，进一步加强中医医疗广告的审批和监管，规范中医医疗服务市场秩序。

十、加强中医药国际合作与交流

（三十）积极推进政府间中医药的双边合作，落实业已签署的中法、中俄、中意等有关双边合作协议，注重合作质量和效果。积极开展中美中医药合作的研究和磋商。重点研究国际区域中医药合作战略。做好中医“申遗”工作，正式向联合国教科文组织申报。继续加强与世界卫生组织等国际组织的合作，承办好世界卫生组织第一次在我国举办的2008年传统医药大会。

（三十一）落实《中医药国际科技合作纲要》，确定中医药科技合作的优先领域和重点合作国家，有针对性地开展合作与交流。制定并实施《中医药对外合作与交流十年计划（2008—2017）》。加强中医药对外合作与交流的支撑条件建设，开展中医药外向型人才培养和对外合作与交流基地建设。加强国际中医药及传统医药信息的采集分析。

（三十二）推动中医药服务贸易发展。开展中医药服务贸易相关试点工作，优先扶持一批“走出去”中医药服务项目，在有需求且条件相对成熟的国家，建立“中医药示范中心”。与商务部共同组织中医药服务贸易系列国际推介活动，组织中医药服务贸易人才培训。

（三十三）实施好《国家中医药管理局与香港食物及卫生局关于中医药领域的合作协议》，并积极争取与澳门签署有关中医药合作协议。办好第三届海峡两岸中医药学术研讨会，进一步建立完善两岸交流长效机制。

十一、加强中医药队伍自身建设

（三十四）加强行业精神文明建设，进一步加强行业作风建设，大力弘扬正气，宣传先进典型，树立良好形象。继续开展向陈海新、王学诗等先进典型的学习活动。

（三十五）切实抓好党风廉政建设和反腐败工作。加强理想信念和思想道德教育，深入开展反腐倡廉的经常性教育，保持高尚道德情操，遵纪守法，拒腐防变，坚决抵制不正之风。建立健全防控医药购销领域商业贿赂长效机制，推进中医药行业治理商业贿赂工作深入开展。

（三十六）开展创建学习型组织活动，牢固树立忧患意识、机遇意识、大局意识、学习意识、创新意识、为民意识，切实提高政治鉴别能力、战略思维能力、学习调研能力、执行问责能力、综合协调能力和廉洁自律能力。开展创建服务型机关活动，把履行管理发展中医药职能与促进干部成长、为人民群众提供简便验廉的中医药服务有机结合起来。大力推进和谐团队建设，激发中医药系统的生机与活力，进一步营造内部团结、外部和谐的发展氛围，努力形成心齐气顺、风正劲足、干事创业的良好局面。

024

国家中医药管理局关于印发 2007 年中医药工作要点的通知

国中医药发〔2007〕5 号

各省、自治区、直辖市及计划单列市、副省级省会城市卫生厅局、中医药管理局，新疆生产建设兵团卫生局，局各直属单位：

现将《2007 年中医药工作要点》印发给你们，请结合本地区、本单位工作实际，认真贯彻落实，并及时将工作进展情况报告我局。

国家中医药管理局

二〇〇七年一月二十二日

2007 年中医药工作要点

国家中医药管理局

2007 年 1 月 22 日

2007 年中医药工作的总体要求是：以邓小平理论和“三个代表”重要思想为指导，认真贯彻党的十六届六中全会精神，全面落实科学发展观，着力推进继承创新，努力发挥特色优势，大力加强队伍建设，全面提高防治疾病能力，积极发挥中医药在基本卫生保健制度建设中的作用，为人民健康服务，为促进社会主义和谐社会建设服务。

一、加强农村中医药工作，发挥中医药在新型农村合作医疗中的作用

继续实施《农村卫生服务体系建设与发展规划》，做好县级中医医院改扩建项目的实施，在乡镇卫生院改建中加强中医科、中药房服务基本条件建设。抓好农村医疗机构中医特色专科、县中医医院急诊急救能力、感染性疾病科建设。继续开展全国农村中医药适宜技术推广示范地区建设，研究制定绩效评价标准，建立完善农村中医药适宜技术推广工作的激励机制，发挥其示范带动作用。加大农村中医药人才培养力度，开展县级中医医院专科专病技术骨干培训工作，继续实施乡镇卫生院中医临床技术骨干培训和乡村医生中医专业学历教育，认真总结，

加强管理。继续开展“万名医师支援农村卫生工程”，进一步扩大农村中医药工作受援面。

各省（区、市）在扩大新型农村合作医疗试点县的工作中要落实好中医药相关政策措施，研究探索中医药补偿政策，提高中医药服务质量和服务能力，积极引导农民群众选择安全、有效、廉价、方便的中医药服务。

二、发挥中医药在社区卫生服务中的作用，为城市居民提供满意的中医药服务

进一步加强部门协调，全面落实国务院关于发展城市社区卫生服务中有关中医药的政策，城市社区卫生服务发展规划要充分纳入中医药服务的内容。合理配置城市中医药资源。对于新建的社区卫生服务机构，要按照社区卫生服务机构基本标准，合理配置中医药服务设施设备和人员。政府举办的一级、部分市（地）辖区的二级中医医院可以转型为具有中医药特色的社区卫生服务机构。针对社区居民的主要健康问题及疾病流行趋势，开展中医药预防、治疗、保健、康复和健康教育。探索建立社区卫生服务机构与公立中医医院的双向转诊制度，为社区卫生服务机构提供必要的中医药技术支持。制定社区卫生服务机构基本药物中药目录，研究制定基本医疗服务中医药服务项目规范和标准。建立社区中医药服务质量考核评价标准。开展中医类别全科医师岗位培训，吸引和鼓励高素质高水平的中医药人员到社区卫生服务机构开展中医药服务。继续开展中医药特色社区卫生服务示范区创建活动。

三、提高中医药防治重大疾病和应对突发公共卫生事件能力

继续实施《中医药防治艾滋病工作计划（2006—2010年）》。切实做好中医药治疗艾滋病试点项目的实施，适当扩大省份，增加治疗人数，总结阶段性经验，研究制定中医药治疗艾滋病临床疗效评价标准。加强中医药防治艾滋病基地建设，探索总结综合防治示范区开展中医药服务的经验。总结心脑血管疾病、病毒性肝炎、肾病、肿瘤等严重危害人民群众生命健康安全的重大疾病中医药防治经验，针对重点病种，筛选、优化诊疗方案，形成规范并加以推广。继续开展氟骨症、矽肺等地方病、职业病的中医药治疗工作，形成氟骨症中医药临床诊疗指南。继续加强人感染高致病性禽流感及其他新发传染病中医药防治研究。组织开展急诊急救、医院感染管理和传染病防治知识与技能培训，提高中医药应对突发公共卫生事件的处置能力。

四、加强保持和发挥中医药特色优势能力建设

开展保持和发挥中医药特色优势重点项目建设，引导中医药机构认真做好各

项中医药服务。做好中医临床研究基地和重点中医医院建设项目实施。启动实施《重点中医医院建设与发展规划》，在全国建设10个中医临床研究基地，强化中医临床科研能力，促进中医药重点学科合理分布，突出中医药防治疾病的重点领域，在重大疾病、疑难疾病的防治研究上取得突破性进展，提高中医药防治疾病和科技创新能力；对200余所地市级以上中医医院（含中西医结合、民族医医院）进行建设，改善基础设施和医疗条件，使其成为规模适度、科室设置齐全、服务功能完善、人员结构合理、中医特色突出、专科优势明显、服务质量优良的现代化中医医院。全面实施保持和发挥中医药特色优势建设项目。开展中医专科重点建设、农村医疗机构针灸理疗康复特色专科建设、农村医疗机构中医特色专科（专病）建设；开展城市社区中医人才培养、乡村医生中医药知识与技能培训、县中医院中医专科技术骨干培养、中医临床特色经典理论培训；开展中医优势临床重点学科建设、中医临床重点研究室建设；开展中医医院中药制剂室建设。

研究建立保持发挥中医药特色优势的评价机制。研究制定在中医医疗服务、人才队伍建设、科学研究等方面保持发挥特色优势的评价标准。建立中医医院中医药特色评价标准，对各级中医医院设备配置、科室设置、病房建设、人员配备、临床诊疗的中医内涵要有明确要求。根据《关于进一步保持和发挥中医药特色优势的意见》、中医医院中医药特色评价指南和三级中医医院中医药特色评价细则，组织开展评价工作，不断总结经验，提出改进意见。继续组织开展各学科学术现状、特色优势评价。

五、加强中医医院管理，提高服务质量

在医院管理年活动中，引导中医医院转变观念，坚持中医为主的发展方向，始终把保持发挥特色优势作为核心任务。在大型综合性的中医医院，针对重大疾病、疑难疾病的防治，开展相应的科学研究工作，巩固和提高中医药在一些疾病或一些关键环节等方面的特色优势；加强病房中医药业务建设，选择一些中医药治疗具有优势的病种，探索主要应用中医药手段进行治疗的中医病房模式；积极开展传统中医诊疗中心建设工作。引导部分城市二级中医医院向中医专科医院发展；引导县级中医医院走小综合、大专科的路子，以中医药为主要手段，为人民群众提供基本医疗服务。

加强对中医医院院长的培训，明确院长责任，改善医院管理。按照中医医院的实际需要，合理配置现代诊疗仪器设备。严格医疗服务规范，按照中医理论审查内外、四诊合参、辨证施治，合理检查、合理用药、合理治疗。加强人员与技术的准入管理，规范中医医院和中医医师应用现代高新医疗技术的诊疗活动，实行应用中医药新诊疗技术的分级管理。继续推行中医医院院务公开制度，接受群

众监督。规范医院收支管理，改革不适当的经济激励机制。根据事业单位改革总体思路，深化人事制度改革，实行岗位管理和人员聘用制度。在劳动人事分配、职称晋升等方面建立完善有利于保持发挥特色优势的机制。发挥中医药简、便、验、廉特点，继续办好惠民病房。

六、加强中医药队伍建设，提高运用中医药防病治病的能力和水平

贯彻全国中医药继续教育工作会议精神，完善中医药继续教育相关制度，采取多途径、多方式加强中医药人员的中医药理论和技能的培养。开展中医临床人员中医经典理论培训。加强中医药继续教育管理与运行机制研究，探索建立中医专科医师培训制度。加强中医药重点学科建设，开展检查验收工作。建设一批中医药继续教育示范基地。完成第三批全国老中医药专家学术经验继承和首批优秀中医临床人才研修项目，组织实施第二批优秀中医临床人才研修项目。

加强对高等中医药教育的宏观指导。与教育部共同制定《中医药教育发展纲要》，提出高等中医药教育专业设置要求，明确办学方向。完成中医药教育发展战略、人才成才规律及培养模式等研究，深入探索继承与创新人才的培养方法和途径。

七、加大科学研究力度，推进中医药的继承与创新

贯彻全国中医药科技工作会议精神，突出重点，明确方向，促进中医药特色优势的保持与发挥。加强重大疑难疾病、常见病中医药治疗方案和“治未病”技术方法的总结研究，深入开展名老中医药专家学术思想和经验传承的研究，做好国家科技支撑计划中医药项目、国家 973 计划中医理论基础研究专项的组织实施，实施国家重大新药创制专项，促进中医药继承与创新。大力加强中医药科技成果的推广应用，继续实施中医临床诊疗技术整理研究项目，落实中医临床适宜技术推广计划。加强中医药科技支撑能力建设，建设好一批中医药重点研究室，继续推动中医药科研实验室的评估工作。推进科技体制改革和科技管理改革，提高中医药科技的效率和效益。

八、继续加强中西医结合和民族医药工作

继续加强中西医结合工作。加强重点中西医结合医院建设，完成第一批重点中西医结合医院建设任务，开展第二批建设工作。启动局“十一五”重点中西医结合专科（专病）建设。筛选、优化、推广一批中西医结合优势单病种诊疗规范。加强中西医结合人才培养，举办西医师学习中医高级研修班。

贯彻第三届全国民族医药工作会议精神，以发掘整理总结为基础，以人才培养为重点，积极开展科学研究，努力提高防病治病能力和学术水平，全面推进民

族医药事业发展。坚持因地制宜、分类指导。对有完整理论学术体系的，要加强基础和临床研究，培养学科带头人和学术梯队，提高防治疾病能力；对有部分理论和丰富实践经验的，要规范升华实践经验，研究推广特色诊疗技术，整理和逐渐完善基础理论；对民间经验和验方、医学资料处在整理阶段的，要加强对民间经验和验方的整理；对尚待发掘整理的，要努力发掘。开展重点民族医医院和重点专科（专病）建设，做好国家科技支撑计划“民族医药发展关键问题研究”工作。继续做好民族医药本科教材编写工作。扩大傣医执业医师资格考试试点范围，开展朝医执业医师资格考试试点工作。

九、推动中医药立法进程，加强中医药监督管理

继续开展调研和论证，积极配合全国人大、国务院法制办做好中医药立法工作，推动中医药法早日出台。继续实施好《中华人民共和国中医药条例》，各地要结合地方中医药法规的贯彻落实，加大实施力度，并配合有关部门做好执法监督检查。加强“五五”普法宣传，大力宣传卫生、中医药等法律知识，提高全行业干部职工的法律意识和法律素质。

大力推进中医药标准化，实施《中医药标准化发展规划（2006—2010 年）》，逐步构建中医药标准体系。年内完成《中医内科名词术语》等 23 项国家标准制定，继续组织开展中医药名词术语、中医、中西医结合临床各科病证诊疗指南和技术操作规范的编制工作，完成《中医内科病证诊疗指南》等 50 项行业标准的制定。开展中医药标准化人才的培训。

加强中医药监督管理。加大对中医医疗机构、从业人员的资格准入和中医医疗服务的监管。根据新修订的《传统医学师承和确有专长人员医师资格考试考核办法》，做好传统医学师承和确有专长人员的考试考核工作。进一步规范中医医疗服务市场秩序，严厉打击非法行医活动。加强中医医疗机构医疗广告的审批和监管工作。

十、加强中医药对外及港澳台交流合作，推动中医药走向世界

扩大与政府间交流与合作，巩固和提高交流合作水平。加强政府间合作项目的协调，确保双边合作协议的落实。巩固与世界卫生组织合作成果，扩大与东盟、欧盟和非盟等国际多边组织的合作。积极参加国际卫生活动，发挥在有关国际传统医学的规则和标准制定中的应有作用。认真落实两部一局《中医药国际科技合作规划纲要》，进一步推动中医药的国际科技合作。

组织开展境外中医药及各国传统医药的现状和发展趋势研究，建设一批中医药对外交流与合作基地，建立中医药对外交流与合作专家库，实施中医药引智项目，加大外向型人才培养力度，健全中医药对外交流与合作渠道和网络，充分利

用国际、国内两种资源，加快中医药走向世界的步伐。组织制定《中医药国际交流与合作十年规划（2007—2016）》，适时召开全国中医药对外交流与合作工作会议。做好中医药申报世界非物质文化遗产代表作的工作。

继续推动新形势下与中国香港、澳门特别行政区和台湾地区的中医药交流与合作。

十一、加强行风建设和新闻宣传，弘扬中医药文化

以建立健全防控医药购销领域商业贿赂长效机制为重点，稳步推动中医药行业治理商业贿赂工作深入开展。进一步加强行业作风建设。大力弘扬正气，宣传先进典型，树立良好形象，加强行业精神文明建设。加强理想信念和思想道德教育，深入开展反腐倡廉的经常性教育，保持高尚道德情操，遵纪守法，拒腐防变，坚决抵制不正之风。强化公立中医医疗机构公共服务职能，加强制度建设，规范收支管理，增强服务意识，提高服务质量。加强监督机制建设，自觉接受社会监督、群众监督，及时纠正出现的问题。严格执行纪律，严肃处理损害人民群众利益的违法违纪行为。

开展多种形式的新闻宣传活动，营造良好的舆论氛围。坚持正确的舆论导向，把握舆论的主导权，增强舆论引导能力。强化中医药新闻发布制度，加大对“名院、名科、名医”和先进典型的宣传力度。加强中医药科普宣传，开展“中医中药中国行”等活动，创建宣传教育基地，弘扬中医药优秀文化。

六 中医药事业发展规划

025

国家中医药管理局关于印发中医药事业发展“十二五”规划的通知

国中医药规财发〔2011〕49号

各省、自治区、直辖市及计划单列市、副省级省会城市卫生厅局、中医药管理局，新疆生产建设兵团卫生局，局各直属（管）单位：

《中医药事业发展“十二五”规划》根据《中华人民共和国国民经济和社会发展第十二个五年规划纲要》编制，并充分征求中医药工作部际联席会议成员单位的意见。《规划》主要阐明“十二五”期间国家中医药事业发展的总体思路，明确中医药工作重点，是未来五年我国中医药事业发展的纲领性文件，是政府履行制度、规划、筹资、服务、监管等方面职责的重要依据。

现将《中医药事业发展“十二五”规划》印发给你们，请结合本地区、本单位工作实际，按照《规划》部署和要求，深入贯彻落实科学发展观，紧紧抓住我国经济发展方式转变的重要战略机遇，推动中医药继承与创新，丰富和发展中医药理论与实践，为提高全民健康水平服务，为全面建设小康社会服务。

国家中医药管理局

二〇一一年十二月二十八日

中医药事业发展“十二五”规划

国家中医药管理局

2011年12月28日

“十二五”时期是我国全面建设小康社会的关键时期，是深化改革开放、加快转变经济发展方式的攻坚时期。为认真贯彻落实党中央、国务院扶持中医药事业发展的方针政策，继续抓住和用好我国发展的重要战略机遇期，进一步促进中医药（民族医药）事业发展，开创中医药事业持续健康发展新局面，更好地为人民健康服务，为全面建设小康社会服务，根据《中华人民共和国国民经济和社会发展第十二个五年规划纲要》和《卫生事业发展“十二五”规划纲要》，制定本规划。

一、中医药事业面临的形势

“十一五”时期是中医药发展史上具有重要意义的五年。按照党中央、国务院总体部署和要求，在卫生部领导下，国家中医药管理局团结带领中医药行业广大干部职工，紧紧抓住发展战略机遇期，认真贯彻落实科学发展观，认真落实《国务院关于扶持和促进中医药事业发展的若干意见》（以下简称《若干意见》），更加注重以人为本、满足群众需求，更加注重统筹规划、协调发展，更加注重机制创新、转变理念方法，推动中医药事业发展有了新突破，取得了显著成绩。中医药全面参与深化医药卫生体制改革，特色与优势在基本医疗卫生制度建设中得到发挥。新中国成立以来的第一个重点中医医院建设与发展专项规划顺利实施。中医医疗服务体系不断完善，中医医疗机构基础设施条件明显改善，中医药服务能力显著增强。中医预防保健服务取得进展，其优势在公共卫生服务中得到发挥。中医药应对突发公共卫生事件和防治重大疾病能力进一步提高，在汶川特大地震、北京奥运会、上海世博会等重大事件和手足口病、甲型 H1N1 流感等传染病疫情的应对中发挥出独特而重要的作用。农村和社区中医药工作基础进一步夯实，中医药适宜技术应用更加广泛。中医药学术继承与创新取得新成果，《中华本草》编纂完成，一批中医古籍得到整理研究，老中医药专家学术思想和临证经验传承得到加强，中医药重点学科和重点专科建设成效显现。开展国家中医临床研究基地建设，中医药科技创新体系初步形成。中医药人才队伍素质进一步提高，中医药院校教育教学改革取得初步成效，中医药继续教育覆盖率进一步扩大，农村和社区中医药人才培养不断加强，评选出全国首批“国医大师”。中医药法制化、标准化建设取得新成效，《中（传统）医药法》列入十一届全国人大常委会立法规划，发布中医药地方性法规的省（区、市）达到 26 个，中医药监督工作得到加强，中医药标准体系框架初步建立，中医药国际标准化工作取得进展，国际标准化组织中医药标准化技术委员会（暂定名）正式成立。中药产业水平进一步提升，中药资源保护、开发和可持续利用得到重视。中医药文化建设新局面初步形成，“中医中药中国行”大型科普宣传活动产生了广泛社会影响，中医针灸列入人类非物质文化遗产代表作名录，《黄帝内经》和《本草纲目》列入世界记忆名录。民族医药和中西医结合工作稳步推进。中医药国际影响进一步扩大，中医药已传播到 160 多个国家和地区，我国已与世界上近半数的国家和地区建立了中医药或传统医药政府间交流合作机制，第 62 届“世界卫生大会”通过了《传统医学决议》，敦促成员国将传统医学纳入国家卫生服务体系。中医药投入力度不断加大，管理体制建设得到加强，发展环境明显改善。中医药事业发展“十一五”规划确定的目标基本实现，形成了中医药医疗、保健、科研、教育、产业、文化“六位一体”全面发展的新格局。

专栏1　“十一五”规划主要指标实现情况部分重点工作任务分工及进度安排表

指标类别	具体指标	2005年	实现情况	
			2010年	年均增长（%）
中医医疗	中医医院（所）	3009	3232	1
	中医医院床位数（万张）	31.5	47.1	8
	中医医院病床使用率（%）	65.0	83.7	5
	中医医院诊疗人次数（亿人次）	2.34	3.60	9
	中医医院诊疗人次占医院诊疗人次比重（%）	16.8	17.6	1
	中医医院出院人数（万人）	611.5	1275.7	16
	中医医院出院人数占医院出院人数比重（%）	12.1	13.5	2
	卫生机构中医类别执业（助理）医师（万人）	23.5	29.4	5
	卫生机构中药师（士）（万人）	2.0	9.7	38
中医预防保健	“治未病”服务试点单位（个）	—	103	—
中医药科研	中医药科研机构从业人员（人）	13221	17049	5
	中医药三级科研实验室（个）	161	388	19
	核心期刊中医药论文数（篇）*	51671	60535	3
	中药发明专利授权数（件）*	8355	23348	23
	国家科学技术奖励数（个）*	18	28	9
中药产业	中药工业总产值（亿元）	1192	3172	22
中医药教育	高等中医药院校（所）	45	46	—
	高等院校中医药类专业在校生人数（万人）	38.5	55.3	8
中医药法制建设	地方性中医药法规数（个）	22	26	3
中医药标准化	中医药国家标准（个）	6	27	35

续 表

指标类别	具体指标	2005 年	实现情况	
			2010 年	年均增长（%）
中医药文化建设	申报国家和世界非物质文化遗产数（个）	—	41	—
	中医药文化宣传教育基地数（个）	—	10	—

注：①核心期刊中医药论文数：2005 年数为“十五”期间累计数，2010 年数为“十一五”期间累计数；②中药发明专利授权数：2005 年数为截至 2005 年底国家知识产权局授权累计涉及中药发明专利数，2010 年数为截至 2010 年底国家知识产权局授权累计涉及中药发明专利数；③国家科学技术奖励数：2005 年数为“十五”期间累计数，2010 年数为“十一五”期间累计数。

“十二五”时期，中医药迎来了前所未有的发展战略机遇期。党中央、国务院高度重视中医药工作，党的十七大报告提出要“坚持中西医并重”、“扶持中医药和民族医药事业发展”，在深化医药卫生体制改革中强调要充分发挥中医药作用，国务院出台《若干意见》为建设中国特色医药卫生体制和中医药在新时期新阶段的科学发展指明了方向。《中华人民共和国国民经济和社会发展第十二个五年规划纲要》将“支持中医药事业发展”作为“完善基本医疗卫生制度”的六项重点任务之一，力度前所未有。各地党委、政府对中医药事业发展的重视程度和推动力度不断加大，加强了对中医药工作的领导和体制机制建设，加大对中医药的投入，为中医药事业发展营造了良好的环境。随着我国进入全面建设小康社会的新阶段，人民生活水平不断提高，健康意识和理念不断增强，广大人民群众信中医、用中药，对中医药知识和服务的需求日益增长。随着医药卫生体制改革进一步深入，疗效确切和费用低廉的中医药必将发挥更大的作用。随着健康观念的改变和医学模式的转变，中医药整体观理论思维、个性化辨证论治以及“治未病”健康保健方法的优势进一步凸显，国际社会、现代医学越来越重视和关注中医药，为中医药提供了更加广阔的发展空间和强有力的技术支撑。随着中医药事业步入快速发展轨道，中医药行业以科学发展观为指导，按照“整体思维、系统运行、三观互动、科学发展”的理念和方法，振奋精神，奋发有为，凝聚力和自信心显著增强，为新时期推进中医药事业新发展提供了强劲动力。

同时，中医药发展也面临许多新情况、新问题。中医药特色优势尚未充分发挥，服务领域还需进一步拓展，在预防、养生、保健、康复领域的发展还不能满足人民群众健康服务的新需求。中医药在防治重大、疑难、传染性疾病等方面的科技攻关成效还不显著。继承不足、创新不够的问题还依然存在，一些特色诊疗技术、方法濒临失传，一些重大理论和关键技术尚未取得突破性进展。中医药文化传承有待加强，社会认知度还需提高。中医中药发展缺乏统筹规划，中医与中药发展不协调。中医药人才队伍还不能满足事业发展的需要，高层次中医药人才不足，基层中医药人员严重短缺。中医药基础差、底子薄的现状仍没有得到根本改善，城乡之间、区域之间中医药发展不平衡，中西部地区和广大农村基层中医药工作基础还很薄弱。中药资源保护与利用矛盾突出，产业低水平重复建设严重。中医药管理体制尚不健全，与中医药事业发展的要求还不相适应。

二、中医药事业发展指导思想、基本原则和发展目标

（一）指导思想

高举中国特色社会主义伟大旗帜，坚持以邓小平理论和“三个代表”重要思想为指导，深入贯彻落实科学发展观，紧紧抓住我国经济发展方式转变的重要战略机遇，以推动和实现中医药事业科学发展为主题，以在深化医药卫生体制改革中全面贯彻落实《若干意见》为主线，把满足人民群众对中医药服务的需求作为中医药工作的出发点和落脚点，遵循中医药发展规律，保持和发扬中医药特色优势，推动继承与创新，丰富和发展中医药理论与实践，促进中医中药协调发展，为提高全民健康水平服务，为全面建设小康社会服务。

（二）基本原则

——坚持统筹协调，科学发展。坚持中西医并重方针，把中医药与西医药摆在同等重要的位置。中医与西医要相互取长补短、发挥各自优势，促进中西医结合。大力推进中医药医疗、保健、科研、教育、产业、文化全面协调发展。统筹城乡、区域中医药协调发展。统筹国内和国际中医药发展，相互促进，实现共赢。

——坚持转变发展方式，突出特色与优势。从单一的疾病治疗模式，转变为既重视疾病治疗，又重视预防保健、养生康复并融合一体的综合防治模式；从注重中医医院发展，转变为既重视医院发展，又注重门诊部、诊所等中医药服务的多种组织形态共同发展；从注重中医医院的规模扩张，转变为在继续扩大规模的同时更加注重特色优势建设和服务功能完善；坚持发挥政府扶持作用，鼓励、引导社会力量积极参与，多渠道发展中医药事业。

——坚持继承创新和科技进步，提高学术水平和防病治病能力。中医药发展既要保持特色优势又要积极利用现代科技。通过知识创新不断丰富和发展中医药理论体系，通过技术创新不断提高中医药服务能力和技术水平，不断提高科技进步对事业发展的支撑作用。

——坚持以改革促发展，加强体制机制建设。积极参与深化医药卫生体制改革，进一步解放思想，更新发展理念，破解发展难题，着力推动体制机制创新，

在管理体制、投入补偿机制、公立中医医院改革、中医药服务模式、临床型中医药人才培养、重大疾病防治攻关、中药管理与安全等方面加强研究，边推边试，边试边改，更好地体现中医药自身特点，符合中医药发展规律，反映中医药发展趋势，适应中医药发展需求。

（三）发展目标

1. 总体目标

到 2015 年，建立起适应中医药事业发展的管理体制和运行机制，基本实现中医药医疗、保健、科研、教育、产业、文化全面协调发展，中医药对我国经济和社会发展的贡献率进一步提高。

——中医医疗服务体系基本健全，中医预防保健服务网络初步构建，中医药服务能力显著增强，中医药特色优势更加突出，在基本医疗卫生制度建设中发挥越来越重要的作用。

——中医药应对突发公共事件卫生应急能力显著提高，重大疾病防治能力明显增强，潜力得到发掘。

——中医药人才素质明显提高，结构更趋合理，基本适应和满足事业发展的需要。

——中医药继承创新体系基本建立，科技对中医药服务能力提升和中药产业发展的贡献率进一步提高，传承研究取得显著成效。

——中药产业发展水平得到进一步提升，中药质量标准和规范体系逐步完善，野生中药资源培育、研究开发和合理利用能力不断提高，中药材生产综合能力稳步提高，现代中药工业体系建设和产业创新能力得到加强，中药产业国际市场竞争力显著提高。

——中医药法制、标准化、信息化建设明显加强，实现中医药立法，中医药监督管理体系初步建立，中医药传统知识保护专门制度建设取得进展，中医药标准体系和支撑体系进一步健全，全国中医药信息系统基本架构初步建立。

——中医药文化业态更加丰富，中医药文化资源得以有效开发利用，中医药文化进一步繁荣发展。

——中医药国际交流与合作成效更加显著，中医药在国际传统医药领域优势地位进一步巩固和加强，国际影响力进一步提升。

2. 主要任务指标

中医药医疗资源：到 2015 年，力争 100％的地市建有地市级中医医院，70％的县中医医院达到二级甲等中医医院水平，95％以上的社区卫生服务中心和 90％乡镇卫生院设立中医科、中药房，70％以上的社区卫生服务站和 65％以上的村卫生室能够提供中医药服务，每万人口中医床位数力争达到 4.78 张，每万人口卫生机构中中医执业（助理）医师数力争达到 2.4 人。

中医药服务：到2015年，中医医院总诊疗人次争取超过5.5亿人次，中医医院总诊疗人次占医院总诊疗人次比重力争达到18.5%；中医医院出院总人数争取超过2000万人，中医医院出院人数占医院出院人数比重力争达到15%。

中医药人力资源：到2015年，中医药人员增量占全国卫生人员增量的比重争取达到18%，中医类别全科医生占基层全科医生的比重争取达到20%，中医医院中医类别执业医师占执业医师比重超过60%。

中医药科技：到2015年，初步建立中医药防治慢病临床科研体系，完善中医药防治传染病临床科研体系，重大科技项目实施取得重要进展和成果，改革和创新科研项目组织管理模式。

中医药文化科普：到2015年，中医药科普知识宣传普及覆盖全国80%以上行政村、85%以上社区、80%以上家庭。

中药发展：到2015年，完成第四次全国中药资源普查，初步建成中药资源动态监测与预警网络体系。

专栏2　“十二五”时期中医药发展主要指标简表

具体指标	2010年	2015年	年均增长（%）	属性
中医医院（所）	3232	3397	1	预期性
中医医院床位数（万张）	47.1	69.2	8	预期性
中医医院病床使用率（%）	84	94	—	预期性
中医医院诊疗人次数（亿人次）	3.6	5.5	9	预期性
中医医院诊疗人次占医院诊疗人次比重（%）	17.6	18.5	1	预期性
中医医院出院人数（万人）	1275.7	2248.2	12	预期性
中医医院出院人数占医院出院人数比重（%）	13.5	15.0	2	预期性
卫生机构中医类别执业（助理）医师（万人）	29.4	37.5	5	预期性
卫生机构中药师（士）（万人）	9.7	14.2	8	预期性
中药工业总产值（亿元）	3172	5590	12	预期性
高等院校中医药类专业在校生人数（万人）	55.3	70.6	5	预期性

三、重点任务

（一）以城乡基层为重点，加强中医医疗服务体系建设

县级以上地方人民政府要在区域卫生规划中合理规划和配置中医医疗资源。省（区、市）要建设好省级中医医院，形成区域中医药诊疗中心，每个地（市）至少建设好一所地（市）中医医院。进一步巩固和加强县中医医院建设，充分发

挥县中医医院在农村中医药工作的龙头作用。加强中医专科医院和综合医院中医临床科室建设，积极发展社区中医药服务。在乡镇卫生院设置中医科和中药房，为村卫生室配备中医药人员或能够提供规范中医药服务的乡村医生。加强中医医院服务能力建设，研究制订中医诊疗和护理常规、出入院标准、用药指南、临床路径、医疗服务质量评价标准等技术标准和规范，促进中医医院因病施治、规范诊疗、合理用药，提高医疗服务质量。培育、培养一批名院、名科、名医。加强基层中医药适宜技术推广能力建设，建立长效机制，积极向基层医疗卫生机构推广中医药适宜技术。推动中医药进乡村、进社区、进家庭。鼓励社会资本举办中医医疗机构，积极推动中医门诊部、中医诊所规范建设和连锁发展，鼓励中医专业技术人员开办中医诊所或个体行医，允许药品零售企业举办中医坐堂医诊所，探索中医执业医师多点执业的方法和形式。非公立中医医疗机构在医保定点、科研立项、职称评定和继续教育等方面，与公立中医医疗机构享受同等待遇，对其在服务准入、监督管理等方面一视同仁。

专栏3　中医医疗服务体系建设重点
01　中医医院标准化建设工程 依据《中医医院建设标准》，对全国未达标的政府举办的中医医院（重点是县级中医医院）进行业务用房改扩建和配置基本医疗设备，改善服务条件，提高服务能力，在“十二五”期末力争使公立中医医院基础设施条件基本达到国家标准
02　市县级中医医院能力建设 到2015年，力争完成中西部地区、新疆生产建设兵团以及东部地区边境县、少数民族县、扶贫县和部分革命老区、原中央苏区县级中医医院，西部地区地市级中医医院设备维修改造和更新任务
03　农村医疗机构特色中医专科（专病）建设 到2015年，再建一批农村医疗机构特色中医专科（专病），力争每个县级中医医院都有特色中医专科（专病）
04　基层医疗卫生机构中医药服务能力示范建设 “十二五”期间，结合基层医疗卫生服务体系建设项目，在乡镇卫生院和社区卫生服务中心建设一批标准化中医药综合服务区和标准化中医科中药房
05　全国基层中医药工作先进单位建设 到2015年，全国农村中医工作先进单位达到全国县（市）行政区划总数的30%，全国社区中医药工作先进单位达到全国市辖区总数的30%

06 基层常见病多发病中医药适宜技术推广能力建设 到 2015 年，依托现有中医药资源，每个省（区、市）建好至少 1 个省级中医药适宜技术推广基地，每个县（市、区）建好 1 个县级基层常见病多发病中医药适宜技术推广基地
07 综合医院中医药服务能力示范建设 “十二五”期间，筛选一批综合医院开展中医药服务能力示范建设

（二）积极发展中医预防保健服务

充分发挥中医预防保健特色优势，将中医药服务纳入国家基本公共卫生服务项目，在疾病预防与控制、妇幼保健中积极运用中医药方法和技术。构建中医预防保健服务网络，政府举办的中医医院均设立中医预防保健服务科室，有条件的政府举办的综合医院、妇幼保健院、城乡基层医疗卫生机构配置中医预防保健的必要人员、设备和技术，提供中医预防保健服务。鼓励社会资本举办中医预防保健机构，规范服务行为。制定中医预防保健服务机构、人员准入条件和服务规范，加强引导和管理。加强中医预防保健知识宣传与教育。

专栏 4 中医预防保健服务发展重点
01 中医预防保健服务能力建设 “十二五”期间，在中医医院及有条件的综合医院、妇幼保健院建设中医预防保健服务科室（“治未病”中心），整体提升中医预防保健服务能力
02 中医药预防保健服务网络试点建设 “十二五”期间，在全国选择代表性区域试点开展中医药预防保健服务网络建设，提供方便可及的中医药预防保健服务
03 中医药基本公共服务试点 “十二五”期间，选择中医药资源丰富的市辖区开展基本公共服务中医药服务试点工作

（三）加强中医药卫生应急和重大疾病防治网络建设

将中医药纳入卫生应急体系总体规划，进一步完善中医药参与突发公共事件应急网络，建立和完善中医药参与突发公共事件卫生应急工作协调机制，进一步加强中医医院急诊科建设，建立充分发挥中医药特色与优势的卫生应急方案并加强演练，培养和建设一支中医药卫生应急队伍，储备中医药卫生应急物资，提高中医药参与突发事件卫生应急能力。加强中医药防治传染病能力建设，建好全国中医药防治传染病临床研究中心，在传染病医院设立中医药科室，依托中医医院和传染病医院建设一批省级中医药防治传染病临床研究基地，力争每个地市都有一个中医药防治传染病临床基地。以国家中医临床研究基地和重点研究室为主体，结合重点学科、重点专科开展中医药防治临床科研体系建设，重点加强心脑血管病、糖尿病、恶性肿瘤、慢性呼吸系统疾病、肾病等重大慢病和艾滋病、病毒性肝炎、新发传染病以及妇女儿童健康问题等的中医药防治临床研究，建立有中医药特点的疗效评价标准，形成具有国内外公认循证证据的高水平综合防治方案。

专栏 5　重大疾病中医药防治和应急能力建设重点
01　现代重大疑难疾病中医药防治攻关 以国家中医临床研究基地为基础平台，遴选确定 10 余种现代重大疑难疾病进行中医药防治研究攻关，以提高现代重大疑难疾病防治方案的实用性和有效性为目标，开展临床验证与评价研究，实现防治方案的优化和推广应用。到 2015 年，力争有 3 个现代重大疑难疾病防治达到国际领先水平
02　常见病中医药防治规范推广 选择中医药具有疗效优势的 30 种常见病，对其病证结合诊断标准、辨证规范、临床实用技术操作规范、中医药诊疗手段和方法等进行系统整理研究，形成规范并加以推广
03　中医重点专科（专病）建设 到 2015 年，继续建设一批中医重点专科（专病），在全国形成完整的中医重点专科（专病）网络
04　中医优势病种临床诊疗协作中心建设 “十二五”期间，以重点专科（专病）为基础，建设一批中医优势病种的临床诊疗协作中心，全面、系统地梳理和临床验证中医优势病种，优化形成中医临床诊疗方案和临床路径
05　中医药应急能力建设 到 2015 年，以中医药防治传染病临床基地为依托，加强中医药卫生应急能力建设

（四）推进中医药科技继承与创新

进一步开展中医药基础理论、诊疗技术、疗效评价及标准等系统研究，推动中药新药和中医诊疗仪器、设备的研制与开发。对中医药理论的科学内涵进行现代诠释。系统整理和挖掘中医古籍文献，实现重要中医古籍文献的数字化。开展名老中医药专家学术思想及临床诊疗经验的传承研究。挖掘、整理、总结和利用民间医药知识与技术。加强国家中医药科研机构建设，推进中医药科研基地特别是国家和省级中医临床研究基地建设，争取将基地建设项目覆盖到全国各省（区、市）。加强中医临床研究数据库建设，在全国范围形成网络化、智能化的中医药临床数据支撑平台与管理服务共享体系，实现中医临床科研信息共享。继续加强重点研究室和三级实验室建设，争取建设1～2个国家重点实验室。建立符合中医药特点的科技创新体系、评价体系和管理体制，整合中医药科技资源。推行中医药科研课题立项、科技成果评审同行评议制度。

专栏6　中医药科技继承与创新专项
01　中医理论基础研究 “十二五”期间，重点开展中医原创思维、中药方剂基础、针灸经络基础研究
02　中医药现代传承 对老中医药专家的学术思想、临床经验和辨证论治方法运用信息技术和数据挖掘技术开展总结研究，建立一批中医古籍保护与利用中心
03　中医诊疗技术研究 开展中医诊疗技术的熟化研究，开发研制一批符合中医医理和临床规律的诊疗仪器设备，加强面向农村基层的中医药适宜技术筛选，筛选、评价一批民间医药验方及诊疗技术

（五）加强中医药人才队伍建设

积极推动中医药院校教育改革，构建中医药院校教育质量评价体系，推进中医临床类本科生招生与培养改革试点。建设中医临床教学基地，加强中医药重点学科、专业和课程建设，加强中医药职业教育和毕业后教育，开展中医住院医师、中医类别全科医生规范化培训。完善中医药师承教育制度，探索不同层次、不同类型的师承教育模式，进一步落实全国老中医药专家学术经验继承工作与临床医学专业学位教育相衔接的政策，加强优秀中医临床人才研修工作，造就新一代中医药领军人才和一大批中青年名中医。建设一批名老中医药专家传承工作室及中医药学术流派传承基地（工作室）。加强中医药继续教育基地建设，健全中医药继续教育实施网络。加强基层中医药人才队伍建设，开展农村中医药人才定向培养工作，组织基层中医药人员参加学历教育，实施基层老中医药专家师带徒工作，将农村具有中医药一技之长的人员纳入乡村医生管理。加强中医类别全科医生岗位、转岗培训，开展乡村医生和社区卫生服务人员中医药知识与技能培训。加强中医医疗机构护士中医护理知识与技能培训，加强各类中药技术人员培养与培训。加强中医药职业设置研究和人员培训，加快技能型人才培养。制订体现中医药特点的中医药专业技术人员水平能力评价标准，开展中医药行业特有工种技能鉴定工作。按照国家有关规定开展“国医大师”评选工作，推动省级名中医评选活动，逐步建立政府表彰和社会褒奖相结合的中医药人才激励机制。推行以聘用制度和岗位管理制度为主要内容的公立中医医院人事制度改革，为中医药人才队伍建设提供制度保障。

专栏 7　中医药人才队伍建设专项
01　中医药优势特色教育培训基地建设 到 2015 年，依托现有资源，建设一批中医临床教学（实训）基地、中药特色技术实训基地、中医住院医师规范化培训基地（含中医类别全科医生培训基地）、中医药继续教育基地、中医药预防保健人才规范化培养基地，整体提高中医药培训能力和水平
02　基层中医药人才培养 到 2015 年，为县级医疗机构培养 1.5 万名中医临床技术骨干（含 500 名民族医药人员），对 5 万名符合条件的乡村医生和乡镇卫生院中医人员进行中医药（含民族医药）专业大专学历教育，对乡村医生进行中医药（含民族医药）基本知识与技能培训（含基层民族医药人员），为城乡基层培养 3 万名中医类别全科医生，遴选 8000 名老中医药专家为县、乡、村和社区卫生服务机构培养一批基层中医药人才，培训一批中医药预防保健人才
03　高层次中医药人才培养 继续开展全国老中医药专家学术经验继承工作，落实完善与临床医学专业学位授予相衔接的政策，遴选 700 名老中医药专家为指导教师，配备 1400 名继承人；开展全国优秀中医临床人才培养工作，遴选 1000 名优秀中青年中医临床人才进行培养；造就一批国家中医中青年领军人才和创新团队
04　传承工作室建设 到 2015 年，建成 1000 个名老中医药专家传承工作室和 100 个中医药学术流派传承基地（工作室）
05　中医住院医师规范化培训 到 2015 年，对 4 万名中医住院医师开展规范化培训，探索建立中医住院医师规范化培训制度
06　中药（含民族药）人才培养 “十二五”期间，遴选培养一批中药炮制、栽培、鉴定、传统制药工艺等传承技术人才，中药资源学、中药材良种繁育、中药材植保和中药炮制专业技术人才，中医药市场经营、中医药国际注册和贸易、中医药知识产权和中医药企业管理人才

07 中医药重点学科建设 到2015年，中医药重点学科建设点达到500个（含民族医药重点学科建设点），培养1500名优秀学科带头人，整体提升中医药临床、教育、科研和产业服务能力
08 中医护理知识与技能培训 “十二五”期间，在全国中医医疗机构遴选一批护士进行中医护理知识与技能培训，提高中医护理能力与水平
09 中医药职业技能培训能力建设 研究中医药职业设置，制定各类别各层次中医药职业技能人员培训标准及培训基地设置标准，建设一批中医药职业技能培训示范基地，不断提高中医药职业技能培训能力

（六）提升中药产业发展水平

加强中药（民族药）资源保护、研究开发和合理利用，推进质量认证和标准建设。开展全国中药资源普查，建立工作制度及技术规范，加快种质资源库建设。加强野生中药资源培育基地建设，强化对重要、资源有限的野生中药原材料的宏观调控。加强对医疗机构使用中药饮片和配制中药制剂的管理，鼓励和支持医疗机构研制和应用特色中药制剂。完善中药注册管理，充分体现中药特点，提高中药新药的质量和临床疗效。推进实施中药材生产质量管理规范，加强对中药饮片生产质量和中药材、中药饮片流通监管。推动中药现代化科技产业基地建设，鼓励具有优势科技资源和特色技术领域的企业建设重点研究室。继续实施现代中药高技术产业发展专项。支持中药材种植（养殖）标准化、规模化、专业化、区域化生产，加强中药生产关键技术应用与提高，培育龙头企业，发展一批聚集效应突出的现代中药产业基地。大力发展中医药相关健康产业。鼓励和支持产学研结合和建立产业技术联盟，提高我国中药产业的国际竞争能力。

专栏8　中药可持续发展专项
01 全国中药资源普查及试点项目 对全国药用动物、植物和矿物资源进行普遍调查，明确种类和分布范围，以及中药野生资源蕴藏量、质量和市场供求等相关情况，提出中药资源管理、保护及开发利用的规划建议，建立全国中药资源普查数据库和中药资源动态监测机制
02 中药生产关键技术继承创新研究 开展以道地药材为代表的中药材生产、加工关键技术的系统研究，从源头上保障中药的质量。支持中药工业生产技术、装备的研发与应用，开展以中药为基础的相关产品的研发，构建体现中药特点的生产、研发技术平台，建设野生中药资源培育基地

03　现代中药高技术产业发展 推动我国自主知识产权、技术先进、成熟度高的中药产业化，支持疗效确切、可供临床选择的中药新产品走向市场，支持紧缺、用量大、且有较好种养基础的野生药材品种人工种植（养殖），支持中药生产关键技术成果的应用，打造一批知名中药企业
04　中医“传统名方”系统研究 开展中医经典著作中的传统名方组方规律研究，基于传统名方研发新药，对已上市的传统名方中成药进行二次开发、技术改造和临床应用再评价研究，研究创新传统特殊制药工艺

（七）加快民族医药事业和中西医结合发展

加强民族医医院基础设施和内涵建设，不断提高服务能力。加强基层医疗卫生机构民族医临床科室建设，配备基层民族医药人员，筛选和推广民族医药适宜技术，发挥民族医药在基层医疗卫生服务中的优势与作用。鼓励民族地区举办高等民族医药教育，建立一批民族医药继续教育基地，加强高层次民族医药人才培养和基层民族医药人才队伍建设。加强民族医药挖掘继承和科研工作。加强民族医药标准化和中西医结合标准化建设。建立和完善民族医药从业人员执业准入制度，积极落实民族医药医疗保障优惠政策，扶持民族药的开发与使用。加强中西医结合医院基础设施和内涵建设。鼓励和组织西医人员学习中医，坚持中医与西医相互取长补短，发挥各自优势，促进中西医结合。

专栏 9　民族医药和中西医结合建设重点
01　民族医医院和中西医结合医院标准化建设工程 在中医医院标准化建设工程中，将民族医医院和中西医结合医院纳入统筹考虑，力争“十二五”期末基本完成未达标的民族医医院和中西医结合医院的房屋设备建设和改造任务
02　重点中西医结合医院建设 “十二五”期间，再筛选 10 个以上中西医结合医院进行重点支持，提高中西医结合医院服务能力与水平
03　重点民族医医院建设 “十二五”期间，再筛选 10 个民族医医院进行重点支持，提高民族医医院服务能力与水平

04　民族医药和中西医结合特色与优势建设 将民族医药和中西医结合建设与发展纳入中医药重点项目统筹考虑并予以适当照顾和倾斜，重点加强民族医药和中西医结合专科（专病）建设、诊疗技术研究与推广、标准化建设、信息化建设、民族药研发等，充分发挥特色与优势
05　民族医药和中西医结合人才队伍建设 将民族医药和中西医结合人才队伍建设纳入“十二五”中医药人才队伍建设专项规划一并安排实施，进一步加大对民族医药和中西医结合人才队伍建设的扶持力度

（八）繁荣发展中医药文化

推进中医药机构文化建设，弘扬行业传统职业道德。加强中医药文化资源的保护和开发利用，打造中医药文化品牌。加强中医药宣传普及，大力推进中医药科普“进乡村、进社区、进家庭”，正确引导群众认识中医药，满足群众对中医药知识的需求。加强中医药知识及文化传播网络建设，培育中医药文化科普专家队伍，建设一批中医药文化宣传教育基地，开发一批中医药文化科普创意产品。建设国家中医药博物馆。加强中医药文物、古迹保护，做好中医药非物质文化遗产保护传承工作，加大对列入非物质文化遗产名录项目和代表性传承人的保护力度。加强中医药文化机构建设。

专栏 10　中医药文化建设专项
01　中医药文化内涵挖掘、整理与研究 开展中医药文化内涵和原创思维的挖掘、整理和研究，从精神、行为、物质三个层面提炼中医药文化核心价值和精神实质，探索和创新中医药文化传承方法和路径
02　中医药文化教育宣传基地建设 到 2015 年，继续遴选一批中医药文化教育宣传基地
03　“中医中药中国行·进乡村·进社区·进家庭”项目 全面开展“中医中药中国行·进乡村·进社区·进家庭”活动，中医药文化知识普及全国 80％以上行政村、85％以上社区和 80％以上家庭
04　中医药文化科普巡讲活动 建立一支包括国家级和省级的中医药科普专家队伍，在全国开展中医药知识科普讲座，让广大人民群众接受中医药文化知识科普教育

05　中医药文化传播精品项目 创作一批科学准确、通俗易懂、形式多样、体裁丰富、贴近生活的中医药文化系列科普图书、影视、音像、网络、动漫等多种形式的中医药文化精品，使广大人民群众能够科学准确地了解和掌握中医药文化与养生保健方法
06　中医药非物质文化遗产保护 开展中医药非物质文化遗产普查，为国家级非物质文化遗产中医药项目代表性传承人创造良好传习条件，推动中医药项目申请列入国家级非物质文化遗产名录，推动完成 2～3 项中医药项目列入“人类非物质文化遗产代表作名录”和“世界记忆名录”
07　中医医院中医药文化建设 在全国所有中医医院从核心价值、行为规范、环境形象三个方面开展中医药文化建设

（九）加强中医药法制和标准化、信息化建设

加快中医药立法步伐，推动中医药法颁布实施，推进中医药法规体系建设。继续加强中医药标准制修订工作，初步建立中医药标准体系。加强中医药标准化支撑体系建设，完善中医药标准化管理体制和运行机制，建立中医药标准化专家委员会，依托现有中医药机构加强中医药标准化研究能力建设，培养一批中医药标准化人才。加强国际标准化组织中医药标准化技术委员会国内技术支撑能力建设，推进一批中医药国家标准向国际标准转化。充分利用国家三级卫生信息平台，建立中医药三级综合业务管理信息平台，支持跨省、地市（区域）中医药业务协同，制定重点业务信息系统技术规范，完善中医药信息标准体系建设，推进中医医院信息化建设，基本实现中医药信息与医药卫生信息互联互通、资源共享。

专栏 11　中医药标准化信息化建设重点
01　中医药标准体系建设 加快中医药标准制修订，到 2015 年发布实施中医药国家标准和行业标准 300 项
02　中医药标准支撑体系建设 培养一批中医药标准化专家，培训一批中医药标准化制修订研究人员。依托现有中医药机构，加强中医药标准化技术研究能力建设
03　中医药国际标准化项目 加强国际标准化组织中医药标准化技术委员会国内技术支撑能力建设，推进 10～15 项中医药国家标准向国际标准转化。加强与世界卫生组织、国际标准化组织以及世界中医药学会联合会、世界针灸学会联合会等各类国际组织或机构合作，促进 3～5 项中医药国际标准的制定与发布

04 中医药综合管理信息网络建设

利用国家三级卫生信息平台，建立中医药政务信息管理系统、中医药综合统计信息系统、中医医疗服务信息系统、中医药公共信息服务系统、中医药预防保健信息系统，构建国家中医药数据资源库及信息中心，建设与国家卫生信息专网相融合的中医药信息网络

05 中医医院信息化建设

支持中医医院信息化建设，开展远程医疗信息系统建设试点，实现远程会诊、远程咨询、远程教育等功能

（十）积极开展中医药对外交流与合作

巩固和发展与外国政府及国际组织的中医药交流与合作。推动中医药文化对外交流，促进国际社会认知和应用中医药。落实卫生部和国家中医药管理局《中医药对外交流与合作中长期规划纲要（2011—2020）》，加强高层引领，积极与境外高水平学术机构合作，为中医药国际发展提供科技支撑。继续建设一批中医药国际合作基地，推出一批示范项目，培养一批国际型人才。进一步鼓励和支持中医药民间交流与合作。继续加强与港澳台地区的中医药交流与合作。

专栏 12 中医药对外交流与合作专项

01 中医药国际政府间合作

落实国家领导人讲话和对外承诺，执行与外国政府或部门间中医药合作协议，深化与国际组织合作；与更多国家建立并完善政府间中医药交流与合作工作机制；加强与外国政府间交流与合作，为中医药医疗、教学、科研机构和企业开展对外交流与合作搭建政府平台

02 中医药国际合作平台建设

在“十一五”期间已建立的41个国家级中医药国际交流与合作基地基础上，再建立一批基地，促成我国中医药医疗机构、高等院校、科研院所及企业与国外知名医疗、教学和科研机构、医药企业及跨国投资机构等建立合作关系，实施一批中医药国际交流与合作示范项目

03 中医药国际型人才培养

遴选中医药学科带头人，培养成为具有国际影响力的知名中医药学科带头人；培养一批具有国际视野、善于开展中医药国际交流与合作的中医药医、教、研、产机构高级管理人才；开展中医药对外交流与合作队伍培训；引进相关领域的国际知名专家来华指导、讲学和交流

04　中医药文化国际传播 组织制作和出版一批适宜的中医药文化宣传与知识的普及图书和视频等资料；利用政府间“国家年”、“中医药周”等平台，组织名中医开展中医药文化、养生保健知识等讲座活动；配合国家“孔子学院”建设，推广和普及中医药文化、科普知识；在欧美发达国家主要城市开展中医药文化和科普知识巡回展览活动
05　与港澳台地区交流合作 完善两岸四地中医药交流合作机制，针对两岸四地中医药发展需求，每年举办不同专题的高水平中医药交流活动，支持两岸四地中医药医疗、教育、科研、产业等机构开展合作项目，共同推进两岸四地中医药发展

（十一）促进中医药服务贸易发展

中医药服务贸易是我国特有的、具有巨大发展潜力的新兴产业，抓住经济结构调整和外贸增长方式转变的机遇，进一步开展中医药服务贸易发展战略研究，制定和推广一批中医药服务贸易相关标准。建立一支中医药服务贸易人才队伍，培育中医药服务贸易产业，扶持和促进中医药服务贸易发展。

专栏13　促进中医药服务贸易行动专项
01　中医药服务贸易标准制定和推广 支持制定一批中医药服务贸易相关标准和规范，依托多边、双边政府和行业组织平台进行推广和应用，支持成立中医药服务贸易协会和中介机构，建立中医药服务贸易信息统计和服务中心
02　中医药服务贸易人才培养 分层次开展中医药服务贸易培训，重点培养面向国际市场的中医药服务贸易管理、市场营销以及中医药保健服务、教育培训、科研开发、文化普及以及产业推广等方面的服务贸易人才，逐步形成中医药服务贸易专业人才队伍
03　中医药服务贸易示范机构建设 鼓励具备条件的中医药服务机构或企业，以合资合作等方式在国内或境外建设具有较高水准的中医药服务贸易示范机构，开展医疗、培训、科研、保健、会展、技术推广、产品营销和文化传播等中医药服务贸易业务。扶持知名度高的中医药服务品牌“走出去”

四、保障政策和措施

（一）加强对中医药工作的组织领导

充分发挥中医药工作部际协调机制作用，加强对中医药工作的统筹协调。地方各级人民政府应建立相应的中医药工作协调机制，切实加强对中医药工作的领导，及时研究解决中医药事业发展中的问题，认真落实各项政策措施。编制实施中医药发展专项规划。

（二）加大投入，建立和完善中医药投入保障机制

各级政府要逐步增加投入，切实落实对中医药的补助政策。合理确定中医医疗服务收费项目和价格，充分体现服务成本和技术劳务价值。制定优惠政策，鼓励企事业单位、社会团体和个人捐资支持中医药事业。在医疗保障政策中，将符合条件的中医医疗机构纳入城镇职工基本医疗保险、城镇居民基本医疗保险和新型农村合作医疗的定点机构范围，将符合条件的中医诊疗项目、中药品种和医疗机构中药制剂纳入报销范围。在基本药物实施过程中，调整国家基本药物目录、保障药品供应、完善定价报销、加强宣传培训、规范临床应用等工作要按照中西药并重的原则，充分考虑中药特色，促进中药的合理使用。落实国家西部大开发、援藏、援疆、扶贫等战略部署和要求，推进全国中医药区域协调发展。

（三）健全中医药管理体制

各省（区、市）应参照国家中医药管理局模式建立健全中医药管理体系，各地（市）应设立中医药管理机构或在卫生行政部门设置中医科，各县要有机构和专人负责中医药工作，强化管理职能，提高管理水平。积极探索和推进县乡村一体化管理模式，切实加强对农村中医药工作的管理，保证中医药的方针、政策在基层得到顺利贯彻和落实。

（四）加强中医药改革发展战略和重大理论问题的研究

加强中医药发展重大理论和实践问题的研究，开展中医药发展规律、发挥中医药特色与优势、中医药相关卫生经济学、在深化医药卫生体制改革中发挥中医药作用、中医药走向世界等重大问题研究，及时发现和研究中医药事业发展中出现的新情况、新问题，进一步加强对中医药发展综合改革实验省、区中医药发展体制、机制和政策试点探索的指导和研究，为新形势下中医药发展提供理论支撑和实践指导。

（五）加强中医药知识产权保护

国家切实加强中医药知识产权保护和利用，完善中医药专利审查标准和中药品种保护制度，研究制订中医药传统知识保护名录，明确中医药传统知识权利主体，逐步建立有利于中医药传统知识保护、使用、管理和传承的专门保护制度。加强中药道地药材原产地保护工作，将道地药材优势转化为知识产权优势。

（六）加强中医药行业自身建设与管理

加快中医药管理部门职能转变，履行政府社会管理和公共服务的职能，健全科学决策、民主决策、依法决策机制，推进政务公开，增强中医药政策制定透明度和公众参与度，不断提高行业管理能力和水平。切实加强思想道德教育、职业道德教育和思想政治工作，弘扬“大医精诚”的医德医风，树立既体现中医药传统优秀品德又符合新时代要求的服务理念。大力开展创先争优活动，大力宣传先进典型事迹，树立行业良好社会形象。围绕缓解群众看病难、看病贵问题，深化体制改革，强化行业监管，整顿服务秩序，规范从业行为，深入开展“三好一满意”活动。建立中医药监督管理体系，加强对中医医疗机构和中医医疗服务质量安全的监管，规范执业行为。严厉打击假冒中医名义的非法行医行为，加强中医医疗广告的审查、监测工作。

（七）抓好规划贯彻落实

各级政府和有关部门要切实加强规划的组织实施，形成政策合力，积极采取措施，扎实推进规划各项任务的落实。制定分解落实方案，明确工作职责、时间进度和质量要求。加强地方规划、年度计划与本规划衔接，注重短期政策和长期政策配合，对主要指标要设置年度目标，充分体现本规划的发展目标和重点任务。实行规划年度监督、中期评估和终期检查制度。建立动态评估机制，强化规划实施情况的动态跟踪分析，并依照相关程序适时对规划内容进行调整。不断完善和优化规划实施方案和实施手段，促进规划目标顺利实现。

026

国家中医药管理局关于印发中医药事业发展“十一五”规划的通知

国中医药发〔2006〕42号

各省、自治区、直辖市及计划单列市、副省级省会城市卫生厅局、中医药管理局，新疆生产建设兵团卫生局，局各直属单位：

现将《中医药事业发展“十一五”规划》印发给你们，请结合本地区、本单位工作实际，认真贯彻落实。

《中医药事业发展“十一五”规划》根据《中华人民共和国国民经济和社会发展第十一个五年规划纲要》编制，是中医药改革与发展的蓝图，是中医药行业“十一五”期间的行动指南，也是中医药管理部门履行职责的重要依据。中医药行业要按照《规划》部署和要求，全面贯彻落实科学发展观，紧紧抓住我国发展的重要战略机遇期，求真务实，开拓创新，努力推进中医药事业全面协调可持续发展，为人民健康服务，为构建社会主义和谐社会和全面建设小康社会服务。

附件：中医药事业发展“十一五”规划

国家中医药管理局

二〇〇六年八月一日

附件：

中医药事业发展“十一五”规划

国家中医药管理局

2006年8月1日

“十一五”时期是我国全面建设小康社会的关键时期。为促进中医药事业全面、协调、可持续发展，更好地为人民健康服务，为构建社会主义和谐社会和全面建设小康社会服务，根据《中华人民共和国国民经济和社会发展第十一个五年规划纲要》，制定本规划。

一、"十一五"时期中医药事业发展面临的形势

"十五"时期，中医药事业得到了长足发展。中医医疗服务网络基本建立，城乡中医医疗机构基础条件和服务设施得到改善。服务领域扩大，服务能力提高。中医药应对突发公共卫生事件和防治重大疾病能力有一定提高，特别是在防治非典的战役中，中医药的作用得到社会的公认，受到世界卫生组织的积极评价；中医药治疗艾滋病取得较好的效果。中医药学术得到继承与创新，中医药特色优势进一步发挥。一批中医药和民族医药文献得到挖掘和整理，一批老中医药专家和民族医药专家学术经验得到继承，一批学术特点突出、临床优势明显的中医药重点学科和专科初步形成；中医药科研能力进一步增强，具备了一定的基础设施和支撑条件，形成了全社会、多学科、多部门参与的格局，取得了一批科研成果；实施《中药现代化发展纲要》，中药产业水平进一步提升。中医药队伍建设步伐加快，人员素质有所提高。初步形成了多形式、多层次、多专业的中医药教育体系；院校教育规模不断拓展，建立了中医药继续教育制度，扩大了中医药继续教育覆盖率和中医药专业技术人员受教育率，提高了中医药人员的业务能力和水平。中医药法制建设迈出重大步伐。我国第一部专门的中医药行政法规《中华人民共和国中医药条例》颁布实施，中医药立法列入日程，24 个省（区、市）颁布了地方性中医药法规，中医药标准化建设步伐加快。中医药对外交流与合作更加活跃，层次进一步提升。"十五"期间，政府间交流与合作不断加强，与 16 个国家和地区签定了专门的传统医药双边合作协议；目前，已有 70 多个国家政府卫生部门与我国签订了包括传统医药内容的合作协议。中医药事业发展"十五"计划确定的目标基本实现。

中医药事业发展状况简表

指　　标	2000 年	2005 年
中医医院（所）	2654	3009
中医医院床位数（万张）	27.1	31.5
中医类别执业（助理）医师（万人）	35.0	49.3
中医医院床均固定资产总值（万元）	8.7	14.4
中医医院病床使用率（%）	50.7	65.0
中医医院门急诊人次数（亿人次）	1.89	2.34
综合医院中医科床位数（万张）	5.9	3.3
综合医院中医科门诊人次数（亿人次）	0.66	0.59

续　表

指　　标	2000 年	2005 年
高等中医药院校（所）	25	32
高等中医药类在校生人数（万人）	7.7	38.5
中等中医药学校（所）	52	61
中等中医药类在校生人数（万人）	5.6	24.1
省（自治区、直辖市）中医药继续教育覆盖率（%）	100	100
县（市、区）中医药继续教育覆盖率（%）	80	85
医疗机构中中医药专业技术人员继续教育受教率（%）	60	77.9
实施中医住院医师规范化培训制度的省、地市级中医医院比率（%）	—	67.3
实施中医住院医师规范化培训制度的县级中医医院比率（%）	—	50.9
独立的中医药科研机构数（所）	89	119

在新的历史时期，中医药事业面临新的发展机遇。中医药发展受到党和政府的高度重视，党和国家制定了一系列保护、扶持、促进中医药发展的法律法规和方针政策。国务院有关部门和地方政府在政策制定、项目规划、资金投入等方面加大了对中医药的支持力度。“十一五”期间，国家将进一步加大对卫生事业的投入，完善公共卫生和医疗服务体系，加强农村卫生服务体系建设，加快推进新型农村合作医疗制度建设，加快构建以社区为基础的新型城市医疗卫生服务体系，加强对重大疾病防治的研究，保护和发展中医药，大力发展中药产业，中医药发展形成了良好的法律政策环境。中医药深受广大人民群众的喜爱，有着广泛的社会基础，随着经济社会的发展，人民生活水平的提高，人们健康观念的变化和医学模式的转变，以及老龄化社会进程的加快，对中医药的服务需求进一步增加，为中医药的发展创造了新的空间，中医药的发展潜力巨大。现代科学技术的迅猛发展，为中医药发展提供了有力的技术支撑。面对日益增长的医药费用负担，日趋突出的医源性、药源性疾病和许多难以解决的医学问题，中医药以其源于天然、副作用小、疗效确切、价格相对低廉的特点和优势，在世界上越来越受到人们的关注。目前中医药已传播到 130 多个国家和地区，全球中草药应用日益广泛，销售量不断增长。

同时，中医药发展也面临着严峻的挑战。随着城市化、工业化、全球化进程加快，给我国带来了一系列环境和卫生问题。当前，我国疾病预防控制形势依然严峻，原有的传染病尚未得到有效控制，新发传染病不断出现，慢性非传染性疾病人数也在不断增加，给中医药发展提出了新的要求。现代医学的迅速发展，疾病预防诊断和救治水平不断提高，中医药一些原有的优势领域受到严峻挑战。时代变迁，社会进步，多元文化交织与东西方文化差异的碰撞日益显现，加之中医药文化传承的弱化，使基于中华民族优秀传统文化形成的中医药学得到社会的普遍理解与认同不够。天然药物日益受到重视，很多国家投入重金，加大对中医药的研究开发力度，通过专利、标准等技术手段，占领市场，对中医药发展构成挑战。中医医疗服务体制、机制还不能完全与人民群众的需求相适应，改革的任务仍十分艰巨。

当前，中医药发展还存在不少困难和问题。一些保护和扶持中医药事业发展的政策措施没有得到贯彻落实，中医药的投入长期不足，基础差、底子薄的现状仍没有得到根本改善，城乡差距大，中西医之间差距大，地区之间不平衡。农村和社区中医药服务能力较弱，作用发挥还不够充分。中医药特色优势尚未得到充分发挥，在卫生改革与发展中有关中医药的特殊性问题未能得到有效解决。中医药学术水平、临床疗效和创新能力有待进一步提高，一些重大理论和关键技术尚未取得突破性进展。中医药人才队伍素质亟待提高。中医药的管理体制需不断健全和完善，中医医疗服务监管有待进一步加强。

二、“十一五”中医药事业发展的指导思想与发展目标

（一）指导思想

以邓小平理论和“三个代表”重要思想为指导，全面贯彻落实科学发展观，紧紧抓住我国发展的重要战略机遇期，遵循中医药自身发展规律，保持和发挥中医药特色优势，深化改革，坚持中西医并重，坚持继承创新，坚持中医中药紧密结合，坚持中医药、中西医结合、民族医药统筹发展，坚持政府主导和社会参与相结合，推进中医药事业全面协调可持续发展，为人民健康服务，为构建社会主义和谐社会和全面建设小康社会服务。

（二）发展目标

到 2010 年，建立和完善覆盖城乡、服务功能完善、中医药特色突出、与人民群众需求相适应的中医药服务网络。中医药应对突发公共卫生事件能力显著提高，防治重大疾病的能力明显增强，在新型农村合作医疗和社区卫生服务中发挥着更加重要的作用。中医药人才培养体系进一步完善，继续教育网络初步形成，队伍素质得到提高。中医药科学研究继承与创新体系基本建立，现代化进程和学术进步加快，中药资源得到有效保护与合理利用。实现中医药立法，初步建立中医药标准体系。中医药国际交流与合作成效更加显著，国际传播更加广泛，在人类健康保健中发挥着更加重要的作用。

三、重点任务

（一）提高和完善中医药服务网络和服务能力

以提高临床疗效为核心，鼓励多模式发展，建立和完善中医药特色优势突出的中医药服务网络，不断提高中医药服务能力。

在城市，提高和完善以综合性中医医院、中医专科医院、综合医院中医科、社区卫生服务机构及面向社区的中医门诊部和中医诊所为主体的中医药服务网络和服务能力（含中西医结合、民族医医院，下同）。重点开展中医临床研究基地建设和重点中医医院建设。省级中医医院建成综合服务功能强、中医特色突出、专科优势明显的现代化综合性中医医院，成为全省中医医疗、技术指导中心和临床教学、科研基地；地市级中医医院建成中医专科特色突出、综合服务功能比较完善的中医医院，成为本地区中医医疗和技术指导中心；完善社区卫生服务机构的中医药服务功能，社区卫生服务中心设置中医诊室，配备一定数量的执业范围为全科医学专业的中医类别执业医师，至少有一名具有中级以上任职资格的中医类别执业医师，有条件的应设中药房，社区卫生服务站至少有一名能够提供中医药服务的执业医师。

在农村，提高和完善以县级中医医院、乡镇卫生院中医科、村卫生室为主体的中医药服务网络和服务能力。贯彻落实《农村卫生服务体系建设与发展规划》，到2010年，基本完成县级中医医院房屋设备的改造和建设任务；完善乡镇卫生院开展中医药服务的基本设施配置，到2010年全国所有乡镇卫生院都设置中医科或提供中医药服务，中医药服务量占总服务量的30％左右；每个村卫生室都要能够提供中医药服务。

（二）加强中医药应对突发公共卫生事件和重大疾病防治能力建设

适应公共卫生体制改革和发展要求，加强中医医院急诊急救能力建设。重点加强县级中医医院急诊急救基础设施条件建设和急诊急救技术培训；提高中医医院对感染性疾病的救治能力，病床在100张以上有条件的中医医院建设感染性疾病科；在有特色优势的中医医院、中西医结合医院和传染病医院开展中医、中西医结合治疗传染病临床基地建设；鼓励传染病医院设立中医或中西医结合科或病区。县级以上中医医院的医生应掌握中西医感染医学、急诊医学的基础理论和感染科、急诊科所必需的专业知识与技能。

在进一步提高中医药防治常见病、多发病能力的基础上，重点加强心脑血管病、糖尿病、恶性肿瘤、慢性呼吸系统疾病、肾病等重大慢病的中医药防治，初步完成综合防治方案，建立有中医药特点的疗效评价标准。

加强艾滋病、病毒性肝炎、非典、人感染高致病性禽流感等重点传染病的中医药防治。中医药防治艾滋病工作重点实施“六个一工程”——实施一个工作计划、开展一批医教研项目、组建一支专家队伍、建立一批医疗与科研基地、优化一个中医与中西医结合治疗方案、研制一批中药新药。抓好中医药治疗艾滋病试点工作。总结中医药治疗病毒性肝炎的经验，筛选、优化中医、中西医结合治疗方案，提高临床疗效。进一步开展对非典和人感染高致病性禽流感的研究和防治。

加强对地方性氟中毒、大骨节病等重点地方病的中医药防治研究和临床救治。

（三）充分发挥中医药在农村和社区卫生服务中的作用

进一步加强县级中医医院内涵建设，积极发挥县级中医医院在农村中医药工作中的龙头作用，使其成为农村中医药医疗、预防、保健中心。进一步加强以急诊急救能力建设为重点的综合服务功能建设，加强中医专科（专病）建设，充分发挥中医药特色优势。乡镇卫生院要通过加强培训和适宜技术推广等，进一步增强中医药服务功能，使中医药技术服务参与到医疗预防保健的全过程，同时加强对村卫生室中医药业务的指导。发挥农村中医工作先进县的示范带动作用。大力推广农村中医药适宜技术，针对农村多发病、常见病，推广安全有效、成本低廉、简便易学、适合本地区农村使用的中医药技术和方法。在新型农村合作医疗中充分发挥中医药的作用，将中医药服务全面纳入新型农村合作医疗中，进一步完善鼓励利用中医药服务的政策措施。鼓励乡村中医药技术人员利用当地中医药资源，自采、自种、自用中草药。

大力发展中医药社区卫生服务。社区卫生服务机构要按照《城市社区卫生服务中心基本标准》和《城市社区卫生服务站基本标准》的要求完成中医药服务设施配置和人员配备，满足开展中医药社区卫生服务的需要。社区卫生服务机构要充分发挥中医药的特色和优势，开展中医药预防、保健、康复、健康教育和常见病、多发病的诊疗服务。

（四）提升中医药自主创新能力

加强中医药基础理论研究。系统整理中医理论研究成果，重点开展病因病机、辨证方法、针灸效应原理、方剂配伍、中药药性、中药炮制原理等方面研究。

加强中医药学术继承研究。重点研究名老中医药专家学术思想和临床诊疗经验。系统整理、研究中医药古籍文献，实现数字化。开展民间中医独特诊疗技术和单验方筛选、评价、开发，保护和利用民间特色疗法。支持民族医药研究，加大挖掘、整理、总结、提高力度。

加强重大疾病及常见病、多发病防治的研究。开展中医临床研究方法学和相关技术标准研究。研究重大慢病的早期干预，优化和推广有效的防治方案。开展重点传染病防治及其疗效评价研究。加强常见病、多发病防治的深入研究，推广中医临床适宜技术。

加强中医药创新平台建设。开展中医临床研究基地、重点研究室、实验室建设，加强中医药科技国际交流与合作，重视对中医药知识产权的保护与利用，促进中医药科技资源的共建共享。

（五）提高中药产业可持续发展能力

加强中药资源保护、开发和可持续利用。开展中药资源普查。加强道地药材、珍稀濒危中药材研究，支持野生药材家种家养。建设中药资源基地，建立濒危药材种植资源示范圃、濒危中药资源保护示范区、濒危中药材繁育和野生培育示范基地。

完善现代中药研发体系，提高中药新药创制能力。重点开展符合中药、民族药特点的有效性、安全性评价方法研究，完善中药技术标准体系。开发体现中药特点的新剂型、新辅料、新设备，研制具有自主知识产权的中药产品。利用现代生物技术，促进现代中药产业发展。加强名医名方开发及名优中成药的二次开发，研制安全、有效、可控的创新药物，提高中药产业的国际竞争力。

（六）加强中医药人才培养

推进中医药人才战略，构建中医药终身教育体系。制定并实施《中国中医药教育发展纲要》，开展中医药教育教学研究，探索建立符合中医药教育自身规律的教育模式。

加强中医药院校教育宏观指导。制定中医药教育相关标准，建立中医药教育质量保障机制，开展院校与师承相结合的教育模式试点工作及中医药教学质量评估试点工作。积极开展中医药职业教育，培养中医药职业技术人员。指导中医药教材建设工作，支持民族医药教材建设。

加强中医药继续教育工作。加强中医药继续教育的制度建设，依托现有社会资源，形成一批国家级、省级和基层中医药继续教育培训基地，对不同层次的在职人员进行培训，提高在职人员的综合素质。强化对中医住院医师规范化培训的监管。加强中医药管理人才、复合型人才和紧缺人才培养。继续做好老中医药专家学术经验继承工作和优秀中医临床人才培养工作。开展西医学习中医高级研修工作。

加强农村、社区中医药人才培养。根据需求，调整院校教育层次和专业结构，开展面向农村的专科层次人才培养。继续加强农村在职、在岗中医药人员学历教育和乡镇卫生院中医临床骨干培养，开展县级中医医院专科专病技术骨干培训和乡村医生中医药知识与技能培训，提高农村中医药队伍整体素质。对申请注册中医类别全科医学专业为执业范围的执业医师开展规范化培训和岗位培训，对其他城市社区卫生服务机构医护人员开展中医药知识与技能培训。

加强中医药重点学科建设。进一步扩大中医药重点学科建设点，建设一批民族医药重点学科，开展中西医结合重点学科试点工作，加大对西部地区重点学科的扶持力度。加强学科带头人培养和学科内涵建设。

（七）推进中医药法制化、标准化建设

加强中医药法制化建设。积极推进《中医药法》的立法工作。继续贯彻落实《中华人民共和国中医药条例》。积极参与卫生等相关法律法规的起草和论证，在卫生等相关法律法规中体现中医药的内容和特点。认真做好中医药部门规章和规范性文件的制定。加强中医药执法监督体系建设。改进管理方式，逐步建立中医医疗机构信息公示制度。规范行政审批，推进依法行政。实施中医药行业“五五”普法规划，加强法制宣传，提高中医药行政管理和从业人员的法律素质。

推进中医药标准化、规范化建设。实施中医药标准化建设规划，基础标准方面，重点加强中医药基础名词术语标准、信息基础标准规范的制定；技术标准方面，重点加强中医、中西医结合临床各科常见病、多发病诊断标准、临床治疗指南、诊疗技术操作规范、疗效评价标准，以及中药质量标准等标准规范的制定；管理标准方面，重点加强中医医疗机构、人员、技术准入标准，中医药医疗、教育、科研建设和管理标准规范的制定。着力抓好中医药国家标准制定。积极推进中医药国际标准的制定。加强中医药标准化人才培养和专家队伍建设。加强中医药标准推行体系建设，建立一批中医药标准化研究基地，初步形成中医药标准监测评估系统和信息服务平台。

不断丰富和完善中医药政策。针对影响中医药发展的关键问题，组织开展中医药政策研究，系统整理新中国成立以来党和国家中医药政策，开展中医药行业发展重大理论与实践问题的研究，开展符合中医药发展规律特点的管理制度研究，开展我国中医药管理体制建设研究，开展中医药卫生经济学评价研究，开展保持和发挥中医药特色优势的政策研究等。

（八）促进中医药国际及对港澳台的交流与合作

实施“走出去”战略，中医药对外交流合作要为国家总体外交服务，并通过国家总体外交推进中医药走向世界。贯彻实施《中医药国际科技合作规划纲要（2006—2020年）》、《中医药对外交流与合作十年规划（2007—2016年）》。拓展与各国政府在中医药及传统医药政策法规、医疗、教育、科技及中医药标准化等方面的交流与合作。认真落实已签署的双边合作协议和项目，不断拓展新的政府间合作项目。完善与世界卫生组织、世界贸易组织及联合国教科文组织等国际组织的对话及紧密合作机制。加强与世界各国中医药学术团体、世界有关医药学术团体间的交流与合作。进一步完善中医药传播网络，构建中医药对外交流与合作信息服务平台。鼓励国内中医医疗机构参与国际医疗合作。努力提高中医药国际教育水平，加强境外办医和办学的指导，加强与外国科研机构和高等院校间的科技合作。支持国内中药企业参与国际合作与竞争。积极开展对外“引智”工作，加强对外引进的针对性和有效性，加强中药资源保护和中医药知识产权保护，有计划地合作研究与引进国外传统医药资源。积极推进民族医药的国际交流与合作。继续开展与中国香港、澳门特区及台湾地区中医药的交流与合作。

（九）加强中医药文化建设

开展中医药文化研究。积极挖掘、利用中医药文化资源，组织开展中医药申报国家和世界非物质文化遗产工作，弘扬中华民族优秀传统文化，促进与中医药事业发展的紧密结合。加强中医药文物、古迹的挖掘整理和保护利用，发挥好具有代表性的传统中医药文化教育基地的教育作用，建立国家中医药博物馆。开展中医药特色的中医机构文化建设，把中医药文化作为内涵建设的重要组成部分。做好中医药宣传工作，宣传中医药的科学性以及在保障人民群众健康方面的地位、作用和优势，办好各类中医药报刊和杂志。针对不同地区和人群的特点，采用群众喜闻乐见的形式，加强中医药科普知识宣传工作。加强中医药宣传队伍和网络建设，进一步拓展信息渠道。大力宣传“名院、名科、名医”和“名厂、名店、名药”，增强品牌效应。

（十）大力推进中医药信息化

积极推动现代信息技术在中医药医疗、教育、科研、管理等各个领域的应用和推广，不断丰富和创新中医药发展的手段和方法。加强中医药信息化基础建设，鼓励中医药信息化技术和设备的研制与开发，加速中医药信息资源建设的标准化、规范化，促进中医药医疗、科研、教学、管理等信息交流的网络化。重点加强中医医院信息系统建设，不断提高中医医院的管理水平和服务能力。继续加强全国中医药行政管理网络、中医药统计信息网络、中医医疗质量监测网络和中医药基础数据库“三网一库”建设，推进信息公开，不断提高中医药科学管理和决策水平，为中医药跨越式发展提供技术支持和条件。

四、政策与措施

（一）健全中医药管理体制

积极协调有关部门，明确各省（区、市）依照部委管理国家局的模式设立相应中医药管理部门，进一步理顺中医药管理体制，为中医药事业发展提供必要的组织保障。地市级卫生行政部门要设立中医药管理机构，县级卫生行政部门的中医药工作要有机构管、有专人抓，保证中医药的方针、政策在基层得到顺利贯彻和落实。

（二）贯彻落实支持中医药事业发展的财政政策

明确各级政府职责，贯彻落实《中共中央、国务院关于卫生改革与发展的决定》和财政部、原国家计委、卫生部《关于卫生事业补助政策的意见》等文件中关于支持中医药事业发展的财政政策。在政府对公共卫生专项投入中，增加中医专项补助经费；在制定重大卫生发展规划时，充分重视中医药事业发展的需求，增加中医药建设项目份额；在重大科技计划中安排更多的中医药项目。

（三）制定促进中医药发展的政策和管理制度

在公共卫生服务体系建设中，加强中医药服务能力建设，充分发挥中医药的作用。不断完善中医医疗机构补偿机制，充实和调整中医诊疗项目，合理调整中医技术劳务价格。在区域卫生规划中，合理配置中医药资源。在医疗卫生体制改革中，制定和完善符合中医药特点和发展规律、保护和促进中医药事业发展的相关政策。

逐步完善更加符合中医药、民族医药实际情况的医疗机构和从业人员准入制度。建立符合中医药人才成长规律的教育模式。探索建立符合中医学科特点的职称晋升制度。在中药材、中药饮片、医院中药制剂、中成药管理等方面制定体现中医药特点的管理办法，研究建立符合中医药特点的管理制度。

（四）加强中医药知识产权保护与利用

强化中医药知识产权保护与利用的意识。开展相关研究，为中医药知识产权保护和合理利用提供科学依据。明晰中医药知识产权的权利归属，规范中医药的开发和利用行为，促进中医药的可持续发展。研究中医药传统知识保护相关法理，提供中医药知识产权保护和利用的法规和政策建议，促进和丰富我国知识产权制度的理论建设，为我国参与国际有关传统医药知识保护谈判提供依据。

（五）深化改革，加强管理

按照精简、统一、效能的原则和决策、执行、监督相协调的要求，着力推进中医药行政管理体制改革。加快中医药管理部门职能转变，履行政府社会管理和公共服务的职能，进一步推进依法行政，规范行政行为，提高行政效率，降低行政成本。健全决策机制，推行政务公开并逐步实现制度化，加强中医药发展重大理论与实践问题的研究，建立和完善中医药政策法规体系以及中医药执法监督体制和机制，为中医药事业发展创造良好的社会环境。

积极推进政府所属医疗机构和科研机构管理体制改革，深化中医药机构人事制度改革和内部分配制度改革，增强中医药机构活力。鼓励社会资源投资举办中医药机构，满足人民群众多层次健康需求。

（六）加强中医药行业精神文明建设

切实加强中医药行业的思想道德教育、职业道德教育和思想政治工作，弘扬“大医精诚”的医德医风，树立既体现中医药传统优秀品德又符合新时代要求的服务理念，广泛开展义诊、送医药、献爱心等形式多样的道德实践活动。以创建文明单位、文明行业为目标，以打造学习型组织、开展文化建设为载体，努力构建和谐单位、和谐行业。大力宣传身边的先进典型事迹，塑造中医药工作者良好的社会形象。围绕解决群众看病难、看病贵问题，深化体制改革，强化行业监管，整顿服务秩序，规范从业行为，加强医德医风建设，切实减轻群众医疗负担，探索建立从源头上纠正和预防损害群众利益不正之风的长效机制。

五、重点项目

（一）中医医疗服务网络建设专项

1. 县中医医院建设规划项目

按照《农村卫生服务体系建设与发展规划》整体部署，依据统一的建设标准，对政府举办的县中医医院业务用房进行改扩建，配置基本医疗设备，改善服务条件，提高服务能力，到 2010 年完成县中医医院房屋设备改造和建设任务。中央重点支持中西部地区贫困县、民族自治县、边境县中的部分县中医（民族医）医院基础设施建设，同时安排引导资金兼顾东部部分困难地区，共建设中医（民族医）医院 400 所左右。中央财政支持范围外的项目，由地方参照规划提出的标准，制定建设规划，确定投资规模，落实建设资金，完成建设任务。

2. 地市级以上中医医院建设规划项目

依据中医临床研究基地建设标准，在全国有针对性地建设一定数量的国家级中医临床研究基地；依据重点中医医院建设标准，按照填平补齐、改扩建为主的原则，对地市级以上中医医院的业务用房进行改扩建并配置基本医疗设备，每省建设好一所省级综合性中医医院，各地（市）建设好一所地市级综合性中医医院。中央重点支持 10 所国家级中医临床研究基地建设，以及 200 所左右地市级以上中医医院建设。

3. 重点中西医结合医院、民族医医院建设规划项目

在继续加强 11 所重点中西医结合医院建设，提高中西医结合防治疾病能力和科研能力的基础上，再增加 8 所重点中西医结合医院建设单位。制定重点民族医医院建设规划，确定一批重点建设单位。

（二）重大疾病的中医药防治与研究专项

1. 中医药防治艾滋病项目

在国家艾滋病关怀治疗中，有计划扩大中医药治疗艾滋病试点省份和治疗人数，到 2010 年中医药治疗艾滋病病毒感染者和病人数达到 1.5 万人；加强中医药防治艾滋病的临床研究、基础研究和药物开发研究，提高一线临床人员对艾滋病的辨证施治能力，安全有效地救治艾滋病病毒感染者和病人，优化中医、中西医结合治疗方案，制定符合中医药特点的评价标准，研制出 2～3 个治疗艾滋病中药新药。

2. 中医药防治优势病种研究项目

选择中医药在临床诊治中疗效确切、优势明显的 10 个病种，开展诊疗技术与方案的收集、筛选、验证、评价，总结中医药在防治这些病种上的治疗方法以

及疗效评价方法，形成科学的防治规范和疗效评价体系，并在全国范围内进行培训和推广。

3. 中医药防治疑难病种研究项目

选择5种高发、难治的疾病，深入研究疾病的发病原理、治疗方法、疗效评价以及中医病因病机、治法治则，客观分析中医药防治的优势所在，对这些疾病的中医药诊疗方案、疗效评价体系做科学的研究分析。

4. 中医药重点专科（专病）建设项目

对“十五”期间确定的重点专科（专病）建设项目强化建设，并适度扩大专业与地域覆盖面，“十一五”期间再增加300个专科（专病）作为重点进行建设，发挥重点专科科技创新、人才培养、技术协作、提高临床疗效的作用。

（三）农村和社区中医药服务能力建设专项

1. 农村医疗机构中医特色专科（专病）建设项目

“十一五”期末，国家建设农村医疗机构特色中医专科（专病）达到500个。

2. 农村中医工作先进县建设项目

“十一五”期间，再建全国农村中医工作先进县（市）200个。

3. 中医药适宜技术推广示范地区建设项目

在“十五”中医药适宜技术推广示范地区试点建设基础上，“十一五”期间，在全国遴选100个地区，通过建设，使其成为中医药适宜技术推广示范地区。

4. 中医药特色社区卫生服务示范区建设项目

继续开展中医药特色社区卫生服务示范区建设项目，到2010年，使全国中医药特色社区卫生服务示范区达到100个。

（四）中医药继承及创新体系建设专项

落实《国家中长期科技发展规划纲要》提出的任务，通过实施《中医药科学研究发展纲要（2006—2020年）》，加强中医药的继承与创新，为中医药事业发展提供科技支撑。

1. 学术传承研究项目

开展名老中医药专家学术思想传承研究，探索建立中医药学术传承、研究以及推广应用的有效方法和新模式。

系统开展文献整理研究，重点对500种中医药古籍文献进行整理与研究，稳定和培养中医古籍研究人才，构建中医药古籍文献数据库，推动古籍文献的数字化。在“十五”基础上，继续整理研究100种民族医药文献。

开展中医药（含民族医药）特色疗法和药物筛选研究，建立2～3个中医药特色技术和方药筛选评价中心。

2. 创新能力建设项目

实施中医药重点研究室建设计划，建设一批中医药重点研究室。继续加强中医药科研三级实验室规范化建设，提高中医药科研支撑能力。

实施国家级中医临床研究基地的建设项目，强化中医临床研究。

实施提升传统名优中药生产企业创新能力项目，扶持建设10～20个传统名优中药生产示范基地，开发10～20个安全有效的传统名优产品和体现中医药特点的现代中药新药。引导建立30个中药创新药物研发基地。

3. 科技服务能力建设项目

实施重大疾病的中医药防治与研究项目，重点研究中医药防治重大疾病的关键技术，建立符合中医药自身规律的研究方法学和临床疗效评价体系。

继续实施“中医临床诊疗技术整理与研究”项目，加强针对农村和社区适宜技术的筛选和评价，收集、整理和研究民间医药技术和方法，推广100项符合不同地区、不同人群需求的中医适宜技术。

改善中医药科技服务条件。建立和完善中医药科技信息服务网络和共享平台，培育1～2个科技服务中介机构，扶持建设3～5个中医药临床疗效评价中心，5～10个国家级中医药科技成果推广示范基地，5～10个国家中药工程技术研究中心，3～5个中药标准研究中心。

4. 中医药知识产权保护项目

实施国家知识产权战略，深入进行中医药知识产权保护和利用研究，尤其注重中医药传统知识和中医药特色技术的研究、保护和利用。开展中医药传统知识调查，建立中医药知识产权保护名录及其数据库。

（五）中药资源利用与可持续发展专项

开展中药资源普查，初步建立中药资源动态监测体系和预警系统。引导建立3～5个中药资源利用与保护研究中心，研究中药资源可持续利用的关键技术，重点开展濒危、道地中药材示范研究。加强中药材种质种源的保护与利用，引导建设100种常用中药的道地药材生产示范基地。研究建立和完善体现中医药特点的中药质量技术标准、中药疗效评价方法和评价体系、中药安全性评价方法和评价体系。

（六）中医药人才培养专项

1. 中医药重点学科建设项目

在原有的学科建设基础上，建设一批新的包括西部地区、民族医药、中西医结合在内的重点学科建设点，使建设点扩大到200个，加强中医药重点学科内涵建设和人才培养。

2. 中医药教育研究项目

搭建中医药教育研究平台，开展中医药教育学研究、中医药教育质量评价体系研究、中医药课程体系改革研究等，促进中医药教育的发展。

3. 继承创新中医药人才培养项目

在完成第三批全国老中医药专家学术经验继承工作基础上，开展第四批师承工作，培养1000名继承人。继续实施优秀中医临床人才研修项目，在完成第一批研修学员结业考核工作基础上，继续开展第二批优秀中医临床人才培养工作。加强学科带头人培养，通过重点学科建设，培养400名学科带头人。

启动西医学习中医高级研修班项目，在全国遴选100名热爱中医、有一定中医功底的中青年西医医师，对其进行中医理论和临床技能的培训，通过中、西两法的掌握与研究，成为具有较高理论水平和临床实践能力的高层次医学人才。

开展临床中药师培养试点工作，设立若干个临床中药师培训试点单位，培养一批临床中药师。开展中医药管理人才培养项目。

4. 农村中医药人才培养项目

依托现有中医药医疗、教育机构，整合农村中医药教育资源，在全国设立一批农村中医药知识与技能培训示范基地。各省根据试点经验和本省情况，逐步设立相应的农村基层培训基地，对农村中医药人员开展以县级中医院为龙头，乡镇卫生院为枢纽，贯穿县、乡、村三级的人才培养项目，到2010年，培养县级中医医院专科技术骨干5000名、乡镇卫生院中医临床骨干4万名、乡村医生中专学历教育人员5万名，并根据《乡村医生中医药知识与技能基本要求》，对其他乡村医生进行中医药知识与技能培训。

5. 中医类别全科医学培训项目

依托现有中医药教育、医疗资源，设立一批城市社区中医药知识与技能培训示范基地，培养一批中医类别全科医学专业师资，组织编制一批适合不同层次中医药人才培养需要的培训教材，对申请注册中医类别全科医学专业为执业范围的执业医师进行岗位培训和规范化培训，对其他医护人员进行中医药基本知识与技能培训。

6. 全员性中医药继续教育必修项目

依托具有优势学科、特色专科的中医药医疗、教育、科研机构，设立中医药优势学科继续教育培训基地，对各类各层次中医药专业技术人员开展中医经典大温课、临床中药知识与技能培训等中医药继续教育必修项目。

（七）中医药法制化标准化建设专项

1. 中医药立法项目

开展中医药法的起草工作，争取2010年前颁布实施《中医药法》。加强中医药法制建设，研究制定贯彻实施中医药相关法律法规的规范性文件，进一步完善中医药法制体系。

2. 中医药标准体系建设项目

重点制定一批中医药基础标准、技术标准和管理标准。突出抓好43项中医药国家标准的制定。至2010年完成500项中医药标准制定，初步建立中医药标准体系。

3. 中医药标准推行体系建设项目

建设一批中医药标准研究基地。构建中医药标准实施监测系统，根据情况在全国遴选建设若干个专门的中医药标准监测机构。构建中医药标准信息服务平台。建立中医药标准化技术培训基地，加强标准化人才培养和知识普及。

（八）中医药国际交流与合作专项

1. 与世界卫生组织和国外政府合作平台建设项目

与世界卫生组织共同发起建立世界传统医药政府交流合作论坛，定期举办发展战略、政策研究、管理规范等重要议题的研讨会，建立与世界卫生组织的良好合作机制，形成与各国政府开展传统医药合作的平台。

2. 参与中医药国际标准化建设项目

协调国家有关部门，在国内有关技术标准和已制定的国际有关技术标准的基础上，提出或同世界卫生组织、国外政府或民间组织合作，有计划、分步骤地制定中医药名词术语标准、针灸穴位标准、中医诊疗技术指南和中药安全使用指南等中医药国际标准。

3. 国外中医药政策信息研究项目

建立国外中医药信息研究中心，加强国外政策信息研究工作，收集世界卫生组织等国际组织和有关国家在传统医药领域的信息与政策，了解动态，掌握情况，研究问题，为中医药对外合作交流提出咨询建议。

4. 中医药医疗、科研、教育对外合作基地建设项目

制定相关建设标准，依托国家重点医疗、教育、科研单位，建立对外交流合作基地，执行政府等有关机构间的合作交流项目，逐步形成中医药国际示范医疗中心、科技合作平台和学历教育基地。

5. 国外重要药用资源合作研究与引进项目

通过已建立的政府和民间合作渠道等多种形式，开展国外药用植物物种资源考查与研究，选择适宜药用资源进行合作研究、引种和临床应用研究。

6. 中医药外向型人才培养项目

通过强化语言训练、参与国际交流、开展合作研究等多种渠道和方式，重点培养100名外向型的中医药管理、学术专家，不断提高中医药国际交流与合作的能力和水平，初步建立起中医药国际高层次人才队伍。

（九）中医药文化建设专项

1. 中医药文化传播项目

建立更加广泛的中医药宣传渠道，在海内外有影响的媒体开辟中医药普及栏目或专题；开展中外传统医学文化的比较研究，定期举办学术和政策研讨会，进行中医药文化和成果海外巡展；组织开展全国各省市中医药文化的展播和宣传。

2. 中医药申报国家和世界非物质文化遗产项目

大力开展中医药申报国家和世界非物质文化遗产工作，力争2010年前，中医药成功申报为世界非物质文化遗产。

3. 文化基地建设与品牌宣传项目

建设中医药传统文化教育基地。组织开展中医药品牌战略宣传推广活动，宣传推广“名院、名科、名医”和“名厂、名店、名药”。

4. 国家中医药博物馆建设项目

积极开展国家中医药博物馆建设，到2010年，基本建成国家中医药博物馆。

5. 中医药科学普及项目

建设中医药科普专家队伍和机构，出版面向社会、图文并茂的系列科普宣传丛书，收集、整理、传播中医药民间故事、传说及四季防病健身的常识、经验，遴选和大力宣传中医医院文化建设优秀单位，鼓励以多种形式传播中医药文化和知识。

（十）信息化建设专项

1. 中医药信息基础数据库建设项目

到2010年，基本建立起中医药统计信息数据库、中医药文献数据库、中医药专业技术标准与规范数据库、中医药机构数据库、中医药专业人才数据库、中医药政策法规数据库、中医药科研数据库、中医药教育数据库、中药数据库、中医药国际交流与合作数据库等基础数据库，并形成可持续发展机制。

2. 中医药信息骨干网络建设项目

到2010年，基本建立全国中医药行政管理网络、中医药统计信息网络、中医医疗质量监测网络3个骨干网络。

3. 中医药信息应用系统建设项目

健全完善国家中医药管理局机关局域网及办公自动化系统，研制与开发中医药标准化考试题库和信息管理系统，建立中医药数字化图书馆。

027

国家中医药管理局关于印发中医药文化建设“十二五”规划的通知

国中医药办发〔2012〕10号

各省、自治区、直辖市卫生厅局、中医药管理局，新疆生产建设兵团卫生局，局各直属单位：

为进一步繁荣发展中医药文化，切实发挥中医药文化对中医药事业发展的引领作用，推动“十二五”时期中医药事业科学发展，我局研究制定了《中医药文化建设“十二五”规划》。现印发给你们，请结合本地实际，组织实施。

国家中医药管理局

二〇一二年四月二十日

中医药文化建设“十二五”规划

国家中医药管理局

2012年4月20日

“十二五”时期是我国全面建设小康社会的关键时期，是深化改革开放、加快转变经济发展方式的攻坚时期，也是推动社会主义文化大发展大繁荣的重要时期。为贯彻落实党的十七大及十七届六中全会精神，充分发挥中医药（民族医药）文化对中医药事业发展的引领作用，提升中医药文化的凝聚力、影响力和竞争力，推动中医药事业全面协调可持续发展，根据《中共中央关于深化文化体制改革、推动社会主义文化大发展大繁荣若干重大问题的决定》、《国家“十二五”时期文化改革发展规划纲要》、《国务院关于扶持和促进中医药事业发展的若干意见》和《中医药事业发展“十二五”规划》，制定本规划。

一、中医药文化建设面临的形势

改革开放以来，党中央、国务院高度重视中医药事业发展，制定了一系列扶持和促进中医药事业发展的政策措施，党的十七大报告提出“坚持中西医并重”、“扶持中医药和民族医药事业发展”，2009年，国务院印发了《关于扶持和促进中医药事业发展的若干意见》，2011年，卫生部和国家中医药管理局联合出台了《关于在深化医药卫生体制改革工作中进一步发挥中医药作用的意见》。在“整体思维、系统运行、三观互动、六位一体、统筹协调、科学发展”理念的指导下，中医药全面参与深化医药卫生体制改革，中医医疗服务体系不断完善，中医预防保健服务取得新进展，中医药人才队伍素质进一步提高，中医药科技创新体系初步形成，中药产业水平进一步提升，中医药文化建设开创新局面，中医药国际影响进一步扩大，形成了中医药医疗、保健、教育、科研、产业、文化、对外交流与合作全面发展的新格局。

党的十七届六中全会全面部署了文化改革发展的工作任务，要求坚持中国特色社会主义文化发展道路，努力建设社会主义文化强国，明确指出优秀传统文化凝聚着中华民族自强不息的精神追求和历久弥新的精神财富，是发展社会主义先进文化的深厚基础，是建设中华民族共有精神家园的重要支撑，要建设优秀传统文化传承体系。作为中国优秀传统文化的重要组成部分，中医药文化是中医药事业的根基和灵魂，中医药文化建设成为新时期中医药事业发展的一项重要而紧迫的任务。与时俱进地大力发展中医药文化，是促进中医药事业科学发展的重要举措，也是弘扬中华优秀传统文化的重要任务。

随着我国经济社会快速发展和全民健康意识的提高，中医药文化建设工作迎来重大机遇，取得了明显成绩。“十一五”期间，中医药文化建设首次纳入中医药工作重点任务之中并得到快速发展，逐步建立了促进中医药文化传承发展的良性运行机制，初步形成了中医药文化与医疗、保健、教育、科研、产业以及对外合作交流全面发展的新格局。深入开展“中医中药中国行”大型科普宣传活动，创建了一批特色鲜明的中医药文化宣传教育基地，推进以中医医院为切入点的中医药机构文化建设，“中医针灸”被联合国教科文组织列入人类非物质文化遗产代表作名录，41 项中医药项目列入国家非物质文化遗产名录，中医药文化在国内外的作用与影响显著增强，中医药文化建设工作呈现出良好的发展态势。但是中医药文化建设工作仍处于起步阶段，中医药文化的发展现状与人民群众的需求尚有差距，高效顺畅的中医药文化工作机制和发展体系需要进一步健全，中医药文化发展规律和特点需要进一步深入研究，中医药文化专业队伍需要进一步充实、素质需要进一步提高。

二、指导思想、基本原则和主要目标

（一）指导思想

高举中国特色社会主义伟大旗帜，以邓小平理论和“三个代表”重要思想为指导，深入贯彻落实科学发展观和党的十七届六中全会精神，坚持社会主义先进文化前进方向，以继承发展为主题，以构建中医药核心价值体系为根本任务，以满足人民群众中医药需求为出发点和落脚点，以传承与创新、传授与保护、传播与交流为主线，以彰显中医药文化特色优势为重点，弘扬中医药文化，推动中医药事业科学发展。

（二）基本原则

——坚持继承创新、科学发展，遵循中医药学自身发展规律，突出原创性、保持民族性、体现时代性，加快中医药文化发展步伐。

——坚持以人为本、面向大众，满足人民群众对中医药的需求，让中医药文化发展成果惠及全社会。

——坚持围绕中心、服务全局，发挥文化对医疗、保健、教育、科研、产业、对外交流与合作的引领作用，促进中医药事业全面协调可持续发展。

——坚持因地制宜、突出重点，结合实际，有效利用区域文化资源，发挥特色优势，充分体现各地区各领域文化特点。

——坚持统筹兼顾、全面推进，妥善处理中医药文化事业与文化产业的关系、发展先进文化与弘扬优秀传统文化的关系、中医药文化自身发展与中医药文化走向世界的关系，推动中医药文化又好又快发展。

（三）主要目标

到“十二五”期末，积极推进中医药核心价值体系建设，探索建立中医药文化建设管理体制和工作机制，形成一支思想坚定、业务精湛、素质优良的中医药文化研究与科普专家队伍，建设一批种类齐全、布局合理、特色突出的中医药文化宣传教育基地，创作一批科学严谨、内容丰富、贴近大众的中医药文化科普精品，逐步构建继承传统、富有创意、竞争力强的中医药文化产业体系，提升中医药文化的凝聚力、创造力和影响力，营造中医药文化引领和推动中医药事业改革发展的新格局。

实施“2235”工程，建立一支200名国家级、2000名省级中医药文化研究与科普专家骨干队伍，创作300个中医药文化科普作品，建设50个中医药文化宣传教育基地，进一步提高中医药文化知识普及率。

三、重点任务

（一）深化中医药文化内涵研究

对中医药文化内涵、核心理念、价值观念等进行深入挖掘、整理和研究，深入探讨中医药核心价值体系的建设内容和方法。做好中医药非物质文化遗产保护传承工作，加大对列入非物质文化遗产名录项目的保护力度。

1. 中医药核心价值体系的研究与构建：总结中华民族对生命、健康和疾病的认识与理解，从精神、行为、物质等层面提炼中医药文化精神实质，建设具有中国特色、中医特点、行业特征并体现时代精神的中医药核心价值体系。

2. 中医药文化源流及内涵研究：普查全国中医药、民族医药文献、文物、古迹资源，系统研究中医药典籍、文物、古迹和古今名医人文精神及其文化素养。梳理中医药文化源流脉络，挖掘、整理、研究中医药文化内涵和原创思维，为搭建中医药文化理论构架提供资源和依据。

3. 中医药非物质文化遗产保护与传承：普查中医药非物质文化遗产，为国家级非物质文化遗产中医药项目代表性传承人创造良好传习条件，推动中医药项目列入国家级非物质文化遗产名录、“人类非物质文化遗产代表作名录”或“世界记忆名录”。

（二）加强中医药机构文化建设

通过分类指导，加强中医医疗、保健、教育、科研、产业等机构文化建设，塑造中医药行业特有的人文环境。强化中医药文化教育，提高各级各类中医药人员的文化素养，弘扬“大医精诚”传统职业道德，提升中医药人员的职业能力和水平。

1. 中医医疗、保健机构文化建设：研究制定有利于各级中医医疗机构开展中医药文化建设的政策措施。在全国所有公立中医医院、中西医结合医院、民族医医院开展文化建设，加强价值观念、行为准则、职业道德、环境形象等方面的建设。

2. 中医药科研机构文化建设：研究制定鼓励科研机构加强文化建设和文化研究的政策措施。增强科研工作者文化底蕴，促进科学态度和人文精神有机结合，不断提升科技创新能力。

3. 中医药教育机构文化建设：明确教育机构在文化传承中的重要责任，研究制定中医药教育机构文化建设的政策措施。建设富有中医药特色的校园文化，逐步构建中医药教育机构文化体系，将中医药文化理念和实践融入人才培养全过程。发挥教育机构知识密集、人才密集和文化氛围浓厚的优势，研究探索中医药文化建设、人才培养与传承的思路和方法。

4. 中药产业机构文化建设：调查分析国内中药企业文化建设现状，筛选一批具有中医药文化特色的企业作为中医药文化建设试点单位，带动中药产业文化建设。

（三）推进中医药文化宣传普及

开展群众喜闻乐见、内容丰富、形式多样的中医药文化科普宣传活动，加大中医药文化传播与普及力度，加强中医药传播能力建设，在人民群众日常生活中形成“信中医药、爱中医药、用中医药”的浓厚中医药文化氛围。

1. 中医药文化精品创作：汇集古代中医药、民族医药文化精华，融合当代科学文化和中医药学术最新成果，创作科学准确、通俗易懂、贴近生活的中医药文化精品（包括科普图书、音像、网络、动漫等多种形式），广泛传播中医药文化知识。

2. 中医药文化宣传普及：建立中医药文化科普宣传长效机制，继续实施中医药知识宣传普及项目，深入推进“中医中药中国行——进乡村·进社区·进家庭”活动，深入开展中医药文化科普巡讲，举办中医药科普知识讲座等形式多样、效果显著、群众欢迎的活动。

3. 中医药媒体传播能力建设：加强中医药报社、期刊社、出版社、网站等媒体的软件和硬件建设，提高中医药信息采集和发布能力，增强舆论主动权。

（四）加快中医药文化人才队伍建设

造就一批高层次领军人才，培育一批中医药文化与科普专门人才，培养一批中医药文化管理工作者，建立一支适应中医药文化发展需求的人才队伍。探索建立从事中医药文化建设工作的人才激励机制。

1. 中医药文化人才培养与队伍建设：开展中医药文化课程与教材建设，加强对学生中医药文化教育，巩固专业思想，树立事业信心。开展针对中医药从业人员的文化培训，提高全员中医药文化素质。建立健全各级中医药文化建设与科学普及专家组，对中医药文化建设工作进行研究、指导、咨询和评价。实施中医药文化名家工程，遴选并培养国家级中医药文化科普名家、省级中医药文化科普名家，建设中医药文化传播活动的专业队伍。

2. 中医药文化人才制度建设：设立中医药文化工作岗位和专职人员，保障中医药文化建设工作顺利开展。探索建立中医药文化专业技术职务系列，激发中医药文化人才的积极性和创造性。研究建立有利于中医药文化工作者研究创作的政策和制度，对高水平中医药文化创新团队和个人给予长期稳定支持。研究建立国家中医药文化工作者荣誉称号制度，表彰在中医药文化领域有突出贡献的人士。

（五）巩固中医药文化机构和设施建设

支持中医药新闻出版及现代传媒机构的发展，使之成为传播中医药文化知识的重要平台和载体。利用已有文化设施，建设一批中医药文化宣传教育基地。推进中医药文化研究与传播专门机构建设，打造弘扬中医药文化的主阵地。

1. 中医药文化宣传教育基地建设：制定基地建设标准，遴选建设一批全国中医药、民族医药文化宣传教育基地以及一批省级文化宣传教育基地，使之成为展示和传播中医药文化、培养中医药科普人才、普及中医药知识的重要阵地。

2. 中医药文化专门机构建设：加快文化体制改革，探索充满活力的中医药类报刊社和出版社等文化机构发展的新体制、新机制和新模式。积极推动中医药、民族医药文化研究与传播专门机构建设，开展培训和学术交流等活动。鼓励社会力量参与中医药文化机构建设工作。

（六）推进中医药文化产业发展

发掘中医药文化资源，优化中医药文化产业结构。开发中医药文化科普创意产品，打造中医药文化品牌。发展中医药新兴业态，培育中医药文化特色产业，逐步形成中医药文化产业链。

1. 建立中医药文化产业链：以市场需求为导向，探索开发富有特色的主题旅游产品、主题公园、专题会展、生态园区、音像出版物等中医药文化及其衍生产品，形成并延伸中医药文化产业链。

2. 发展中医药文化新兴业态：利用数字化、信息化、网络化等高新技术，促进中医药文化产业结构升级。积极发展文化创意、数字出版、移动多媒体、动漫游戏等新兴文化业态。

（七）扩大中医药文化对外传播与交流

丰富传播内容，提高中医药国际影响力。拓展中医药文化对外传播途径，开展多种形式的对外交流与合作，加快中医药走向世界的进程。

1. 中医药文化对外传播与交流体系建立：加强与外国政府、国际组织和海外知名文化传播机构的交流与合作，借助海外孔子学院、中国文化交流中心以及中外互办“国家年”等多种平台建立多渠道、多层次、多形式的中医药文化国际传播体系。

2. 中医药文化对外传播载体建设：制订中医药名词术语翻译标准，做好中医药教材、古典医籍和现代科研成果的翻译工作。编制一批高质量的中医药文化宣传外文读本和音像材料，充分利用现代信息技术和传播手段，丰富中医药文化海外传播内容，提高中医药文化国际影响力。

（八）重视民族医药文化保护和传承

制定民族医药文化保护传承优惠政策，在人才培养、队伍建设和资源配置等方面给予重点扶持。设立民族医药文化保护传承专项经费，资助民族医药文化建设重大项目，加强濒临失传的民族医药文化遗产的抢救性保护工作。

民族医药文化保护与传承：加强民族医药文化研究，开展民族医药文化资源普查，为民族医药文化传承人创造良好传习条件，对濒临失传的民族医药文化遗产进行抢救性保护，建设有代表性的民族医药文化宣传教育基地。

四、重点项目

1. 中医药非物质文化遗产保护：推动 20～30 个中医药项目列入国家级非物质文化遗产名录，争取 2～3 个中医药项目列入“人类非物质文化遗产代表作名录”或“世界记忆名录”。

2. 中医药文化精品创作：创作科学准确、通俗易懂、贴近生活的中医药文化精品 300 个（包括科普图书、音像、网络、动漫等多种形式），广泛传播中医药文化知识。

3. 中医药文化宣传普及：深入推进“中医中药中国行——进乡村·进社区

·进家庭”活动，深入开展中医药文化科普巡讲，在全国举办 5000 场中医药科普知识讲座。

4. 中医药人才培养与队伍建设：实施中医药文化名家工程，遴选并培养国家级中医药文化科普名家 200 名、省级中医药文化科普名家 2000 名，建设中医药文化传播活动的专业队伍。

5. 中医药文化宣传教育基地建设：建设 50 个全国中医药、民族医药文化宣传教育基地以及一批省级中医药文化宣传教育基地，使之成为展示和传播中医药文化、培养中医药科普人才、普及中医药知识的重要阵地。

6. 国家中医药博物馆建设：争取到 2015 年基本建成国家中医药博物馆。

五、组织实施

（一）提高认识，加强领导

深刻认识加强中医药文化建设的重要性和紧迫性，把中医药文化建设的目标任务纳入中医药事业发展规划，统一部署、同步实施。制定中医药文化建设工作专项规划，建立工作责任制，把中医药文化建设作为评价中医药工作的重要内容。制定支持中医药文化发展的优惠政策及相关配套措施，为中医药文化建设营造良好的政策环境和发展环境。

（二）统筹协调，形成合力

中医药文化建设需要多部门和领域共同参与，涉及多个行业和专业，应发挥政府主导、各部门配合、全社会参与的作用，统筹规划，分工负责，相互配合，形成合力，共同推进中医药文化繁荣发展。

（三）加大投入，保障经费

加大公共财政对中医药文化事业投入的力度及覆盖范围，积极鼓励和引导社会资金参与中医药文化建设。重点扶持公益性中医药文化事业发展、中医药文化创新、中医药文化遗产保护，支持重大中医药文化项目建设。

（四）完善机制，强化管理

加强中医药文化发展制度建设，确定中医药文化建设的专门部门或专职人员，明确工作职责与内容。研究探索从业机构和人员的准入、执业及退出机制，协助有关部门做好中医药文化市场监管。

028

卫生部、国家中医药管理局关于印发《中医药对外交流与合作中长期规划纲要（2011—2020)》的通知

国中医药国际发〔2011〕50号

各省、自治区、直辖市卫生厅局、中医药管理局，新疆生产建设兵团卫生局，各有关单位：

为贯彻落实《中华人民共和国国民经济和社会发展第十二个五年规划纲要》和《国务院关于扶持和促进中医药事业发展的若干意见》（国发〔2009〕22号）精神，进一步加强和指导中医药对外交流与合作工作，促进中医药事业科学发展，为国家经济建设和社会发展服务，为人类健康服务，卫生部与国家中医药管理局联合制定了《中医药对外交流与合作中长期规划纲要（2011—2020)》。现印发给你们，请在对外交流与合作工作中贯彻落实。

卫生部

国家中医药管理局

二〇一一年十二月二十日

中医药对外交流与合作中长期规划纲要（2011—2020）

卫生部

国家中医药管理局

2011年12月20日

为贯彻落实《中华人民共和国国民经济和社会发展第十二个五年规划纲要》和《国务院关于扶持和促进中医药事业发展的若干意见》，进一步加强和指导中医药对外交流与合作工作，促进中医药事业科学发展，为国家经济建设和社会发展服务，为人类健康服务，制定本规划。

一、现状与趋势

进入21世纪以来，我国综合国力大幅提升，国际地位显著提高，中医药事业取得长足发展。多种形式的中医药对外医疗保健服务向全世界展示了中医药在

医药卫生和人类健康促进中的独特优势，多途径、多形式、多层次的中医药国际教育合作已具有一定规模，一些中医药国际科技合作项目在国际医学界引起广泛关注，中药企业走向国际市场步伐加快，中医药产品和服务贸易稳步发展。目前，我国与外国政府及有关国际组织已签订了含有中医药合作内容的双边政府间协议 96 个，专门的中医药合作协议 49 个。第 62 届世界卫生大会通过了《传统医学决议》，敦促各成员国推动将传统医学纳入国家卫生服务体系中予以发展。国际标准化组织中医药（暂定名）技术委员会已经成立。“中医针灸”已列入“人类非物质文化遗产代表作名录”，《本草纲目》和《黄帝内经》已列入“世界记忆名录”。60 多个国家和地区的 200 多个团体会员参加了世界针灸学会联合会和世界中医药学会联合会两个国际中医药学术组织，世界针灸学会联合会已与世界卫生组织建立正式关系。对中国香港、澳门特别行政区和台湾地区的中医药交流与合作不断得到加强。中医药在国际医学界的地位越来越重要，中医药对外交流与合作工作已成为我国外交工作和中国特色医药卫生事业发展中富有特色且不可或缺的重要组成部分。

随着健康观念和医学模式的转变，中医药的整体思维、辨证论治、“治未病”等核心思想，正逐步得到国际社会及多学科的认可和接受。近年来中医药在卫生应急和重大疾病防治方面的特色和优势作用正被越来越多的国家和地区所认识。中医药已传播到世界上 160 多个国家和地区，许多国家明确了中医药（特别是中医针灸）的法律地位，将中医药纳入医疗保险范畴，部分国家成立了专门的中医药管理机构，中医诊所、针灸中心已成为许多国家提供传统医药服务的主要模式和场所。中医药正处在快速走向世界的战略机遇期。

同时，中医药对外交流与合作还面临着不少困难和问题。中医药科学内涵、地位和作用还没有得到国际社会的广泛理解和认可。许多国家的政策性、技术性壁垒限制了中医药为世界各国人民医疗保健服务能力的发挥。中医药在海外发展过程中存在良莠不齐的客观实际。科技支撑能力、人才队伍和中药企业国际竞争力和影响力还不能满足中医药对外交流与合作及中医药走向世界的需要。中医药对外交流与合作工作的任务仍十分艰巨。

二、指导思想、基本原则和发展目标

（一）指导思想

以邓小平理论和“三个代表”重要思想为指导，深入贯彻落实科学发展观，遵循中医药发展规律，充分利用国内国外两种资源、两个市场，着眼于创新合作方式、建立合作机制、拓展合作领域、提高合作效益，统筹推进中医药医疗、保健、教育、科研、文化和产业的对外交流与合作，扩大中医药应用范围和国际影响，推动中医药理论和实践在世界范围内的丰富和发展，为国家总体外交和中国特色医药卫生事业发展服务。

（二）基本原则

政府引导，社会参与。发挥政府在中医药对外交流与合作中的指导作用，统筹规划、搭建平台。巩固民间交流与合作基础，形成社会各方参与中医药对外交流与合作的格局。

以内促外，以外强内。加强中医药的继承与创新，不断提高中医药在境外的发展实力。充分利用国际管理、科技、人才和资金等优势资源，推进中医药现代化发展。

突出特色，文理兼顾。重视中医药文化传播和科普宣传在中医药对外交流与合作中的先导作用，促进国际社会对中医药理论和医疗保健服务作用的认同，推进中医药的海外应用。

因地制宜，分类指导。根据世界各国具体情况和对中医药的实际需求，结合国内各对外合作单位的资源优势，以务实、灵活、高效的合作模式，推进中医药对外交流与合作。

平等合作，互利共赢。尊重世界各国传统医学和当地风俗习惯，求同存异、相互包容，平等开展交流与合作，提高合作实效，推进世界传统医学、生命科学和医学科学的丰富和发展。

（三）发展目标

到 2015 年，与国际组织和外国政府间合作得到进一步巩固和拓展；中医药对外医疗、教育、科研合作的规模不断扩大，效益显著提高；中药产品出口额继续稳步增长，在中成药能够以药品形式进入国际医药市场方面取得进展；中医药国际标准制定取得突破，中医药文化的国际影响力明显增强；中医药民间对外交流与合作进一步得到加强，一批高水平中医药对外交流与合作基地基本建成，高素质中医药外向型人才队伍逐步形成。初步建立起适应中医药对外交流与合作的保障体系。

到 2020 年，中医药发展的国际环境得到明显改善，中医药医疗保健服务被更多国家或地区纳入医疗保健服务体系和医疗保险体系，中医药国际标准被更多国家认同，中医药文化传播和科普范围更加广泛，中医药对外服务范围和服务领域进一步扩大，对外交流与合作工作对中医药事业发展的贡献率显著提高。

三、主要任务

（一）加强与国际组织间的交流与合作

建立与相关国际组织的长效工作机制，深化与世界卫生组织、国际标准化组织、联合国教科文组织等国际组织的合作，积极参与国际组织发展战略、运行规则、政策动态和标准规范的研究与制定，推动建立有利于中医药发展的国际规则体系。

（二）巩固和拓展与外国政府间的交流与合作

建立政府间稳定的交流合作对话机制，密切高层接触和往来，加强传统医学政策法规、人员资质、产品注册、市场准入、质量安全监管等方面的对话沟通和经验分享。促进相互理解与合作，为有条件的中医医疗机构、科研院所、高等院校和中药企业“走出去”搭建平台，营造良好的合作环境。

（三）大力发展多种形式的中医对外医疗合作

巩固现有中医对外医疗合作基础，鼓励有条件的中医医疗机构和社会资本与国外医疗机构、社会团体合作，在境外建立一批高水平中医医疗机构，提供中医医疗和养生保健服务。大力发展与旅游业相结合的对外医疗保健服务产业，鼓励有条件的中医医疗机构申请获得国际知名保险机构的认证。在援外工作中进一步发挥中医药作用。

（四）全面推进多层次中医药国际教育合作

鼓励中医药高等院校、社会团体等机构与国外著名大学合作，扩大境外中医药学历教育和继续教育规模。优化教育结构、提高教育质量，推进中医药教育的国际标准建设。支持有条件的中医药院校拓展国际市场，吸引更多海外留学生来华接受学历教育。鼓励国内具有资质的中医药机构为国际中医药人员提供来华短期培训和进修。支持中医药院校开展对外非学历远程教育，提高中医药从业人员的素质和水平。

（五）深入开展高水平中医药国际科技合作

支持有条件的中医医疗机构、科研院所、高等院校和中药企业与国际科研机构、知名企业、名牌大学开展科技合作。利用国际先进的现代科学技术和方法，联合开展中医药基础理论、临床和中药产品等重点领域研究。加强中药资源和知识产权保护。不断提高我国中医药自主创新能力，为中医药进入国际主流医药市场发挥支撑引领作用。

（六）扩大中医药产品和服务贸易

采用政府引导与市场机制相结合的方式，整合国内外资源，支持中药企业在海外建立研究基地和营销网络，鼓励举办对外产品推介会、招商会及展览会，支持中药产品海外注册，依托行业组织，扩大中药产品的国际贸易规模，积极拓展海外市场。

建立以跨境支付、境外消费、商业存在和自然人流动四种国际服务贸易提供方式协调发展的中医药服务贸易体系。实施中医药服务贸易多元化战略，建设一批集中医药医疗保健、教育培训、文化传播等功能于一体的中医药服务贸易示范机构。加强中医药服务贸易信息平台建设，建立和完善中医药服务贸易统计体系。利用多边、双边自由贸易区谈判，推动中医药服务贸易发展。

（七）积极参与中医药国际标准制定

积极参与中医药医疗保健、教育教学、科学研究和生产销售的技术标准和管理规范的制定。

在国际社会普遍认可的标准体系下，逐步开展中医医疗机构设置、中医药教育、中医从业人员资质及中药出口企业资质的国际认证认可工作。

（八）推动中医药科普知识和文化国际传播

利用现代信息技术和传播手段，推动中医药科普知识和文化的国际传播。推动将中医药科普知识和文化传播工作纳入国家对外文化工作相关规划，积极利用各种平台和方式，开展中医药文化海外推广工作。针对不同国家营造中医药医疗、保健、教育、科研、产业等侧重点不同的市场发展环境。继续开展中医药项目申报“人类非物质文化遗产代表作名录”和“世界记忆名录”工作。组织开展中医药海外文化推介和科普宣传工程，在境外举办中医药文化巡展和巡回科普宣传。

（九）密切与港澳台交流合作

通过设立和支持内地与港澳地区具体合作项目，加强政策法规、医疗保健、教育培训、科学研究、医药产品、文化传播、科普宣传等各领域的交流与合作。扩大与台湾地区的中医药交流与合作，增加交流人次、提高合作层次、拓宽合作领域，推进务实合作，提高海峡两岸中医药服务能力。举办海峡两岸及港澳地区中医药学术交流大会，推进中医医疗、科研、教育、产业及管理等全方面的合作，实现海峡两岸及港澳地区中医药事业的共同发展。

四、保障措施

（一）组织保障

发挥中医药部际协调机制的作用，加强政府对全国中医药对外交流与合作工作的领导，统筹协调全国中医药对外交流与合作工作。成立国家中医药管理局对外交流合作专家咨询委员会。聘请有国际交流与合作经验及影响力的专家、知名人士作为中医药对外交流与合作顾问。建立中医药对外交流与合作信息收集和分享平台。地方各级中医药管理部门建立健全组织管理机构，配备专、兼职外事管理人员，负责本地区中医药对外交流与合作工作的统筹和协调。建立执行和追踪评估机制，保障规划的有效实施。

（二）政策保障

积极推动将中医药对外交流与合作纳入国家外交、卫生、教育、科技、产业、文化、贸易等发展战略中，建立健全中医药对外交流合作的法规体系。创造条件，对积极参与中医药对外交流与合作的机构和专业技术人员给予支持。进一步加强出国（境）管理，规范对外交流与合作项目的实施，保障中医药对外交流与合作工作的有序开展。

（三）资金保障

通过多种方式筹措资金，支持中医药对外交流与合作。各级中医药管理部门积极争取地方财政支持。争取国家对中医药对外交流与合作专项资金的投入，引导、鼓励和带动社会各界加大对中医药对外交流与合作项目的投入力度，形成投资主体多元化、投资方式多样化的中医药对外交流与合作格局。

029

关于印发《中医药创新发展规划纲要（2006—2020年）》的通知

国科发社字〔2007〕77号

各省、自治区、直辖市、计划单列市政府有关部门，新疆生产建设兵团：

为了贯彻落实《国家中长期科学和技术发展规划纲要（2006—2020年）》，指导全国中医药创新发展工作，科技部、卫生部、国家中医药管理局、国家食品药品监督管理局、教育部、国家民族事务委员会、农业部、商务部、文化部、国家人口和计划生育委员会、国家质量监督检验检疫总局、国家林业局、国家知识产权局、中国科学院、中国工程院、国家自然科学基金委员会等十六个部门联合制定了《中医药创新发展规划纲要（2006—2020年）》，经国务院同意，现印发给你们，请结合本地区、本部门的实际情况贯彻落实。

附件：中医药创新发展规划纲要（2006—2020年）

科学技术部　卫生部　国家中医药管理局
国家食品药品监督管理局　教育部
国家民族事务委员会　农业部　商务部
文化部　国家人口和计划生育委员会
国家质量监督检验检疫总局　国家林业局
国家知识产权局　中国科学院
中国工程院　国家自然科学基金委员会
二〇〇七年一月十一日

附件：

中医药创新发展规划纲要（2006—2020年）

根据《国家中长期科学和技术发展规划纲要（2006—2020年）》提出的推动“中医药传承与创新发展”的重点任务，为了满足国家经济社会发展和人民健康的需求，建设小康社会，实现中华民族的伟大复兴，进一步加快中医药现代化和国际化进程，特制定“中医药创新发展规划纲要”（以下简称“纲要”）。

（中医药泛指中华民族传统医药，包括中医药和民族医药。）

一、形势分析

中医药是中华民族在与疾病长期斗争的过程中积累的宝贵财富，其有效的实践和丰富的知识中蕴涵着深厚的科学内涵，是中华民族优秀文化的重要组成部分，为中华民族的繁衍昌盛和人类健康做出了不可磨灭的贡献。在继承发扬中医药优势特色的基础上，充分利用现代科学技术，推动中医药现代化和国际化，以满足时代发展和民众日益增长的医疗保健需求，是历史赋予我们的责任。

1. 趋势

——努力丰富和完善自身体系建设已成为医学发展的重要任务。随着经济发展、社会进步和生活水平的不断提高，人们的健康观念和生活方式已经发生转变。人类疾病谱的改变和老龄化社会的到来，使得现有的疾病防治模式和手段已不能适应日益增长的社会需求。东西方医学优势互补、相互融合的趋势已经出现。

——科学技术出现从分析向综合回归的发展趋势。随着人类对客观世界认识的不断深入，以还原论和分解分析为主的方法已经不能满足现实要求，科学技术出现了从分析向综合、局部到整体、结构到功能、静态向动态、简单向复杂的转变。尤其在生命科学领域，多学科交叉相互渗透，创建新理论新技术新方法认识生命和疾病现象已成热点。

——经济全球化促进多元文化相互交融。随着经济全球化带来的多元文化相互交流的不断扩展，中医药在世界范围的传播与影响日益扩大，中医药医疗、教育、科研和产品开始全面走向国际。因为原有的疾病没有得到充分治疗，新的疾病不断出现，医疗费用不断上涨，许多发展中国家和发达国家都在重新关注传统医药的作用和价值，世界卫生组织也提出，为了实现“人人享有卫生保健”的目标应当推广使用传统医药，从而给以中医药为代表的传统医药带来了广阔的发展前景。

2. 需求

——解决我国广大民众“看病难，看病贵”的问题，需要充分发挥中医药的医疗保健作用。在提高医疗保健水平和覆盖范围的同时降低医疗费用和成本是中国和世界面临的共同问题。中医药具有易于普及和“预防、治疗、康复、保健”一体化的医疗模式，能够为民众提供“简便验廉”的医疗保健服务，充分发挥其特色优势将有可能为现代社会提供新的医疗保健模式。

——实现我国医药产业结构调整，需要大力发展中药产业。中医药产业是我国拥有资源优势和知识优势的传统产业。挖掘传统医药宝库，推动其创新发展，培育以中药为基源、具有自主知识产权的大健康产业，将对提高中医药市场份额，发展中药农业，提高农民收入，扶助贫困地区，保护生态环境，调整医药产业和产品结构，以及相关产业的发展产生综合带动作用，同时促进区域经济发展。

——建设创新型国家，实现中华民族伟大复兴，需要中国在科技创新方面有所突破并对世界有所贡献。作为我国最具原始创新潜力的领域，中医药系统性和复杂性等关键问题的突破，将对生物医学、生命科学乃至整个现代科学的发展产生重大影响，将会促进多学科的融合和新学科的产生，使人类对生命和疾病的认识得到进一步提高和完善，使具有现代人文思想和中国传统文化内涵的中医药医疗保健模式和价值观念得到传播，从而成为中华民族对人类的新贡献。

3. 挑战

——中医医疗保健服务能力有待提高。由于历史、文化背景和思维方式的差异，中医学未能充分吸收近代科学的成果而始终保持着具有自身特点的发展方式，相对于现代医学解决问题的能力和普及水平的快速提高显得发展比较缓慢，还不能很好满足现代生活条件下不断增长的社会需求。在西方发达国家，中医药还未能进入医药保健主流市场，其医疗价值和市场潜力亟待挖掘。

——中医药现代产业基础不强。总体来看，缺乏优质高效的产品，研发和创新能力薄弱。中药产业链尚有待完善，中药农业刚刚起步，中药资源的可持续发展与合理利用及相关生态环境问题尚未得到有效解决；中药工业生产工艺和工程化技术落后，生产效率和综合利用能力相对低下，缺乏标准化的专用制药工业装备；中药商业流通方式亟待改造。中药出口以原料为主和依赖老品种的局面没有明显改观，中药产品在发达国家进行药品注册尚未取得实质性突破，而“洋中药”返销进口有增长趋势。

——中医药现代科学基础薄弱。中医以整体、动态和辨证的思维方式认识生命与疾病的复杂现象，但用传统概念表达的中医药理论的科学内涵难以被现代社会普遍理解和接受；复方中药的物质基础和作用机理等现代研究一直没有突破；适合自身特点的研究、评价方法和标准规范体系尚未建立，适应时代要求的自主创新体系尚未形成，制约了中医药现代化、国际化进程。而西方国家利用其技术和资金优势，已经开始运用新的理论和方法研究中医药，这无疑是一个挑战。

4. 机遇

——中药现代化为中医药整体发展打下了良好基础。十年前国家提出的中药现代化发展战略，经过广泛探索和实践积累了很好的经验，为充分利用现代科学技术成果，推动中医药整体发展开创了良好局面。在此基础上通过整体规划，有效集成国内外资源，开展中医药的知识创新和技术创新，有可能突破中医药传承与创新发展中的关键问题，从而使人类认识生命和疾病过程的方法和手段从整体和综合的角度得到充实和完善，进而走出中国特色的医药自主创新之路。

——医学模式的转变为中医药充分发挥作用创造了有利条件。“生物—社会—心理—环境”医学模式的建立，改变了西方生物医学模式只重视“病”而忽视“人”的问题。以人为本，人与自然和谐共存的科学发展观，以及疾病防治战略的“前移”和重点的“下移”，为中医药发挥整体观、辨证观、个体化思想，对疾病、亚健康状态进行防治和综合调理，在延长生命的同时提高生存质量的优势创造了机会。

——现代科技发展为中医药传承创新提供了有力支撑。随着科学技术的迅速发展，新理论、新技术、新方法不断产生。21 世纪以生命科学、生物技术、信息科学、电子科学、材料科学、复杂科学和系统科学为前沿的世界科学技术迅猛发展，自然科学与人文科学间相互交叉、渗透、融合，新兴学科不断产生，不断增长的知识、大量的数据库、分析工具和技术，为证实和阐明中医药理论的科学内涵及关键问题的解决提供了新的方法和可能，为中医药的跨越式发展提供了可能。

二、指导思想、基本原则和战略目标

1. 指导思想

坚持以人为本、为人类健康服务的根本宗旨，按照“自主创新，重点跨越，支撑发展，引领未来”的新时期科技工作方针，在继承发扬中医药优势特色的基础上，充分利用现代科学技术，努力证实、阐明中医药的科学内涵，通过技术创新提高中医医疗服务能力和中药产业技术水平，通过知识创新丰富和完善中医药理论体系和医疗保健模式，加快中医药现代化和国际化进程，全面提高我国的医疗保健和重大疾病防治水平，不断满足广大民众的社会需求，确立我国在传统医药领域的优势地位，提高中医药的国际化能力和国际市场份额，为人类健康做出更大贡献。

2. 基本原则

坚持“继承与创新并重，中医中药协调发展，现代化与国际化相互促进，多学科结合”的基本原则，推动中医药传承与创新发展。

——继承与创新并重。继承是中医药发展的基础，创新是中医药发展的动力。要在系统继承中医药的学术思想和宝贵经验，保持中医药优势特色的基础上，切实加强自主创新，挖掘中医药的科学内涵，丰富和完善其理论和技术体系，进而提出医学整体发展新思路，探索新方法，开展新实践，争取新突破。

——中医中药协调发展。中医是中药应用的指针和开发的源泉，中药是中医医疗保健的主要手段。中医中药相互依存的关系是中医药学的显著特点。坚持中医中药在临床、科研和生产实践中的整体性，要注重从中医临床研究中发现问题和探索方向，重视中医基础研究的作用，强调以临床疗效为基础的中药基础和应用研究，中药研究成果为中医临床服务，促进中医中药协调发展。

——现代化与国际化相互促进。国际化是现代化的重要目的之一，现代化是国际化的前提和基础。通过现代化推进中医药国际化进程，以国际化促进中医药现代化发展，两者相辅相成，互为促进，达到沟通中医与西医、传统与现代、东方与西方的目的。

——多学科结合。中医药理论融合了多学科的知识，多学科结合是中医药发展的必然途径。中医药具有自然科学和人文科学的双重属性，要认识和挖掘中医药的科学内涵并加以丰富和发展，必须博采众长，充分运用现代科学的新理论、新技术和多学科交叉渗透的思路和方法，通过多学科、跨领域、产学研、海内外的合作加以突破。

3. 战略目标

中医药创新发展的总体目标是：通过科技创新支撑中医药现代化发展，不断提高中医药对我国经济和社会发展的贡献率，巩固和加强我国在传统医药领域的优势地位；重点突破中医药传承和医学及生命科学创新发展的关键问题，争取成为中国科技走向世界的突破口之一；促进东西方医学优势互补、相互融合，为建立具有中国特色的新医药学奠定基础；应用全球科技资源推进中医药国际化进程，弘扬中华民族优秀文化，为人类卫生保健事业做出新贡献。

为提高中医药创新发展能力，要努力完善中医疾病防治、养生保健和诊疗技术体系；健全中药现代产业技术体系；丰富发展中医药理论体系；建立国际认可的中医药标准规范体系；构建符合中医药特点的科技创新体系；形成国际科技合作网络体系。

——完善中医疾病防治、养生保健和诊疗技术体系。中医药预防、治疗、康复和养生保健的作用得到充分发挥；具有中医特色的诊疗技术与设备的水平与规范化程度明显提高；重大疾病防治、突发公共卫生事件应对能力和技术水平显著提高，农村和社区医疗服务水平及普及程度进一步提高，中医医疗服务对国家医疗服务体系的贡献率进一步加大。

——健全中药现代产业技术体系。发展中药农业，提升中药工业，改造中药商业，培育中药知识产业，促进中药产业链的形成与健康发展；保障中药资源可持续发展，强化合理开发和综合利用；研制一批能够进入国际医药保健主流市场的中医药新产品；形成一批拥有自主知识产权的国际知名品牌和国际竞争力较强的优势企业；发展一批集聚效应突出的中药科技产业基地；中医药产品在国内外医药市场的份额显著提高。

——建立国际认可的中医药标准规范体系。基本完成中医药标准规范体系的构建，制订一批符合中医药特点的中医药基础标准；建立多语种的中医药名词术语译释规范，中医临床诊疗和技术规范，中医药疗效和安全性评价与再评价标准，中药材、中药饮片、提取物及制剂的质量标准，中药生产和质量管理规范等主要技术标准；构建符合中医药特点的中医药评价和市场准入标准体系，最终形成国际认可的中医药标准规范体系。

——丰富发展中医药理论体系。加强中医药人才队伍建设，建立高效的中医药学术思想和实践经验的传承方法，初步完成中医药理论和经典文献的系统整理和诠释；开展民族医学及民间医药的系统整理和评价研究；多学科结合，深入认识和挖掘中医药理论的科学内涵，建立中医药知识库；在丰富和完善中医药理论体系的同时，丰富发展医学和生命科学的认识论和方法论，促进东西方医学优势互补、相互融合。

——构建符合中医药特点的科技创新体系。在集成多学科理论与技术的基础上进行创新，建立符合中医药特点的方法学体系；建立适应中医药现代化、国际化发展需求的科技创新平台，通过重点研究室（实验室）、临床研究基地、工程中心、科技产业基地等创新能力建设和研究型人才队伍的培养，构建中医药现代化发展的知识与技术创新体系。

——形成国际科技合作网络体系。中医药的国际及区域合作发展取得突破。建立一批有重要国际影响的中医药联合实验室和研究中心；开展内容广泛、形式多样的国际合作研究和学术交流；培育中医药国际化人才队伍；建立国际传统医药科技合作协调机制；包括一批发达国家参加的中医药国际科技合作计划取得显著进展；中医药文化的全球传播体系开始形成。

三、基本任务

中医药创新发展的基本任务是："继承，创新，现代化，国际化"。

1. 继承

系统继承中医药的宝贵知识和经验是中医药发展创新的源泉和基础。做好中医药继承工作的主要任务是：对中医药理论进行系统整理和现代诠释，研究挖掘中医药科学文献和古典医籍，构建中医药知识库；收集整理名老中医的学术思想、临床经验和用药方法并进行系统研究，建立高效的传承方法和个体化诊疗体系；对传统制药技术和老药工经验进行深入研究，使之成为规范化的工艺技术；对民族、民间医药传统知识和技术逐步开展系统的继承、整理和挖掘研究；努力培养新一代名医。

2. 创新

推动传统医学和现代医学协同发展，促进医学科学体系创新是中医药现代化的长远目标。推进中医药创新的主要任务是：充分运用中国所具有的中医、西医和中西医结合三支力量共同发展的历史积累和独特经验，以及现代系统科学与复杂科学等理论和方法，对中医药学蕴含的生命科学问题开展广泛深入的研究和探索，在丰富和发展中医药理论和方法学体系的同时，争取在与中医药科学内涵相关的若干问题上取得突破；加强中药作用的物质基础和作用机理的研究，运用现代科学方法和技术诠释中医药理论，并指导创新药物的开发；探索建立系统和综合的医学方法学体系，对个体生命的健康、亚健康和疾病发生、发展、演变、转归过程进行认知和干预，促进中西医药学的优势互补及相互融合，为创建具有中国特色的新医药学奠定基础。

3. 现代化

提高中医药医疗服务能力和产业技术水平是中医药自身发展的需求。推进中医药现代化发展的主要任务是：建设现代中医诊疗体系，开展中医药防治重大、疑难疾病以及预防、保健、康复作用的研究；建立中医药疗效、安全性评价方法与标准；研发中医诊疗技术与专用仪器设备，提高中医诊疗水平。选择疗效确切的传统中药进行深入细致的系统研究和开发（“二次开发”）；开展以中药为基源的药品、食品、保健品、化妆品和农用、兽用等高附加值的新产品研发；提高中药产品的质量标准和技术水平。发展绿色中药材种植（养殖）业，促进中药材规范化生产，确保中药产业可持续发展；研制适用于中药生产的工程技术及其装备，提高中药制造业水平；加强对中药商业及其流通方式的现代化研究。

4. 国际化

加强国际交流与合作，加快中医药国际化进程。中医药国际化的目标是要使中医药理论和实践得到国际社会的公认，使中医药服务和产品逐步进入国际医药和保健主流市场，中医独特的医疗保健康复模式及其价值逐渐被国际社会所理解和接受。中医药国际化发展的主要任务是：建立符合中医药特点的标准规范并争取成为传统医药的国际标准；加强符合国际市场需求的医疗、保健产品研究开发；争取中医药的合法地位，使中医药能够进入西方国家医院、药房和医疗保险系统；建立国际化的中医药研究与技术平台、信息平台和人才队伍；积极推进中医药医疗、教学、科研、生产合作与学术、技术交流；通过联合办医、办学、合办研究机构等，使中医药知识与文化得到有效的传播。

四、优先领域

1. 中医临床研究

以提高中医药防病治病能力为目标，既要解决制约中医药在防治重大疾病、常见病、疑难病中特色优势发挥的关键问题，又要加强个体化特色治疗经验的总结。注重发挥中医药在临床治疗、预防保健、养生康复等方面的优势和特点，为拓展服务领域、提升防治能力和学术水平服务。

（1）中医药防治重大疾病研究

开展重大传染性疾病和慢性非传染性疾病的防治研究。以提高具有中医药治疗优势的重大疾病防治方案的实用性为目标，通过规范化的临床方案设计，开展临床验证与评价研究，实现防治方案的优化和推广应用，同时为应对突发公共卫生事件做好技术储备。

(2) 中医药优势病种疗效评价与推广研究

以中医药临床治疗具有疗效优势的常见病和疑难病为对象，在开展疗效评价的基础上，进行病证结合诊断标准、辨证规范、临床实用技术操作规范、中医药诊疗手段和方法等研究并加以推广，以提高农村、社区基层医疗服务水平。

(3) 中医药传承研究

运用信息技术和数据挖掘技术，开展名老中医学术思想、临床经验和辨证论治方法的总结研究；古籍和文献的整理、挖掘研究；民族医药、民间疗法的系统整理和评价研究。探讨经验传承的有效方法和符合中医药临床需求的现代中医辨证治疗方法。

(4) 中医诊疗技术研究

开展中医诊疗技术研究；研制具有中医特点的诊疗仪器设备；探索中医四诊客观化、规范化方法。重点研究人体功能与自觉症状评价客观化方法及其指标体系的建立；个体化诊疗方案及其评价方法。

2. 中药产业发展

以建立现代中药产业链、保障中医药疗效为目标，不断提高中药产业和产品创新能力，为市场提供疗效确切、品质优良、安全方便、质量可控的中药产品，为培育健康产业服务。

(1) 加快构建中药农业技术体系

开展中药材规范化生产技术、绿色无公害技术、中药材质量系统评价、珍稀濒危品种保护、繁育和替代品等研究。在进行中药资源调查的基础上建立中药材种质库、基因库、化学样品库等。按照中药材生产的特点，借鉴现代农业和生物技术，完善中药材资源保护与可持续利用的关键技术，使中药农业向现代化、专业化、规模化发展。

(2) 加强中药工业关键技术的创新研究

开展中药饮片传统炮制经验继承及炮制工艺与设备现代化研究；中药提取、分离、浓缩、干燥、制剂、辅料生产技术集成创新的研究；借鉴现代制造技术、信息技术和质量控制技术，加强符合中成药生产特点的新工艺、新技术、新装备的研究开发，提高中药制造业的现代化水平。

(3) 开展以中药为基础的相关产品的研发

重点开展疗效确切的传统中药的“二次开发”和物质基础与作用机理相对明确的现代中药研发，包括用于生育调节和生殖保健产品的开发研究；以中药为基础的保健品、日用品、化妆品、食品添加剂和以中医诊疗技术为基础的医疗保健器械，以及中药、农药、兽药、饲料添加剂等绿色产品的开发研究。

(4) 构建体现中药特点的研发技术平台

建立中药基础研究、复方药物作用机理、疗效及安全性评价、药理及代谢、药物相互作用、临床研究、制剂与质量控制、工艺、生产装备研制等专业技术平台，提高中药创新能力和研究水平。

3. 基础理论研究

以证实和阐明中医药的科学内涵为目的，充分运用中医药学的历史积累、实践经验和现代系统科学、复杂科学的思想方法与技术手段开展多学科交叉研究，为建立具有中国特色的新医药学打下基础。

(1) 中医药理论体系研究

以中医药理论的系统研究为出发点，在整理分析以往研究成果的基础上，充分应用现代科学成果和多学科方法，深入阐明其独特有效的系统思维模式及其知识体系，阐明其基本理论的概念内涵、生理观、病理观和治疗观的现代生物学基础及其逻辑关系，人与自然和谐的医疗养生保健理论等，揭示中医药学认识自然、人体、生命、疾病现象及其相互关系的规律。

(2) 临床基础理论研究

以满足临床辨证论治需求为出发点，系统分析以往临床研究成果，重点开展病因病机与治法理论、脏腑经络理论、证候与辨证论治、中医药防治重大疾病和疑难疾病的研究以及相关临床疗效评价的基础研究，经穴特异性及针灸治疗机理、养生保健与疾病预防方法等研究；并针对目前死亡率较高的重大疾病和难以解决的慢性复杂性疾病的基础理论问题开展示范研究。

(3) 中药基础理论研究

重点开展中药药性理论、四气五味、归经理论、方剂配伍理论、中药复方药效物质基础和作用机理等研究，对中药道地药材、中药药性理论和方剂配伍理论进行科学表征，探索方剂多组分的药物代谢与相互作用关系，研究中药复方组成成分的量效、时效、谱效和毒效关系等。

(4) 医学发展模式研究

在整合中医药学和现代医学优势及各自成功经验的基础上，按照医学的自然科学和人文科学的双重属性，根据未来医学发展模式，探索建立以系统—动态的观点和分析—综合的方法，对个体生命的健康、亚健康和疾病发生、发展、演变、转归过程进行认知和干预，并形成统一的理论体系和标准规范指导临床实践，以维护人类健康、提高生命质量的医学科学，为创建具有中国特色的新医药学打下基础。

4. 标准规范研究

以构建符合自身特点的中医药标准规范体系、提高中医药标准水平为目标，在借鉴现代医药和其他国家传统医药经验的基础上，争取使中医药标准规范成为国际传统医药标准规范。

（1）中医药标准体系的构架

建立国际社会能够认可的医疗、教学、科研、产业、市场准入等中医药标准体系框架，重点开展建立中医药基础标准与技术标准的内容、方法、要求和规范研究，中医药名词术语及译释规范化、中医药计量（化）等研究，制定中医药信息分类与代码标准等。

（2）中医技术标准研究

以突出辨证论治特色的中医药临床诊疗技术标准规范研究为重点，研究建立中医疾病和证候分类标准、临床诊断和疗效评价标准、中医诊疗技术操作标准、诊疗仪器研制标准等。

（3）中药技术标准研究

以提高中药产品和产业技术水平为目标，按照中药多组分、非线性、多元化、多环节发挥效应的特点，研究建立中药材种质、品种、质量、种植、采集、加工、饮片炮制、提取等技术标准与技术规范，中药疗效与安全性评价标准、中成药生产工艺与装备标准、质量控制标准、中药标准品（对照品）库等。

5. 创新体系建设

以构建服务于中医药现代化和国际化发展的知识与技术创新体系为目的，加强符合中医药自身特点的方法学研究和平台建设以及人才培养，提高自主创新能力。

（1）建立符合中医药特点的方法学

根据中医药的整体观念、辨证论治、因人而异、复方用药等认识论和方法论特色，集成生物医学、信息科学、系统科学、复杂科学等研究方法，建立面向未来医学、与中医药理论和临床诊疗特色相适应的方法学体系，丰富和发展生命科学的认识论和方法论。重点开展辨证论治个体化干预过程的临床信息采集与复杂数据分析方法、中医药个体化疗效评价方法、中药复杂成分及与人体的相互作用、中医药继承与技术创新等现代方法学研究。

（2）建立中医药创新发展平台

根据认识中医药科学内涵以及探索未来医学发展模式的需要，针对人体具有整体、动态、开放和非线性等复杂系统的特点，整合资源，结合国家科技基础条件平台建设，研究建立中医药科技创新平台及其运行机制，通过重点研究室（实验室）、临床研究中心和产业化基地建设，以及中医药基础数据库和国际化信息库的建设，促进适应中医药现代化和国际化发展需求的创新体系的建立，提高科技支撑能力。

(3) 培育创新型人才队伍

加强中医药学科建设和人才成才规律的研究，培养传承型和创新型人才；加速具有新型知识结构的研究型人才的培养，造就有深厚中医药理论基础和实践经验、把握中医药发展规律、掌握现代科学技术方法、具有战略思维和组织才干的学科带头人；加强中医药研究和科技成果转化所急需的复合型管理人才和国际化人才的培养；积极扶持多学科结合的创新团队。

6. 国际科技合作

以应用全球科技资源推动中医药进入国际主流市场为目标，以我为主开展国际传统医药科技合作和交流，促进国际社会对中医药的理解和以中医药为代表的传统医药的推广应用。

(1) 促进中医药进入国际主流市场

重点开展中医药防治重大疑难疾病的国际联合临床研究，中医药（含针灸）疗效与安全性评价、中药质量控制技术及标准、复方药物的药效物质基础及其药代动力学特征、中医药名词术语译释规范研究，国际传统医药政策的合作研究等，促进国际社会对中医药的理解，争取在中医药进入国际主流市场方面取得突破。

(2) 建立中医药国际科技合作网络

建立中医药国际科技合作平台和合作网络，加强与世界不同传统医药和现代医药间的交流与合作。利用全球科技资源，通过中医药合作项目的示范研究，加速中医药学术、临床和产业国际化发展关键问题的解决，促进中医药医疗保健康复模式的国际传播和应用。

(3) 制定传统医药国际科学研究计划

以国际科学共识为基础制定传统医药国际科学研究计划，针对传统医药应用和发展的关键问题开展广泛的合作研究，深化对传统医药科学内涵的认识和理解，促进传统医药与现代医药的相互融合及共同发展；逐步建立传统医药的国际标准，提高传统医药产品的研发效率和生产、应用及管理水平；建立推动传统医药发展的国际协调机制，在政府间框架协议指导和国际组织支持下，形成若干个具有权威性的国际传统医药科学研究中心和信息中心，促进信息交流和资源共享。

五、政策措施

1. 加大投入

集成国家相关计划支持中医药创新发展，形成项目联动机制。国家和地方加大中医药科技经费投入，协调用好农业、林业、生态、扶贫、外贸、产业发展等有关项目资金，同时引导企业增加研究开发的投入，积极吸引社会投资和国际合作资金，形成支持中医药创新发展的多元化、多渠道的投入体系。

2. 政策扶持

制定若干鼓励中医药发展的政策法规，推动适合中医药特点的标准规范的建立与完善，加强中医药知识产权和资源的保护与利用；建立成果、信息管理和推广、共享机制；制定积极的人才政策，营造良好的创新环境，吸引跨学科人才和海内外人才，建设一支多学科、跨领域、产学研、海内外结合的人才队伍。

3. 组织协调

加强中医药发展战略和机制研究，协调相关部门和各级政府推动本规划纲要的实施，充分发挥区域资源特色和优势条件，积极支持组建以中医药现代化为目标的区域科技协作共同体，引导企业和社会参与，促进本规划纲要目标的实现。拓展国际合作方式与渠道，通过政府、国际组织、学术团体、行业协会等推进中医药国际化进程。

七 中药材管理

030

中华人民共和国国务院令

第106号

1992年10月14日中华人民共和国国务院令第106号发布，1993年1月1日起施行。

中药品种保护条例

第一章　总　　则

第一条　为了提高中药品种的质量，保护中药生产企业的合法权益，促进中药事业的发展，制定本条例。

第二条　本条例适用于中国境内生产制造的中药品种，包括中成药、天然药物的提取物及其制剂和中药人工制成品。

申请专利的中药品种，依照专利法的规定办理，不适用本条例。

第三条　国家鼓励研制开发临床有效的中药品种，对质量稳定、疗效确切的中药品种实行分级保护制度。

第四条　国务院卫生行政部门负责全国中药品种保护的监督管理工作。国家中药生产经营主管部门协同管理全国中药品种的保护工作。

第二章　中药保护品种等级的划分和审批

第五条　依照本条例受保护的中药品种，必须是列入国家药品标准的品种。经国务院卫生行政部门认定，列为省、自治区、直辖市药品标准的品种，也可以申请保护。

受保护的中药品种分为一、二级。

第六条　符合下列条件之一的中药品种，可以申请一级保护：

（一）对特定疾病有特殊疗效的；

（二）相当于国家一级保护野生药材物种的人工制成品；

（三）用于预防和治疗特殊疾病的。

第七条　符合下列条件之一的中药品种，可以申请二级保护：

（一）符合本条例第六条规定的品种或者已经解除一级保护的品种；

（二）对特定疾病有显著疗效的；

（三）从天然药物中提取的有效物质及特殊制剂。

第八条　国务院卫生行政部门批准的新药，按照国务院卫生行政部门规定的保护期给予保护；其中，符合本条例第六条、第七条规定的，在国务院卫生行政部门批准的保护期限届满前六个月，可以重新依照本条例的规定申请保护。

第九条　申请办理中药品种保护的程序：

（一）中药生产企业对其生产的符合本条例第五条、第六条、第七条、第八条规定的中药品种，可以向所在地省、自治区、直辖市中药生产经营主管部门提出申请，经中药生产经营主管部门签署意见后转送同级卫生行政部门，由省、自治区、直辖市卫生行政部门初审签署意见后，报国务院卫生行政部门。特殊情况下，中药生产企业也可以直接向国家中药生产经营主管部门提出申请，由国家中药生产经营主管部门签署意见后转送国务院卫生行政部门，或者直接向国务院卫生行政部门提出申请。

（二）国务院卫生行政部门委托国家中药品种保护审评委员会负责对申请保护的中药品种进行审评。国家中药品种保护审评委员会应当自接到申请报告书之日起六个月内做出审评结论。

（三）根据国家中药品种保护审评委员会的审评结论，由国务院卫生行政部门征求国家中药生产经营主管部门的意见后决定是否给予保护。批准保护的中药品种，由国务院卫生行政部门发给《中药保护品种证书》。

国务院卫生行政部门负责组织国家中药品种保护审评委员会，委员会成员由国务院卫生行政部门与国家中药生产经营主管部门协商后，聘请中医药方面的医疗、科研、检验及经营、管理专家担任。

第十条　申请中药品种保护的企业，应当按照国务院卫生行政部门的规定，向国家中药品种保护审评委员会提交完整的资料。

第十一条　对批准保护的中药品种以及保护期满的中药品种，由国务院卫生行政部门在指定的专业报刊上予以公告。

第三章　中药保护品种的保护

第十二条　中药保护品种的保护期限：

中药一级保护品种分别为三十年、二十年、十年。

中药二级保护品种为七年。

第十三条　中药一级保护品种的处方组成、工艺制法，在保护期限内由获得

《中药保护品种证书》的生产企业和有关的药品生产经营主管部门、卫生行政部门及有关单位和个人负责保密，不得公开。

负有保密责任的有关部门、企业和单位应当按照国家有关规定，建立必要的保密制度。

第十四条 向国外转让中药一级保护品种的处方组成、工艺制法的，应当按照国家有关保密的规定办理。

第十五条 中药一级保护品种因特殊情况需要延长保护期限的，由生产企业在该品种保护期满前六个月，依照本条例第九条规定的程序申报。延长的保护期限由国务院卫生行政部门根据国家中药品种保护审评委员会的审评结果确定；但是，每次延长的保护期限不得超过第一次批准的保护期限。

第十六条 中药二级保护品种在保护期满后可以延长七年。

申请延长保护期的中药二级保护品种，应当在保护期满前六个月，由生产企业依照本条例第九条规定的程序申报。

第十七条 被批准保护的中药品种，在保护期内限于由获得《中药保护品种证书》的企业生产；但是，本条例第十九条另有规定的除外。

第十八条 国务院卫生行政部门批准保护的中药品种如果在批准前是由多家企业生产的，其中未申请《中药保护品种证书》的企业应当自公告发布之日起六个月内向国务院卫生行政部门申报，并依照本条例第十条的规定提供有关资料，由国务院卫生行政部门指定药品检验机构对该申报品种进行同品种的质量检验。国务院卫生行政部门根据检验结果，可以采取以下措施：

（一）对达到国家药品标准的，经征求国家中药生产经营主管部门意见后，补发《中药保护品种证书》。

（二）对未达到国家药品标准的，依照药品管理的法律、行政法规的规定撤销该中药品种的批准文号。

第十九条 对临床用药紧缺的中药保护品种，根据国家中药生产经营主管部门提出的仿制建议，经国务院卫生行政部门批准，由仿制企业所在地的省、自治区、直辖市卫生行政部门对生产同一中药保护品种的企业发放批准文号。该企业应当付给持有《中药保护品种证书》并转让该中药品种的处方组成、工艺制法的企业合理的使用费，其数额由双方商定；双方不能达成协议的，由国务院卫生行政部门裁决。

第二十条 生产中药保护品种的企业及中药生产经营主管部门，应当根据省、自治区、直辖市卫生行政部门提出的要求，改进生产条件，提高品种质量。

第二十一条 中药保护品种在保护期内向国外申请注册的，须经国务院卫生行政部门批准。

第四章　罚　　则

第二十二条　违反本条例第十三条的规定，造成泄密的责任人员，由其所在单位或者上级机关给予行政处分；构成犯罪的，依法追究刑事责任。

第二十三条　违反本条例第十七条的规定，擅自仿制中药保护品种的，由县级以上卫生行政部门以生产假药依法论处。

伪造《中药品种保护证书》及有关证明文件进行生产、销售的，由县级以上卫生行政部门没收其全部有关药品及违法所得，并可以处以有关药品正品价格三倍以下罚款。

上述行为构成犯罪的，由司法机关依法追究刑事责任。

第二十四条　当事人对卫生行政部门的处罚决定不服的，可以依照有关法律、行政法规的规定，申请行政复议或者提起行政诉讼。

第五章　附　　则

第二十五条　有关中药保护品种的申报要求、申报表格等，由国务院卫生行政部门制定。

第二十六条　本条例由国务院卫生行政部门负责解释。

第二十七条　本条例自一九九三年一月一日起施行。

031

国家食品药品监督管理局关于印发天然药物新药研究技术要求的通知

国食药监注〔2013〕17号

各省、自治区、直辖市食品药品监督管理局（药品监督管理局）：

为完善注册管理法规体系，规范中药、天然药物的注册管理，鼓励创新，国家食品药品监督管理局组织制定了《天然药物新药研究技术要求》，现予印发，请参照执行。

国家食品药品监督管理局

二〇一三年一月十八日

天然药物新药研究技术要求

国家食品药品监督管理局

2013年1月18日

一、概述

本技术要求所指的天然药物是指在现代医药理论指导下使用的天然药用物质及其制剂。其来源包括植物、动物和矿物，一般不包括来源于基因修饰动植物的物质、经微生物发酵或经化学等修饰的物质。

天然药物的研发应关注以下几点：一是以现代医药理论指导临床试验方案设计与评价；二是活性成份的确定应有充分的依据；三是应有充分的试验数据说明处方合理性、非临床和临床的有效性以及安全性；四是保证资源的可持续利用。

天然药物研发和注册应遵循《药品注册管理办法》附件1的注册分类和相关要求。

本技术要求围绕天然药物本身的特点进行阐述，研究的具体内容和设计方法可参照相关的中药、天然药物或化学药物研究技术指导原则。

二、一般原则

天然药物的研制应当符合现代医药理论，注重试验研究证据，体现临床应用价值，保证药物的安全有效和质量稳定均一。

为保障资源的可持续利用及保护生态环境，天然药物一般不应以野生动植物为原材料，若确需使用非重点保护野生动植物为原材料的，应提供相关研究资料证明相应品种的生产不会对资源及生态环境产生不利影响，如可使用不影响其生长、繁殖的药用部位为原材料等。

应对天然药物进行系统的化学成份研究，明确所含大类成份的结构类型及主要成份的结构，并应研究确定活性成份。

药理毒理学试验、早期临床试验用样品均应在固定工艺后制备，如不能保证中试样品与生产规模的样品基本一致，应该使用生产规模的样品进行以上研究。Ⅲ期临床试验用样品应采用生产规模的样品。应在申报资料中提供药理毒理试验所用受试物的配制、质量检查和贮存等相关资料。

天然药物复方制剂是由多个提取物组成的制剂，各提取物应为已上市单方制剂的原料药。应采用主要药效学试验或毒理研究证明组方的合理性，必要时应说明处方组成之间的相互作用。

天然药物新药非临床安全性研究应遵循药物非临床研究质量管理规范（GLP），并在通过国家食品药品监督管理局认证的药物非临床安全性评价研究机构进行。

天然药物应进行体内过程的探索研究，以主要活性成份进行体内吸收、分布、代谢和排泄研究，了解其药代动力学基本特点。

天然药物应提供充分的非临床有效性和安全性研究资料，并进行作用机理研究。天然药物临床有效性应当采用现代医学方法和标准进行评价，适应症应采用现代医学术语规范描述。天然药物临床试验应遵循药物临床试验质量管理规范（GCP），并在通过国家药物临床试验机构资格认证的机构进行。临床试验设计及评价标准需参照化学药品临床试验相关技术指导原则。

申请人申请天然药物临床试验时既可一次性申请进行临床试验并提供支持临床试验的药学和非临床试验资料，也可根据具体情况申请阶段性（Ⅰ期、Ⅱ期、Ⅲ期）临床试验，并可分阶段提供支持相应临床试验的非临床安全性试验资料和药学资料。阶段性临床试验完成后，可以按补充申请的方式申请下一阶段的临床试验。

三、药学研究

为保证上市后天然药物质量的稳定均一，应对天然药物的生产进行全过程质量控制。应研究明确天然药物所含活性成份，并建立全面反映天然药物质量的标准。

（一）原材料

本技术要求中的“原材料”是指制备制剂处方中提取物所用的起始原料。

1. 应明确植物性原材料的基原、药用部位、产地、采收期、产地加工等信息。包含多种基原的，应使用其中一种基原。

2. 应说明保证所用原材料质量符合要求的方法。采用栽培植物的药用部位入药的，应参照中药材生产质量管理规范（GAP）有关要求，说明保证原材料质量稳定的方法和条件。采用野生动植物的药用部位入药的，应说明保证资源可持续利用的措施，提供药品生产对药材资源、生态环境等影响的评估报告。

3. 应提供由具资质单位出具的原材料的鉴定证明，及相关研究资料。

4. 应建立原材料的质量标准。质量标准中的质控项目应能反映原材料的质量，并体现其特点。对于可能有掺杂、掺伪的药材应进行研究，并在质量标准中建立相应质控项目。

5. 应明确原材料的包装材料或容器、贮存条件及贮存期。

6. 原材料为源于动物的药用部位或矿物的，可参照上述植物原材料的相关要求。以动物性原材料入药的，应对相关病原微生物进行灭活等研究。

（二）提取物

本技术要求中的“提取物”是指天然药物制剂处方中直接供制备制剂用的原料药。

1. 应明确提取物制备前原材料的前处理方法及条件。应提供提取物中外源性有害物质的研究资料，包括重金属及其他有害元素、农药、真菌毒素等。

2. 应研究确定合理的制备工艺。以活性成份为指标进行生产工艺路线、方法及参数等研究，尽可能多地保留活性成份，减少杂质。研究明确生产全过程质量控制的方法，确定符合规模化生产要求的生产工艺。

3. 应在深入而系统的化学成份研究的基础上，建立天然药物提取物的质量标准。除应建立活性成份的质控项目，并规定合理的含量范围外，多成份天然药物提取物质量标准中还应采用适宜的方法（如指纹图谱等）全面反映所含成份的信息。

4. 应研究确定提取物的包装材料或容器、贮存条件、有效期等。

5. 应建立生产过程中所用材料（如大孔吸附树脂等）的质量标准，明确处理方法及条件等；应明确所用关键设备的工作原理、关键参数等。

（三）制剂

1. 应明确所用辅料的质量标准、来源、质量状况；如需精制，应明确精制的方法、条件及标准。

2. 天然药物制剂应以提取物投料。应明确保证批与批之间制剂质量稳定均一的措施和方法。应根据活性成份理化性质、体外释放特点及药代研究数据，进行制剂处方及成型工艺研究，确定合理的辅料种类、用量及制剂成型工艺。研究明确生产全过程质量控制的方法，确定符合规模化生产要求的生产工艺。

3. 应在充分研究的基础上，研究建立天然药物制剂的质量标准。应建立全面反映制剂质量的检测项目，反映不同批次之间制剂质量的稳定均一。质量标准中除应建立活性成份的质控项目，并规定合理的含量范围外，多成份天然药物制剂质量标准中还应采用适宜的方法（如指纹图谱等）全面反映所含成份的信息。质量标准中相关要求的确定应以Ⅲ期临床试验用样品的质量为主要依据。必要时还应采用能够反映制剂质量的生物学方法。

4. 应研究确定制剂的包装、贮存条件、有效期等。应明确直接接触药品的包装材料或容器的质量标准及选用依据，必要时进行包装材料与药物的相容性研究。

5. 应明确生产过程中所用材料的质量标准、处理方法及条件等；明确所用关键设备的工作原理、关键参数等。

（四）分阶段申请临床试验的药学要求

天然药物新药的研究可根据探索性研究的需要分阶段申请临床试验，并参照以下各阶段的要求完成相应的药学研究。一次性申请全部临床试验的，可参照Ⅲ期临床试验的要求。

1. 申请进行Ⅰ期临床试验：应固定原材料的基原、产地、采收期等；明确提取物的生产工艺路线，固定关键参数；提供剂型选择的依据；完成中试研究；建立原材料、提取物、制剂的质量标准草案。若含毒性成份应建立其质量控制方法。

2. 申请进行Ⅱ期临床试验：应建立初步的全过程质量控制体系，能够基本保证不同批次临床试验用样品质量的稳定均一。除可根据规模化生产的需要对成型工艺等进行调整、为满足临床试验的需要对规格进行研究外，其余工艺应固定。应建立原材料、提取物、制剂的质量标准，以及辅料、生产过程所用材料、直接接触药品的包装材料等的质量标准草案；完成提取物及制剂的初步稳定性考察，有效期满足临床试验的需要。

3. 申请进行Ⅲ期临床试验：应建立全过程质量控制体系。建立较完善的原材料质量控制方法；提取物及制剂的生产工艺稳定，并符合规模化生产的需要，明确详细的提取物及制剂“生产工艺”；建立较完整的质量标准体系，能够采用适当的指标和方法全面反映原材料、提取物及制剂的质量。应保证所用辅料、生产过程所用材料、直接接触药品的包装材料等的质量稳定；制剂的有效期满足临床试验的需要。

（五）上市前的药学要求

1. 应建立完善的全过程质量控制体系，基本保证上市后不同批次药品质量的稳定均一。

应建立完善的原材料质量控制方法。保证原材料质量的相对稳定和资源的可持续利用。

提取物及制剂的生产工艺成熟、稳定，相关质量控制方法、要求及关键设备等明确。明确详细的提取物及制剂“生产工艺”。

应建立完整的质量标准体系，在原材料、提取物及制剂质量标准中建立活性成份的检测方法，采用适当的指标和方法全面反映原材料、提取物及制剂的质量。应保证所用辅料、生产过程所用材料、直接接触药品的包装材料等的质量稳定。

2. 明确原材料、提取物及制剂的包装材料、贮存条件及有效期（贮存期）。

3. 完成临床试验用样品与拟上市产品之间的质量对比研究和分析，能够保证上市后药品的质量与临床试验用样品一致。

四、药理毒理学研究

天然药物新药的药理毒理申报资料包括主要药效学、毒理学、药代动力学研究资料。此外，还包括活性成份筛选、确认等支持立题依据的药理毒理研究资料。

（一）非临床有效性研究

应重视天然药物活性成份筛选、确认阶段的药效学研究，为天然药物立题提供支持依据。

应关注天然药物非临床有效性研究的剂量探索。药效学试验受试物所采用的剂量应在预试验的基础上确定。对于主要药效学试验的关键指标，应进行量效关系的研究。必要时，还应与阳性对照药进行量效关系的比较研究。

应进行天然药物作用机制和作用特点的研究，为临床试验合理设计提供必要的信息。

（二）非临床安全性研究

非临床安全性评价的项目及内容应符合相关安全性研究技术指导原则的要求。

天然药物的非临床安全性评价主要包括急性毒性、长期毒性、安全药理学、生殖毒性、遗传毒性试验，必要时还需进行致癌性等试验研究；根据天然药物给药途径、制剂特点等，可能需进行相应的制剂安全性试验（过敏性试验、溶血性试验、局部刺激性试验）、依赖性试验等。

对于单一有效成份制成的天然药物，应当提供全套的毒理学研究资料，并在毒理学试验中伴随毒代动力学研究。成份相对明确的多成份制成的天然药物，鼓励进行毒代动力学探索研究。必要时，天然药物还应进行毒性机理的探索研究。

一般情况下，安全药理学、急性毒性、长期毒性和遗传毒性试验资料或文献资料应在申请临床试验时提供。临床试验前应采用两种哺乳动物（其中一种为非啮齿类）进行长期毒性试验。生殖毒性试验资料可根据临床试验的用药人群分别在分阶段申请临床或申请生产时提供。

毒理学试验中动物给药时限的确定应考虑拟申请的适应症、拟定的临床疗程以及上市后的实际用药情况（如长期或反复用药）。一般情况下，给药途径应与临床拟给药途径相一致。若为特殊给药途径，也可考虑采用能更充分暴露毒性的其他给药途径。

（三）非临床药代动力学研究

有效成份制成的天然药物应进行非临床药代动力学研究。可参考《药物非临床药代动力学研究技术指导原则》。同时，应当充分考虑天然药物不同于化学药物的一些药代动力学特点，对天然药物体内过程适宜性评价应当充分结合药物的作用特点，开展活性代谢产物的跟踪研究。鼓励在天然药物研发的早期进行体内过程的评价研究，为给药途径的确定及后续研发提供参考数据。

多成份天然药物，在尽可能多地了解所含成份体内暴露程度的基础上，鼓励选择其中能反映主要药效的主要活性成份进行非临床药代动力学探索性研究。

进行非临床药代动力学研究时，应在不同给药剂量下考察天然药物主要活性成份的机体暴露情况，研究剂量与暴露的相关性，以解释药效学和毒理学试验结果。非临床药代动力学研究的首选动物应尽可能与药效学和/或毒理学试验所用动物一致，并尽可能在清醒状态下试验，最好对同一动物选择合适的采样点多次采样来进行测定。一般情况下，受试动物应采用雌雄各半，若发现动力学特征存在明显性别差异，则应增加动物数量以识别性别差异。

若临床试验中涉及天然药物拟与其他药物联合应用的试验内容，应当对该天然药物与拟联合用药的已上市药品的相互作用进行研究，包括通过体外和体内药物代谢研究来评价药物间可能存在的相互作用。

（四）复方制剂

天然药物复方制剂除按照上述非临床有效性、安全性研究等内容进行研究之外，还应关注立项阶段的组方合理性研究，提供充分的试验数据，以支持其复方立题的合理性。

一般情况下，天然药物复方制剂应明确处方中已上市各提取物的药理作用特点，说明其在该复方制剂中所起的药效学作用。应开展配伍有效性研究，证明配伍的科学性、合理性；应进行复方配比研究，证明配伍的最佳配比。天然药物复方制剂的配伍配比研究，应以探索并确定其药物特点及临床优势为目标，针对其组方目的（如增效、减毒等），结合拟申请适应症，选择合适的主要药效模型进行研究。必要时，还需提供支持其处方组成的相互作用的药代动力学研究依据。对于以减毒为目的组成的复方制剂，应提供与含毒性成份的提取物比较的长期毒性试验资料，探索减毒的可能机制，或选择其他合适的毒性试验进行比较研究，为其处方合理性提供支持依据。

（五）申请不同阶段临床试验的非临床安全性要求

为降低研发风险，申请人可以申请不同阶段临床试验。对申请进行早期临床试验的品种，其非临床安全性评价资料有不同要求。

长期毒性试验的给药期限通常与拟申请临床试验的期限、临床适应症有关。申请不同临床阶段所需的长期毒性试验给药期限有所不同，具体期限可参照《药物重复给药毒性研究技术指导原则》。需要进行遗传毒性试验的天然药物，一般应在临床试验前完成标准组合的遗传毒性试验。若标准组合试验出现可疑或阳性试验结果，应追加进行其他相关试验，并根据具体情况来确定所需进行试验的内容及完成的时间。

需要进行生殖毒性试验的天然药物，如有效成份制成的天然药物等，一般应在临床试验前完成生育力与早期胚胎发育毒性试验（Ⅰ段生殖毒性试验）、胚胎—胎仔发育毒性试验（Ⅱ段生殖毒性试验）和围产期毒性试验（Ⅲ段生殖毒性试验）。根据具体情况，第二种动物的Ⅱ段生殖毒性试验及Ⅲ段生殖毒性试验也可考虑在不同临床阶段或上市申请前完成。用于某些特殊适应症的天然药物，若临床试验中明确不用于育龄人群、妊娠期或哺乳期等特殊人群，根据具体情况，生殖毒性试验也可在临床试验期间或上市申请前完成。

此外，以下情况的天然药物也应考虑进行生殖毒性试验，如用于育龄人群的生育调节药物（如避孕药、促精子生成药和治疗性功能障碍药等）、保胎药、可能对生殖系统产生影响的药物（如性激素或具有激素样活性的药物）、遗传毒性阳性药物和细胞毒性药物、长毒试验中发现对生殖系统有明显影响的药物，应根据具体情况提供相应的生殖毒性试验资料，此类天然药物应在申请临床试验前完成相应的生殖毒性试验。

需要进行致癌试验的天然药物一般可在临床试验期间或上市前完成。天然药物是否应进行致癌试验及进行致癌试验的时间安排，可参照《药物致癌试验必要性的技术指导原则》。

五、临床研究

（一）一般要求

1. 进行天然药物临床试验的医师及其他相关人员应接受临床研究培训，具备相应的资格和能力。

2. 天然药物临床试验应当科学合理设计，应遵循随机、盲法和对照的设计原则。在符合伦理原则的前提下，应采用安慰剂对照；当安慰剂对照设计不符合伦理原则时，可以采用有确切治疗效果的阳性药对照。对于安慰剂对照，研究者可以有多种设计方法，如使用“加载（add－on）”设计、剂量一效应设计等，必要时，建议在安慰剂对照的同时加入阳性对照（如三臂试验）。

3. 天然药物临床试验的有效性评价，包括受试者选择、主要疗效指标和次要疗效指标设计、给药方案、评价标准和方法等，需参照化学药品临床试验相关技术指导原则。

4. 天然药物临床试验应特别注重安全性评价，安全性指标设计应尽可能完善、合理，对已知的不良反应，包括文献、临床应用经验和毒理研究中的安全性提示，都应在临床试验设计中具体体现。对于慢性病或需要长期反复用药的情况，应在有效性试验结束后继续观察，并提供长期用药的安全性数据。

5. 天然药物的临床试验必须采取适当的措施以保护受试者，在知情同意书中要清楚地说明受试药物的特点。

（二）临床试验分期和要求

天然药物新药上市前应进行Ⅰ、Ⅱ、Ⅲ期临床试验。

Ⅰ期临床试验：初步的临床药理学及人体安全性评价试验。观察人体对于新药的耐受程度和药代动力学，为制定给药方案提供依据。应在动物药代研究的基础上，进行人体药代动力学试验，其所得出的结果为后续临床试验方案的制定提供依据。耐受性试验旨在观察天然药物首次进行人体试验时的反应和剂量耐受关系。

Ⅱ期临床试验：治疗作用初步评价阶段。其目的是初步评价药物对目标适应症患者的治疗作用和安全性。此阶段的研究设计应根据具体研究目的，设计多个临床试验，采用合理的设计方法进行研究。Ⅱ期临床试验中需进行剂量效应研究，并对适用人群、给药方案、疗程、药物相互作用等进行探索性研究，为Ⅲ期临床试验的方案设计和给药剂量方案的确定提供依据，以及为准确撰写说明书提供信息。

Ⅲ期临床试验：治疗作用确证阶段。其目的是进一步验证药物对目标适应症患者的治疗作用和安全性，评价获益与风险关系，最终为药物注册申请的审查提供充分的依据。天然药物Ⅲ期临床试验应为具有足够样本量的随机对照试验。一般应采用两个确证性试验数据来说明其有效性。用于长期治疗不危及生命疾病的药物（如连续治疗 6 个月或以上，或者间断治疗的累计时间大于 6 个月），需提供长期给药的安全性数据，包括暴露 6 个月的受试者 300 至 600 例和暴露至少 1 年的受试者 100 例的数据。药物延长的暴露试验可以从Ⅲ期临床试验开始。

032

食品药品监管总局等部门关于进一步加强中药材管理的通知

食药监〔2013〕208号

各省、自治区、直辖市人民政府：

中药材是中医药的重要组成部分。加强中药材管理、保障中药材质量安全，对于维护公众健康、促进中药材产业持续健康发展、推动中医药事业繁荣壮大，具有重要意义。为进一步加强中药材管理，经国务院同意，现就有关工作通知如下：

一、充分认识加强中药材管理的重要性

近年来，我国中药材管理不断加强，形成了以中药材种植养殖、产地初加工和专业市场为主要环节的中药材产业，呈现出持续发展的良好态势。但受多种因素影响，中药材管理领域仍然存在一些突出问题，主要表现是，标准化种植养殖落实不到位，不科学使用农药化肥造成有害物质残留；中药材产地初加工设备简陋，染色增重、掺杂使假现象时有发生；中药材专业市场以次充好，以假充真，制假售假，违法经营中药饮片和其他药品现象屡禁不止。这些问题严重影响中药材质量安全，危害公众健康，阻碍中药材产业和中医药事业健康发展，社会反映强烈。

地方各级人民政府要深刻认识这项工作的重要意义，以对国家和公众高度负责的态度，采取切实有效措施，加大中药材产业链各环节的管理力度，坚决打击违法犯罪活动，确保中药材质量安全。

二、强化中药材管理措施

（一）加强中药材种植养殖管理。各地要高度重视中药材资源的保护、利用和可持续发展，加强中药材野生资源的采集和抚育管理，采集使用国家保护品种，要严格按规定履行审批手续。严禁非法贩卖野生动物和非法采挖野生中药材资源。要在全国中药材资源普查的基础上结合本地中药材资源分布、自然环境条件、传统种植养殖历史和道地药材特性，加强中药材种植养殖的科学管理，按品种逐一制定并严格实施种植养殖和采集技术规范，统一建立种子种苗繁育基地，合理使用农药和化肥，按年限、季节和药用部位采收中药材，提高中药材种植养

殖的科学化、规范化水平。禁止在非适宜区种植养殖中药材，严禁使用高毒、剧毒农药、严禁滥用农药、抗生素、化肥，特别是动物激素类物质、植物生长调节剂和除草剂。加快技术、信息和供应保障服务体系建设，完善中药材质量控制标准以及农药、重金属等有害物质限量控制标准；加强检验检测，防止不合格的中药材流入市场。

（二）加强中药材产地初加工管理。产地初加工是指在中药材产地对地产中药材进行洁净、除去非药用部位、干燥等处理，是防止霉变虫蛀、便于储存运输、保障中药材质量的重要手段。各地要结合地产中药材的特点，加强对中药材产地初加工的管理，逐步实现初加工集中化、规范化、产业化。要对地产中药材逐品种制定产地初加工规范，统一质量控制标准，改进加工工艺，提高中药材产地初加工水平，避免粗制滥造导致中药材有效成分流失、质量下降。严禁滥用硫磺熏蒸等方法，二氧化硫等物质残留必须符合国家规定。严厉打击产地初加工过程中掺杂使假、染色增重、污染霉变、非法提取等违法违规行为。

（三）加强中药材专业市场管理。除现有 17 个中药材专业市场外，各地一律不得开办新的中药材专业市场。中药材专业市场所在地人民政府要按照“谁开办，谁管理”的原则，承担起管理责任，明确市场开办主体及其责任。中药材专业市场要建立健全交易管理部门和质量管理机构，完善市场交易和质量管理的规章制度，逐步建立起公司化的中药材经营模式。要构建中药材电子交易平台和市场信息平台，建设中药材流通追溯系统，配备使用具有药品现代物流水平的仓储设施设备，提高中药材仓储、养护技术水平，切实保障中药材质量。严禁销售假劣中药材，严禁未经批准以任何名义或方式经营中药饮片、中成药和其他药品，严禁销售国家规定的 28 种毒性药材，严禁非法销售国家规定的 42 种濒危药材。

（四）加强中药饮片生产经营管理。中药饮片生产经营必须依法取得许可证照，按照法律法规及有关规定组织开展生产经营活动。严禁未取得合法资质的企业和个人从事中药饮片生产、中药提取。各地要坚决取缔无证生产经营中药饮片的非法窝点，严厉打击私切滥制等非法加工、变相生产中药饮片的行为。要加强对药品生产经营企业的管理，严厉打击药品生产经营企业出租出借许可证照、将中药饮片生产转包给非法窝点或药农、购买非法中药饮片改换包装出售等违法行为。鼓励和引导中药饮片、中成药生产企业逐步使用可追溯的中药材为原料，在传统主产区建立中药材种植养殖和生产加工基地，保证中药材质量稳定。

（五）促进中药材产业健康发展。各地要根据国家中药材产业中长期发展规划，制定切合本地实际的中药材产业发展规划，采取有效措施促进中药材产业健康发展。要建立完善中药材种植养殖、产地初加工和中药材专业市场各项管理制度，开展诚信体系建设，营造促进行业健康发展的政策环境，推动地方特色中药材的集约化、品牌化发展。

三、加强组织保障

（一）明确地方政府责任。各地要切实履行地方政府负总责的要求，加强统一领导和组织协调，落实对中药材种植养殖、产地初加工和专业市场各环节的管理责任。要明确负责中药材管理的机构和人员，保障必要的经费和工作条件；建立中药材管理和服务的专业技术机构，完善中药材产业链中各项技术规范，提高中药材技术服务和质量保障能力；扶持中药材行业协会等社会组织发展，充分发挥其行业管理、行业自律、企业诚信等方面的作用，提高中药材管理的社会化水平。

（二）严惩违法犯罪行为。各地要切实加强对中药材的日常管理，强化中药材产业链各环节的排查，深挖带有行业共性的隐患和问题，坚决清退不符合要求的生产经营者，净化中药材市场环境。要针对社会反映强烈的突出问题，组织开展中药材整治专项行动，严厉打击制假售假等各类违法违规行为，保持打击中药材违法犯罪的高压态势。建立部门、区域联动机制，追根溯源，一查到底，及时查处曝光典型案件，有力震慑违法犯罪分子。

（三）严格监督检查。国务院有关部门要加强协作配合和监督指导，采取抽查、监督检验和明察暗访等方式，对中药材管理情况和中药材质量情况进行监督检查，监督检查结果要及时向社会公布。对问题突出、屡整屡犯、群众反映强烈的中药材专业市场坚决予以关闭；对管理措施不到位、市场秩序混乱、质量问题严重的地方，依纪依法追究相关责任人责任。

国家食品药品监督管理总局　工业和信息化部
农业部　商务部
卫生计划育生委员会　工商行政管理总局
国家林业局　国家中医药管理局
二〇一三年十月九日

033

2013年中药资源普查试点工作要点

国家中医药管理局办公室

2013年2月16日

中药资源是中医药事业发展的物质基础，是国家重要的战略性资源。为贯彻《国务院关于扶持和促进中医药事业发展的若干意见》（国发〔2009〕22号）关于“开展全国中药资源普查，加强中药资源监测和信息网络建设”的工作要求，切实履行国家中医药管理局“组织开展中药资源普查，促进中药资源的保护、开发和合理利用”的职责，从2011年开始，我局组织开展了22个省份的中药资源普查试点工作。为保证中药资源普查试点工作的顺利进行，现印发2013年中药资源普查试点工作要点。

一、指导思想

按照国家中医药管理局关于中药资源普查试点工作部署，以中药资源普查组织管理和技术支撑体系建设为基础，以普查成果转化和承接为重点，以科学技术创新为驱动，不断总结完善普查试点工作，为第四次全国中药资源普查奠定坚实的基础。

二、工作要点

（一）积极推进中药资源普查试点工作

1. 组织开展中药资源普查试点工作综合调研督导

全面了解2011年、2012年度中医药部门公共卫生专项“国家基本药物所需中药原料资源调查和监测项目”和2012年行业专项“我国代表性区域中药资源保护与利用项目”等项目的实施情况和经费执行情况，了解普查试点工作中存在的问题和困难，进一步推动中药资源普查试点工作各项任务的落实。

2. 组织召开中药资源普查试点工作交流会

全面推进2013年的中药资源普查试点工作，召开工作交流会，总结交流前期中药资源普查试点工作取得的经验，展示普查工作的成果，搭建各试点省之间组织开展中药资源普查试点相关工作的交流和学习平台。

3. 推动尚未开展中药资源普查省份的试点工作

前期尚未开展中药资源普查试点工作的省份，应积极争取本省人民政府的财政支持，按照我局中药资源普查试点工作的部署和制定的技术规范，适时启动本省普查试点工作。我局将积极协调有关试点工作，并争取相关经费的支持。具体工作由我局中药资源普查试点工作办公室衔接。

（二）加强中药资源科研和服务体系建设

1. 建立国家中药资源科研体系

以中国中医科学院中药资源中心为依托，筹备建立国家中药资源中心，构建国家级中药资源科研平台。通过与各省科研单位、大专院校以及中药资源动态监测和信息服务站建站单位的联动，形成稳定的科研组织架构和共建共享的合作与成果分享机制，对口合作，加强科研成果向中药材生产一线的转化应用。借鉴农业技术体系的模式，联合相关部委，多渠道争取中药资源领域的科研项目，建立中药资源研究的领域科学家、品种科学家及专业岗位科学家，加强基层中药资源技术人才的培养，逐步形成覆盖全国，比较系统、结构合理、由不同层次构成的中药资源科研体系。

积极参加与中药资源有关的国际标准研究制定工作，为 ISO/TC249 国际标准的制定提供保障，组建人参国际标准联盟等。

2. 筹建全国中药资源普查大队

以各试点省中药资源普查试点工作的技术骨干单位为主体，吸收地方主要产区相关单位和人员筹建全国中药资源普查大队，加强基础条件建设，配置相应的装备，负责中药资源相关调查、收集和整理工作，逐步建立满足国家、各级政府和行业需要的常态化中药资源调查机制。

3. 建立中药资源动态监测和信息服务体系

加大支持力度，基本建成由中心平台、监测站和监测点组成的国家基本药物中药资源动态监测和信息服务体系，通过对区域内中药资源相关信息的收集和监测，分析中药资源动态变化趋势，提供中药材主要产区的产量、流通量、质量和价格等信息，开展与中药资源相关的检测检验等技术服务，逐步形成区域性、综合性服务平台。

（三）做好中药资源普查成果转化和承接工作

1. 实施道地药材认证的试点工作

以中药资源普查试点工作为基础，结合近年来我局开展的科技重大项目有关道地药材形成机理研究和标准制定所取得的成果，实施道地药材认证的试点工作，促进道地药材种植规范有序，产区发展科学合理。

2. 制定下发中药材种子种苗繁育基地建设标准、建设一批示范基地

结合中药资源普查试点工作任务，制定中药材种子种苗繁育基地建设标准。鼓励地方政府、工商农企业、大专院校、科研院所等，根据基地建设标准，在中药材的道地产区或主产区建设中药材种子种苗繁育基地，逐步建成国家名贵道

地、大宗常用，以及稀缺濒危药材种子种苗规模化、规范化的繁育基地，正本清源，保证品质优良和有效供给。经专家的科学论证，我局将达到标准的基地作为“中药材种子种苗繁育科技示范基地”，给予相应的支持。

3. 建立中药资源实物标本馆

加强中药资源实物保存的基础条件建设，充分承接好中药资源普查成果，鼓励建立国家和省级中药资源实物标本馆（药材标本、腊叶标本、浸渍标本等），永久保存中药资源普查获得的标本实物；建立中药资源普查相关实物的展示场馆，为中药资源相关研究和教学提供实物材料。

（四）加强中药资源普查科技创新和支撑

1. 开展一批与中药资源普查相关的科技项目

重视与中药资源普查相关的关键问题和关键技术方面的科学研究，加强以中药材质量和指导县域中药材生产为目标的中药材生产区划研究；开展中药材的区域质量特征及商品规格研究；加强中药材种子种苗相关标准的研究；开展珍稀濒危中药资源的保护和功能基因挖掘研究；加强中药资源调查中具有创新性、简便实用技术等方面的研究；开展中国药用植物红皮书的编制工作。

2. 组织开展中药资源普查培训

组织开展国家、省级和县级的中药资源普查人员的培训，包括外业调查、内业整理、数据库使用等技术培训；开展中药材种子种苗繁育基地建设、中药资源动态监测和信息服务体系建设等的专题培训。丰富培训内容，强化培训质量，提升中药资源普查人员的业务水平和能力，通过理论学习和实践锻炼，建立一支稳定的、专业化的中药资源人才队伍。

3. 充分发挥专家在中药资源普查试点工作中的作用

进一步吸收行业内外的专家参与中药资源普查工作，完善国家中医药管理局中药资源普查试点工作专家指导组的组成，进一步健全专家指导组的指导、督查和评估工作机制。根据前期试点工作中标本鉴定存在的突出问题，更好的发挥中药资源分类鉴定等专业领域老专家的指导和把关作用，进一步提高一线年轻普查队员分类鉴定专业知识水平和实际工作能力，保证普查工作的质量。

034

野生药材资源保护管理条例

国务院

1987 年 10 月

第一条 为保护和合理利用野生药材资源，适应人民医疗保健事业的需要，特制定本条例。

第二条 在中华人民共和国境内采猎、经营野生药材的任何单位或个人，除国家另有规定外，都必须遵守本条例。

第三条 国家对野生药材资源实行保护、采猎相结合的原则，并创造条件开展人工种养。

第四条 国家重点保护的野生药材物种分为三级：

一级：濒临灭绝状态的稀有珍贵野生药材物种（以下简称一级保护野生药材物种）；

二级：分布区域缩小、资源处于衰竭状态的重要野生药材物种（以下简称二级保护野生药材物种）；

三级：资源严重减少的主要常用野生药材物种（以下简称三级保护野生药材物种）。

第五条 国家重点保护的野生药材物种名录，由国家医药管理部门会同国务院野生动物、植物管理部门制定。

在国家重点保护的野生药材物种名录之外，需要增加的野生药材保护物种，由省、自治区、直辖市人民政府制定并抄送国家医药管理部门备案。

第六条 禁止采猎一级保护野生药材物种。

第七条 采猎、收购二三级保护野生药材物种的，必须按照批准的计划执行。该计划由县以上（含县，下同）医药管理部门（含当地人民政府授权管理该项工作的有关部门，下同）会同同级野生动物、植物管理部门制定，报上一级医药管理部门批准。

第八条 采猎二三级保护野生药材物种的，不得在禁止采猎区、禁止采猎期进行采猎，不得使用禁用工具进行采猎。

前款关于禁止采猎区、禁止采猎期和禁止使用的工具，由县以上医药管理部门会同同级野生动物、植物管理部门确定。

第九条 采猎二三级保护野生药材物种的，必须持有采药证。

取得采药证后，需要进行采伐或狩猎的，必须分别向有关部门申请采伐证或狩猎证。

第十条 采药证的格式由国家医药管理部门确定。采药证由县以上医药管理部门会同同级野生动物、植物管理部门核发。

第十一条 采伐证或狩猎证的核发，按照国家有关规定办理。

第十二条 建立国家或地方野生药材资源保护区，需经国务院或县以上地方人民政府批准。

在国家或地方自然保护区内建立野生药材资源保护区，必须征得国家或地方自然保护区主管部门的同意。

第十三条 进入野生药材资源保护区从事科研、教学、旅游等活动的，必须经该保护区管理部门批准。进入设在国家或地方自然保护区范围内野生药材资源保护区的，还须征得该自然保护区主管部门的同意。

第十四条 一级保护野生药材物种属于自然淘汰的，其药用部分由各经药材公司负责经营管理，但不得出口。

第十五条 二三级保护野生药材物种属于国家计划管理的品各，由中国药材公司统一经营管理；其余品种由产地县药材公司或其委托单位按照计划收购。

第十六条 二三级保护野生药材物种的药用部分，除国家另有规定外，实行限量出口。

实行限量出口和出口许可证制度的品种，由国家医药管理部门会同国务院有关部门确定。

第十七条 野生药材的规格、等级标准，由国家医药管理部门会同国务院有关部门制定。

第十八条 对保护野生药材资源作出显著成绩的单位或个人，由各级医药管理部门会同同级有关部门给予精神鼓励或一次性物质奖励。

第十九条 违反本条例第六条、第七条、第八条、第九条规定的，由当地县以上医药管理部门会同同级有关部门没收其非法采猎的野生药材及使用工具，并处以罚款。

第二十条 违反本条例第十二条规定的，当地县以上医药管理部门和自然保护区主管部门有权制止；造成损失的，必须承担赔偿责任。

第二十一条 违反本条例第十三条、第十四条、第十五条规定的，由工商行政管理部门或有关部门没收其野生药材和全部违法所得，并处以罚款。

第二十二条 保护野生药材资源管理部门工作人员徇私舞弊的，由所在单位或上级管理部门给予行政处分；造成野生药材资源损失的，必须承担赔偿责任。

第二十三条 当事人对行政处罚决定不服的，可以在接到处罚决定书之日起十五日内向人民法院起诉；期满不起诉又不执行的，作出行政处罚决定的部门可以申请人民法院强制执行。

第二十四条 破坏野生药材资源情节严重，构成犯罪的，由司法机关依法追究刑事责任。

第二十五条 省、自治区、直辖市人民政府可以根据本条例制定实施细则。

第二十六条 本条例由国家医药管理局负责解释。

第二十七条 本条例自一九八七年十二月一日起

035

关于印发中药注册管理补充规定的通知

国食药监注〔2008〕3号

各省、自治区、直辖市食品药品监督管理局（药品监督管理局），总后卫生部药品监督管理局：

为遵循中医药研究规律，体现中药注册特点，规范中药注册行为，促进中医药和民族医药事业发展，根据《药品注册管理办法》的有关规定，国家局组织制定了《药品注册管理补充规定》现予印发，请遵照执行。

国家食品药品监督管理局

二〇〇八年一月七日

中药注册管理补充规定

国家食品药品监督管理局

2008年1月7日

第一条　为体现中医药特色，遵循中医药研究规律，继承传统，鼓励创新，扶持促进中医药和民族医药事业发展，根据《药品注册管理办法》，制定本补充规定。

第二条　中药新药的研制应当符合中医药理论，注重临床实践基础，具有临床应用价值，保证中药的安全有效和质量稳定均一，保障中药材来源的稳定和资源的可持续利用，并应关注对环境保护等因素的影响。涉及濒危野生动植物的应当符合国家有关规定。

第三条　主治病证未在国家批准的中成药［功能主治］中收载的新药，属于《药品注册管理办法》第四十五条第一款第（四）项的范围。

第四条　中药注册申请，应当明确处方组成、药材基原、药材产地与资源状况以及药材前处理（包括炮制）、提取、分离、纯化、制剂等工艺，明确关键工艺参数。

第五条　中药复方制剂应在中医药理论指导下组方，其处方组成包括中药饮片（药材）、提取物、有效部位及有效成分。

如含有无法定标准的中药材，应单独建立质量标准；无法定标准的有效部位和有效成分，应单独建立质量标准，并按照相应的注册分类提供研究资料；中药提取物应建立可控的质量标准，并附于制剂质量标准之后。

第六条 中药复方制剂除提供综述资料、药学研究资料外，应按照本规定第七条、第八条和第九条，对不同类别的要求提供相关的药理毒理和临床试验资料。

第七条 来源于古代经典名方的中药复方制剂，是指目前仍广泛应用、疗效确切、具有明显特色与优势的清代及清代以前医籍所记载的方剂。

（一）该类中药复方制剂的具体目录由国家食品药品监督管理局协助有关部门制定并发布。

（二）符合以下条件的该类中药复方制剂，可仅提供非临床安全性研究资料，并直接申报生产：

1. 处方中不含毒性药材或配伍禁忌；
2. 处方中药味均有法定标准；
3. 生产工艺与传统工艺基本一致；
4. 给药途径与古代医籍记载一致，日用饮片量与古代医籍记载相当；
5. 功能主治与古代医籍记载一致；
6. 适用范围不包括危重症，不涉及孕妇、婴幼儿等特殊用药人群。

（三）该类中药复方制剂的药品说明书中须注明处方及功能主治的具体来源，说明本方剂有长期临床应用基础，并经非临床安全性评价。

（四）该类中药复方制剂不发给新药证书。

第八条 主治为证候的中药复方制剂，是指在中医药理论指导下，用于治疗中医证候的中药复方制剂，包括治疗中医学的病或症状的中药复方制剂。

（一）该类中药复方制剂的处方组成应当符合中医药理论，并具有一定的临床应用基础，功能主治须以中医术语表述。

（二）该类中药复方制剂的处方来源、组方合理性、临床应用情况、功能主治、用法用量等内容由国家食品药品监督管理局药品审评中心组织中医药专家审评。

（三）疗效评价应以中医证候为主。验证证候疗效的临床试验可采取多种设计方法，但应充分说明其科学性，病例数应符合生物统计学要求，临床试验结果应具有生物统计学意义。

（四）具有充分的临床应用资料支持，且生产工艺、用法用量与既往临床应用基本一致的，可仅提供非临床安全性试验资料；临床研究可直接进行Ⅲ期临床试验。

（五）生产工艺、用法用量与既往临床应用不一致的，应提供非临床安全性试验资料和药效学研究资料。药效学研究应采用中医证候的动物模型进行；如缺乏成熟的中医证候动物模型，鼓励进行与药物功能主治相关的主要药效学试验。临床研究应当进行Ⅱ、Ⅲ期临床试验。

（六）该类中药复方制剂的药品说明书［临床试验］项内容重点描述对中医证候的疗效，并可说明对相关疾病的影响。

第九条 主治为病征结合的中药复方制剂中的“病”是指现代医学的疾病，“证”是指中医的症候，其功能用中医专业术语表述、主治以现代医学疾病与中医证候相结合的方式表述。

（一）该类中药复方制剂的处方组成应当符合中医药理论，并具有一定的临床应用基础。

（二）具有充分的临床应用资料支持，且生产工艺、用法用量与既往临床应用基本一致的，可仅提供非临床安全性试验资料；临床研究应当进行Ⅱ、Ⅲ期临床试验。

（三）生产工艺、用法用量与既往临床应用不一致的，应提供非临床安全性试验资料，并根据拟定的功能主治（适应症）进行主要药效学试验。药效学研究一般应采用中医证候的动物模型或疾病模型；如缺乏成熟的中医证候动物模型或疾病模型，可进行与功能（药理作用）相关的主要药效学试验。临床研究应当进行Ⅱ、Ⅲ期临床试验。

第十条 对已上市药品改变剂型但不改变给药途径的注册申请，应提供充分依据说明其科学合理性。应当采用新技术以提高药品的质量和安全性，且与原剂型比较有明显的临床应用优势。

（一）若药材基原、生产工艺（包括药材前处理、提取、分离、纯化等）及工艺参数、制剂处方等有所改变，药用物质基础变化不大，剂型改变对药物的吸收利用影响较小，可根据需要提供药理毒理研究资料，并应进行病例数不少于100对的临床试验，用于多个病症的，每一个主要病证病例数不少于60对。

（二）若药材基原、生产工艺（包括药材前处理、提取、分离、纯化等）及工艺参数、制剂处方等有较大改变，药用物质基础变化较大，或剂型改变对药物的吸收利用影响较大的，应提供相关的药理毒理研究及Ⅱ、Ⅲ期临床试验资料。

（三）缓释、控释制剂应根据普通制剂的人体药代动力学参数及临床实际需要作为其立题依据，临床前研究应当包括缓释、控释制剂与其普通制剂在药学、生物学的对比研究试验资料，临床研究包括人体药代动力学和临床有效性及安全性的对比研究试验资料，以说明此类制剂特殊释放的特点及其优势。

第十一条 仿制药的注册申请，应与被仿制药品的处方组成、药材基原、生产工艺（包括药材前处理、提取、分离、纯化等）及工艺参数、制剂处方保持一致，质量可控性不得低于被仿制药品。如不能确定具体工艺参数、制剂处方等与被仿制药品一致的，应进行对比研究，以保证与被仿制药品质量的一致性，并进行病例数不少于100对的临床试验或人体生物等效性研究。

第十二条 变更药品处方中已有药用要求的辅料的补充申请，如处方中不含毒性药材，辅料的改变对药物的吸收、利用不会产生明显影响，不会引起安全性、有效性的明显改变，则可不提供药理毒理试验资料及临床试验资料；如该辅料的改变对药物的吸收、利用可能产生明显影响，应提供相关的药理毒理试验资料及Ⅱ、Ⅲ期临床试验资料。

第十三条 改变影响药品质量的生产工艺的补充申请，如处方中不含毒性药材，生产工艺的改变不会引起物质基础的改变，对药物的吸收、利用不会产生明显影响，不会引起安全性、有效性的明显改变，则可不提供药理毒理试验资料及临床试验资料；如生产工艺的改变对其物质基础有影响但变化不大，对药物的吸收、利用不会产生明显影响，可不提供药理毒理试验资料，进行病例数不少于100对的临床试验，用于多个病症的，每一个主要病证病例数不少于60对；如生产工艺的改变会引起物质基础的明显改变，或对药物的吸收、利用可能产生明显影响，应提供相关的药理毒理试验资料及Ⅱ、Ⅲ期临床试验资料。

第十四条 需进行药理研究的改变已上市药品剂型、改变生产工艺以及改变给药途径的注册申请，应以原剂型、原生产工艺或原给药途径为对照进行药效学试验（对照可仅设一个高剂量组）。

第十五条 新的有效部位制剂的注册申请，如已有单味制剂上市且功能主治（适应症）基本一致，应与该单味制剂进行非临床及临床对比研究，以说明其优势与特点。

第十六条 非临床安全性试验所用样品，应采用中试或中试以上规模的样品。临床试验所用样品一般应采用生产规模的样品；对于有效成分或有效部位制成的制剂，可采用中试或中试以上规模的样品。

第十七条 处方中含有毒性药材或无法定标准的原料，或非临床安全性试验结果出现明显毒性反应等有临床安全性担忧的中药注册申请，应当进行Ⅰ期临床试验。

第十八条 新药的注册申请，申请人可根据具体情况申请阶段性（Ⅰ期、Ⅱ期、Ⅲ期）临床试验，并可分阶段提供支持相应临床试验疗程的非临床安全性试验资料。

阶段性临床试验完成后，可以按补充申请的方式申请下一阶段的临床试验。

第十九条 临床试验需根据试验目的、科学合理性、可行性等原则选择对照药物。安慰剂的选择应符合伦理学要求，阳性对照药物的选择应有充分的临床证据。对改变已上市药品剂型、改变生产工艺、在已上市药品基础上进行处方加减化裁而功能主治基本一致的中药制剂，需选择该上市药品作为阳性对照药物。

第二十条 临床试验期间，根据研究情况可以调整制剂工艺和规格，若调整后对有效性、安全性可能有影响的，应以补充申请的形式申报，并提供相关的研究资料。

第二十一条　藏药、维药、蒙药等民族药的注册管理参照本规定执行。民族药的研制应符合民族医药理论，其申请生产的企业应具备相应的民族药专业人员、生产条件和能力，其审评应组织相关的民族药方面的专家进行。

第二十二条　本规定自公布之日起施行。

八 中药材市场

036

关于深入推进整顿和规范药品市场秩序专项行动的若干意见

国食药监办〔2007〕502号

各省、自治区、直辖市食品药品监督管理局（药品监督管理局）：

近期，国务院召开常务会议和全国质量工作会议，对加强产品质量和安全监管作出全面部署，并且公布了《国务院关于加强食品等产品安全监督管理的特别规定》（以下简称《特别规定》）。为深入贯彻落实国务院的部署，严格执行《特别规定》，按照2007年全国食品药品监督管理工作座谈会的有关要求，推动整顿和规范药品市场秩序专项行动（以下简称专项行动）深入开展，切实改进和加强药品监管工作，现就进一步做好专项行动有关工作提出如下意见：

一、贯彻落实国务院常务会议和全国质量工作会议精神，增强推进专项行动的责任感和紧迫感

（一）药品质量安全事关公众切身利益、社会稳定和国家形象。贯彻落实国务院常务会议和全国质量工作会议精神，必须牢固树立和实践科学监管理念，把保障公众用药安全作为监管工作的出发点和落脚点，改进和加强监管工作，强化药品安全责任体系，不断提高药品安全保障水平。

（二）深入推进专项行动是保障公众用药安全的重要举措。各级食品药品监管部门必须正确认识当前监管工作面临的形势和任务，进一步增强责任感和使命感，重视和解决好当前专项行动工作存在的问题，坚决按照既定部署完成好下半年的专项整治工作，切实消除药品安全隐患，确保公众用药安全。

二、加大药品研制环节整治力度

（三）进一步深化药品注册现场核查工作。国家局和省（区、市）局按照分工，抓紧完成药品注册现场核查工作。要进一步加大对药物非临床和临床研究机构的核查力度，严厉查处药物研究中的违法违规行为。

（四）对已完成核查工作的注册申请进行分类处理。对治疗类大容量化药注

射剂、中药注射剂、多组分生化注射剂和生物制品等高风险品种，在完成技术审评后，由国家局组织开展生产现场检查和抽验，合格后发给药品批准文号；对除此之外的其他注册申请，发给药品批准文号，由各省（区、市）局组织开展生产现场检查和首批产品的抽验工作，合格后上市销售。

（五）认真做好药品批准文号清查和再注册工作。各省（区、市）局要严格标准，统一尺度，对有疑点或来源不明的品种逐一进行清查，确保药品批准文号的真实性。原始审批文件的调取、审核等关键环节必须由各省（区、市）局直接组织。国家局将组织专项工作组，以地标升国标和统一换发批准文号工作中涉及的高风险品种为重点，对药品批准文号清查工作进行复核验收。验收合格后，各省（区、市）局再组织开展再注册工作。要通过再注册，切实淘汰一批不具备生产条件、质量无法保证、安全隐患较大的品种。药品批准文号清查期间，已受理再注册的品种可以继续生产、销售和使用。

（六）坚决贯彻执行《药品说明书和标签管理规定》。各省（区、市）局要积极引导和督促企业自觉遵守药品标签和说明书有关规定，集中力量按时完成药品说明书和标签补充申请的审核工作。加大检查力度，依法查处未经批准使用标签和说明书、擅自增加适应症或功能主治等严重违法违规行为，特别要加强对2007年10月1日以后生产药品的标签和说明书的监督检查。

三、强化药品生产环节专项整治

（七）进一步完善药品GMP监督实施工作。修订药品GMP认证检查评定标准，改革药品GMP认证现场检查方式，使药品GMP认证现场检查与药品注册现场检查紧密结合。继续加强日常生产监管，加大跟踪检查和飞行检查力度，督促企业自觉严格执行药品GMP。

（八）开展对部分已上市高风险品种的生产工艺核查。国家局将制定生产工艺核查方案，提出具体要求。各省（区、市）局要按照国家局的统一部署，对辖区内注射剂类药品生产企业实际执行的工艺进行核查，并分别情况采取措施，对存在质量隐患的，必须责令停止生产。

（九）总结经验，继续试行和逐步扩大向高风险品种生产企业派驻监督员，国家局将尽快制定有关管理办法。

（十）加强特殊药品监管。加快推进特殊药品监控信息网络建设，力争年底前在全国范围内实现对麻醉药品和第一类精神药品生产、流通流向的动态监控。

四、进一步规范药品流通秩序

（十一）全面开展药品经营企业监督检查。对药品经营企业的监督检查覆盖面必须达到百分之百。着力解决药品经营中的挂靠经营、超方式和超范围经营问题。完善食品药品监管部门与公安机关的协调机制，依法对监督检查中发现问题的企业和相关责任人进行严肃处理，符合移送条件的案件，必须坚决移送。

（十二）严格药品经营准入管理。全面清理2006年以来新开办的药品批发企业，对达不到法定条件和要求的，依法收回《药品经营许可证》。各省（区、市）局要严把药品批发企业准入关，对擅自降低标准发放《药品经营许可证》的，一经查实，国家局将予以全国通报，并严肃追究有关部门和相关责任人的责任。开展药品大物流企业试点，提高药品经营的集约化程度。

（十三）加强药品经营行为监管。严格禁止药品零售企业以任何形式出租或转让柜台，教育和监督药品零售企业加强销售人员管理。药品零售企业经营非药品产品的，必须设立非药品产品专售区域，设置明显的分区标志。

（十四）强化农村药品监管和广告专项整治。继续推进农村药品监督网和供应网建设，着重在长效机制上下功夫，探索、总结和发展适合本地区农村实际的药品监管模式。大力整治虚假违法广告，对违法发布广告的药品生产、经营企业，严格依据《药品广告审查办法》的规定，采取行政控制措施，力求年底前使违法药品广告得到整治。

五、深入开展医疗器械专项整治

（十五）全面推进医疗器械注册资料核查工作。各省（区、市）局必须在规定时间内完成对境内已获准注册的一二类医疗器械注册资料的真实性核查。国家局将组织对境内已获准注册的心脏起搏器、心脏瓣膜、血管支架和人工关节四种医疗器械注册资料进行真实性核查。对境内在审三类医疗器械注册资料的真实性核查，国家局负责心脏起搏器、心脏瓣膜、血管支架和人工关节的核查，其余的由各省（区、市）局按照属地监管原则分别负责。要进一步严格产品准入条件，对境内三类医疗器械，特别是植入性医疗器械的注册申报资料，必须进行真实性核查，在核实其真实性之后才能审批；对弄虚作假的注册申请，必须严格依法作出处理。

（十六）进一步强化医疗器械生产监督检查。按照计划时限，开展医疗器械生产企业的监督检查和专项检查。国家局负责组织对同种异体医疗器械、动物源性医疗器械和宫内节育器生产企业的质量管理体系进行专项检查。各省（区、市）局要继续开展国家重点监管企业、省级重点监管企业、发生严重不良事件企业和被举报存在违规行为企业的质量管理体系专项监督检查。强化医疗器械生产监管，依法查处违法违规行为，查封存在重大安全隐患的医疗器械产品和生产企业。医疗器械生产企业不再符合法定条件和要求的，或存在违法使用原辅料等行为的，可以由原发证部门吊销《医疗器械生产企业许可证》。

（十七）整顿医疗器械流通秩序。进一步加强医疗器械上市产品的质量监督抽验，对高风险产品和市场检查中发现的质量可疑产品进行重点抽查，加大对医疗器械制假售假行为的打击力度，严肃查处无证经营和销售、使用无证产品以及擅自扩大适应症等医疗器械流通领域的违法违规行为。

（十八）加强对医疗器械专项整治工作的指导。全面开展专项整治工作的信息收集和分析工作，及时通报全国和各地的医疗器械专项整治进展情况。国家局将组织督查组，对部分省（区、市）局的医疗器械专项整治工作进行督查。

（十九）推进医疗器械监管长效机制建设。进一步梳理和完善医疗器械标准，加快制修订医用电气通用及专用安全标准、医疗器械生物学评价标准等基础标准和医疗器械行业标准。加强医疗器械监管法制建设，加快《医疗器械监督管理条例》修订工作，进一步建立和完善医疗器械进出口管理制度，制定医疗器械召回管理办法，尽快发布医疗器械不良事件和再评价管理办法。

六、建立健全药品安全责任体系

（二十）坚决按照国务院的部署和要求建立健全药品安全责任体系。各级食品药品监管部门要按照《特别规定》和《国务院办公厅关于进一步加强药品安全监管工作的通知》（国办发〔2007〕18号）的有关内容和要求，积极推动建立健全“地方政府负总责、监管部门各负其责、企业作为第一责任人”的药品安全责任体系。

（二十一）推进药品安全责任体系的全面落实。各级食品药品监管部门要在当地政府领导下，积极推动建立药品安全组织领导体系，加快建立药品安全考核评价体系，大力强化药品安全技术支撑体系，继续完善药品安全法规制度体系，保证药品安全责任落到实处。

（二十二）按照《特别规定》认真履行药品监管职责。严格执行《特别规定》，强化药品和医疗器械监管，加大监督检查和处罚力度，进一步规范药品生产经营行为，净化药品市场秩序，切实履行好食品药品监管部门的法定职责，保障公众饮食用药安全。

国家食品药品监督管理局

二〇〇七年八月十四日

037

关于加强中药材专业市场监督检查的通知

国食药监市〔2007〕212号

有关省、自治区、直辖市食品药品监督管理局（药品监督管理局）：

根据国务院办公厅《全国整顿和规范药品市场秩序专项行动方案》的要求，为进一步规范中药材专业市场经营秩序，保障药品质量，国家局已经部署了对全国17个中药材专业市场的专项监督检查工作。请你们结合此项监督检查工作，贯彻落实国务院关于整顿和规范药品市场秩序的精神，在当地政府的统一领导下，加强与其他相关部门的协作，明确监管职能，加大对中药材专业市场的监管力度。对违法经营、制假售假、危害公众用药安全的违法违规行为，要依法严肃处理。同时，对目前中药材专业市场存在的突出问题和监管难点，要以科学的监管理念进行分析和研究，创新监管模式；鼓励并引导中药材市场向企业化经营发展，规范经营行为，落实责任主体，并配合媒体做好宣传和引导工作，从源头上切实保障中药材的质量。

各地在专项监督检查工作中发现的问题和情况，请及时报告国家局药品市场监督司。

国家食品药品监督管理局

二〇〇七年四月十三日

038

国务院办公厅关于印发全国整顿和规范药品市场秩序专项行动方案的通知

国办发〔2006〕51号

各省、自治区、直辖市人民政府，国务院各部委、各直属机构：

《全国整顿和规范药品市场秩序专项行动方案》已经国务院同意，现印发给你们，请认真贯彻执行。

国务院办公厅

二〇〇六年七月三十日

全国整顿和规范药品市场秩序专项行动方案

国务院办公厅

2006年7月30日

黑龙江省齐齐哈尔第二制药有限公司制售假药案件性质恶劣，影响极坏，暴露出我国药品生产和流通秩序存在的突出问题，也暴露出药品监管工作中存在的漏洞。为了严厉打击制售假劣药品违法犯罪活动，保障人民群众的用药安全，国务院决定，从现在起用一年左右的时间，在全国范围内深入开展整顿和规范药品市场秩序专项行动。

一、工作重点与主要目标

（一）坚持整顿与规范相结合，围绕药品研制、生产、流通、使用四个环节，突出重点品种和重点地区，严格准入管理，强化日常监管，打击违法犯罪，查处失职渎职，推动行业自律。

（二）通过专项行动，使弄虚作假等违法违规申报行为得到惩处，药品、医疗器械注册申报秩序逐步好转；行业自律水平有所提高，《药品生产质量管理规范》（GMP）得到落实；违法药品广告得到整治，流通企业经营行为更加规范；药品、医疗器械不良反应（事件）能够被有效监测，合理用药水平得以提高，尽快扭转药品生产和流通等领域监督和管理混乱局面，确保药品规范生产和上市质量，人民群众用药安全感普遍增强。

二、主要任务与工作措施

（三）在药品研制环节，主要是打击虚假申报行为，严格审评审批重点品种。

1. 以药品申报资料的真实性和可靠性、医疗器械申报资料和临床研究的真实性为主要内容，组织注册申请人对申报行为进行自查自纠，食品药品监管部门进行专项检查和抽查，依法严厉查处弄虚作假行为。

2. 严格审评审批化学药品注射剂、中药注射剂和多组分生化注射剂三类品种的注册申请，加强对原辅料合法来源、说明书和标签内容、改变剂型和增加规格的合理性以及仿制药申请的质量可控性等要素的技术审查；严格医疗器械产品在执行国家强制性标准、临床研究评价和产品说明书等重点环节的审批要求，清理不属于医疗器械管理和违规申报、违规审批的产品，并依法处理。

3. 对药物临床前研究开发机构和药物临床试验机构进行全面监督检查，对弄虚作假、管理混乱，不能保证研究工作真实，不能保障受试者安全和权益，擅自开展药物临床试验的，依法予以查处。涉及医疗机构的，由卫生行政部门依法处理。

（四）在药品生产环节，主要是对 GMP 的执行情况进行全面检查。

1. 以注射剂生产企业、在国家药品质量抽查中有不合格记录的企业和在跟踪检查中发现问题的企业为对象，重点检查原辅料购入、质量检验、从业人员资质和企业质量管理责任落实情况等内容。对违规企业，依法收回 GMP 证书；情节严重的，依法吊销药品生产许可证。

2. 以有投诉举报、存在安全隐患、生产重点监管品种的企业和生产血管内支架、骨科内固定器械、动物源医疗器械产品、同种异体医疗器械产品的企业为重点，对企业开办条件符合性和质量体系运行情况进行检查。对医疗器械委托生产情况进行全面调查。

（五）在药品流通环节，主要是规范药品经营主体行为。

1. 加强对药品经营企业《药品经营质量管理规范》（GSP）认证后的跟踪检查，全面清理药品经营主体资格，坚决打击药品批发企业出租（借）许可证和批准证明文件，以及药品零售企业出租（借）柜台行为，严厉查处进货渠道混乱和购销记录不完备等违规经营行为。

2. 加大对发布违法广告、群众投诉多和有质量隐患品种的抽验力度；加强对经营疫苗等重点监管品种企业的监督检查；继续治理“一药多名”，开展药品包装、标签、说明书的专项检查。

3. 充分利用现有农村医药卫生资源，并与新型农村合作医疗试点工作和“万村千乡市场工程”相结合，推进农村药品供应网、监督网建设。

（六）在药品使用环节，主要是提高临床合理用药水平，加强药品、医疗器械不良反应（事件）监测和再评价。

1. 推进医疗机构药品规范管理，规范处方行为，加强临床合理用药的宣传、教育、管理与监督，提高临床合理用药水平。逐步实行按药品通用名处方，探索开展处方点评工作；执行《抗菌药物临床应用指导原则》，开展临床用药监控，指导医疗机构实施抗菌药物用量动态监测的超常预警，对过度使用抗菌药物的行为及时予以干预。

2. 对化学药品注射剂、中药注射剂、多组分生化注射剂和疫苗、医疗器械等产品不良反应（事件）进行重点监测和再评价，及时处置群体性不良反应事件，视情适时采取警示、公告、召回和淘汰等措施。跟踪在我国注册的境外医疗器械境外召回情况，责令其生产、经营企业在我国采取相应措施。

（七）大力整治虚假违法的药品广告。严格执行药品、医疗器械广告审查制度，提高审批透明度；加强对新闻媒体广告发布行为的监管，建立新闻媒体发布虚假违法广告责任追究制和行业自律机制；加大对药品、医疗器械广告的监测力度和对广告主、广告经营者、广告发布者等广告活动主体的监管力度，尤其要加强对资讯服务类和电视购物类节目中有关广告内容的监管；建立违法广告公告制度和广告活动主体市场退出机制。

三、工作要求与保障措施

（八）将专项行动作为今明两年整顿和规范市场经济秩序的重点工作，继续按照“全国统一领导，地方政府负责，部门指导协调，各方联合行动”的工作格局和“标本兼治，着力治本”的方针，进一步强化地方政府的责任。要从齐齐哈尔第二制药有限公司制售假药等案件中认真吸取教训，结合群众反应强烈、社会危害严重的突出问题，对专项行动进行全面部署，狠抓薄弱环节，加强内部管理和队伍建设，强化监管责任。建立药品安全责任制和责任追究制，将专项行动的具体任务和工作目标逐级分解落实，逐级考核，确保抓出实效。

（九）这次专项行动以食品药品监管部门为主，各有关部门要密切配合，加强协作。食品药品监管部门要充分发挥主力军作用，加强对专项行动的指导和督查；发展改革、卫生、工商行政管理等部门要围绕专项行动的主要任务，认真履行工作职责。公安机关要深挖制售假劣药品和医疗器械的犯罪网络，加大对制售假劣药品和医疗器械犯罪活动的打击力度。监察部门要依法加强监督，对拒不执行国家法律法规、违法违规审批，以及制售假劣药品和医疗器械问题严重的地区和部门，严肃追究有关领导和人员的责任。新闻宣传单位要配合做好相关宣传工作，营造良好的舆论环境。

（十）要严格行政执法责任制，进一步规范行政执法行为，严厉查处有法不依、执法不严、违法不究行为，严惩行政执法中滥用职权、玩忽职守、徇私舞弊等违法犯罪行为，坚决排除地方保护主义的干扰，全面完成专项行动的各项任务。

（十一）要全面清理相关法律法规、技术规范和监管工作制度，结合工作需要和形势变化进行修改完善。加快食品药品监管和卫生系统基础设施建设，逐步改善相关监管行政执法和技术支撑条件。完善药品、医疗器械安全应急体系，提高应急处置能力。推动药品行业信用体系建设，建立行业自律机制。

四、工作步骤与时间安排

（十二）专项行动分三个阶段进行：

1. 动员部署阶段（2006 年 8 月）。各地区和有关部门要按照本方案制订具体实施方案。其中，国家食品药品监管局牵头制订药品研制、生产、流通环节的工作方案，卫生部牵头制订药品使用环节的工作方案，工商总局牵头制订整治虚假违法药品广告的工作方案；各省（区、市）的实施方案，要抄送国家食品药品监管局。

2. 组织实施阶段（2006 年 9 月—2007 年 6 月）。各级政府有关部门要按照专项行动方案和具体实施方案积极开展工作。国家食品药品监管局牵头对各地开展专项行动的情况进行重点检查，各省（区、市）食品药品监管部门对本地区的情况进行抽查。

3. 总结阶段（2007 年 7 月）。各地区和有关部门要认真进行总结。由国家食品药品监管局组织有关部门开展联合督查，将有关情况汇总并报国务院批准后通报全国。

九 中医药信息化建设

039

国家中医药管理局关于印发中医药信息化建设“十二五”规划的通知

国中医药办发〔2012〕28号

各省、自治区、直辖市及计划单列市、副省级省会城市卫生厅局、中医药管理局，新疆生产建设兵团卫生局，局各直属单位：

为贯彻落实《中共中央　国务院关于深化医药卫生体制改革的意见》，切实加强中医药信息化建设工作，充分发挥中医药信息化对中医药改革与发展的推进作用，根据《中医药事业发展“十二五”规划》，我局组织编制了《中医药信息化建设“十二五”规划》。现印发给你们，请结合本地区、本单位的实际情况贯彻实施。

国家中医药管理局

二〇一二年七月二日

中医药信息化建设“十二五”规划

国家中医药管理局

2012年7月2日

为适应医药卫生体制改革和中医药事业发展的新形势，全面推进中医药信息化建设，根据《“十二五”期间深化医药卫生体制改革规划暨实施方案》、《“十二五”国家政务信息化工程建设规划》、《关于加强卫生信息化建设的指导意见》、《中医药事业发展“十二五”规划》，结合实际，编制本规划。

一、现状与形势

（一）“十一五”期间中医药信息化取得积极进展和明显成效

“十一五”期间，各地紧密结合《中医药信息化建设“十一五”规划纲要》，统筹协调，积极探索，加大投入，中医药（含民族医药、中西医结合）

信息化取得显著成效。中医药信息技术应用日益普及，信息化基础建设得到改善和加强。以医院管理和临床医疗服务为重点的中医医院信息化建设取得重要进展，一些中医医院建设了基于电子病历的信息平台，涌现了一批信息化示范单位，引领、辐射和带动着区域内中医医院信息化发展；中医药科技和教育信息化程度不断增强，基本建成了中医药科技基础信息数据库、中医药科学数据管理与共享服务中心，部分中医药院校构建了中医药数字图书馆以及数字博物馆；中医药继续教育网络管理信息系统得到不断完善，初步形成院校教育和继续教育相结合的信息化人才培养体系；中医药信息标准体系和技术规范研究取得一定成效，制修订《中医医院信息化建设基本规范》、《中医医院信息系统基本功能规范》和中医电子病历相关标准，初步建立了中医临床研究信息共享与开发技术平台。

（二）“十二五”时期中医药信息化面临重要发展机遇和挑战

“十二五”是中医药实现跨越式发展的重要时期，也是深化医改、实现中医药信息化快速发展的关键时期。中医药信息化既要解决发展中面临的较为突出问题，又要积极应对新情况、新挑战，任务十分艰巨。从整体上看，虽然中医药信息化建设取得一定成效，但是还不能完全适应中医药事业发展，中医药信息化管理体制和运行机制有待完善，基层中医药部门信息化执行能力不强；中医药信息化区域发展不平衡，基础能力薄弱，设施缺乏，经费投入不足，东中西部地区信息化程度存在一定差距；中医药重点业务领域信息技术应用水平不高，制约了中医药管理效率和监管能力的提高；中医药信息标准体系尚需完善，信息资源共享和有效利用不够，信息孤岛依然存在；中医药信息化专业人才缺乏，中医药人员信息技能有待提高，民族医药信息化相对滞后等。解决这些问题和挑战，必须持续不断地推进中医药信息化建设。

“十二五”中医药信息化迎来了前所未有的发展机遇。党和国家高度重视信息化建设，《国务院关于扶持和促进中医药事业发展的若干意见》明确提出，加强中医药信息网络建设，推进中医药信息化建设，建立健全综合统计制度。《国务院关于落实〈中华人民共和国国民经济和社会发展第十二个五年规划纲要〉主要目标和任务工作分工的通知》更明确地将实施医药卫生信息化建设工程，作为中医药工作的主要目标和任务。

为完成党和国家提出的中医药信息化任务，中医药信息化工作必须珍惜、抓住、用好难得的发展机遇，坚持用现代信息技术装备中医药，用现代管理方式推进中医药，实现中医药核心业务管理信息化和综合决策科学化，不断提高中医药信息共享、业务协同和互联互通，有效提高中医药医疗质量和服务水平。

二、指导思想、基本原则和建设目标

（一）指导思想

以邓小平理论和“三个代表”重要思想为指导，深入贯彻落实科学发展观和《国务院关于扶持和促进中医药事业发展的若干意见》，围绕中医药事业发展“十二五”规划的重要任务，坚持“整体思维、系统运行、三观互动、六位一体、统筹协调、科学发展”思路和理念，以中医药业务需求为导向，以强化应用支撑能力和网络信息安全为保障，增强卫生与中医药信息化建设项目的相互融合，逐步建立统一高效、资源整合、互联互通、信息共享的中医药信息系统，把中医药信息化建设作为深化医药卫生体制改革的重要组成内容，全面提高中医药服务水平，为中医药事业发展和人民群众健康水平提高提供有效支撑和保障。

（二）基本原则

——服务应用，惠及居民。以社会需求为导向，以服务应用促发展，按照经济实用、持续稳定的需求开展中医药信息化建设，促进业务协同，增强信息服务能力，惠及人民群众，使其获得更加便捷的中医药服务。

——统筹规划，分步实施。强调顶层设计、区域协调发展，紧密结合中医药事业发展实际，统筹规划中医药信息化建设，强化中医药信息标准制修订，有计划、有组织、有保障地分步实施，确保建设目标的实现。

——政府主导，合力建设。充分发挥政府主导作用，调动各方面的积极性和主动性；多元筹资、合力建设，充分利用现有资源，避免浪费，注重实效，共同推进中医药信息化发展。

——资源共享，保障安全。整合资源，注重横向发展，实现跨机构、跨地区、跨部门的互联互通、资源共享；落实信息安全等级保护制度，完善信息安全体系建设。

（三）建设目标

到2015年，中医药信息化取得明显进展，依托国家综合卫生管理信息平台，基本构建统一高效的国家、省、区域（地市或县级）三级中医药信息平台，满足各级中医药管理部门业务应用的需要；基于信息平台的中医药电子政务系统、中医药综合统计管理系统、中医药公共信息服务系统、中医药医疗服务信息系统、中医药预防保健信息系统等初步建成，形成一批覆盖中医药主要业务的应用系统；中医药数据资源库和中医药信息标准体系基本建立，进一步推进中医药信息资源共享、互联互通；建立一支中医药信息化专业复合型人才队伍，为中医药信息化工作开展提供必要的人才保障。

三、主要任务

(一) 中医药信息平台建设

依托国家综合卫生管理信息平台，构建覆盖国家、省级、区域（地市或县级）三级中医药信息平台，完善国家级中医药综合管理信息中心建设，建立国家中医药信息专网，实现国家级中医药管理部门对全国中医药的综合管理和业务协同。

(二) 基于信息平台的重点业务信息系统建设

1. 中医药电子政务系统建设

——建设中医药电子政务管理系统，满足各级中医药管理部门行政办公网络化、数字化和信息化的需求。

——建立中医药项目预算执行动态监控平台，实行全国中医药项目经费网络化管理。

2. 中医药综合统计管理系统建设

——基于《国家卫生统计调查制度》，制定中医药统计信息管理细则，开展中医药综合统计指标体系研究，健全国家、省级、基层三级中医药综合统计管理机构和专业队伍，构建国家中医药统计信息工作协作机制。

——建设标准统一、流程优化、满足中医药需求的综合统计管理信息系统，实现中医药数据的实时采集、整理、汇总、统计和分析功能。

——完善全国中医医院医疗质量监测系统、农村和社区中医药服务监测系统，应用先进的监测理论方法和数据挖掘技术，提高监测数据质量。

3. 中医药公共信息服务系统建设

——初步构建统一规范、统一模式的全国省级中医药管理部门门户网站群。

——建立中医师资格信息服务平台，提供执业中医师、中西医结合、民族医医师考试与专业技术资格等信息服务。

——建设中医医疗机构资质认证服务信息系统，开展中医医疗机构及其诊疗行为监管，提供中医医疗机构监管和资质信息服务。

——建设中医药广告监测信息系统，提供广告监测信息服务。

——推进中医药应急管理信息系统建设，提高中医药应急决策和保障服务能力。

4. 中医医疗服务信息系统建设

——继续推进以医院管理和中医电子病历为核心的医院信息平台建设，建立中医电子病历开发与应用协作机制，开展综合医院中医科室、中医专科电子病历功能规范研究与应用试点。

——开展中医临床路径信息系统、中医护理信息系统、基层（社区、乡镇等）中医药服务信息系统建设。

——继续推动中医医院信息化示范工程建设，完善中医医院信息化建设评价体系，组建一批国家级中医药信息化试点单位。

——开展中医医院融入区域卫生信息平台试点，促进医院与医院之间中医医疗信息共享与业务协同；推动具有中医药内涵的居民电子健康档案数据库建设和应用。

——以中西部地区为重点，开展基层中医医院信息化服务保障能力建设，完善医院信息系统基本功能，实现与医保、新农合、统计上报、药品集中采购、公共卫生等信息的互联互通，初步构建面向农村及边远地区的中医远程诊断系统。

——完善中医医疗保障信息体系建设，促进医保和新农合结算信息系统建设体现中医药特点和需求。

——整合、完善名老中医典型案例共享数据库和中医药传统知识文献数据库，构建名老中医经验整理数据挖掘平台。

——继续推动全国基层中医药适宜技术推广、中医重点专科等视频网络平台建设。

——完善中药房中药研制、调剂、炮制和质量监管信息体系建设，促进基本药物信息监管系统建设体现中医药特点和需求。

5. 中医药预防保健信息系统建设

——建设中医预防保健（“治未病”）信息数据采集系统，面向居民提供中医药服务信息。

——建设中医药预防保健服务网站、多媒体等信息系统，方便居民自我健康管理。

——建设具有中医特色的体质辨识和健康评价信息系统，完善基层中医药预防保健服务体系，为居民提供适宜所及的中医药服务。

（三）中医药科技信息化建设

——继续开展国家中医临床研究基地中医医疗与临床科研信息共享系统建设，采集可供临床和科研共享的结构化临床数据，逐步实现中医临床科研信息管理一体化。

——整合建立中医药科研信息管理系统和科技文献数据库，加强全国中医药数据中心建设，提高中医医院临床科技信息服务应用能力。

——建立中医药科研实验室数据交换、临床研究伦理审查等信息服务平台。

——建立中药材资源数据库，开展基于地理信息系统的重要中药材资源的网络化共享平台建设，实时监测中药资源变化。

（四）中医药教育信息化建设

——建设国家级中医药继续教育网络管理信息系统，推动中医药远程教育发展。

——建立中医电子病历、中药资源鉴定等教学系统，促进中医药院校教学信息化、现代化和规范化。

——推进中医药重点学科信息管理共享平台建设。

（五）中医药文化建设信息化

——开展中医药文化信息资源共享试点工程建设，构建多层次、多渠道中医药文化传承和传播信息平台。

——开展中医药文化资源统计和数据挖掘系统研究，建立中医药文物古籍数据库，促进中医药文化传播。

（六）中医药对外交流信息化

——建立中医药对外交流信息数据库，促进中医药对外传播。

——组织中医药信息国际标准提案研究，促进中医药信息标准与国际标准接轨。

——建设中医药服务贸易信息平台，建立和完善中医药服务贸易统计体系。

（七）中医药标准信息平台建设

——推动中医药标准制修订网上工作平台，建立中医药标准化研究基础数据库。

——开展中医药标准化管理信息系统建设，建设中医药标准化资源共享的信息服务平台，满足社会对中医药标准信息服务需求。

——建立中医医院标准化应用推广网络平台，制作中医药标准应用推广视频课件。

——研究开展蒙、藏、维等民族医药信息标准制修订，推动民族医药信息化建设。

（八）中医药资源数据库建设

——整合、完善中医药基础数据库，建立中医药数字化虚拟研究院。

——推动中医药数字图书馆和博物馆资源库建设，初步构建跨区域中医药数字化图书馆服务平台。

（九）中医药信息标准体系建设

——构建中医药信息标准体系，编制《中医药信息标准体系表》，制修订中医药数据元及值域代码标准、中医药数据集标准等基础标准和规范。

——开展与电子健康档案、电子病历、医保、新农合等互联互通相关的中医药信息标准制修订，借鉴卫生与国际标准，制订符合中医药医疗服务体系架构和业务活动实际的信息参考模型、共享电子文档信息模型。

——开展中医药信息标准和规范应用测评和评价，建立中医药信息标准目录服务网站，推动中医药信息标准的应用。开展现行卫生信息标准在中医药领域适用性研究，提高中医药信息标准适用性。

——建立基于数字证书和电子签名的中医药业务信息体系，研究制定中医药行业电子认证服务技术标准。

——成立中医药信息标准技术委员会，开展中医药信息标准化理论与技术方法研究，指导中医药信息标准的制修订工作。

四、保障措施

（一）加强信息化组织领导

健全中医药信息化组织领导机构，建立中医药信息化工作协调机制；整合全国中医药数据中心、中医药信息化教学和研究机构等平台资源，充分调动各级卫生与中医药行政部门的积极性，建立有效的中医药信息化推进机制。

（二）加快信息化人才培养

研究制定中医药信息化人才培养战略和规划，注重培养中西部地区中医药信息化专业人才；出台支持中医药机构引进信息技术专业人员优惠政策，创造良好的工作条件和环境，加强中医药信息学学科建设，扶持有条件的院校建立中医药信息技术人员培训基地和中医医院信息系统实验室；编撰中医药信息化教材，将信息技术培训列入中医药继续教育项目管理。

（三）强化信息安全建设

落实信息安全等级保护制度，推进中医药信息网络安全保障体系建设，完善信息安全监控和隐私保护措施；建立中医药信息网络安全应急预案和响应机制，推进中医药信息数据灾备系统建设，提高基础设施和重要信息系统的抗毁灭及灾难恢复能力。

（四）加大信息化建设投入

各级政府要将中医药信息系统建设与运行维护管理经费列入财政预算；覆盖全国、面向公众服务的中医药信息系统建设由中央和地方政府共同投入，中央对中西部地区、民族地区医疗机构采取倾斜政策；鼓励和引导社会和机构资金投入中医药信息化建设，促进信息化建设可持续发展。

（五）发挥示范试点作用

开展中医药信息化建设工作试点，积极探索具有区域特色、适应中医药事业发展规律的信息化建设模式，促进中医药信息专业化、标准化和规模化；继续推动中医药信息化示范工作，通过项目研究、技术辐射和人员培训等，扩大示范带动范围，形成示范试点单位互为借鉴、互相补充、竞相发展的良好格局。

（六）推进信息化新技术应用

集中和发挥中医药研究机构技术优势，开展中医药信息化建设的关键技术攻关；探索中医药信息化工程建设运行和维护机制新模式，积极采用服务外包、项目代建制以及合作共建数据中心等专业化和市场化方式；鼓励采用云计算、物联网、传感器、地理信息等信息技术，促进新技术在中医药信息化工程项目建设中的应用。

040

国家中医药管理局关于印发中医药信息化建设“十一五”规划纳要的通知

国中医药发〔2007〕12号

各省、自治区、直辖市及计划单列市、副省级省会城市卫生厅局、中医药管理局，新疆生产建设兵团卫生局，局各直属单位：

现将我国制度的《中医药信息化建设“十一五”规划纳要》印发给你们，请结合本地区、本单位实际，认真组织实施。

国家中医药管理局

二〇〇七年三月二十三日

中医药信息化建设“十一五”规划纲要

国家中医药管理局

2007年3月23日

中医药信息是医药卫生事业的重要基础信息，大力推进中医药信息化是中医药事业发展的重要保障，是贯彻落实科学发展观、全面建设小康社会、构建社会主义和谐社会的重要措施。

近年来，随着信息技术的不断创新和信息网络的广泛普及，中医药信息化建设取得了一定成效。中医药政务信息化建设已经启动，在网络建设和现代办公技能等方面取得一定进展；中医药应用网络初具规模，中医医院信息管理、中医医疗质量监测网络、中医药继续教育网络、中药信息网络等建设初见成效；中医药信息资源建设得到加强，中医药统计信息、中医药文献、中医药法规等数据库初步建立；国家和有关部门相继制定颁布了一些中医药信息方面的技术标准和规范。这些都为中医药信息化建设进一步发展奠定了良好的基础。但从整体上看，各地区中医药信息化发展还不平衡，中医药信息化建设与中医药事业发展还不相适应。一些地方和部门对中医药信息工作认识不足，基础建设还相对薄弱，中医药信息标准与规范尚待完善，中医药信息队伍建设有待加强。

“十一五”期间，是中医药事业发展的重要时期。充分利用信息技术，促进中医药信息资源的开发、利用和共享，加快中医药信息化建设，对于提高中医药科学管理水平和创新能力，促进中医药事业加速发展，实现中医药现代化具有十分重要的意义。为加快中医药信息化建设，适应中医药事业发展，根据《2006—2020年国家信息化发展战略》和《中医药事业发展“十一五”规划》，制定本规划纲要。

一、指导思想和建设目标

“十一五”中医药信息化建设指导思想：以邓小平理论和“三个代表”重要思想为指导，全面贯彻落实科学发展观，遵循国家信息化发展战略，按照统筹规划、资源共享、突出重点、分步实施的方针，加强中医药信息化建设，不断提高中医药信息化水平，推动中医药行业管理效率、服务水平和创新能力的提升，促进中医药事业又好又快地发展。

“十一五”中医药信息化建设目标：中医药电子政务系统得到完善，逐步实现办公自动化、信息交换和资源共享，提高办事效率和管理水平。中医医疗服务信息系统不断加强，逐步完善医院信息系统功能规范和标准，实现中医医院信息化管理。中医药信息资源库建设取得明显进展，建设一批影响全行业、支撑中医药主要业务的基础性、战略性数据库，使中医药行业信息基础资源建设迈上一个新台阶。中医药信息标准化水平得到较大提高，形成一批中医药信息建设示范基地，基本建立起覆盖中医药医疗、教育、科研、管理以及对外交流与合作等多方面的较为全面的中医药信息网络平台，使信息技术在中医药防病治病的实际应用上取得创新性进展。初步建立适应中医药事业发展要求，满足政府、社会和公众需求，高效便捷的中医药信息化体系，推动中医药行业信息化整体水平的提高。

二、主要任务

（一）中医药电子政务系统建设

——办公自动化。完善办公业务软件，建立统一的公文处理和信息交换平台，实现机关办公业务的自动化、数字化和网络化，节约行政管理成本，提高工作效率。

——中医药政府网站。积极推行政务信息公开，增强中医药管理的透明度，完善服务功能，扩大服务范围，提升公共服务能力，为公众咨询、网上办理中医药业务提供统一平台，推动政府职能转变和服务型政府建设。逐步建立以省级中医药行政管理部门为主体，与相关部门联络通畅、协同关联的中医药政府网站群。

——中医药行政管理网络。整合各类中医药行政管理应用系统，开展政务信息资源目录体系应用工作，实现各级中医药行政管理部门的互联互通，形成具备数据处理、资源共享、网上办公等功能的中医药行政管理网络。依托中医药电子政务平台，促进和规范各级中医药行政管理部门之间的政务信息传输与交流，使中医药行政管理、应急指挥和快速反应能力进一步提高，为各级中医药行政管理部门宏观管理和科学决策服务提供技术保障。

（二）中医药公共信息系统建设

——中医药统计信息网络。建立中医药综合统计信息网络报送体系，完善中医药统计信息网络报送规范，在全国范围内推广使用统一的中医药统计信息管理软件，充分利用国家统计信息资源，为中医药科学决策服务。

——中医医疗质量监测网络。进一步加大中医医疗质量监测系统项目的管理力度，加快中医医疗质量监测中心的信息化建设步伐，完善中医医疗质量监测系统，进行中医医疗质量监测数据库和信息管理系统的升级换代。有条件的省（市、区）应建立本地区的医疗质量监测中心，实现监测数据库上报的网络化。

——中医药信息基础数据库。建立完整的中医药数据体系，完善并充分发挥中医药统计信息数据库、中医药文献数据库、中医药专业技术标准与规范数据库、中医药机构数据库、中医药专业技术人才数据库、中医药政策法规数据库、中医药科研数据库、中医药教育数据库、中药数据库、中医方剂数据库、中医临床数据库、公共与行政管理数据库、中医药国际交流与合作数据库等基础数据库在中医药事业发展中的作用，形成可持续发展机制。利用现代信息技术，进一步加强中医古籍文献数据的挖掘和集成，加速中医药资源的数字化进程。

——中医药数字图书馆和博物馆。建立中医药电子文献资源共享平台，提供中医药文献信息资源的网络服务。充实并完善中医药数字图书馆和博物馆，充分发挥中医药数字图书馆和博物馆的网络宣传和教育作用，提高中医药信息资源的管理水平和公众对中医药的认知度。

（三）中医医疗服务信息系统建设

——中医医院信息管理系统。根据医院的功能定位和发展趋势，制订医院信息系统建设规划，整合开发具有中医药管理特色、适合中医、中西医结合以及民族医疗机构特点的医院信息管理系统。改进和不断完善医院信息管理程序和机制，在全国范围内，基本实现中医医院管理信息化。

十 中药注射剂

041

关于进一步加强中药注射剂生产和临床使用管理的通知

卫医政发〔2008〕71号

各省、自治区、直辖市卫生厅局、食品药品监督管理局（药品监督管理局）、中医药管理局，新疆生产建设兵团卫生局、食品药品监督管理分局：

近年来，“鱼腥草注射液”、“刺五加注射液”、“炎毒清注射液”、“复方蒲公英注射液”、“鱼金注射液”等多个品种的中药注射剂因发生严重不良事件或存在严重不良反应被暂停销售使用。为保障医疗安全和患者用药安全，现就进一步加强中药注射剂生产和临床使用管理有关问题通知如下：

一、加强中药注射剂生产管理、不良反应监测和召回工作

（一）药品生产企业应严格按照《药品生产质量管理规范》组织生产，加强中药注射剂生产全过程的质量管理和检验，确保中药注射剂生产质量；应加强中药注射剂销售管理，必要时应能及时全部召回售出药品。

（二）药品生产企业要建立健全药品不良反应报告、调查、分析、评价和处理的规章制度。指定专门机构或人员负责中药注射剂不良反应报告和监测工作；对药品质量投诉和药品不良反应应详细记录，并按照有关规定及时向当地药品监督管理部门报告；对收集的信息及时进行分析、组织调查，发现存在安全隐患的，主动召回。

（三）药品生产企业应制定药品退货和召回程序。因质量原因退货和召回的中药注射剂，应按照有关规定销毁，并有记录。

二、加强中药注射剂临床使用管理

（一）中药注射剂应当在医疗机构内凭医师处方使用，医疗机构应当制定对过敏性休克等紧急情况进行抢救的规程。

（二）医疗机构要加强对中药注射剂采购、验收、储存、调剂的管理。药学部门要严格执行药品进货检查验收制度，建立真实完整的购进记录，保证药品来源可追溯，坚决杜绝不合格药品进入临床；要严格按照药品说明书中规定的药品储存条件储存药品；在发放药品时严格按照《药品管理法》、《处方管理办法》进

行审核。

（三）医疗机构要加强对中药注射剂临床使用的管理。要求医护人员按照《中药注射剂临床使用基本原则》（见附件），严格按照药品说明书使用，严格掌握功能主治和禁忌症；加强用药监测，医护人员使用中药注射剂前，应严格执行用药查对制度，发现异常，立即停止使用，并按规定报告；临床药师要加强中药注射剂临床使用的指导，确保用药安全。

（四）医疗机构要加强中药注射剂不良反应（事件）的监测和报告工作。要准确掌握使用中药注射剂患者的情况，做好临床观察和病历记录，发现可疑不良事件要及时采取应对措施，对出现损害的患者及时救治，并按照规定报告；妥善保留相关药品、患者使用后的残存药液及输液器等，以备检验。

（五）各级卫生行政部门要加强对医疗机构用药安全的监管，指导医疗机构做好中药注射剂相关不良事件的监测和报告工作；各级药监部门、卫生部门、中医药部门要密切配合，及时通报和沟通相关信息，发现不良事件果断采取措施进行处理；组织有关部门对医疗机构留存的相关样品进行必要的检验。

（六）各级药品监管部门要加强对中药注射剂的质量监督检查；组织对医疗机构留存疑似不良反应/事件相关样品进行必要的检验；加强对中药注射剂不良反应监测工作，对监测信息及时进行研究分析，强化监测系统的应急反应功能，提高药品安全性突发事件的预警和应急处理能力，切实保障患者用药安全。

附件：中药注射剂临床使用基本原则

卫生部
国家食品药品监督管理局
国家中医药管理局
二〇〇八年十二月二十四日

附件：

中药注射剂临床使用基本原则

1. 选用中药注射剂应严格掌握适应症，合理选择给药途径。能口服给药的，不选用注射给药；能肌内注射给药的，不选用静脉注射或滴注给药。必须选用静脉注射或滴注给药的应加强监测。

2. 辨证施药，严格掌握功能主治。临床使用应辨证用药，严格按照药品说明书规定的功能主治使用，禁止超功能主治用药。

3. 严格掌握用法用量及疗程。按照药品说明书推荐剂量、调配要求、给药速度、疗程使用药品。不超剂量、过快滴注和长期连续用药。

4. 严禁混合配伍，谨慎联合用药。中药注射剂应单独使用，禁忌与其他药品混合配伍使用。谨慎联合用药，如确需联合使用其他药品时，应谨慎考虑与中药注射剂的间隔时间以及药物相互作用等问题。

5. 用药前应仔细询问过敏史，对过敏体质者应慎用。

6. 对老人、儿童、肝肾功能异常患者等特殊人群和初次使用中药注射剂的患者应慎重使用，加强监测。对长期使用的在每疗程间要有一定的时间间隔。

7. 加强用药监护。用药过程中，应密切观察用药反应，特别是开始 30 分钟。发现异常，立即停药，采用积极救治措施，救治患者。

042

关于印发中药、天然药物注射剂基本技术要求的通知

国食药监注〔2007〕743号

各省、自治区、直辖市食品药品监督管理局（药品监督管理局）：

为科学规范和指导中药、天然药物注射剂的研究工作，保证药品安全、有效、质量可控，国家局组织制定了《中药、天然药物注射剂基本技术要求》，现予印发，请参照执行。

附件：中药、天然药物注射剂基本技术要求

国家食品药品监督管理局

二○○七年十二月六日

附件：

中药、天然药物注射剂基本技术要求

国家食品药品监督管理局

2007年12月6日

为促进中药、天然药物研制工作进一步规范化、科学化和标准化，加强中药、天然药物注射剂的质量管理，根据《中华人民共和国药品管理法》、《中华人民共和国药品管理法实施条例》、《药品注册管理办法》等有关规定，特制定本技术要求。

第一部分　新的中药、天然药物注射剂

一、概述

中药、天然药物注射剂的给药途径不同于传统剂型，大多数情况下，传统用药经验对注射剂处方组成的配伍及配比的指导作用有限。中药、天然药物注射剂的开发需要通过研究充分说明其安全性、有效性及必要性，并保证其质量的可控性。

二、立题依据

中药、天然药物注射剂的处方（配伍及配比）及临床使用方法的确定，需要有相关的药效学及毒理学、药代动力学等研究结果的支持。同时，根据临床用药安全、有效、方便的原则，注射给药途径应该是解决口服等其他非注射给药途径不能有效发挥作用时的剂型选择，并应符合以下要求：

1. 中药、天然药物注射剂的研发应符合临床治疗和药物性质的需要。应该提供充分的依据说明注射给药优于其他非注射给药途径，应在有效性或安全性方面体现出明显优势。

2. 应与已上市的其他同一给药途径、同类功能主治（适应症）的注射剂进行比较，在有效性或安全性等方面具有一定优势或特色。

3. 有效成份（注册分类 1）制成的注射剂需要提供药代动力学的依据；多成份（注册分类 2～6）制成的注射剂需要进行药代动力学探索性研究。

4. 有效成份制成的复方注射剂及多成份制成的注射剂需进行各组分组方合理性的相关研究。来自同一药材的同一工艺制备得到的多成份注射剂除外。

5. 复方注射剂处方中如果包含已上市注射剂的处方，且其功能主治（适应症）基本一致者，应进行非临床及临床对比研究，以说明新处方注射剂在安全性或有效性方面优于原已上市的注射剂，并优于已上市的相同给药途径、同类功能主治（适应症）的产品。

三、药学部分

（一）原料

1. 中药、天然药物注射剂处方中的原料应为具有法定标准的有效成份、有效部位、提取物、药材、饮片等。无法定药品标准的原料，一般应按照《药品注册管理办法》中的有关规定提供相关研究资料，随制剂一起申报。无法定标准的提取物应建立其质量标准，并附于制剂质量标准后，仅供制备该制剂用。

2. 注射剂所用原料应根据质量控制的要求，完善其质量标准，必要时增加相关质量控制项目。

3. 处方中原料为批准文号管理的，应提供原料的合法来源及质量控制资料，包括生产企业、执行标准、批准文号、检验报告、购货发票、供货协议等。

4. 注射剂用药材一般应固定品种、药用部位、产地、产地加工、采收期等。以炮制品入药的应明确详细的炮制方法。

（二）辅料

1. 注射剂应采用符合注射用要求的辅料。所用辅料一般应具有法定药用辅料标准。

2. 使用已批准上市的注射用辅料，应提供辅料的来源及质量控制的详细资料，包括生产企业、执行标准、检验报告、购货发票、供货协议等，进口辅料还应提供进口注册证。

3. 若使用未经国家食品药品监督管理局按注射途径批准生产或进口的辅料，除下述情况外，均应按新辅料与制剂一并申请注册。

（1）使用国外公司生产，并且已经在国外上市注射剂中使用，但尚未正式批准进口的辅料，在申请临床研究时可暂不要求提供《进口药品注册证》，但须提供该辅料的国外药用依据、执行的质量标准及检验报告。在制剂批准生产前所用辅料应获得进口注册。

（2）对于注射剂中有使用依据，但尚无注射用标准的辅料，必要时应对非注射用辅料进行精制使其符合注射用要求，并制定内控标准。应提供详细的精制工艺、内控标准及其依据。

（三）制备工艺

1. 注射剂的制备工艺应根据药品的具体情况，结合注射给药的特点和要求进行系统地研究。选择的制备工艺应具有充分的合理性并全面考虑工艺对药品安全性、有效性及质量可控性的影响。注射剂的制备工艺步骤及条件均应明确，并提供充分的研究资料及工艺验证资料，说明其合理性。

2. 制剂处方研究。对注射剂配液用原料或中间体的理化性质应进行充分的研究，为制剂处方设计提供依据。在可满足注射剂需要的前提下，应尽可能少用辅料。所用辅料的种类、规格及用量等的确定应有充分的合理性。辅料选择应考虑药物与辅料以及不同辅料之间的相容性，必要时应进行相容性研究。制剂处方设计还应结合制备工艺、稳定性影响因素等研究，对制剂处方进行优选。

给药时需使用附带专用溶剂的，或使用前需要用其他溶剂稀释、配液的，在确定制剂处方时，应进行配伍稳定性研究。

3. 灭菌工艺研究。应根据品种的特点进行灭菌工艺研究，优先选择无菌保证程度较高的方法和条件，并进行系统的灭菌工艺验证。此外，工艺过程中还应采取措施降低微生物污染水平，确保产品达到无菌保证要求。

4. 应进行合适的中试以上研究规模和工艺条件的研究，以保证确定的工艺与实际大生产的工艺相一致。

5. 制备过程所用溶剂、吸附剂、脱色剂、澄清剂等应充分考虑注射剂的要求，必要时应进行精制，对可能的残留物应进行充分的研究，并制订相应的控制标准，列于制剂质量标准中。

（四）质量研究

注射剂的质量研究是指根据工艺、质量标准和稳定性研究的需要而进行的基础研究。

1. 质量研究包含文献研究、化学成份研究、定性定量分析方法研究、生物学质控方法的研究等。

2. 注射剂中所含成份应基本清楚。应对注射剂总固体中所含成份进行系统的化学研究。有效成份制成的注射剂，其单一成份的含量应不少于90%；多成份制成的注射剂，总固体中结构明确成份的含量应不少于60%。

3. 应结合产品的安全性、有效性及均一性，进行相关质控方法的研究。

(五) 质量标准

制订质量标准研究用样品应为中试以上规模的产品。根据质量研究的结果，确定必要的检测项目和合理的检测方法，制订质量标准。

1. 质控项目的设置应考虑到注射给药以及药品自身的特点，并能灵敏地反映药品质量的变化情况。以药材或饮片投料的，为保证质量稳定，应制订中间体的质量标准。

2. 质量标准所用方法应具有充分的科学性和可行性，并经过方法学的验证，符合相应的要求。

3. 制法项应明确各工艺步骤及技术参数，明确所用辅料的种类、规格及用量等。

4. 检查项除应符合现行版《中国药典》一部附录制剂通则“注射剂”项下要求外，还应建立色泽、pH值、重金属（汞、铅、镉、铜）、砷盐、炽灼残渣、总固体、草酸盐、钾离子、树脂、蛋白质、鞣质、降压物质、异常毒性检查及刺激、过敏、溶血与凝聚试验等检查项目，注射用无菌粉末应检查水分。此外，有效成份注射剂应对主成份以外的其他成份的种类及含量进行必要的控制。

5. 原料（药材、饮片、提取物、有效部位等）、中间体、制剂均应分别研究建立指纹图谱。还应进行原料、中间体、制剂指纹图谱的相关性研究。指纹图谱的研究应全面反映注射剂所含成份的信息，必要时应建立多张指纹图谱。经质量研究明确结构的成份，应当在指纹图谱中得到体现，一般不低于已明确成份的90%，对于不能体现的成份应有充分合理的理由。指纹图谱的评价可采用相对峰面积、相对保留时间、非共有峰面积或者相似度等指标进行评价。同时，也可根据产品特点增加特征峰比例等指标及指纹特征描述，并规定非共有峰数及相对峰面积。指纹图谱的评价还可选用对照提取物对照的方法。

6. 有效成份制成的注射剂，主药成份含量应不少于90%。多成份制成的注射剂，所测成份应大于总固体量的80%，注射剂中含有多种结构类型成份的，应分别采用HPLC和/或GC等定量方法测定各主要结构类型成份中至少一种代表性成份的含量，此外，应对未测定的其他成份进行研究。处方中含有毒性成份或已上市单一成份药品的，应测定其含量。注射剂质量标准中含测指标均应规定其含量的上下限。

（六）稳定性研究

1. 注射剂应进行稳定性影响因素试验、加速稳定性试验和长期稳定性试验等。

2. 注射剂的稳定性研究应根据处方、工艺及其所含成份的理化性质、药品的特点和质量控制的要求等选择能灵敏反映药品稳定性的指标进行研究。

3. 临床前稳定性研究的考察时间应能够保证制剂在临床期间使用的稳定性。申报生产时应提供长期稳定性试验研究资料。

四、药理毒理部分

（一）非临床药代动力学研究

由有效成份制成的注射剂，应全面研究其药代动力学参数。

多成份制成的注射剂，应对其药代动力学特征进行探索性研究，必要时，尚应研究主要成份之间的相互影响。

（二）非临床有效性研究

非临床有效性研究，应根据其立题依据、功能主治（适应症），选择合适的试验方法、试验动物、给药剂量、给药途径和观察指标，全面考察受试物的药理作用及其量效关系。

试验过程中除采用功能主治（适应症）相似的已上市药物进行阳性对照外，应增加口服或其他非注射给药途径进行对照，并注意口服或其他非注射给药途径受试物制备工艺的合理性（应采用合理工艺制备口服或其他非注射给药途径的受试物）及给药剂量的设计，以充分说明选择注射给药的合理性。

中药、天然药物复方注射剂，如其处方中包含已上市注射剂的处方，且两者功能主治（适应症）基本一致，应增加已上市注射剂的阳性对照组，并注意两者之间剂量的可比性。

（三）非临床安全性研究

非临床安全性试验，必须在通过 GLP 认证的 GLP 实验室进行。

如注射剂所用辅料用量超过常规用量，应提供非临床安全性试验资料或文献资料。如使用了未经国家食品药品监督管理局按注射途径批准生产或进口的辅料，应提供可用于注射给药途径的依据，必要时提供相关的非临床安全性试验资料或文献资料。

新的中药、天然药物注射剂的注册申请，应进行一般药理学试验、急性毒性试验、长期毒性试验、制剂安全性试验。如处方组成中含有首次用于注射给药途径的原料，还应提供遗传毒性、生殖毒性等试验资料，必要时尚需提供致癌性试验资料。

急性毒性试验和长期毒性试验均应采用啮齿类和非啮齿类两种动物。

制剂安全性试验主要包括刺激性、过敏性、溶血性试验。刺激性、溶血性试验应根据临床试验的需要，对稀释溶液的种类、给药浓度、给药速度等进行考察，并提供相关研究资料。

中药、天然药物复方注射剂，如处方中包含已上市注射剂的处方，且两者功能主治（适应症）基本一致，应增加已上市注射剂的阳性对照组，并注意两者之间剂量的可比性（至少应设置一个与受试物高剂量组具有可比性的剂量）。

1. 中药、天然药物注射剂应当进行Ⅰ期、Ⅱ期、Ⅲ期临床试验。在申请上市时，应根据上市前的研究结果制定上市后相应的风险控制计划，在申请生产时与申报资料一并提交，该项内容应列入申报资料4中。风险控制计划应包括：药品监测期内的Ⅳ期临床试验；药品上市后安全性和有效性进一步研究；临床应用中的安全性及有效性观察计划和针对临床应用中可能发生的风险所制订的防范及应对措施。

2. Ⅰ期临床试验：除了一般进行不同给药剂量的单次给药和多次给药的耐受性和安全性观察外，根据临床需要及临床前相关研究的支持结果，还应对稀释溶液的种类、给药浓度、给药速度等方面的耐受性和安全性进行观察；必要时，应进行用药前的过敏试验（如皮试等）及其方法学研究。

有效成份制成的注射剂，应进行注射给药的人体药代动力学研究；多成份制成的注射剂，应进行注射给药的人体药代动力学探索性研究。

3. Ⅱ期临床试验：在临床前相关研究支持下，Ⅰ期临床试验安全剂量范围内，应进行剂量的研究，并根据临床需要，继续观察稀释溶液的种类、给药浓度、给药速度等对安全性和有效性的影响。必要时，应继续进行过敏性试验（如皮试等）的观察和研究。

4. Ⅲ期临床试验：在Ⅱ期临床试验初步确定的安全、有效剂量的基础上，需要进一步与临床公认安全、有效的阳性治疗药物（注射剂）进行对比试验，与对照药物比较，试验药物在安全性或有效性方面应有明显的特点或优势。根据临床需要，继续观察稀释溶液的种类、给药浓度、给药速度等对安全性和有效性的影响，必要时，应继续进行过敏性试验（如皮试等）的观察和研究。

5. 复方注射剂处方中如果包含已上市注射剂的处方，且其功能主治（适应症）与已上市注射剂基本一致的，应进行复方注射剂与已上市的注射剂有效性和安全性比较的临床试验，新的注射剂疗效或安全性应明显优于已上市的注射剂。

6. 注射剂批准上市后，药品生产者应根据其上市时的风险控制计划，认真进行相关研究工作。保证其临床使用的安全性和有效性。

第二部分　改变给药途径的中药、天然药物注射剂

一、概述

改变给药途径的中药、天然药物注射剂包括非注射制剂改为注射剂、肌内注射与静脉注射（包括静脉滴注）及其他注射途径之间的相互改变。

立题依据的要求与新的中药、天然药物注射剂相同。应从临床用药、药物性质等角度，对改变给药途径所可能带来的益处和可能引发的安全性问题进行全面评估，提供改变给药途径合理性的充分依据。

二、药学部分

药学方面的要求与新的中药、天然药物注射剂相同。

三、药理毒理部分

药理毒理方面的要求与新的中药、天然药物注射剂相同。

四、临床部分

改变给药途径的申请，应按新的中药、天然药物注射剂的要求对其有效性、安全性进行研究。

现给药途径的注射剂如与原给药途径制剂的功能主治（适应症）基本一致，还应与原给药途径的制剂进行对比研究，并具有明显优势。

五、临床部分

第三部分　改剂型的中药、天然药物注射剂

一、概述

不改变给药途径的改剂型品种，应从临床用药、药物性质等角度，对改剂型所可能带来的益处和可能引发的安全性问题进行全面评估，提供改剂型合理性的充分依据。

二、药学部分

改剂型后与原剂型相比，若药用物质基础没有改变，要求同仿制的中药、天然药物注射剂；若药用物质基础有改变，要求同新的中药、天然药物注射剂。

三、药理毒理部分

改剂型后与原剂型相比，若药用物质基础没有改变，要求同仿制的中药、天然药物注射剂；若药用物质基础有改变，要求同新的中药、天然药物注射剂。

四、临床部分

改剂型后与原剂型相比，若药用物质基础没有改变，要求同仿制的中药、天然药物注射剂；若药用物质基础有改变，要求同新的中药、天然药物注射剂。

第四部分　仿制中药、天然药物注射剂

一、概述

申请仿制中药、天然药物注射剂，应根据药物的特点，进行必要的质量可控性、有效性和安全性研究。

二、药学部分

仿制中药、天然药物注射剂，应与被仿品种的处方组成、药材基原、药材产地、生产工艺（药材前或饮片处理、提取、分离、纯化，包括工艺参数）、制剂处方、规格、剂量、功能主治（适应症）等保持一致。

1. 如不能确定其药材产地、工艺参数细节、制剂处方等与被仿品种一致的，应进行对比研究，以保证与被仿制品种质量的一致性。

2. 所用辅料应符合注射用要求，必要时应完善其质量标准。原标准中明确辅料种类、规格及用量等的，一般应与原标准相同。

3. 对仿制药品的注册申请，其质量研究和质量标准在原则上与新的中药、天然药物注射剂要求相同。指纹图谱应与已上市同品种一致，并应能全面反映注射剂中所含成份。

4. 稳定性研究参照《中药、天然药物稳定性研究技术指导原则》的要求。仿制药的稳定性应不低于已上市同品种。

三、药理毒理部分

申请仿制的中药、天然药物注射剂，如结构明确的成份占总固体 90%以上的，可仅提供过敏性、溶血性、刺激性试验资料。其他注射剂，则需提供一般药理学、急性毒性、长期毒性、过敏性、溶血性、刺激性等安全性试验资料。

四、临床部分

应按新的中药、天然药物注射剂要求完成Ⅰ、Ⅲ期临床试验，对被仿品种的全部功能主治（适应症）应进行规范的临床试验，以充分观察其人体安全性和有效性。

第五部分　已有国家标准中药、天然药物注射剂的补充申请部分

1. 增加适应症的补充申请，需按要求提供相关的非临床药效学试验资料，同时应根据新增适应症的用量或疗程，提供相关的安全性试验资料。应进行Ⅰ、Ⅱ、Ⅲ期临床试验，以充分观察人体安全性和疗效。如不增加用量、不改变用药人群，可仅进行Ⅱ、Ⅲ期临床试验。如增加用量或延长疗程等，还应进行Ⅳ期临床研究。

2. 改变工艺的补充申请，若药用物质基础没有改变，要求同仿制的中药、天然药物注射剂；若药用物质基础有改变，要求同新的中药、天然药物注射剂。

3. 改变用法用量的补充申请，原则上需进行Ⅰ、Ⅱ、Ⅲ期临床试验，如不增加用量，用法不变，可仅进行Ⅱ、Ⅲ期临床试验。

4. 改变用药人群的补充申请，需进行Ⅰ、Ⅱ、Ⅲ期临床试验。必要时需进行非临床安全性研究及不同人群的人体药代动力学研究。

5. 增加规格的补充申请，若申请增加的药品规格与同品种上市规格不一致，应当遵循科学性、合理性、必要性的原则，提供充分的立题依据，并视情况提供相关研究资料。

6. 如需变更原料药的来源，必须按补充申请申报。要求同仿制的中药、天然药物注射剂。

7. 变更注射用辅料，应按补充申请申报。如变更注射用辅料的种类或增加用量，要求同仿制的中药、天然药物注射剂。如变更注射用辅料的来源或减少辅料用量，应提供辅料标准、检验报告以及药物的相容性、稳定性等药学对比研究资料，必要时提供非临床及临床研究资料。

8. 其他中药、天然药物注射剂的补充申请，应根据补充申请的内容参照本技术要求提供相应的研究资料。

第六部分　中药、天然药物注射剂说明书和包装标签的撰写要求

应按照国家食品药品监督管理局《药品说明书和标签管理规定》及《关于印发中药、天然药物处方药说明书格式内容书写要求及撰写指导原则的通知》（国食药监注〔2007〕283号）的相关要求起草和撰写，并重点关注以下内容：

1. [成份] 项应该包括所有的药物成份和应用的辅料。

2. [功能主治] / [适应症] 项应该根据药物临床研究结果确定的药物适用的疾病范围、病情、分型分期、人群。改剂型或仿制的中药、天然药物注射剂注

册申请也应该根据该药品的临床试验结果来确定。不能无临床依据地照搬原剂型的适应症。

3. ［用法用量］用法中应该进行详细描述，包括临床应用前药物的配制、稀释的方法、稀释的溶液、稀释的浓度，药液配制后的存放时间、使用前需要对药物性状的观察，滴注的速度、每次用药的间隔时间。

4. ［不良反应］应该列出临床试验中全部肯定或可能与药物有关的不良事件。

5. ［注意事项］尽量全面地列出临床应用中可能出现的各种担忧。

应包括必要的未进行研究的相关信息。如果未进行过特殊人群用药临床试验者，需要在此予以说明，如：本品未在孕妇及哺乳期妇女、儿童以及老年人中进行过临床试验，因此，在孕妇及哺乳期妇女、儿童以及老年人中有效性和安全性用药无法确定。

临床试验中的排除病例标准，也需要在此予以说明或适当的表述。

6. ［药物相互作用］说明书应该包括药物相互作用的内容。如无该项研究结果，需要特别注意说明无与其他药物混合或合并使用经验。

7. ［临床试验］根据临床试验结果尽量表述清楚，不限于篇幅的限制。

8. ［药理毒理］该项内容包括非临床主要药效学试验及安全性试验结果。药效学方面为与临床疗效密切相关的主要药效试验结果。安全性方面应列出安全性试验中出现的对临床应用安全有参考意义的试验结果，注意描述动物种属类型、给药方法（剂量、给药周期、给药途径）和主要毒性表现等重要信息，如未发现明显毒性、毒性靶器官，则不需列入。

9. ［贮藏］应详细说明其贮藏方法，包括贮藏的条件。

综上，注射剂上市后，药品生产企业，应根据药品上市后安全性及有效性结果，特别是不良反应和不良事件出现的情况，及时提出说明书的修订申请。

十一 中药材生产

043

国家药品监督管理局局令

第 32 号

《中药材生产质量管理规范（试行）》于 2002 年 3 月 18 日经国家药品监督管理局局务会审议通过，现予发布。本规范自 2002 年 6 月 1 日起施行。

国家药品监督管理局

二〇〇二年四月十七日

中药材生产质量管理规范（试行）

第一章 总 则

第一条 为规范中药材生产，保证中药材质量，促进中药标准化、现代化，制订本规范。

第二条 本规范是中药材生产和质量管理的基本准则，适用于中药材生产企业（以下简称生产企业）生产中药材（含植物、动物药）的全过程。

第三条 生产企业应运用规范化管理和质量监控手段，保护野生药材资源和生态环境，坚持“最大持续产量”原则，实现资源的可持续利用。

第二章 产地生态环境

第四条 生产企业应按中药材产地适宜性优化原则，因地制宜，合理布局。

第五条 中药材产地的环境应符合国家相应标准：

空气应符合大气环境质量二级标准；土壤应符合土壤质量二级标准；灌溉水应符合农田灌溉水质量标准；药用动物饮用水应符合生活饮用水质量标准。

第六条 药用动物养殖企业应满足动物种群对生态因子的需求及与生活、繁殖等相适应的条件。

第三章 种质和繁殖材料

第七条 对养殖、栽培或野生采集的药用动植物，应准确鉴定其物种，包括亚种、变种或品种，记录其中文名及学名。

第八条 种子、菌种和繁殖材料在生产、储运过程中应实行检验和检疫制度以保证质量和防止病虫害及杂草的传播；防止伪劣种子、菌种和繁殖材料的交易与传播。

第九条 应按动物习性进行药用动物的引种及驯化。捕捉和运输时应避免动物机体和精神损伤。引种动物必须严格检疫，并进行一定时间的隔离、观察。

第十条 加强中药材良种选育、配种工作，建立良种繁育基地，保护药用动植物种质资源。

第四章 栽培与养殖管理

第一节 药用植物栽培管理

第十一条 根据药用植物生长发育要求，确定栽培适宜区域，并制定相应的种植规程。

第十二条 根据药用植物的营养特点及土壤的供肥能力，确定施肥种类、时间和数量，施用肥料的种类以有机肥为主，根据不同药用植物物种生长发育的需要有限度地使用化学肥料。

第十三条 允许施用经充分腐熟达到无害化卫生标准的农家肥。禁止施用城市生活垃圾、工业垃圾及医院垃圾和粪便。

第十四条 根据药用植物不同生长发育时期的需水规律及气候条件、土壤水分状况，适时、合理灌溉和排水，保持土壤的良好通气条件。

第十五条 根据药用植物生长发育特性和不同的药用部位，加强田间管理，及时采取打顶、摘蕾、整枝修剪、覆盖遮荫等栽培措施，调控植株生长发育，提高药材产量，保持质量稳定。

第十六条 药用植物病虫害的防治应采取综合防治策略。如必须施用农药时，应按照《中华人民共和国农药管理条例》的规定，采用最小有效剂量并选用高效、低毒、低残留农药，以降低农药残留和重金属污染，保护生态环境。

第二节 药用动物养殖管理

第十七条 根据药用动物生存环境、食性、行为特点及对环境的适应能力等，确定相应的养殖方式和方法，制定相应的养殖规程和管理制度。

第十八条 根据药用动物的季节活动、昼夜活动规律及不同生长周期和生理特点，科学配制饲料，定时定量投喂。适时适量地补充精料、维生素、矿物质及其他必要的添加剂，不得添加激素、类激素等添加剂。饲料及添加剂应无污染。

第十九条 药用动物养殖应视季节、气温、通气等情况，确定给水的时间及次数。草食动物应尽可能通过多食青绿多汁的饲料补充水分。

第二十条 根据药用动物栖息、行为等特性，建造具有一定空间的固定场所及必要的安全设施。

第二十一条 养殖环境应保持清洁卫生，建立消毒制度，并选用适当消毒剂对动物的生活场所、设备等进行定期消毒。加强对进入养殖场所人员的管理。

第二十二条 药用动物的疫病防治，应以预防为主，定期接种疫苗。

第二十三条 合理划分养殖区，对群饲药用动物要有适当密度。发现患病动物，应及时隔离。传染病患动物应处死，火化或深埋。

第二十四条 根据养殖计划和育种需要，确定动物群的组成与结构，适时周转。

第二十五条 禁止将中毒、感染疫病的药用动物加工成中药材。

第五章 采收与初加工

第二十六条 野生或半野生药用动植物的采集应坚持“最大持续产量”原则，应有计划地进行野生抚育、轮采与封育，以利生物的繁衍与资源的更新。

第二十七条 根据产品质量及植物单位面积产量或动物养殖数量，并参考传统采收经验等因素确定适宜的采收时间（包括采收期、采收年限）和方法。

第二十八条 采收机械、器具应保持清洁、无污染，存放在无虫鼠害和禽畜的干燥场所。

第二十九条 采收及初加工过程中应尽可能排除非药用部分及异物，特别是杂草及有毒物质，剔除破损、腐烂变质的部分。

第三十条 药用部分采收后，经过拣选、清洗、切制或修整等适宜的加工，需干燥的应采用适宜的方法和技术迅速干燥，并控制温度和湿度，使中药材不受污染，有效成分不被破坏。

第三十一条 鲜用药材可采用冷藏、砂藏、罐贮、生物保鲜等适宜的保鲜方法，尽可能不使用保鲜剂和防腐剂。如必须使用时，应符合国家对食品添加剂的有关规定。

第三十二条 加工场地应清洁、通风，具有遮阳、防雨和防鼠、虫及禽畜的设施。

第三十三条 地道药材应按传统方法进行加工。如有改动，应提供充分试验数据，不得影响药材质量。

第六章 包装、运输与贮藏

第三十四条 包装前应检查并清除劣质品及异物。包装应按标准操作规程操作，并有批包装记录，其内容应包括品名、规格、产地、批号、重量、包装工号、包装日期等。

第三十五条 所使用的包装材料应是清洁、干燥、无污染、无破损，并符合药材质量要求。

第三十六条 在每件药材包装上，应注明品名、规格、产地、批号、包装日期、生产单位，并附有质量合格的标志。

第三十七条 易破碎的药材应使用坚固的箱盒包装；毒性、麻醉性、贵细药材应使用特殊包装，并应贴上相应的标记。

第三十八条 药材批量运输时，不应与其他有毒、有害、易串味物质混装。运载容器应具有较好的通气性，以保持干燥，并应有防潮措施。

第三十九条 药材仓库应通风、干燥、避光，必要时安装空调及除湿设备，并具有防鼠、虫、禽畜的措施。地面应整洁、无缝隙、易清洁。

药材应存放在货架上，与墙壁保持足够距离，防止虫蛀、霉变、腐烂、泛油等现象发生，并定期检查。

在应用传统贮藏方法的同时，应注意选用现代贮藏保管新技术、新设备。

第七章 质量管理

第四十条 生产企业应设质量管理部门，负责中药材生产全过程的监督管理和质量监控，并应配备与药材生产规模、品种检验要求相适应的人员、场所、仪器和设备。

第四十一条 质量管理部门的主要职责：

（一）负责环境监测、卫生管理；

（二）负责生产资料、包装材料及药材的检验，并出具检验报告；

（三）负责制订培训计划，并监督实施；

（四）负责制订和管理质量文件，并对生产、包装、检验等各种原始记录进行管理。

第四十二条 药材包装前，质量检验部门应对每批药材，按中药材国家标准或经审核批准的中药材标准进行检验。检验项目应至少包括药材性状与鉴别、杂质、水分、灰分与酸不溶性灰分、浸出物、指标性成分或有效成分含量。农药残留量、重金属及微生物限度均应符合国家标准和有关规定。

第四十三条 检验报告应由检验人员、质量检验部门负责人签章。检验报告应存档。

第四十四条 不合格的中药材不得出场和销售。

第八章 人员和设备

第四十五条 生产企业的技术负责人应有药学或农学、畜牧学等相关专业的大专以上学历，并有药材生产实践经验。

第四十六条 质量管理部门负责人应有大专以上学历，并有药材质量管理经验。

第四十七条 从事中药材生产的人员均应具有基本的中药学、农学或畜牧学常识，并经生产技术、安全及卫生学知识培训。从事田间工作的人员应熟悉栽培技术，特别是农药的施用及防护技术；从事养殖的人员应熟悉养殖技术。

第四十八条 从事加工、包装、检验人员应定期进行健康检查，患有传染病、皮肤病或外伤性疾病等不得从事直接接触药材的工作。生产企业应配备专人负责环境卫生及个人卫生检查。

第四十九条 对从事中药材生产的有关人员应定期培训与考核。

第五十条 中药材产地应设厕所或盥洗室，排出物不应对环境及产品造成污染。

第五十一条 生产企业生产和检验用的仪器、仪表、量具、衡器等其适用范围和精密度应符合生产和检验的要求，有明显的状态标志，并定期校验。

第九章 文件管理

第五十二条 生产企业应有生产管理、质量管理等标准操作规程。

第五十三条 每种中药材的生产全过程均应详细记录，必要时可附照片或图象。记录应包括：

（一）种子、菌种和繁殖材料的来源；

（二）生产技术与过程：

1. 药用植物播种的时间、数量及面积；育苗、移栽以及肥料的种类、施用时间、施用量、施用方法；农药中包括杀虫剂、杀菌剂及除莠剂的种类、施用量、施用时间和方法等。

2. 药用动物养殖日志、周转计划、选配种记录、产仔或产卵记录、病例病志、死亡报告书、死亡登记表、检免疫统计表、饲料配合表、饲料消耗记录、谱系登记表、后裔鉴定表等。

3. 药用部分的采收时间、采收量、鲜重和加工、干燥、干燥减重、运输、贮藏等。

4. 气象资料及小气候的记录等。

5. 药材的质量评价：药材性状及各项检测的记录。

第五十四条 所有原始记录、生产计划及执行情况、合同及协议书等均应存档，至少保存5年。档案资料应有专人保管。

第十章 附 则

第五十五条 本规范所用术语：

（一）中药材。指药用植物、动物的药用部分采收后经产地初加工形成的原料药材。

（二）中药材生产企业。指具有一定规模、按一定程序进行药用植物栽培或动物养殖、药材初加工、包装、储存等生产过程的单位。

（三）最大持续产量。即不危害生态环境，可持续生产（采收）的最大产量。

（四）地道药材。传统中药材中具有特定的种质、特定的产区或特定的生产技术和加工方法所生产的中药材。

（五）种子、菌种和繁殖材料。植物（含菌物）可供繁殖用的器官、组织、细胞等，菌物的菌丝、子实体等；动物的种物、仔、卵等。

（六）病虫害综合防治。从生物与环境整体观点出发，本着预防为主的指导思想和安全、有效、经济、简便的原则，因地制宜，合理运用生物的、农业的、化学的方法及其他有效生态手段，把病虫的危害控制在经济阈值以下，以达到提高经济效益和生态效益之目的。

（七）半野生药用动植物。指野生或逸为野生的药用动植物辅以适当人工抚育和中耕、除草、施肥或喂料等管理的动植物种群。

第五十六条 本规范由国家药品监督管理局负责解释。

第五十七条 本规范自2002年6月1日起施行。

044

关于印发《中药材生产质量管理规范认证管理办法（试行)》及《中药材 GAP 认证检查评定标准（试行)》的通知

国食药监安〔2003〕251 号

各省、自治区、直辖市食品药品监督管理局（药品监督管理局)：

为贯彻执行《中华人民共和国药品管理法》及《中华人民共和国药品管理法实施条例》，规范《中药材生产质量管理规范（试行)》（简称中药材 GAP）认证工作，保证中药材 GAP 认证工作的顺利进行，我局经过认真调研和广泛征求意见，并在开展试点认证摸底工作的基础上，进行了反复讨论研究，制定了《中药材生产质量管理规范认证管理办法（试行)》及《中药材 GAP 认证检查评定标准（试行)》，现印发给你们，请遵照执行，并将有关事项通知如下：

一、中药材是中药饮片、中成药生产的基础原料。实施中药材 GAP，对中药材生产全过程进行有效的质量控制，是保证中药材质量稳定、可控，保障中医临床用药安全有效的重要措施；有利于中药资源保护和持续利用，促进中药材种植（养殖）的规模化、规范化和产业化发展。对全面深入贯彻执行《药品管理法》及有关规定，落实国务院有关文件规定及要求，进一步加强药品的监督管理，促进中药现代化，具有重要意义。各级药品监督管理部门应予高度重视，并严格按照《中药材 GAP 认证管理办法》的规定，认真做好相关工作。

二、自 2003 年 11 月 1 日起，我局将正式受理中药材 GAP 的认证申请，并组织认证试点工作。《中药 GAP 认证申请表》（见附件 3）由我局统一印制，各地可根据需要数量向我局领取，也可从我局网站下载使用。

三、中药材 GAP 认证是一项全新的工作，政策性、技术性和社会性都很强。各级药品监督管理部门要充分认识到这项工作的长期性和复杂性，必须加强对中药材 GAP 的学习、宣传和培训，坚持依法行政、积极稳妥、质量第一的原则，做好政策引导和技术指导，注意总结经验，认真研究解决实际工作中存在的问题，逐步完善各项管理办法，保证中药材 GAP 实施工作的顺利进行。各地在执行中有何问题及建议，请及时反馈我局药品安全监管司。

附件：

1. 中药材生产质量管理规范认证管理办法（试行）
2. 中药材 GAP 认证检查评定标准（试行）

3. 中药材 GAP 认证申请表（略）

食品药品监管局

二〇〇三年九月十九日

附件 1：

中药材生产质量管理规范认证管理办法（试行）

食品药品监管局

2003 年 9 月 19 日

第一条 根据《药品管理法》及《药品管理法实施条例》的有关规定，为加强中药材生产的监督管理，规范《中药材生产质量管理规范（试行）》（英文名称为 Good Agricultural Practice for Chinese Crude Drugs，简称中药材 GAP）认证工作，制定本办法。

第二条 国家食品药品监督管理局负责全国中药材 GAP 认证工作；负责中药材 GAP 认证检查评定标准及相关文件的制定、修订工作；负责中药材 GAP 认证检查员的培训、考核和聘任等管理工作。

国家食品药品监督管理局药品认证管理中心（以下简称“局认证中心”）承担中药材 GAP 认证的具体工作。

第三条 省、自治区、直辖市食品药品监督管理局（药品监督管理局）负责本行政区域内中药材生产企业的 GAP 认证申报资料初审和通过中药材 GAP 认证企业的日常监督管理工作。

第四条 申请中药材 GAP 认证的中药材生产企业，其申报的品种至少完成一个生产周期。申报时需填写《中药材 GAP 认证申请表》（一式二份），并向所在省、自治区、直辖市食品药品监督管理局（药品监督管理局）提交以下资料：

（一）《营业执照》（复印件）；

（二）申报品种的种植（养殖）历史和规模、产地生态环境、品种来源及鉴定、种质来源、野生资源分布情况和中药材动植物生长习性资料、良种繁育情况、适宜采收时间（采收年限、采收期）及确定依据、病虫害综合防治情况、中药材质量控制及评价情况等；

（三）中药材生产企业概况，包括组织形式并附组织机构图（注明各部门名称及职责）、运营机制、人员结构、企业负责人、生产和质量部门负责人背景资料（包括专业、学历和经历）、人员培训情况等；

（四）种植（养殖）流程图及关键技术控制点；

（五）种植（养殖）区域布置图（标明规模、产量、范围）；

（六）种植（养殖）地点选择依据及标准；

（七）产地生态环境检测报告（包括土壤、灌溉水、大气环境）、品种来源鉴定报告、法定及企业内控质量标准（包括质量标准依据及起草说明）、取样方法及质量检测报告书，历年来质量控制及检测情况；

（八）中药材生产管理、质量管理文件目录；

（九）企业实施中药材 GAP 自查情况总结资料。

第五条　省、自治区、直辖市食品药品监督管理局（药品监督管理局）应当自收到中药材 GAP 认证申报资料之日起 40 个工作日内提出初审意见。符合规定的，将初审意见及认证资料转报国家食品药品监督管理局。

第六条　国家食品药品监督管理局组织对初审合格的中药材 GAP 认证资料进行形式审查，必要时可请专家论证，审查工作时限为 5 个工作日（若需组织专家论证，可延长至 30 个工作日）。符合要求的予以受理并转局认证中心。

第七条　局认证中心在收到申请资料后 30 个工作日内提出技术审查意见，制定现场检查方案。检查方案的内容包括日程安排、检查项目、检查组成员及分工等，如需核实的问题应列入检查范围。现场检查时间一般安排在该品种的采收期，时间一般为 3～5 天，必要时可适当延长。

第八条　检查组成员的选派遵循本行政区域内回避原则，一般由 3～5 名检查员组成。根据检查工作需要，可临时聘任有关专家担任检查员。

第九条　省、自治区、直辖市食品药品监督管理局（药品监督管理局）可选派 1 名负责中药材生产监督管理的人员作为观察员，联络、协调检查有关事宜。

第十条　现场检查首次会议应确认检查品种，落实检查日程，宣布检查纪律和注意事项，确定企业的检查陪同人员。检查陪同人员必须是企业负责人或中药材生产、质量管理部门负责人，熟悉中药材生产全过程，并能够解答检查组提出的有关问题。

第十一条　检查组必须严格按照预定的现场检查方案对企业实施中药材 GAP 的情况进行检查。对检查发现的缺陷项目如实记录，必要时应予取证。检查中如需企业提供的资料，企业应及时提供。

第十二条　现场检查结束后，由检查组长组织检查组讨论做出综合评定意见，形成书面报告。综合评定期间，被检查企业人员应予回避。

第十三条　现场检查报告须检查组全体人员签字，并附缺携带外币现钞出入境管理暂行办法携带外币现钞出入境管理暂行办法陷项目、检查员记录、有异议问题的意见及相关证据资料。

第十四条 现场检查末次会议应现场宣布综合评定意见。被检查企业可安排有关人员参加。企业如对评定意见及检查发现的缺陷项目有不同意见，可作适当解释、说明。检查组对企业提出的合理意见应予采纳。

第十五条 检查中发现的缺陷项目，须经检查组全体人员和被检查企业负责人签字，双方各执一份。如有不能达成共识的问题，检查组须作好记录，经检查组全体成员和被检查企业负责人签字，双方各执一份。

第十六条 现场检查报告、缺陷项目表、每个检查员现场检查记录和原始评价及相关资料应在检查工作结束后5个工作日内报送局认证中心。

第十七条 局认证中心在收到现场检查报告后20个工作日内进行技术审核，符合规定的，报国家食品药品监督管理局审批。符合《中药材生产质量管理规范》的，颁发《中药材GAP证书》并予以公告。

第十八条 对经现场检查不符合中药材GAP认证标准的，不予通过中药材GAP认证，由局认证中心向被检查企业发认证不合格通知书。

第十九条 认证不合格企业再次申请中药材GAP认证的，以及取得中药材GAP证书后改变种植（养殖）区域（地点）或扩大规模等，应按本办法第四条规定办理。

第二十条 《中药材GAP证书》有效期一般为5年。生产企业应在《中药材GAP证书》有限期满前6个月，按本办法第四条的规定重新申请中药材GAP认证。

第二十一条 《中药材GAP证书》由国家食品药品监督管理局统一印制，应当载明证书编号、企业名称、法定代表人、企业负责人、注册地址、种植（养殖）区域（地点）、认证品种、种植（养殖）规模、发证机关、发证日期、有效期限等项目。

第二十二条 中药材GAP认证检查员须具备下列条件：

（一）遵纪守法、廉洁正派、坚持原则、实事求是；

（二）熟悉和掌握国家药品监督管理相关的法律、法规和方针政策；

（三）具有中药学相关专业大学以上学历或中级以上职称，并具有5年以上从事中药材研究、监督管理、生产质量管理相关工作实践经验；

（四）能够正确理解中药材GAP的原则，准确掌握中药GAP认证检查标准；

（五）身体状况能胜任现场检查工作，无传染性疾病；

（六）能服从选派，积极参加中药材GAP认证现场检查工作。

第二十三条 中药材GAP认证检查员应经所在单位推荐，填写《国家中药材GAP认证检查员推荐表》，由省级食品药品监督管理局（药品监督管理局）签署意见后报国家食品药品监督管理局进行资格认定。

第二十四条　国家食品药品监督管理局负责对中药材 GAP 认证检查员进行年审，不合格的予以解聘。

第二十五条　中药材 GAP 认证检查员受国家食品药品监督管理局的委派，承担对生产企业的中药材 GAP 认证现场检查、跟踪检查等项工作。

第二十六条　中药材 GAP 认证检查员必须加强自身修养和知识更新，不断提高中药材 GAP 认证检查的业务知识和政策水平。

第二十七条　中药材 GAP 认证检查员必须遵守中药材 GAP 认证检查员守则和现场检查纪律。对违反有关规定的，予以批评教育，情节严重的，取消中药材 GAP 认证检查员资格。

第二十八条　国家食品药品监督管理局负责组织对取得《中药材 GAP 证书》的企业，根据品种生长特点确定检查频次和重点进行跟踪检查。

第二十九条　在《中药材 GAP 证书》有效期内，省、自治区、直辖市食品药品监督管理局（药品监督管理局）负责每年对企业跟踪检查一次，跟踪检查情况应及时报国家食品药品监督管理局。

第三十条　取得《中药材 GAP 证书》的企业，如发生重大质量问题或者未按照中药材 GAP 组织生产的，国家食品药品监督管理局将予以警告，并责令改正；情节严重的，将吊销其《中药材 GAP 证书》。

第三十一条　取得《中药材 GAP 证书》的中药材生产企业，如发现申报过程采取弄虚作假骗取证书的，或以非认证企业生产的中药材冒充认证企业生产的中药材销售和使用等严重问题的，一经核实，国家食品药品监督管理局将吊销其《中药材 GAP 证书》。

第三十二条　中药材生产企业《中药材 GAP 证书》登记事项发生变更的，应在事项发生变更之日起 30 日内，向国家食品药品监督管理局申请办理变更手续，国家食品药品监督管理应在 15 个工作日内作出相应变更。

第三十三条　中药材生产企业终止生产中药材或者关闭的，由国家食品药品监督管理局收回《中药材 GAP 证书》。

第三十四条　申请中药材 GAP 认证的中药材生产企业应按照有关规定缴纳认证费用。未按规定缴纳认证费用的，中止认证或收回《中药材 GAP 证书》。

第三十五条　本办法由国家食品药品监督管理局负责解释。

第三十六条　本办法自 2003 年 11 月 1 日起施行。

附件 2：

中药材 GAP 认证检查评定标准（试行）

食品药品监管局

2003 年 9 月 19 日

1. 根据《中药材生产质量管理规范（试行）》（简称中药材 GAP），制定本认证检查评定标准。

2. 中药材 GAP 认证检查项目共 104 项，其中关键项目（条款号前加“□”）19 项，一般项目 85 项。

关键项目不合格则称为严重缺陷，一般项目不合格则称为一般缺陷。

3. 根据申请认证品种确定相应的检查项目。

4. 结果评定：

项目		结果
严重缺陷	一般缺陷	
0	≤20%	通过 GAP 认证
0	＞20%	不能通过 GAP 认证
≥1 项	0	

中药材 GAP 认证检查项目

条款	检查内容
0301	生产企业是否对申报品种制定了保护野生药材资源、生态环境和持续发展的方案
*0401	生产企业是否按产地适宜性优化原则（地域性、安全性、可行性等）选定和建造生产基地，种植区域的环境条件是否与药用植物生物学和生态学特性相对应
0501	中药材产地空气是否符合国家大气环境质量二级标准
*0502	中药材产地土壤是否符合国家土壤质量二级标准
0503	土壤质量一般每 4 年检测一次
*0504	中药材灌溉水是否符合国家农田灌溉水质量标准
0505	灌溉水至少每年检测一次

续　表

条款	检查内容
*0506	药用动物饮用水是否符合生活饮用水质量标准
0507	饮用水至少每年检测一次
0601	药用动物养殖是否满足动物种群对生态因子的需求及与生活、繁殖等相适应的条件
*0701	对养殖、栽培或野生采集的药用动植物，是否准确鉴定其物种（包括亚种、变种或品种、中调及学名等）
0801	种子、菌种和繁殖材料在生产、储运过程中是否进行检验及检疫，并具有检验及检疫报告书
0802	是否有防止伪劣种子、菌种和繁殖材料的交易与传播的管理制度和有效措施
0803	是否根据具体品种情况制定药用植物种子菌种和繁殖材料的生产管理制度和操作规程
0901	是否按动物习性进行药用动物的引种及驯化
0902	在捕捉和运输动物时，是否有防止预防或避免动物机体和精神损伤的有效措施及方法
0903	引种动物是否由检疫机构检疫，并出具检疫报告书引种动物是否进行一定时间的隔离、观察
*1001	是否进行中药材良种选育、配种工作，是否建立与生产规模相适应的良种繁育场所
*1101	是否根据药用植物生长发育要求制定相应的种植规程
1201	是否根据药用植物的营养特点及土壤的供肥能力，制定并实施施肥的标准操作规程（包括施肥种类、时间、方法和数量）
1202	施用肥料的种类是否以有棚巴为主。若需使用化学肥料，是否制定有限度使用的岗位操作法或标准操作规程
1301	施用农家肥是否充分腐熟达到无害化卫生标准
*1302	是否施用城市生活垃圾、工业垃圾及医院垃圾和粪便
1401	是否制定药用植物合理灌溉和排水的管理制度及标准操作规程
1501	是否根据药用植物不同生长发育特性和不同药用部位，制定药用植物田间管理制度及标准操作规程，加强田间管理，及时采取打顶、摘蕾、整枝修剪、覆盖遮荫等栽培措施，提高药材产量，保持质量稳定

续 表

条款	检查内容
*1601	药用植物病虫害的防治是否采取综合防治策略
*1602	药用植物如必须施用农药时，是否按照《中华人民共和国农药管理条例》的规定，采用最小有效剂量并选用高效、低毒、低残留农药等
*1701	是否根据药用动物生存环境、食性、行为特点及对环境的适应能力等，确定与药用动物相适应的养殖方式和方法
1702	是否制定药用动物的养殖规程和管理制度
1801	是否根据药用动物的季节活动、昼夜活动规律及不同生长周期和生理特点，科学配制饲料，制定药用动物定时定量投喂的标准操作规程
1802	药用动物是否适时适量地补充精料、维生素、矿物质及其他必要的添加剂
*1803	药用动物饲料不得添加激素、类激素等添加剂
1804	药用动物饲料及添加剂应无污染
1901	药用动物养殖是否根据季节、气温、通气等情况，确定给水的时间和次数
1902	草食动物是否尽可能通过多食青绿多汁的饲料补充水分
2001	是否根据药用动物栖息、行为等特性，建造具有一定空间的固定场所及必要的安全设施
2101	药用动物养殖环境是否保持清洁卫生
2102	是否建立消毒制度，并选用适当消毒剂对动物的生活场所、设备等进行定期消毒
2103	是否建立对出入养殖场所人员的管理制度
2201	是否建立药用动物疫病预防措施，定期接种疫苗
2301	是否合理划分养殖区，对群饲药用动物要有适当密度
2302	发现患病动物，是否及时隔离
2303	传染病患动物是否及时处死后，火化或深埋
2401	是否根据养殖计划和育种需要，确定动物群的组成与结构，适时周转
*2501	禁止将中毒、感染疫病及不明原因死亡的药用动物加工成中药材
2601	野生或半野生药用动植物的采集是否坚持“最大持续产量”原则，是否有计划地进行野生抚育、轮采与封育
*2701	是否根据产品质量及植物单位面积产量或动物养殖数量，并参考传统采收经验等因素确定适宜的采收时间（包括采收期、采收年限）

续 表

条款	检查内容
2702	是否根据产品质量及植物单位面积产量或动物养殖数量，并参考传统采收经验等因素确定适宜的采收方法
2801	采收机械、器具是否保持清洁、无污染，是否存放在无虫鼠害和禽畜的干燥场所
2901	采收及初加工过程中是否排除非药用部分及异物，特别是杂草及有毒物质，剔除破损、腐烂变质的部分
3001	中药材采收后，是否进行拣选、清洗、切制或修整等适宜的加工
3002	需干燥的中药材采收后，是否及时采用适宜的方法和技术进行干燥，保证中药材不受污染、有效成分不被破坏
3101	鲜用中药材是否采用适宜的保鲜方法。如必须使用保鲜剂和防腐剂时，是否符合国家对食品添加大的有关规定
3201	加工场周围环境是否有污染源，场地是否清洁卫生，是否有满足中药材加工的必要设施，是否有防雨、防鼠、防尘、防虫、防禽畜措施
3301	地道药材是否按传统方法进行初加工。如有改动，是否提供充分实验数据，证明其不影响中药材质量
3401	包装是否有标准操作规程
3402	包装前是否再次检查并清除劣质品及异物
3403	包装是否有批包装记录，其内容应包括品名、规格、产地、批号、重量、包装工号、包装日期等
3501	所使用的包装材料是否无污染、清洁、干燥、无破损，并不影响中药材质量
3601	在每件中药材包装上，是否注明品名、规格、产地、批号、包装日期、生产单位、采收日期、贮藏条件、注意事项，并附有质量合格的标志
3701	易破碎的中药材是否装在坚固的箱盒内
*3702	毒性中药材、按麻醉药品管理的中药材是否使用特殊包装，是否有明显的规定标记
3801	中药材批量运输时，是否与其他有毒、有害、易串味物质混装
3802	运载容器是否具有较好的通气性，并有防潮措施
3901	是否制订仓储养护规程和管理制度
3902	中药材仓库是否保持清洁和通风、干燥、避光、防霉变。温度、湿度是否符合储存要求并具有防鼠、虫、禽畜的措施

续 表

条款	检查内容
3903	中药材仓库地面是否整洁、无缝隙、易清洁
3904	中药材存放是否与墙壁、地面保持足够距离，是否有虫蛀、霉变、腐烂、泛油等现象发生，并定期检查
3905	应用传统贮藏方法的同时，是否注意选用现代贮藏保管新技术、新设备
*4001	生产企业是否设有质量管理部门，负责中药材生产全过程的监督管理和质量监控
4002	是否配备与中药材生产规模、品种检验要求相适应的人员
4003	是否配备与中药材生产规模、品种检验要求相适应的场所、仪器和设备
4101	质量管理部门是否履行环境监测、卫生管理的职责
4102	质量管理部门是否履行对生产资料、包装材料及中药材的检验，并出具检验报告书
4103	质量管理部门是否履行制订培训计划并监督实施的职责
4104	质量管理部门是否履行制订和管理质量文件，并对生产、包装、检验、留样等各种原始记录进行管理的职责
*4201	中药材包装前，质量检验部门是否对每批中药材，按国家标准或经审核批准的中药材标准进行检验
4202	检验项目至少包括中药材性状与鉴别、杂质、水分、灰分与酸不溶性灰分、浸出物、指标性成分或有效成分含量
*4203	中药材农药残留量、微生物限度、重金属含量等是否符合国家标准和有关规定
4204	是否制订有采样标准操作规程
4205	是否设立留样观察室，并按规定进行留样
4301	检验报告是否由检验人员、质量检验部门负责人签章并存档
*4401	不合格的中药材是否出场和销售
4501	生产企业的技术负责人是否有相关专业的大专以上学历，并有中药材实践经验
4601	质量管理部门负责人是否有相关专业大专以上学历，并有中药材质量管理经验
4701	从事中药材生产的人员是否具有基本的中药学、农学、林学或畜牧学常识，并经生产技术、安全及卫生学知识培训
4702	从事田间工作的人员是否熟悉栽培持术，特别是农药的施用及防护技术
4801	从事加工、包装、检验、仓储管理人员是否定期进行健康检查，至少每年一次。患有传染病、皮肤病或外伤性疾病等的人员是否从事直接接触中药材的工作

续　表

条款	检查内容
4802	是否配备专人负责环境卫生及个人卫生检查
4901	对从事中药材生产的有关人员是否定期培训与考核
5001	中药材产地是否设有厕所或盥洗室，排出物是否对环境及产品造成污染
5101	生产和检验用的仪器、仪表、量具、衡器等其适用范围和精密度是否符合生产和检验的要求
5102	检验用的仪器、仪表、量具、衡器等是否有明显的状态标志，并定期检查
5201	是否有生产管理、质量管理等标准操作规程，是否完整合理。各部门、各岗位人员是否有自己应该具有的管理制度和操作规程
5301	每种中药材的生产全过程均是否详细记录，必要时可附照片或图像
5302	记录是否包括种子、菌种和繁殖材料的来源
5303	记录是否包括药用植物的播种时间、量及面积；育苗、移栽以及肥料的种类、施用时间、施用量、施用方法；农药（包括杀虫剂、杀菌剂及除莠剂）的种类、施用量、施用时间和方法等
5304	记录是否包括药用动物养殖日志、周转计划、选配种记录、产仔或产卵记录、病例病志、死亡报告书、死亡登记表、检免疫统计表、饲料配合表、饲料消耗记录、谱系登记表、后裔鉴定表等
5305	记录是否包括药用部分的采收时间、采收量、鲜重和加工、干燥、干燥减重、运输、贮藏等
5306	记录是否包括气象资料及小气候等
5307	记录是否包括中药材的质量评价（中药材性状及各项检测）
5401	所有原始记录、生产计划及执行情况、合同及协议书等是否存档，至少保存至采收或初加工后5年
5402	档案资料是否有专人保管

备注：“*”项目为关键项目，其他项目为一般项目。

045

关于印发《中药材生产扶持项目管理办法》的通知

国经贸医药〔2000〕362号

各省、自治区、直辖市、计划单列市及新疆生产建设兵团经贸委（经委、计经委）、医药行业管理部门：

现将国家经贸委会同财政部制定的《中药材生产扶持项目管理办法》印发给你们，请遵照执行。

国家经济贸易委员会

二〇〇〇年四月二十四日

中药材生产扶持项目管理办法

国家经济贸易委员会

2000年4月24日

第一条 为加强中药材生产扶持项目管理，提高项目经济效益和社会效益，促进中药材生产发展，满足人民用药需求，制定本办法。

第二条 本办法所称的中药材生产扶持项目，是指国家为促进中药材生产发展，由中央财政资金安排的项目。

第三条 中药材生产扶持项目的安排对象为中药工商企业、药材专业种植养殖场和直接从事中药产业化科技开发的研究院所。

第四条 中药材生产扶持项目的安排应当遵循以下原则：

（一）项目必须符合国家中药产业政策和中长期发展规划，对促进中药材生产和中药事业持续、稳定、协调发展有积极引导作用；

（二）统筹规划、突出重点、择优安排项目，不搞平均分配；

（三）项目建设以企业为主体，政府主管部门给予适当扶持和指导；

（四）中药材生产扶持项目实行分级管理，国家经贸委负责项目的审查和计划的编制，省、自治区、直辖市、计划单列市经贸委（医药行业管理部门）负责项目的上报、监督实施和决算。

第五条 中药材生产扶持资金重点安排以下项目：

（一）野生药材资源保护和野生药材变家种家养的科研开发及成果推广应用；

（二）中药材种植养殖先进技术的研究和推广应用；

（三）大宗、紧缺品种的中药材基地建设，中药材种子种苗基地建设；

（四）中药材仓储技术及改善中药材仓储设施；

（五）中药饮片加工技术研究和推广应用。

第六条　项目的申请、上报和审查程序：

（一）具有法人资格的单位向省、自治区、直辖市、计划单列市经贸委（医药行业管理部门）提出项目申请，并提交中药材生产扶持项目立项建议书。立项建议书应当包括以下内容：单位基本情况（单位名称、地址、邮编、联系电话、法人代表、开户银行及账号等）、项目依据、项目主要内容、技术保证措施或者主要技术路线、效益评估、资金来源和资金使用计划等；

（二）省、自治区、直辖市、计划单列市经贸委（医药行业管理部门）负责对申请项目进行初审，并将初审同意的项目汇总后报国家经贸委；

（三）国家经贸委组织专家委员会对项目建议书进行审定，编制年度项目计划。

第七条　省、自治区、直辖市、计划单列市经贸委（医药行业管理部门）按照国家经贸委审定的项目建议书组织实施项目，项目完成后向国家经贸委提交总结报告。

第八条　省、自治区、直辖市、计划单列市经贸委（医药行业管理部门）应当加强对中药材生产扶持项目的监督和检查，并在次年一月底前向国家经贸委提交本地区中药材生产扶持项目的进展情况、中药材生产扶持专项资金使用决算和决算说明。

第九条　项目实施单位应当建立项目管理责任制，配备专人负责，明确责任。

第十条　本办法由国家经济贸易委员会负责解释。

第十一条　本办法自发布之日起施行。

046

关于发布《药品生产质量管理规范（2010年修订）》中药饮片等3个附录的公告

国家食品药品监督管理总局公告
2014年　第32号

根据《药品生产质量管理规范（2010年修订）》第三百一十条规定，现发布中药饮片、医用氧、取样3个附录，作为《药品生产质量管理规范（2010年修订）》配套文件，自2014年7月1日起施行。

特此公告。

附件：
1. 中药饮片。
2. 医用氧。
3. 取样。

国家食品药品监督管理总局
二〇一四年六月二十七日

附件1：

中药饮片

第一章　范　围

第一条　本附录适用于中药饮片生产管理和质量控制的全过程。

第二条　产地趁鲜加工中药饮片的，按照本附录执行。

第三条　民族药参照本附录执行。

第二章　原　则

第四条　中药饮片的质量与中药材质量、炮制工艺密切相关，应当对中药材质量、炮制工艺严格控制；在炮制、贮存和运输过程中，应当采取措施控制污染，防止变质，避免交叉污染、混淆、差错；生产直接口服中药饮片的，应对生产环境及产品微生物进行控制。

第五条　中药材的来源应符合标准，产地应相对稳定。

第六条　中药饮片必须按照国家药品标准炮制；国家药品标准没有规定的，必须按照省、自治区、直辖市食品药品监督管理部门制定的炮制规范或审批的标准炮制。

第七条　中药饮片应按照品种工艺规程生产。中药饮片生产条件应与生产许可范围相适应，不得外购中药饮片的中间产品或成品进行分包装或改换包装标签。

第三章　人　员

第八条　企业的生产管理负责人应具有药学或相关专业大专以上学历（或中级专业技术职称或执业药师资格）、三年以上从事中药饮片生产管理的实践经验，或药学或相关专业中专以上学历、八年以上从事中药饮片生产管理的实践经验。

第九条　企业的质量管理负责人、质量受权人应当具备药学或相关专业大专以上学历（或中级专业技术职称或执业药师资格），并有中药饮片生产或质量管理五年以上的实践经验，其中至少有一年的质量管理经验。

第十条　企业的关键人员以及质量保证、质量控制等人员均应为企业的全职在岗人员。

第十一条　质量保证和质量控制人员应具备中药材和中药饮片质量控制的实际能力，具备鉴别中药材和中药饮片真伪优劣的能力。

第十二条　从事中药材炮制操作人员应具有中药炮制专业知识和实际操作技能；从事毒性中药材等有特殊要求的生产操作人员，应具有相关专业知识和技能，并熟知相关的劳动保护要求。

第十三条　负责中药材采购及验收的人员应具备鉴别中药材真伪优劣的能力。

第十四条　从事养护、仓储保管人员应掌握中药材、中药饮片贮存养护知识与技能。

第十五条　企业应由专人负责培训管理工作，培训的内容应包括中药专业知识、岗位技能和药品 GMP 相关法规知识等。

第十六条　进入生产区的人员应进行更衣、洗手；进入洁净区的工作服的选材、式样及穿戴方式应符合通则的要求；从事对人体有毒、有害操作的人员应按规定着装防护，其专用工作服与其他操作人员的工作服应分别洗涤、整理，并避免交叉污染。

第四章　厂房与设施

第十七条　生产区应与生活区严格分开，不得设在同一建筑物内。

第十八条 厂房与设施应按生产工艺流程合理布局，并设置与其生产规模相适应的净制、切制、炮炙等操作间。同一厂房内的生产操作之间和相邻厂房之间的生产操作不得互相妨碍。

第十九条 直接口服饮片的粉碎、过筛、内包装等生产区域应按照D级洁净区的要求设置，企业应根据产品的标准和特性对该区域采取适当的微生物监控措施。

第二十条 毒性中药材加工、炮制应使用专用设施和设备，并与其他饮片生产区严格分开，生产的废弃物应经过处理并符合要求。

第二十一条 厂房地面、墙壁、天棚等内表面应平整，易于清洁，不易产生脱落物，不易滋生霉菌；应有防止昆虫或其他动物等进入的设施，灭鼠药、杀虫剂、烟熏剂等不得对设备、物料、产品造成污染。

第二十二条 中药材净选应设拣选工作台，工作台表面应平整，不易产生脱落物。

第二十三条 中药饮片炮制过程中产热产汽的工序，应设置必要的通风、除烟、排湿、降温等设施；拣选、筛选、切制、粉碎等易产尘的工序，应当采取有效措施，以控制粉尘扩散，避免污染和交叉污染，如安装捕尘设备、排风设施等。

第二十四条 仓库应有足够空间，面积与生产规模相适应。中药材与中药饮片应分库存放；毒性中药材和饮片等有特殊要求的中药材和中药饮片应当设置专库存放，并有相应的防盗及监控设施。

第二十五条 仓库内应当配备适当的设施，并采取有效措施，对温、湿度进行监控，保证中药材和中药饮片按照规定条件贮存；贮存易串味、鲜活中药材应当有适当的设施（如专库、冷藏设施）。

第五章 设 备

第二十六条 应根据中药材、中药饮片的不同特性及炮制工艺的需要，选用能满足生产工艺要求的设备。

第二十七条 与中药材、中药饮片直接接触的设备、工具、容器应易清洁消毒，不易产生脱落物，不对中药材、中药饮片质量产生不良影响。

第二十八条 中药饮片生产用水至少应为饮用水，企业定期监测生产用水的质量，饮用水每年至少一次送相关检测部门进行检测。

第六章 物料和产品

第二十九条 生产所用原辅料、与药品直接接触的包装材料应当符合相应的质量标准，分别编制批号并管理；所用物料不得对中药饮片质量产生不良影响。

第三十条　质量管理部门应当对生产用物料的供应商进行质量评估，并建立质量档案；直接从农户购入中药材应收集农户的身份证明材料，评估所购入中药材质量，并建立质量档案。

第三十一条　对每次接收的中药材均应当按产地、供应商、采收时间、药材规格等进行分类，分别编制批号并管理。

第三十二条　购入的中药材，每件包装上应有明显标签，注明品名、规格、数量、产地、采收（初加工）时间等信息，毒性中药材等有特殊要求的中药材外包装上应有明显的标志。

第三十三条　中药饮片应选用能保证其贮存和运输期间质量的包装材料或容器。包装必须印有或者贴有标签，注明品名、规格、产地、生产企业、产品批号、生产日期、执行标准，实施批准文号管理的中药饮片还必须注明药品批准文号。

第三十四条　直接接触中药饮片的包装材料应至少符合食品包装材料标准。

第三十五条　中药材、中药饮片应按质量要求贮存、养护，贮存期间各种养护操作应当建立养护记录；养护方法应当安全有效，以免造成污染和交叉污染。

第三十六条　中药材、中药饮片应制定复验期，并按期复验，遇影响质量的异常情况须及时复验。

第三十七条　中药材和中药饮片的运输应不影响其质量，并采取有效可靠的措施，防止中药材和中药饮片发生变质。

第三十八条　进口药材应有国家食品药品监督管理部门批准的证明文件，以及按有关规定办理进口手续的证明文件。

第七章　确认与验证

第三十九条　净制、切制可按制法进行工艺验证，炮炙应按品种进行工艺验证，关键工艺参数应在工艺验证中体现。

第四十条　关键生产设备和仪器应进行确认，关键设备应进行清洁验证。直接口服饮片生产车间的空气净化系统应进行确认。

第四十一条　生产一定周期后应进行再验证。

第四十二条　验证文件应包括验证总计划、验证方案、验证报告以及记录，确保验证的真实性。

第八章　文件管理

第四十三条　中药材和中药饮片质量管理文件至少应包含以下内容：

（一）制定物料的购进、验收、贮存、养护制度，并分类制定中药材和中药饮片的养护操作规程；

（二）制定每种中药饮片的生产工艺规程，各关键工艺参数必须明确，如：中药材投料量、辅料用量、浸润时间、片型、炒制温度和时间（火候）、蒸煮压力和时间等要求；

（三）根据中药材的质量、投料量、生产工艺等因素，制定每种中药饮片的收率限度范围，关键工序应制定物料平衡参数；

（四）制定每种中药材、中药饮片的质量标准及相应的检验操作规程，制定中间产品、待包装产品的质量控制指标。

第四十四条　应当对从中药饮片生产和包装的全过程的生产管理和质量控制情况进行记录，批记录至少包括以下内容：

（一）批生产和包装指令；

（二）中药材以及辅料的名称、批号、投料量及投料记录；

（三）净制、切制、炮炙工艺的设备编号；

（四）生产前的检查和核对的记录；

（五）各工序的生产操作记录，包括各关键工序的技术参数；

（六）清场记录；

（七）关键控制点及工艺执行情况检查审核记录；

（八）产品标签的实样；

（九）不同工序的产量，必要环节物料平衡的计算；

（十）对特殊问题和异常事件的记录，包括偏离生产工艺规程等偏差情况的说明和调查，并经签字批准；

（十一）中药材、中间产品、待包装产品中药饮片的检验记录和审核放行记录。

第九章　生产管理

第四十五条　净制后的中药材和中药饮片不得直接接触地面。中药材、中药饮片晾晒应有有效的防虫、防雨等防污染措施。

第四十六条　应当使用流动的饮用水清洗中药材，用过的水不得用于清洗其他中药材。不同的中药材不得同时在同一容器中清洗、浸润。

第四十七条　毒性中药材和毒性中药饮片的生产操作应当有防止污染和交叉污染的措施，并对中药材炮制的全过程进行有效监控。

第四十八条　中药饮片以中药材投料日期作为生产日期。

第四十九条　中药饮片应以同一批中药材在同一连续生产周期生产的一定数量相对均质的成品为一批。

第五十条　在同一操作间内同时进行不同品种、规格的中药饮片生产操作应有防止交叉污染的隔离措施。

第十章　质量管理

第五十一条　中药材和中药饮片应按法定标准进行检验。如中药材、中间产品、待包装产品的检验结果用于中药饮片的质量评价，应经过评估，并制定与中药饮片质量标准相适应的中药材、中间产品质量标准，引用的检验结果应在中药饮片检验报告中注明。

第五十二条　企业应配备必要的检验仪器，并有相应标准操作规程和使用记录；检验仪器应能满足实际生产品种要求，除重金属及有害元素、农药残留、黄曲霉毒素等特殊检验项目和使用频次较少的大型仪器外，原则上不允许委托检验。

第五十三条　每批中药材和中药饮片应当留样。中药材留样量至少能满足鉴别的需要，中药饮片留样量至少应为两倍检验量，毒性药材及毒性饮片的留样应符合医疗用毒性药品的管理规定。留样时间应当有规定，中药饮片留样时间至少为放行后一年。

第五十四条　企业应设置中药标本室（柜），标本品种至少包括生产所用的中药材和中药饮片。

第五十五条　企业可选取产量较大及质量不稳定的品种进行年度质量回顾分析，其他品种也应定期进行产品质量回顾分析，回顾的品种应涵盖企业的所有炮制范围。

第十一章　术　　语

第五十六条　下列术语含义是：

（一）直接口服中药饮片

指标准中明确使用过程无须经过煎煮，可直接口服或冲服的中药饮片。

（二）产地趁鲜加工中药饮片

指在产地用鲜活中药材进行切制等加工中药饮片。不包括中药材的产地初加工。

附件 2：

医用氧

第一章　范　　围

第一条　本附录中所述医用氧是指空气经低温分离制备的液态氧、气态氧。

第二条　本附录适用于医用氧工业化生产过程，不包括医疗机构内部医用氧的处置。

第三条 其他医用气体的工业生产要求参照本附录执行。

第二章 原 则

第四条 医用氧的生产、贮存、运输、销售应符合国家有关部门的规定，并取得相关证件。

第五条 医用氧生产和质量控制须满足其质量及预定用途的要求，应当最大限度降低污染、交叉污染、混淆及差错的风险。

第三章 人 员

第六条 企业的生产管理负责人应具有相关专业（如化工、药学、化学、机械和工业工程等）大专以上学历或中级专业技术职称，具有三年以上的医用氧的生产和质量管理经验，其中至少一年的医用氧生产管理经验。

第七条 企业的质量管理负责人和质量受权人应具有相关专业（如化工、药学、化学、机械和工业工程等）大专以上（含大专）学历（或中级专业技术职称），具有三年以上医用氧生产和质量管理经验，其中至少一年的医用氧质量管理经验。

第八条 从事医用氧生产的人员应定期接受医用氧相关知识培训，涉及特种设备操作人员应按国家规定持有有效的并与医用氧生产相适应的资格证书。

第九条 应根据需要，为员工配备相应的工作服和安全防护用品。

第四章 厂房与设备

第十条 医用氧生产企业的生产环境应整洁。生产、质量检验、行政、生活和辅助区总体布局应合理。

第十一条 厂房应按医用氧生产工艺流程要求合理布局。生产区和储存区应有与生产规模相适应的面积和空间，并有通风、照明、防火、防爆、防雷、防静电等设施。

应有足够的储存区域用于存放空瓶和不同阶段产品的气瓶（如待清洁、待充装、待检、合格、不合格等），不同储存区域应采用有效方法或明显标识区分，如：地标线、隔断、围栏和标志牌等。

第十二条 医用氧充装生产车间应保持整洁，地面平整、耐磨防滑，并设置专用更衣室；充装生产车间应与维修车间分开。

第十三条 用于生产和检验用的设备、仪器应经定期确认和校准。

第十四条 生产和检验设备应定期进行维护。维护和维修应做好记录。生产设备的任何维护和维修工作不得影响医用氧的质量。

第十五条 医用氧生产过程中的气体压缩设备禁止使用氟塑料材料制活塞密封的压缩机和水润滑压缩机。

第十六条 用液态氧气化充装气态氧，必须使用低温液氧泵，加压气化后充装。

第十七条 医用氧容器（槽车、储罐、气瓶等）应专用，且具有与其他气体容器区分的明显标识。容器应当编号管理，有安全效期标识，建立包括安全检定资料等相应档案。

第十八条 医用氧充装应使用专用设备，充装夹具应有防错装装置。

第五章 文件管理

第十九条 每批气瓶充装记录应包括：

（一）批生产指令；

（二）产品名称、规格、批号；

（三）充装操作的日期和时间；

（四）使用的设备及编号；

（五）气瓶的编号、充装前气瓶的检查；

（六）充装前后气瓶的数量和规格；

（七）每个步骤操作人员的签名，必要时，应有复核人员的签名；

（八）相关生产操作或活动、工艺参数及控制范围；

（九）必要的中间控制过程，如检漏等；

（十）充装前医用氧的质量检验结果；

（十一）已充装气瓶的检查确认结果；

（十二）包装标签样张；

（十三）生产过程偏差的描述及处理，并经签字批准；

（十四）充装主管人员的确认签名和日期。

第二十条 经低温空分生产医用氧的企业应有文件描述纯化过程中的气体纯度、其他组分和可能的杂质成分。

应有流程图描述各个工艺步骤。

关键工艺参数应有文件规定，如分离纯化过程的温度控制等。

相关生产过程应有完整的批生产记录。

第二十一条 应建立气瓶的质量档案，并根据国家的相关规定制定气瓶报废管理制度和建立气瓶报废处理记录。

第六章 生产管理

第二十二条 生产过程的所有关键步骤应经过验证。

第二十三条 液氧的生产应遵循以下原则：

（一）分离和纯化工艺应经过验证，并按照工艺要求进行日常监控。对于消耗性部件（如纯化过滤器的滤芯）的维护和更换，应根据验证和监控的结果定期进行。

（二）生产过程应有连续质量和杂质监控措施，并有监测记录。

（三）用于监控工艺过程的计算机系统应经过验证。

（四）连续生产过程批次的划分应有文件规定，并按批次进行取样检验。

（五）液氧的充装和转移操作等步骤应有防止污染措施，转移管路应配备有止回阀或采取其他等同的措施。

（六）向装有液氧的液氧贮槽中加入液氧，必须证明液氧的质量符合要求。可以在加入前取样，也可以在混合后取样。

第二十四条 医用氧的充装生产过程应符合以下规定：

（一）生产批号的划分应以同一连续生产周期中充装的医用氧为一个批次。

（二）气瓶应符合相关规定，对回收的气瓶应予确认，不得充装自有气瓶外的其他气瓶。

（三）应根据书面规程对充装设备、管路进行清洁及置换，并在使用前进行检查确认。

（四）对气瓶使用前的处理和清洗等影响产品质量的主要因素进行验证，并制定相应的操作规程。

（五）气瓶充装前检查，至少应包括以下步骤：

1. 气瓶外表面的颜色标记与医用氧的规定标记相符。

2. 检查余压，确认气瓶没有全空，装有余压保留阀的气瓶余压应为正值。

3. 如果气瓶显示没有余压，应对其进行检测以确认气瓶没有被水或其他污染物质污染；被污染的气瓶应采用经验证的方法进行清洁。

4. 确认气瓶上所有与本批产品无关的标签已移除。

5. 对每个阀门和气瓶进行外观目检，目测凹痕、弧形烧伤、碎片、油污及其他损害等，并进行必要的处理。

6. 检查每个气瓶或低温容器阀门接头，确保类型适合于医用氧的充装。

7. 检查气瓶“检验日期”，以确认气瓶已按相关规定进行检验，并在有效期内。

8. 确认气瓶的安全附件齐全并符合安全要求。

（六）重复使用的气瓶充装前应对瓶体进行清洗消毒，再用置换法或者抽真空法处理至合格，抽真空应不小于15kPa。或对每个气瓶进行剩余气体全检。

（七）应采用适当的方法检查确认气瓶已充装。

（八）医用氧充装后，每只气瓶均需检漏，检漏不合格视为不合格品，检漏过程不得影响医用氧产品质量。检漏合格对瓶嘴进行密封，气瓶加戴瓶帽和防震圈，放入待检区域。

（九）每个气瓶都应贴有产品标签，标签上应注明：品名、企业名称、生产地址、生产批号、生产日期、有效期、氧气数量、压力、执行标准等。

第七章　质量控制

第二十五条　分装医用氧的生产企业应向具有医用氧生产证明文件的企业购进液态氧，并在分装前做全检。

第二十六条　医用氧的产品有效期不得超过包装容器的检定效期。

第二十七条　气瓶必须经核准有资格的单位进行定期检验，合格后方可使用。气瓶在使用过程中，如有严重腐蚀或严重损伤时，应提前检验。

第二十八条　医用氧产品必须按质量标准进行全检，并符合《中华人民共和国药典》标准。

第二十九条　用于静水压测试的水至少为饮用水并定期监控其微生物污染水平。

第三十条　医用氧企业用专用的移动式槽车对医疗单位或自用的低温容器就地充装的，若能提供本槽车医用氧检验报告书，则充装后可不必再取样检验。

第三十一条　除另有规定，医用氧产品不需要留样和持续稳定性考察。

第八章　贮存、放行与销售

第三十二条　医用氧产品应全检合格，经质量受权人员审核放行后，方可销售。

第三十三条　气瓶应避免存放于高温、暴晒区域。储存区域应清洁、干燥，有良好通风，最小安全距离内无易燃物质，使气瓶保持清洁、安全。

第三十四条　医用氧应有相对独立的储存区域，已充装瓶、未充装瓶区域应有隔离，并能确保按照先进先出原则周转。

第三十五条　气瓶在运输期间应防止混淆、差错、污染及交叉污染，并保证安全。

第九章　术　语

第三十六条　下列术语含义是：

（一）充装台

设计用来在同一时间进行一个或多个气体容器清空或充装的设备或装置。

（二）储罐

用来储存液化或者低温气体的静止容器。

（三）槽车

固定在交通工具上用来运输液化的或低温气体的容器。

（四）低温容器

用于容纳液化或低温气体的静止或者可移动的隔热容器。气体可以气态或液态移出。

（五）静水压试验

基于安全原因，为确认气瓶或储罐能承受高压，按国家或国际准则来完成的试验。

（六）排气

排气降压到大气压。

（七）容器

容器是指储罐、槽车、气瓶或其他直接接触医用氧的包装物品。

（八）液态氧

即液体医用氧，指低温液化的医用氧气。

（九）余压保留阀

为防止使用时污染配备有能够维持一定压力（约 0.3～0.5MPa 表压）的止回系统的阀门。

（十）止回阀

只允许往一个方向流动的阀门。

（十一）置换

通过排气和部分增压方式去除残留气体，然后排空以清洁气瓶。

附件 3：

取　样

第一章　范　　围

第一条　本附录适用于药品生产所涉及的物料和产品的取样操作。

第二章　原　　则

第二条　药品生产过程的取样是指为一特定目的，自某一总体（物料和产品）中抽取样品的操作。取样操作应与取样的目的、取样控制的类型和待取样的物料及产品相适应。应有书面的取样规程。取样应使用适当的设备与工具按取样规程操作。

第三条　应制定有效措施防止取样操作对物料、产品和抽取的样品造成污染，并防止物料、产品和抽取的样品之间发生交叉污染。

第四条　取样操作要保证样品的代表性。一般情况下所取样品不得重新放回到原容器中。

第三章　取样设施

第五条　取样设施应能符合以下要求：

1. 取样区的空气洁净度级别应不低于被取样物料的生产环境；

2. 预防因敞口操作与其他环境、人员、物料、产品造成的污染及交叉污染；

3. 在取样过程中保护取样人员；

4. 方便取样操作，便于清洁。

第六条　β—内酰胺类、性激素类药品、高活性、高毒性、高致敏性药品等特殊性质的药品的物料或产品取样设施，应符合本规范的生产设施要求。

第七条　物料取样应尽可能在专用取样间中进行，从生产现场取样的除外。取样间的使用应有记录，按顺序记录各取样区内所取样的所有物料，记录的内容至少应包括取样日期、品名、批号、取样人。

第八条　取样设施的管理应参照本规范生产区域的管理要求，每种物料取样后应进行清洁，并有记录，以防止污染和交叉污染。

第四章　取样器具

第九条　取样辅助工具包括：包装开启工具、除尘设备、重新封口包装的材料。必要时，取样前应清洁待取样的包装。

第十条　各种移液管、小杯、烧杯、长勺、漏斗等可用于取低粘度的液体，应尽可能避免使用玻璃器皿。高黏度的液体可用适宜的惰性材料制成的取样器具。粉末状与粒状固体可用刮铲、勺、取样钎等取样。无菌物料的取样必须在无菌条件下进行。

第十一条　所有工具和设备应由惰性材料制成且能保持洁净。使用后应充分清洗，干燥，并存放在清洁的环境里，必要时，使用前用水或适当的溶剂淋洗、干燥。所有工具和设备都必须有书面规定的清洁规程和记录。应证明取样工具的清洁操作规程是充分有效的。

第五章　取样人员和防护

第十二条　取样人员应经过相应的取样操作培训，并充分掌握所取物料与产品的知识，对于无菌物料及产品的取样人员应进行无菌知识和操作要求的培训，以便能安全、有效地工作。培训应有记录。

第十三条　取样时应穿着符合相应防护要求的服装，预防污染物料和产品，并预防取样人员因物料和产品受到伤害。

第十四条 取样人员对取样时发现的异常现象必须保持警惕。任何可疑迹象均应详细记录在取样记录上。

第六章 文 件

第十五条 应有取样的书面操作规程。规程的内容应符合《药品生产质量管理规范（2010年修订）》第二百二十二条的要求。至少包含取样方法、所用器具、样品量、分样的方法、存放样品容器的类型和状态、样品容器的标识、取样注意事项（尤其是无菌或有害物料的取样以及防止取样过程中污染和交叉污染的注意事项）、贮存条件、取样器具的清洁方法和贮存要求、剩余物料的再包装方式。

第十六条 对于物料一般采用简单随机取样原则。对于产品除要考虑随机取样原则外，还要关注在生产过程中的偏差和风险，应抽取可能存在缺陷的产品进行检验。

第十七条 应填写取样记录，记录中至少应包括品名、批号、规格、总件数、取样件数、取样编号、取样量、分样量、取样地点、取样人、取样日期等内容。

第十八条 已取样的物料和产品的外包装上应贴上取样标识，标明取样量、取样人和取样日期。

第十九条 样品的容器应当贴有标签，注明样品名称、批号、取样日期、取自哪一包装容器、取样人等信息。

第七章 取样操作

第二十条 取样操作的一般原则

被抽检的物料与产品是均匀的，且来源可靠，应按批取样。若总件数为 n，则当 $n \leqslant 3$ 时，每件取样；当 $3 < n \leqslant 300$ 时，按 $\sqrt{n}+1$ 件随机取样；当 $n > 300$ 时，按 $\sqrt{n}/2+1$ 件随机取样。

第二十一条 一般原辅料的取样

若一次接收的同一批号原辅料是均匀的，则可从此批原辅料的任一部分进行取样。

若原辅料不具有物理均匀性，则需要使用特殊的取样方法取出有代表性的样品。可以根据原辅料的性质，采用经过验证的措施，在取样前，恢复原辅料的均匀性。例如，分层的液体可以通过搅拌解决均匀性问题；液体中的沉淀可以通过温和的升温和搅动溶解。

第二十二条 无菌物料的取样

无菌物料的取样应充分考虑取样对于物料的影响，取样过程应严格遵循无菌操作的要求进行，取样人员应进行严格的培训，取样件数可按照《中华人民共和国药典》附录无菌检查法中批出厂产品最少检验数量的要求计算。

在对供应商充分评估的基础上，可要求供应商在分装时每件留取适当数量的样品置于与物料包装材质相同的小容器中，标识清楚，并置于同一外包装中，方便物料接收方进行定性鉴别，以减少取样对物料污染的风险。

第二十三条　血浆的取样操作应按照《中华人民共和国药典》三部“血液制品原料血浆管理规程”的要求对每袋血浆进行取样检验。

第二十四条　中药材、中药饮片的取样人员应经中药材鉴定培训，以便在取样时能发现可能存在的质量问题，药材的取样操作应按照《中华人民共和国药典》一部附录中药材取样法的要求进行，在取样时应充分考虑中药材的不均一性。

第二十五条　工艺用水取样操作应与正常生产操作一致，取样后应及时进行检验，以防止质量发生变化。

第二十六条　为避免印刷包装材料取样时存在混淆的风险，每次只能对一种印刷包装材料取样，所取印刷包装材料的样品不能再放回原包装中。样品必须有足够的保护措施和标识，以防混淆或破损。

第二十七条　应考虑到一次接收的内包装材料与药品直接接触的不均匀性，因此，至少要采用随机取样方法，以发现可能存在的缺陷。取样件数可参考 GB/T 2828.1（ISO2859—1）《计数抽样检验程序第 1 部分：按接收质量限（AQL）检索的逐批检验抽样计划》的要求计算取样。

第二十八条　中间产品的取样应能够及时准确反映生产情况，在线取样时应充分考虑工艺和设备对样品的影响，选择相应的生产时段和取样位置进行取样操作；非在线取样，取样件数可按照本附录第二十条的要求进行计算取样。

第二十九条　成品的取样应考虑生产过程中的偏差和风险。对于无菌检查样品的取样，取样件数应按照本规范无菌药品附录第八十条的规定，结合《中华人民共和国药典》附录无菌检查法中批出厂产品最少检验数量的要求计算。

第三十条　放射性药品的取样操作可根据产品的实际情况进行，并采取相应的防护措施。

第三十一条　物料和产品标准中有特定取样要求的，应按标准要求执行。对包装材料、工艺用水等，按具体情况制定取样操作原则。

第三十二条　取样后应分别进行样品的外观检查，必要时进行鉴别检查。若每个样品的结果一致，则可将其合并为一份样品，并分装为检验样品、留样样品，检验样品作为实验室全检样品。

第三十三条　取样数量应能够满足《药品生产质量管理规范（2010 年修订）》中检验及留样的要求。

第八章　样品的容器、转移和贮存

第三十四条　样品的容器应能够防止受到环境、微生物、热原等污染，容器应避免与样品发生反应、吸附或引起污染，并根据样品的贮存要求，能避光、隔绝空气与水份，防止样品出现较原包装更易降解、潮解、吸湿、挥发等情况。样品容器一般应密封，最好有防止随意开启的装置。

第三十五条　取样后应及时转移，其转移过程应能防止污染，不得影响样品质量。

第三十六条　实验室应有样品贮存的区域和相应的设备。样品的贮存条件应与相应的物料与产品的贮存条件一致。

第九章　术　　语

第三十七条　下列术语含义是：

（一）简单随机取样

从包含 N 个抽样单元的总体中按不放回抽样抽取 n 个单元，若任何 n 个单元被抽出的概率都相等，也即等于 1/（Nn），则称这种取样方法为简单随机取样。

注：简单随机抽样可以用以下的逐个抽取单元的方法进行；第一个样本单元从总体中所有 N 个抽样单元中随机抽取，第二个样本单元从剩下的 $N-1$ 个抽样单元中随机抽取，依次类推。

（二）具有代表性的样品

根据一个抽样方案，该方案可以确保抽取的样品按比例地代表同一批次总体的不同部分或一个非均匀样品总体的不同属性，这样的样品就是具有代表性的样品。

（三）样品

取自一个批并且提供有关该批的信息的一个或一组物料或产品。

047

国家中医药管理局　卫生部关于印发《医院中药饮片管理规范》的通知

国中医药发〔2007〕11号

各省、自治区、直辖市卫生厅局、中医药管理局，新疆生产建设兵团卫生局：

为加强医院中药饮片管理，保障人体用药安全、有效，根据《中华人民共和国药品管理法》及其《实施条例》等法律、行政法规的有关规定，国家中医药管理局和卫生部制定了《医院中药饮片管理规范》，现印发给你们，请遵照执行。

国家中医药管理局

卫生部

二〇〇七年三月十二日

医院中药饮片管理规范

国家中医药管理局

卫生部

2007年3月12日

第一章　总　　则

第一条　为加强医院中药饮片管理，保障人体用药安全、有效，根据《中华人民共和国药品管理法》及其《实施条例》等法律、行政法规的有关规定，制定本规范。

第二条　本规范适用于各级各类医院中药饮片的采购、验收、保管、调剂、临方炮制、煎煮等管理。

第三条　按照麻醉药品管理的中药饮片和毒性中药饮片的采购、存放、保管、调剂等，必须符合《麻醉药品和精神药品管理条例》、《医疗用毒性药品管理办法》和《处方管理办法》等的有关规定。

第四条　县级以上卫生、中医药管理部门负责本行政区域内医院的中药饮片管理工作。

第五条　医院的中药饮片管理由本单位法定代表人全面负责。

第六条 中药饮片管理应当以质量管理为核心，制定严格的规章制度，实行岗位责任制。

第二章 人员要求

第七条 二级以上医院的中药饮片管理由单位的药事管理委员会监督指导，药学部门主管，中药房主任或相关部门负责人具体负责。药事管理委员会的人员组成和职责应当符合《医疗机构药事管理办法》的规定。一级医院应当设专人负责。

第八条 直接从事中药饮片技术工作的，应当是中药学专业技术人员。三级医院应当至少配备一名副主任中药师以上专业技术人员，二级医院应当至少配备一名主管中药师以上专业技术人员，一级医院应当至少配备一名中药师或相当于中药师以上专业技术水平的人员。

第九条 负责中药饮片验收的，在二级以上医院应当是具有中级以上专业技术职称和饮片鉴别经验的人员；在一级医院应当是具有初级以上专业技术职称和饮片鉴别经验的人员。

第十条 负责中药饮片临方炮制工作的，应当是具有三年以上炮制经验的中药学专业技术人员。

第十一条 中药饮片煎煮工作应当由中药学专业技术人员负责，具体操作人员应当经过相应的专业技术培训。

第十二条 尚未评定级别的医院，按照床位规模执行相应级别医院的人员要求。

第三章 采 购

第十三条 医院应当建立健全中药饮片采购制度。

采购中药饮片，由仓库管理人员依据本单位临床用药情况提出计划，经本单位主管中药饮片工作的负责人审批签字后，依照药品监督管理部门有关规定从合法的供应单位购进中药饮片。

第十四条 医院应当坚持公开、公平、公正的原则，考察、选择合法中药饮片供应单位。严禁擅自提高饮片等级、以次充好，为个人或单位谋取不正当利益。

第十五条 医院采购中药饮片，应当验证生产经营企业的《药品生产许可证》或《药品经营许可证》、《企业法人营业执照》和销售人员的授权委托书、资格证明、身份证，并将复印件存档备查。

购进国家实行批准文号管理的中药饮片，还应当验证注册证书并将复印件存档备查。

第十六条 医院与中药饮片供应单位应当签订“质量保证协议书”。

第十七条 医院应当定期对供应单位供应的中药饮片质量进行评估，并根据评估结果及时调整供应单位和供应方案。

第四章 验 收

第十八条 医院对所购的中药饮片，应当按照国家药品标准和省、自治区、直辖市药品监督管理部门制定的标准和规范进行验收，验收不合格的不得入库。

第十九条 对购入的中药饮片质量有疑义需要鉴定的，应当委托国家认定的药检部门进行鉴定。

第二十条 有条件的医院，可以设置中药饮片检验室、标本室，并能掌握《中华人民共和国药典》收载的中药饮片常规检验方法。

第二十一条 购进中药饮片时，验收人员应当对品名、产地、生产企业、产品批号、生产日期、合格标识、质量检验报告书、数量、验收结果及验收日期逐一登记并签字。

购进国家实行批准文号管理的中药饮片，还应当检查核对批准文号。

发现假冒、劣质中药饮片，应当及时封存并报告当地药品监督管理部门。

第五章 保 管

第二十二条 中药饮片仓库应当有与使用量相适应的面积，具备通风、调温、调湿、防潮、防虫、防鼠等条件及设施。

第二十三条 中药饮片出入库应当有完整记录。中药饮片出库前，应当严格进行检查核对，不合格的不得出库使用。

第二十四条 应当定期进行中药饮片养护检查并记录检查结果。养护中发现质量问题，应当及时上报本单位领导处理并采取相应措施。

第六章 调剂与临方炮制

第二十五条 中药饮片调剂室应当有与调剂量相适应的面积，配备通风、调温、调湿、防潮、防虫、防鼠、除尘设施，工作场地、操作台面应当保持清洁卫生。

第二十六条 中药饮片调剂室的药斗等储存中药饮片的容器应当排列合理，有品名标签。药品名称应当符合《中华人民共和国药典》或省、自治区、直辖市药品监督管理部门制定的规范名称。标签和药品要相符。

第二十七条 中药饮片装斗时要清斗，认真核对，装量适当，不得错斗、串斗。

第二十八条 医院调剂用计量器具应当按照质量技术监督部门的规定定期校

验，不合格的不得使用。

第二十九条 中药饮片调剂人员在调配处方时，应当按照《处方管理办法》和中药饮片调剂规程的有关规定进行审方和调剂。对存在“十八反”、“十九畏”、妊娠禁忌、超过常用剂量等可能引起用药安全问题的处方，应当由处方医生确认（“双签字”）或重新开具处方后方可调配。

第三十条 中药饮片调配后，必须经复核后方可发出。二级以上医院应当由主管中药师以上专业技术人员负责调剂复核工作，复核率应当达到100%。

第三十一条 医院应当定期对中药饮片调剂质量进行抽查并记录检查结果。中药饮片调配每剂重量误差应当在±5%以内。

第三十二条 调配含有毒性中药饮片的处方，每次处方剂量不得超过二日极量。对处方未注明“生用”的，应给付炮制品。如在审方时对处方有疑问，必须经处方医生重新审定后方可调配。处方保存两年备查。

第三十三条 罂粟壳不得单方发药，必须凭有麻醉药处方权的执业医师签名的淡红色处方方可调配，每张处方不得超过三日用量，连续使用不得超过七天，成人一次的常用量为每天3～6克。处方保存三年备查。

第三十四条 医院进行临方炮制，应当具备与之相适应的条件和设施，严格遵照国家药品标准和省、自治区、直辖市药品监督管理部门制定的炮制规范炮制，并填写“饮片炮制加工及验收记录”，经医院质量检验合格后方可投入临床使用。

第七章 煎 煮

第三十五条 医院开展中药饮片煎煮服务，应当有与之相适应的场地及设备，卫生状况良好，具有通风、调温、冷藏等设施。

第三十六条 医院应当建立健全中药饮片煎煮的工作制度、操作规程和质量控制措施并严格执行。

第三十七条 中药饮片煎煮液的包装材料和容器应当无毒、卫生、不易破损，并符合有关规定。

第八章 罚 则

第三十八条 对违反本规范规定的直接负责的主管人员和其他直接责任人，由卫生、中医药管理部门给以通报批评，并根据情节轻重，给以行政处分；情节严重，构成犯罪的，依法追究刑事责任。

第三十九条 对违反本规范规定的医院，卫生、中医药管理部门应当给以通报批评。

第四十条 违反《中华人民共和国药品管理法》及其《实施条例》、《医疗机构管理条例》及其《实施细则》等法律、行政法规规章的，按照有关规定予以处罚。

第九章 附 则

第四十一条 其他医疗机构的中药饮片管理和各医疗机构的民族药饮片管理，由省、自治区、直辖市卫生、中医药管理部门依照本规范另行制定。

第四十二条 乡村医生自采、自种、自用中草药按照《关于加强乡村中医药技术人员自种、自采、自用中草药管理的通知》的有关规定执行。

第四十三条 本规范自发布之日起施行，1996 年 8 月 1 日国家中医药管理局发布的《医疗机构中药饮片质量管理办法（试行）》同时废止。

第四十四条 本规范由国家中医药管理局、卫生部负责解释。

048

关于加强中药饮片监督管理的通知

国食药监安〔2011〕25号

各省、自治区、直辖市食品药品监督管理局（药品监督管理局），卫生厅（局）、中医药管理局，新疆生产建设兵团卫生局、食品药品监督管理局：

中药饮片是国家基本药物目录品种，质量优劣直接关系到中医医疗效果。为进一步加强中药饮片监督管理，促进中医药事业健康发展，现就加强中药饮片监督管理工作有关要求通知如下：

一、提高加强中药饮片监管重要性的认识

近年来，各级监督管理部门采取一系列措施，加强监管，规范了中药饮片的生产、经营和使用行为，使中药饮片质量水平有所提高。然而中药饮片生产、经营和使用等环节还存在一些不规范的问题，个别生产企业存在着不按《药品生产质量管理规范》（GMP）要求生产，甚至外购散装饮片，加工包装等行为；部分经营企业和医疗机构存在着从不具有资质的生产经营企业采购和使用中药饮片等问题。各级卫生行政、食品药品监管和中医药管理部门务必高度重视，应充分认识加强中药饮片监管对推动医药卫生体制改革，强化基本药物制度建设的重要意义，依法加强辖区内中药饮片的生产、经营和使用各个环节的监管，工作中应加强协调配合，形成监管合力，切实保障中药饮片质量。

二、加强中药饮片生产经营行为监管

各级食品药品监管部门应加强中药饮片生产、经营行为监管。生产中药饮片必须持有《药品生产许可证》、《药品GMP证书》；必须以中药材为起始原料，使用符合药用标准的中药材，并应尽量固定药材产地；必须严格执行国家药品标准和地方中药饮片炮制规范、工艺规程；必须在符合药品GMP条件下组织生产，出厂的中药饮片应检验合格，并随货附纸质或电子版的检验报告书。批发零售中药饮片必须持有《药品经营许可证》、《药品GSP证书》，必须从持有《药品GMP证书》的生产企业或持有《药品GSP证书》的经营企业采购。批发企业销售给医疗机构、药品零售企业和使用单位的中药饮片，应随货附加盖单位公章的生产、经营企业资质证书及检验报告书（复印件）。

严禁生产企业外购中药饮片半成品或成品进行分包装或改换包装标签等行

为。严禁经营企业从事饮片分包装、改换标签等活动；严禁从中药材市场或其他不具备饮片生产经营资质的单位或个人采购中药饮片。

三、加强医疗机构中药饮片监管

各级卫生行政和中医药管理部门应加强对中药饮片使用环节的监管，进一步规范医疗机构对饮片的管理工作。医疗机构从中药饮片生产企业采购，必须要求企业提供资质证明文件及所购产品的质量检验报告书；从经营企业采购的，除要求提供经营企业资质证明外，还应要求提供所购产品生产企业的《药品 GMP 证书》以及质量检验报告书。医疗机构必须按照《医院中药饮片管理规范》的规定使用中药饮片，保证在储存、运输、调剂过程中的饮片质量。

严禁医疗机构从中药材市场或其他没有资质的单位和个人，违法采购中药饮片调剂使用。医疗机构如加工少量自用特殊规格饮片，应将品种、数量、加工理由和特殊性等情况向所在地市级以上食品药品监管部门备案。

四、明确监管责任，严格执法监督

各省级食品药品监管、卫生行政和中医药管理部门应按照本通知要求，加强中药饮片生产、经营及使用环节的监督和现场检查。发现医疗机构违反规定，使用不符合要求饮片的，卫生行政、中医药管理部门应按照有关规定予以严肃处理。发现中药饮片生产、流通及使用环节存在违法生产、采购和使用的，食品药品监管部门一律依法查处。

各省级食品药品监管、卫生行政和中医药管理部门应进一步加强领导，落实责任，将中药饮片监管列为重点工作，结合本地实际情况，制定加强监管工作方案并开展监督检查，强化中药饮片生产、流通及使用环节日常监管工作，加大中药饮片抽验和检查力度，强化中药饮片生产、经营企业和医疗机构药房中药饮片质量的监管，强化医疗机构调剂使用中药饮片的监督。各省级食品药品监管、卫生行政和中医药管理部门应将中药饮片监督管理工作方案于 2011 年一季度前分别上报国家食品药品监督管理局、卫生部和国家中医药管理局，并每半年报告监督管理工作情况。国家食品药品监督管理局、卫生部和国家中医药管理局将加强对各地中药饮片监管工作的指导，及时通报工作进展情况，并适时组织督导检查。

国家食品药品监督管理局
中华人民共和国卫生部
国家中医药管理
二〇一一年一月五日

049

关于开展中药注射剂安全性再评价工作的通知

国食药监办〔2009〕28号

各省、自治区、直辖市食品药品监督管理局（药品监督管理局）：

中药注射剂是我国中医药文化的组成部分，是现代中医药创新取得的成果，已经成为临床疾病治疗的独特手段，正在发挥不可替代的作用。近年来，随着我国药品研制和生产技术水平的提高，已上市中药注射剂存在的一些问题日益受到重视，相应技术要求有了较大提高。为进一步提高中药注射剂安全性和质量可控性，国家局决定在全国范围内开展中药注射剂安全性再评价工作。现将《中药注射剂安全性再评价工作方案》印发给你们，请遵照执行。

工作中如有问题，请及时向国家局反馈。

附件：中药注射剂安全性再评价工作方案

国家食品药品监督管理局

二〇〇九年一月十三日

附件：

中药注射剂安全性再评价工作方案

根据《药品管理法》第三十三条和《药品管理法实施条例》第四十一条规定，国家局制定中药注射剂安全性再评价工作方案。

一、工作原则和目标

按照“全面评价、分步实施、客观公正、确保安全”的原则，全面开展中药注射剂安全性再评价工作，通过开展中药注射剂生产工艺和处方核查、全面排查分析评价、有关评价性抽验、不良反应监测、药品再评价和再注册等工作，进一步规范中药注射剂的研制、生产、经营、使用秩序，消除中药注射剂安全隐患，确保公众用药安全。

二、工作任务

目前，中药注射剂存在着安全风险，主要体现在基础研究不充分、药用物质基础不明确、生产工艺比较简单、质量标准可控性较差，以及药品说明书对合理用药指导不足、使用环节存在不合理用药等。应结合辖区内中药注射剂药品生产的实际情况，深入具体地对每个品种、每个企业进行风险排查，找出存在的安全隐患；对中药注射剂的生产工艺和处方核查工作中发现的有关处方、生产工艺、药品标准、药品说明书等问题认真研究解决。国家局组织开展再评价工作，对中药注射剂风险效益进行综合分析和再评价，研究制定改进措施，由各省（区、市）局监督落实；加快中药注射剂质量标准提高工作进程，切实提高对药品质量的控制水平；加强中药注射剂不良反应监测和分析、反馈工作，指导企业修订好中药注射剂说明书，促进临床合理用药；加强中药注射剂市场抽验工作。

三、工作措施

（一）加强中药注射剂生产工艺处方核查和监督检查工作

1. 各省（区、市）局在做好注射剂生产工艺和处方核查工作总结的基础上，要对每个品种按批准文号逐一建立完整监管档案，首先要完成中药注射剂的品种监管档案。内容应包括：品种注册及变更的证明文件，申报注册和变更并获得批准的生产工艺和处方，现行完整生产工艺和处方，关键生产设备、药材基原与采收加工要求，原料药、提取物、药材、辅料、直接接触药品的包材供应商情况，实际执行的产品质量标准、药品说明书和标签，不良反应监测结果，委托（生产、加工、检验）情况；历次生产监督检查情况，质量抽验情况；核查工作情况，风险评估及核查结论，存在问题及处理结果。对已核查品种的风险评估及核查结论、处理意见等，应有相关工作部门人员及局领导的签字。因停产未进行核查的品种，也应建立基本信息档案。

2. 对于核查中发现的有关处方、生产工艺、药品标准、药品说明书来源或评估等问题，各省（区、市）局应组织相关部门，按照国家局《注射剂类药品生产工艺和处方核查工作方案》的要求，认真研究并制定统一的解决措施，该补充申请的应当要求限期提交补充申请，该停产的应当责令停产。相关结论及处理措施应一并存入档案。

3. 各省（区、市）局应在已经开展处方工艺核查的基础上，对辖区内中药注射剂生产企业进行现场检查，逐一排查以下重点环节是否存在隐患：原辅料来源与质量控制、提取过程及提取物处置、灭菌工艺与灌封、生产过程微生物控制、质量检验、包装标签管理、市场退换货原因及处理、返工管理等，不仅要检查企业管理制度与操作规程是否符合规定，而且要检查企业的工作落实情况。

4. 国家局对生产工艺和处方核查情况进行督察，重点是核查工作质量、档案建立情况等，并对中药注射剂重点品种、重点企业进行监督检查。

（二）加强中药注射剂再注册管理

各省（区、市）局依法组织药品再注册工作。应将生产工艺和处方核查工作以及风险排查的情况作为再注册的依据。对企业申报的各项资料进行严格审查，重点是对处方、生产工艺、药品标准和说明书中存在问题的审查和评估，必要时可进行生产现场检查。

药品生产企业应当主动开展相关研究工作，加深对药物特性的认识；严格控制药材质量，研究改进提取和制剂工艺及相应的质量控制方法；主动收集、分析、研究不良反应/事件信息，及时修改说明书和标签，增加安全性信息，加强对临床合理用药的指导作用。

（三）组织开展再评价工作

1. 国家局组织对中药注射剂品种开展再评价工作。以《中药、天然药物注射剂基本技术要求》为主要依据，结合生产工艺和处方核查、药品抽验和不良反应（事件）监测情况，围绕中药注射剂安全性问题，从处方的合理性、工艺的科学性、质量的可控性、标签说明书的规范性等方面，对中药注射剂风险效益进行综合分析，按照风险程度分类，分步推进中药注射剂再评价工作。

2. 国家局将根据中药注射剂综合分析、再评价的结论及相关意见，研究制定改进工作措施并组织各省局监督落实。该补充研究的，布置补充研究；该修改说明书的，修改说明书；该完善标准的，完善标准；该统一生产工艺路线的，统一工艺路线；该撤销标准的，坚决予以撤销。凡处方不合理、工艺不科学、不良反应发生严重的品种，国家局将依法采取坚决措施。

（四）加快药品标准提高工作步伐

国家局加快组织实施国家药品标准提高行动计划，首先完成中药注射剂标准提高工作，增加安全性检测项目，提高对产品质量的控制水平，尽快审定标准并发布实施。

（五）加强中药注射剂不良反应（事件）监测

1. 各省（区、市）局要进一步加强对中药注射剂不良反应（事件）监测工作，要对企业药品不良反应监测工作进行检查。在对生产企业进行风险排查中，应将企业药品不良反应监测工作开展情况作为检查重点，检查督促企业建立相关制度并组织落实。

2. 加强各级药品不良反应病例报告监测。国家药品不良反应监测中心和各级药品不良反应监测机构应强化报告的收集整理、综合分析、科学判断，对已收到的中药注射剂不良反应（事件）数据进行整理，提出分析评价报告。对重点品种进行详细分析，判定药物关联性，为再评价提供依据。

3. 加强药品不良反应监测制度建设。国家药品不良反应监测中心和各级药品不良反应监测机构应建立严重病例报告补充报告制度和死亡病例报告调查制度，强化各级报告单位对于严重病例和死亡病例报告信息的追踪、调查等机制。

4. 国家局定期或不定期发布中药注射剂不良反应监测信息通报，引导医疗机构临床合理用药，促进药品生产企业加强质量管理。

5. 国家局主动发布信息，积极引导舆论。建设“中国药品安全网”，及时发布用药安全警示，增进医护人员、药剂人员和公众对合理使用中药注射剂的认识，进一步提高药品使用风险意识，使全社会正确认识药品不良反应，增强科学用药、合理用药意识。把中药注射剂安全使用知识作为“安全用药健康相伴”主题宣传月的主要内容。组织专家通过广播、电视、互联网等媒体宣传药品不良反应及用药安全知识。

（六）加强流通环节的监督检查和药品抽验工作

1. 开展中药注射剂评价性抽验工作。国家局负责制定抽验方案，确定抽验品种和抽样方式，并组织开展针对性的评价性抽验工作，重点分析影响药品内在质量安全性的问题。地市级以上药检所根据国家局的统一部署，按照《药品质量分析报告指导原则》要求全面开展中药注射剂检验。中检所组织有条件的省级所对重点品种开展检验，并负责汇总分析各地抽验结果，对产品质量存在安全隐患的品种提出处理建议。

对检验不合格的药品，严格依法进行查处。

2. 排查中药注射剂流通环节安全隐患。各省局要进一步对中药注射剂储存、运输、保管以及破损回收等环节进行检查，对企业储存、运输、保管、返工、销毁等管理制度和落实情况进行评估，认真排查安全隐患。

3. 落实中药注射剂的电子监管措施。各省（区、市）局要督促辖区内中药注射剂生产、经营企业认真落实中药注射剂电子监管工作要求，将生产出厂和上市流通的中药注射剂全部纳入药品电子监管网，对药品流向实施动态监控。

四、工作要求

（一）统一思想，提高认识

各省（区、市）局要按照深入学习实践科学发展观的要求，站在确保人民群众用药安全的高度，从药品安全监管的主体责任出发，正确处理药品质量安全与地方经济发展的关系，充分认识开展中药注射剂再评价工作的重要性、紧迫性和复杂性，进一步增强使命感、责任感和紧迫感，全力以赴，确保辖区内中药注射剂安全性再评价全面覆盖，不走过场，真正解决问题，切实降低风险。

（二）精心组织，落实责任

此项工作涉及中药注射剂研制、生产、流通、使用等各环节，国家局、省级局和企业要各负其责，药品注册、安监、稽查、药品审评、检验、不良反应监测等部门和单位要根据分工同时开展工作，加强协调，密切配合，形成合力，确保工作相互衔接，有序推进。各省（区、市）局要成立领导小组，落实责任，集中力量，结合辖区内实际情况，制定有针对性、可操作的具体实施方案，确保工作取得实效。要动员药品生产企业积极主动开展相关研究工作，组织企业积极配合再评价工作，对所生产的品种主动开展深入研究，从根本上提高药品安全性。

（三）积累经验，完善监管

各省（区、市）局作为辖区内注射剂企业的监管责任主体，要在开展中药注射剂安全性再评价工作的同时，举一反三，将再评价工作延伸其他注射剂品种，全面加强对注射剂生产经营的监管，切实落实监管责任和各项措施，建立和完善药品生产安全监管长效机制。

050

关于印发中药注射剂安全性再评价生产工艺评价等7个技术指导原则的通知

国食药监办〔2010〕395号

各省、自治区、直辖市食品药品监督管理局（药品监督管理局）：

为规范和指导中药注射剂安全性再评价工作，国家食品药品监督管理局组织制定了中药注射剂安全性再评价生产工艺评价等7个技术原则（见附件1～7），现予印发，请参照执行。

附件：

1. 中药注射剂安全性再评价生产工艺评价技术原则（试行）（略）
2. 中药注射剂安全性再评价质量控制评价技术原则（试行）（略）
3. 中药注射剂安全性再评价非临床研究评价技术原则（试行）（略）
4. 中药注射剂安全性再评价临床研究评价技术原则（试行）（略）
5. 企业对中药注射剂风险控制能力评价技术原则（试行）（略）
6. 中药注射剂安全性再评价风险效益评价技术原则（试行）（略）
7. 中药注射剂风险管理计划指导原则（试行）（略）

国家食品药品监督管理局

二〇一〇年九月二十九日

051

食品药品监管总局关于加强中药生产中提取和提取物监督管理的通知

食药监药化监〔2014〕135号

各省、自治区、直辖市食品药品监督管理局：

中药提取和提取物是保证中药质量可控、安全有效的前提和物质基础。近年来，随着中药生产的规模化和集约化发展，中药提取或外购中药提取物环节存在的问题比较突出，给中药的质量安全带来隐患。为加强中药提取和提取物的监督管理，规范中药生产行为，保证中成药质量安全有效，现将有关规定通知如下：

一、中药提取是中成药生产和质量管理的关键环节，生产企业必须具备与其生产品种和规模相适应的提取能力。药品生产企业可以异地设立前处理和提取车间，也可与集团内部具有控股关系的药品生产企业共用前处理和提取车间。

二、中成药生产企业需要异地设立前处理或提取车间的，需经企业所在地省（区、市）食品药品监督管理局批准。跨省（区、市）设立异地车间的，还应经车间所在地省（区、市）食品药品监督管理局审查同意。中成药生产企业《药品生产许可证》上应注明异地车间的生产地址。

三、与集团内部具有控股关系的药品生产企业共用前处理和提取车间的，该车间应归属于集团公司内部一个药品生产企业，并应报经所在地省（区、市）食品药品监督管理局批准。跨省（区、市）设立共用车间的，须经双方所在地省（区、市）食品药品监督管理局审查同意。该集团应加强统一管理，明确双方责任，制定切实可行的生产和质量管理措施，建立严格的质量控制标准。共用提取车间的中成药生产企业《药品生产许可证》上应注明提取车间的归属企业名称和地址。

四、中成药生产企业应对其异地车间或共用车间相关品种的前处理或提取质量负责，将其纳入生产和质量管理体系并对生产的全过程进行管理，提取过程应符合所生产中成药的生产工艺。提取过程与中成药应批批对应，形成完整的批生产记录，并在贮存、包装、运输等方面采取有效的质量控制措施。共用车间所属企业应按照《药品生产质量管理规范》（以下简称药品GMP）组织生产，严格履行双方质量协议，对提取过程的质量负责。

五、中成药生产企业所在地省（区、市）食品药品监督管理局负责异地车间或共用车间相应品种生产过程的监督管理，对跨省（区、市）的异地车间或共用车间应进行延伸监管，车间所在地省（区、市）食品药品监督管理局负责异地车间或共用车间提取过程的日常监管。

六、自本通知印发之日起，各省（区、市）食品药品监督管理局一律停止中药提取委托加工的审批，已经批准的，可延续至2015年12月31日。在此期间，各省（区、市）食品药品监督管理局应切实加强对已批准委托加工的监督管理，督促委托方按照药品GMP的要求切实履行责任，制定可行的质量保证体系和管理措施，建立委托加工提取物的含量测定或指纹图谱等可控的质量标准，对委托加工全过程的生产进行质量监控和技术指导，并在运输过程中采取有效措施，以保证委托加工质量。凡不符合要求的一律撤销其委托加工的审批，并不得另行审批。

自2016年1月1日起，凡不具备中药提取能力的中成药生产企业，一律停止相应品种的生产。

七、对中成药国家药品标准处方项下载明，且具有单独国家药品标准的中药提取物实施备案管理。凡生产或使用上述应备案中药提取物的药品生产企业，均应按照《中药提取物备案管理实施细则》（见附件）进行备案。

八、中成药生产企业应严格按照药品标准投料生产，并对中药提取物的质量负责。对属于备案管理的中药提取物，可自行提取，也可购买使用已备案的中药提取物；对不属于备案管理的中药提取物，应自行提取。自2016年1月1日起，中成药生产企业一律不得购买未备案的中药提取物投料生产。

九、备案的中药提取物生产企业应按照药品GMP要求组织生产，保证其产品质量，其日常监管由所在地省（区、市）食品药品监督管理局负责。

自本文印发之日起，对中药提取物生产企业一律不予核发《药品生产许可证》和《药品GMP证书》，已核发的，有效期届满后不得再重新审查发证。

十、中成药生产企业使用备案的中药提取物投料生产的，应按照药品GMP要求对中药提取物生产企业进行质量评估和供应商审计。中成药生产企业所在地省（区、市）食品药品监督管理局应按照药品GMP有关要求和国家药品标准对中药提取物生产企业组织开展延伸检查，并出具检查报告，确认其是否符合药品GMP要求。

十一、对中药提取物将不再按批准文号管理，但按新药批准的中药有效成份和有效部位除外。对已取得药品批准文号，按本通知规定应纳入备案管理的中药提取物，在原批准文号有效期届满后，各省（区、市）食品药品监督管理局不再受理其再注册申请。

十二、中药材前处理是中药生产的重要工序，中药生产企业和中药提取物生产企业应当具备与所生产品种相适应的中药材前处理设施、设备，制定相应的前处理工艺规程，对中药材进行炮制和加工。外购中药饮片投料生产的，必须从具备合法资质的中药饮片生产经营企业购买。

十三、中成药生产企业违反本通知第七条规定，使用未备案的中药提取物投料生产的，应依据《中华人民共和国药品管理法》第七十九条进行查处。

十四、中成药生产企业未按药品标准规定投料生产，购买并使用中药提取物代替中药饮片投料生产的，应依据《中华人民共和国药品管理法》第四十八条第三款第二项按假药论处。

十五、本通知自印发之日起执行，此前印发的相关文件与本通知不一致的，以本通知为准。

以上请各省（区、市）食品药品监督管理局通知行政区域内相关药品生产企业并遵照执行。在本文件执行过程中如有问题和建议，请及时向总局反映。

附件：中药提取物备案管理实施细则

国家食品药品监督管理总局

二〇一四年七月二十九日

附件：

中药提取物备案管理实施细则

第一条 为加强中成药生产监督管理，规范中药提取物备案管理工作，保证使用中药提取物的中成药安全、有效和质量可控，制定本细则。

第二条 本细则所指中药提取物，是中成药国家药品标准的处方项下载明，并具有单独国家药品标准，且用于中成药投料生产的挥发油、油脂、浸膏、流浸膏、干浸膏、有效成份、有效部位等成份。

本细则所指中药提取物不包括：中成药国家药品标准中附有具体制法或标准的提取物；按新药批准的中药有效成份或有效部位；冰片、青黛、阿胶等传统按中药材或中药饮片使用的产品；盐酸小檗碱等按化学原料药管理，并经过化学修饰的产品。

第三条 本细则所指中药提取物备案，是中药提取物生产企业按要求提交中药提取物生产备案资料，以及中药提取物使用企业按要求提交使用备案资料的过程。

第四条 中药提取物生产备案，中药提取物生产企业应通过中药提取物备案信息平台，填写《中药提取物生产备案表》（附 1），向所在地省（区、市）食品药品监督管理局提交完整的资料（PDF 格式电子版），并对资料真实性负责。

第五条 中药提取物生产备案应提交以下资料：

（一）《中药提取物生产备案表》原件。

（二）证明性文件彩色影印件，包括有效的《营业执照》等。

（三）国家药品标准复印件。

（四）生产该提取物用中药材、中药饮片信息。包括产地、基原、执行标准或炮制规范。

（五）关键工艺资料。包括主要工艺路线、设备、关键工艺参数等，关键工艺资料应提供给中药提取物使用企业。

（六）内控质量标准。包括原料、各单元工艺环节物料及过程质量控制指标、提取物成品检验标准，以及完整工艺路线、详细工艺参数等。用于中药注射剂的中药提取物应提交指纹或特征图谱检测方法和指标等质量控制资料。

（七）中药提取物购销合同书彩色影印件。购销合同书应明确质量责任关系。

（八）其他资料。

第六条 中药提取物生产备案信息不得随意变更，如有变更，中药提取物生产企业应及时通知相关中药提取物使用企业，并提交变更相关资料，按上述程序和要求重新备案。

第七条 中药提取物使用备案，中药提取物使用企业应通过中药提取物备案信息平台，填写《中药提取物使用备案表》（附 2），向所在地省（区、市）食品药品监督管理局提交完整的资料（PDF 格式电子版），并对资料真实性负责。

第八条 中药提取物使用备案应提交以下资料：

（一）《中药提取物使用备案表》原件。

（二）证明性文件彩色影印件。包括有效的《药品生产许可证》、《营业执照》、《药品 GMP 证书》、使用中药提取物的中成药品种批准证明文件及其变更证明文件等。

（三）使用中药提取物的中成药国家药品标准复印件。

（四）中药提取物购销合同书彩色影印件。购销合同书应明确质量责任关系。

（五）对中药提取物生产企业的质量评估报告。重点包括评估中药提取物生产企业的生产条件、技术水平、质量管理、中药提取物原料、生产过程和提取物质量等方面。

（六）对中药提取物生产企业的供应商审计报告。

（七）中药提取物关键工艺资料。

（八）其他资料。

第九条 中成药国家药品标准处方项下含多种中药提取物的，应填写同一《中药提取物使用备案表》，一同备案。

第十条 中成药生产企业自主生产中药提取物供本企业使用的，应分别对该中药提取物进行生产及使用备案，使用备案时仅提交第八条中的（一）（三）项资料。

第十一条 中药提取物使用企业应固定中药提取物来源；及时了解其使用的中药提取物生产备案信息变更情况，参照《已上市中药变更研究技术指导原则(一)》的要求，对中药提取物生产备案信息变更可能产生的中成药产品质量变化进行研究和评估，中药提取物生产备案信息变更造成中成药产品质量改变的，应立即停止使用。

中药提取物使用备案信息发生变更，包括使用企业、使用的中成药品种及其使用的提取物生产备案的有关信息变更等，相关使用企业应提交变更相关资料，按上述程序和要求重新备案。

第十二条 国家食品药品监督管理总局负责建立中药提取物备案信息平台。

各省（区、市）食品药品监督管理局负责本行政区域内中药提取物生产或使用备案工作，并负责本行政区域内中药提取物生产或使用的监督检查。

第十三条 各省（区、市）食品药品监督管理局收到中药提取物备案资料后，应在5个工作日内将备案资料传送至中药提取物备案信息平台。中药提取物备案信息平台按备案顺序自动生成中药提取物备案号。

中药提取物生产备案号格式为：ZTCB＋4位年号＋4位顺序号＋省份简称；如有变更，变更后备案顺序号格式：原备案号＋3位变化顺序号。

中药提取物使用备案号格式为：ZTYB＋4位年号＋4位顺序号＋省份简称；如有变更，变更后备案号格式：原备案号＋3位变化顺序号。

第十四条 中药提取物备案信息平台将自动公开使用备案基本信息，包括：中药提取物名称、生产企业、备案时间、生产备案号，使用该中药提取物的中成药品种名称、批准文号、生产企业、备案时间、使用备案号，备案状态。

中药提取物生产备案内容及使用备案中的内控质量标准、生产工艺资料、购买合同书和质量评估报告等资料不予公开。

第十五条 中药提取物备案信息供各级食品药品监督管理局监督检查及延伸检查使用；其中，未公开的备案资料仅供国家食品药品监督管理总局、备案所在地省（区、市）食品药品监督管理局监督检查及延伸检查使用。

第十六条 各省（区、市）食品药品监督管理局在监督检查中发现存在以下情形的，应采取责令整改、暂停生产使用该中药提取物等措施，并依法予以行政处罚，同时报请国家食品药品监督管理总局在该中药提取物相关备案信息中记载并公示。

（一）备案资料与生产实际不一致的；

（二）中药提取物的生产不符合《药品生产质量管理规范》（GMP）要求的；

（三）中药提取物的生产不符合国家药品标准的；

（四）外购中药提取物冒充自主生产产品的；
（五）外购中药提取物半成品或成品进行分包装或改换包装的；
（六）经查实，中成药出现的质量问题系由其使用的中药提取物引起的；
（七）存在其他违法违规行为的。

附：
1. 中药提取物生产备案表（略）
2. 中药提取物使用备案表（略）

052

国家食品药品监督管理局办公室关于组织开展标准提高后中药注射剂生产情况检查及抽验的通知

食药监办安〔2013〕35号

各省、自治区、直辖市食品药品监督管理局（药品监督管理局）：

中药注射剂安全性再评价开展以来，国家加快中药注射剂标准提高速度，到目前已公布了参麦注射液、双黄连注射液、柴胡注射液、丹参注射液、血栓通注射液、注射用血栓通、血塞通注射液、注射用血塞通、生脉注射液、脉络宁注射液、清开灵注射液、参芪扶正注射液、喜炎平注射液13个中药注射剂品种新标准。上述中药注射剂提高标准后，质量可控性和均一性得到较大水平的提高。为进一步保证中药注射剂产品质量和安全，国家局决定由各省（区、市）食品药品监督管理部门对这些品种按照新标准生产的情况进行检查，并根据检查情况进行监督抽验。现就有关事宜通知如下：

一、检查内容与要求

各省（区、市）食品药品监督管理部门应重点检查上述品种按照新标准生产的情况，包括生产使用的药材是否符合新标准要求，是否按照新标准的［处方］规定投料生产，生产工艺是否符合新标准［制法］要求，是否按照新标准要求采用指纹图谱控制产品的稳定性和均一性，日常检验是否符合新标准要求等。要通过对标准提高后中药注射剂品种的检查，进一步完善中药注射剂质量保障体系，强化原辅材料和生产过程的控制管理，提高产品的稳定性和均一性，提高中药注射剂产品质量和安全水平。

检查时间为2013年3月至4月。检查结束后，各省（区、市）食品药品监督管理部门要对检查情况进行汇总，并形成汇总材料，于2013年4月30日前报国家局药品安全监管司。汇总材料应包括辖区内13个中药注射剂品种的文号情况、生产情况、开展的检查情况、是否存在未按照新标准生产以及处理的情况等。存在问题的企业和品种要逐个总结，有文号长期未生产的品种也要认真检查核实。

二、抽验要求

各省（区、市）食品药品监督管理部门根据检查情况，在本辖区生产企业开展有针对性的抽验工作。抽验的范围应覆盖本辖区上述被检查的生产企业，抽验品种为生产企业按照新标准生产的13个中药注射剂，重点抽取检查中发现药材、投料、生产工艺、产品均一性等可能存在问题的批次。由各省（区、市）食品药品监督管理部门安排本辖区内的检验机构按照法定检验标准进行检验，并于2013年11月1日前将抽验结果及不符合标准规定产品处理情况（见附件）报送国家局稽查局。

三、相关要求

各省（区、市）食品药品监督管理部门要高度重视，周密安排、精心部署，切实按照国家局提出的工作要求组织实施。对检查发现未按新标准生产的中药注射剂，要责令企业立即停止生产，并责令企业召回相关产品。对抽验中发现不符合标准规定的产品，应及时采取必要的控制措施并进行查处。如发现重大问题，请及时报告国家局。

附件：中药注射剂监督抽验结果汇总表（略）

国家食品药品监督管理局办公室

二〇一三年三月十五日

十二 中医药标准化

053

关于强化中成药国家标准管理工作的通知

国药监注〔2001〕83 号

各省、自治区、直辖市药品监督管理局：

1996 年结束的全国中成药地方标准整顿工作，基本解决了中成药地方标准存在的同名异方、同方异名、同方而功能主治相差甚远或组方不合理、疗效不确切的混乱问题，中成药已进入国家标准管理的正常秩序状态。但是，由于种种原因到目前仍有一些地方中成药标准品种没有纳入国家标准管理。为强化中成药国家标准管理工作，维护药品监督管理法规的严肃性，确保人民用药安全有效，我局经研究决定，组织力量依法尽快解决仍没有收入国家标准管理的地方标准中成药问题。现就有关事宜通知如下：

一、解决中成药地方标准问题的基本原则

（一）解决范围是各省、自治区、直辖市药品监督管理部门最后一次换发批准文号保留的中成药地方标准（包括地方民族药），但全国中成药品种整顿中医学审查未通过的品种，不属于此范围。

（二）属违法审批的地方标准品种，按国药管办〔2000〕241 号文“关于坚决制止违法审批药品的紧急通知”执行。

（三）坚持中成药一方一名原则，依照现行管理规定，解决同方异名、同名异方及同品种中成药地方标准问题。

（四）组方不合理，疗效不确切或安全性差的品种经专家审评认定后，将予撤销。

（五）经过有关专家审评认为组方合理、疗效确切、安全性好、质量可控的品种，上升为国家标准。

二、解决中成药地方标准问题的方法

（一）鉴于此项工作时间紧、任务重、政策性强，我局决定成立解决中成药地方标准工作办公室（通信地址见附件 7）。

（二）申报程序和要求。符合此次解决范围的中成药地方标准品种的药品生产企业按附件1至3要求，向所在地省、自治区、直辖市药品监督管理局申报。省、自治区、直辖市药品监督管理局对申报资料审查核实后，将本辖区内所有申报品种按附件4要求进行汇总，连同审查核实后的药品生产企业申报资料于2001年4月30日前，统一报我局解决中成药地方标准工作办公室，逾期视为放弃，不再受理。

（三）我局将组织专家对申报资料进行医学审查和药学审查。医学审查结束后品种明确分为：

1. 通过品种；

2. 需补充资料的品种；

3. 统一调整品种；

4. 拟撤销品种。

医学审查结果将通知品种所在省、自治区、直辖市药品监督管理局。

（四）医学审查通过的品种，我局将组织安排标准提高复核工作，并进行药学审查。

（五）药品生产企业对审查结果有异议的，可以通过所在地省、自治区、直辖市药品监督管理局向我局提交复审要求，我局将组织专家进行复审。

（六）对拟撤销品种在发出通知后两个月内，生产企业可以提出复审要求，在规定期限内没有提出复审要求的，我局将按撤销品种处理。

三、从2003年1月1日起，地方标准品种不得在市场上流通

四、解决中成药地方标准的要求

（一）各省、自治区、直辖市药品监督管理局在收到本通知后按附件5要求格式先将属于解决范围的中成药地方标准品种名单、生产企业及批准文号情况，于2001年3月31日前报我局药品注册司。

（二）请各省、自治区、直辖市药品监督管理局对属于解决范围但多年不生产品种及建议撤销品种名单，于2001年4月30日前按附件6填写报送我局药品注册司。

（三）各省、自治区、直辖市药品监督管理局要加强组织领导，严格按照本通知的要求认真做好对药品生产企业申报资料的审查核实工作，确保工作按时完成。

附件：

1. 中成药地方标准品种申报表（略）

2. 中成药地方标准品种申报资料要求（略）
3. 中成药地方标准技术资料磁盘文件格式要求（略）
4. 中成药地方标准申报品种汇总表（略）
5. 辖区内属解决范围的中成药地方标准品种汇总表（略）
6. 省、自治区、直辖市药品监督管理局建议撤销品种名单（略）
7. 解决中成药地方标准工作办公室通信地址（略）

国家药品监督管理局

二〇〇一年二月十六日

054

国家中医药管理局关于印发《国家中医药管理局中医药标准化项目管理暂行办法》的通知

国中医药发〔2006〕12号

各省、自治区、直辖市卫生厅局、中医药管理局，新疆生产建设兵团卫生局，局各直属单位：

《国家中医药管理局中医药标准化项目管理暂行办法》已于2005年12月23日经国家中医药管理局局务会议通过。现印发给你们，请遵照执行。

国家中医药管理局

二〇〇六年二月十日

国家中医药管理局中医药标准化项目管理暂行办法

国家中医药管理局

2006年2月10日

第一章　总　　则

第一条　为了加强中医药标准化项目的管理，规范中医药标准制定工作，保证中医药标准的科学性和可行性，根据《中华人民共和国标准化法》及其实施条例和《中华人民共和国中医药条例》等法律法规，制定本办法。

第二条　中医药标准化项目是指根据中医药发展的需要，依据国家有关法律法规的规定，由国务院标准化行政主管部门或国务院中医药管理部门立项，研究制定或修订的中医药国家标准、行业标准及其他有关标准的项目。

第三条　国家中医药管理局中医药标准化管理部门作为项目管理部门，负责中医药标准化项目的管理工作。

国家中医药管理局各业务职能部门、省级中医药管理部门及全国性学术团体或行业组织等单位，作为项目负责部门，具体负责项目的立项申报、组织实施、监督评估和验收等工作。

第四条　国家中医药管理局中医药标准化专家委员会负责中医药标准化项目

立项论证和标准草案审查等工作。

第二章　申报与立项

第五条　项目管理部门根据中医药事业发展需要和工作部署，按年度组织标准化项目的申报和立项工作。

第六条　项目负责部门根据本部门职能和工作需要，组织项目承担单位开展项目申报工作。

根据需要，项目承担单位可直接向项目管理部门申报。

第七条　项目承担单位应当具备下列条件：

（一）在相关领域和专业具有较高的学术地位及技术优势；

（二）具有为完成项目必备的人才和技术条件；

（三）具有与项目相关的研究经历和研究成果；

（四）具有完成项目所需的组织机构或管理部门；

（五）在承担各级各类课题项目工作中无不良记录；

（六）项目管理部门要求的其他条件。

第八条　项目负责人应当具备下列条件：

（一）具有相应的高级专业技术职称；

（二）在项目承担单位从事项目相关领域工作，具备较高的专业技术水平；

（三）具有相关的项目组织管理工作及标准化工作经验；

（四）在承担各级各类课题项目工作中无不良记录；

（五）项目管理部门要求的其他条件。

第九条　报送的项目应当填写项目任务书，经项目负责部门审核同意，报项目管理部门。经过形式审查后，提交中医药标准化专家委员会进行立项论证。

第十条　项目管理部门根据专家委员会论证意见，拟订年度中医药标准化项目计划报局务会议审议。根据批准后的计划，下达项目任务书。

第三章　管理与实施

第十一条　项目负责部门对具体项目的实施进行管理，指导督促项目承担单位及项目负责人按计划进度开展工作。

第十二条　项目承担单位和项目负责人应按照项目管理及项目任务书的要求，按计划进行项目实施工作，保证项目按照计划进度完成，接受项目管理部门和项目负责部门的指导和监督检查。

第十三条　项目实施中出现下列情形之一，应经项目负责部门审核同意后，报项目管理部门批准：

（一）修改项目任务书；

（二）延期验收送审；

（三）中止项目工作；

（四）更换项目负责人；

（五）其他需要项目管理部门批准的情况。

第十四条　中医药标准化项目实行中期评估制度，由项目负责部门对各项目执行情况进行检查评估。项目承担单位和项目负责人应按照要求提交项目执行情况和经费使用情况报告。

第十五条　对中期评估不合格的项目，项目负责部门应当指导督促项目承担单位和项目负责人予以改正。

第十六条　项目管理部门根据工作需要会同项目负责部门不定期开展各项目执行情况检查工作，并通报检查结果。

第四章　验收与审查

第十七条　项目按计划完成后，项目承担单位及项目负责人应向项目负责部门报送以下文件资料：

（一）标准草案送审稿；

（二）标准编制说明及有关附件；

（三）项目结题报告；

（四）经费使用报告；

（五）项目管理部门要求提供的其他资料。

第十八条　项目负责部门收到报送的文件资料后，应组织有关专家进行验收，提出项目验收意见。

第十九条　被验收项目存在下列情形之一，不能通过验收：

（一）未完成任务书规定任务；

（二）提供的验收文件、资料、数据不真实；

（三）擅自修改任务书；

（四）其他不能通过验收的情况。

第二十条　验收未通过的项目，项目负责部门应指导督促项目承担单位及项目负责人限期完成并重新进行验收。

第二十一条　项目完成验收后，项目负责部门应当将标准草案送审稿及其编制说明、项目验收意见等文件资料报送项目管理部门。

第二十二条　项目管理部门组织中医药标准化专家委员会对标准草案送审稿及其编制说明等文件资料进行审查，提出审查意见。

第二十三条　审查通过的标准草案送审稿，根据需要在国家中医药管理局政府网站等有关媒体上公示，公开征求意见。

项目承担单位及项目负责人根据收集到的意见，对标准草案送审稿进行修改，形成标准草案报批稿。

第二十四条 审查未通过的标准草案送审稿，项目负责部门应当指导督促项目承担单位及项目负责人根据审查意见限期修改完善并再次送审。

第五章 发 布

第二十五条 项目完成后作为中医药国家标准发布的，项目负责部门应当将标准报批稿送主管局领导审核同意后，报局务会议审议。审议通过的标准报批稿，由项目管理部门按照规定报送国务院标准化行政主管部门统一审批、编号、发布。

第二十六条 作为中医药行业标准发布的管理类标准，项目负责部门应当将标准报批稿送主管局领导审核同意后，报局务会议审议。审议通过的标准报批稿，由项目负责部门修改完善后发布。项目管理部门按照规定程序编号，报送国务院标准化行政主管部门备案。

第二十七条 作为中医药行业标准发布的技术类标准，由项目负责部门提出建议，经项目管理部门同意，报主管局领导批准后，交全国性学术团体、行业组织等发布试行。通过试行进一步修改完善后，作为中医药行业标准发布。

第二十八条 局务会议审议未通过的标准草案报批稿，项目负责部门应当指导督促项目承担单位及项目负责人根据审议意见限期修改并再次送审。

第二十九条 中医药标准的出版，按照国家有关规定，由国家中医药管理局指定的出版社出版发行。

第六章 经费管理

第三十条 项目经费按照计划核定的额度拨付项目承担单位。

第三十一条 项目承担单位应加强项目经费的监督管理，建立专项管理制度。项目负责人应遵守财务制度，按计划支配和合理使用项目经费。

第三十二条 项目经费按照项目任务书确定的用途，实行专款专用，任何单位和个人不得以任何名义挪用、克扣、截留。

第七章 附 则

第三十三条 中医药标准属于科技成果，标准发布后发给项目承担单位及人员相关证明文件。对于技术水平高、取得显著效益的中医药标准，根据有关程序纳入科学技术奖励范围，予以奖励。

第三十四条 对于项目任务完成优秀的项目承担单位和项目负责人，由项目管理部门给予表彰。

对于未按时完成项目任务的项目承担单位和项目负责人，视情况给予通报批评或相关处理。

第三十五条　本办法由国家中医药管理局负责解释。

第三十六条　本办法自发布之日起施行。

055

国家中医药管理局关于印发《中医药标准化中长期发展规划纲要（2011—2020年）》的通知

国中医药法监发〔2012〕43号

各省、自治区、直辖市卫生厅局、中医药管理局，新疆生产建设兵团卫生局，中医药标准研究推广基地（试点）建设单位，各有关单位：

为贯彻落实《国务院关于扶持和促进中医药事业发展的若干意见》，充分发挥中医药标准化在中医药事业发展中的基础性、战略性、全局性作用，引领和支撑中医药事业科学发展，根据《中华人民共和国国民经济和社会发展第十二个五年规划纲要》和《中医药事业发展“十二五”规划》，我局编制了《中医药标准化中长期发展规划纲要（2011—2020年）》，作为“十二五”及今后一个时期指导中医药标准化工作的基本依据。现印发给你们，请结合实际情况，认真组织实施。

国家中医药管理局

二〇一二年十一月十六日

中医药标准化中长期发展规划纲要（2011—2020年）

国家中医药管理局

2012年11月16日

为贯彻落实《国务院关于扶持和促进中医药事业发展的若干意见》，促进中医药标准化“十二五”时期及长远的发展，根据《中华人民共和国国民经济和社会发展第十二个五年规划纲要》和《中医药事业发展“十二五”规划》编制本规划纲要，主要阐明中医药标准化工作的战略目标、明确工作重点，是未来十年中医药标准化工作的行动纲领，是建立完善中医药标准体系和中医药标准化支撑体系的基本依据。

一、背景

标准化是经济社会发展的技术支撑，是构成国家核心竞争力的基本要素，是国家综合实力的集中体现。在经济全球化的条件下，标准化已涉及经济社会生活各个领域，深刻影响着经济、政治、社会、文化等领域的发展，成为经济、科技竞争的制高点，成为推动经济增长、社会发展和科技进步的重要途径。

“十一五”时期，中医药标准化工作在党中央、国务院的高度重视和有关部门的大力支持下，全面推进了中医药标准化战略，制定实施了《中医药标准化发展规划（2006—2010 年）》，着力推动中医药标准体系和中医药标准化支撑体系建设，有效应对中医药国际标准化严峻形势，较好地调动了全行业各方面力量和资源，中医药标准化工作有了更好、更快、更大的发展。中医药标准体系建设步伐明显加快，在中医基础、技术和管理等领域，制修订中医药国家标准 27 项、行业或行业组织标准 450 多项，实现了“十一五”既定目标，初步建立与中医药事业发展和人民群众健康需求相适应的中医药标准体系。中医药标准化支撑体系建设不断加强，标准化专业技术组织和人才队伍建设取得进展，成立了中医、中药、中西医结合、针灸、中药材种子种苗 5 个全国专业标准化技术委员会，涌现出一批积极承担中医药标准化研究制定的技术机构和单位，凝聚起一支医教研产相互配合、精通业务技术、熟悉标准化知识和方法的复合型中医药标准化专家队伍。中医药标准的应用推广力度加大，中医药标准在实践中的应用水平持续提升，第一批 42 家中医药标准研究推广基地建设全面展开。中医药标准化管理体制和制度建设得到加强，初步形成了政府主导、行业参与、统筹规划、分工负责的中医药标准化管理体制和运行机制，形成了中医药专家广泛参与，全行业关注、支持和参与标准化的良好氛围。实质性参与中医药国际标准化活动取得了历史性的突破，话语权和影响力不断增强，积极促成国际标准化组织（ISO）中医药标准化技术委员会的成立并承担秘书处工作，推动世界卫生组织（WHO）将中医药等传统医学纳入国际疾病分类代码体系。

同时，中医药标准化工作还存在许多困难和问题。行业内对中医药标准化的意识还不强，认识还不一致，重视还不够；中医药标准化工作基础还很薄弱，整体水平还不高；中医药标准实施推广不够，在实践中主动采用的程度不高；中医药标准化专业人才缺乏，现有人员队伍能力水平亟须提高；中医药标准化技术组织和专业研究机构建设有待加强，标准化管理体制和工作机制还需进一步完善；我国中医药国际标准化工作的能力水平还存在差距，实质性参与国际标准化活动的能力有待加强。

中医药标准化是中医药事业发展的一项基础性、战略性、全局性工作，随着中医药标准化工作的全面推进和不断发展，中医药标准化对中医药事业发展的技术支撑和引领作用不断凸显，越来越成为推动继承创新、促进学术进步的有效途径，成为保持和发扬特色优势的重要载体，成为规范行业管理、加强政府管理工作的重要手段，成为提高服务质量安全水平的基本依据，成为增强综合竞争力、促进中医药国际传播与发展的战略举措。

随着国际上对传统医药价值的重新认识和密切关注，中医药学所蕴含的丰富文化和潜在经济价值日益显现，中医药国际标准化的竞争愈加激烈，对我国形成倒逼态势。面对新的形势，我们必须进一步增强责任感和使命感，站在国家战略的高度，抓住机遇，迎难而上，积极应对，奋发有为，为有效参与国际合作和竞争赢得优势。

二、指导思想和发展目标

（一）指导思想

以邓小平理论和“三个代表”重要思想为指导，深入贯彻落实科学发展观，紧紧围绕保障和改善民生及深化医药卫生体制改革总体目标，着眼于推进中医药继承创新和学术进步，更好地发挥中医药在维护和增进人民群众健康中的作用，以推进中医药标准体系和标准化支撑体系建设为重点，以提高中医药标准质量和中医标准化水平为核心，整合优势资源，系统转化医疗、教育、科研成果，立足国内、面向国际，发挥标准化在中医药发展中的基础性、战略性、全局性作用，引领和支撑中医药事业科学发展。

（二）基本原则

——统筹规划，突出重点。坚持统筹规划，做好中医药标准化发展的顶层设计，全面推进中医药标准体系和标准化支撑体系建设。同时，根据发展需要和条件，选择重点领域和项目，着力推进，解决中医药事业发展中的关键问题。

——拓展领域，提升质量。坚持在做好中医诊疗技术标准制修订的基础上向中医药预防保健、教育、科研、中药领域的延伸，实现从基础、技术标准领域向管理标准领域的拓展。加强中医药标准研究制定方法的研究和应用，坚持中医药标准研究制定的程序规范、方法科学、公开透明，提升中医药标准质量和水平。

——立足需求，注重实用。坚持以中医药事业发展对标准化的需求为导向，以引领和支撑科学发展，提升中医药医疗、保健、科研、教育、产业质量效益为目标，坚持中医药标准化与中医药发展实际问题和需求的紧密结合。

——整合资源，注重协调。坚持中医药标准化与中医药事业发展的协调，充分吸收中医药科研、中医临床研究基地、重点专科专病、重点学科的研究和实践成果，及时转化为标准。将中医药标准研究制定、应用推广、评价反馈和支撑条件建设与中医药医疗、保健、科研、教育、产业、文化发展紧密结合。

——强化国内，面向国际。坚持国内中医药标准化工作与国际中医药标准化工作统筹，以国内发展为前提，服务和支撑国际化需求与发展，以增强国际标准化话语权和影响力为目标，把握中医药国际标准化发展的契机和形势，带动国内中医药标准化发展。

——政府主导，多方参与。坚持发挥政府部门在中医药标准化工作的组织协调、宏观规划、政策指引、制度建设等方面的主导作用，鼓励中医药行业及社会各界通过各种渠道和方式参与中医药标准化工作，形成全行业全社会广泛参与、共同推进的良好局面。

（三）发展目标

总体目标：

到2020年，基本建立适应事业发展需要、结构比较合理的中医药标准体系，中医药标准化支撑体系进一步完善，基本满足中医药标准化工作的需求，中医药标准应用推广和监测评价体系初步建立，中医药标准化人才队伍建设明显加强，中医药标准化管理体制和运行机制更加完善，我国实质性参与中医药国际标准化活动的能力显著提升。

“十二五”时期的具体目标：

——中医药标准体系不断完善。围绕中医药事业发展需求，完成300项中医药标准制修订，基本覆盖中医医疗、预防保健、教育、科研、中药等领域。

——中医药标准质量水平明显提高。中医药标准制修订技术方法和过程管理更加科学规范，标准适用性增强，90％以上的中医药标准标龄低于5年，国家标准、行业标准、行业组织标准之间的协调性明显提高。

——中医药标准实施效益明显增强。中医药标准应用情况良好，在基层建设一批中医药标准研究推广基地，中医药标准研究制定、应用推广与评价反馈机制基本形成。

——实质性参与国际标准化活动的能力明显提升。提出10～15项中医药国际标准提案，推进3～5项中医药国际标准的制定。

——中医药标准化支撑体系保障能力增强。培养一批中医药标准化专家，形成中医药标准化专家队伍。建设一批标准化研究中心，形成中医药标准化研究平台，中医药科学研究、科技成果转化对标准化的支撑作用更加明显，中医药标准化信息网络平台服务功能显现。

——中医药标准化发展环境进一步优化。中医药标准化管理体制和运行机制进一步完善，中医药标准管理制度基本建立，全行业关注、支持和参与标准化的氛围更加浓厚。

三、重点任务

（一）加强中医药标准化理论和技术研究

积极开展中医药标准化战略及重大问题研究，推进中医药标准化体系、中医药国际标准、中医药标准制修订技术等方面研究，提升理论研究对中医药标准化发展的支持力度。重点加强中医标准体系研究、国际标准化发展趋势与动态分析、中医药标准制修订技术方法及关键技术、中医药标准新领域前期研究等工作。强化中医药科研成果向标准转化的基本条件和技术方法研究，推进中医药临床、科研与技术标准制修订结合。加强中医药标准应用评价技术方法研究，形成评价指标体系和评价规范。加强中医药国际标准动态分析研究。

（二）加强中医药标准体系建设

在整体推进的基础上，进一步突出重点，开展基础、技术、管理等领域中医药标准制定，完善中医药标准体系。在扩展领域的基础上，进一步提升中医药标准质量，为中医药事业发展提供技术支撑。

1. 中医药基础标准

中医药基础标准是标准体系建设的基础。围绕中医药标准中的共性问题，开展名词术语、通用方法等基础标准的研究制定，重点加强中医名词术语、多语种翻译、信息等标准制修订。加强中医药名词术语研究成果的转化，制修订中医基础理论、临床诊疗、中药、针灸名词术语标准。开展中医药信息基础标准和应用标准的研究制定，加强与国内外健康信息相关标准化机构的联络及标准之间的协调，制修订中医电子病历及相关信息标准、中医药统计信息标准、中医药文献信息标准等。开展中药饮片、方剂编码规则研究，制定中药饮片、方剂与物流领域编码标准。

专栏1　中医药基础标准
01　中医药名词术语标准 重点完成中医基础理论术语、中医临床诊疗术语等国家标准的修订，研究制定中药名词术语、针灸名词术语标准和名词术语翻译标准
02　中医药信息标准 重点完成中医电子病历及相关信息标准、中医病证分类与代码标准、与卫生健康档案和电子病历系统的接口标准、中医药统计信息标准、中医药文献信息标准等制修订。开展中药饮片、方剂与物流领域编码标准研究制定

2. 中医药技术标准

中医药技术标准是标准体系建设的核心。以提高中医药临床诊疗质量与水平、发挥中医药特色优势为目标，进一步完善现有中医诊疗技术标准体系。完成中医常见病证诊疗指南、针灸治疗指南的制修订。探索中西医结合诊疗指南的研究制定。开展中医诊疗指南制修订方法研究，制定针灸治疗指南制修订通则和评估规范，形成中医标准制修订技术规范，进一步提高制修订质量和水平。继续推进中医诊疗技术操作规范的研究制定，基本覆盖针灸、推拿等中医常用诊疗技术，加强针灸器材标准的研究制定。开展中医护理技术规范的制修订。围绕中医临床疗效评价的关键问题，加强中医疗效评价方法研究和标准制定，重点研究制定重大疾病中医疗效评价标准，修订中医病证诊断疗效标准，为进一步提高中医医疗服务水平提供技术支撑。

专栏2　中医诊疗技术标准
01　中医临床诊疗指南 完成中医内、外、妇、儿等科临床常见病证诊疗指南的制修订，开展中医临床诊疗指南制修订技术方法研究，进一步拓展中医临床诊疗指南的病种范围
02　中医疗效评价标准 修订中医病证诊断疗效标准，开展中医临床疗效评价标准的示范性研究
03　中西医结合临床治疗指南 探索和制定临床常见病中西医结合治疗指南

专栏3　针灸标准
01　针灸技术操作规范 完成针灸技术操作规范制修订，研究制定针灸技术操作标准的制修订方法，完善针灸技术操作标准体系
02　常见病证针灸治疗指南 制修订常见病证针灸治疗指南，完善针灸治疗标准体系。开展针灸治疗指南制修订方法研究，制修订针灸临床治疗指南通则及评估规范
03　针灸器材标准 完成针灸针等国家标准的修订，开展针灸器材标准的研究制定

围绕中医“治未病”工作，加强中医预防保健技术标准研究制定。开展不同证类的亚健康人群中医预防指南的研究制定。开展中医预防保健康复技术操作规范制修订，规范预防保健技术方法。加强药膳技术标准的研究制定，规范引导药膳相关技术方法的使用。选择体现中医药特色优势的康复技术方法，研究制定中医康复技术指南。

专栏4　中医“治未病”标准
01　中医预防保健指南 开展中医预报保健指南的研究，制定不同证类亚健康人群中医保健指南
02　中医保健技术规范 开展中医保健技术规范化研究，制修订艾灸、膏方、全身推拿等中医养生保健技术操作规范
03　药膳技术标准 开展药膳食材使用、药膳制作方法的标准化研究，制定一批体现中医药特色优势的药膳技术标准
04　中医康复技术指南 开展中医康复技术指南的制定，加强中医康复器械设备标准的研究

进一步加强中药相关技术标准的研究制定。加强中药材种子种苗、采收加工标准的研究，开展中药材种子种苗术语规范、检验规程、质量标准和中药材原种生产技术规程的研究制定。开展道地药材标准研制，重点开展道地药材标准通则和道地药材示范标准的研究制定，建立适合道地药材鉴别的质量评价方法、鉴别方法等标准，推动道地药材标准体系建设。加强中医临床用药标准制定，制定中药处方、中药调剂、处方给付、中药饮片煎煮等规范，制定中成药临床使用再评价规范。

专栏5　中药标准
01　中药材种子种苗标准 完成中药材种子种苗术语规范、检验规程、质量标准和中药材原种生产技术规程研究制定
02　道地药材标准 重点开展道地药材标准通则和道地药材示范标准的研究制定，完成道地药材种植基地标准、规范生产标准、产地加工标准等的制定
03　中医临床用药标准 开展制定中药处方、中药调剂、处方给付、中药饮片煎煮等规范，完成临床常见病中成药临床使用与再评价指南的制定

3. 中医药管理标准

开展医疗保健、教育、科研管理等标准的制修订。加强中医医疗保健服务机构人员和技术管理标准研究制定，重点开展中医医院建设标准、中医预防保健机构标准、中医医院评审标准的制修订，进一步指导中医医疗保健机构的建设与管理。加强中医医院信息化建设和管理标准的研究制定，制修订中医医院信息系统功能规范等标准。加强中医医疗质量安全管理标准的制定，重点开展中医医疗文书、医疗质量安全评价等标准的制修订，逐步形成中医医疗服务质量安全标准体系。开展中医药从业人员管理标准研究制定，加强中医药行业特有工种职业技能标准的制定，为相关职业教育、职业培训和职业技能鉴定提供科学规范的依据。

专栏6　中医医疗保健服务管理标准
01　中医医疗保健机构建设管理标准 重点开展中医（中西医结合、民族医）医疗机构设置基本标准、中医医院建设标准、中医医院评审标准等制修订。开展中医预防保健服务机构标准的制定。制修订中医医院信息化建设基本规范和中医医院信息系统功能规范等标准
02　中医医疗质量安全管理标准 重点开展中医医疗质量安全管理、评价标准的研究制定，开展中医、中西医结合病历书写基本规范的制修订。完成中医医疗机构诊疗服务规范的制定
03　中医从业人员管理标准 开展中医类别医师考核规范的研究制定，开展中医、中西医结合临床各科及中药、中医护理等专业技术资格考核规范的研究制定。开展中医药行业特有工种职业技能标准制修订工作

开展中医药教育管理标准的研究制定，系统研究制定中医药教育管理标准。与有关部门配合，加强中医药院校教育管理标准制修订，支撑推动中医药院校教育综合改革。着力加快中医药毕业后教育和继续教育领域标准的研究制定，不断适应中医药毕业后教育和继续教育发展的现实需求。

专栏7　中医药教育管理标准
01　中医药院校教育管理标准 重点开展高等学校本科、专科教育中医学、中药学等专业设置基本要求的制修订，完成高等学校中医临床教学基地建设基本要求的修订，开展本科教育中医学等专业中医药理论知识与技能基本标准制修订
02　中医药毕业后教育管理标准 重点开展中医住院医师规范化培训、中医类别全科医生规范化培训标准的制修订
03　中医药继续教育管理标准 开展中医药继续教育管理标准的研究制定，修订中医药继续教育基地建设标准

开展中医科研管理标准体系研究，加强中医药科研管理机构建设管理标准、中医药科研人员管理标准和中医药科研项目管理标准的制修订，为推动中医药科学研究健康发展提供技术支撑和保障。

专栏8　中医药科研管理标准
01　中医药科研机构建设管理标准 开展中医药科研机构科研能力评价的量化考核标准、中医药科研机构研究平台建设规范的制定。开展中医药重点研究室建设标准、中医药科研实验室分级标准修订
02　中医药科研人员管理标准 开展中医药科研人员资质管理及考核标准的研究制定
03　中医药科研项目管理标准 开展中医药科研管理规范研究制定，初步构建中医药科技项目评估标准

4. 民族医药标准

加强民族医药标准的研究制定，鼓励民族地区开展民族医药基础标准和技术标准的研究制定。支持基础条件较好的民族医药领域，开展标准体系研究，研制开展民族医药名词术语等基础标准以及相关标准化。扶持基础条件相对薄弱的民族医药领域，开展标准化前期研究和标准的示范性研究。重点加强藏、蒙、维医药名词术语、临床常见病诊疗指南、诊疗技术操作规范及疗效评价标准的研究制定。开展民族药相关标准的研究制定。

专栏9　民族医药标准
01　民族医药名词术语 完成藏、蒙、维医药名词术语标准制定，开展其他少数民族医药名词术语标准研究
02　民族医临床诊疗指南 开展藏、蒙、维医常见病临床诊疗指南的研究制定
03　民族医药技术操作规范 完成藏、蒙、维医药特色诊疗技术操作规范制定，开展其他民族医药诊疗技术规范的前期研究

（三）加强中医药标准化支撑体系建设

健全中医药标准化组织体系，建设高水平中医药标准化人才队伍，建立中医药标准化信息平台，为中医药标准化工作提供支持保障。

1. 加强中医药标准化组织机构建设

完善中医药标准化技术组织体系，成立国家中医药管理局标准化管理协调、专家技术和国际咨询委员会，推进民族医药等领域标准化技术委员会的建设。开展中医药各领域标准化研究中心建设，形成中医药标准化研究平台，提高转化中医药科技成果和关键技术问题的攻关能力。

2. 加强中医药标准化人才队伍建设

实施中医药标准化培训专项，以建设一支实践能力强、复合型、外向型中医药标准化人才队伍为目标，开展中医药标准实施推广培训、中医药标准制修订人员技术方法培训和中医药标准化高级人才的培训，提升中医药标准化人员整体水平。推进中医药标准化学科建设，鼓励高等中医药院校开设标准化课程、设立标准化专业。建设一批中医药标准化培训基地，制定中医药标准化人员培训计划，建立中医药标准化后备人才库，构建中医药标准化人才培养体系。

3. 加快中医药标准化信息平台建设

推动中医药标准制修订网上工作平台和中医药标准化管理信息系统建设。完成中医药各专业标准化技术委员会等专门网站建设，建设中医药标准化资源共享的信息服务平台，满足社会对中医药标准信息服务需求。

（四）加强中医药标准应用推广

加强中医药标准应用推广基地建设，进一步扩大建设单位的范围和规模，严格遴选考核标准，提高中医药标准应用推广基地能力水平，形成中医药标准应用推广的体系。建立中医药标准宣传普及长效机制，开展中医药管理部门、中医医院管理人员的标准化知识轮训。发挥中医药学术组织、行业协会等社会团体的作用，采取多种形式开展面向专业领域技术人员的中医药标准应用推广培训。加强中医药标准的实施和监督，通过标准的宣贯、培训、监督抽查等多种手段的综合运用，推动中医药标准的有效实施。建立中医药标准实施推广监测机制，实现监测信息定期报告、评价和发布。建立中医药标准实施的反馈机制，为标准修订和完善标准体系提供依据。在中医药服务质量评价、中医药科研、教育以及重大项目建设管理中，积极采用中医药标准。

专栏 10　中医药标准化支撑体系建设
01　中医药标准化研究中心建设 建设包括基础与通用标准、中医、中药、针灸等不同领域的 20 个左右中医药标准化研究中心
02　中医药标准应用推广基地建设 扩大中医药标准应用推广基地建设规模，建设 300 个左右中医药标准应用推广基地，建立中医药标准应用推广和评价反馈机制，加强中医临床各科诊疗指南等技术标准的应用推广和评价
03　中医药标准化人才队伍建设 重点培养中医药标准化专家 300 名，建立中医药标准化培训基地，培训中医药标准研究制定人员，打造中医药标准化培养平台
04　中医药标准化信息支撑平台建设 围绕中医药标准化工作，运用现代信息技术，建立中医药标准化信息服务平台，集中医药标准文献共享服务、标准化工作信息管理、中医药标准宣贯推广功能于一体，更好地为中医药标准化工作提供信息技术支撑

（五）推进中医药国际标准化工作

开展中医药国际标准化发展战略研究。加强中医药国际标准化工作的技术准备，建设中医药国际标准提案项目库，推动中医药质量和安全领域国际标准的制修订，推动针灸针、人参种子种苗、中医药名词术语、中医临床术语分类与代码、中药煎药机等国际标准制定，开展中药领域和中医药服务贸易领域国际标准研究，积极参与国际标准化组织和世界卫生组织的标准化活动，推动世界中医药学会联合会、世界针灸学会联合会的国际组织标准的研究制定，支持中医药标准化领域政府间、国际组织间、民间的合作交流。支持国内中医药医疗、教育、科研机构和企业承担国际标准化技术机构的秘书处工作，鼓励我国中医药专家担任国际标准化技术委员会、分技术委员会主席、工作组召集人和秘书。鼓励通过举办国际论坛等形式，建立国际标准化沟通平台。

加强中医药国际标准化基础条件建设，建立中医药国际标准化专家委员会，加强中医药国际标准化专家队伍建设，建立国际标准化专家人才库，建设中医药国际标准化人才培养基地。强化对参与中医药国际标准化活动的组织和管理，加强对参与国际标准化活动的支持。建立中医药国际标准化研究基地和信息平台。

专栏 11　中医药国际标准化
01　中医药国际标准化发展战略规划 研究中医药国际标准化发展的总体战略、方针和策略，完成中医药国际标准化发展规划制定，明确战略目标和重点任务
02　ISO 和 WHO 中医药国际标准研究制定 研究提出 ISO 国际标准化项目计划，形成 ISO 新工作项目提案（NWIP）并推动立项和制定。推动将头皮针、耳穴名称与定位等国家标准转化为世界卫生组织标准
03　中医药国际组织标准研究制定 积极推动中医药基本名词术语国际组织标准制修订，加强中医药基础、技术、管理领域国际组织标准的研究制定
04　中医药国际标准化人才培养 加强中医药国际标准化活动专家队伍建设，建立国际标准化专家人才库，遴选建设中医药国际标准化人才培养基地
05　中医药国际标准化研究基地和信息服务平台建设 遴选建设一批中医药国际标准化研究基地，加强中医药国际标准化信息服务平台建设，为中医药国际标准化工作提供支持

四、保障措施

（一）加强组织领导

将中医药标准化工作纳入各级“十二五”中医药事业发展规划。发挥国家中医药管理局中医药标准化管理协调委员会的作用，协调推进管理标准制修订工作。协调有关部门，加强对推进中医药国际标准化工作的组织领导，加大对中医药标准化工作的支持力度，为中医药标准化工作营造良好环境。

（二）完善运行机制

建立中医药标准制修订前期预研究机制，优化中医药标准立项协调机制和程序，强化中医药标准制修订过程管理。完善中医药标准发布前网上公示制度。加强中医药标准化工作衔接和协调，建立统一管理、分工负责、决策科学、运行顺畅、保障有力的中医药标准化组织管理体系和运行机制。推动形成中医药标准制修订项目竞争机制。发挥行业学会、协会等社会团体在中医药标准化工作中的作用。

（三）加强政策支持与制度建设

加大对中医药标准制修订前期科学研究的支持力度，出台促进中医药标准应用推广的政策措施。研究制定科学研究支持中医药标准制定的倾斜政策措施，将预期研究结果内的技术标准作为中医临床科研项目立项、评审、结题以及成果报奖的重要考核内容。建立中医药标准化人才激励政策以及中医药标准化技术专家和工作团队奖励机制。健全中医药标准管理制度，研究中医药标准研究推广基地管理制度，提高各类中医药机构主动采用中医药标准的意识、能力和水平。研究制定参与中医药国际标准化活动的组织管理制度。

（四）加强成果利用和资源整合

加大科技成果向中医药标准转化的力度，体现科技创新对中医药标准化的支持和带动作用。进一步加强协调，整合资源，统筹规划中医药标准化的工作方向和任务分工，将中医药标准作为医疗机构中医医疗服务质量安全管理的技术依据，作为中医药教学培训、教材编写遵循的基本依据，作为国家及各级地方政府在中医药重大项目立项、实施建设和评估、验收工作的基本依据和条件。

（五）加大经费投入

完善中医药标准化经费保障机制，在财政预算中逐步加大对中医药标准制修订的投入力度。建立和完善多元化投入机制，引导和鼓励有条件的医疗机构、中药企业等加大标准化活动的投入，争取地方配套资金和专项资金支持。强化中医药标准研究中心、标准应用推广基地建设单位以及中医药标准化技术组织挂靠单位的投入保障。加强中医药标准制修订经费管理，提高经费使用效益。

（六）加强规划实施与评估

加强规划实施监测和评估工作，完善规划实施动态管理机制。根据规划目标和任务，制定年度工作计划。明确规划实施的责任分工，做好规划各项任务的分解和落实。积极争取各方面支持，组织和动员中医药行业和社会各方面力量，共同推动规划实施。对规划实施进行中期评估，根据评估结果进一步调整、优化，提高规划实施的科学性和有效性。

056

国家中医药管理局关于印发《中医药标准化发展规划（2006—2010年）》的通知

国中医药发〔2006〕39号

各省、自治区、直辖市卫生厅局、中医药管理局，局直属单位：

为贯彻落实《中华人民共和国国民经济和社会发展第十一个五年规划纲要》提出的“推进中医药标准化、规范化”重要任务，更好地实施《中医药事业发展“十一五”规划》，按照国家标准化发展战略要求，国家中医药管理局制定了《中医药标准化发展规划（2006—2010年）》，现印发给你们，请结合实际情况，认真组织实施。

中医药标准化是中医药事业发展的重要技术支撑，对于促进中医药学术发展，提高中医药临床疗效，规范行业管理，推进依法行政，推动中医药现代化，加快中医药走向世界具有十分重要的意义。各级中医药管理部门要提高对中医药标准化工作的认识，加强对中医药标准化工作的组织和领导，将中医药标准化纳入本部门工作计划。加强中医药标准化的宣传，提高全行业人员标准化意识。组织好中医药标准的研究和制定，加大中医药标准的实施推广力度。全面推进中医药标准化工作进程，更好地为中医药事业发展服务，为人民群众健康服务。

国家中医药管理局

二〇〇六年七月十三日

中医药标准化发展规划（2006—2010年）

国家中医药管理局

2006年7月13日

“十一五”时期是中医药改革与发展的重要战略机遇期，也是中医药（含中西医结合、民族医药，下同）标准化实现跨越式发展的关键时期。为了更好地发挥中医药标准化在落实科学发展观，加快中医药事业发展中的技术支撑和基础保障作用，根据《国民经济和社会发展第十一个五年规划纲要》和《中医药事业发展“十一五”规划》，参考《国家中长期科学和技术发展规划纲要（2006—2020年）》和《国家标准化“十一五”发展规划纲要》，结合中医药标准化工作的实际，制定本规划。

一、规划背景

（一）中医药标准化工作面临的形势

标准是构成国家核心竞争力的基本要素，是规范经济和社会发展的重要技术制度。随着经济全球化的进展，标准化逐步成为各国科学技术与经济发展的重要战略，成为提高国际竞争力的重要手段，成为国际贸易保护的重要措施。在未来的国际竞争中，标准的竞争将越来越成为各国竞争的焦点。近年来，美国、日本、加拿大等主要发达国家都制定了各具特点的标准化发展战略，将加大参与国际标准化活动力度和掌握国际标准制定的主导权作为战略的重点。随着传统医药巨大的医疗价值和市场潜力日益显现，中医药在越来越多的国家和地区迅速普及，中医药标准化的国际呼声和需求日益高涨。在世界卫生组织发展传统医药决议的引导下，日本、韩国及欧美等国家纷纷开展了传统医药标准的研究制定，通过各种形式和途径争取国际标准制定的主导权。中医药标准化在激烈的国际竞争中面临着新的机遇和挑战。

为适应经济社会发展和国际竞争的需要，近年来，我国积极开展标准化工作，国家成立了专门的标准化工作组织，以提高国家竞争力为核心，把标准化作为国家科技发展重要战略之一，全面实施标准化战略。标准的数量不断增加，标准的领域不断扩展，对推动我国科学技术进步、规范市场秩序、提高产品竞争力和促进国际贸易发挥了重要的作用。

中医药是我国医学科学的特色，是我国卫生事业的重要组成部分，长期以来担负着防病治病、保障人民健康的重要任务。在新的历史情况下，无论是我国经济社会的发展方式，还是人民群众对中医药的需求，都发生了重大变化，也对中医药的发展提出了新的要求。标准化作为现代科学的技术方法和手段，在提高中医药服务能力和水平，满足人民群众不断增长的中医药服务需求，实现中医药事业的全面健康可持续发展方面发挥着重要技术支撑作用。中医药标准化，是中医药学术发展的需要，通过运用现代科学理论和技术手段，系统整理中医药理论和学术思想，转化为现代科学研究成果，建立中医药基础标准体系，能够更好地推进中医药的理论创新；通过系统总结中医临床安全有效的诊疗经验和方法，形成最佳诊疗方案，建立中医药技术标准体系，能够更好地促进中医临床疗效的提高；中医药标准化，是规范中医药管理的需要，通过对中医药管理实践中既有经验进行总结归纳，按照政府职能转变和依法行政要求，建立中医药管理标准体系，进一步完善和补充法律法规，能够更好地使中医药管理做到有法可依。中医药标准化，是促进中医药在国际上的广泛传播的需要，通过提高中医药产品、服务质量，使中医药产品、服务达到国际技术交流合作与贸易的条件要求，符合国际基本惯例，能够更好地增强中医药的国际竞争力，同时建立有效应对技术壁垒，合理保护我国利益。因此，中医药标准化是中医药事业发展的内在要求。

（二）中医药标准化工作现状

改革开放以来，随着我国标准化工作的不断深入，中医药标准化工作也取得了一定成绩，开展了一系列标准、规范的研究和制定，共颁布了120多项中医药标准和规范。其中有国家标准化管理部门颁布的《中医病证分类与代码》、《中医临床诊疗术语》、《经穴部位》、《耳穴名称和部位》等国家标准6项，国家中医药主管部门颁布的《中医病证诊断疗效标准》等行业技术标准规范近70项，全国有关中医药学术组织颁布技术规范50余项。在此基础上，各地也根据本地实际情况，制定颁布了大量地方性有关中医药标准和规范。这些标准和规范的颁布和实施，为促进中医药事业的发展起到了积极作用，也为中医药标准化建设奠定了良好的基础。与此同时，在20世纪80年代，我国就实质性参与了中医药国际标准的制定，在我国标准化研究成果基础上，起草了《经穴名称》国际标准草案，并由世界卫生组织审议通过，在国际上产生了较大的影响，体现了我国在针灸学术研究的国际领先水平，推动了针灸在世界范围内的普及推广。

近年来，中医药标准化工作更加受到了国家及有关部门的重视，国务院有关领导多次强调要重点抓好中医药标准化、规范化研究，抓紧制定一批国家标准和行业标准，以标准化带动现代化。国家财政部门设专项资金大力支持中医药标准制定工作，国家标准化管理委员会和全国服务标准化技术委员会将中医药名词术语、针灸临床技术操作规范等43项中医药标准列入国家标准化计划。国家中医药管理部门及时把握有利时机，将中医药标准化作为今后一个时期的重点战略任务，进一步明确职能部门，统筹规划，制修订了一批国家标准，支持参与中医药国际标准化工作，针对中医药发展关键、急需、薄弱领域的技术标准的制定，启动了近六十项中医药标准化项目，有力地推动了中医药标准化的进程。中华中医药学会、中国针灸学会等行业学术组织主动适应形势发展需要，开展了中医、中西医结合临床病证诊疗指南和针灸临床技术操作规范的研究制定，推进中医药学术的发展。

当前，《国家中长期科学和技术发展规划纲要》明确提出实施知识产权战略和技术标准战略，将形成技术标准作为国家科技计划重要目标的要求。《国民经济和社会发展第十一个五年规划纲要》将“推进中医药标准化、规范化”纳入了新时期的重点任务。落实好中医药标准化工作的新任务、新要求，抓住发展机遇，实施中医药标准化战略，加快构建中医药标准体系，是提高中医药科技竞争力，促进中医药资源优势发挥更大社会经济效益的重要措施，对进一步提高中医药学术水平，规范中医药行业管理，促进中医药现代化，加快中医药走向世界具有重要意义。

但是，我们也应看到，中医药标准化工作也存在不少困难，与中医药事业发展需要还存在一定的差距：一是在行业内标准化意识不强，认识还不一致；二是中医药标准化还处在探索过程，不能很好地与中医药工作实际相结合，标准适用性不强，不能满足医疗、科研、教育发展和对外交流合作的需要；三是推广运行机制不健全，缺乏有效实施和监督；四是中医药标准化基础条件薄弱，缺少统筹规划和有效的组织与经费保障，缺少中医药标准研究网络和可依托的骨干单位，缺乏标准化专业人才。解决上述问题，需要对中医药标准化工作进行统筹规划，明确指导思想和目标，理清工作思路，落实各项重点任务和保障措施，推进中医药标准化在新的历史时期的新发展。

二、指导思想与主要目标

1. 指导思想。贯彻落实科学发展观，按照“以人为本”、构建和谐社会和创新型国家的要求，坚持发挥中医药特色与优势，以提高中医药继承发展能力为核心，全面实施中医药标准化战略，充分发挥标准化在中医药事业发展中的技术支撑和基础保障作用，提高中医药学术水平，增强技术创新能力，加强行业规范管理，加快中医药走向世界，促进中医药事业可持续发展，更好地为人民健康服务，为全面建设小康社会服务。

2. 主要目标。到 2010 年，加快中医药标准制修订工作，初步建立与中医药事业发展和人民群众健康需求相适应的中医药标准体系；参与中医药国际标准制定，提出国际标准提案，推动以我为主形成标准，掌握中医药国际标准制定的主导权，提升中医药的国际地位和国际竞争力；加强中医药标准化基础工作，通过机制创新，形成政府主导和全行业参与的良好局面，初步构建中医药标准化管理体制和运行机制。

到 2010 年，制修订 500 项中医药标准，其中包括 50 项国家标准，力争每年制修订 100 项标准；标准制修订周期控制在 2 年以内；标龄控制在 5 年以内。以我为主制定或提出 3～5 项中医药国际标准，参与制定或提出至少 20 项国际行业组织标准。

三、基本原则

1. 统筹规划、分步实施。根据国家标准化工作的总体要求，结合中医药事业发展的实际，对中医药标准化建设进行统筹规划，在总体规划指导下，有计划、有组织、有保障，分阶段、分步骤、分层次实施规划目标。

2. 坚持继承、着力创新。突出中医药特色优势，在充分继承中医药理论和学术经验的基础上，积极利用现代科学技术方法，结合实际，开拓创新。处理好普遍性和特殊性、个性与共性之间的辩证关系。坚持科学发展、自主创新。

3. 科学民主、实用有效。建立科学、民主、和谐的工作机制，严格工作程序，加强制度建设，广泛听取意见，取得共识，确保标准的科学性、权威性、实用性和有效性。加强并完善实施、监测、评估和反馈机制，确保中医药标准得到有效实施。

4. 分类指导、循序渐进。既要认识到中医药标准化的重要性和紧迫性，又要考虑到中医药标准化的特殊性、复杂性。根据实际情况，分类指导，循序渐进。条件成熟的，制定为行业标准，进一步上升为国家标准，或作为国际标准提案提出；条件不具备的，加快标准化前期科学研究及技术方法研究，尽早形成标准，先发布试行，在不断修改完善中积累经验，逐步深化。

5. 立足国内、面向国际。在做好国内中医药标准化工作的基础上，面向国际，以转化推广国内中医药标准化成果为主，适应国际中医药发展状况，加强与国际行业组织的协作，积极参与有关中医药国际标准的制定，发挥主导作用，确保我国在中医药国际标准领域的领先地位，提高我国中医药的国际竞争力，促进中医药在国际上广泛传播。

6. 政府主导、社会参与。以政府为主导，在国家统筹规划和引导下，充分发挥市场机制作用，动员全行业和社会力量积极参与，广泛开展中医药标准制修订工作，营造良好的标准化建设氛围和条件。

四、主要任务

1. 加强中医药标准体系建设。中医药标准体系是中医药标准化建设的主要任务。“十一五”期间，初步建立以中医药技术标准和管理标准为主体框架的标准体系。在技术标准领域，重点加强基础、临床、中药等方面关键技术标准的制修订；在管理标准领域，重点加强医疗、教育、科研等方面资质、建设、服务标准的制修订。

（1）中医药技术标准在基础标准方面，围绕中医药基本理论，以及中医药标准制修订过程中的共性问题，重点开展中医基础理论术语标准、临床诊疗术语标准、中药理论与应用基础标准、中医药名词术语分类与代码等标准的制修订工作。同时，开展中医药信息、翻译、基本方法、计量单位等标准的研究与制定。开展中医药信息基础标准、中医药信息管理与共享服务标准、中医医疗机构信息网络系统标准、中医药数字化技术规范等制修订工作，为中医药信息交换和共享提供技术支撑。

在临床标准方面，以提高中医临床疗效、规范中医医疗技术服务行为为目的，围绕常见病、多发病及重大疾病，重点加强中医、中西医结合临床病证诊疗指南的制修订。针对关系中医药发展的关键技术问题，进一步加强研究，开展中医临床疗效评价标准的制定，争取在方法学上取得进展。在针灸基础标准取得进展的基础上，重点开展针灸临床技术操作规范和临床治疗指南的制定，完成毫针、三棱针等针灸技术操作规范国家标准的制定工作。同时，开展骨伤、推拿、护理等临床各科常用技术操作规范和中医药预防、保健、康复等服务技术标准的制修订。

在中药标准方面，围绕提高中药材质量、保护野生药材资源，保护中药传统技术和知识产权，重点开展中药材种质资源、药用动植物基源、种子种苗、道地药材、中药炮制、中药资源保护和中药材质量控制等标准的研究和制修订，解决当前中药材质量与资源保护领域最为紧迫的技术标准需求。围绕中医临床用药，重点开展处方规范、中药名称、煎服方法、贮藏管理等保障临床用药的安全性和有效性的相关标准规范的制修订。

加强民族医药技术标准的制定，根据各民族医药发展的实际情况，开展不同层次的技术标准研究工作。重点开展民族医药临床病证诊疗指南和技术操作规范的制修订工作。开展符合民族药特点的相关标准的研究制定。

（2）中医药管理标准建立涵盖中医药医疗、教育、科研、国际交流合作等各个方面的管理标准体系。围绕推进中医药依法行政，规范行业管理，重点开展中医医疗人员、机构、技术的准入和资格资质标准的制修订。围绕提升中医医疗机构建设和服务管理水平，促进基础条件和就医环境改善，加强中医医疗机构建设与质量管理标准制修订。加快中医医疗机构医疗质量监测系统管理标准制定，提高对中医医疗质量监测和统计分析水平。

积极组织和参与中医药教育和科研机构的资格资质标准、机构建设与管理标准、中医药教育机构的专业设置标准、各级各类人才培养及管理标准、人才知识与技能基本标准、科研活动管理标准、科研成果评价标准等制修订工作。

2. 加强中医药国际标准化工作。积极主动参与中医药国际标准化活动，推进我国中医药标准化成果向国际标准转化。加大中医药国际标准的制修订的参与力度，逐步将以往的自发、分散、被动参与转变到有目的、集中、主动、全面深入参与。积极承担国际标准化工作，提出国际标准草案，争取以我为主形成技术标准，掌握制定中医药国际标准的主导权。加强政府间中医药国际标准化的协作，开展与世界卫生组织及其他相关国际组织的交流与合作，推动中医药标准化的国际学术交流，参与中医药国际标准的推广，促进中医药国际化进程。

加强对国际标准化活动的研究，建立国际标准化信息渠道，了解国外有关的法律法规与标准的研究的动态与趋势，研究和提出中医药标准国际化的政策建议和技术要求。切实加强对参加中医药国际标准化活动的组织管理，积极引导学会、协会等行业组织，依托有一定基础的医疗、科研、教育机构，成立相应的中医药国际标准化研究机构。开展中医药国际标准化专业人才的培养项目，形成中医药国际标准化专家队伍。研究建立中医药国际标准化活动激励政策制度。

3. 加强中医药标准化基础工作

（1）加强中医药标准化基础研究开展中医药标准化发展战略研究，以及中医药标准化的相关政策研究，将中医药标准化与贯彻落实依法行政、规范行业管理相结合，加强对中医药标准化的政策指导。开展中医药标准化理论与方法研究，为中医药标准体系建设提供理论指导与技术支撑。加强中医药标准化活动中知识产权问题的研究，提高自主创新能力。应对中医药国际贸易技术壁垒、公共安全等问题，开展中医药相关技术方法标准研究。

促进标准化与中医药科技创新活动的结合，建立中医药标准制修订与科学研究的紧密结合的新机制，将中医药标准制修订相关研究工作作为中医药科学研究的重点领域，加大对中医药标准特别是技术标准制修订前期基础性科学研究的支持力度。在科研项目立项评价时，优先支持中医药标准化研究项目。系统梳理中医药科研成果，促进已有科研成果向标准转化。充分运用已有科研资源，加强中医药科研对中医药标准化的条件支撑。

（2）加强中医药标准化技术组织建设在国家中医药标准化管理部门统筹规划、宏观指导下，发挥各中医药学术团体、行业组织及中医药机构在各自领域的技术优势和组织协调作用，建立中医药标准化技术组织。成立国家中医药标准化专业技术委员会，建立各学会、协会的标准化技术组织，开展不同层次的中医药标准立项论证和审查，进行技术研究、指导和协调，加强对中医药标准制定、实施和监督的组织管理。依托具备一定基础条件，在相关领域具有优势地位的中医药医疗机构、高等院校、科研院所，以及重点学科、专科，通过组建中心、基地、工作组等形式，确定为中医药标准化研究制定的骨干单位，承担标准的制修订以及实施推广等任务。

（3）加强中医药标准化信息建设依托现有的中医药信息资源，加强中医药标准化工作、管理、服务的信息化建设。通过建立中医药标准化信息网站，构建中医药标准化信息资源平台，开展中医药标准网上申报、项目管理、信息发布、意见反馈、监测实施、网络培训等工作，促进中医药标准研究、制修订、实施、监测和培训等工作通过信息网络平台进行高效运转。同时，做好同国家标准化信息系统等平台的链接，实现各系统间的标准数据转换和共享，全面、准确、及时提供中医药标准信息服务。

（4）加大中医药标准化的宣传普及力度积极开展各种宣传活动，充分利用社会及中医药各种媒体，通过多种渠道和方式，加大中医药标准化宣传力度，普及中医药标准化知识，扩大中医药标准化的影响，提高全行业中医药标准化意识。针对国家标准及行业标准的发布实施，及时开展不同类型和不同层次的标准化知识与技术培训，增进中医药人员对标准内容的了解和掌握，特别是提高中医药机构管理人员和相关业务人员的认识，提高贯彻中医药标准的自觉性，形成宣传贯彻中医药标准的良好氛围。

五、保障措施

1. 推进中医药标准化制度建设。认真贯彻《中华人民共和国标准化法》及其实施条例等有关法律法规，按照标准化工作的各项技术规范要求，结合中医药标准化工作实际，加强中医药标准化制度建设，完善中医药标准化工作管理制度。认真实施《国家中医药管理局中医药标准制定程序规定》和《国家中医药管理局中医药标准化项目管理暂行办法》，规范中医药标准制定、实施、监督等活动，保证中医药标准化工作公开、公平、公正和程序的规范、严谨、高效。

2. 加快中医药标准化的机制创新。进一步探索中医药标准化管理机制改革。推动建立中医药国家标准、行业标准、地方标准协调互补的标准体系。全面实施从标准计划立项到标准发布以及实施等整个过程的动态管理和责任制。建立与完善中医药标准技术组织管理优胜劣汰的竞争机制，逐步形成中医药标准化工作的良性循环。加快标准化运行机制创新。引入竞争机制，建立以政府为主导、中医药行业学术团体为组织形式、中医药机构为主体竞争承担的技术标准制修订运行机制。鼓励学术和技术水平先进的中医药机构承担更多的标准起草工作，全面提升中医药标准化工作水平。

3. 加强中医药标准的实施和监测反馈。以中医药有关法律法规为依据，综合运用法律、经济和行政的方法，积极推进中医药标准的广泛实施和应用。建立以全程动态监测管理为目标的中医药标准实施和监测反馈机制，将中医药标准的实施与依法行政、监督管理有机结合起来。根据省级行政区域划分，在省级、地市级、县级选择一定数量具备条件的中医药机构，作为中医药标准实施示范推广单位，负责系统推广应用中医药标准，总结实施经验并及时反馈。在此基础上，以中医药标准实施示范推广单位为监测重点，成立全国中医药标准实施监测中心，通过信息网络平台，对中医药标准实施情况和问题进行监测，及时分析反馈，形成标准制定、实施、反馈、修订的良性循环。

4. 加强中医药标准化人才队伍建设。根据中医药标准化发展和工作需要，加强中医药标准化人才培养。积极探索中医药标准化人才培养的途径，鼓励高等院校设置相关专业，培养中医药标准化的专门人才。鼓励项目承担单位以进修方式培养中医药标准化专门人才。与国家标准化管理委员会合作，大力开展中医药标准化人才培训，“十一五”期间，通过每年举办培训班的方式，对承担标准化项目的负责人和主要研究人员进行培训。通过中医药标准化项目研究和有计划地培训，培养和造就一批既有标准化知识又有中医药专业知识的复合型人才。建立国家级标准化专家人才库，形成中医药标准的制修订和推广应用工作的基本队伍和骨干力量。建立不同类型的中医药标准化人才培养基地，编写培训教材，保障人才培养工作有计划地开展。制定促进中医药标准化工作的人才政策，研究提出各项激励制度和措施，调动行业内外专业人才积极参与中医药标准化工作。

5. 加大中医药标准化经费投入。中医药标准化是国家标准化战略的重要组成部分，是一项基础性、公益性事业，按照“政府主导、社会参与”原则，有计划、有步骤地加大中医药标准化的财政支持力度，逐步形成稳定的财政资金投入渠道。加大各级财政中医专款对标准化的支持力度，提高经费比例。在充分发挥中央政府财政投入主导作用的同时，借鉴国际经验，建立和完善投融资激励机制，出台政策鼓励多方投资，运用市场力量吸引社会团体、企业、个人以及国外投资者的资金投入，形成多渠道筹措经费的格局。中医药标准化管理部门认真组织好重大项目的立项、申报和组织实施，加强对资金使用的管理和评估，建立分析、预测、监督和评估制度，强调评估程序的制度化，提高资金的使用效益。

057

国家中医药管理局关于印发中药处方格式及书写规范的通知

国中医药医政发〔2010〕57号

各省、自治区、直辖市卫生厅局、中医药管理局，新疆生产建设兵团卫生局，中国中医科学院：

为规范中药处方管理，提高中药处方质量，我局组织制定了《中药处方格式及书写规范》，现予印发，请各级中医医疗机构在临床工作中遵照执行。

各地在执行过程中有何问题，请与我局医政司联系。

附件 1：中药处方格式及书写规范

附件 2：中药饮片处方举例（略）

附件 3：中成药处方举例（略）

国家中医药管理局

二〇一〇年十月二十日

附件 1：

中药处方格式及书写规范

国家中医药管理局

2010 年 10 月 20 日

第一条 为规范中药处方管理，提高中药处方质量，根据《中华人民共和国药品管理法》、《麻醉药品和精神药品管理条例》、《处方管理办法》等国家有关法律法规，制定本规范。

第二条 本规范适用于与中药处方开具相关的中医医疗机构及其人员。

第三条 中药处方包括中药饮片处方、中成药（含医疗机构中药制剂，下同）处方，饮片与中成药应当分别单独开具处方。

第四条 国家中医药管理局负责全国中药处方书写相关工作的监督管理。

第五条 县级以上地方中医药管理部门负责本行政区域内中药处方书写相关

工作的监督管理。

第六条 医疗机构药事管理委员会负责本医疗机构内中药处方书写的有关管理工作。

第七条 医师开具中药处方时，应当以中医药理论为指导，体现辨证论治和配伍原则，并遵循安全、有效、经济的原则。

第八条 中药处方应当包含以下内容：

（一）一般项目，包括医疗机构名称、费别、患者姓名、性别、年龄、门诊或住院病历号、科别或病区和床位号等。可添列特殊要求的项目。

（二）中医诊断，包括病名和证型（病名不明确的可不写病名），应填写清晰、完整，并与病历记载相一致。

（三）药品名称、数量、用量、用法，中成药还应当标明剂型、规格。

（四）医师签名和/或加盖专用签章、处方日期。

（五）药品金额，审核、调配、核对、发药药师签名和/或加盖专用签章。

第九条 中药饮片处方的书写，应当遵循以下要求：

（一）应当体现“君、臣、佐、使”的特点要求；

（二）名称应当按《中华人民共和国药典》规定准确使用，《中华人民共和国药典》没有规定的，应当按照本省（区、市）或本单位中药饮片处方用名与调剂给付的规定书写；

（三）剂量使用法定剂量单位，用阿拉伯数字书写，原则上应当以克（g）为单位，“g”（单位名称）紧随数值后；

（四）调剂、煎煮的特殊要求注明在药品右上方，并加括号，如打碎、先煎、后下等；

（五）对饮片的产地、炮制有特殊要求的，应当在药品名称之前写明；

（六）根据整张处方中药味多少选择每行排列的药味数，并原则上要求横排及上下排列整齐；

（七）中药饮片用法用量应当符合《中华人民共和国药典》规定，无配伍禁忌，有配伍禁忌和超剂量使用时，应当在药品上方再次签名；

（八）中药饮片剂数应当以“剂”为单位；

（九）处方用法用量紧随剂数之后，包括每日剂量、采用剂型（水煎煮、酒泡、打粉、制丸、装胶囊等）、每剂分几次服用、用药方法（内服、外用等）、服用要求（温服、凉服、顿服、慢服、饭前服、饭后服、空腹服等）等内容，例如：“每日1剂，水煎400ml，分早晚两次空腹温服”；

（十）按毒麻药品管理的中药饮片的使用应当严格遵守有关法律、法规和规章的规定。

第十条 中成药处方的书写，应当遵循以下要求：

（一）按照中医诊断（包括病名和证型）结果，辨证或辨证辨病结合选用适宜的中成药；

（二）中成药名称应当使用经药品监督管理部门批准并公布的药品通用名称，院内中药制剂名称应当使用经省级药品监督管理部门批准的名称；

（三）用法用量应当按照药品说明书规定的常规用法用量使用，特殊情况需要超剂量使用时，应当注明原因并再次签名；

（四）片剂、丸剂、胶囊剂、颗粒剂分别以片、丸、粒、袋为单位，软膏及乳膏剂以支、盒为单位，溶液制剂、注射剂以支、瓶为单位，应当注明剂量；

（五）每张处方不得超过 5 种药品，每一种药品应当分行顶格书写，药性峻烈的或含毒性成分的药物应当避免重复使用，功能相同或基本相同的中成药不宜叠加使用；

（六）中药注射剂应单独开具处方。

第十一条 民族药处方格式及书写要求参照本规范执行。

第十二条 本规范由国家中医药管理局负责解释。

十三　中医药服务

058

关于实施基层中医药服务能力提升工程的意见

国中医药医政发〔2012〕31号

各省、自治区、直辖市卫生厅局、中医药管理局、人力资源社会保障厅局、食品药品监督管理局，新疆生产建设兵团卫生局、人力资源社会保障局、食品药品监督管理局，军队有关单位：

为进一步贯彻落实《"十二五"期间深化医药卫生体制改革规划暨实施方案》（国发〔2012〕11号）、《国务院关于扶持和促进中医药事业发展的若干意见》（国发〔2009〕22号）和《国务院办公厅关于印发县级公立医院综合改革试点意见的通知》（国办发〔2012〕33号）等对中医药（民族医药）工作的部署和要求，切实提高基层中医药服务能力，更好地满足城乡居民和部队官兵中医药服务需求，国家中医药管理局、卫生部、人力资源社会保障部、国家食品药品监督管理局、总后勤部卫生部决定在"十二五"期间组织实施基层中医药服务能力提升工程（以下简称提升工程）。为做好提升工程实施工作，现提出以下意见。

一、充分认识实施提升工程的重要性和紧迫性

中医药是我国独具特色的卫生资源，是中国医药卫生事业的重要特征和显著优势，其临床疗效确切、预防保健作用独特、治疗方式灵活多样、费用较为低廉，具有广泛的群众基础，深受广大城乡居民和部队官兵的欢迎。加强基层中医药服务能力建设，充分发挥中医药在基层卫生工作中的优势和作用，对于深化医药卫生体制改革（以下简称深化医改），探索建立群众支付得起、政府承受得了、财政可持续的中西医相互补充的中国特色医药卫生体制，提高人民群众健康水平，弘扬中华文化，促进经济发展和社会和谐，具有十分重要的意义。

深化医改启动实施以来，在党中央、国务院领导下，在各级党委政府的高度重视和相关部门的大力支持下，各地区按照"保基本、强基层、建机制"的基本原则，加大基层中医药工作力度，取得了明显进展和初步成效。目前，75.6%的社区卫生服务中心、66.5%的乡镇卫生院、51.6%的社区卫生服务站、57.5%的村卫生室能够提供中医药服务，人民群众看中医的公平性、可及性和便利性得到

初步改善。中医药为缓解群众看病就医问题发挥了重要作用，对建立中国特色基本医疗卫生制度的作用越来越显现。但也要清醒地看到，随着人民生活水平不断提高，健康意识和理念不断增强，医疗保障制度不断完善，城乡居民对中医药服务提出了新的更高的要求；与此同时，基层中医药服务网络不健全、基础设施条件差，人才严重匮乏、素质不高，服务能力不强等问题仍然突出，制约中医药发展的体制机制性和结构性问题尚未得到根本解决，基层中医药服务能力与城乡居民的要求还有很大差距。对此，人民群众和社会各界反映强烈。

实施提升工程是在现有工作基础上，进一步强化政策措施落实，切实加大投入力度，全面提升基层中医药服务能力。实施提升工程是坚持中西医并重的重要体现，是贯彻落实《“十二五”期间深化医药卫生体制改革规划暨实施方案》的重要举措，是保障人民群众健康的民生工程，更是一项复杂艰巨的系统工程。各地区、各有关部门要充分认识实施提升工程的重要性和紧迫性，采取有效措施，加强基层中医药服务能力建设，努力开创基层中医药工作科学发展的新局面。

二、明确实施提升工程的总体要求

（一）指导思想和原则

指导思想：以科学发展观为指导，坚持中西医并重，按照“保基本、强基层、建机制”的基本原则，紧紧围绕“服务更可及、能力有提高、群众（官兵）得实惠”的工作宗旨，贯彻落实基层中医药工作的各项部署和要求，充分调动地方各级政府和中医药、卫生、人力资源社会保障、食品药品监管等部门、军队各级卫生部门以及中医医院（民族医医院、中西医结合医院，军队为中医药相关科室等机构）、基层医疗卫生机构（社区卫生服务中心、乡镇卫生院、社区卫生服务站、村卫生室；军队为部队卫生机构，含军以下部队编配的门诊部、医院、医疗所、卫生队、卫生所、医务室等）的积极性，投入建设与督导实施并举，落实政策与推进改革并重，通过基层中医药服务网络的建设与完善，可及性和可得性的不断提高，充分发挥中医药“简、便、验、廉”的特色和优势，构建中西医优势互补、广泛应用、相互学习、共同提高的可持续发展的中国特色的基本医疗卫生制度，更好地满足城乡居民日益增长的医疗保健服务需求。

原则：政府主导、行业落实；部门配合，上下联动；因地制宜，分类指导。

（二）主要目标

以基层医疗卫生机构为主体、中医医院为龙头和支撑、社会资本举办的中医医疗机构为补充的基层中医药服务网络和军队系统基层中医药服务网络基本建立，中医药服务设施设备基本齐全，人员配备较为合理，素质进一步提高，中医药服务能力进一步提升，基本满足城乡居民和部队官兵对中医药医疗保健服务需求，使城乡居民和部队官兵看中医更方便、更有效、更便宜，通过中医预防保健不生病、少生病、延缓生病。

——到2015年底，95%以上的社区卫生服务中心、90%以上的乡镇卫生院、70%以上的社区卫生服务站、65%以上的村卫生室能够提供中医药服务（提供中医药服务，在社区卫生服务中心和乡镇卫生院，是指配备中医类别医师，配置中医诊疗设备，运用中药饮片等6种以上中医药技术方法，开展常见病多发病基本医疗和预防保健服务；在社区卫生服务站、村卫生室，是指配备中医类别医师或能够按照规定提供中医药服务的临床类别医师、乡村医生，配置中医诊疗设备，运用中药饮片或中医非药物疗法，开展常见病多发病基本医疗和预防保健服务）；

——每个县（市、区）基层医疗卫生机构中医药服务量达到总服务量一定比例，并在“十二五”期间有明显上升。

三、着力完成基层中医药工作的各项任务

（一）推动基层中医药各项政策贯彻落实

在健全全民医保体系中发挥中医药优势和作用。提高新农合中医药报销比例；将针灸和治疗性推拿等中医非药物诊疗技术纳入新农合报销范围，引导应用中医药适宜技术；在制定省级新农合报销目录时，将符合条件的医疗机构中药制剂纳入目录。将符合条件的中药（含中药饮片、中成药、中药制剂）和中医诊疗项目按规定纳入基本医疗保险基金支付范围。在医保支付制度改革中，完善差别支付政策，将支付比例进一步向基层倾斜，鼓励使用中医药服务，引导群众小病到基层就诊。

在巩固完善基本药物制度中体现中医药特点。按照基本药物制度的要求，在基层医疗卫生机构配备中药饮片和中成药。中药饮片的基本药物管理暂按国务院有关部门关于中药饮片定价、采购、配送、使用和基本医疗保险给付等政策规定执行。

在社区卫生服务机构绩效考核、乡镇卫生院绩效考核和评审中将中医药科室建设和中医药服务提供列为重要指标，中医药内容分值应占一定比例。在二级中医医院评审标准中，将县级中医医院对口帮扶基层医疗卫生机构中医药业务开展作为关键性指标之一。

（二）加强基层中医药服务网络建设

按照《社区卫生服务中心基本标准》、《乡镇卫生院中医科基本标准》设置社区卫生服务中心和乡镇卫生院中医科、中药房，配备中医诊疗设备。为社区卫生服务站和村卫生室配备适宜的中医诊疗设备。

开展县级中医医院基本条件建设、中医重点（特色）专科建设和信息化建设，到2015年，70%的县级中医医院达到二级甲等中医医院水平。加强尚未设置中医医院的县（市、区）综合医院中医科中药房建设。

（三）加强基层中医药人才培养和队伍建设

按照《社区卫生服务中心基本标准》、《乡镇卫生院中医科基本标准》、《社区卫生服务站基本标准》配备中医药人员。按照《乡村医生从业管理条例》有关规定，各省（区、市）根据实际需要，可以允许具有中医药一技之长的人员经过临床考核、农民评议和省级卫生、中医药行政管理部门组织的中等中医学专业水平考试并合格后，申请乡村医生执业注册，进入村医疗卫生机构执业。乡村医生（中医药一技之长人员）中等中医学专业水平考试基本要求由国家中医药管理局另行制定。到2015年，能够提供中医药服务的社区卫生服务中心和乡镇卫生院中医类别医师占医师总数的比例达到20%以上；社区卫生服务站至少配备1名中医类别医师或能够提供中医药服务的临床类别医师；村卫生室至少配备1名以中医药服务为主的乡村医生或能中会西的乡村医生。

开展中医类别全科医生规范化培训和转岗培训以及经济欠发达农村地区中医类别助理全科医生培训。开展多层次师承教育，鼓励老中医师带徒。开展基层在职在岗中医药人员中医专业学历教育和继续教育，开展临床类别医师和以西医为主的乡村医生中医药知识与技能培训。鼓励高等中医药院校毕业生到基层工作。

（四）加强基层医疗卫生机构中医药特色优势建设

将社区卫生服务中心和乡镇卫生院以及部队卫生机构的各个中医临床科室集中设置，建设中医药文化氛围浓郁并相对独立的中医药综合服务区，形成多种中医药方法和手段综合使用的中医药综合服务模式。

建立县级中医医院和城市大中型中医医院对基层医疗卫生机构指导帮扶机制。在县级中医医院和城市大中型中医医院设置基层指导科，采取接受进修、巡回医疗、轮流下派、技术培训等多种形式，对基层医疗卫生机构开展中医药业务指导。探索中医类别医师县、乡、村纵向流动机制，逐步建立县级中医医院从人才、技术等多方面帮扶乡镇卫生院建设中医科的机制。

（五）推广基层常见病多发病中医药适宜技术

针对不同级别医疗卫生机构和中西医人员分层分类推广以国家中医药管理局制定的《基层中医药适宜技术手册》和通告的适宜技术目录为重点的中医药适宜技术。允许基层西医人员经过培训考核后运用中医药适宜技术。

开展基层中医药适宜技术推广能力建设，到2015年，每个县（市、区）均建有基层中医药适宜技术推广基地。依托基层中医药适宜技术推广基地，建设全国基层中医药适宜技术推广视频网络平台。开展民间医药挖掘、整理、推广、应用工作。

（六）推动基层医疗卫生机构开展中医预防保健服务

加强基层医疗卫生机构中医体质辨识理论和应用方法培训，逐步提高居民健康档案中医体质辨识的比例。推动基层医疗卫生机构在饮食起居、情志调摄、食疗药膳、运动锻炼等方面对城乡居民开展养生保健知识宣教等中医健康教育，在健康教育印刷资料、音像资料的种类、数量、宣教栏更新次数以及讲座、咨询活动次数等方面，应有一定比例的中医药内容；在儿童、孕产妇、老年人等重点人群和高血压、2型糖尿病等慢病患者健康管理中积极运用中医药方法，提高重点人群和慢病患者中医药健康管理率。

开展基本公共卫生服务中医药服务项目试点工作，探索在基本公共卫生服务中充分发挥中医药作用的有效途径和模式，在基本公共卫生服务人均经费标准逐步提高过程中，设计中医药预防保健服务项目和内容并列入国家基本公共卫生服务项目。

（七）鼓励社会力量在基层举办中医医疗机构

进一步改善执业环境，落实价格、税收、医保定点、土地、重点专科和重点学科建设、职称评定、名老中医师带徒等方面政策，对各类社会资本举办非营利性中医医疗机构给予优先支持。鼓励有资质的中医专业技术人员特别是名老中医在基层开设中医诊所或个体行医。鼓励零售药店提供中医坐堂诊疗服务，鼓励有条件的药品零售企业在基层开办连锁经营的中医坐堂医诊所。

（八）依法加强基层中医中药监督管理

强化中医监督管理。加强基层中医药服务质量监管，推动基层医疗卫生机构执行各项中医药行业标准和技术规范。杜绝不具备执业资格的人员个体开业，严厉打击打着中医旗号的各种非法行医活动和虚假医疗广告。

加强中药使用管理。广泛宣传和培训推广《中成药临床应用指导原则》、《基本药物（中成药）临床应用指南》、《中药注射剂临床应用指南》，指导基层医务人员合理使用中成药。允许乡村中医药技术人员在规范管理的基础上，自种、自采、自用民间习用的中草药。收集和评价基层医疗卫生机构常用中药验方，筛选适宜的中药验方并探索推广应用。

加强中药质量监管。发展道地药材，规范中药材种植和养殖。开展中成药基本药物临床使用综合研究，规范基本药物目录中的中成药剂型、规格、包装，推动中成药类基本药物临床使用综合研究基地建设。严格规范中药饮片采购程序，中药饮片必须从合法的中药饮片生产及经营企业采购，严禁假劣中药进入基层医疗卫生机构和个体诊所。

（九）推进“中医中药中国行——进乡村　进社区　进家庭　进军营”活动深入开展

推进中医药文化科普知识进乡村。充分利用各级广播网络、各种传播媒体以及集市等，向农村居民普及中医药知识和发放中医药科普宣传资料。组织开展“中医药大篷车”进革命老区、国家级贫困县等经济欠发达地区活动。

推进中医药文化科普知识进社区。在社区卫生服务中心和社区卫生服务站设立中医药文化科普知识宣传栏，组织开展中医药文化科普知识讲座等活动。有条件的地区可在城市社区设立中医药文化主题公园，开展群众性中医健身活动等。

推进中医药文化科普知识进家庭。通过各种途径、采取各种方式，把中医药科普读物等送进家庭。有条件的地区，可联合当地媒体，组织制作、播放和开设面向家庭的中医药养生保健与知识普及类节目和专栏；向家庭配送中医药保健器材等；面向养老院、孤儿院等特殊家庭群体，开展形式多样的科普宣传活动。

推进中医药文化科普知识进军营。发挥军地中医药资源优势，深入基层部队广泛开展“中医中药军营行”活动并建立长效机制。

军队系统实施提升工程相关任务由总后勤部卫生部确定并实施。

四、建立健全提升工程的保障机制

（一）加强组织领导

各级卫生、中医药行政管理部门、人力资源社会保障部门、食品药品监管部门和军队各级卫生部门要把实施提升工程作为一项重要任务，切实加强领导，精心组织，周密安排，务求实效。国家中医药管理局、卫生部、人力资源社会保障部、国家食品药品监督管理局和总后勤部卫生部成立提升工程领导小组。各省（区、市）要积极争取政府的支持，成立由中医药、卫生、人力资源社会保障、食品药品监管、军队卫生等部门参加的提升工程组织领导机构。省级中医药管理部门要把提升工程作为一把手工程抓好抓实。其他部门要结合部门职责对提升工程各项目标和任务进行细化分解，明确各项任务的具体负责部门和责任人。

（二）强化目标管理

建立目标责任制。国家中医药管理局会同卫生部、人力资源社会保障部、国家食品药品监督管理局与各省（区、市）人民政府共同签订《目标责任书》。各省（区、市）内要层层签订《目标责任书》、层层分解任务、层层落实责任。要加强分类指导，根据各地区实际情况合理确定总体目标和年度目标。建立奖惩机制，将《目标责任书》年度目标完成情况作为基层中医药服务能力项目安排的重要依据；对《目标责任书》落实不力的地区，进行督导、约谈和通报批评。

（三）加大投入力度

国家中医药管理局会同卫生部等部门积极争取中央财政支持开展提升工程相关项目，重点加强基层医疗卫生机构中医药科室建设、中医药设备配置、中医药人员配备和培训、中医药适宜技术推广以及县级中医医院基本条件建设、中医重点（特色）专科建设和信息化建设等。在国家和地方共同实施的村卫生室、乡镇卫生院、社区卫生服务机构标准化建设中，强化中医药功能建设，使基层医疗卫生机构具备开展中医药服务的基本条件。各省（区、市）要围绕提升工程明确的工作任务和国家实施的建设项目，积极争取地方财政支持，形成上下联动、共同投入、地方为主、相互配合的投入机制，确保各项工作任务顺利完成。

（四）开展监测评估

开展信息监测。依托卫生部统计信息中心和中医医院医疗质量监测中心开展基层中医药服务情况信息统计工作和动态监测工作，及时向社会公布基层中医药服务信息。各省（区、市）要加强本地区提升工程实施工作的动态监测。

开展督导检查。国家中医药管理局会同卫生部、人力资源社会保障部、国家食品药品监督管理局对各省（区、市）《目标责任书》年度完成情况进行定期检查评估和不定期督导。省级中医药管理部门会同省级卫生行政等部门每年度至少要组织一次省级检查评估工作。定期检查评估办法和细则由国家中医药管理局会同卫生部、人力资源社会保障部、国家食品药品监督管理局另行制定。军队系统督导检查工作由总后勤部卫生部组织实施。

（五）营造良好环境

各省（区、市）要部署和加强新闻宣传工作，使各级卫生、中医药行政管理部门、人力资源社会保障部门、食品药品监管部门和基层医疗卫生机构充分认识开展提升工程的重要意义，增强实施提升工程的积极性和主动性。市（地）和县（市、区）要在辖区内基层医疗卫生机构广泛开展动员部署活动。开展全国基层中医药工作先进单位创建活动，按照国家有关规定对提升工程开展得力、效果明显的单位进行表彰。加大对实施提升工程的宣传力度，营造全社会共同支持提升工程的良好氛围。

国家中医药管理局
卫生部
人力资源和社会保障部
国家食品药品监督管理局
中国人民解放军总后勤部卫生部
二〇一二年八月二十七日

059

关于印发基层中医药服务能力提升工程实施方案的通知

国中医药医政发〔2012〕38号

各省、自治区、直辖市卫生厅局、中医药管理局、人力资源社会保障厅局、食品药品监督管理局，新疆生产建设兵团卫生局、人力资源社会保障局、食品药品监督管理局：

为认真组织实施基层中医药服务能力提升工程，根据国家中医药管理局等五部门《关于实施基层中医药服务能力提升工程的意见》（国中医药医政发〔2012〕31号），国家中医药管理局、卫生部、人力资源社会保障部、国家食品药品监督管理局共同制定了《基层中医药服务能力提升工程实施方案》，现印发给你们，请遵照执行。

国家中医药管理局
卫生部
人力资源社会保障部
国家食品药品监督管理局
二〇一二年九月二十八日

基层中医药服务能力提升工程实施方案

国家中医药管理局
卫生部
人力资源社会保障部
国家食品药品监督管理局
2012年9月28日

为认真组织实施基层中医药服务能力提升工程（以下简称提升工程），根据国家中医药管理局、卫生部、人力资源社会保障部、国家食品药品监督管理局、总后勤部卫生部《关于实施基层中医药服务能力提升工程的意见》（国中医药医政发〔2012〕31号）（以下简称《意见》），制定本实施方案。

一、工作目标

（一）总体目标

到 2015 年，以社区卫生服务中心、乡镇卫生院、社区卫生服务站、村卫生室为主体、中医医院（民族医医院、中西医结合医院，下同）为龙头和支撑、社会资本举办的中医医疗机构为补充的基层中医药（民族医药，下同）服务网络基本建立，中医药服务设施设备基本齐全，人员配备较为合理，素质进一步提高，能力进一步提升，基本满足城乡居民对中医药医疗保健服务需求，使城乡居民看中医更方便、更有效、更便宜，通过中医预防保健不生病、少生病、延缓生病。

（二）年度目标

1. 到 2013 年底，85％以上的社区卫生服务中心、70％以上的乡镇卫生院、60％以上的社区卫生服务站、60％以上的村卫生室能够提供中医药服务。

2. 到 2014 年底，90％以上的社区卫生服务中心、80％以上的乡镇卫生院、65％以上的社区卫生服务站、62.5％以上的村卫生室能够提供中医药服务。

3. 到 2015 年底，95％以上的社区卫生服务中心、90％以上的乡镇卫生院、70％以上的社区卫生服务站、65％以上的村卫生室能够提供中医药服务。

4. 各县（市、区）基层医疗卫生机构中医药服务量每年有所增加，并在“十二五”期间有明显上升。

（三）地方目标

1. 各省（区、市）要围绕总体目标和分年度目标进一步细化和实化本地工作目标，拟定实施方案，并与国家中医药管理局、卫生部、人力资源社会保障部、国家食品药品监督管理局共同商定后实施。

2. 各市（地）分年度目标由各省（区、市）与各市（地）共同商定。

3. 各县（市、区）分年度目标由各市（地）与各县（市、区）共同商定。

二、主要任务

（一）推动基层中医药各项政策贯彻落实

1. 在健全全民医保体系中发挥中医药优势和作用。

（1）所有参合县提高新农合中医药报销比例；

（2）所有参合县将针灸和治疗性推拿等中医非药物诊疗技术纳入新农合报销范围，引导应用中医药适宜技术；

（3）各省（区、市）在制定省级新农合报销目录时，均将符合条件的医疗机构中药制剂纳入目录；

（4）各省（区、市）均将符合条件的医疗机构中药制剂、针灸及治疗性推拿等中医非药物诊疗技术纳入基本医疗保险报销范围；

(5) 各省（区、市）和统筹地区要全面开展付费总额控制，适应分级医疗体系的建立，完善差别支付政策，将支付比例进一步向基层倾斜，鼓励城乡居民在基层使用中医药服务。

2. 在巩固完善基本药物制度中体现中医药特点。

(1) 所有县（市、区）按照基本药物制度的要求，为所有的基层医疗卫生机构配备必要的中药饮片和中成药品种；

(2) 所有县（市、区）中药饮片的基本药物管理按国务院有关部门关于中药饮片定价、采购、配送、使用和基本医疗保险给付等政策规定执行；

(3) 鼓励以省为单位开展中成药、中药饮片临床使用综合评价工作，并鼓励使用推广具有区域特征的“简、便、验、廉”特色的中药验方。

3. 在基层医疗卫生机构绩效考核和评审中将中医药内容作为重要内容。

(1) 所有县（市、区）在社区卫生服务机构绩效考核中，将中医药服务单列为一级指标，中医药内容分值所占比例应不低于10%；

(2) 所有县（市、区）在乡镇卫生院绩效考核中，将“中医药门诊占总门诊人次比例”列为重要考核指标；在乡镇卫生院评审中，将中医药科室建设和中医药服务提供列为重要指标，中医药内容分值应占一定比例。

（二）加强基层中医药服务网络建设

1. 95%以上的社区卫生服务中心按照卫生部、国家中医药管理局联合印发的《社区卫生服务机构管理办法》和《社区卫生服务中心基本标准》设置中医科、中药房，配备中医诊疗设备。

2. 90%以上的乡镇卫生院按照卫生部等5部门联合印发的《乡镇卫生院管理办法》、卫生部、国家中医药管理局联合印发的《乡镇卫生院中医科基本标准》设置中医科、中药房，配备中医诊疗设备。

3. 70%以上的社区卫生服务站和65%以上的村卫生室配备适宜的中医诊疗设备。

4. 加强县级中医医院龙头建设。

(1) 各省（区、市）均开展县级中医医院基本条件建设、中医重点（特色）专科建设和信息化建设，70%的县级中医医院达到二级甲等中医医院水平，每个县级中医医院至少有4个省级（含省级）以上中医特色专科；

(2) 各省（区、市）均加强尚未设置中医医院的县（市、区）综合医院中医科中药房建设，并全部达到《综合医院中医临床科室基本标准》和《医院中药房基本标准》。

（三）加强基层中医药人才培养和队伍建设

1. 95%以上的社区卫生服务中心和90%以上的乡镇卫生院中医类别医师占本机构医师总数的比例达到20%以上。

2.70%以上的社区卫生服务站至少配备1名中医类别医师或能够提供中医药服务的临床类别医师。

3.65%以上的村卫生室至少配备1名以中医药服务为主的乡村医生或能中会西的乡村医生。

4. 各省（区、市）至少有1个以上市（地）按照《乡村医生从业管理条例》和《意见》有关要求开展具有中医药一技之长人员纳入乡村医生管理工作。

5. 各省（区、市）均开展中医类别全科医生规范化培训和转岗培训以及经济欠发达农村地区中医类别助理全科医生培训，中医类别全科医生占基层全科医生的比例达到20%以上，中医类别全科医生占基层中医类别医师比例达到50%以上。

6. 各省（区、市）均开展基层老中医药专家师带徒工作，通过师承方式为基层培养实用型中医药人才。

7. 各省（区、市）均开展基层在职在岗中医药人员中医专业学历教育和继续教育，开展临床类别医师和乡村医生中医药知识与技能培训。

（四）加强基层医疗卫生机构中医药特色优势建设

1.95%以上的社区卫生服务中心和所有的中心乡镇卫生院建成中医临床科室集中设置、多种中医药方法和手段综合使用、中医药文化氛围浓郁并相对独立的中医药综合服务区。

2. 所有县级中医医院和城市大中型中医医院设置基层指导科，采取接受进修、巡回医疗、轮流下派、技术培训等多种形式，对基层医疗卫生机构开展中医药业务指导。

3. 各省（区、市）均开展中医药人员县乡村一体化管理试点工作，探索中医类别医师县、乡、村纵向流动机制，逐步建立县级中医医院从人才、技术等多方面帮扶乡镇卫生院建设中医科的机制。

（五）推广基层常见病多发病中医药适宜技术

1. 所有县（市、区）建有1个基层常见病多发病中医药适宜技术推广基地。

2. 所有县（市、区）针对基层中西医人员推广以《基层中医药适宜技术手册》和国家中医药管理局通告的适宜技术目录为重点的中医药适宜技术。能够提供中医药服务的基层医疗卫生机构中，每个社区卫生服务中心、乡镇卫生院至少能够开展10项中医药适宜技术，每个社区卫生服务站、村卫生室至少能够开展4项中医药适宜技术。

（六）推动基层医疗卫生机构开展中医预防保健服务

1. 各省（区、市）均加强基层医疗卫生机构中医体质辨识理论和应用方法培训，逐年提高居民健康档案中医体质辨识的比例。

2. 各省（区、市）均推动基层医疗卫生机构根据《健康教育中医药基本内容》开展中医健康教育，在健康教育印刷资料、音像资料的种类、数量、宣教栏更新次数以及讲座、咨询活动次数等方面，应有40%以上的中医药内容。

3. 各省（区、市）均推动基层医疗卫生机构根据《中医健康管理技术规范》要求，对儿童、孕产妇、老年人和高血压、2型糖尿病患者运用中医药技术方法进行健康管理，逐年提高重点人群和慢病患者中医药健康管理率。

（七）鼓励社会力量在基层举办中医医疗机构

1. 各省（区、市）均制定并实施鼓励有资质的中医专业技术人员特别是名老中医在基层开设中医诊所或个体行医的政策措施。

2. 各省（区、市）均制定并实施鼓励有条件的基层药品连锁企业开办中医坐堂医诊所的政策措施。

3. 各省（区、市）均进一步落实价格、税收、医保定点、土地、重点学科建设、职称评定等方面政策，对各类社会资本举办非营利性中医医疗机构给予优先支持。

（八）依法加强基层中医中药监督管理

1. 强化中医监督管理，所有基层医疗卫生机构执行各项中医药行业标准和技术规范。

2. 加强中药使用管理，各省（区、市）均对所有基层医疗卫生机构培训推广《中成药临床应用指导原则》、《基本药物（中成药）临床应用指南》、《中药注射剂临床应用指南》，指导基层医务人员合理使用中成药。在规范管理的基础上，各省（区、市）均制定并实施允许乡村中医药技术人员自采、自种、自用民间习用中草药的政策措施。

3. 加强中药质量监管，各省（区、市）均严格规范基层医疗卫生机构中药饮片采购程序，应当要求基层医疗卫生机构严格审核中药饮片生产、经营企业资质，严禁假劣中药进入基层医疗卫生机构和个体诊所。

（九）推进“中医中药中国行——进乡村　进社区　进家庭”活动深入开展

各省（区、市）均全面开展“中医中药中国行——进乡村　进社区　进家庭”活动，开展群众喜闻乐见、内容丰富、形式多样的中医药文化科普宣传活动，中医药文化知识普及全国80%以上行政村、85%以上社区和80%以上家庭。

三、重点项目

（一）基层中医药适宜技术服务能力建设项目

1. 在社区卫生服务中心和乡镇卫生院建设标准化中医药综合服务区和标准化中医科中药房。

2. 为社区卫生服务站和村卫生室配备适宜的中医诊疗设备。

3. 依托现有中医药资源，各省（区、市）建好至少1个省级中医药适宜技术推广基地，各县（市、区）建好1个县级基层常见病多发病中医药适宜技术推广基地。

4. 制定中医一般医疗和预防保健适宜技术目录、基层适宜配备的中药饮片目录和经过临床验证、疗效可靠的中医单方、验方，供各地推广选用。

（二）基层医疗卫生机构标准化建设项目

在国家和地方共同实施的村卫生室、乡镇卫生院、社区卫生服务机构标准化建设中，强化中医药功能建设，使基层医疗卫生机构具备开展中医药服务的基本条件。在项目绩效考核时，将中医药科室达标情况作为基层医疗卫生机构是否达标的关键性指标之一。

（三）基层中医药人才培养项目

为县级医疗机构培养1.5万名中医临床技术骨干（含500名民族医人员），对5万名符合条件的乡村医生和乡镇卫生院中医人员进行中医药（含民族医药）专业大专学历教育，对乡村医生进行中医药（含民族医药）基本知识与技能培训（含基层民族医药人员），为城乡基层培养3万名中医类别全科医生，遴选8000名基层老中医药专家为县、乡、村和社区卫生服务机构培养一批基层中医药人才，培训一批中医药预防保健人才。

（四）县级中医医院标准化建设项目

依据《中医医院建设标准》，对全国未达标的政府举办的县级中医医院进行业务用房改扩建和配置基本医疗设备，改善服务条件，提高服务能力，力争在“十二五”期末使大多数县级中医医院基础设施条件基本达到国家标准。

（五）农村医疗机构中医重点（特色）专科建设项目

力争为每个县级中医医院培育和建设1个以上中医重点（特色）专科。

（六）县级中医医院信息化建设项目

加强基层中医医院服务应用信息系统建设，提高中医医疗质量和效率；建立和完善以中医电子病历为核心的医院信息系统，促进信息交换与业务协同；建设中医医院综合统计管理信息系统，提高县级中医医院信息数据分析和应用水平；开展远程医疗信息系统建设，实现远程会诊、远程咨询、远程教育等功能。

（七）综合医院中医药服务能力示范建设项目

以尚未设置县级中医医院的县（市、区）综合医院为主，筛选一批综合医院开展中医药服务能力示范建设。

（八）中医药文化传播精品项目和科普巡讲活动

创作一批科学准确、通俗易懂、形式多样、体裁丰富、贴近生活的中医药文化系列科普图书、影视、音像、网络、动漫等多种形式的中医药文化精品；建立一支包括国家级和省级的中医药科普专家队伍，在全国开展中医药知识科普讲座，让广大人民群众接受中医药文化知识科普教育，使广大人民群众能够科学准确地了解和掌握中医药文化与养生保健方法。

各省（区、市）要围绕提升工程明确的工作任务和国家实施的建设项目，根据地方财政的安排和部署，启动实施基层中医药服务能力建设相关项目。

四、组织实施

（一）动员部署

2012年9月，国家中医药管理局、卫生部、人力资源社会保障部、国家食品药品监督管理局、总后勤部卫生部联合召开基层中医药服务能力提升工程启动工作会议，进行动员部署。各省（区、市）要根据《意见》和《方案》要求，结合本地实际，动员部署本辖区提升工程实施工作。

（二）目标管理

2012年9月至12月，各省（区、市）根据《意见》和《方案》明确的工作任务，对本地区基层中医药工作基本情况进行调查摸底，研究提出各项工作任务的分年度目标。

2013年3月底前，国家中医药管理局会同卫生部、人力资源社会保障部、国家食品药品监督管理局与各省（区、市）人民政府签订2013年至2015年目标责任书。

2013年6月底前，各省（区、市）完成省级人民政府与市（地）人民政府、市（地）人民政府与县（市、区）人民政府目标责任书的签订工作。

（三）监测评估

依托卫生部统计信息中心和中医医院医疗质量监测中心对各省（区、市）目标责任书每年度主要任务指标进行动态监测、分析评估和结果通报。各省（区、市）要加强本地区提升工程实施进展情况和实施效果的监测评估，及时发现实施中存在的困难和问题，进行认真的分析研究，采取有力措施加以解决。

（四）督导检查

国家中医药管理局会同卫生部、人力资源社会保障部、国家食品药品监督管理局、总后勤部卫生部组织对各省（区、市）目标责任书年度目标完成情况和重点项目执行情况适时开展督促检查，及时掌握各省（区、市）提升工程的实施进度，督促各地认真完成目标责任书中的各项任务和重点项目建设任务。

省级中医药管理部门会同省级卫生行政等部门每年度至少要组织一次省级检查评估工作，督促各市（地）、县（市、区）完成各项工作任务。

（五）宣传引导

各省（区、市）要坚持正确的舆论导向，加强主动引导，广泛宣传提升工程有关政策措施，大力宣传典型经验和进展成效。要调动各方参与提升工程的积极性、主动性和创造性，充分发挥基层中医药人员主力军的作用，营造全社会关心和支持提升工程的良好氛围。

060

关于成立基层中医药服务能力提升工程领导小组的通知

国中医药医政发〔2012〕37号

各省、自治区、直辖市卫生厅局、中医药管理局、人力资源社会保障厅局、食品药品监督管理局，新疆生产建设兵团卫生局、人力资源社会保障局、食品药品监督管理局，军队有关单位：

为加强对基层中医药服务能力提升工程（简称提升工程）的领导，进一步做好提升工程实施工作，国家中医药管理局、卫生部、人力资源社会保障部、国家食品药品监督管理局和总后勤部卫生部决定成立基层中医药服务能力提升工程领导小组（以下简称领导小组）。现将有关事项通知如下：

一、主要职责

负责提升工程实施工作的宏观指导；研究并协调解决提升工程实施工作中的困难和问题；对提升工程实施工作进行督导检查。

二、组成人员

组长：

陈　竺　　卫生部部长

常务副组长：

王国强　　卫生部副部长、国家中医药管理局局长

副组长：

刘　谦　　卫生部副部长

胡晓义　　人力资源社会保障部副部长

马建中　　国家中医药管理局副局长

吴　浈　　国家食品药品监督管理局副局长

李清杰　　总后勤部卫生部副部长

成　员：

吴厚新　　国家中医药管理局办公室副主任

姜在旸　　国家中医药管理局人事教育司司长

武　东　　国家中医药管理局规划财务司副司长

桑滨生　　国家中医药管理局政策法规与监督司巡视员、副司长
许志仁　　国家中医药管理局医政司司长
李　昱　　国家中医药管理局科技司副司长
邓海华　　卫生部办公厅副主任
常继乐　　卫生部人事司副司长
何锦国　　卫生部规划财务司副司长
汪建荣　　卫生部政策法规司国家卫生监察专员
雷正龙　　卫生部疾病预防控制局副局长
聂春雷　　卫生部农村卫生管理司副司长
秦　耕　　卫生部妇幼保健与社区卫生司副司长
赵明钢　　卫生部医政司副司长
周　军　　卫生部医疗服务监管司副司长
姚建红　　卫生部药物政策与基本药物制度司副司长、医改领导小组办公室信息组组长
金生国　　卫生部科技教育司副司长
孟　群　　卫生部统计信息中心主任
曹　霞　　人力资源社会保障部医疗保险司副巡视员
董润生　　国家食品药品监督管理局药品注册司副司长
吴利雅　　国家食品药品监督管理局药品安全监管司副巡视员
刘名华　　总后勤部卫生部医疗管理局局长

三、工作机构及其职责

领导小组在国家中医药管理局设立办公室。办公室承担领导小组的日常工作；研究提出实施提升工程的政策措施建议；落实领导小组议定事项；承办领导小组交办的其他事项。

办公室主任：

马建中（兼）　　国家中医药管理局副局长

办公室副主任：

许志仁（常务）　　国家中医药管理局医政司司长
蒋　健　　国家中医药管理局医政司巡视员、副司长
聂春雷　　卫生部农村卫生管理司副司长
秦　耕　　卫生部妇幼保健与社区卫生司副司长
曹　霞　　人力资源社会保障部医疗保险司副巡视员
董润生　　国家食品药品监督管理局药品注册司副司长
刘名华　　总后勤部卫生部医疗管理局局长

由于工作变动等原因，领导小组及办公室成员需要调整的，由成员单位向领导小组办公室提出，领导小组审批。

国家中医药管理局　中华人民共和国卫生部
中华人民共和国人力资源社会保障部
国家食品药品监督管理局　总后勤部卫生部
二〇一二年九月二十九日

061

关于在城市社区卫生服务中充分发挥中医药作用的意见

国中医药发〔2006〕36 号

各省、自治区、直辖市及计划单列市、副省级省会城市卫生厅局、中医药管理局，新疆生产建设兵团卫生局：

为贯彻落实《国务院关于发展城市社区卫生服务的指导意见》(国发〔2006〕10 号，以下简称《指导意见》)，现就在城市社区卫生服务中充分发挥中医药(含民族医药，下同)的作用，提出以下意见。

一、基本原则和工作目标

(一) 基本原则。

坚持中西医并重，突出中医药特色，充分发挥中医药的优势与作用。

坚持以社会需求为导向，不断拓宽中医药服务领域，提高中医药服务能力。

坚持在城市社区卫生服务网络建设中，合理配置和充分利用中医药资源，完善社区中医药服务功能。

坚持因地制宜，分类指导；点面结合，稳步发展。

(二) 工作目标。

到 2010 年，社区卫生服务机构能够提供中医药服务，中医药服务设施齐备、人员配备合理、服务功能完善、服务水平有较大提高，基本满足社区居民对中医药服务的需求。东中部地区地级以上城市和西部地区省会城市要根据本地区经济发展水平和社区居民的需要，加快社区中医药服务的发展。

二、合理配置和充分利用中医药资源

(三) 各级卫生、中医药行政管理部门要配合地方各级人民政府将中医药服务纳入社区卫生服务发展规划，有计划、有步骤地建立健全以社区卫生服务中心和社区卫生服务站为主体，以中医门诊部、中医诊所等其他基层中医医疗机构为补充的社区中医药服务网络。在调整现有卫生资源时，要将中医(含中西医结合、民族医，下同)医疗机构作为社区内卫生资源的重要组成部分加以充分利用，政府举办的一级、部分市(地)辖区的二级中医医院等基层中医医疗机构可以转型为具有中医药特色的社区卫生服务机构。鼓励社会力量参与发展社区中医药服务。

（四）各地要按照《城市社区卫生服务中心基本标准》和《城市社区卫生服务站基本标准》的要求完成社区卫生服务机构中医药服务设施配置和人员配备。社区卫生服务中心应开设中医诊室，有条件的应设置中药房，配备一定数量的中药饮片、中成药，配置常用的中医药诊疗设备；社区卫生服务站要配备一定数量的中成药，有条件的可配备一定数量的中药饮片，并配置常用的中医药诊疗设备。社区卫生服务中心在医师总编制内配备一定比例的中医类别执业医师，社区卫生服务站至少配备1名能够提供中医药服务的执业医师。

（五）建立社区卫生服务机构与公立中医医院（含中西医结合、民族医医院，下同）合理的分工协作关系。公立中医医院要积极参与社区卫生服务工作，加强对社区卫生服务机构的中医药业务指导，主动承担社区卫生技术人员中医药知识与技能的培训任务，为社区卫生服务机构提供必要的技术支持，实行社区卫生服务机构与公立中医医院多种形式的中医药服务的联合与协作，建立有效的双向转诊制度。

三、完善社区卫生服务机构的中医药服务功能

（六）在开展社区中医药服务中，社区卫生服务机构要充分发挥中医药的特色优势，开展中医药预防、保健、康复、计划生育技术服务、健康教育和常见病、多发病的诊疗服务。

要针对社区居民的主要健康问题及疾病的流行趋势，应用中医药理论和方法，开展疾病预防。

要应用中医药方法与适宜技术开展对诊断明确的一般常见病、多发病治疗。特别要积极应用针灸、推拿、拔罐、中药熏蒸等安全、有效、便捷、经济的中医药适宜技术，为社区居民服务。

要运用中医药养生保健理论方法指导社区居民特别是老年人、妇女、亚健康等重点人群开展养生保健。

要应用中医药康复手段，结合现代理疗方法，对中风后遗症、伤残等疾病进行康复治疗。

要运用中医药知识开展优生优育、生殖保健和孕产妇保健的咨询及指导。

要在社区居民中，通过多种形式的中医药预防、养生保健科普活动，宣传普及中医药养生保健、防病治病知识，推广使用有中医药特色的健康处方，引导社区居民建立健康生活方式。

四、加强社区中医药人才培养和队伍建设

（七）各地要通过多种形式，对社区卫生服务机构中的中医药专业技术人员进行中医药毕业后教育、岗位培训和继续教育，对其他医护人员进行中医药基本知识与技能培训。其中，对申请注册中医类别全科医学专业为执业范围的执业医师进行

岗位培训和规范化培训，并逐步与中医类别全科医学专业技术资格考试结合起来。

（八）各地要依托现有中医药教育、医疗资源，建设一批社区中医药知识与技能培训基地，培养一批中医类别全科医学专业师资和学科带头人，组织编制一批适合不同层次中医药人才培养需要的全科医学教育培训教材，不断提高社区卫生服务机构中医药专业技术人员工作能力。

五、加强组织领导和管理

（九）各级卫生、中医药行政管理部门要把发展社区中医药服务作为一项重要职责，切实加强对社区中医药服务工作的组织领导。要积极配合地方各级人民政府把中医药服务纳入本地区社区卫生服务发展规划，统一安排，统筹发展。在地方各级人民政府成立的城市社区卫生服务工作领导小组及其办公室中要有中医药管理部门和人员参加。

（十）各地在制定社区卫生服务发展政策时，要考虑中医药的特点，要有利于中医药特色和优势的发挥。各级中医药管理部门要在当地政府城市社区卫生工作领导小组的统一领导下，根据本地实际情况，积极协调相关部门，认真落实《指导意见》及配套文件中提出的发展社区中医药服务的各项保障措施，研究制定在社区卫生服务中充分发挥中医药作用的有关政策措施，组织开展社区卫生服务从业人员的中医药基本知识和技能培训，大力推广社区中医药适宜技术。

（十一）各级卫生、中医药行政管理部门要依照国家法律法规及有关规定，加强社区中医药服务的行业管理。强化中医药从业人员、中医药技术服务项目的准入、中药饮片和中成药的使用、中医药服务质量等方面的监督管理，明确社区中医药服务的范围和内容，完善社区中医药服务考核评价指标，加强社区中医药服务的标准化建设。对不符合要求的中医药从业人员，要及时调整、退出，保证中医药服务质量。要将中医药业务开展情况纳入社区卫生服务机构及其管理人员年度工作考核目标，将接受中医药服务居民的满意度作为考核社区卫生服务机构和从业人员业绩的重要标准。

（十二）加大对社区中医药服务的支持力度，为社区中医药服务发展提供必要的物质保障。在各级人民政府每年安排的社区卫生服务事业经费投入中，各级卫生、中医药行政管理部门要安排一定的资金用于发展社区中医药服务，特别要加大对社区卫生服务机构开展中医药服务所需的基本设施设备和人员培训的投入，逐步解决本地区社区中医药服务工作中的突出问题。

国家中医药管理局

卫生部

二〇〇六年六月三十日

062

卫生部　国家中医药管理局关于印发医疗机构中药煎药室管理规范的通知

国中医药发〔2009〕3号

各省、自治区、直辖市卫生厅局、中医药管理局，新疆生产建设兵团卫生局，局各直属单位：

根据《医疗机构管理条例》有关规定，卫生部、国家中医药管理局制定了《医疗机构中药煎药室管理规范》。现印发给你们，请遵照执行。在执行过程中有何问题，请及时反馈卫生部、国家中医药管理局。

本规范自印发之日起施行。

卫生部
国家中医药管理局
二〇〇九年三月十六日

医疗机构中药煎药室管理规范

卫生部
国家中医药管理局
2009年3月16日

第一章　总　　则

第一条　为加强医疗机构中药煎药室规范化、制度化建设，保证中药煎药质量，根据有关法律、行政法规的规定，制定本规范。

第二条　本规范适用于开展中药煎药服务的各级各类医疗机构。

第二章　设施与设备要求

第三条　中药煎药室（以下称煎药室）应当远离各种污染源，周围的地面、路面、植被等应当避免对煎药造成污染。

第四条　煎药室的房屋和面积应当根据本医疗机构的规模和煎药量合理配置。工作区和生活区应当分开，工作区内应当设有储藏（药）、准备、煎煮、清洗等功能区域。

第五条 煎药室应当宽敞、明亮，地面、墙面、屋顶应当平整、洁净、无污染、易清洁，应当有有效的通风、除尘、防积水以及消防等设施，各种管道、灯具、风口以及其他设施应当避免出现不易清洁的部位。

第六条 煎药室应当配备完善的煎药设备设施，并根据实际需要配备储药设施、冷藏设施以及量杯（筒）、过滤装置、计时器、贮药容器、药瓶架等。

第七条 煎药工作台面应当平整、洁净。

煎药容器应当以陶瓷、不锈钢、铜等材料制作的器皿为宜，禁用铁制等易腐蚀器皿。

储药容器应当做到防尘、防霉、防虫、防鼠、防污染。用前应当严格消毒，用后应当及时清洗。

第三章　人员要求

第八条 煎药室应当由具备一定理论水平和实际操作经验的中药师具体负责煎药室的业务指导、质量监督及组织管理工作。

第九条 煎药人员应当经过中药煎药相关知识和技能培训并考核合格后方可从事中药煎药工作。

煎药工作人员需有计划地接受相关专业知识和操作技能的岗位培训。

第十条 煎药人员应当每年至少体检一次。传染病、皮肤病等患者和乙肝病毒携带者、体表有伤口未愈合者不得从事煎药工作。

第十一条 煎药人员应当注意个人卫生。煎药前要进行手的清洁，工作时应当穿戴专用的工作服并保持工作服清洁。

第四章　煎药操作方法

第十二条 煎药应当使用符合国家卫生标准的饮用水。待煎药物应当先行浸泡，浸泡时间一般不少于 30 分钟。

煎煮开始时的用水量一般以浸过药面 2～5 厘米为宜，花、草类药物或煎煮时间较长的应当酌量加水。

第十三条 每剂药一般煎煮两次，将两煎药汁混合后再分装。

煎煮时间应当根据方剂的功能主治和药物的功效确定。一般药物煮沸后再煎煮 20～30 分钟；解表类、清热类、芳香类药物不宜久煎，煮沸后再煎煮 15～20 分钟；滋补药物先用武火煮沸后，改用文火慢煎约 40～60 分钟。药剂第二煎的煎煮时间应当比第一煎的时间略缩短。

煎药过程中要搅拌药料 2～3 次。搅拌药料的用具应当以陶瓷、不锈钢、铜等材料制作的棍棒为宜，搅拌完一药料后应当清洗再搅拌下一药料。

第十四条　煎药量应当根据儿童和成人分别确定。儿童每剂一般煎至100～300毫升，成人每剂一般煎至400～600毫升，一般每剂按两份等量分装，或遵医嘱。

第十五条　凡注明有先煎、后下、另煎、烊化、包煎、煎汤代水等特殊要求的中药饮片，应当按照要求或医嘱操作。

（一）先煎药应当煮沸10～15分钟后，再投入其他药料同煎（已先行浸泡）。

（二）后下药应当在第一煎药料即将煎至预定量时，投入同煎5～10分钟。

（三）另煎药应当切成小薄片，煎煮约2小时，取汁；另炖药应当切成薄片，放入有盖容器内加入冷水（一般为药量的10倍左右）隔水炖2～3小时，取汁。此类药物的原处方如系复方，则所煎（炖）得的药汁还应当与方中其他药料所煎得的药汁混匀后，再行分装。某些特殊药物可根据药性特点具体确定煎（炖）药时间（用水适量）。

（四）溶化药（烊化）应当在其他药煎至预定量并去渣后，将其置于药液中，微火煎药，同时不断搅拌，待需溶化的药溶解即可。

（五）包煎药应当装入包煎袋闭合后，再与其他药物同煎。包煎袋材质应符合药用要求（对人体无害）并有滤过功能。

（六）煎汤代水药应当将该类药物先煎15～25分钟后，去渣、过滤、取汁，再与方中其他药料同煎。

（七）对于久煎、冲服、泡服等有其他特殊煎煮要求的药物，应当按相应的规范操作。

先煎药、后下药、另煎或另炖药、包煎药、煎汤代水药在煎煮前均应当先行浸泡，浸泡时间一般不少于30分钟。

第十六条　药料应当充分煎透，做到无糊状块、无白心、无硬心。

煎药时应当防止药液溢出、煎干或煮焦。煎干或煮焦者禁止药用。

第十七条　内服药与外用药应当使用不同的标识区分。

第十八条　煎煮好的药液应当装入经过清洗和消毒并符合盛放食品要求的容器内，严防污染。

第十九条　使用煎药机煎煮中药，煎药机的煎药功能应当符合本规范的相关要求。应当在常压状态煎煮药物，煎药温度一般不超过100℃。煎出的药液量应当与方剂的剂量相符，分装剂量应当均匀。

第二十条　包装药液的材料应当符合药品包装材料国家标准。

第五章　煎药室的管理

第二十一条　煎药室应当由药剂部门统一管理。药剂部门应有专人负责煎药室的组织协调和管理工作。

第二十二条 药剂部门应当根据本单位的实际情况制定相应的煎药室工作制度和相关设备的标准化操作程序（SOP），工作制度、操作程序应当装订成册并张挂在煎药室的适宜位置，严格执行。

第二十三条 煎药人员在领药、煎药、装药、送药、发药时应当认真核对处方（或煎药凭证）有关内容，建立收发记录，内容真实、记录完整。

每方（剂）煎药应当有一份反映煎药各个环节的操作记录。记录应保持整洁，内容真实、数据完整。

第二十四条 急煎药物应在2小时内完成，要建立中药急煎制度并规范急煎记录。

第二十五条 煎药设备设施、容器使用前应确保清洁，要有清洁规程和每日清洁记录。用于清扫、清洗和消毒的设备、用具应放置在专用场所妥善保管。

煎药室应当定期消毒。洗涤剂、消毒剂品种应定期更换，符合《食品工具、设备用洗涤卫生标准》（GB 14930.1）和《食品工具、设备用洗涤消毒剂卫生标准》（GB 14930.2）等有关卫生标准和要求，不得对设备和药物产生腐蚀和污染。

第二十六条 传染病病人的盛药器具原则上应当使用一次性用品，用后按照医疗废物进行管理和处置。不具备上述条件的，对重复使用的盛药器具应当加强管理，固定专人使用，且严格消毒，防止交叉污染。

第二十七条 加强煎药的质量控制、监测工作。药剂科负责人应当定期（每季度至少一次）对煎药工作质量进行评估、检查，征求医护人员和住院病人意见，并建立质量控制、监测档案。

第六章 附 则

第二十八条 本规范自发布之日起施行，国家中医药管理局于1997年印发的《中药煎药室管理规范》同时废止。

第二十九条 本规范由国家中医药管理局负责解释。

十四　中医药服务贸易

063

商务部、国家中医药管理局关于开展中医药服务贸易重点项目、骨干企业（机构）和重点区域建设工作的通知

国中医药国际发〔2013〕45号

各省、自治区、直辖市、计划单列市，新疆生产建设兵团商务主管部门、卫生厅局、中医药管理局：

为贯彻落实《商务部等十四部门关于促进中医药服务贸易发展的若干意见》、《服务贸易发展“十二五”规划纲要》、《中医药对外交流与合作中长期规划纲要（2011—2020）》等文件精神，加强对中医药服务贸易的组织、引导和规范，推动中医药服务贸易健康快速发展，商务部、国家中医药管理局决定开展中医药服务贸易重点项目、骨干企业（机构）和重点区域建设工作。现将有关事项通知如下：

一、工作目标

通过中医药服务贸易重点项目、骨干企业（机构）和重点区域建设工作，探索中医药服务贸易发展模式，创新促进中医药服务贸易发展的体制机制，完善中医药服务贸易相关政策法规，建立中医药服务标准，培育国际知名服务品牌，全面推动中医药服务贸易健康快速发展。

二、主要任务

在医疗保健、教育培训、科研、产业、文化等方面推动一批中医药服务贸易重点项目，建设一批中医药服务贸易骨干企业（机构），创建若干个综合实力强、具有国际影响力的中医药服务贸易重点区域。

三、申报要求

1. 申报对象

具有中医药服务贸易工作基础的医疗保健、教育培训、科研、产业、文化、

中介和其他具有独立法人资格的企业（机构）；辖区内基本形成中医药服务贸易体系并具有一定规模和影响力的地区。

2. 申报条件及内容

见《中医药服务贸易重点项目、骨干企业（机构）和重点区域建设工作办法》（试行）（附件 1）和《首批商务部、国家中医药管理局中医药服务贸易重点项目、骨干企业（机构）和重点区域申报指南》（另文印发）。

3. 申报材料

（1）中医药服务贸易重点项目、骨干企业（机构）和重点区域申报书（格式见附件 2、3、4）。

（2）相关证明材料：营业执照副本复印件、组织机构代码，并加盖单位公章；法定代表人的有效身份证明复印件及法人证书复印件；近三年开展中医药服务贸易相关证明材料，包括协议、合同、认证认可证书复印件等；能反映申报单位（或地区）开展中医药服务贸易工作的信誉和所处行业地位的证明材料（荣誉证书、政府资助、宣传报道等）。

（3）材料装订：按照申报书、相关证明材料顺序，用 A4 纸双面打印，统一左侧装订，胶印装订成册，申报纸质材料一式五份，加盖地方商务和中医药管理部门公章。

4. 申报程序及时间

申请单位登录网站 www. satcm. gov. cn 右上角“通知公告”专栏中下载相应申报书（见本《通知》附件 2、3、4）及申报指南，按要求准备申报材料，由所属地区商务和中医药管理部门推荐后，将申报材料纸质及电子版于 2013 年 9 月 30 日前报送中医药服务贸易工作办公室。商务部、国家中医药管理局直接管理的机构和中央企业可以直接报送中医药服务贸易工作办公室。

请各申报单位（地区）从开展中医药服务贸易实际出发，突出特色优势，明确建设目标、建设内容、工作进度和保障措施，选择好重点项目，积极开展建设工作。各级商务和中医药管理部门要认真做好中医药服务贸易重点项目、骨干企业（机构）和重点区域建设工作的组织和宣传工作。

四、联系方式

中医药服务贸易工作办公室（设在国家中医药管理局国际合作司）

联系人：商务部服务贸易和商贸服务业司　贾峭羽

电话：6519 - 7008，传真：6519 - 7399

E - mail：jiaqiaoyu@mofcom. gov. cn

国家中医药管理局国际合作司　魏春宇

电话：5995－7719，传真：5995－7805

E－mail：fuwumaoyi@satcom. gov. cn

申报材料邮寄地址：北京市东城区工体西路1号国家中医药管理局322室中医药服务贸易工作办公室王琳（收），邮编：100027

附件：

1. 中医药服务贸易重点项目、骨干企业（机构）和重点区域建设工作办法（试行）

2. 中医药服务贸易重点项目申报书（略）

3. 中医药服务贸易骨干企业（机构）申报书（略）

4. 中医药服务贸易重点区域申报书（此处略）

商务部

国家中医药管理局

二〇一三年八月六日

附件：

中医药服务贸易重点项目、骨干企业（机构）和重点区域建设工作办法（试行）

第一章　总　　则

第一条　为贯彻落实《商务部等十四部门关于促进中医药服务贸易发展的若干意见》、《服务贸易发展“十二五”规划纲要》、《中医药对外交流与合作中长期规划纲要（2011—2020）》等文件精神，开展中医药服务贸易重点项目、骨干企业（机构）和重点区域建设工作，推动中医药服务贸易健康快速发展，特制定本办法。

第二条　按照“政府主导、自愿申报、机构参与、市场推动”的原则，统筹规划、有序实施中医药服务贸易重点项目、骨干企业（机构）和重点区域建设工作。

第三条　中医药服务贸易是指通过世界贸易组织规定的跨境支付、境外消费、商业存在、自然人移动四种模式在境内外向境外消费者提供中医药服务的贸易行为。

第四条　商务部、国家中医药管理局负责中医药服务贸易重点项目、骨干企业（机构）和重点区域建设工作的组织管理，成立中医药服务贸易工作办公室，负责中医药服务贸易重点项目、骨干企业（机构）和重点区域建设的日常管理工作。地方商务和中医药管理部门负责本地区重点项目、骨干企业（机构）和重点区域建设的审核推荐和协助管理工作。

第五条 本办法适用于中医药服务贸易重点项目、骨干企业（机构）和重点区域的申报、确定、管理及验收工作。

第二章 目标与任务

第六条 工作目标：

在政府部门的宏观指导下，积极运用市场机制，通过中医药服务贸易重点项目、骨干企业（机构）和重点区域建设，探索中医药服务贸易发展模式，创新促进中医药服务贸易发展的体制机制，完善中医药服务贸易相关政策法规，建立中医药服务标准，培育国际知名服务品牌，全面推动中医药服务贸易健康快速发展。

第七条 主要任务：

（一）在医疗保健、教育培训、科研、产业、文化等方面遴选推动一批市场优势明显、具有发展前景的中医药服务贸易重点项目；

（二）建设一批条件完备、特色突出、有稳定持续项目、能够发挥引领辐射作用的中医药服务贸易骨干企业（机构）；

（三）创建若干个具有中医药服务贸易整体规划、形成中医药服务贸易区域规模优势、综合实力强、国际影响力突出的中医药服务贸易重点区域；

（四）加强中医药服务贸易统计分析，在重点项目、骨干企业（机构）和重点区域范围内建立中医药服务贸易统计体系。

第三章 申报和确定

第八条 商务部、国家中医药管理局根据工作计划发布组织申报工作通知，开展中医药服务贸易重点项目、骨干企业（机构）和重点区域建设工作。

第九条 中医药服务贸易重点项目申报条件：

重点项目包括中医药医疗保健类、教育培训类、科研类、产业类、文化类和其他类，根据其服务贸易提供模式和服务内容应符合下列要求：

（一）有稳定的消费群体，发展潜力较强，消费需求不断扩大，能够形成规模效益；

（二）服务产品突出中医药特色优势，具有国际市场开发和营销潜力，不断改进服务产品，提升产品附加值。

第十条 中医药服务贸易骨干企业（机构）申报条件：

（一）具备独立法人资格；

（二）具有与其提供服务相匹配的条件，包括场地、设备、技术、人员、资金等；

（三）近三年稳定持续开展中医药服务贸易项目，基础较好；

（四）有相对稳定的业务渠道和需求市场，并具有良好的服务品质和社会信誉；

（五）具有明确的中医药服务贸易发展目标、规划措施以及相关保障措施；

（六）已经与境外相关机构签署合作协议或被国际组织和境外机构认证认可者优先。

第十一条　中医药服务贸易重点区域申报条件：

（一）区域内具有一批正在开展不同类型中医药服务贸易项目的机构，特色突出，成效显著，形成规模效益，具有一定国际影响力；

（二）所在区域政府有专项资金和政策支持开展中医药服务贸易工作。

第十二条　重点项目、骨干企业（机构）和重点区域的申报，由各省（自治区、直辖市）商务和中医药管理部门审核推荐后，统一报送中医药服务贸易工作办公室。省（自治区、直辖市）级重点区域和商务部、国家中医药管理局直接管理的机构或中央企业直接报送中医药服务贸易工作办公室。

第十三条　商务部、国家中医药管理局成立中医药服务贸易专家咨询委员会，负责对重点项目、骨干企业（机构）和重点区域建设工作进行咨询指导。

第十四条　中医药服务贸易工作办公室委托第三方独立机构对申报的重点项目、骨干企业（机构）与重点区域进行评审。通过评审，由商务部、国家中医药管理局公布为中医药服务贸易重点项目、骨干企业（机构）和重点区域。

第四章　管理与验收

第十五条　中医药服务贸易重点项目、骨干企业（机构）和重点区域承担单位或区域根据工作目标、任务，组织编制建设实施方案。

第十六条　中医药服务贸易工作办公室组织专家对实施方案进行论证，方案论证完善后开展具体建设。

第十七条　中医药服务贸易重点项目、骨干企业（机构）和重点区域承担单位或区域根据要求，定期向中医药服务贸易工作办公室报送相关统计数据，认真总结并与行业内相关机构分享建设经验。

第十八条　商务部、国家中医药管理局每年组织专家对中医药服务贸易重点项目、骨干企业（机构）和重点区域进行督导检查。

第十九条　各省（自治区、直辖市）商务和中医药管理部门负责对本地区的重点项目、骨干企业（机构）和重点区域指导检查，协调落实本地区重点项目、骨干企业（机构）和重点区域建设工作的相关政策，帮助解决建设中的问题。

第二十条 重点项目、骨干企业（机构）和重点区域的建设周期为三年。建设周期满，商务部、国家中医药管理局根据建设目标、任务及重点项目、骨干企业（机构）和重点区域建设有关管理要求，组织对中医药服务贸易重点项目、骨干企业（机构）和重点区域进行验收。根据建设目标和任务完成情况，验收结果分为验收通过和验收不通过。

（一）建设实施方案确定的目标和任务已完成超过80%的，为验收通过。

（二）凡具有下列情况之一，为验收不通过：

1. 完成建设工作确定的目标和任务不足80%；
2. 不按时提供中医药服务贸易统计数据；
3. 所提供的验收文件、资料、数据不真实，存在弄虚作假行为；
4. 实施过程及结果等存在纠纷尚未解决；
5. 无正当理由且未经批准，变更建设目标和任务的；
6. 服务贸易行为存在违规违法现象。

第二十一条 验收不通过的，建设承担单位和区域应在接到通知的六个月内进行整改，在基本达标后再次提出验收申请。仍未通过验收且无正当理由的，终止重点项目、骨干企业（机构）和重点区域建设，其承担单位和区域三年内不得申报承担本项工作。

第二十二条 验收通过的，由商务部和国家中医药管理局颁发中医药服务贸易重点项目、骨干企业（机构）和重点区域证书，使用中医药服务贸易统一标识。

第五章 附 则

第二十三条 各省（区、市）可参照本办法制定本地区的实施细则。

第二十四条 本办法由商务部、国家中医药管理局负责解释。

第二十五条 本办法自发布之日起试行。

064

国家中医药管理局办公室、商务部办公厅关于印发首批中医药服务贸易重点项目、骨干企业（机构）和重点区域申报指南的通知

国中医药办国际发〔2013〕33号

各省、自治区、直辖市、计划单列市，新疆生产建设兵团卫生厅局、中医药管理局、商务主管部门：

为推进中医药服务贸易工作，根据《商务部、国家中医药管理局关于开展中医药服务贸易重点项目、骨干企业（机构）和重点区域建设工作的通知》（国中医药国际发〔2013〕45号），结合今年中医药服务贸易工作部署，做好2013年商务部、国家中医药管理局中医药服务贸易重点项目、骨干企业（机构）和重点区域建设申报工作，制定首批申报指南。

一、申报对象

境内注册且具有独立法人资格的中医药院校、科研院所、医疗机构、企事业单位及中介机构、社会团体均可申报重点项目和骨干企业（机构）。地方政府（指省级或市级）通过省级中医药和商务管理部门申报重点区域。

二、申报内容

（一）中医药服务贸易重点项目

中医药服务贸易重点项目主要支持一批在中医药医疗保健、教育培训、科研、产业、文化等方面中医药特色突出、市场优势明显、发展前景广阔的中医药服务贸易项目。

（二）中医药服务贸易骨干企业（机构）

中医药服务贸易骨干企业（机构）主要支持一批近三年在中医药医疗保健、教育培训、科研、产业、文化和中介等方面稳定持续开展中医药服务贸易工作，具有较好工作基础，条件完备、特色突出、已形成规模效益和良好品牌、具备较强的国际市场竞争力的中医药服务贸易企业（机构），能够发挥示范辐射作用。

（三）中医药服务贸易重点区域

中医药服务贸易重点区域主要支持省（自治区、直辖市）、市（地区、州、盟）两级政府。省级中医药和商务管理部门为申报主体，其所辖区域内中医药服

务贸易类别较齐全，基本建立较为完整的中医药服务贸易产业链，区域特色明显，形成区域规模，产生良好效益，具有一定国际影响力。

三、重点项目和骨干企业（机构）分类

重点项目主要分为中医药医疗保健类、教育培训类、科研类、产业类、文化类和其他类（包括中医药服务贸易中介服务、信息服务和电子商务服务）；骨干企业（机构）主要分为中医药综合类、医疗保健类、教育培训类、科研类、产业类、文化类和其他类（包括中医药服务贸易中介服务、信息服务和电子商务服务）。

（一）综合类：综合提供中医药医疗保健、教育培训、科研、产业、文化等服务。

（二）中医药医疗保健类：在境内提供远程医疗、接待境外患者就诊等中医药医疗保健服务或在境外开办中医药医疗机构提供中医药医疗保健服务。

（三）中医药教育培训类：在境内提供远程教育、开展中医药涉外学历教育或短期培训服务或在境外开设中医药教育培训机构提供中医药教育培训服务。

（四）中医药科研类：提供与中医药有关的科研外包、对外科技咨询、知识产权技术转让等服务。

（五）中医药产业类：在境外设立了分支机构或合资机构，提供与中医药服务有关的贸易与分销、物流服务，海外特许和连锁经营，或专业性（含咨询）服务。

（六）中医药文化类：提供与中医药文化相关的对外学术交流、文化出版、期刊杂志、影视音像、文博展览服务和武术气功等中医传统健身方法等服务。

（七）其他类：整合行业资源，向境外机构或消费者提供中医药服务贸易相关中介服务、信息服务，或能够集成服务，提供电子商务服务。

四、申报条件

（一）基本条件

1. 中医药服务贸易重点项目

（1）项目负责人年龄不应超过 55 周岁，具有正高级职称，外语水平能够满足开展对外服务的要求；

（2）项目依托单位为市（地区、州、盟）属及以上单位（企业除外），具有独立法人资格，能够为项目开展提供相应的条件支撑；

（3）已经签订对外项目合作协议；

（4）有稳定的消费群体，发展潜力较强，消费需求不断扩大，能够形成规模效益；

(5) 服务突出中医药特色优势，具有国际市场开发和营销潜力，不断改进服务，提升附加值。

2. 中医药服务贸易骨干企业（机构）

(1) 省（自治区、直辖市）属及以上单位（企业除外），具有独立法人资格；

(2) 具有与其提供服务相匹配的条件，包括场地、设备、技术、人员、资金等；

(3) 近三年稳定持续开展中医药服务贸易项目，基础较好，特色突出，优势明显；

(4) 有相对稳定的业务渠道和需求市场，并具有良好的服务品质和社会信誉；

(5) 具有明确的中医药服务贸易发展目标、规划措施以及相关保障措施；

(6) 已经与境外相关机构签署合作协议或被国际组织和境外机构认证认可。

3. 中医药服务贸易重点区域

(1) 区域内近三年具有一批正在开展不同类型中医药服务贸易项目的机构，特色突出，成效显著，具有一定国际影响力；

(2) 所在区域政府制定有专门的中医药服务贸易规划和扶持政策，并有专项资金支持开展中医药服务贸易工作；

(3) 区域内中医药服务贸易年收入达到 1000 万美元；区域政府年支持开展中医药服务贸易工作专项资金不低于 1000 万元人民币。

（二）业务标准

1. 中医药综合类

骨干企业（机构）标准：提供中医药医疗保健、教育培训、科研、产业、文化等综合服务，年服务贸易额达到 300 万美元。

2. 中医药医疗保健类

重点项目标准：境内开展中医药医疗保健服务年接待境外患者达到 500 人次，或医疗服务贸易额达到 50 万美元。

骨干企业（机构）标准：境内或境外开展中医药医疗保健服务年接待境外患者达到 1000 人次，或医疗服务贸易额达到 100 万美元。

3. 中医药教育培训类

重点项目标准：近三年中医药学历教育（本科以上）境外生年平均招生人数达到 30 人，或短期培训境外生年平均招生人数达 60 人次，或教育服务贸易额达到年 50 万美元。

骨干企业（机构）标准：近三年中医药学历教育（本科以上）境外生年平均招生人数达到 60 人，或短期培训境外生年平均招生人数达到 100 人次，或教育服务贸易额达到 100 万美元。

4. 中医药科研类

重点项目标准：年开展对外中医药科研服务收入达到50万美元。

骨干企业（机构）标准：年开展对外中医药科研服务收入达到100万美元。

5. 中医药产业类

重点项目标准：企业年销售额达2亿元（人民币）以上，年开展中医药产业服务贸易额达到200万美元。

骨干企业（机构）标准：企业年销售额达5亿元（人民币）以上，其中年开展中医药产业服务贸易额达到500万美元。

6. 中医药文化类

重点项目标准：年开展中医药文化服务贸易额达到50万美元。

骨干企业（机构）标准：年开展中医药文化服务贸易额达到100万美元。

7. 其他类

重点项目标准：年开展中医药服务贸易中介服务、信息服务或电子商务服务等收入达到50万美元。

骨干企业（机构）标准：年开展中医药服务贸易中介服务、信息服务、电子商务服务等收入达到100万美元。

国家中医药管理局办公室
商务部办公厅
二〇一三年八月二十三日

065

商务部等十四部门关于促进中医药服务贸易发展的若干意见

商服贸发〔2012〕64 号

各省、自治区、直辖市、计划单列市及新疆生产建设兵团商务、外交、教育、科技、财政、文化、卫生、海关、税务、质检、林业、知识产权、中医药、外汇主管部门：

党中央、国务院高度重视中医药事业发展，2009 年 3 月，《中共中央国务院关于深化医药卫生体制改革的意见》（中发〔2009〕6 号）提出要充分发挥中医药作用，扶持和促进中医药事业发展。2009 年 4 月，《国务院关于扶持和促进中医药事业发展的若干意见》（国发〔2009〕22 号）明确了新时期发展中医药事业的主要任务和政策措施，强调要完善相关政策，积极拓展中医药服务贸易。为加快中医药服务贸易发展，发挥中医药在推动我国服务贸易中的独特作用，现提出以下意见：

一、发展中医药服务贸易的指导思想、原则和目标

（一）指导思想。以邓小平理论和“三个代表”重要思想为指导，深入贯彻落实科学发展观，以国际市场需求为导向，以健全中医药服务产业体系为保障，以建立并完善中医药服务促进体系为支撑，坚持政府引导与市场调节相结合，创新体制机制，鼓励社会参与，实施企业化运作，构建适合中医药特点的国际营销体系，积极、稳妥、有序地发展中医药服务贸易，不断提高中医药服务的国际影响力，为日益增长的国际医疗保健需求提供服务，有效发挥服务出口对我国中医药事业发展的拉动作用，创造良好的经济效益和社会效益。

（二）基本原则。

1. 加强政府指导，发挥市场机制作用。政府制订总体发展规划，加强对中医药服务贸易的组织、引导、规范。遵循市场经济规律，企业自主和政府支持相结合，鼓励社会参与，促进有序竞争机制的形成。充分协调和发挥政府、企业、科研机构、中介组织和行业协会等各方面的积极性和创造性，为扩大中医药服务出口创造良好环境。

2. 发挥特色优势，实施品牌战略。中医药服务贸易要以品牌树形象，扶持发展一批新兴品牌。同时，挖掘中医药服务的特色和优势，继续发挥传统老字号

的品牌效应，并不断赋予新的内涵。

3. 有效整合资源，规范有序推进。整合国内中医药行业医、教、研、产等各种资源，对中医药服务贸易企业加强分类指导和宏观调控，促进形成中医药事业与中医药服务贸易良性互动的格局。加快中医药行业相关标准建设，推进中医药服务体系国际化，促进国际标准的建立。加强宣传，树立资源保护与可持续发展理念。整合市场资源，针对不同国家或地区需求，整体推进与重点突破相结合，努力扩大我国中医药服务出口。

（三）总体目标。用五年左右的时间，建立完善的中医药服务贸易管理体制，基本建立起以国际市场需求为导向的中医药服务贸易促进体系和国际营销体系。制订促进中医药服务贸易的政策法规，完善技术性贸易措施，建立中医药服务标准，并力争取得国际共识。积极开展中医药服务贸易人才相关法律法规政策和业务培训，培养壮大中医药服务贸易人才队伍。建设境内外中医药服务贸易示范机构，加强中医药服务贸易的宣传和推广。通过重点扶持、分类指导，打造一批具有国际影响力的知名品牌，培育一批中医药服务贸易骨干企业，扶持大型中医药服务贸易企业，为组建集团打好基础。统筹规划国际市场布局，大力推动中医药服务贸易企业“走出去”，不断提高中医药服务出口的质量、档次和附加值，促进中医药服务出口的全面增长。

二、发展中医药服务贸易的重点任务

（四）实施中医药服务贸易多元化战略。构建梯次推进的中医药国际市场格局，巩固传统的亚洲市场，进一步开拓欧美市场，积极拓展中东、拉美市场，稳步扩大非洲市场。根据不同市场特点，逐步建立全方位、多层次的市场推进模式：在传统市场，可多渠道全面推进，构建涵盖科研、培训、医疗、康复和养生的中医药服务产业链；在新兴市场，可根据基础条件分步实施，逐步打开局面、扩大影响。

（五）建设一批中医药服务贸易示范机构。统筹国际市场开拓行动，予以政策支持，鼓励有条件的中医药服务机构或企业集团，根据区域规划布局，在一些条件较好的国家或地区，以合资合作方式建设一批境外中医药服务贸易示范机构，力争到2015年建成10家，涵盖东南亚、欧洲、北美、中东等主要市场，并结合驻外中国文化中心开展会展、培训、医疗、科研、养生保健、技术推广、药品器械营销、文化及濒危物种保护与可持续发展理念传播等活动，推广中医药文化。支持建设一批国内中医药服务贸易示范机构，完善服务功能，吸引更多的境外消费者。

（六）支持建设中医药物流配送中心和经济联盟。加快建立以国际市场需求为基础的中药供应保障体系，规范中药生产流通，发展中药现代物流和连锁经营，促进中药生产、流通企业的整合，支持在中医药基础条件较好的国家或地区建立若干物流配送中心，重点保障该地区的中医药服务贸易机构，做好中药、中药保健品、中医医疗和保健器材以及中医药图书音像制品等配送，逐步树立品牌。支持境内外企业建立战略协作关系，组建中医药经济联盟，加强管理与协调，形成内外信息互联、质量保证有效、品牌标识统一的物流服务体系。

（七）加强技术性贸易措施体系建设。加强中医药标准化和中西医结合标准化建设，健全中医药服务标准体系，强化中医药科研成果向标准转化，重点围绕中医药基础通用标准、中医药临床诊疗、中药资源等领域，加快标准制修订。逐步建立中医药服务认证体系，制订统一的服务认证标准和认证规则，由具备资质的认证机构和人员开展统一的中医药服务认证。开展多渠道、多层次、全方位的国际合作与交流，争取与部分重点国家或地区在中医药服务认证和相关中医药检测等方面达成互认协议。加强中药产品技术性贸易措施体系的建设，尽快完善中药相关原材料种植、产品质量和标准，促进中药产品出口。加强对境外中医服务及中药产品相关技术壁垒的交涉，确保中医药服务贸易的顺利发展。

（八）加快培养中医药服务贸易专业人才。根据国际市场需求，加快培养外向型中医药服务人才，提高中医药服务人才的外语水平，培养壮大中医药人才队伍。鼓励涉医高等学校和中等职业学校加强中医药专业外语教育教学，创新人才培养模式，提高人才培养质量，有针对性地加强中医药服务贸易经营管理人才的培养。支持国内中医医疗机构或科研院所，结合中医药特种行业职业技能工作开展形式多样的医疗、养生、保健等中医药对外教学与培训，加快形成我国中医药国际服务从业人员职业技能鉴定体系。

（九）发挥科技创新在推进中医药服务贸易中的作用。要加强中医药服务贸易的科技扶持，将中医药科技创新列入国家科技发展的重点领域，组织开展中医药防治疑难疾病的联合攻关，在中医和中西医结合研究、高技术研究等方面力求新的突破。加强技术创新和新产品开发，在中药出口方面，逐步扭转以资源或原料为主的产品出口方式。进一步提高企业自主创新能力，加大中医药科研投入，整合优势中医药科研资源，以多种形式促进医、教、研、产合作，鼓励科研教育机构参与中医药服务贸易，采取多种方式加快中医药科技成果转化，提高整体科技含量，进而提高中医药服务贸易的质量和附加值。相关部门加强协作，促进科技信息资源的共享与利用，使中医药科技开发创新水平的提升与服务贸易的做大做强形成相互促进、相互支持的良性格局。

（十）建设中医药服务贸易信息平台。加强中医药服务贸易公共信息平台建设，依托行业商协会等中介组织，建设中医药服务网站等中英文的信息服务平台，逐步实现政府机构、中介组织和咨询公司涉及中医药领域的信息互联互通，资源共享。充分发挥驻外经济商务机构的优势，收集、整理、完善国外中医药服务和传统医疗业的市场需求、市场准入、政策法规、人员交流等方面信息，为企业提供技术、人才、市场、投资及政策等咨询服务，同时向国外宣传、推广中医药知识和成果。

（十一）建立和完善中医药服务贸易统计体系。针对中医药服务贸易特点，研究制订适用的统计方式和统计体系，细化统计口径，确定统计标准。加强对统计数据的系统分析，建立部门间数据信息交流制度，为管理和决策提供数据支持。定期发布中医药服务贸易统计分析数据，提供相关信息服务。

三、促进中医药服务贸易发展的政策措施

（十二）鼓励中医药服务贸易企业“走出去”。鼓励中医药服务贸易企业以新设、参股控股、并购、租赁等方式到海外开办中医药服务机构，建立和完善境外营销网络，符合条件的企业，享受国家“走出去”相关政策。制订中医药服务贸易出口骨干企业认定标准，逐渐培养一批国际市场开拓能力强的中医药服务企业或企业集团。

（十三）以对外援助方式促进中医药服务贸易出口。根据受援国需求，视情加大在受援国注册的中国品牌的中医药产品和服务的援助力度，开展中医药援外培训，在援外医疗队内增派中医医师。探索利用援外资金支持在具备条件的发展中国家合作开展中医药教育、合作办医院，提高国外对中医药的认知度。

（十四）完善促进中医药服务贸易发展的财税优惠政策。通过现有资金渠道，加大对中医药服务贸易的资金投入，并根据发展情况逐年增加。充分利用中央财政有关扶持政策，对于企业参加境外展览会、国际认证、国际市场宣传推介、开拓新兴市场、境外投资等方面，在符合中小企业国际市场开拓资金和对外经济技术合作专项资金等办法规定的条件下，予以资金支持。对中医药骨干企业符合高新技术企业条件并认定为高新技术企业的，可按税收法律法规规定减按15%的税率征收企业所得税；对企业中药材的种植、牧畜、家禽的饲养等项目所得，可按税收法律法规规定减免企业所得税。

（十五）为中医药服务贸易提供有效金融支持。鼓励国家政策性银行为中医药服务出口项目提供信贷支持，并针对中医药服务企业特点给予扶持。鼓励中国出口信用保险公司为企业提供出口收汇保障、商账追收服务。帮助重点企业以抵押、质押和定金等多种担保方式获得出口信贷。便利中医药服务贸易企业办理外汇收支。

（十六）继续鼓励外商投资中医药领域。逐步放宽中医药领域对外商投资的限制。结合国民经济产业结构优化调整，适时修订《外商投资产业指导目录》。

（十七）规范中医药服务及相关产品出口管理程序。商务、银行、保险、海关、质检、外汇、税务等部门加强合作，完善对中医药服务及相关产品出口的优

惠措施，进一步加大综合支持力度，为企业发展提供便利。野生动植物行政主管部门按照相关法律法规政策和公约的规定，进一步完善并逐步推行野生动植物经营专用标识制度，为含野生动植物成份药品的贸易流通提供高效便捷的服务。

（十八）为中医药服务人员出入境提供便利。对于从事中医药服务贸易的人员因公出国，有关部门根据人员隶属关系按规定审批，简化程序，提高效率，依法为参与中医药服务贸易领域重大国际交流合作活动的中医药专业人员提供进出境通关便利。

四、营造良好的中医药服务贸易发展环境

（十九）加强对中医药服务贸易发展的组织与管理。充分发挥国务院中医药工作部际联席会议和行业管理部门的作用，加强部门间的沟通，协调解决中医药服务贸易中的重大问题，督促有关政策措施的落实。中医药局作为行业主管部门配合商务部做好中医药服务贸易的规划和管理工作。地方政府要切实加强对中医药服务贸易的领导，及时研究解决中医药服务贸易中的问题。

（二十）通过政府多双边谈判创造良好外部环境。结合不同市场特点，与条件较好的重点国家或地区在多、双边联（混）委会机制下成立中医药服务贸易工作组，推动我国中医药服务进入当地市场。将扩大中医药服务贸易列入我国多双边自贸区谈判议题，利用多双边合作机制扩大国外对中医药服务贸易的准入范围及降低其准入门槛，争取国外对中医药服务贸易开放市场。推动认可中医医师、中药的合法地位及将中医中药纳入当地医疗保障体系，扩大在境外提供中医药服务的范围。优先推动内地与香港、澳门《关于建立更紧密经贸关系的安排（CEPA)》项下中医药服务贸易合作。充分发挥港澳开展国际服务贸易成熟的商业、物流、金融、保险、会展、旅游等方面的优势，拓宽中医药对外服务渠道，推动不同体制的衔接，积极开展与特区政府、商会、中医药机构的合作，实现优势互补、资源及成果共享，共同开发中医药服务贸易国际市场。

（二十一）发挥中介机构和行业协会作用，营造规范、自律的市场环境。按照市场经济要求，加快培育社会化、市场化、专业化的中介组织和行业协会；支持中介组织和行业协会整合行业资源，加强对外宣传，提升行业整体形象；深入开展行业调查研究，参与相关法律法规和产业政策的研究、制订，参与制订修订行业标准和行业发展规划、行业准入条件；围绕规范市场秩序，健全各项自律性管理制度，制订并组织实施行业职业道德准则，推进行业诚信建设，建立完善行业自律性管理约束机制，维护公平竞争的市场环境。

（二十二）加强中国传统医药领域的知识产权创造、运用、保护和管理。深入研究境外相关领域知识产权保护法律法规，结合我国传统医药产业发展实际，积极参与相关领域的国际谈判，加强对我国传统医药的知识产权保护，不断创新

保护措施和手段。积极探索国际合作中的惠益分享机制，建立健全传统医药生物遗传资源和传统知识的知识产权保护制度。提高创新层次，促进核心专利的创造，支持在境外申请和运用专利，做好专利国际申请的资助。积极支持服务商标注册，努力创建具有中医药特色的医疗、教育、科研、养生等中医药服务贸易品牌，加强商标注册监测工作，制订统一的行业标志和等级标志，通过各种方式向国际推出，形成具有完整体系、体现国家权威性的中医药服务贸易品牌标识，以确保中医药海外品牌战略顺利实施。

（二十三）促进中医药文化的国际宣传和普及。挖掘中医药的文化内涵，开发中医药文化资源，推进中医药及相关领域音像、出版、演出等行业的发展，支持翻译出版中医古籍。相关媒体要开展中医药文化的公益性宣传。支持在境外组织中医药文化等宣传、培训活动，在海外中国文化中心及孔子学院传播中医药知识。支持相关广告、会展业的发展，扶持有一定规模的中医药国际展览，逐步形成国际知名展会。积极支持国家级非物质文化遗产名录传统医药类项目在国外传播中医药文化。要将中医药服务贸易与中医药文化传播相结合，形成良性互动的格局。

商务部　外交部　教育部
科学技术部　财政部　文化部
卫生部　海关总署　税务总局
国家质量监督检验检疫总局　国家林业局
国家知识产权局　国家中医药管理局
国家外汇管理局
二〇一二年三月五日

十五　中医医院建设

066

国家发展改革委、国家中医药管理局关于印发《重点中医医院建设与发展规划》的通知

各省、自治区、直辖市、新疆生产建设兵团发展改革委、卫生厅（局）、中医药管理局：

根据《国民经济和社会发展第十一个五年规划纲要》任务要求，国家发展改革委会同国家中医药管理局编制完成了《重点中医医院建设与发展规划》（以下简称《规划》）。现印发给你们，请抓紧组织落实。

各地要高度重视重点中医医院建设，充分发挥中医药所具有的医疗与科研创新潜力，促进中医药的传承与创新。请按照“统一规划、分级负责”的原则，落实项目和资金，严格坚持建设标准和规范，抓好《规划》的实施和建设。通过中央和地方共同努力，力争到2011年，基本形成以中医临床研究基地为龙头，地市级以上中医医院为骨干的中医药事业发展的新局面，逐步实现中医药事业的振兴与发展。

附件：重点中医医院建设与发展规划（略）

国家发展改革委
国家中医药管理局
二〇〇九年三月十三日

067

中医医院信息化建设基本规范

国家中医药管理局

2011 年 10 月

第一章　总　　则

第一条　为加强和规范中医医院信息化建设，进一步推进中医药信息化，根据国家相关法律法规、标准规范和行业管理规定，结合中医医院信息化建设的实际，特制定本规范。

第二条　中医医院信息化建设的目标是：综合运用计算机技术、网络技术和通信技术，以医院管理和中医电子病历为重点，构建中医药特色鲜明、技术平台先进、服务管理规范、系统安全高效的现代化中医医院。

第三条　中医医院信息化建设应遵循整体规划、分步实施、系统集成、互联互通、实用高效的原则。

第四条　中医医院应积极开展基于电子病历的医院信息平台建设并突出中医药特色，实现医院内部和区域之间信息资源的高效统一、系统整合、互联互通、信息共享，充分利用现代管理和信息技术，提高医效率，优化服务流程，预防和减少医疗差错，控制和降低医疗成本，构建和谐医患关系。

第五条　中医医院信息化建设应遵循国家和地方的有关法律法规和管理制度，执行卫生部、国家中医药管理局等部门的相关标准与规范。

第六条　中医医院应将信息化工作列入医院建设的总体目标，制定长期规划和年度计划，建立信息化组织管理体系，满足医院整体发展的要求。

第七条　中医医院应将信息化建设经费列入医院年度预算，年均投入应达到年医疗业务总收入的1％～5％。

第八条　本规范适用于中医医院、中西医结合医院、民族医医院。综合医院可参照本规范执行。

第二章　机构人员

第九条　中医医院应成立信息化工作领导机构，成员包括院长、主管副院长、信息部门以及医、药、护、技、管理等相关职能部门负责人。主要职责是统一领导和管理医院信息化工作，制定医院信息化建设总体规划、年度计划，核定资金预算，协调医院信息化建设中的重大问题和事项。信息化工作领导机构办公室设在信息部门，负责日常信息管理与技术工作。

第十条　中医医院应设立专门的信息管理与技术部门（简称信息部门）。信息部门的主要职责：

1. 拟订医院信息化建设总体规划、年度计划；
2. 编制医院信息化建设年度资金预算；
3. 制订医院信息化建设管理规章制度；
4. 负责医院信息系统的建设、管理、运行和维护；
5. 负责信息技术的咨询和服务。

第十一条　中医医院应按开放床位与人员比例 100∶1～100∶2 配备信息管理和技术人员，开放床位低于 100 张床的医院人员配备应不低于 2 人。

第十二条　信息部门应建立定岗定责制度，重要岗位应实行双人负责制并签订安全保密协议书。信息技术人员应当具备计算机、医药信息及相关专业的技术知识。

第十三条　医院各科室应设置专职或兼职信息员，负责联系协调信息部门开展有关信息工作。

第十四条　中医医院应建立信息化工作考核奖惩制度。

第三章　组织实施

第十五条　中医医院信息化建设应做好需求分析，制定建设规划和实施方案，有计划、有步骤地分期组织实施。

第十六条　中医医院信息化建设规划应遵循系统性、实用性、先进性、安全性、扩展性的原则，充分利用现有资源，降低建设成本。

规划内容主要包括现状分析、指导思想、建设目标、主要任务、保障措施、预期成果和发展前景等。

第十七条　中医医院信息化建设实行项目管理。项目按规定实行招投标。

第十八条　承担信息化建设项目方案设计、系统集成、软件开发、设备供应、外包服务、工程监理的单位，应具备相应资质。

第十九条　中医医院信息化建设的项目实施包括基础准备、软件实施和硬件实施三个部分。基础准备应按照规划要求，做好思想、组织、人员、技术、资金和物资等准备；软件实施包括需求分析、系统研发、基础数据准备、模拟运行、单轨运行和正式运行等环节；硬件实施包括调研、招标、安装和验收等环节。

第二十条　中医医院信息化工作领导机构负责组织信息化项目的验收。验收应根据设计方案或合同要求等，制订验收方案，形成验收报告；组织相关部门或专家组审定验收报告。

第二十一条　中医医院信息化工作领导机构组织开展医院信息化建设项目的

综合评估，主要包括系统设计、系统功能、系统应用的评价、经济效益和社会效益的评估，提出改进意见等。

第二十二条 信息系统管理与操作的培训，应坚持分类考核、合格上岗的原则，纳入医院职工业务培训内容，考核结果纳入职称晋升条件和继续教育学分评定内容。

第二十三条 建立健全机房管理、网络管理、设备管理、用户管理、技术文档管理等制度，明确系统管理、网络管理、数据库管理、信息安全管理等岗位职责，定期检查执行情况及效果。

第四章 基础设施

第二十四条 基础设施包括计算机硬件系统、基础软件、网络及其他辅助设施。基础设施应选用先进、成熟的技术与市场主流产品，具有良好的技术支持和售后服务。

第二十五条 计算机硬件系统包括服务器、客户端、网络设备、存储与备份设备和其他相关设备。

1. 服务器配置的基本要求：

1）具有高可用性、可管理性、可维护性；

2）具有先进性、扩展性、稳定性；

3）有足够的处理内存和存储空间，实现安全可靠的数据访问；

4）用户数、并发用户数及使用率满足实际需求；

5）主服务器应采用冗余方式配置。

2. 客户端配置的基本要求：

1）满足应用系统的实际运行需要；

2）安全运行被服务器认可的操作系统；

3）支持应用系统所需的各种接入设备，具有扩展性。

3. 网络设备是保证网络高效、安全、可靠运行的硬件设备，包括交换机、路由器、入侵检测设备、网络脆弱性扫描设备、防火墙等。

配置的基本要求：

1）符合系统架构、协议和应用系统的网络需求；

2）可靠性、兼容性、安全性以及标准化程度和效率满足实际需求；

3）具有通用性、易操作性、可管理性和可维护性；

4）满足网络拓展需求；

5）核心交换机等关键设备应采用冗余方式配置。

4. 存储与备份设备是容灾的基础设备。包括磁盘阵列、磁带库、光盘塔等。配置的基本要求：

1）构架设计应具有先进性、合理性、实用性和可扩展性；

2）具有高可用性、数据安全性、易操作性、可管理性和可维护性；

3）支持灵活的容量调整、数据备份和远程复制。

第二十六条　基础软件是对计算机硬件资源进行利用和管理，为应用软件提供服务与支撑的软件。包括系统软件及其他基础软件。

系统软件是控制和协调计算机及外部设备、支持应用软件运行的计算机程序，包括操作系统和各种服务支撑软件。选用的基本要求：

使用正版的系统软件，具有高安全性，能持续提供更新和技术支持服务。

其他基础软件选用的基本要求：能与相关应用系统有效集成，系统稳定、安全性能高、技术文档齐全，有良好的扩展性，维护、管理方便。

第二十七条　网络及其他辅助设施包括综合布线系统、机房及供配电系统等设施。采用先进、成熟、环保的技术、设备和材料，保障系统可靠稳定运行，满足信息技术发展和技术升级的需要。

1. 综合布线系统是以双绞线、光缆及无线通讯系统为传输媒介，面向建筑屋内或建筑群之间的信息传输通道。实施流程包括方案论证、系统选择、工程施工、工程验收和应用培训等环节。基本要求：

1）设计、施工、验收、监理等符合国家和行业相关标准和规范；

2）通信电缆线材品牌相对一致；

3）无线网络宜覆盖医疗业务各环节和行政、办公场所；

4）线路应有备份和冗余，关键部位应有应急线路。

2. 机房及配套设施应按照《电子信息系统机房设计规范》等标准，结合医院实际，进行设计、建设与管理。

第五章　应用系统

第二十八条　中医医院信息系统是利用计算机软硬件技术、网络通信技术等现代化手段，对中医医院的人流、财流、物流进行综合管理，对中医医疗活动各阶段产生的数据进行采集、储存、处理、分析、传输及交换，为中医医院的整体运行提供全面的、自动化的管理及各种服务的信息系统。

第二十九条　中医医院信息系统基本要求：

1. 具有合法的版权；

2. 支持以患者为中心的信息资源整合与利用，支持基于医院信息集成平台的医疗服务与医院管理的协同机制，支持区域医疗卫生服务协同；

3. 系统应向平台化、服务化方向发展，支持开放式的系统架构，适应各种政策、技术和业务发展；

4. 支持中医电子病历形成，全面采集和存储患者诊疗信息，实现医疗与临床科研信息共享；

5. 支持医院经济核算和绩效考核，实现医院人、财、物管理和绩效考评的信息化；

6. 提供全面、实时、可靠的营运数据和数据分析，支持数据挖掘与分析利用，满足医院科学管理和辅助决策的需要；

7. 支持中医医疗质量监测、中医药特色评价和考核；

8. 支持医院科研、教学、行政和后勤等信息化管理，实现医院工作的流程化管理。

第三十条 中医医院信息系统运行的基本要求：

1. 系统应有备份与冗余，保证不间断安全运行，有条件的医院建立异地灾备系统；

2. 建立基于中医电子病历的医院信息集成平台，充分共享信息资源；

3. 系统数据处理应准确无误；

4. 用户界面友好，支持鼠标或键盘单独操作；

5. 支持可定制化设置和调整各种单据、报表以及打印输出格式；

6. 相对独立的系统应支持单机和网络两种环境运行；

7. 支持电子签名、数字认证以及无线移动设备的使用；

8. 具有详细的日志记录，应当包括：系统运行，重要信息的统计，权限修改，用户的增加、删除和修改，数据的修改和删除等。

第三十一条 软件产品开发和管理过程的主要文档应符合《计算机软件文档编制规范》要求，提供归档的技术文档，应当包括：

1. 可行性分析（研究）报告；

2. 软件（或项目）开发计划；

3. 软件需求规格说明；

4. 数据需求规格说明；

5. 接口需求规格说明；

6. 系统/子系统设计（结构设计）说明；

7. 软件（结构）设计说明；

8. 接口设计说明；

9. 数据库设计说明；

10. 软件用户手册；

11. 软件测试计划；

12. 软件测试报告；

13. 操作手册；

14. 维护手册。

第三十二条　中医医院信息系统应建立数据中心，各应用系统信息应实时上传和自动备份到医院数据中心和第三方存储中心，实现数据资源共享，保障数据安全。

第三十三条　数据库的基本要求：设计和使用应保证数据的准确性、可靠性、可扩展性、完整性、安全性，使用多种技术手段保护数据库的安全，数据的安全应符合国家有关规定。

第三十四条　中医医院信息系统数据技术要求：

1. 数据输入：提供准确、快速、完整的数据输入手段，实现数据源发生地实时输入数据，提供多种数据字典辅助录入功能；

2. 数据共享：建立患者主索引，提供医院信息系统各分系统之间及与其他相关系统之间数据共享功能，包括数据交换解决方案、标准数据接口等；

3. 数据通信：具备通过网络自动通信交换数据的功能，避免通过介质（软盘、磁带、光盘等）交换数据；

4. 数据备份：包括自动定时数据备份、程序操作备份和手工操作备份，应建立数据异地备份机制；

5. 数据恢复：包括程序操作数据恢复和手工操作数据恢复；

6. 数据安全：包括数据安全和数据保密功能；

7. 数据权限：提供数据使用权限设置功能，用户对数据的操作权限与其工作职责权限相对应；

8. 数据字典：包括国家标准数据字典、行业标准数据字典、地方标准数据字典和用户数据字典，对已有的国家、行业及地方的数据字典，不得自行修改与定义，允许用户扩充的字典，应按照标准的编码原则扩充，新标准出台后应立即改用标准编码。由于技术限制导致已经使用的系统不能更换字典，应建立自定义字典与标准编码字典的对照表，并开发相应的检索和数据转换程序。

第三十五条　中医医院信息系统各分系统功能模块之间应实现互联互通、数据共享，相关数据之间应相互关联和相互制约，具备通用、标准的外部接口。

第三十六条　中医医院信息系统分为基础功能与医院信息集成平台、临床服务部分和医院管理部分。中医医院信息系统各分系统与功能可根据业务需求与业务流程进行组合，不断补充和完善。

第六章　运行维护

第三十七条　运行维护主要包括系统日常管理，系统检查和评价工作，系统恢复工作。系统维护应保证系统不间断运行，持久地满足用户需求。运行维护的年度平均费用投入应达到信息化建设总体投入的8%～15%。

第三十八条　运行维护的基本要求：建立医院信息系统运行与维护管理机制，明确系统运行的管理部门、维护部门、使用部门和个人的职责；建立用户请求服务机制和重大事件上报制度；定期检查与监督管理制度、操作规程的执行情况。

第三十九条 建立运行维护管理对象文档，文档管理工作的基本要求：确定管理对象，建立统一的命名规则，建立相应的管理对象文档，设专人管理文档并确保文档的准确性和完整性。

1. 管理对象应当包括：

1）用户身份、权限和密码；

2）用户端计算机、系统软件、应用软件；

3）服务器硬件、软件及配置；

4）网络系统、网络设备及配置；

5）机房及设备间设施；

6）布线系统和配置；

7）各类技术说明书。

2. 管理对象文档应当包括：

1）管理对象的标识、位置、拥有者/责任人、购置/保修信息等；

2）管理对象的技术文档，如系统配置清单、配置参数和系统安装、配置手册、图纸以及与之相关的管理对象列表和关系等；

3）管理对象的操作手册、用户指南；

4）管理对象的维护文档，如系统维护日志、数据库备份日志、机房值班登记表、重大事件报告、硬件报修表等。

第四十条 制定硬件设备、软件系统以及环境设施的操作规程，如服务器、网络设备、存储设备的操作规程，数据库的操作规程，基础数据的维护规程，系统软件的安装规程，客户端设备环境和应用软件的安装规程，机房或设备间的空调和不间断电源等操作规程，常见故障的处理规程等。

操作规程应文档化，内容包括：操作目的、内容、步骤、结果、正常反应及异常反应、出现异常反应时的处理及处理的时间和环境要求等。

第四十一条 服务器运行维护工作的基本要求：

1. 统一分配和管理服务器资源；

2. 做好服务器的日常维护与软件升级；

3. 监控服务器运行状况，确保服务器正常运作；

4. 排查、分析和处理服务器故障；

5. 记录服务器日常监控和维护日志。

第四十二条 客户端运行维护工作的基本要求：

1. 统一客户端硬件管理和软件部署；

2. 监测与反馈客户端运行情况；

3. 定期对客户端进行检测、整理、升级等维护工作；

4. 记录客户端日常监控和维护日志；

5. 建立备用客户端机制。

第四十三条　网络运行维护工作的基本要求：

1. 统一分配和管理网络资源；

2. 监控网络运行，保障网络安全；

3. 改进和优化网络结构、网络技术和网络管理；

4. 排查、分析和处理网络故障；

5. 记录网络日常监控和维护日志。

第四十四条　机房管理维护工作的基本要求：

1. 具备防静电、防水、防火、防尘、防盗、防鼠、防雷击等安全防范措施，保持恒温、恒湿，确保机房的运行环境；

2. 建立机房人员出入、设备出入管理制度；

3. 记录日常监控日志和维护日志。

第四十五条　数据库运行维护工作的基本要求：

1. 统一管理数据库，包括数据库资源管理、数据用户权限管理等；

2. 监测与反馈应用系统数据库运行情况；

3. 定期对数据库进行清理、归档等维护工作；

4. 建立数据备份机制，包括备份数据、资料整理和保管工作；

5. 记录数据库日常监控和维护日志。

第四十六条　应用系统运行维护工作的基本要求：

1. 统一应用系统的管理；

2. 实时监测并反馈应用系统运行情况；

3. 做好基础数据的维护工作；

4. 建立数据质量控制的管理机制；

5. 建立应用系统备份和管理机制。

第四十七条　建立系统的变更、升级和扩展操作的管理规程，包括软件、硬件、网络设备和文档等。制订完整的升级、扩展和变更实施方案，经审核和测试后实施。基本要求：

1. 对升级、扩展和变更潜在的风险、影响及需要的资源进行分析；

2. 制订实施计划、测试计划、回退计划等；

3. 进行预先测试，形成测试报告；

4. 避免在业务高峰期间进行操作；

5. 兼容历史数据。

第七章　信息安全

第四十八条　遵循信息安全等级保护要求，从技术和管理两方面构建医院信息平台的综合防御机制，保证中医医院信息系统的稳定运行以及业务数据的安全可靠。

第四十九条 建立健全信息安全管理组织、规章制度、岗位职责以及检查审核和风险评估机制，制订完备的系统恢复及应急预案，完善信息安全技术措施，保障中医医院信息系统安全、平稳和高效的运行。

第五十条 中医医院信息安全管理组织应由医院主要领导及相关职能部门负责人组成。

主要职责：

1. 制定统一的安全策略和信息系统安全管理制度；
2. 审核、发布和实施信息系统安全保护和安全防范技术方案；
3. 组织信息系统安全教育及技术培训；
4. 开展信息系统安全自查，发现问题，及时整改；
5. 组织信息系统安全防范、应急演练。

第五十一条 中医医院信息系统安全管理执行《信息安全等级保护管理办法》等规定，开展定级备案工作。中医医院信息系统安全按照等级保护第二级要求进行安全建设。根据中医医院服务受众的多少和对应用系统依赖的程度，重要信息系统推荐参照等级保护第三级要求进行安全建设。

第五十二条 中医医院信息安全技术管理主要包括身份认证、访问控制与授权、数据备份与灾备系统、安全分域及边界防护、防病毒系统、入侵检测、漏洞扫描、补丁管理、邮件安全网关、远程接入、网络审计等，应建立与之相配套的管理制度。基本要求：

1. 身份认证管理：计算机入网运行应经备案批准，重要主机的用户名、开机口令、应用口令和数据库口令实施重点管理，严格控制设备存取及加密；

2. 访问控制与授权管理：根据网络主机不同的安全级别采取相应的访问控制、数据保护、监控管理和系统安全等技术措施，定期对网上用户的访问及授权情况进行检查，不得超过授权设置权限；

3. 备份与恢复管理：建立备份和恢复的管理制度和操作规程，定期对备份和恢复策略进行测试，制定系统恢复的预案并定期演练；

4. 边界安全的防护管理：根据安全区域划分情况明确安全防护边界，实施有效的访问控制策略和机制，应在网络系统或安全域边界的关键点采用严格的安全防护机制；

5. 病毒防护管理：部署有效的网络病毒防范软硬件系统、入侵检测系统，制定相应的病毒防范管理办法、计算机病毒和恶意代码防护策略以及规章制度，实施对计算机网络病毒和安全事件的监控和有效防范；

6. 远程接入管理：在有效部署防火墙、入侵检测和防病毒系统的基础上实施远程接入，使用公用网络应采取安全措施，内网业务与外网业务应进行隔离，涉密计算机禁止与非涉密网络连接；

7. 数据安全管理：制定保密防范措施，重要数据、软件的修改应留有操作痕迹，并具有恢复功能。严格审查数据的输入、处理、存储、输出；重要数据须加密存储，对存储介质的文件和数据，应有软件保护措施；

8. 网络审计管理：部署有效的网络安全审计系统，制定相应的安全审计策略及规章制度，对网络系统中的网络设备运行状况、网络流量、用户行为等进行日志记录。

第五十三条　保护信息系统医疗信息和患者隐私，不得利用医疗信息从事商业活动或其他与治疗无关的活动，不得私自复制、下载、传播和泄露患者信息。

第五十四条　医院信息系统突发事件管理的基本要求：

1. 信息系统突发事件应对原则：统一领导、分级控制、预防为主、健全制度、快速响应、有效配合；

2. 建立突发事件应对体系，包括组织机构、工作职责、应急预案、通讯系统以及必要的物资储备；

3. 应急预案应采用手工、半手工、备用系统等多种可使业务持续运行的手段，对关键业务的处理流程制定应急操作步骤，制定定期应急预案演练计划，并按照计划实施演练；

4. 建立信息系统预警等级制度，发生信息系统突发事件，应立即上报和确定等级，启动相应应急预案；

5. 应对信息系统突发事件的宣传和技术培训，保证应急预案的有效实施，不断提高信息系统的应急能力。

第五十五条　信息系统审计是对信息系统及其业务应用的效能、效率、安全性进行监测、评估和控制的过程。应建立审计制度，配备经验丰富的高级技术人员为专职或者兼职审计人员，在系统设计、实施、运行阶段应有审计人员参加，审计工作应长期进行。

第五十六条　信息系统风险评估的基本要求：定期对信息系统进行风险分析，包括硬件资源的破坏与丢失、数据与程序文件的破坏与丢失、对实现系统功能的不利影响和对系统资源的非法使用等；针对风险分析结果制定相应的预防措施；保密分析过程与结果，避免非法利用系统弱点。

第八章　附　　则

第五十七条　本规范由国家中医药管理局负责解释。

第五十八条　本规范自发布之日起施行。2003 年国家中医药管理局发布的《中医医院信息化建设基本规范（试行）》同时废止。

068

关于开展综合医院中医药工作专项推进行动的通知

国中医药办医政发〔2014〕38号

各省、自治区、直辖市卫生计生委（卫生厅局）、中医药管理局，新疆生产建设兵团卫生局，军队各有关单位：

国家中医药管理局、原卫生部、总后勤部卫生部三部门《关于切实加强综合医院中医药工作的意见》（国中医药发〔2008〕14号）印发以来，通过全国各级有关部门和各地综合医院的共同努力，综合医院中医药工作取得了显著成绩。但是，部分地区仍然存在对综合医院中医药工作不重视、缺乏工作主动性、管理指导不到位、中医药基础条件薄弱等问题。为进一步推动综合医院中医药工作，加强中西医合作，提升服务能力，根据《2014年卫生计生工作要点》（国卫办发〔2014〕4号），国家中医药管理局、国家卫生计生委和总后勤部卫生部决定于今年联合开展综合医院中医药工作专项推进行动，现将《综合医院中医药工作专项推进行动方案》印发给你们，请认真组织实施。

国家中医药管理局办公室

国家卫生计生委办公厅

总后勤部卫生部医疗管理局办公室

二〇一四年十月十五日

附件：

综合医院中医药工作专项推进行动方案

为贯彻《国务院关于扶持和促进中医药事业发展的若干意见》（国发〔2009〕22号）文件精神，落实国家中医药管理局、原卫生部、总后勤部卫生部三部门联合印发的《关于切实加强综合医院中医药工作的意见》（国中医药发〔2008〕14号）各项工作部署，进一步推动综合医院（含专科医院，下同）和妇幼保健机构中医药工作发展，加强中西医合作，提升服务能力，国家中医药管理局、国家卫生计生委和总后勤部卫生部决定于今年联合开展综合医院中医药工作专项推进行动。为保证有关工作顺利开展，制定本方案。

一、行动目的

通过开展综合医院中医药工作专项推进行动，深入贯彻落实《关于切实加强综合医院中医药工作的意见》，加强综合医院和妇幼保健机构中医临床科室和中药房建设，提高队伍素质，开展中西医协作，丰富服务手段，拓展服务领域，进一步提升综合医院和妇幼保健机构的综合服务能力，使人民群众在接受西医药服务的同时，能够享受到安全、有效、及时、方便的中医药服务，满足人民群众多元化、多层次的健康服务需求，构建中国特色医疗卫生体制。

二、行动范围

全国各级综合医院、妇幼保健机构（含军队系统相关医疗机构）。

三、重点任务

（一）加强中医临床科室建设

1. 中医临床科室应为带有全科性质的医院一级临床科室，根据临床需要能够提供中药饮片、中成药、针灸、推拿等中医药服务。设立中医门诊和中医病床的，按照《综合医院中医临床科室基本标准》配备中医类别医师。根据中医药业务工作的需要，积极配备中医诊疗设备。严格执行《中医病历书写基本规范》等中医药行业标准规范，加强中医医疗质量管理。

2. 紧密结合医院的发展重点和优势专科，发挥中医药特色优势，加强中医专科专病建设，形成特色和专长。

3. 注重发挥中医“治未病”优势，与中医治疗相结合，积极开展中医预防保健、养生康复等服务。

（二）加强中药房建设

1. 按照《医院中药房基本标准》设置中药房，配备中药专业技术人员。根据临床需要配备中药储存、调剂、煎煮、临方炮制等设备，能够提供中药饮片调剂、中成药调剂和中药饮片煎煮等服务。

2. 执行《医院中药房基本标准》、《医院中药饮片管理规范》、《医疗机构中药煎药室管理规范》等中医药行业标准规范。加强中药饮片和中成药质量管理，严格采购、验收、储存、调剂、临方炮制、煎煮等环节的质量控制。

3. 建立中药临床使用不良反应监测、报告制度，对中成药和中药饮片使用情况进行分析，指导临床合理使用。

（三）加强中医药队伍建设

1. 制定中医药人才配置、梯队建设方案及人才培养激励制度。在职称晋升、进修学习和学术交流等方面，做到中医药人员与西医药人员同等待遇。

2. 开展中医药专业技术人员继续教育，强化中医药基本功、提升中医药临床技能，加强对西医及现代科学技术的学习，不断提高业务素质，积极开展中西医交流与协作。

3. 通过临床跟师、名中医工作室等方式，积极开展老中医药专家学术经验传承工作。

4. 组织开展西医人员和中医临床科室护理人员中医药知识与技能培训工作，指导非中医人员合理应用中成药，积极应用中医适宜技术。

（四）加强中西医临床协作

1. 中医临床科室与其他临床科室之间建立协作机制，将中医药服务拓展到医院各临床科室。建立并落实中西医相互会诊转诊、中西医共同参与病例讨论、中西医共同参与卫生应急、中西医相互学习交流等制度；针对中医药治疗有优势的病种或优势环节，明确中医药参与治疗的方案。

2. 围绕医院重点专科和优势学科领域，选择部分重大疾病为切入点，以整合资源、强强联合、优势互补、协同攻关为原则，联合本院中医临床科室或中医医院重点专科共同组建中西医临床协作组，开展临床协作，整合中西医各自优势形成中西医结合诊疗方案，解决治疗难点，提高临床疗效。

3. 针对临床上单纯的中医或西医治疗效果都不明显的疑难病、急危重症等疾病，中医临床科室与其他临床科室之间进行联合攻关，开展中西医结合防治方法和技术的研究以及中药的研发等。

（五）加强中医药科学研究

1. 结合临床需求，积极开展多学科参与的中西医结合科学研究，在药物研发、基础研究、诊疗方案等方面取得突破，提高学科和专科发展水平。

2. 将中医药科研纳入医院科研工作计划中，在配套经费和设施设备等方面为中医药科学研究创造支撑条件。建立科研保障制度，保证中医、西医科室同等对待，协调发展。

（六）加强中医药文化建设

1. 在中医门诊、中医病房和中药房等区域内的设施和内部装修、标识、科室简介等方面体现中医药文化风格与特色，便于人民群众了解中医药知识，提高对中医药的认知度。

2. 将中医药文化融入中医药科室各项规章制度和工作规范，从诊疗行为、服务方式、服务流程、言语仪表、教学传承、同道相处以及特定礼仪等方面，形成具有中医药文化特色的服务文化和管理文化。

四、组织实施

（一）动员部署阶段（2014 年 9—10 月）

国家中医药管理局、国家卫生计生委和总后勤部卫生部联合印发《关于开展综合医院中医药工作专项推进行动的通知》。各省级卫生计生部门、中医药管理部门和军队各大单位卫生部门根据通知有关要求，结合自身实际，制定本辖区综合医院中医药工作专项推进行动实施方案，细化工作措施，并部署相关工作（各省实施方案于 10 月底前报送国家中医药管理局医政司）。

（二）推动落实阶段（2014 年 11 月—2015 年 6 月）

各综合医院和妇幼保健机构按照《综合医院中医药工作专项推进行动方案》中有关重点任务和本省（区、市）综合医院中医药工作专项推进行动实施方案要求，积极推进本院中医药工作，加强中医药基础条件和业务建设，落实各项中医药政策措施。各省级卫生计生部门、中医药管理部门和军队各大单位卫生部门加强对本辖区内综合医院中医药工作的指导和督促，各综合医院和妇幼保健机构根据省级有关部门和军队卫生部门在督导工作中提出的意见和自身存在的问题研究制定具体的整改措施并落实，确保专项推进行动取得实效。

（三）联合督导阶段（2015 年 7—9 月）

国家中医药管理局、国家卫生计生委和总后勤部卫生部联合开展综合医院中医药工作专项推进行动督导活动，实地察看综合医院和妇幼保健机构中医临床科室、中药房等建设达标情况及中医药队伍建设、中西医协作交流等情况，督促各地、各有关部门、各有关医院落实各项中医药政策措施。

（四）总结推广阶段（2015 年 10—12 月）

各省级卫生计生部门、中医药管理部门和军队各大单位卫生部门对本辖区综合医院中医药工作专项推进行动进展情况进行总结，梳理专项推进行动中的突出问题，提出下一步工作建议，宣传、推广好的做法和先进经验。继续开展全国综合医院中医药工作示范单位创建活动，发挥其典型示范带动作用，以点带面，进一步推动全国综合医院中医药工作的开展。

五、工作要求

（一）加强领导，提高认识

做好综合医院中医药工作是提高综合医院和妇幼保健机构综合服务能力、推进中医药学术继承与创新、更好地满足人民群众健康需求的重要举措，是卫生计生部门、中医药管理部门和军队卫生部门的职责所在。各级有关部门要高度重视，切实加强领导，建立协调联动机制，以综合医院中医药工作专项推进行动为抓手，促进中医药特色优势在综合医院得到充分发挥。

（二）全面部署，认真落实

各省级卫生计生部门、中医药管理部门和军队各大单位卫生部门要认真组织实施，细化有关内容，落实人员职责，注重指导督促，务求取得实效。各综合医院和妇幼保健机构要扎实推进各项重点任务，从科室建设、人才培养、中西医协作共进、政策支持等方面入手，不断提高医院的中医药和中西医结合服务能力和水平，发挥 1＋1＞2 的效应。

（三）积极探索，不断完善

各级卫生计生部门、中医药管理部门、军队卫生部门和各综合医院、妇幼保健机构要认真总结专项推进行动工作，推广好做法、好经验，围绕提高临床疗效，逐步形成中西医临床协作的长效常态机制，积极探索并完善中西医整体化、全程化、综合化的临床服务模式。

069

住房和城乡建设部、发展改革委关于批准发布《中医医院建设标准》的通知

建标〔2008〕97号

国务院有关部门，各省、自治区、直辖市、计划单列市建设厅（委、局）、发展和改革委员会：

根据建设部《关于印发〈二〇〇六年工程项目建设标准、投资估算指标、建设项目评价方法与参数编制项目计划〉的通知》（建标函〔2006〕172号）的要求，由国家中医药管理局负责编制的《中医医院建设标准》（建标106—2008），经有关部门会审，现批准发布。自2008年8月1日起施行。

在中医医院项目的审批、核准、设计和建设过程中，要认真执行本建设标准，坚决控制工程规模和造价。

本建设标准的管理由住房和城乡建设部、发展改革委负责，具体解释工作由国家中医药管理局负责。

住房和城乡建设部

国家发展和改革委员会

二〇〇八年五月二十六日

十六 中药材流通追溯体系

070

商务部办公厅　财政部办公厅关于开展2012年中药材流通追溯体系建设试点的通知

商办秩函〔2012〕881号

为贯彻落实《国家药品安全“十二五”规划》和《全国药品流通行业发展规划纲要（2011—2015年）》，提高中药材流通的现代化水平，增强中药材质量安全保障能力，根据财政部办公厅、商务部办公厅印发的《关于2012年支持酒类追溯体系建设等商贸流通服务业项目发展有关问题的通知》（财办建〔2012〕111号）中关于“放心药”服务体系的建设要求，2012年中央财政支持河北保定市、安徽亳州市、四川成都市和广西玉林市开展中药材流通追溯体系建设试点。为指导地方做好试点工作，现就有关事项通知如下：

一、重要意义

中药材流通是药品流通行业管理的重要内容，也是我国医药卫生事业的重要组成部分。随着我国经济社会和人民群众生活水平的不断提高，中药材流通不适应中医药事业发展和中药材市场需求扩大的矛盾愈发突出，中药材流通的组织化程度低，交易方式落后，索证索票、购销台账制度欠缺，制假掺假等问题仍然较多，引起社会各界广泛关注，亟须认真解决。

运用现代信息技术实现中药材各环节交易凭证的电子化，建立中药材流通追溯体系，对于提高生产经营主体安全责任意识，强化流通环节质量安全把关能力，促进流通发展方式转变，提升中药材质量安全水平，营造安全放心的消费环境，促进中医药事业的发展具有重要意义，是重大的民生工程。

二、工作目标和原则

（一）工作目标。在试点城市建设覆盖主要中药材品种、中药材种植和养殖企业、中药材经营户与经营企业、中药饮片和中成药生产经营企业、医疗机构以及零售药店等交易主体参与的来源可追溯、去向可查证、责任可追究的中药材流通追溯体系。

（二）工作原则。“反弹琵琶”，建立“倒逼”机制。加强政策引导，以中药材或中药饮片为原料的单位必须使用可追溯中药材，调动各类市场主体建设追溯体系的积极性，强化中药材经营者和市场开办者的质量安全第一责任人意识，促使其自觉落实追溯管理制度。通过建立中药材流通追溯体系，促进、引导中药材按规范标准种植。

总体设计，分步实施。顺应物联网发展趋势，立足当前，着眼长远，设计制定总体方案，确定总体目标和任务；针对不同阶段的具体情况，明确目标和任务，分步实施。

标准一致，平台统一。建立全国统一的中药材流通追溯标准体系，建设中央集中数据平台，统一应用软件开发标准，实现信息资源的互联共享，全国范围的追溯查询。

政府推动，市场化运作。综合运用经济、法律、行政、技术等手段，充分发挥项目承办企业的主体作用，形成追溯体系市场化运作的长效机制。

三、建设任务

（一）建立试点城市追溯子系统。按照与中央数据平台对接的统一标准（具体见附件 1），开发（购买）应用软件，实行买卖交易主体及中药材品种、产地等相关信息的电子化登记与电子结算，对各品种中药材进行规范化包装和粘贴可追溯标识，建设中药材从种植（养殖）、流通到饮片及中成药加工和使用的全过程追溯子系统。在试点地区规模化种植（养殖）的中药材实行产地登记；在农村合作社集中收购和交易的，在合作社进行登记；实行“公司＋农户”经营模式的龙头企业，要将追溯范围延伸至中药材种植、养殖地（可在试点地区以外）；在中药材专业市场内外交易的经营主体，均在地方追溯服务中心登记。

（二）建立中药材流通追溯中央平台。商务部通过招标方式选定承办企业开发中央平台，按照统一的技术标准，运用云计算、物联网技术，同步汇集各试点地区追溯子系统的流通节点全部信息，实现信息存储、过程监控、统计分析，以及全国范围跨区域实时追溯查询等功能，形成互联互通，协调运作的追溯管理体系。

（三）加强政策引导和制度建设。围绕中药材流通追溯体系建设实际需要和中药材流通现代化方向，试点城市出台相关政策文件，对中药材种植养殖、中药材专业市场、中药材各类经营主体、中药饮片和中成药生产企业、医疗机构和零售药店参与中药材流通追溯体系建设和必须使用可追溯的中药材（含中药饮片）提出明确要求。制定专门的规章制度，强化药品流通环节准入管理和经营主体责任，保障中药材流通追溯体系顺利建成并有效运行。

（四）大力发展现代流通方式。配合中药材流通追溯体系建设试点，大力发展中药材现代仓储物流和连锁经营，推广规范化包装和品牌化经营，实行电子化结算，提高中药材流通的现代化、标准化水平。

四、资金支持重点

中央财政专项资金重点支持方向如下：

（一）地方追溯管理平台建设。主要包括地方追溯子系统的数据库环境建设和软件的购买与安装，必要的服务器等硬件设备的购置，机房建设和网络租用，以及追溯管理平台与中央数据库的技术对接与协同费用等。

（二）各流通节点追溯子系统建设。主要包括对各品种中药材进行规范化包装和粘贴可追溯标识；各市场主体内部信息化系统与地方追溯子系统的改造对接；配备必要的电子秤和信息采集与读取设备，实现交易电子化登记和电子结算等。

五、组织实施程序

（一）制定试点工作方案并抓紧组织实施。试点地区省级商务和财政主管部门要按照财政部办公厅、商务部办公厅印发的《关于 2012 年支持酒类追溯体系建设等商贸流通服务业项目发展有关问题的通知》要求，指导试点城市抓紧制定中药材追溯体系建设试点工作方案报商务部和财政部备案。工作方案内容应明确试点工作的总体思路及具体目标；追溯体系具体内容及拟采用的技术模式；方案可行性分析；组织实施办法及步骤，长效机制建设措施；地方资金和政策配套情况；资金用途和管理办法等。

各地要抓紧按照政府采购相关法律和商务部关于开展中药材流通追溯体系建设项目招投标的要求组织招投标工作，尽快确定项目承办企业。项目安排情况按程序公示无异议并报商务部、财政部备案后，试点地区商务、财政部门要督促承办企业抓紧组织实施，确保项目建设质量和进度。

（二）签署《中药材流通追溯体系建设试点协议》。试点地区上报实施方案后，商务部将组织召开中药材流通追溯体系建设试点启动大会并和试点城市人民政府签订《中药材流通追溯体系建设试点协议》。

（三）试点工作考核验收和抽查评估。项目完成后，省级商务、财政主管部门要按照现行有关规定，及时组织验收，并结合项目特点，认真组织实施绩效评价工作。商务部、财政部对试点工作进行抽查评估。

六、试点工作要求

（一）加强组织领导。试点城市要成立专门的试点领导小组，落实工作责任，建立工作机制，切实推进中药材流通追溯体系建设、管理与运行工作。试点地区的省级商务和财政主管部门要加强对试点城市项目建设和资金使用的监管，做到制度健全，管理规范。商务部、财政部将对试点进展情况进行抽查，对发生未按要求开展工作，工作进度较慢或资金管理存在问题的地区，将采取通报批评、扣减支持资金、取消试点资格等方式予以处罚。

（二）加大政策扶持力度。试点城市要将中药材追溯体系建设试点纳入政府为民办实事工程，确保追溯体系顺利建成并正常运转。各地商务主管部门要加强与农业、食品药品监管、卫生、税务、工商等部门的协作，统筹研究支持中药材流通追溯体系正常运行的政策措施，减轻参与追溯体系建设企业的运行成本。

（三）加强追溯管理队伍建设。要培育一批相对固定、专业化程度较高的软件开发、运行维护技术队伍；建立分级培训机制，针对相关部门工作人员、企业管理人员、追溯体系运行维护人员，开展法律法规、政策、制度、标准和技术等方面的培训，提升追溯管理的能力和水平。

（四）加大新闻宣传力度。要通过中央和地方媒体，采取多种方式深度报道，充分宣传中药材流通追溯体系建设的意义、目的、措施和效果；通过典型案例剖析，让广大经营者充分认识到作为中药材安全第一责任人的责任和义务；积极宣传引导，鼓励消费者主动索要购物凭证，积极维权，实现明白放心消费；通过发布实施追溯企业名单、褒扬实施追溯的企业典型等，提升消费者对可追溯中药材的认知度，扩大品牌效应。

071

商务部办公厅关于开展2013年中药材流通追溯体系建设工作的通知

商办秩函〔2013〕848号

为贯彻落实《国家药品安全“十二五”规划》和《全国药品流通行业发展规划纲要（2011—2015年）》，提高中药材流通的现代化水平，增强中药材质量安全保障能力，根据《财政部关于下达2013年中药材流通追溯体系建设中央补助资金的通知》（财建〔2013〕584号），2013年中央财政支持吉林、江西、河南、湖南、广东、云南、甘肃省开展中药材流通追溯体系建设工作。现就有关事项通知如下：

一、工作目标和原则

（一）工作目标。

在实施省份建设覆盖主要中药材品种，中药材种植和养殖企业、中药材经营户与经营企业、中药饮片和中成药生产经营企业、医疗机构以及零售药店等交易主体充分参与，来源可追溯、去向可查证、责任可追究的中药材流通追溯体系。

（二）工作原则。

1.“反弹琵琶”，建立“倒逼”机制。加强政策引导，推动以中药材或中药饮片为原料的单位使用可追溯中药材，调动各类市场主体建设追溯体系的积极性；强化中药材经营者和市场开办者的质量安全第一责任人意识，促使其自觉落实追溯管理制度；通过建立中药材流通追溯体系，促进、引导按规范标准培育中药材。

2. 总体设计，分步实施。顺应物联网发展趋势，立足当前，着眼长远，设计制定总体方案，确定总体目标和任务；针对不同阶段的具体情况，明确目标和任务，分步实施。

3. 标准一致，平台统一。建立全国统一的中药材流通追溯标准体系，建设中央集中数据平台，使用统一应用软件，实现信息资源的互联共享和全国范围的追溯查询。

4. 政府推动，市场化运作。综合运用经济、法律、行政、技术等手段，充分发挥项目承办企业的主体作用，形成追溯体系市场化运作的长效机制。

二、建设任务

（一）建立省级追溯子系统。

按照与中央数据平台对接的统一标准（具体见附件 1～5），应用统一软件，实行买卖交易主体及中药材品种、产地等相关信息的电子化登记与电子结算，对各品种中药材进行规范化包装和粘贴可追溯标识，建设中药材从种植（养殖）、流通到饮片及中成药加工和使用的全过程追溯子系统。

（二）加强政策引导和制度建设。

围绕中药材流通追溯体系建设实际需要和中药材流通现代化方向，实施省份要出台相关政策，对中药材种植养殖主体、中药材专业市场、中药材各类经营主体、中药饮片和中成药生产企业、医疗机构和零售药店参与中药材流通追溯体系建设和强制使用可追溯的中药材（含中药饮片）提出明确要求。制订规章制度，强化药品流通环节准入管理和经营主体责任，保障中药材流通追溯体系顺利建成并有效运行。

（三）大力发展现代流通方式。

配合中药材流通追溯体系建设，大力发展中药材现代仓储物流和连锁经营，推广规范化包装和品牌化经营，实行电子化结算，提高中药材流通的现代化、标准化水平。

三、中央资金支持重点

（一）地方追溯管理平台建设。

主要包括地方追溯子系统的数据库环境建设和软件的购买与安装，服务器等硬件设备的购置，机房建设和网络租用，以及追溯管理平台与中央数据库的技术对接与协同费用等。

（二）各流通节点追溯子系统建设。

主要包括对各品种中药材进行规范化包装和粘贴可追溯标识；各市场主体内部信息化系统与地方追溯子系统的改造对接；配备必要的电子秤和信息采集与读取设备，实现交易电子化登记和电子结算等。

四、组织实施程序

（一）制定工作方案并抓紧组织实施。

有关地方商务主管部门要会同财政部门抓紧制定中药材追溯体系建设工作方案，并报商务部和财政部备案。工作方案内容应明确工作的总体思路及具体目标；追溯体系具体内容及拟采用的技术模式；方案可行性分析；组织实施办法及步骤，长效机制建设措施；地方资金和政策配套情况；资金用途和管理办法等。

方案制定后，各地要抓紧按照政府采购相关法律和商务部关于开展中药材流通追溯体系建设项目招投标的要求组织招投标工作，尽快确定符合中药材流通追溯体系建设项目承办企业资质条件（具体见附件8）的项目承办企业。项目安排情况按程序公示无异议并报财政部、商务部备案后，督促承办企业抓紧组织实施，确保项目建设质量和进度。

（二）工作考核验收和抽查评估。

项目完成后，有关地方商务主管部门要会同财政部门按照现行有关规定，及时组织验收，并结合项目特点，认真组织实施绩效评价工作。商务部将会同财政部对试点工作进行抽查评估。

五、进度安排

（一）2013年12月底前，完成中药材追溯体系建设工作方案并报商务部和财政部备案。

（二）2014年3月底前，完成追溯项目承办企业招标工作。

（三）2014年7月底前，完成地方追溯管理平台建设和各经营节点追溯子系统建设，实现地方平台与中央平台及各节点子系统之间数据连接调试与测试；完成商户备案及流通服务卡发放，开展试点企业管理人员与商户培训，并按要求通过商务部组织的中期评估。

（四）2014年10月底前，根据商务部有关文件、标准及考核评估办法，进行自测验收。

（五）2014年12月底前，商务部将组织开展实地验收，综合确定验收成绩，并对结果予以通报。验收不合格的省份，限期整改，于2015年1月底前达到验收标准，并通过商务部复查。如到期仍未完成建设任务的，要向商务部、财政部书面报告情况。

六、工作要求

（一）加强领导确保取得实效。

1. 加强组织领导。实施省份要成立工作小组，落实工作责任，建立工作机制，切实推进中药材流通追溯体系建设、管理与运行工作。省级商务主管部门要会同财政部门加强对项目建设和资金使用的监管，做到制度健全，管理规范。商务部将会同财政部将对工作进展情况进行抽查，对发生未按要求开展工作，工作进度较慢或资金管理存在问题的地区，将予以通报批评、扣减支持资金，直至取消试点资格。

2. 加强追溯管理队伍建设。要培育一批相对固定、专业化程度较高的软件开发、运行维护技术队伍；建立分级培训机制，针对相关部门工作人员、企业管理人员、追溯体系运行维护人员，开展法律法规、政策、制度、标准和技术等方面的培训，提升追溯管理的能力和水平。

3. 加大新闻宣传力度。要通过中央和地方媒体，采取多种方式深度报道，充分宣传中药材流通追溯体系建设的意义、目的、措施和效果；通过典型案例剖析，让广大经营者充分认识作为中药材安全第一责任人的责任和义务；积极宣传引导，鼓励消费者主动索要购物凭证，积极维权，实现明白放心消费；通过发布实施追溯企业名单、褒扬实施追溯的企业典型等，提升消费者对可追溯中药材的认知度，扩大品牌效应。

4. 加强信息报送工作。要积极利用简报、手机报等形式，向本地各级人民政府和各部门定时报送信息，通报追溯体系建设情况和效果，争取各级政府和有关部门的大力支持。工作进展情况请于每月10日前报商务部（市场秩序司）。

（二）严格执行政府采购规定。

1. 严格设定和审查资格条件。各地要严格按照《政府采购法》第二十二条和项目承办企业资质条件（具体见附件8）的规定，设定投标企业的资格条件，严禁降低标准和要求；接受联合体投标的，必须严格执行《政府采购法》第二十四条第二款规定。要按照《政府采购法》及有关法律法规要求，严格遵守审查的程序和要求。在审查过程中，要对照招标文件规定，逐项认真审核投标企业营业执照、资质证明、业绩证明等材料，尤其要考察投标企业本地服务能力，筛除不合格企业。

2. 严格审批及招标程序。要严格按照《政府采购法》、《政府采购货物和服务招标投标管理办法》及地方规章和规范性文件要求，履行项目立项、采购方式审批、招标文件审核、发布招标公告，以及开标、评标、定标等程序，依法及时处理质疑和投诉。

3. 编制好招标文件。要抓紧确定招标代理机构，加强业务交流，根据《国家中药材流通追溯体系主要设备参数要求》、《国家中药材流通追溯体系智能溯源秤接口规范》两个技术规范（具体见附件6、7），按照各地方案共同编制好招标文件。同时，要会同有关部门对招标文件进行严格把关，加强审核论证，确保招标文件科学合法，防止出现语义含混不清、指定特定投标人或产品、含有倾向性或者排斥潜在投标人内容等问题。

4. 严格备案手续。各地招标公告发布前，要将招标公告和招标文件送商务部（市场秩序司）备案，并告知开标时间，商务部将视情派人参加；政府采购合同签订后7个工作日内，要将采购合同副本及中标企业资质材料（复印件）报商务部（市场秩序司）备案。

5. 严格禁止转包和分包。禁止追溯项目承办企业将其中标的全部项目转包或将其拆解分包给他人。对于发现的转包和分包行为要予以纠正，参与转包和分包的承办企业将被记入黑名单，禁止其参加以后的中药材流通追溯体系建设项目投标活动。

072

商务部办公厅关于做好2012年中药材流通追溯体系建设试点项目招标工作的通知

商务部办公厅

2013年2月25日

保定、亳州、玉林、成都商务主管部门：

为抓紧完成中药材流通追溯体系建设项目招标，加快追溯体系建设进度，保证项目建设质量，现就有关事项通知如下：

一、增强工作责任感和紧迫感

各地要切实增强工作责任感和紧迫感，将项目招投标作为当前工作的重中之重，集中力量抓紧抓好，尽快依法确定系统集成商（项目承办企业），完成专用设备和通用设备采购。技术方案尚需完善的地区，要加快进度，统筹好方案修改与招投标工作，尽快完成招标。

二、加强业务研究和沟通协调

一是加强业务研究。要深入研究国家和地方有关政府采购方面的法律法规、规章和政策，准确把握招标的基本程序与要求，学习借鉴其他政府部门在招投标方面好的做法与经验。

二是加强部门间协调。要依托中药材流通追溯体系建设组织领导机构，健全部门间协作机制，加强与信息化、政府采购等相关主管部门的协调，争取理解与支持，理顺工作关系。

三、完善招标计划和招标方式

要按照“降低成本、提高质量、加快进度”的总体要求，针对项目建设的实际需要，以及软件开发与系统集成、专用硬件设备、通用软硬件设备等采购任务的不同特点，制订科学的招标计划，合理划分招标项目，完善采购方式。

系统集成招标，要严格按照商务部、财政部确定的资质条件，选择资质高、信誉好、技术强的承办企业，负责软硬件环境搭建、软硬件设备采购、安装与测试等组织实施工作。

四、严格资格条件的设定与审查

一是严格设定资格条件。各地要严格按照《政府采购法》第二十二条和《财政部办公厅商务部办公厅关于2012年支持酒类追溯体系建设等商贸流通服务业项目发展有关问题的通知》（财办建〔2012〕111号）的规定，设定投标企业的资格条件，严禁降低标准和要求；接受联合体投标的，必须严格执行《政府采购法》第二十四条第二款规定。

二是严格审查资质条件。要按照《政府采购法》及有关法律法规要求，严格遵守审查的程序和要求。在审查过程中，要对照招标文件规定，逐项认真审核投标企业营业执照、资质证明、业绩证明等材料，尤其要考察投标企业本地服务能力，严防不合格企业骗取中标。

五、严格执行政府采购程序

一是严格审批及招标程序。要严格按照《政府采购法》、《政府采购货物和服务招标投标管理办法》及当地政府采购法规规章要求，履行项目立项、采购方式审批、招标文件审核、发布招标公告，以及开标、评标、定标等程序，依法及时处理质疑和投诉。

二是编制好招标文件。要抓紧确定招标代理机构，加强业务交流，根据《商务部办公厅财政部办公厅关于开展2012年中药材流通追溯体系建设试点的通知》（商办秩函〔2012〕881号）要求和《国家中药材流通追溯体系主要设备参数要求》、《国家中药材流通追溯体系智能溯源秤接口规范》两个技术规范（见附件1、2），按照各地方案共同编制好招标文件。同时，要会同有关部门对招标文件进行严格把关，加强审核论证，确保招标文件科学合法，防止出现语义含混不清、指定特定投标人或产品、含有倾向性或者排斥潜在投标人内容等问题。

三是严格备案手续。各地招标公告发布前，要将招标公告和招标文件送商务部（市场秩序司）备案，并告知开标时间，商务部将视情派人参加；政府采购合同签订后7个工作日内，要将采购合同副本及中标企业资质材料（复印件）报商务部（市场秩序司）备案。

四是严格禁止转包和分包。禁止系统集成商将其中标的全部项目转包或将其拆解分包给他人。对于发现的转包和分包行为要予以纠正，参与转包和分包的集成商将被记入黑名单，不允许其参加以后的中药材流通追溯体系建设项目投标活动。

商务部将会同财政部进一步加强对各地招投标的监督检查。对于招标进展缓慢、影响试点工作进度，特别是因为违规操作、工作失误导致招标推迟甚至废标的，将予以通报；招标工作严重滞后，将取消试点资格；招标中出现严重违法行为的，将取消试点资格并依法追究相关责任。

附件：

国家中药材流通追溯体系智能溯源秤接口规范（见 079）

国家中药材流通追溯体系主要设备参数要求（见 078）

073

国家中药材流通追溯体系建设规范

一、前言

为进一步明确国家中药材流通追溯体系试点工作任务与要求，特制定本规范。本规范规定了国家中药材流通追溯体系的建设目标、基本原则、总体框架、追溯流程、追溯实现方式及信息采集、传输、应用等内容，明确了中药材流通追溯体系建设的基本准则和要求。适用于中药材流通追溯系统的建设和验收。

二、适用范围

中药材流通追溯体系覆盖试点城市所有中药材品种、中药材种植和养殖企业、中药材经营户和经营企业、中药材专业市场、中药饮片生产企业和中成药生产企业、中药饮片经营企业、医疗机构及零售药店。中药材流通追溯体系以追溯信息链条完整性管理为重点。

三、术语和定义

1. 地方追溯服务中心。是指在试点城市建立的为中药材交易双方提供经营主体登记、流通服务卡发放、药材登记、检验服务、交易登记及赋码、电子结算等内容的服务性机构。

2. IC 卡。又称集成电路卡，是在聚氯乙烯（PVC，塑料产品之一）材料上嵌置一个或多个集成电路芯片，尺寸遵照国际标准（如 ISO 7810）规定，用于记录和传递信息的卡片。

3. CPU 卡。又称智能卡，是指带有微处理器、具有一定信息处理能力的 IC 卡。

4. 流通服务卡。是指中药材经营主体所持的身份凭证和记录、传递交易过程信息的载体。按照商务部规定的信息记录格式和加密规则，由试点城市地方追溯服务中心监制并统一配发给中药材经营主体。一般采用 IC 卡或 CPU 卡，全国统一标识，统一样式。

5. RFID。又称无线射频识别技术，是一种非接触式的、可通过无线射频信号自动识别特定目标对象并读写相关数据的通信技术。一般由 RFID 标签、读写器和天线组成。

6. 条码。此处主要指二维码（QR 码），是指某种特定的几何图形，按一定规律在二维方向上分布的黑白相间的图形标识符，用于记录数据信息；与条码相比，二维码具有信息容量大、纠错能力强等特点。

7. 追溯码。是指由各子系统按照系统统一编码规则自动生成，标注于交易凭证或中药材包装物上，用于查询中药材流通追溯信息的代码。由数字组成，在全国具有唯一性。

8. 电子台账。用于详细记录中药材流通全过程信息，并按照规定的数据采集标准建立的电子文档。

9. 认证凭证。是指经商务部或有关部门按照中药材流通追溯标准进行检验、产地认证的依据。

10. 交易凭证。在中药材流通过程中产生的带有追溯码的流通单据，是后续环节分批验货的基本依据。

11. 智能溯源秤。是指集称重、非接触式 IC 卡读写、摊位号管理、多批次管理、限量控制、支持二维码凭证打印等功能，并能通过有线或无线等方式接收、传输相关信息的电子秤。

12. 无线环境传感网络设备。是指在中药材种植和养殖环节、中药材或饮片运输和仓储环节，通过无线传感网络，传感器能够满足采集土壤温度、土壤湿度和光照强度，空气温度、空气湿度的数据和传输要求，且传感器能以树状和网状进行多跳自组网进行数据传输。

13. 移动（手持机）或固定式（查询机）追溯信息读写设备。是指具备条码识读、RFID 和 IC 卡读写等功能，并能通过 GPRS、WiFi 和蓝牙、ZigBee 等方式传输信息的移动式或固定式设备。适用于企业级的读写设备，企业经营主体进行批量出入库管理。

14. 查询终端。是指消费者通过追溯码查询中药材追溯信息的专用设备。

四、建设目标及原则

（一）建设目标

通过对中药材种植和养殖企业、中药材经营户和经营企业、中药材专业市场、中药饮片生产企业和中成药生产企业、中药饮片经营企业、医疗机构及零售药店等环节的关键信息进行电子化登记、管理和查询，建成中药材来源可追溯、去向可查证、责任可追究的中药材流通追溯链条。

提高生产经营主体安全责任意识，强化流通环节质量安全把关能力，促进中药材流通行业结构调整和流通发展方式转变，引导中药材流通企业开展集约化、规模化经营，提升中药材行业集中度和流通现代化水平。

（二）建设原则

1. 统一规划，逐步实施。根据国家中药材长远发展的需要，立足于当前追溯需求，统筹规划，建立统一标准、规范、管理制度。依据统一规划并根据各个试点地方的具体情况，在国家的统一安排下，逐步扩大试点范围。充分利用物联网、云计算等先进技术搭建技术架构，为追溯体系扩容建设预留空间。

2. 统一标准，数据共享。各试点城市采用统一标准的中药材流通追溯系统软件。通过统一的编码格式，数据采集格式和内容，确定的接口规范，实现地方中药材流通追溯平台（以下简称地方平台）与中央中药材流通追溯平台（以下简称中央平台）的数据同步，避免中药材流通追溯体系建设出现追溯链的断裂或信息孤岛现象。

3. 技术成熟、适用经济。在流通追溯体系建设初期，首先在地方推行技术成熟、成本易控制的IC卡为信息传递载体，通过成本较低的IC卡将各流通节点信息相关联。在信息化水平较高，条件许可的地方，可以采用无线射频识别(RFID)、CPU卡等技术模式。

五、国家中药材追溯体系两级架构说明

按照“统一规划、统一标准、统一建设、分级管理”的原则，按照统一标准建设中央、地方两级追溯平台，形成上下贯通、协调运作、功能互补的全国追溯管理工作体系，作为政府部门开展流通追溯管理和公共信息服务的工作基础（见图1）。

图1　国家中药材流通追溯体系功能架构

中央平台主要承担全国中药材流通追溯信息查询和中央有关政府部门监管、统计分析功能，地方平台主要承担地方政府监管、各流通节点管理和地方政府有关部门统计分析功能。

（一）中央中药材流通追溯平台

中央平台，作为全国各试点城市数据的汇集中心，全国追溯信息的集中管理中心，以及全国追溯体系日常运行的指挥调度中心。系统具体功能如下：

1. 门户服务系统

门户服务系统提供数据信息统一发布，数据中心的统一访问和管理。

国家中药材流通追溯系统门户（www.zyczs.gov.cn），提供全国统一、唯一的中药材流通追溯信息查询途径。发布问题中药材警示信息，引导消费。通过专业查询终端、网络查询、手机终端、12312、12331热线、短信等渠道，为交易主体和消费者提供查询和举报投诉服务。

2. 中药材追溯系统

作为全国中药材流通经营主体信息库，并按主体性质、主体类型、所属地区等进行存储和检索。汇集各试点城市流通追溯过程信息。

建立非试点城市的各环节追溯子系统，系统使用对象为非试点城市各流通节点主体单位，功能与地方中药材追溯各子系统系统功能相同。

3. 编码管理系统

依据《国家中药材流通追溯体系编码规则》，中央和地方中药材流通追溯平台采用统一编码、统一发码、统一验码系统。

中药材全产业链试点地方企业或流通主体按照全国统一编码规则、传输格式、接口规范，改造现有内部追溯管理系统，实现对所经营的中药材流通信息的标准化采集。

4. 监管辅助系统

监管辅助系统包含应急管理、考核评价管理和企业诚信管理、资产设备管理四个子系统。

应急管理：根据全国中药材流通追溯信息，第一时间明确应急事件产生的上下游环节，锁定源头、追踪流向，向相关地方城市主管机构、经营主体及消费者发布警示信息，并利用智能化手段，支持有关部门依法开展问题产品下架、退市、召回等应急处置工作。

考核评价管理：建立试点城市追溯工作考核管理制度及动态考核指标，定期对各流通节点追溯工作进行考核和评估，实现按季度或按月对各流通节点信息传输的及时性、规范性、真实性、连续性的横向比较和纵向分析。建立问题发现模型库，形成对问题的筛选、定性与程度评价的统一方法，对各试点城市信息报送进行有效监控，存在问题的及时予以警示。

企业诚信管理：建立全国中药材流通经营主体和经营户信用评价制度，建立信用登记指标体系和分析模型库，按照信息完整度、交易次数、诚信评价、不诚信行为等指标进行信用登记评价，建立企业诚信档案，并在相关网站予以公示。对严重违规、失信者实行行业禁入。

资产设备管理：汇总各试点城市设备运行状态和生命周期全过程的管理，包括设备分类、统一编号、设备领用登记备案，对设备调整、使用、维护、状态监测、故障诊断，以及维修信息的收集、处理等全部管理工作。建立设备固定资产档案、技术档案和运行维护原始记录。提高设备的完好率和利用率，降低维护费用。

5. 统计分析系统

按照全国中药材流通行业管理需要，建立统计分析指标体系和分析模型库，设定具体的统计分析项目，按日、周、月、年等周期，分品种、数量、价格等指标，综合运用同比、环比、走势、排行等方法进行统计分析。

（二）地方中药材流通追溯平台

按照统一的数据传输格式和接口规范，地方平台负责采集各节点数据信息，实现与中央平台和各流通节点追溯子系统互联互通，同时作为地方追溯信息的集中管理中心以及追溯体系日常运行的控制中心。平台具体功能如下：

1. 地方门户服务系统

地方门户服务系统与中央门户服务系统实现互联互通。提供信息发布管理功能，内容管理功能。

地方门户系统经统一部署，统一标准，建立在统一技术构架基础之上，信息可以实现基于特定权限共享呈送的“一群网站”，即中央门户系统对地方门户系统进行集中管理，形成“数据大集中”，有利于资源的整合和统一调配。地方门户服务系统可以在试点城市本地维护各自的网站信息，域名采用统一的二级域名模式。中央门户服务系统和各地方门户服务系统的信息可以互相共享呈送，实现网站群体系内的数据协同维护。

2. 地方中药材追溯系统

对纳入追溯范围的主体单位进行实名注册备案，签订追溯承诺书。建立专门的中药材流通主体信息库，汇总各流通节点主体基本身份信息，按主体性质、主体类别、经营范围、经营地点等进行存储和检索。

建立地方中药材流通追溯信息库，汇总各流通节点追溯子系统上报的追溯信息，按产地、流通节点、经营商户、追溯码等项目进行分级存储和检索，形成地方中药材流通追溯信息链条。按照商务部规定的具体采集指标及时限要求，将有关信息传送至中央平台。

3. 地方监管辅助系统

监管辅助系统包含应急管理、考核评价管理和企业诚信管理、资产设备管理四个子系统。

应急管理：根据中央平台提供的事件源头，响应应急事件、追踪流向，向相关经营主体及消费者发布警示信息，并利用智能化手段，支持有关部门依法开展问题产品下架、退市、召回等应急处置工作。

考核评价管理：制定追溯工作考核管理制度及动态考核指标，定期对各流通节点追溯工作进行考核和评估，实现按季度或按月对各流通节点信息传输的及时性、规范性、真实性、连续性的横向比较和纵向分析。建立问题发现模型库，形成对问题的筛选、定性与程度评价的统一方法，对各流通节点信息报送进行有效监控，存在问题的及时予以警示。

企业诚信管理：建立中药材流通经营主体和经营户信用登记评价制度，建立信用登记指标体系和分析模型库。按照信息完整度、交易次数、诚信评价、不诚信行为等指标进行信用等级评价的信息汇总，建立企业诚信档案，对严重违规、失信者实行行业禁入。

资产设备管理：对追溯设备寿命周期全过程的管理，包括设备分类、统一编号、设备领用登记备案，对设备调整、使用、维护、状态监测、故障诊断，以及维修信息的收集、处理等全部管理工作。建立设备固定资产档案、技术档案和运行维护原始记录。提高设备的完好率和利用率，降低维护费用。

4. 地方统计分析系统

适应地方中药材流通行业管理需要，建立统计分析指标体系和分析模型库，设定中药材各品种进货量、成交量、成交价等地方性统计分析项目，按日、周、月、年等周期，综合运用同比、环比、走势、排行等方法进行统计分析。

六、流通节点追溯子系统

按照统一的数据传输格式和接口规范，各流通节点子系统与地方平台连接，作为中药材流通追溯的信息采集点，同时发挥规范各个环节交易流程的作用。

（一）中药材产地追溯子系统（见图 2）

1. 种植和养殖企业登记

实名注册。对种植和养殖企业进行实名注册备案，签订追溯承诺书。已备案的种植和养殖企业无须再备案。同时企业维护 GAP 认证信息。

服务卡发放。对备案的种植和养殖企业发放中药材流通服务卡。种植和养殖企业须持卡交易。

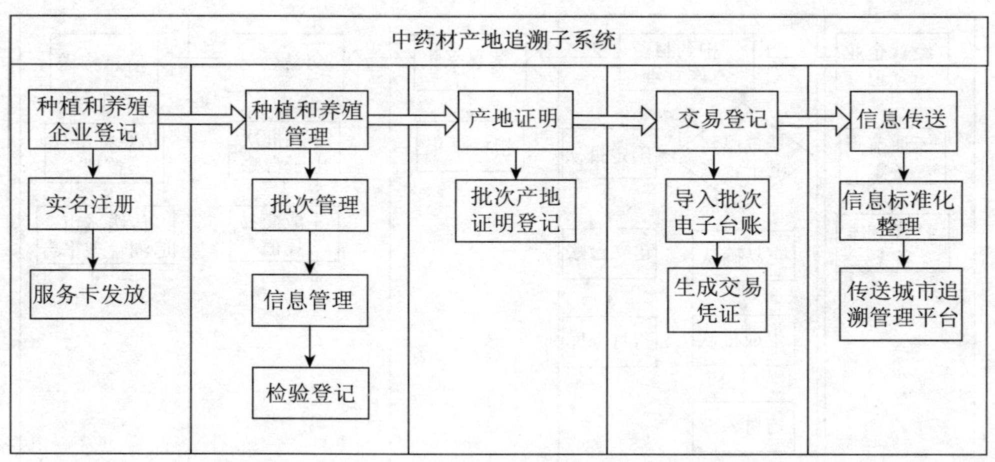

图 2　中药材产地追溯子系统

2. 种植和养殖管理

批次管理。种植和养殖企业登记种植和养殖品种、面积、时间、实际收获重量，并以此为一个批次。

信息管理。种植和养殖企业登记种植和养殖品种、面积、种植和养殖时间、预计产量、农业信息、实际产量、收获时间等信息。有条件的种植和养殖企业可记录施肥、光照、土壤温湿度等信息。

检验登记。种植和养殖企业有条件可以进行相关中药材的检验，与批次绑定，并提交地方平台。

3. 产地证明

中药材种植和养殖企业需要将产地证明上传到系统中，作为交易凭证内容。

4. 交易登记

为买卖双方进行交易登记，建立电子台账，将品种、价格、数量、买主、流向等交易信息进行登记并建立电子交易凭证。

5. 信息传送

追溯子系统按信息采集要求，自动对信息进行标准化处理并传送到地方平台。

（二）中药材经营企业追溯子系统（见图 3）

1. 经营企业登记

中药材经营企业备案登记。对经营企业进行实名注册备案，签订追溯承诺书。

服务卡发放。对备案的经营企业发放中药材流通服务卡。经营企业须持卡交易。

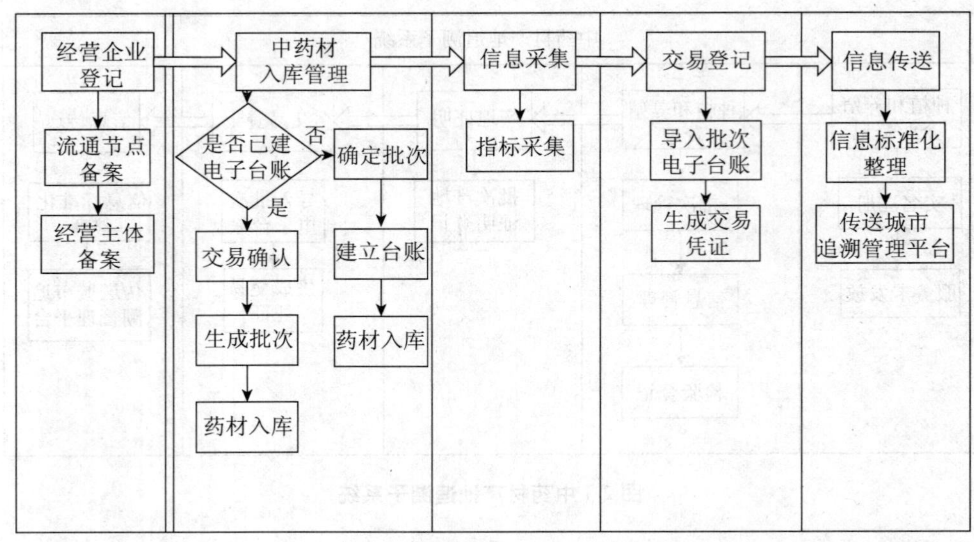

图 3 中药材经营企业追溯子系统

2. 中药材入库管理

(1) 已建立电子台账

交易确认。中药材经营企业对已建电子台账的中药材进行电子确认，确定进入经营企业电子台账。

生成批次。对已确认的中药材建立企业批次。

(2) 未建立电子台账

确定批次。对未进入流通追溯系统的中药材，以产地证明号或认证凭证号为批次管理依据，当次所进中药材为同一批次。

建立电子台账。由中药材经营企业登记品种、数量、产地证明号或认证凭证号、产地、种植和养殖企业等信息，建立以产地证明号或认证凭证号为索引的电子台账。

3. 信息采集

经营企业个性化信息采集，中药材应根据品种的不同性质，需分别贮存于常温库、阴凉库。经营企业可采集仓储温湿度等环境信息。

4. 交易登记

将中药材交易信息自动导入该批次电子台账。

5. 信息传送

追溯子系统按信息采集要求，自动对信息进行标准化处理并传送到地方平台。

（三）中药材专业市场追溯子系统（见图 4）

中药材专业市场追溯子系统采集中药材进场、检测、交易等关键环节信息。主要功能如下：

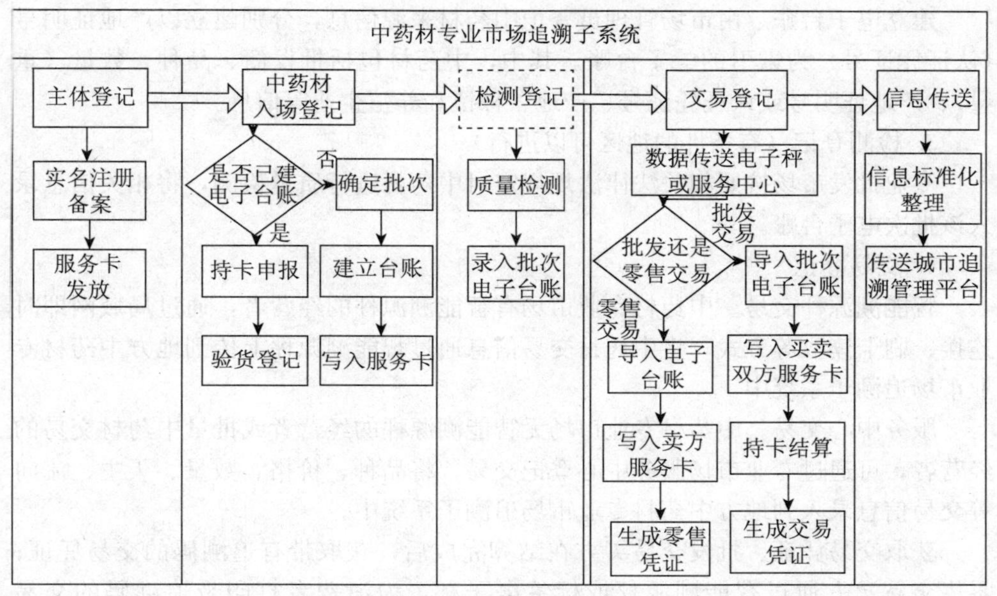

图 4 中药材专业市场追溯子系统

注：虚线框表示的中药材检验登记系统不作硬性要求，各试点城市可视具体情况决定是否建设。

1. 主体登记

实名注册。对进场经营者（批发商、零售商）进行实名注册登记备案，签订追溯承诺书。已在其他流通节点备案的经营者无须再备案。

服务卡发放。对备案的经营者发放中药材流通服务卡。经营者须持卡交易。

2. 中药材入场登记

（1）已建立电子台账

持卡申报。入场中药材信息已经在上一流通环节进入到流通追溯系统中，经营者入场后需向专业批发市场持卡申报，出示上一环节的交易凭证，市场管理员以交易凭证为验货的依据。

验货登记。市场管理员现场验货并登记，系统读取流通服务卡中经营者信息，完成与系统中该批次中药材信息的匹配验证。

（2）尚未建立电子台账

确定批次。入场中药材信息尚未进入到流通追溯系统中，以中药材产地证明或认证凭证为批次管理依据，同一批发商的同一张产地证明或认证凭证的中药材为同一批次。

建立电子台账。由市场管理员登记中药材来源信息，分别建立以产地证明号（认证凭证号）为索引的电子台账。其中，中药材包括批发商、品种、数量（重量）、产地证明号或认证凭证号、产地、种植和养殖企业等信息。

3．检测登记（有条件的地区可以进行）

专业批发市场按照相关法律法规规定对中药材进行质量检测，将相关信息录入该批次电子台账。

4．交易登记

智能溯源秤交易。中药材专业市场有智能溯源秤的经营者，通过局域网即时连接、刷卡读取等方式，将中药材交易信息通过智能溯源秤上传到地方中药材专业市场追溯子系统中。

服务中心交易。中药材专业市场无智能溯源秤的经营者或批量中药材交易的经营者，可通过专业市场服务中心登记交易，将品种、价格、数量、买主、流向等交易信息录入到地方中药材专业市场追溯子系统中。

获取交易凭证。批发交易买方在结算完成后，获取带有追溯码的交易凭证；零售交易卖方通过智能溯源秤或标签电子秤，为消费者打印带追溯码的交易凭证。

5．信息传送

信息标准化整理。追溯子系统按信息采集要求，自动对信息进行标准化整理。

信息同步。登记备案信息及交易信息传送至地方平台，各试点城市可根据需要增加个性化采集指标，所采集数据也需传送到中央平台。

（四）中药饮片生产追溯子系统（见图5）

中药饮片生产企业建立以进货确认、检验管理、交易登记为核心内容的追溯子系统。主要功能如下：

1．饮片生产企业备案

中药材饮片生产企业备案登记。对饮片生产企业进行实名注册备案，签订追溯承诺书。同时维护经营企业GMP认证信息。

2．入库登记

（1）已建立电子台账

中药饮片生产企业采购已建立电子台账的中药材。

交易确认。中药饮片生产企业对已建电子台账的中药材进行电子确认，确定进入饮片生产企业台账。

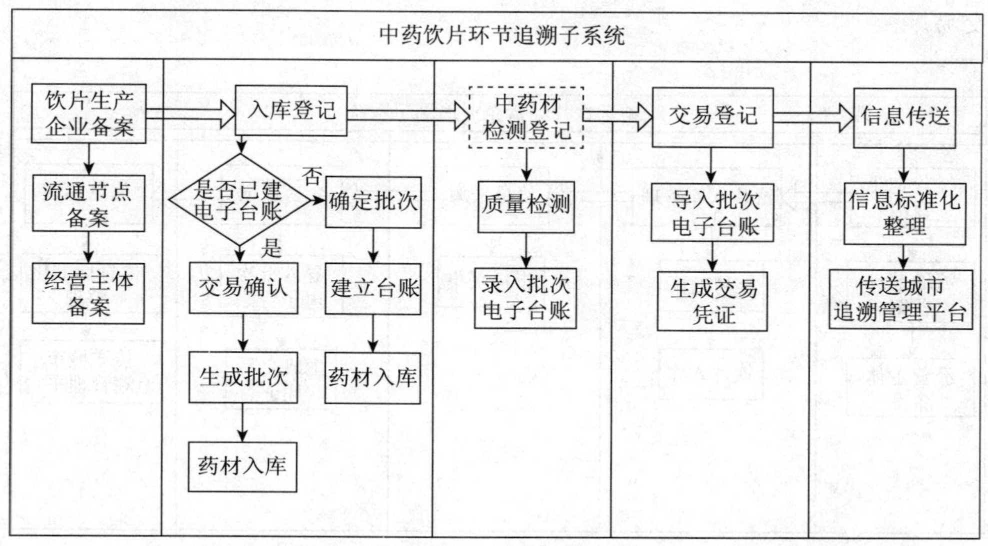

图 5　中药饮片环节追溯子系统

确定批次。对已确认的中药材建立企业原料批次。

（2）未建立电子台账

确定批次。对未进入流通追溯系统的中药材，以产地证明号或认证凭证号为批次管理依据，当次所进中药材为同一批次。

建立电子台账。由饮片生产企业登记品种、数量、产地证明号或认证凭证号、产地、种植和养殖企业等信息，建立以产地证明号或认证凭证号为索引的电子台账。

3. 检测结果登记

生产企业按要求对中药材进行质量检测，将相关信息录入该批次电子台账。检测不合格的，自动中止交易。

4. 交易登记

将中药饮片交易信息自动导入该批次电子台账。

5. 信息传送

追溯子系统按信息采集要求，自动对信息进行标准化处理并传送到地方平台。

（五）中药饮片经营企业追溯子系统（见图 6）

1. 经营企业登记

流通节点备案。对中药饮片经营企业进行实名注册备案，签订追溯承诺书。

同时维护经营企业 GSP 认证信息。

服务卡发放。对备案的经营者发放中药材流通追溯服务卡。经营企业须持卡交易。

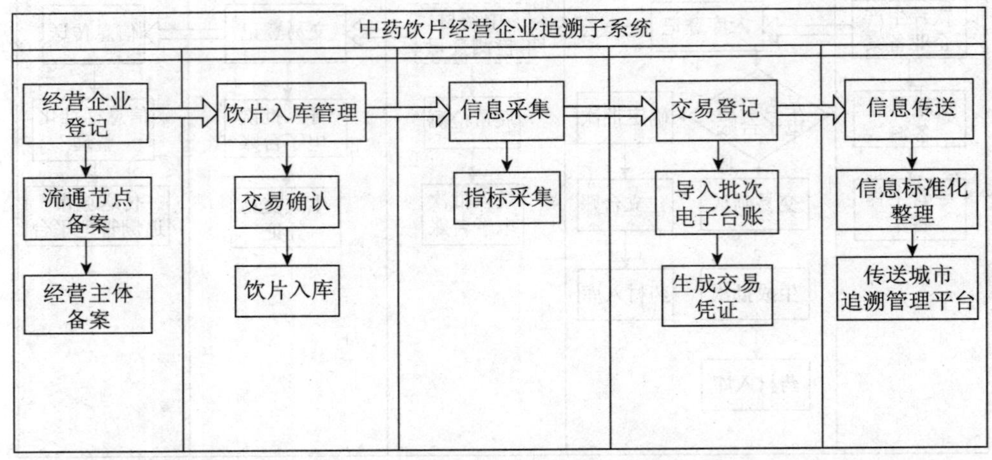

图 6　中药饮片经营企业追溯子系统

2. 饮片入库管理

登记采购的中药饮片品种、产地、重量、生产企业、生产时间、流通节点等信息。

3. 信息采集

经营企业个性化信息采集，中药饮片应根据品种的不同性质，需分别贮存于常温库、阴凉库。经营企业可采集仓储温湿度等环境信息。

4. 交易登记

将中药饮片交易信息自动导入该批次电子台账。

5. 信息传送

追溯子系统按信息采集要求，自动对信息进行标准化处理并传送到地方平台。

（六）中药饮片使用环节追溯子系统（见图 7）

在饮片使用环节建立以医疗机构及零售药店管理和消费者信息查询为主要内容的追溯子系统。主要功能如下：

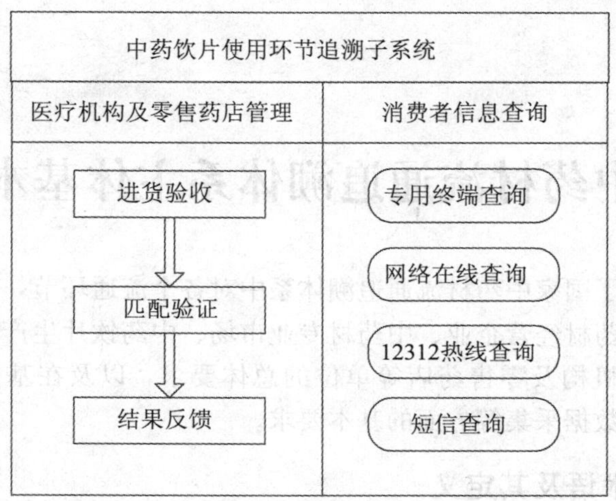

图 7　中药饮片使用环节追溯子系统

1. 医疗机构及零售药店管理

进货验收。采购员运回所采购的中药饮片后，由单位管理员通过追溯子系统进行现场验收。

匹配验证。将信息自动导入追溯子系统，完成与系统中所属批次信息的匹配验证，结果自动反馈城市追溯管理平台。

2. 消费者信息查询

试点城市通过在专业市场、医疗机构及零售药店安装专用的查询终端，开通手机短信、互联网、热线电话等查询通道，供消费者查询中药材流通相关信息。

七、推广先进的技术模式

（一）多项技术集成模式

综合运用 RFID 标签、物联网等技术手段，在不同环节对中药材追溯单元进行特定化标识，实现中药材流通服务卡内信息与追溯客体的准确匹配。适用于多环节、包装化、品牌化的中药材追溯。

（二）现代物流服务模式

引导药材流通和物流企业在仓储、运输等物流过程中，制定相应的物流技术保障措施和制度，保证药品的安全性和有效性，配送的及时性。

（三）电子交易结算模式

鼓励药材流通企业运用现代信息技术，逐步实行基于信息化的新型电子支付、电子结算和电子交易等方式，降低交易成本。

074

国家中药材流通追溯体系主体基本要求

本规范规定了国家中药材流通追溯体系中对各个流通环节，包括中药材种植和养殖企业、中药材经营企业、中药材专业市场、中药饮片生产企业、中药饮片经营企业、医疗机构及零售药店等单位的总体要求，以及在基础管理、追溯管理、流程管理、数据采集等方面的基本要求。

一、关键术语及其定义

下列术语和定义适用于本规范。

（一）地方追溯服务中心。是指在试点城市建立的为中药材交易双方提供经营主体登记、流通服务卡发放、药材登记、检验服务、交易登记及赋码、电子结算等内容的服务性机构。

（二）智能溯源秤。是指集称重、非接触式 IC 卡读写、摊位号管理、多批次管理、限量控制、支持二维码凭证打印等功能，并能通过有线或无线等方式接收、传输相关信息的电子秤。

（三）流通服务卡。是指中药材流通经营主体所持的身份凭证和记录、传递交易过程信息的载体。按照商务部规定的信息记录格式和加密规则，由试点城市地方追溯服务中心监制并统一配发给中药材经营者。一般采用 IC 卡或 CPU 卡，全国统一标识，统一样式。

（四）卡单同行。卡单同行是指中药材流通服务卡与中药材交易凭证共同跟随中药材购买方。

二、中药材种植和养殖企业基本要求

（一）总体要求及追溯管理办法

1. 总体要求

通过建立覆盖中药材种植/养殖信息登记、质量检测及交易等关键环节的全程信息管理，达到对中药材种植/养殖的信息追溯要求。以产地证明和检测合格证明为中药材来源依据，以中药材交易凭证、追溯系统流向记录为依据，确保中药材种植/养殖信息与流向信息相关联。

2. 追溯管理

建立企业内部网络，配置与中药材追溯相适应的硬件设备，安装中药材种植/养殖追溯子系统，通过互联网与地方中药材流通追溯平台连接。配置合适的交易终端。落实专职管理人员，负责对中药材种植/养殖追溯子系统进行日常管理。管理人员必须具备计算机基本常识，熟悉业务流程，能熟练应用中药材种植/养殖追溯子系统，确保长效运行。

凭中药材流通服务卡准入，凭产地证明和检测合格证明准出。确保中药材种植/养殖信息对接中药材流通信息。

（二）业务流程管理

1. 中药材种植和养殖企业备案

中药材种植和养殖企业凭营业执照及复印件，到地方追溯服务中心进行备案。由地方追溯服务中心登记其基本信息，并写入中药材流通服务卡，发放给中药材种植和养殖企业，实行持卡交易。

2. 中药材种植/养殖信息登记管理

中药材种植和养殖企业在种植/养殖开始时通过中药材种植/养殖追溯子系统向地方中药材流通追溯平台申请新建可追溯种植/养殖任务，由地方中药材流通追溯平台自动分配种植/养殖批次码，中药材种植和养殖企业将种植/养殖信息录入到中药材种植/养殖追溯子系统。

3. 中药材种植/养殖批次管理

以一个地块同一时间段种植/养殖的中药材为一个批次。不同批次的中药材种植/养殖信息应分开保管，分清每一批次。

4. 中药材采收批次管理

同一批次种植/养殖的药材，分期采收和分药用部位采收的，不同时期采收的，需分清批次。

5. 检测信息登记

中药材收获后，由中药材种植和养殖企业按批次、品种进行质量检测，将检测结果（合格或不合格）录入中药材种植/养殖追溯子系统。

6. 中药材交易管理

中药材种植和养殖企业进行交易信息录入，将中药材种植/养殖信息与流向信息相关联，打印追溯码或交易凭证。

三、中药材经营企业基本要求

（一）总体要求及追溯管理办法

1. 总体要求

通过建立中药材流通登记及交易等关键环节的信息管理，达到对中药材流通的信息追溯要求。以产地证明或检测合格证明为来源依据，以中药材交易凭证、中药材流通服务卡为中药材流向依据（卡单同行），确保中药材来源信息与流向信息相关联。

2. 追溯管理

建立企业内部网络，配置相适应的硬件设备，安装中药材经销环节追溯子系统，通过互联网与地方中药材流通追溯平台连接。配置合适的交易终端，落实专职管理人员，负责对中药材经销环节追溯子系统进行日常管理。

凭产地证明或检测合格证明准入，凭交易凭证、中药材流通服务卡准出，确保中药材来源信息对接中药材流向信息。

（二）业务流程管理

1. 中药材经销商备案

中药材经销商凭营业执照及复印件，到地方追溯服务中心进行备案。由地方追溯服务中心登记经销商基本信息，并写入中药材流通服务卡，发放给经销商，实行持卡交易。

2. 中药材来源管理

对未进入追溯体系的中药材，经销商根据产地证明或检测合格证明，自行录入中药材来源地、品种、数量等信息。

对已进入追溯体系并在电子台账中登记的中药材，由经销商验证（交易凭证）收货，读取流通服务卡或在中药材经销环节追溯子系统上确认收货信息，完成与地方中药材流通追溯平台中该批次中药材信息的匹配验证。

3. 中药材采购批次管理

以产地证明或检测合格证明为批次管理依据，同一张产地证明或检测合格证明的中药材为同一批次。不同批次的中药材应分开保管，分清每一批次。

4. 中药材交易管理

中药材经销商进行交易信息录入，将中药材来源信息与流向信息相关联，打印追溯码或交易凭证。

四、中药材专业市场基本要求

（一）总体要求及追溯管理办法

1. 总体要求

通过建立覆盖中药材进场登记、检测及交易等关键环节的全程信息管理，达到对中药材批发的信息追溯要求。以中药材产地证明或检测合格证明为中药材来源依据，确保来源信息与流向信息相关联。在批发市场内设置场内零售交易摊位的，采用智能溯源秤打印零售凭证。

2. 追溯管理

市场管理方在市场内需建立地方追溯服务中心，负责经营户登记备案、药材进场登记、交易信息登记、设备使用管理。建立企业内部网络，配置与专业市场相适应的硬件设备，安装中药材专业市场追溯子系统，通过互联网与地方中药材流通追溯平台连接。配置合适的交易终端，落实专职管理人员，负责对中药材专业市场追溯子系统进行日常管理。管理人员必须具备计算机基本常识，熟悉业务流程，能熟练应用中药材专业市场追溯子系统，确保长效运行。

凭产地证明或检测合格证明准入，凭交易凭证、中药材流通服务卡准出。确保中药材来源信息对接中药材流向信息，种植/养殖（收购）信息对接批发信息、批发信息对接中药饮片生产信息，实现信息环环相扣的追溯要求。

对于在专业市场内有场外交易的经营户，应按照中药材经营企业的基本要求进行处理。

（二）业务流程管理

1. 进场经营者（批发商、零售商）备案

进场经营者凭有效身份证件、营业执照及复印件，到专业市场追溯服务中心进行备案。由专业市场追溯服务中心登记经营者基本信息，发放中药材流通服务卡，实行持卡交易。

2. 中药材进场管理

对未进入追溯体系的中药材，在专业市场追溯服务中心登记窗口，由市场管理员验证产地证明或检测合格证明，后按要求划分批次，并将信息输入中药材专业市场追溯子系统，生成电子台账。如无产地证明或检测合格证明，货主（批发商）应自行填写中药材来源地、品种、数量等信息，并签字确认，由市场管理员录入相关信息。

对已进入追溯体系并在电子台账中登记的中药材，市场管理人员验证收货，将信息自动导入中药材专业市场追溯子系统，完成与地方中药材流通追溯平台中该批次中药材信息的匹配验证。

3. 中药材批次管理

以产地证明或检测合格证明为批次管理依据，同一张产地证明或检测合格证明的中药材为同一批次。不同批次的中药材应分开保管，分清每一批次。

4. 检测信息登记

中药材进场登记后，有检测条件的市场可按批次、品种进行检测，将检测结果（合格或不合格）录入中药材专业市场追溯子系统。

5. 数据下传

完成中药材进场登记后，通过网络或读取流通服务卡，将中药材品种、批次号等信息在包装、销售前下传智能溯源秤。

6. 数据回传

智能溯源秤称重后，将交易的中药材品种、重量、批次号、交易凭证号等信息上传中药材专业市场追溯子系统。

7. 存储管理

应按中药材供应商、日期、批次分别存储，不得混批存储。

8. 追溯码打印

中药材专业市场有智能溯源秤的经营者，智能溯源秤支持追溯码打印功能，通过智能溯源秤快捷键或代码输入方式，可选择销售品种，设定销售价格，打印追溯码。

中药材专业市场无智能溯源秤的经营者或批量中药材交易的经营者，通过专业市场服务中心，按同一供应商同一批次包装并通过智能溯源秤进行交易，智能溯源秤支持追溯码打印，在包装上粘贴追溯码标签。

9. 交易管理

通过智能溯源秤或专业市场服务中心，将中药材来源信息与流向信息相关联，并打印追溯码或交易凭证。

五、中药饮片生产企业基本要求

（一）总体要求及追溯管理办法

1. 总体要求

通过建立覆盖中药材进货登记、检测及中药饮片生产、交易等关键环节的全程信息管理，达到对中药饮片的原料来源、生产、交易等信息追溯要求。以中药材产地证明和检测合格证明或地方中药材流通追溯平台内中药材电子台账为来源依据，确保来源信息与流向信息相关联。

2. 追溯管理

建立企业内部网络，配置相适应的硬件设备，安装中药饮片生产追溯子系统，通过互联网与地方中药材流通追溯平台连接。配置电脑、标签打印机等设备。落实专职管理人员，负责对中药材饮片生产追溯子系统进行日常管理。管理人员必须具备计算机基本常识，熟悉业务流程，能熟练应用中药饮片生产追溯子系统，确保长效运行。

凭产地证明和检测合格证明或交易凭证准入，凭交易凭证和追溯标签准出。确保中药材来源信息对接中药饮片生产，中药饮片生产信息和经销信息对接医院（药店）使用信息，实现信息环环相扣的追溯要求。

（二）业务流程管理

1. 中药饮片生产企业备案

中药饮片生产企业凭营业执照、药品生产许可证及复印件，到地方追溯服务中心进行备案。由地方追溯服务中心登记基本信息，发放中药材流通服务卡。

2. 中药材来源管理

对未进入追溯体系的中药材，从产地直接采购的中药材由中药饮片企业验证产地证明或检测合格证明后按要求划分批次，并将信息输入中药饮片生产追溯子系统，生成电子台账。如无产地证明或检测合格证明，中药饮片生产企业应自行填写中药材来源地、品种、数量和检测等信息。

对已进入追溯体系并在电子台账中登记的中药材，中药饮片生产企业验证收货，读取流通追溯码或通过中药饮片生产追溯子系统确定订单，完成与地方中药材流通追溯平台中该批次中药材信息的匹配验证。

3. 中药饮片生产批次管理

同一批中药材生产的中药饮片作为一个批次，由企业在中药饮片生产追溯子系统上登记批次号，申请批次码，不同批次的中药饮片应分开保管，分清每一批次。

4. 检测信息登记

中药材入库登记后，企业按批次、品种进行检测，将检测结果录入中药饮片生产追溯子系统，并上传检验报告。

中药饮片生产完成后，企业按批次、品种进行检测，将检验结果录入中药饮片生产追溯子系统，并上传检验报告。

5. 交易管理

中药饮片生产企业将中药饮片交易信息录入，将中药材来源信息与中药饮片流向信息相关联，打印追溯码或交易凭证。

六、中药饮片经营企业基本要求

（一）总体要求及追溯管理办法

1. 总体要求

通过建立覆盖中药饮片进货登记、交易等关键环节的信息管理，达到对中药饮片的来源、交易等信息追溯要求。以中药饮片追溯标签或电子台账为中药材来源依据，确保来源信息与流向信息相关联。

2. 追溯管理

建立企业内部网络，配置与相适应的硬件设备，安装中药饮片经销追溯子系统，通过互联网与地方中药材流通追溯平台连接。配置电脑、手持式交易设备、扫描设备等设备。落实专职管理人员，负责对中药饮片经销追溯子系统进行日常管理。管理人员必须具备计算机基本常识，熟悉业务流程，能熟练应用中药饮片经销追溯子系统，确保长效运行。

凭交易凭证、饮片追溯标签准入，凭交易凭证准出。确保中药饮片来源信息对接中药饮片医院使用信息，实现信息环环相扣的追溯要求。

（二）业务流程管理

1. 中药饮片经营企业备案

饮片经销企业凭营业执照、药品经营许可证、药品经营许可证及复印件，到地方追溯服务中心进行备案。由地方追溯服务中心登记基本信息，发放中药材流通服务卡。

2. 中药饮片入库管理

从中药饮片生产企业采购饮片后，在中药饮片经销追溯子系统上确认来源、品种、数量等信息进行收货，生成电子台账。

3. 交易管理

中药饮片经营企业将中药饮片交易信息录入，将中药材来源信息与中药饮片流向信息相关联，打印交易凭证。

七、医疗机构及零售药店基本要求

（一）总体要求及追溯管理办法

1. 总体要求

通过建立覆盖中药饮片进货登记、销售等关键环节的信息管理，达到对中药饮片的来源、交易等信息追溯要求。以中药饮片追溯标签或电子台账为中药饮片来源依据，确保来源信息与流向信息相关联。

2. 追溯管理

建立企业内部网络，配置与相适应的硬件设备，安装中药饮片使用追溯子系统，通过互联网与地方中药材流通追溯平台连接。配置电脑、手持式交易设备、扫描设备、多媒体查询机等设备。落实专职管理人员，负责对中药饮片使用追溯子系统、多媒体查询机进行日常管理。管理人员必须具备计算机基本常识，熟悉业务流程，能熟练应用中药饮片使用追溯子系统，确保长效运行。

凭交易凭证、饮片追溯标签准入，凭交易凭证准出。确保中药饮片来源信息对接中药饮片使用信息，实现信息环环相扣的追溯要求。

（二）业务流程管理

1. 医疗机构及零售药店备案

医疗机构及零售药店凭营业执照、药品经营许可证及复印件，到地方追溯服务中心进行备案。由地方追溯服务中心登记基本信息，发放中药材流通服务卡。

2. 供应商备案

对中药饮片供应商进行备案，建立基本信息档案。

3. 中药饮片入库管理

从中药饮片生产企业、中药饮片经营企业采购饮片后，在中药饮片使用追溯子系统上确认来源、品种、数量等信息进行收货，生成电子台账。

4. 销售管理

医疗机构及零售药店将中药饮片交易信息录入，将中药饮片来源信息与中药饮片流向信息相关联。

075

国家中药材流通追溯体系统一标识规范

本规范规定了国家中药材追溯体系中追溯标识要求，适用于整个中药材流通追溯体系。

（一）专用标识限于以下使用范围：

1. 设备类：包括中药材流通服务卡，读写机具，智能溯源秤、查询一体机，手持机，环境采集器，追溯标签等；

2. 宣传类：包括出版物、宣传品和纪念品，会议背板、条幅，相关网站、网页等；

3. 标识类：包括各类标识牌，货架标牌，追溯产品外包装，追溯小票等；

4. 其他：包括调查表、统计表，信封、信纸、便笺，名片、工作证、胸卡，公文袋、文件夹等。

（二）国家中药材流通追溯体系专用标识由标准图形组成，设有标准色2色。

（三）中药材流通服务卡。

1. 中药材流通服务卡（以下简称服务卡）是中药材流通经营者所持的身份凭证和记录、传递交易过程信息的载体，一般采用集成电路卡（IC卡）或智能卡（CPU卡）。

2. 服务卡正面由专用标识、“中药追溯信息系统身份识别卡”字样、卡号等组成；背面由使用须知、国家中药材流通追溯体系网址、联系方式等组成。

3. 服务卡长85.5毫米、宽54毫米、厚0.8毫米或1.8毫米，采用聚氯乙烯（PVC）、聚对苯二甲酸乙二醇酯（PET）或0.13铜钱等材料封装。相关质量标准按照ISO 10536执行。

（四）标识规范。

1. 体系名称：国家中药材流通追溯体系，简称：中药追溯。

2. 标识。

（1）方版标识：

方版标识

（2）长版标识（长宽比为 1∶3）：

长版标识

可根据实际需要按比例缩小或放大。中文：中药追溯，华文隶书。网址：www.zyczs.gov.cn，Calibri 字体。

3. 企业标准字。

优先采纳下述第一类中的规定，第一类规定中没有涉及的内容，参照第二类规定。

第一类：

（1）中央平台名称：

国家中药材流通追溯体系：华文中宋，一号字，加粗。

（2）地方平台名称：

国家中药材流通追溯体系（××站）：

国家中药材流通追溯体系，华文中宋，一号字，加粗；

（××站）：黑体，加粗，五号字。

（3）LOGO：

方版：

第二类：

设备类：黑体。

标识类：黑体。

宣传类：华文中宋。

其他类：华文中宋。

4. 标准色。

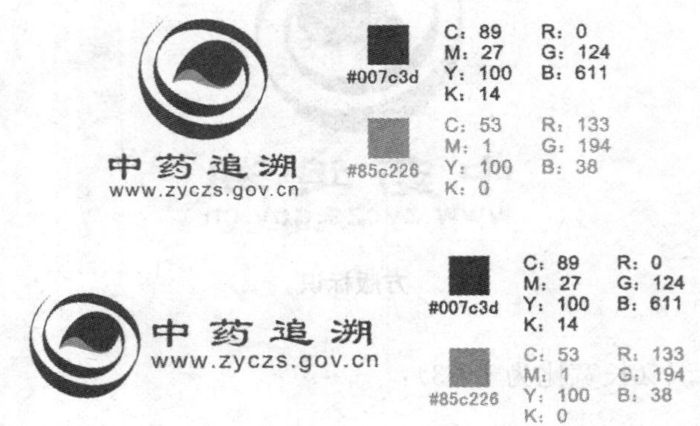

5. 追溯标签。

追溯标签正面由专用标识、“中药追溯”字样和国家中药材流通追溯体系及网址 www.zyczs.gov.cn 组成。溯标签分为大号标签和小号标签两种。小号标签的排版间隔均为 3mm，大号标签的排版间隔均为 5mm。

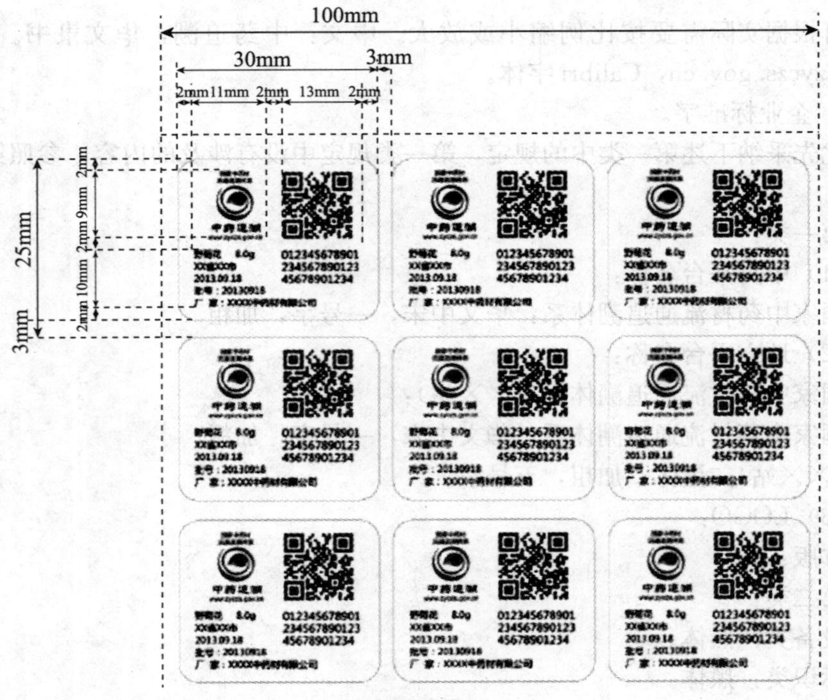

小号标签排版示意

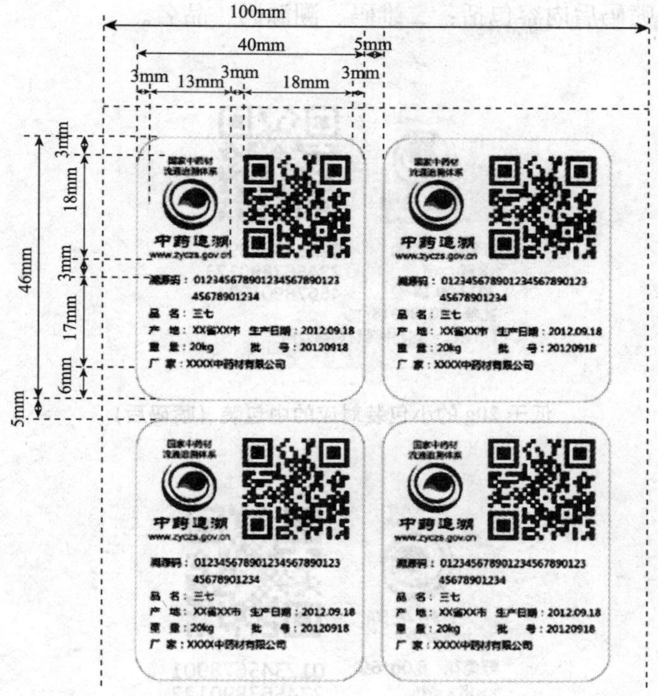

大号标签排版示意

（1）小号标签

小号标签尺寸为：长 30mm、宽 25mm、厚 0.1mm。标识长 8mm，宽 12mm。“国家中药材流通追溯体系”字样字号为 5px，字体为黑体。

标签用途：①用于低于 20g 的小包装；②用于与低于 20g 的小包装对应的中包装。

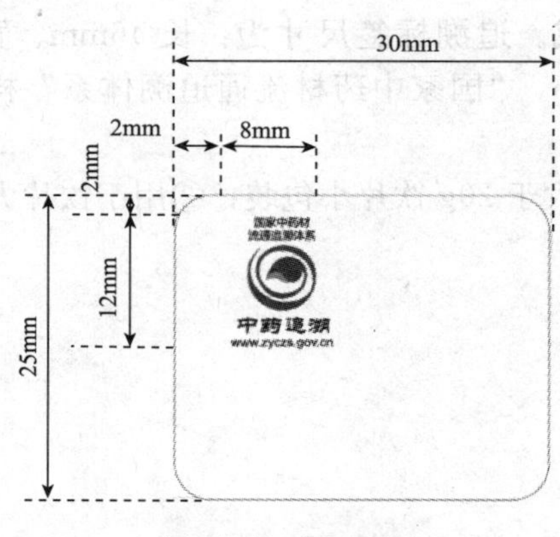

小号标签（喷码前）

小号标签喷码后内容包括：二维码、溯源码、品名。

低于 **20g** 的小包装对应的中包装（喷码后）

低于 **20g** 的小包装对应的中包装（喷码后）

（2）大号标签

内容：正面由专用标识“中药追溯”字样、国家中药材流通追溯体系及网址 www. zyczs. gov. cn 组成。追溯标签尺寸为：长 46mm、宽 40mm、厚 0. 1mm。标识长 23mm、宽 17mm。“国家中药材流通追溯体系”样字号为 7px，字体为黑体。

适用范围：①用于大于 20g 饮片小包装；②用于饮片大包装；③用于中药材包装袋。

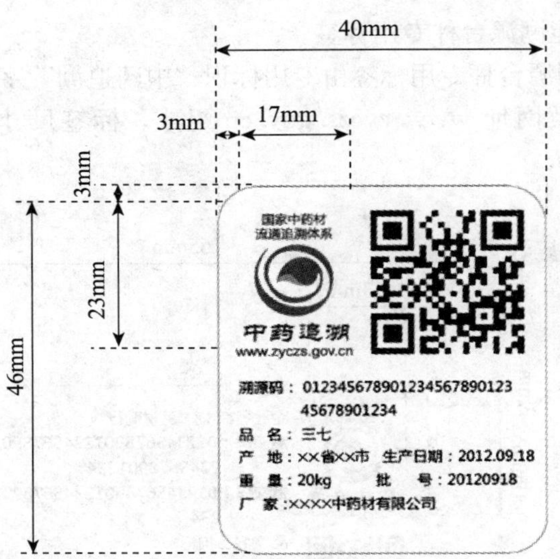

大于20g饮片小包装\饮片大包装\中药材包装袋标签（喷码后）

6. 中药材零售交易凭证。

中药材零售交易凭证内容由经营商户、溯源秤号、收据号、销售时间及产品的明细（品名、重量、单价、价格）、查询方式及技术支持和网址 www. zyczs. gov. cn 组成。

中药材零售小票标签

7. 中药材智能溯源台秤专用标签。

中药材智能溯源台秤专用标签由专用标识“中药追溯”字样、国家中药材流通追溯体系字样及网址 www. zyczs. gov. cn 组成。标签尺寸为：长 65mm、宽 40mm、厚 0. 1mm。

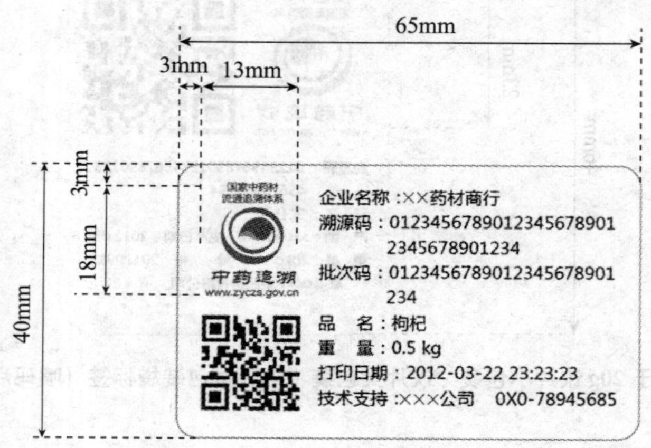

中药材批发吊牌标签

8. 饮片包装袋/药盒。

饮片包装袋正面透明区域尺寸：长≥16mm、宽≥27mm。

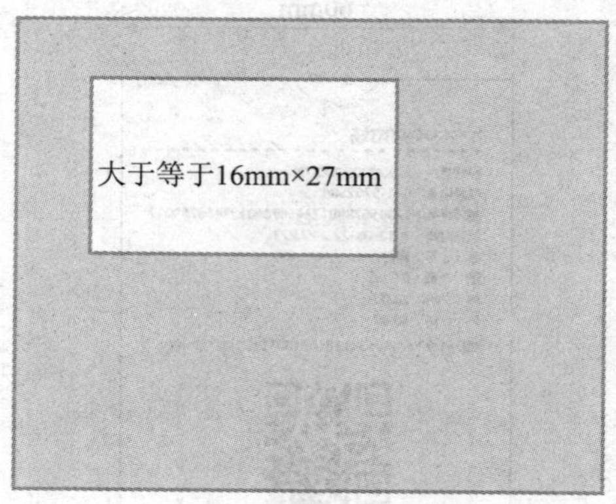

饮片包装袋正面透明区域

饮片包装袋/药盒背面用于粘贴追溯标签的空白区域尺寸：长≥35mm、宽≥30mm。

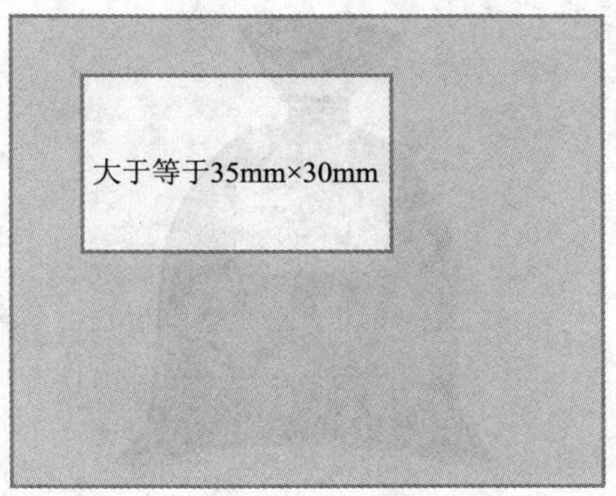

饮片包装袋/药盒背面空白区域

9. 中药材包装袋。

中药材包装袋包含专用标识、国家中药材流通追溯体系及其网址 www. zyczs. gov. cn，专用标识的面积占包装袋平铺面积的 1/3 以上。包装袋正面透明区域尺寸为 150mm×100mm，包装袋封口处右上角打孔铆口。

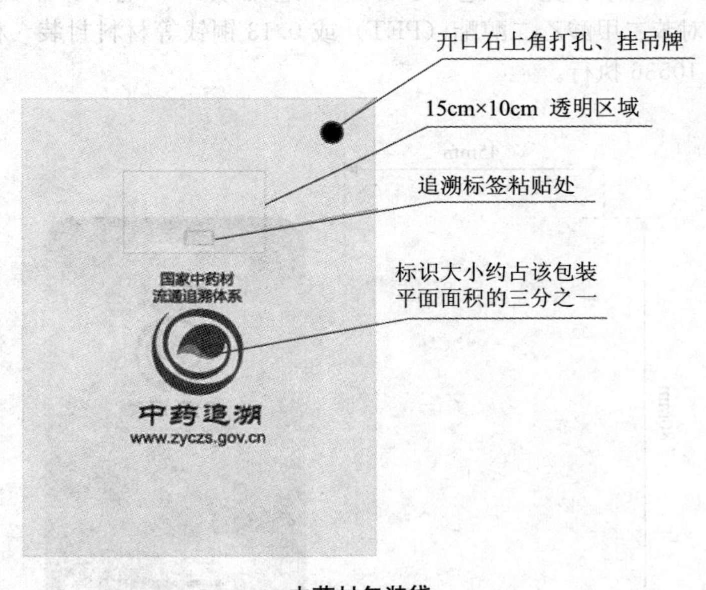

中药材包装袋

中药材包装袋立体示意图

10. 药材包装袋/中药材批发—吊牌。

药材包装袋吊牌正面由专用标识“中药追溯”字样、“国家中药材流通追溯体系”字样、网址 www. zyczs. gov. cn”等字样组成；背面为空白，用于粘贴标签。吊牌顶部需打孔。

吊牌长 80 毫米、宽 45 毫米、厚 0.8 毫米或 1.8 毫米，采用聚氯乙烯(PVC)、聚对苯二甲酸乙二醇酯（PET）或 0.13 铜钱等材料封装。相关质量标准按照 ISO 10536 执行。

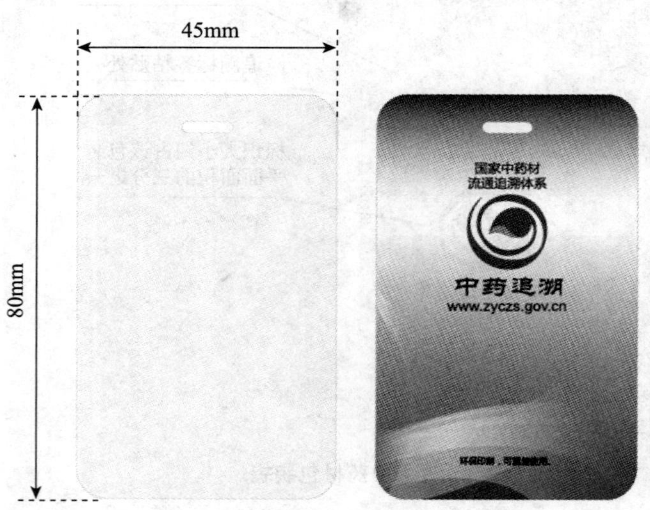

药材包装袋吊牌正反面

吊绳采用一次性扎带。规格为 4mm×150mm，材质为尼龙 PA66，防火等级高于 94V－2。

11. 身份识别卡。

身份识别卡正面由专用标识、“国家中药材流通追溯体系身份识别卡”字样、国家中药材流通追溯体系网址和编号等组成；背面由使用须知和二维码等组成。

流通服务卡长 85 毫米、宽 54 毫米、厚 0.8 毫米或 1.8 毫米，采用聚氯乙烯（PVC）、聚对苯二甲酸乙二醇酯（PET）或 0.13 铜钱等材料封装。相关质量标准按照 ISO 10536 执行。

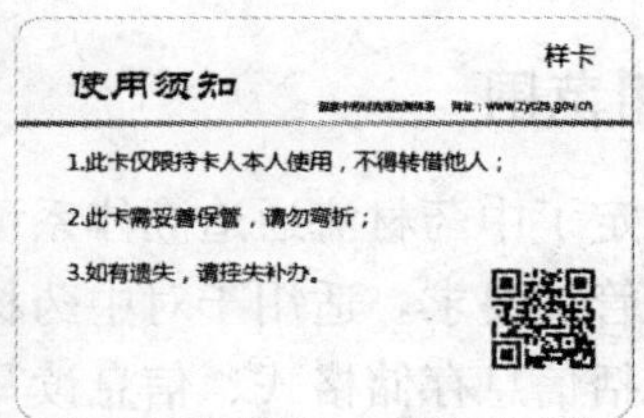

流通服务卡正、反面

076

国家中药材流通追溯体系设备及管理要求

一、适用范围

本规范规定了中药材流通追溯体系可能使用的存储介质、感知等设备的技术要求及其相关管理要求，适用于对中药材流通追溯体系内设备的管理和维护；本规范规定的包括信息存储格式、信息读写安全策略等内容适用于中药材流通追溯平台的数据采集和传输。

二、术语和定义

（一）智能溯源秤

是指集称重、非接触式 IC 卡读写、摊位号管理、多批次管理、限量控制、支持二维码凭证打印等功能，并能通过有线或无线等方式接收、传输相关信息的电子秤。

（二）移动支付溯源终端

是指中药材交易双方支付、交易、定位数据采集的专业设备。

（三）无线环境传感网络设备

是指在中药材种植和养殖环节、中药材或饮片运输和仓储环节，通过无线传感网络，传感器能够满足采集土壤温度、土壤湿度和光照强度，空气温度、空气湿度的数据和传输要求。且传感器能以树状和网状进行多跳自组网进行数据传输。

（四）智能读写终端

是指具备条码识读、RFID 和 IC 卡读写等功能，并能通过无线或有线方式传输信息的移动式或固定式设备。

（五）查询终端

是指消费者通过追溯码查询中药材流通追溯信息的专用设备。

（六）标签打印机

是指中药材流通追溯标签的专用打印设备。

（七）RFID

RFID 是 Radio Frequency Identification 的缩写，即射频识别，俗称电子标签。RFID 射频识别是一种非接触式的自动识别技术，它通过射频信号自动识别目标对象并获取相关数据，可识别高速运动物体并可同时识别多个标签，操作快捷方便。

(八) IC卡

IC卡又称集成电路卡，是在聚氯乙烯（PVC，塑料产品之一）材料上嵌置一个或多个集成电路芯片，尺寸遵照国际标准（如ISO 7810）规定，用于记录和传递信息的卡片。

三、设备要求

(一) 智能溯源秤

1. 规范性引用文件

下列文件对于本文件的应用是必不可少的。凡是注日期的引用文件，仅所注日期的版本适用于本文件。凡是不注日期的引用文件，其最新版本（包括所有的修改单）适用于本文件。

JJG 555—1996《非自动秤通用检定规程》

GB/T 7722—2005　电子台案秤

GB/T 191—2008　包装储运图示标志

GB/T 17626.2—2006　电磁兼容试验和测量技术静电放电抗扰度试验

GB/T 17626.3—2006　电磁兼容试验和测量技术射频电磁场辐射抗扰度试验

GB/T 17626.4—2008　电磁兼容试验和测量技术电快速瞬变脉冲群抗扰度试验

GB/T 17626.11—2008　电磁兼容试验和测量技术电压暂降、短时中断和电压变化抗扰度试验

2. 计量要求

电子秤作为称重计量用具，属于国家强制检定设备。必须符合相关国家标准，并具备省级以上质检部门出具的检定证书。

(1) 生产制造企业：电子计价秤《制造计量器具许可证》；

(2) 电子秤：电子计价秤《计量器具型式批准证书》；

(3) 型式评价合格报告：必须包含以下项目：

零点检查、称量测试、除皮、偏载、鉴别力、重复性、与时间有关的测试、倾斜、温度测试、电压变化、影响因子的性能试验、干扰性能测试（静电放电、射频电磁场辐射，电快速瞬变脉冲群，电压暂降、短时中断和电压变化）基本安全性能试验。

3. 环境适应性要求

要求终端（仪表）和秤体及传感器防护等级达到IP41防护等级，以满足中药材流通领域恶劣的使用环境。

按食品安全卫生要求，如果秤体与所称重的产品直接接触，则要求秤体采用食品级不锈钢台面。

工作温度：－10℃～＋40℃

相对湿度：≤90％

交流电源电压：220V＋/－15V

4. 功能要求

（1）称重满足 GB/T 7722—2005 电子台案秤国标要求；

（2）支持二维码打印；

（3）智能溯源秤应保证能按照《国家中药材流通追溯体系技术管理要求》中数据采集及传输技术的要求实现中药材流通环节信息的获取；

（4）能够通过无线或有线方式（地秤）与节点系统实时交换；

（5）在有效识别范围内可靠读取符合协议标准的标签，保证数据的完整性；

（6）具备良好的功能扩展性。

5. 通讯要求

（1）RFID 射频识别。

（2）数据传输支持无线、有线、USB 接口三种方式。

无线数据传输：

溯源秤可使用 ZigBee/WiFi/GPRS/CDMA/WCDMA 等方式传输数据，地秤数据推荐采用 GPRS/CDMA/WCDMA 技术进行无线传输。

有线数据传输：

配置 RJ－45 网络标准接口，采用 TCP/IP 协议，支持以太网通信方式，传输数据准确。

USB 接口：

支持 Host USB2.0 标准接口，支持本地数据下载，传输数据准确。

6. 维护要求

智能溯源秤应定期由承建商进行维护和检查，保证溯源秤与地方中药材流通追溯平台之间数据传输的准确性。

（二）移动支付溯源终端

有条件的试点城市可开展中药材交易的电子结算业务，电子结算可以采用移动支付溯源终端手段。

1. 环境适应性要求

工作温度：－10℃～＋50℃

存储温度：－20℃～＋60℃

相对湿度：5％～95％，无凝露

2. 功能要求

移动支付溯源终端应满足以下功能要求：

（1）电子结算交易功能，支持中国银联卡支付以及交易记录自动采集；

（2）支持交易凭证打印；

（3）具备良好的功能扩展性。

（三）无线环境传感网络设备

有条件的试点城市可采用无线环境传感器设备对中药材种植/养殖条件、中药材仓储物流条件进行数据采集，实现对中药材种植/养殖和物流仓储环境的管理。

1. 环境适应性要求

为满足中药材在种植/养殖领域的使用环境要求，无线环境传感器具备如下基本条件：

（1）工作温度：－20℃～60℃。

（2）存储温度：－35℃～65℃。

（3）湿度：35％～100％。

2. 功能要求

（1）多跳自组网功能：传感器能以树状和网状进行多跳自组网进行数据传输。

（2）多种数据采集功能：传感器能够满足空气温度、空气湿度、土壤温度、土壤湿度和光照数据的采集和传输要求。

（3）采集频率可调功能：传感器数据采集频率可调。

（4）实时数据传输功能：按照设定的数据采集频率实时进行数据传输。

（5）断网存储功能：传感器和网关在无网络环境下可以进行采集数据的存储。

（四）智能读写终端

1. 环境适应性要求

为满足中药材流通追溯领域恶劣的使用环境要求，智能读写终端具备如下基本条件：

（1）工作温度：－25℃～85℃。

（2）存储温度：－40℃～85℃。

（3）湿度：5％～95％RH，无凝露。

2. 功能要求

（1）必须支持本标准规定的IC卡和CPU卡的读写，可选支持其他一种或多种读取方式，如二维码扫描、RFID标签等。

（2）支持一种或多种通讯传输方式，如GPRS/ZigBee/WiFi/433M/蓝牙/

USB/UART/以太网等。

（3）操作方式友好，具备良好的功能扩展性。

（五）查询终端

1. 环境适应性要求

（1）工作温度：－10℃～40℃。

（2）工作湿度：5%～85%，无凝露。

2. 功能要求

（1）支持 RFID 标签的识读，支持二维码的扫描。

（2）将 RFID 标签紧贴在 RFID 识别器上，能够在 2 秒内准确识读；将二维码标签紧贴在二维码识别器上，能够在 2 秒内准确识读。

（3）网络传输：支持有线和无线的数据传输，实现与中药材流通追溯体系的数据交换。

（六）标签打印机

1. 环境适应性要求

（1）工作温度：－10℃～40℃；

（2）工作湿度：5%～85%，无凝露；

（3）存储温度：－40℃～60℃；

（4）存储湿度：5%～85%，无凝露。

2. 功能要求

（1）支持打印二维码溯源标签；

（2）支持多种字体可选；

（3）支持 RS-232 串口，Centronics 并口，USB 接口，PS/2 等接口。

四、存储介质要求

（一）IC 卡和 CPU 卡内容要求

IC 卡和 CPU 卡内至少存储如下表所示的经营主体信息：

绝对块号	字段	说明	长度
1	预留	预留数据	16
2	卡号	发卡的编号	8
3	经营主体类型	经营主体的类别	8
4	经营主体编码	参照编码规范	14
5	主体名称	经营主体名称	30
6	持卡人	持卡人姓名	20

续　表

绝对块号	字段	说明	长度
7	身份证号	持卡人身份证号码	18
8	电话号码	持卡人联系电话	20
9	市场名称	所在市场名称	30
10	市场编号	所在市场编号	14

（二）信息存储要求

1. 空间分配

基本信息存储必须从该类存储介质的有效头开始。

2. 加密方式

卡与读写器之间的通讯采用国际通用的保密算法。

五、溯源体系设备管理与维护

由试点城市商务部门负责中药材流通追溯体系内相关追溯设备的监管工作，具体保管及维护工作由承建商完成。设备保养与维护请参考产品使用说明书，不按操作规范使用追溯设备，造成追溯设备损坏的，维修费用由当事人自行解决；设备遗失的，由当事人照价赔偿。

077

国家中药材流通追溯体系技术管理要求

一、适用范围

本规范规定了国家中药材流通追溯体系内中央中药材流通追溯平台、地方中药材流通追溯平台以及流通节点追溯子系统在数据存储、传输标准、平台设计、安全和维护等方面的基本技术要求；规定了中央中药材流通追溯平台和地方中药材流通追溯平台、流通节点追溯子系统与地方中药材流通追溯平台间的数据交换方式和格式要求。本规范适用于中央中药材流通追溯平台和地方中药材流通追溯平台的建设与维护以及中药材流通追溯体系的数据采集和传输。

二、术语和定义

下列术语和定义适用于本规范。

（一）中央中药材流通追溯平台

中央中药材流通追溯平台汇集地方中药材流通追溯平台的流通经营主体信息、流通追溯信息等内容，并支持跨区域追溯信息链条合成、应急事件管理、信息综合利用、试点城市工作考核等工作。

（二）地方中药材流通追溯平台

地方中药材流通追溯平台作为地方追溯信息的集中管理中心以及追溯体系日常运行的控制中心，将按照统一的数据传输格式和接口规范采集各流通节点数据信息，并实现与中央中药材流通追溯平台的数据同步。

（三）信息传输

信息传输是从一端将命令或状态信息经信道传送到另一端，并被对方所接收，包括传送和接收。传输介质分有线和无线两种，有线为 RJ45 接口网线或光纤；无线是利用 ZigBee/WiFi/WiMAX/UWB/UMTS/GSM/CDMA/Bluetooth 等技术。

（四）虚拟专用网（Virtual Private Network）

虚拟专用网简称 VPN，是指公用电信网运营者利用公用电信网的资源向客户提供具有专用网特性和功能的网络。

（五）安全套接层（Secure Sockets Layer）

安全套接层简称 SSL，是为网络通信提供安全及数据完整性的一种安全协议。

（六）HTTPS（Hypertext Transfer Protocol over Secure Socket Layer）

HTTPS 是一种信息传输协议，其安全基础是 SSL，是以安全为目标的 HTTP 通道，即在 HTTP 协议下加入 SSL 层，它是一个 URI scheme（抽象标识符体系），其语法类同 HTTP 体系。

（七）可扩展标记语言（Extensible Markup Language）

可扩展标记语言简称 XML，是 Internet 环境中跨平台的，依赖于内容的技术，是处理结构化文档信息的有力工具。XML 是一种简单的数据存储语言，使用一系列简单的标记描述数据，XML 占用的空间比二进制数据更多，但易于掌握和使用。

（八）数据加密标准（Data Encryption Standard）

数据加密标准简称 DES，是一种广泛使用的对称加密算法。

（九）信息关联

信息关联是在中药材流通追溯体系中，记录中药材种植/养殖、流通、中药饮片生产、流通、使用过程的系列信息，通过唯一标识信息进行关联性链接，进而实现流通链条上信息跟踪和追溯。

三、各级平台间的逻辑关系

中央中药材流通追溯平台负责接收地方中药材流通追溯平台的经营主体备案与中药材流通追溯等信息。地方中药材流通追溯平台通过数据采集设备采集并存储地方中药材追溯信息，通过与中央中药材流通追溯平台的数据同步接口实现地方中药材流通追溯平台与中央中药材流通追溯平台的数据同步。

四、数据传输及同步要求

（一）中央和地方中药材流通追溯平台间数据同步

1. 数据同步总体要求

数据同步接口要求集成度高、交换性能好、安全稳定。要求采用基于 SSL 通道的文件服务，以 XML 的形式同步信息，通过设置信息上传权限，地方中药材流通追溯平台向中央中药材流通追溯平台同步 XML 文件，中央中药材流通追溯平台接收信息，经过筛选验证，将信息存储在中央中药材流通追溯平台数据库中。

数据接口通过 ebxml 通道传输，使用 ssl 证书保障数据不被窃取，通过 pki 证书签名来保证数据完整性、防篡改、防抵赖。同时，地方中药材流通追溯平台通过 CA 方式与中央中药材流通追溯平台进行用户身份认证。

2. 数据同步规则

对于中药材流通追溯体系内的数据，根据数据信息的作用和重要性采取不同的同步规则：

机构和中药材商品的赋码环节产生的信息数据采用实时方式进行数据同步；

中药材批次码、中药材追溯码、中药材销售订单号等赋码和使用环节产生的信息数据在操作后五分钟内与中央中药材流通追溯平台进行数据同步；

其他中药材流通追溯系统内的追溯信息根据设定的同步时间进行数据同步，一天至少与中央中药材流通追溯平台同步一次。

（二）数据采集及传输技术

1. 数据传输方式

地方中药材流通追溯平台中的诸如中药材种植和养殖企业、中药材经营企业、中药材专业市场、中药饮片生产企业、中药饮片经营企业、医疗机构及零售药店等环节产生的信息通过 B/S 方式进行数据的录入和采集，为保证安全，上述信息采用 SSL 进行加密传输。基础信息收集标准详见《中药材流通追溯系统平台数据收集标准》附件。

地方中药材流通追溯平台与信息采集设备间通过网络传输数据，传输数据至少包含溯源秤编号、交易时间、药材代码、重量、单价、总价、经营主体码、追溯码信息。

2. 传输通道带宽要求

中央中药材流通追溯平台鉴于数据传输和追溯查询量较大，推荐初始最低带宽为 20M，具有随着业务数据增加而灵活调整带宽的能力，同时中央中药材流通追溯平台应具备电信、联通双向通道。地方中药材流通追溯平台的推荐初始最低带宽为 10M 并具有灵活调整带宽的能力，满足中药材追溯数据采集和地方中药材数据查询统计的要求。

五、信息存储设计要求

（一）结构化数据存储

1. 字符

对于固定长度的字符型类型，使用 Char 类型；对于长度不固定的可变字符型数据，使用 Varchar2 类型。

序号	字符类型	范围	字段类型
1	字符型	长度固定	Char
2	可变字符型	长度不固定	Varchar2

2. 数字

在存储数字数据时，应该充分考虑数据的长度选择合适的类型进行存储，同时为数据的扩展保留一定的空间。

序号	字符类型	范围	字段类型
1	16 位整型	−32，768−32，767	Smallint
2	32 位整型	−2，147，483，648−2，147，483，647	Int
3	精确数值型	ppppppppppppp. ss	Number（p，s）
4	近似数值型	−1.79E+308−1.79E+308	Float

3. 日期、时间

时间的存储要根据系统需要的精度，采用时间类型对照下表内合适的字段类型。中药流通追溯体系中推荐精度为秒。

序号	字符类型	范围	字段类型
1	日期型	yyyy-mm-dd	Char（10）
2	日期时间型	yyyy-mm-dd hh：mm：ss	Char（19）
3	时间戳	System date and time	TIMESTAMP

4. 布尔类型

在存储布尔类型值时，统一将“false”存储为数字“0”，将“true”存储为数字“1”。

序号	字符类型	范围	字段类型
1	布尔型	0（false）or 1（true）	Smallint

（二）非结构化数据存储

1. 大字段存储方式

对非结构化数据采用大字段的方式存储时，需要对数据库文件的存储空间进行评估，充分考虑数据库的几何增长速度。

序号	字符类型	范围	字段类型
1	大字段类型	文本、图像、声音、视频、超媒体等非结构化数据	CLOB，BLOB

2. 文件索引存储方式

文件索引式存储方式在数据库内存储文件的物理位置索引，同时将文件存放到磁盘的相应位置上。索引的存放方式采用分段存储的方式，文件存储位置的根目录作为一个常量存放，文件的相对路径作为一个变量的形式存放。

在存储时，根目录作为系统的一个常量单独存储，相对路径作为大字段文件的索引存储在一张表中进行维护。

序号	字符类型	范围	字段类型
1	可变字符型	文本索引、图像索引、音频索引、视频索引、超媒体索引等结构化数据	Varchar2

六、软件及界面设计要求

（一）软件程序设计要求

1. 可扩展性

应充分考虑可扩展性，便于升级改造，包括程序和数据库的可扩展性。

2. 可维护性

应充分考虑可维护性要求，包括功能可维护和代码可维护，其中，功能可维护要求有一定的灵活性，如经营主体信息等可添加和调整，提高平台系统的可维护性。

3. 模块化集成设计

应采用模块化结构设计，将相关功能设计模块化，便于系统软件管理和集成。

（二）平台界面设计要求

1. 结构与内容设计要求

(1) 首页

如图 1 所示，要求在 A 区的左上角展示统一的系统 LOGO，A 区为平台名称区，如：＊＊市中药材流通追溯系统，B 区为菜单导航区，C 区为用户登录区，E 区为声明区，D 区的内容由试点地方自行决定。各区大小见图 1。

（2）非首页

如图 2 所示，A 区为平台名称区，如：＊＊市中药材流通追溯系统，B 区为菜单导航区，C 区为内容展示区。各区大小见图 2。

单位：PX

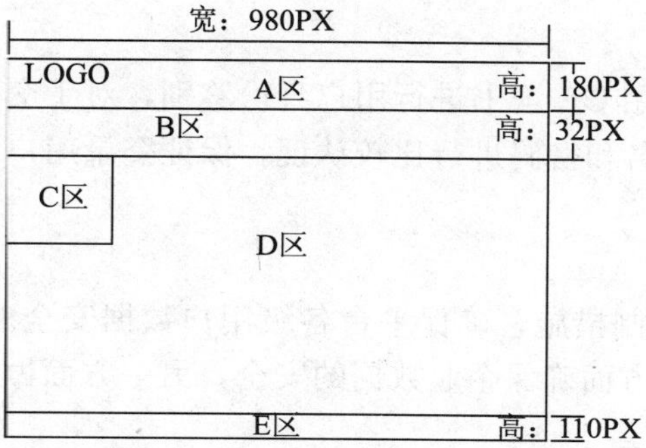

宽：980PX

LOGO A区 高：180PX

B区 高：32PX

C区

D区

E区 高：110PX

图 1 首页

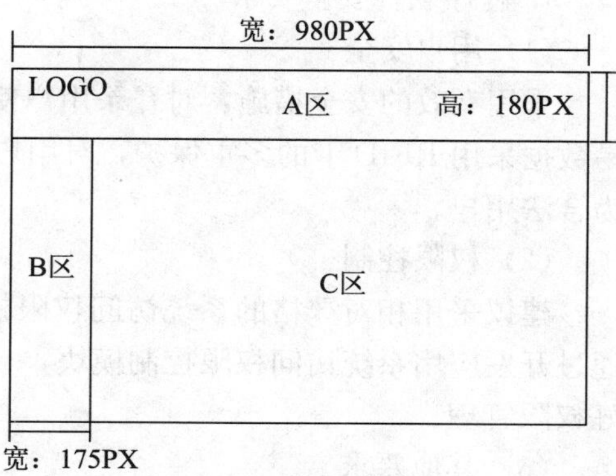

图 2 非首页

2. 其他设计要求

（1）色彩要求

以深天蓝色为主色调。

（2）页面 LOGO 使用要求

在首页的左上角放置全国统一设计的 LOGO。

（3）字体字号使用要求

页面主要内容使用宋体，大小为 12PX，标题为宋体，大小为 14PX，加粗。

（4）设计风格要求

遵循简洁、得体大方、注重长期有效，地方平台可融入地方文化等内涵。

（三）硬件设计及选型要求

1. 硬件设计要求

既能满足系统运行的性能和安全要求，又要充分考虑系统升级改造的需求。硬件配置应结合软件性能进行综合评估，要求达到以下指标：中央中药材流通追溯平台设备至少支持并发用户数 1000 以上，地方中药材流通追溯平台至少支持并发用户数 300 以上，无论地方还是中央中药材流通追溯平台单个请求响应时间少于 5 秒，服务器 CPU 利用率低于 70%，服务器内存占用率低于 70%。

2. 设备选型要求

应做好系统集成工作，建议采用主流品牌服务器，确保系统稳定高效运行。硬件环境包括应用服务器、数据库服务器、相关网络设备、数据备份设备、安全电源（UPS）等。信息备份设备容量要求能够备份至少 2 年的全部信息，安全电源要求在断电情况下，能够提供保障平台运行 24 小时的电量。

七、安全要求

（一）软件安全性要求

1. 程序软件安全要求

（1）用户安全

采用有效的安全措施，对登录用户使用 CA 证书进行用户身份鉴别，对于交易数据采用 RFID 卡的多重保护，对用户名和密码进行比较认证，保证登录用户为合法用户。

（2）权限控制

建议采用相对严格的系统访问权限控制措施，确保平台各级用户数据安全。通过开发应用系统访问权限控制模块，一方面确保企业数据的安全，另一方面做好权限管理。

（3）其他要求

软件开发完成后，需要经过攻击性测试和压力测试，确保系统具有一定的抗攻击能力和访问压力，同时建议分级制定系统应急预案。

2. 环境安全要求

（1）操作系统安全

要求使用正版、稳定的服务器版操作系统，每周升级系统补丁，加强对密码的分级管理措施，做到操作系统软件安全。

（2）数据库软件安全

使用的数据库应采用数据分区管理的办法，对数据进行分区存储；数据库系统的密码和权限要求严格管理，同时对数据库性能进行调优。建议使用数据库备份软件，定期对数据库中的数据进行冷、热备份。

（3）应用服务器软件安全

建议使用主流应用服务器软件，要求服务器软件安全性高、稳定性好。

（4）杀毒软件安全

要求安装正版高性能杀毒软件，制定安全措施，每天升级病毒库，防止病毒感染。

（二）数据安全要求

1. 数据库数据备份

制定数据库详细备份制度和方案，每周进行一次冷备份，每天进行一次增量备份，确保数据库数据安全。

2. 应用程序备份

对部署于应用服务器上的程序和用户非数据库数据，建立定期备份制度，每天备份一次数据，保障数据安全。

（三）网络和硬件安全要求

设置通信网络设置审核环节，对入网用户进行安全审计，防止非法设备和用户接入，发现可疑行为及时报警提示。

八、实施要求

为保障平台系统的安全运行，地方中药材流通追溯平台在建设初期，需仔细考虑与中央中药材流通追溯平台的数据同步，并就技术框架、网络环境、同步数据的内容格式及策略等内容与中央中药材流通追溯平台协商，确定相关的技术实施细节，保证各个地方中药材流通追溯平台在建设中的技术统一性。

地方中药材流通追溯平台的建设和维护中应根据中央中药材流通追溯平台的要求，对系统的功能和性能进行调整，必要时应积极与中央中药材流通追溯平台进行协商以解决在系统发展中碰到的业务问题。

九、维护要求

（一）日常维护

为保证平台系统安全和稳定运行，要求做好日常的监控、检查和维护工作，每月进行项目文档的归档、每天监控项目运行日志，并分析可能发生的异常情况。每季度对软硬件环节进行优化和配置文件的备份。

（二）程序代码可维护

代码编写格式要求统一规范，重要代码需注释，提高程序的可读性，便于维护。采用代码版本控制软件（如 SVN、CVS 等）对代码版本进行控制。

（三）运行故障应急处理

对于系统运行故障，需要做好应急处理预案，确保一般故障 6 小时内恢复，灾难性故障 1 天内恢复，并详细排查故障原因，做好完善工作。

附件：

中药材流通追溯系统数据收集标准

表 1　　流通节点基本信息

具体指标	指标说明	格式要求
企业代码	详见《国家中药材流通追溯体系编码规则》	
区域码	按 GB/T 2260 中华人民共和国行政区划代码标准填写	

续 表

具体指标	指标说明	格式要求
企业名称	指在工商行政管理部门注册登记的企业具体名称	
营业执照号	指在工商行政管理部门注册登记时的编号	
组织机构代码证		
法人	企业法人代表	
地址	指企业从事经营活动所在地的通讯地址，具体到门牌号	
电话	指企业负责人的固定电话、手机等主要联络方式	
传真	指企业主要负责人日常接收传真的电话	区号＋电话＋分机号或手机号
联系人		
电子邮件	企业联系人电子邮件	
登记时间	指企业在追溯平台备案的日期	yyyy－mm－dd

表 2　　中药材专业市场商户基本信息

具体指标	指标说明	格式要求
商户代码	与企业代码规则一致，详见《国家中药材流通追溯体系编码规则》	
市场代码	所在市场的企业代码	
商户号	所在市场的商户编号	
商户名称	指在工商行政管理部门注册登记的企业具体名称	
法人	企业法人代表	
登记时间	加入溯源平台的时间	yyyy－mm－dd
溯源秤编号	发放的溯源秤序列号	
电话	指企业负责人的固定电话、手机等主要联络方式	
电子邮件		
信息更新日期	数据更新日期	yyyy－mm－dd

表 3　　市场进场药材信息

具体指标	指标说明	格式要求
市场代码	所在市场的企业代码，详见《国家中药材流通追溯体系编码规则》	
经营商户码	经营商户的代码详见《国家中药材流通追溯体系编码规则》	
商户号	所在市场的商户编号	
批次号	由系统自动生产的批次码，详见《国家中药材流通追溯体系编码规则》	
药材商品码	详见《国家中药材流通追溯体系编码规则》	
药材产地	药材原产地码，详见《国家中药材流通追溯体系编码规则》	
产地证明链接	相关证明文件的链接	
药材重量	药材总重量	
药材采收时间		yyyy－mm－dd
入库时间	药材入库的时间	yyyy－mm－dd
追溯码	由系统生成，详见《国家中药材流通追溯体系编码规则》	

表 4　　市场进场药材快检信息

具体指标	指标说明	格式要求
市场代码	所在市场的企业代码，详见《国家中药材流通追溯体系编码规则》	
经营商户代码	详见《国家中药材流通追溯体系编码规则》	
商户号	所在市场的商户编号	
批次号	由系统自动生产的批次码，详见《国家中药材流通追溯体系编码规则》	
药材商品码	由系统自动生产的药材商品码，详见《国家中药材流通追溯体系编码规则》	
采收时间	药材的采收月份	yyyy－mm

续 表

具体指标	指标说明	格式要求
检验方法	根据药典标准或者企业标准	
检验人员	检验药材的人员	
文件链接	药材检验报告链接	
检验时间	检验药材的时间	yyyy－mm－dd

表 5　　市场药材交易信息

具体指标	指标说明	格式要求
市场代码	所在市场的企业代码，详见《国家中药材流通追溯体系编码规则》	
经营商户码	详见《国家中药材流通追溯体系编码规则》	
购买企业	购买企业名称，如在溯源系统内，关联企业代码	
商户号	所在市场的商户编号	
销售订单号	销售订单码，详见《国家中药材流通追溯体系编码规则》	
批次号	详见《国家中药材流通追溯体系编码规则》	
药材商品码	详见《国家中药材流通追溯体系编码规则》	
产地	按 GB/T 2260 中华人民共和国行政区划代码标准填写	
是否检验	Y 为已经检验，N 为未检验	
销售重量	销售药材的重量	
销售单价	销售药材的价格（非必填项）	
总价	销售药材的总价（非必填项）	
销售时间	销售药材的时间	yyyy－mm－dd
溯源秤编码	设备管理系统分配编码	
溯源码	由系统生成，详见《国家中药材流通追溯体系编码规则》	

表 6　　中药材种植/养殖企业基本信息

具体指标	指标说明	格式要求
种植/养殖企业代码	详见《国家中药材流通追溯体系编码规则》	
企业名称		
地址	指企业从事经营活动所在地的通讯地址，具体到门牌号	
电话	指企业负责人的固定电话、手机等主要联络方式	区号＋电话＋分机号或手机号
营业执照		
组织机构代码证		
企业法人		
联系人		
传真	指企业主要负责人日常接收传真的电话	
GAP 编号	该批种植/养殖任务的 GAP 编号	GAP 种植/养殖企业填写

表 7　　中药材种植/养殖任务信息

具体指标	指标说明	格式要求
种植/养殖企业代码	详见《国家中药材流通追溯体系编码规则》	
药材名称		
药材代码	详见《国家中药材流通追溯体系编码规则》	
种植/养殖批次号	由系统分配的代码，详见《国家中药材流通追溯体系编码规则》	
种植面积	当前种植任务的中药材种植面积	
预计产量	预计当前种植面积将收获的产量	
种植/养殖时间	开始种植/养殖的时间	yyyy－mm－dd
种植/养殖负责人	该批种植/养殖任务的负责人	
施肥信息	该批种植任务的施肥情况	
农药使用信息	该批种植任务的使用农药情况	

续 表

具体指标	指标说明	格式要求
采收批次号	由系统分配的代码，详见《国家中药材流通追溯体系编码规则》	
采收时间		

表 8　　中药材种植/养殖企业药材检验信息

具体指标	指标说明	格式要求
检验编号	由系统分配的代码	
种植/养殖企业代码	详见《国家中药材流通追溯体系编码规则》	
药材商品码	详见《国家中药材流通追溯体系编码规则》	
种植/养殖批次码	详见《国家中药材流通追溯体系编码规则》	
检验方法	采用是药典标准还是企业标准或者其他标准	
粗加工标准	药材种植/养殖后的粗加工标准	
检验信息	具体的检验内容	
检验人员	具体检验的人员	
文件链接	检验报告的地址	
检验时间	检验的时间	

表 9　　中药材种植/养殖企业药材交易信息

具体指标	指标说明	格式要求
企业代码	详见《国家中药材流通追溯体系编码规则》	
销售订单号	销售订单码，详见《国家中药材流通追溯体系编码规则》	
批次号	详见《国家中药材流通追溯体系编码规则》	
药材商品码	详见《国家中药材流通追溯体系编码规则》	
是否检验	Y 为已经检验，N 为未检验	
销售重量	销售药材的重量	
销售单价	销售药材的价格（非必填项）	

续 表

具体指标	指标说明	格式要求
总价	销售药材的总价（非必填项）	
销售时间	销售药材的时间	yyyy－mm－dd
溯源码	由系统生成，详见《国家中药材流通追溯体系编码规则》	
采购方名称	通过流通服务卡获取	
采购方企业代码	采购方的企业代码	
采购负责人	具体的采购负责人	
交易时间	具体的采购日期	yyyy－mm－dd

表 10　　中药材经营企业药材入库信息

具体指标	指标说明	格式要求
企业代码	企业代码，详见《国家中药材流通追溯体系编码规则》	
批次号	由系统自动生产的批次码，详见《国家中药材流通追溯体系编码规则》	
药材商品码	详见《国家中药材流通追溯体系编码规则》	
药材类型	区分野生、栽培类、动物药、矿物药	
药材产地	药材原产地码，详见《国家中药材流通追溯体系编码规则》	
产地证明链接	相关证明文件的链接	
药材重量	药材总重量	
药材采收时间		yyyy－mm－dd
检测信息		

表 11　　中药材药材经营企业交易信息

具体指标	指标说明	格式要求
销售企业代码	所在市场的企业代码，详见《国家中药材流通追溯体系编码规则》	
购买企业	购买企业名称，如在溯源系统内，关联企业代码	

续 表

具体指标	指标说明	格式要求
销售订单号	销售订单码，详见《国家中药材流通追溯体系编码规则》	
批次号	详见《国家中药材流通追溯体系编码规则》	
药材商品码	详见《国家中药材流通追溯体系编码规则》	
产地	按 GB/T 2260 中华人民共和国行政区划代码标准填写	
是否检验	Y 为已经检验，N 为未检验	
销售重量	销售药材的重量	
销售单价	销售药材的价格（非必填项）	
总价	销售药材的总价（非必填项）	
销售时间	销售药材的时间	yyyy－mm－dd
溯源秤编码	设备管理系统分配编码	
溯源码	由系统生成，详见《国家中药材流通追溯体系编码规则》	

表 12　　　　中药饮片生产企业基本信息

具体指标	指标说明	格式要求
生产企业代码	详见《国家中药材流通追溯体系编码规则》	
企业名称	指在工商行政管理部门注册登记的企业具体名称	
地址	指企业从事经营活动所在地的通讯地址，具体到门牌号	
电话	指企业负责人的固定电话、手机等主要联络方式	
法人		
联系人		
传真	指企业主要负责人日常接收传真的电话	区号＋电话＋分机号或手机号
GMP 编号	企业 GMP 证书编码	

表 13　　中药饮片生产原药入库信息

具体指标	指标说明	格式要求
生产企业代码	详见《国家中药材流通追溯体系编码规则》	
药材代码	中药材流通追溯体系编码规则中的药材代码	
批次号	药材入库的企业批次号	
种植/养殖时间	开始种植/养殖的时间	
采收时间	中药材采收的时间	
施肥信息	具体施肥品种，时间	多个采用逗号分割
农药信息	具体农药品种，时间	多个采用逗号分割
入库重量	本批药材的重量	
入库时间	入库的时间	yyyy－mm－dd
药材产地	按 GB/T 2260 中华人民共和国行政区划代码标准填写	
药材类型	药材是种植/养殖还是野生	
检验方法	药材检验标准	
粗加工标准	采收时使用的粗加工标准	
储藏条件	药材的储藏条件	
检验人员	药材检验时的检验人员	
检验时间	具体的检验时间	yyyy－mm－dd
报告链接	相关检验报告文件的地址	

表 14　　中药饮片生产任务信息

具体指标	指标说明	格式要求
企业代码	详见《国家中药材流通追溯体系编码规则》	
饮片名称	该批生产任务的产出品种	
生产批号	详见《国家中药材流通追溯体系编码规则》	
生产规格	具体产出饮片的规格名称	
原药材批次号	原药材的入库编号，详见《国家中药材流通追溯体系编码规则》	
使用重量	原料药材的使用重量	
辅料品名	添加的辅料名称	

续 表

具体指标	指标说明	格式要求
辅料编号	辅料的生产编号	
辅料产地	按 GB/T 2260 中华人民共和国行政区划代码标准填写	
辅料重量	添加辅料的重量	
辅料使用比例	原料与辅料的使用比例	
辅料净药比	辅料中的净药比例	
执行标准	生产执行的标准	
工艺员	饮片生产工艺负责人员	
生产经理	饮片生产的管理人员	
检测人员	饮片生产的质检人员	
生产日期	具体的生产日期	yyyy-mm-dd
备注	其他备注说明信息	

表 15　　中药饮片检验信息

具体指标	指标说明	格式要求
检验编号	由系统分配的代码	
企业代码	详见《国家中药材流通追溯体系编码规则》	
批次号	生产批次号，详见《国家中药材流通追溯体系编码规则》	
饮片名称		
检验信息	具体的检验依据	
检验人员	实施检验的人员	
检验时间	检验的时间	yyyy-mm-dd
待包装重量	饮片的总重量	
检验报告路径	上传的检验报告文件路径	

表 16　　中药饮片交易信息

具体指标	指标说明	格式要求
企业代码	详见《国家中药材流通追溯体系编码规则》	
销售订单号	详见《国家中药材流通追溯体系编码规则》	

续　表

具体指标	指标说明	格式要求
批次号	中药饮片生产批次号，详见《国家中药材流通追溯体系编码规则》	
饮片名称	中药饮片名称	
是否检验	Y 为已经检验，N 为未检验	
检验编号	如果已经检验需提供检验编号	
销售重量	销售饮片的重量	
包装规格	饮片的包装规格	
销售单价	销售饮片的价格（非必填项）	
总价	销售饮片的总价（非必填项）	
销售时间	销售饮片的时间	yyyy－mm－dd
采购方企业码	采购方的企业码	
溯源码	由系统生成，详见《国家中药材流通追溯体系编码规则》	

表 17　　中药饮片经营企业饮片入库信息

具体指标	指标说明	格式要求
企业代码	详见《国家中药材流通追溯体系编码规则》	
企业名称	指在工商行政管理部门注册登记的企业具体名称	
饮片名称		
入库时间	饮片采购入库的时间	yyyy－mm－dd
采购重量		
包装规格		
生产企业	饮片生产企业	
批次号	该批次饮片的批次号	
采购订单号		

表 18　　中药饮片经营企业交易信息

具体指标	指标说明	格式要求
销售企业代码	详见《国家中药材流通追溯体系编码规则》	
销售订单号	详见《国家中药材流通追溯体系编码规则》	

续 表

具体指标	指标说明	格式要求
批次号	中药饮片生产批次号，详见《国家中药材流通追溯体系编码规则》	
饮片名称	中药饮片名称	
是否检验	Y 为已经检验，N 为未检验	
检验编号	如果已经检验需提供检验编号	
销售重量	销售饮片的重量	
包装规格	饮片的包装规格	
销售单格	销售饮片的价格（非必填项）	
总价	销售饮片的总价（非必填项）	
销售时间	销售饮片的时间	yyyy - mm - dd
采购企业代码	采购方的企业码	
溯源码	由系统生成，详见《国家中药材流通追溯体系编码规则》	

表 19　　中药追溯医疗机构及零售药店基本信息

具体指标	指标说明	格式要求
企业代码	医疗机构及零售药店编码，详见《国家中药材流通追溯体系编码规则》	
医疗机构及零售药店名称	指在工商行政管理部门注册登记的企业具体名称	
地址	指医疗机构及零售药店从事经营活动所在地的通讯地址	
法人		
联系人		
电话	指医疗机构及零售药店负责人的固定电话、手机等主要联络方式	
传真	指医疗机构及零售药店主要负责人日常接收传真的电话	
GSP 编码	GSP 编码	

表 20　　医疗机构及零售药店饮片入库

具体指标	指标说明	格式要求
企业代码	医疗机构及零售药店编码，详见《国家中药材流通追溯体系编码规则》	
企业名称	指在工商行政管理部门注册登记的企业具体名称	
入库时间	饮片采购入库的时间	yyyy－mm－dd
批次号	该批次饮片的批次号	
饮片名称	入库的饮片名称	

表 21　　医疗机构及零售药店饮片出库

具体指标	指标说明	格式要求
企业代码	医疗机构及零售药店编码，详见《国家中药材流通追溯体系编码规则》	
企业名称		
批次号	该批次饮片的批次号详见《国家中药材流通追溯体系编码规则》	
饮片名称	出库的饮片名称	
销售订单号	详见《国家中药材流通追溯体系编码规则》	
出库时间	具体出库时间	yyyy－mm－dd
出库数量		
出库人		

078

国家中药材流通追溯体系主要设备参数要求

一、适用范围

本规范规定了国家中药材流通追溯体系地方流通追溯平台及流通节点需要使用的实现数据采集、存储和查询等功能的主要专用设备和支撑应用系统的主要IT通用设备的最低技术参数要求，地方平台所采购设备的参数指标应不低于此规范的要求。

二、专用设备术语和定义

（一）智能溯源秤

是指集称重、非接触式IC卡读写、摊位号管理、多批次管理、限量控制、支持二维码凭证打印等功能，并能通过有线或无线等方式接收、传输相关信息的电子秤。

智能溯源秤是智能溯源案秤和智能溯源台秤的统称。智能溯源案秤是指在国家中药材流通追溯体系中，针对交易数量小的零售环节所使用的智能溯源秤；智能溯源台秤是指在国家中药材流通追溯体系中，针对交易数量大的环节所使用的智能溯源秤。

（二）智能读写终端

是指具备条码识读、RFID和IC卡读写等功能，并能通过无线或有线方式传输信息的移动式或固定式设备。

（三）查询终端

是指消费者通过追溯码查询中药材流通追溯信息的专用设备。

（四）标签打印机

是指中药材流通追溯标签的专用打印设备。

（五）IC卡

又称集成电路卡，是在聚氯乙烯（PVC，塑料产品之一）材料上嵌置一个或多个集成电路芯片，尺寸遵照国际标准（如ISO 7810）规定，用于记录和传递信息的卡片。

三、专用设备参数

（一）智能溯源案秤

参数	说明
计量认证和标准	电子计价秤的计量器具制造许可证 遵循 GB/T 7722—2005 国标标准 JJG 539—1997《数字指示秤检定规程》
标准电子秤功能	具备置零、去皮、累计等通用电子计价秤功能，支持过载保护
最大秤量/分度值	最大量程 30kg，0～15kg 范围内分度值为 5g；15～30kg 范围内分度值 10g
检定分度值	0～15kg e1＝5g；15～30kg e2＝10g
稳定时间	不超过 5 秒
CPU	采用一个或多个 32 位单核或多核处理器，其主频不低于 200 MHz
内存	根据使用要求选配 ROM、RAM、FLASH ROM 等存储器。存储容量按使用要求配置（其中 ROM、RAM 不低于 64M）
操作系统	内置操作系统，支持文件系统和多线程处理
快捷 PLU	不低于 30×3 个（30 个快捷 PLU，每个按键可重复点击选择 3 个 PLU）
PLU 总个数	不低于 8000 个
显示	显示屏支持汉显，支持 GBK 字库
打印形式	支持条码、二维码打印（QR 码）
打印方式	支持热敏打印
打印速度	高速热敏打印，不低于 60mm/s
打印纸尺寸	支持直径 50mm，宽度 56mm 的纸卷
读卡模块	内置至少 1 个 RFID 读写模块
卡类型	支持非接触式 IC 卡
读卡频率	13.56 MHz
读卡距离	小于 10cm
电源	在 220V（－15%～10%），50Hz±3Hz 条件下正常工作，交流供电电源插头应符合 GB 2099.1 的规定

续 表

参数	说明
电池	6～36V电池；待机不低于24小时并至少支持200笔交易
工作环境温度	－10℃～40℃，低于－10℃的寒冷地区应有低温防护措施，高于40℃的酷热地区应有散热降温措施，确保系统正常运行
工作环境湿度	15%～85%RH
防护等级	不低于IP41
接入方式	RJ45以太网接入，可选配WiFi、GPRS或3G模块
通讯方式	TCP/IP
接口扩展	支持扩展电子支付功能 至少具有带电RS232接口，支持外扩扫描设备、读写设备、打印、收银设备等 支持智能溯源秤升级、数据存储导入导出、参数配置
PLU更新方式	远程更新PLU及快捷PLU
秤盘	食品级不锈钢秤盘
秤结构	采用无立杆结构或立杆可旋转摆动 壳体结构能防止虫进入、内部结构需有防虫设计保证即便虫进入秤体，也能避免线路板被破坏
安全设置	参数设置采用密码方式（6位以上密码）或通过专用程序和设备进行
数据存储	具备断电后数据本地保存功能，本地保存的交易数据不少于2000条；通电并恢复网络后自动实现交易记录上传

（二）智能溯源台秤

参数	说明
计量认证和标准	电子计价台秤的计量器具制造许可证 遵循GB/T 7722—2005国标标准 JJG 539—1997《数字指示秤检定规程》
标准电子秤功能	具备置零、去皮、累计等通用电子计价秤功能，支持过载保护
最大秤量/最小秤量/分度值	150kg/1kg/50g、300kg/2kg/100g或600kg/4kg/200g

续 表

参数	说明
检定分度值	150kg e1=50g；300kg e2=100g；600kg e3=200g
稳定时间	不超过 5 秒
CPU	采用一个或多个 32 位单核或多核处理器，其主频不低于 400 MHz
内存	根据使用要求选配 ROM、RAM、FLASH ROM 等存储器。存储容量按使用要求配置（其中 ROM、RAM 不低于 64M）
操作系统	内置操作系统，支持文件系统和多线程处理
快捷 PLU	不低于 15×3 个（15 个快捷 PLU，每个按键可重复点击选择 3 个 PLU）
PLU 总个数	不低于 8000 个
显示	显示屏支持汉显，支持 GBK 字库
打印形式	支持条码、二维码 QR
打印方式	不干胶打印机，不低于 60mm/s，打印票据保存期限至少两年
打印纸尺寸	宽度 25～110mm
读卡模块	内置至少 1 个 RFID 读写模块，支持扩展双卡处理业务
卡类型	支持非接触式 IC 卡
读卡频率	13.56 MHz
读卡距离	小于 10cm
电源	交流供电的产品，应能在 220V（−15%～10%），50Hz±3Hz 条件下正常工作 直流供电的产品，应能在直流电压标称值的（100±5）%的条件下正常工作。对于电源有特殊要求的单元应在产品说明书中加以说明 交流供电电源插头应符合 GB 2099.1 的规定；直流供电采用航空插头
工作环境温度	−10℃～40℃，低于−10℃的寒冷地区应有低温防护措施，高于 40℃的酷热地区应有散热降温措施，确保系统正常运行
工作环境湿度	15%～85%RH
防护等级	秤体防护等级不低于 IP41
	重量传感器防护等级不低于 IP65
接入方式	RJ45 以太网接入，可选配 WiFi、GPRS 或 3G 模块

续 表

参数	说明
通讯方式	TCP/IP
接口扩展	支持扩展电子支付功能 至少具有带电 RS232 接口，支持外扩扫描设备、读写设备、打印、收银设备等 支持智能溯源秤升级、数据存储导入导出、参数配置
PLU 更新方式	远程更新 PLU 及快捷 PLU
秤台	不锈钢台面，面积不小于 0.4 平方米
移动性	底盘安装滚轮，支持万向移动和刹车，方便现场移动操作
安全设置	参数设置采用密码方式（6 位以上密码）或通过专用程序和设备进行
数据存储	具备断电后数据本地保存功能，本地保存的交易数据不少于 2000 条；通电并恢复网络后自动实现交易记录上传

（三）查询终端

参数	说明
机柜	立式现代机柜
显示器	19 英寸液晶显示器（标屏或则宽屏），1024×768，75Hz，对比度 400∶1
触摸屏	19 英寸表面声波触摸屏；单点触摸超过 5000 万次（标屏或者宽屏）
语音	带外置语音
主机	1.8GCPU/2GDDR 内存/80G 硬盘以上
RFID 接口	支持 RFID 读写器的集成
二维码读写头接口	支持直接在设备上扫描二维码
7×24 小时不间断运行	保证设备能够不间断无故障运行
操作准确灵敏性	使用手指来在屏幕上移动后，鼠标箭头与手指始终完全重合
操作系统	系统集成 Windows 系统
二维码识别	将二维码标签紧贴在二维码识别器上，能够在 2 秒内准确识读
网络传输	支持有线和无线的接口传输数据

（四）标签打印机

参数	说明
打印方式	热转印
分辨率（dpi）	不低于 203
打印速度	4ips（101.6mm/s）及以上
接口类型	RS－232 串口，Centronics 并口，USB 接口，PS/2 接口，100/10 Mbit 以太网口（选配）
字体	支持多种语言字体
内存	4MB FLASH ROM，16MB SDRAM
最大打印长度（mm）	8000
标签宽度（mm）	25～110
标签厚度（mm）	0.08～0.20
碳带长度（mm）	30000 及以上
电源电压（V）	交流 100～240
电源频率（Hz）	47～63

（五）智能读写终端

参数	说明
与 PC 通讯类型	USB
通讯协议	支持 ISO 14443 TypeA/B
所遵循的标准	ISO 14443、ISO 7816、PC/SC、GSM11.11、FCC、CE
通讯速率	不低于 800kbits/S
状态显示	LED 指示灯，指示电源或通讯状态
其他特性	提供通用接口函数库，可支持多种操作系统和语言开发平台

（六）IC卡

参数	说明
卡型号	M1 IC卡（S50，S70）
存储容量	不小于8kbit
工作频率	13.56MHz
通讯速率	不低于106kboud
读写距离	2.5～10cm
读写时间	1～2ms
工作温度	－20℃～85℃
擦写次数	大于100000次
数据保存	大于10年
封装材料	PVC、PET、0.13铜钱
制作标准	ISO 10536
支持协议	ISO 14443A协议

四、通用设备参数

（一）数据库服务器

参数	说明
CPU	两颗四核2.4GHz以上CPU
内存	32GB以上内存
存储	2块300GB以上硬盘；支持RAID0.1.5.10
网络/电源接口	双口千兆网卡/DVDRW光驱/热插拔冗余电源
售后	三年以上保修，7×24技术服务
操作系统	Linux操作系统
数量	2台

（二）应用服务器

参数	说明
CPU	两颗四核 2.4GHz 以上 CPU
内存	8GB 以上内存
存储	2 块 300GB 以上硬盘；支持 RAID0. 1. 5. 10
网络/电源接口	双口千兆网卡/DVDRW 光驱/热插拔冗余电源
售后	三年以上保修，7×24 技术服务
操作系统	Linux 操作系统
数量	3 台

（三）存储

参数	说明
控制器	双控制器，含 2 个控制器模块互为冗余
电源	热插拔冗余电源及风扇
存储	6×300GB 以上 SAS 3. 5 寸热插拔磁盘；12 个槽位以上
售后	三年以上保修，7×24 技术服务
数量	1 套

（四）数据传输服务器

参数	说明
CPU	两颗四核 2. 13GHz 以上 CPU
内存	8GB 以上内存
存储	2 块 300GB 以上硬盘；支持 RAID0. 1. 5. 10
网络/电源接口	双口千兆网卡/DVDRW 光驱/热插拔冗余电源
售后	三年以上保修，7×24 技术服务
操作系统	Linux 操作系统
数量	1 台

（五）智能溯源秤网关服务器

参数	说明
CPU	两颗四核 2.13GHz 以上 CPU
内存	8GB 以上内存
存储	2 块 300GB 以上硬盘；支持 RAID0.1.5.10
网络/电源接口	双口千兆网卡/DVDRW 光驱/热插拔冗余电源
售后	三年以上保修，7×24 技术服务
操作系统	Windows 2008 Server
数量	根据市场规模确定

（六）备份服务器

参数	说明
CPU	两颗四核 2.13GHz 以上 CPU
内存	8GB 以上内存
存储	6 块 1T 以上硬盘；支持 RAID0.1.5.10
网络/电源接口	双口千兆网卡/DVDRW 光驱/热插拔冗余电源
售后	三年以上保修，7×24 技术服务
操作系统	Windows 2008 Server
数量	1 台

079

国家中药材流通追溯体系智能溯源秤接口规范

一、使用范围

本规范规定了在国家中药材流通追溯体系地方流通追溯平台及流通节点与智能溯源秤之间的数据接口、使用流程、通讯协议等内容，规定了智能溯源秤在交易过程中的启动流程标准、称重流程标准、数据交互格式、小票打印格式及相关数据生成规则。用于向智能溯源秤供应商提供接口开发规范。

二、关键术语及定义

（一）智能溯源秤

是指集称重、非接触式 IC 卡读写、摊位号管理、多批次管理、限量控制、支持二维码凭证打印等功能，并能通过有线或无线等方式接收、传输相关信息的电子秤；智能溯源秤是智能溯源案秤和智能溯源台秤的统称。

（二）智能溯源案秤

是指在国家中药材流通追溯体系中，针对交易数量小的零售环节所使用的智能溯源秤。

（三）智能溯源台秤

是指在国家中药材流通追溯体系中，针对交易数量大的环节所使用的智能溯源秤。

（四）IC 卡

又称集成电路卡，是在聚氯乙烯（PVC，塑料产品之一）材料上嵌置一个或多个集成电路芯片，尺寸遵照国际标准（如 ISO 7810）规定，用于记录和传递信息的卡片。

三、智能溯源秤网络拓扑结构

通过有线或无线网络，建立起智能溯源秤与地方平台的网络结构。详细结构图如下图所示。

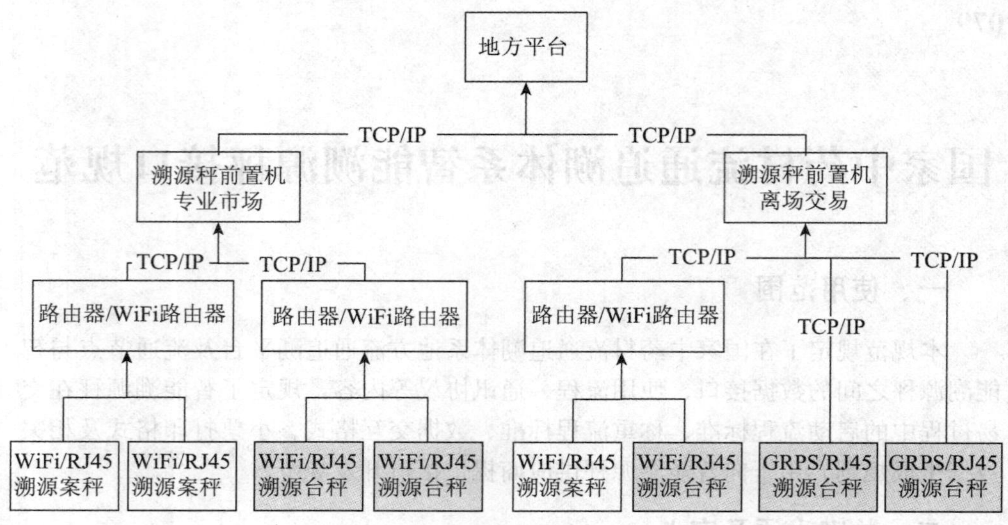

智能溯源秤网络拓扑结构

四、相关设备

设备名称	参数	接口
智能溯源案秤	15kg/30kg	WiFi/RJ45
智能溯源台秤	150kg/300kg/600kg	WiFi/GPRS、3G/RJ45
路由器/WiFi 路由器	RJ45/IEEE802. 11 a/b/g	WiFi/RJ45
智能溯源秤前置机		TCP/IP

（一）智能溯源案秤

1. 使用环境

中药材专业市场，集中布置，直流电源/交流电源。

2. 功能

（1）商户 IC 卡识别。

（2）二维码小票打印（可重复打印）。

（3）交易数据传输。

（4）远程维护 PLU、快捷键。

（5）远程锁定、解锁秤功能：锁定设备后，智能溯源秤不再提供称重功能，并进行提示。解锁设备后，智能溯源秤正常使用。

（6）打印当日销售汇总数据。

（二）智能溯源台秤

1. 使用环境

（1）种植基地，交流电源。

（2）专业市场，交流电源。

（3）中药材经营企业，交流电源。

2. 功能

（1）商户 IC 卡识别。

（2）二维码小票打印（可重复打印）。

（3）交易数据传输。

（4）远程维护 PLU、快捷键。

（5）远程锁定、解锁秤功能：锁定设备后，智能溯源秤不再提供称重功能，并进行提示。解锁设备后，智能溯源秤正常使用。

（6）打印当日销售汇总数据。

五、通讯协议

（一）IC 卡数据内容

S50 卡，S70 暂时使用前 1K 数据，从第 1 个扇区的第 0 block 开始。

1. 工作频率：13.56MHz

2. 数据格式

数据按扇区依次存储。

序号	数据	数据位数	说明
1	卡类型	8 字节	10000000：种植基地台秤 00001000：市场商铺智能溯源秤
2	企业代码	14 字节	由全国溯源平台下发
3	企业名称	48 字节	GB2312 字符集
4	联系电话	30 字节	企业联系电话
5	智能溯源秤设备代码	32 字节	由地方溯源平台下发
6	市场名称	48 字节	GB2312 字符集，仅市场智能溯源秤有本信息。
7	企业内部序号	1 字节	区分同一商铺的不同智能溯源秤

3. 智能溯源秤 RFID 卡验证内容

智能溯源秤验证内容：

预制数据	初始方式	具体验证项
智能溯源秤设备代码	出厂前配置或 向市场商户发秤前手工配置	身份卡内与智能溯源秤上设置的智能溯源秤设备代码数据是否一致，如数据一致则验证通过，否则提示错误信息，要求刷卡后再进行操作

初始化企业代码数据：

在用户首次刷卡时，智能溯源秤将 IC 卡中的“企业代码”、“企业名称”、“联系电话”、“企业内部序号”、“市场名称（仅市场智能溯源秤）”数据，读取到智能溯源秤中进行保存，用于组合生成溯源码数据和打印小票。

（二）地方平台与智能溯源秤之间的数据接口

命令码列表：

标识	命令名称	使用场景
INI	初始化	开机后自动执行
AAE	心跳数据	定期执行，用于传输溯源秤开关状态和锁定状态
AAA	交易数据上传	交易数据产生后，使用后台线程或者空隙时间进行数据上传
PLU	PLU 更新	当 PLU 定义有更新时
FKY	快捷键更新	当改溯源秤 PLU 快捷键有更新时
STO	库存更新	当用户刷卡后自动执行

（三）智能溯源秤小票格式

1. 市场商户智能溯源秤小票格式

×××××××市场
经营商户：荣氏药材商行
联系电话：021-5702584
溯源秤号：12345678901234567890123456789012
销售时间：2012-03-22 23:23:23
品　　名：枸杞
重　　量：0.5 kg
单　　价：10.00
总　　价：50.00
溯源码：32730001341101021001112119000084
查询方式：www.zyczs.gov.cn
技术支持：×××××公司　　020-78945685

数据来源：

数据	来源
Xxx 市场	IC 卡中市场名称
经营商户	IC 卡中企业名称
联系电话	IC 卡中的联系电话
智能溯源秤号	IC 卡中智能溯源秤设备代码
销售时间	智能溯源秤时钟
品名	PLU
重量	智能溯源秤重量传感器
单价	商户自行输入
价格	智能溯源秤计算
溯源码	由以下部分组成： 类别码：2（案秤） 企业代码（14 位）：IC 卡中数据 年月码（4 位）：智能溯源秤时钟 YYMM 企业内部序号（1 位）：IC 卡数据 顺序码（8 位）：当月累计交易笔数，从 1 开始最大为 99999999

续 表

数据	来源
二维码图片	需在溯源码前增加代码标志符号 ＊CPC＊ZYCZS＋溯源码 比如溯源码为 12345678 则图片上的信息为： ＊CPC＊ZYCZS12345678

2. 智能溯源台秤小票格式

国家中药材
流通追溯体系
中药追溯
www.zyczs.gov.cn
企业名称：荣氏药材商行
溯源码：01234567890123456789012345678901234
批次码：01234567890123456789012345678901234
品　名：枸杞
重　量：0.5 kg
打印日期：2012-03-22 23:23:23
技术支持：×××公司　020-78945685

数据来源：

数据	来源
企业名称	IC 卡中企业名称
溯源码	由以下部分组成： 类别码：3（台秤） 企业代码（14 位）：IC 卡中数据 年月码（4 位）：智能溯源秤时钟 YYMM 企业内部序号（1 位）：IC 卡数据 顺序码（8 位）：当月累计交易笔数，从 1 开始最大为 99999999
批次码	称重过程中选择的批次
品名	PLU
重量	智能溯源秤重量传感器
打印时间	智能溯源秤时钟

续　表

数据	来源
二维码图片	需在溯源码前增加代码标志符号 ＊CPC＊ZYCZS＋溯源码 比如溯源码为12345678 则图片上的信息为： ＊CPC＊ZYCZS12345678

3. 打印汇总数据小票格式

XXXXXXXX
＊＊＊＊＊＊＊＊＊＊＊＊＊＊＊＊＊＊＊＊＊＊＊＊＊＊＊＊＊＊＊＊
商户名称：荣氏药材商行
智能溯源秤号：12345678901234567890123456789012
统计时间：2012－05－18 17：00
总笔数：123 笔
总金额：23422.00 元
总重量：23435.32 kg

数据来源：

数据	来源
商户名称	IC 卡企业名称
智能溯源秤号	IC 卡中智能溯源秤设备代码
统计时间	智能溯源秤时钟
总笔数	由智能溯源秤统计
总金额	由智能溯源秤统计
总重量	由智能溯源秤统计

（四）相关数据生成规则

收据号：每月第一天零点，从 1 开始按每笔递增 1 进行顺序编号。最大为 99999999。

溯源码：类别码＋企业码＋年月码＋企业内部序号＋顺序码。

数据	说明	长度
类别码	2（案秤）或者 3（台秤）	1 字节
企业码	14 位数字	14 字节
年月码	格式为 YYMM	4 字节
企业内部序号	1 位	1 字节
顺序码	8 位数字，从每月 1 日 0 点开始从 1 开始，每笔交易累加 1	6 字节

范例数据：310127300000011121110000013

六、系统测试

为保证智能溯源秤同国家中药材流通追溯系统之间的通讯正常，终端采集信息能够及时准确的上传至国家中药材流通追溯体系中，系统所采用的智能溯源秤在系统集成部署前由软件提供商进行系统测试并出具测试报告。

测试报告内容应包括：

1. 网络连接测试。

2. 字符集测试。

3. 溯源模式测试。

4. 设备操作流程测试。

5. 数据传输测试。

（1）PLU 更新成功率。

（2）PLU 更新速度。

（3）PLU 快捷成功率。

（4）PLU 快捷更新速度。

（5）库存数量更新速度。

（6）交易记录上传速度和成功率。

080

中药材流通追溯体系建设项目承办企业资质条件

中药材流通追溯体系建设项目实施省份要严格按照法定程序，选择有相应资质的企业承担追溯管理子系统建设有关工作。具体条件如下：

一、具有独立法人资格，无不良信誉记录。

二、具有省部级高新技术企业认定证书和软件企业认定证书。

三、具有中华人民共和国工业和信息化部（或原信息产业部）认证的计算机信息网络系统集成二级以上（含二级）资质。

四、已通过 ISO 9001 质量管理体系认证。

五、具有计算机软件开发及网络系统信息化建设五年以上的实施和维护经验。

081

商务部办公厅关于抓好肉类蔬菜中药材流通追溯体系运行管理工作的通知

各省、自治区、直辖市、计划单列市及新疆生产建设兵团商务主管部门：

抓好肉类蔬菜中药材流通追溯体系（以下简称追溯体系）运行管理，确保追溯体系持续有效运行，是充分发挥追溯体系作用的关键。各地要切实增强风险防范意识，在认真落实好追溯体系各项建设任务的基础上，采取有效措施强化日常运行管理，确保追溯体系有效运行。现就有关事项通知如下：

一、完善保障机制，夯实追溯体系运行基础

（一）完善配套制度。积极探索制订地方性法规或地方政府规章，完善经营主体进货检查验收、索证索票、购销台账等制度，强化各类市场和经营者追溯管理责任。健全追溯体系运行管理制度，明确管理环节和流程，细化管理责任与要求。完善资产管理制度，明确资产所有权归属、管理、维护及处置等要求，保证国有资产安全完整。

（二）落实管理责任。依托当地人民政府追溯体系建设工作领导小组，建立日常运行管理机制，分解落实管理责任，及时研究解决重大问题。明确运行维护责任主体，保证软硬件有专人维护，发生故障时能及时发现、及时上报、快速响应、快速处理。建立分级培训机制，加强人员培训和业务交流，培育责任心强、业务过硬的运行维护队伍。

（三）强化经费保障。推动将追溯体系运行维护资金列入年度财政预算，建立稳定的经费保障机制，足额落实追溯体系日常运行经费及设备更新升级经费。坚持政府引导、市场化运作，创新政策手段，引导企业和社会资金投入，形成多元的经费投入和保障机制。

二、强化日常管理，落实运行维护责任

（一）加强日常巡查。建立严格的日常巡查制度，安排专人对节点企业进行定期巡查，督促企业和经营者自觉按流程操作使用追溯设备。完善平台监控管理功能，建立有效的数据审核及报送管理机制，全面掌握节点企业数据报送及运行状况，对异常情况及时予以警示并处理。建立有效的故障排查及快速处置机制，保证设备正常运行。

（二）创新运行维护模式。结合当地实际情况，积极探索采用政府购买服务方式，引入专业的第三方运行维护机构，提供全天候的专业化运行维护服务。探索采用视频监控、数字化监控等技术手段，对节点企业和摊位实施远程监控，及时掌握设备运行状态，提高监管效率。

（三）严格考核管理。制订严格的运行考核制度，建立量化考核指标体系，按月对节点企业进行考核，客观评价追溯体系运行成效。加强对系统集成企业、设备供应商及运行维护服务商履约行为管理，督促其严格履行服务承诺，确保服务质量；对于失信严重、服务差的企业，要及时依法追究违约责任。

三、完善激励约束机制，调动企业和经营者积极性

（一）建立奖惩机制。建立与考核结果挂钩的奖惩机制，根据节点企业追溯子系统运行状况，采取相应的奖励或惩戒措施。对于运行较好的，给予必要的经济奖励和政策支持。对于运转不正常的，予以通报批评，责令限期整改；长期达不到运行要求的，及时予以淘汰。

（二）引入契约管理。积极探索采用行政合同等方式，建立市场化的约束机制，明确节点企业在追溯子系统运行维护方面的责任和要求。督促市场开办方将使用追溯子系统写入摊位租赁合同，对不按要求操作使用设备、不按规定刷卡打票、不按要求报送数据的经营户，及时解除租赁合同。

（三）推进协同管理。积极协调工商、质检、食品药品监管等部门，将节点企业追溯子系统使用情况作为开展生产经营许可证管理及计量器具强制检定等工作的重要内容，整合管理资源。加强政策联动，将节点企业追溯子系统运行情况与相关政策安排挂钩，确保形成政策合力。

四、加强宣传引导，形成市场倒逼压力

（一）加大宣传力度。充分利用电视、网络、报纸等媒体，因地制宜开展广泛深入的宣传活动，大力宣传追溯体系的意义、目的、措施和效果，不断扩大追溯体系的社会影响力。结合消费者消费习惯和心理，创新宣传方式和手段，开展有针对性的宣传活动，让消费者自觉接受追溯体系、主动选购可追溯产品。

（二）强化政策引导。在运行维护经费中安排专门资金，探索实行凭票抽奖和价格补贴等政策，吸引消费者主动索票、主动查询，形成对节点企业和经营者的倒逼压力。探索建立保险制度，引进商业保险公司提供质量安全保险，为可追溯肉类蔬菜中药材产品增信，让消费者放心。

（三）发动公众监督。建立公示制度，及时将已建成追溯体系的节点企业名单公之于众，方便消费者查询和监督。开通举报投诉电话，接受消费者举报投诉，及时发现并处理追溯子系统运转不正常的节点企业。建立曝光和消费警示制

度，对于追溯子系统长期运行不正常的，及时予以曝光，并发布消费警示信息。

五、加强数据分析利用，不断拓展追溯体系功能

（一）加强数据分析。建立常态化的数据分析制度，围绕市场供求、价格、质量安全等方面，建立科学的统计分析指标体系和分析模型库，开展数据综合分析利用。加强数据分析成果应用，每月编写数据分析报告，为各级领导及相关部门提供决策支持。每月向省级商务主管部门和商务部报送数据综合分析报告，适时报送动态分析报告。

（二）完善服务功能。开通肉类蔬菜中药材追溯信息查询通道，通过智能手机、热线电话、互联网在线查询窗口等方式，面向社会公众提供方便快捷的查询服务。主动向有关政府部门开放信息资源，加快推进与农业、食品药品监管等部门数据共享，扩大追溯数据来源，拓展服务功能和服务领域。

六、加强统筹规划和督促检查

（一）加强统筹规划。各地要切实增强责任意识，将强化日常运行管理作为重中之重，按照规定的时间进度要求（见附件），加强统筹规划。申请考核验收前，要制订专门的运行管理方案，明确工作目标、任务、措施及责任分工，全面部署日常运行管理工作。省级商务主管部门组织考核验收时，要将运行管理方案作为一项重要考核内容；运行管理方案不完善的，要及时督促整改。2014 年 8 月底前，首批肉类蔬菜流通追溯体系试点城市要补报运行管理方案。

（二）加强督促检查。省级商务主管部门要加大对城市追溯体系运行管理工作督导力度，确保落实各项运行管理任务；对于运行管理任务不落实、措施不力、追溯体系运转不正常的，要及时予以督促整改。承担中药材流通追溯体系建设任务的省份，省级商务主管部门作为运行管理第一责任主体，要按照本《通知》要求，采取有效措施强化运行管理，确保追溯体系正常运行。

附件：追溯体系运行管理工作进度要求

商务部办公厅

二〇一四年七月二十二日

附件：

追溯体系运行管理工作进度要求

工作内容		完成时限及要求
完善配套制度	积极探索制订地方性法规或地方政府规章	有条件的地方积极争取配套立法
	健全追溯体系运行管理制度	前两批城市 2014 年 8 月底前，其他省市考核验收前
	完善追溯体系资产管理制度	前两批城市 2014 年 10 月底前，其他省市考核验收前
落实管理责任	建立日常运行管理机制	考核验收前
	明确运行维护责任主体	前两批城市（中药材追溯为首批城市，以下同）2014 年 7 月底前，其他省市考核验收前
	加强人员培训和业务交流	考核验收前对节点企业有关管理人员及经营户全部培训，考核验收后根据需要适时培训
强化经费保障	运行维护资金列入年度财政预算	考核验收前市政府（中药材为省级商务主管部门）书面承诺，以后每年度落实
	引导企业和社会资金投入	建设和运行过程中积极探索
加强日常巡查	安排专人定期巡查节点企业	前两批城市 2014 年 7 月底前，其他省市考核验收前建立相应制度，运行过程中对每个企业每月至少巡查一次
	完善平台监控管理功能	前两批城市 2014 年 10 月底前，其他省市考核验收前开发平台监控管理功能，此后按日对报送数据进行审核管理
	建立故障排查及快速处置机制	前两批城市 2014 年 7 月底前，其他省市考核验收前

续 表

工作内容		完成时限及要求
创新运维模式	探索引入第三方运行维护机构	系统集成售后服务期满之前
	探索对节点企业和摊位实施远程监控	有条件的地方探索实施远程监控
严格考核管理	制订运行考核制度与指标体系	前两批城市 2014 年 10 月底前，其他省市考核验收前建立相应制度，此后按月进行考核
	加强对系统集成企业、设备供应商及运行维护服务商履约行为管理	在协议服务期内对相关企业履约行为进行实时监管
建立奖惩机制	建立与考核结果挂钩的奖惩机制	前两批城市 2014 年底前，其他省市考核验收前建立相应制度，此后根据每月运行考核结果给予相应的奖惩
引入契约管理	积极探索与企业签订行政合同	前两批城市 2014 年底前，其他省市考核验收前
	督促市场开办方将使用追溯设备写入摊位租赁合同	前两批城市 2014 年底前，其他省市考核验收前
推进协同管理	积极协调工商、质检、食品药品监管等部门进行协同管理	前两批城市 2015 年 6 月底前，其他省市考核验收后 6 个月内争取达成一致
	将节点企业追溯子系统运行情况与相关政策安排挂钩	前两批城市 2014 年底前，其他省市考核验收后 6 个月内出台相应规定
加大宣传力度	因地制宜开展广泛深入的宣传活动	前两批城市 2014 年 8 底前，其他省市考核验收后 3 个月内制订宣传方案
	开展有针对性的宣传活动	每季度开展相应的宣传活动
强化政策引导	探索实行凭票抽奖和价格补贴等政策	每年度在运行维护资金中安排相应资金
	探索建立肉类蔬菜中药材质量安全保险制度	前两批城市争取在 2015 年 6 月底前，其他省市在考核验收后 1 年内

续　表

工作内容		完成时限及要求
发动公众监督	建立节点企业公示制度	前两批城市在2014年10月底前，其他省市在考核验收后2个月内
	开通追溯系统运行情况举报投诉电话	前两批城市在2014年10月底前，其他省市在考核验收前公告电话，此后保持电话畅通
	建立追溯系统运行不正常企业曝光和消费警示制度	前两批城市从2015年1月起，其他省市在考核验收后每季度曝光一批企业
加强数据分析	建立科学的统计分析指标体系和分析模型库	前两批城市在2014年底前，其他省市在考核验收后4个月内
	每月编写并报送数据分析报告	各省市在建立统计分析制度后按月编写报告
完善服务功能	开通追溯信息查询通道	前两批城市2014年8月底前，其他省市在考核验收后2个月内开通，此后保持畅通
	推进与农业食品药品监管等部门信息共享	前两批城市争取2015年6月底前，其他省市考核验收后1年内

十七 重点品种流通分析报告

082

商务部办公厅关于开展中药材重点品种流通分析的通知

商办秩函〔2012〕114号

各省、自治区、直辖市、计划单列市及新疆生产建设兵团商务主管部门：

为逐步掌握中药材流通领域的相关统计数据和市场流通情况，根据《全国药品流通行业发展规划纲要（2011—2015）》，经过前期调研和论证，商务部决定开展首批29种中药材重点品种流通分析工作。现将有关事项通知如下：

一、分析品种

人参、三七、川芎、大黄、山药、山茱萸、水飞蓟、太子参、元胡、丹参、天麻、半夏、白芷、甘草、地黄、当归、麦冬、连翘、牡丹皮、附子、金银花、茯苓、厚朴、枸杞、党参、黄连、黄芩、黄芪、鹿茸。

二、分析内容

分析各品种的种植面积（养殖存栏量）、产量、市场流通情况（购进、销售、库存、价格）等。

三、填报要求

（一）请有关地区商务主管部门按照中药材产地商务主管部门分析品种表（附件1）所列品种，在每年1月15日前，填报上年中药材种植情况年报（附件2），同时组织有关中药材市场和中药材专业网站填报工作。

（二）请各地中药材专业及产地市场（附件3）在每季度第一个月15日前，填报上季度中药材销售情况季报（附件4）。

（三）请各地中药材专业网站（附件5）在每季度第一个月15日前，填报上季度中药材流通分析补充季报表（附件6）。

四、商务部开发了中药材重点品种流通分析直报系统（以下简称直报系统，网址：http：//zyc. mofcom. gov. cn）将于2012年3月开通运行，专题动员和培训会议将于3月上旬举行（具体时间、地点另行通知），2011年数据填报工作在会后开始，3月31日截止。请各地商务主管部门落实网上填报主体，填写中药材流通分析网上直报填报人信息表（附件7），并于2012年3月2日前反馈商务部。

五、在首批29种基础上增加28种作为试分析品种，请各地商务主管部门认真组织，积极填报，商务部将根据填报情况适时确定第二批中药材重点分析品种。

附件：

1. 中药材产地商务主管部门分析品种表（略）
2. 中药材种植情况年报（略）
3. 中药材专业及产地市场（略）
4. 中药材销售情况季报（略）
5. 中药材专业网站（略）
6. 中药材流通分析补充季报表（略）
7. 中药材流通分析网上直报填报人信息表（略）

商务部办公厅

二〇一二年二月二十二日

083

2013年中药材重点品种流通分析报告

商务部

2014年7月

为逐步掌握中药材流通数据信息，引导中药材种植与销售，促进中药材产业的健康有序发展，商务部于2012年建立了中药材重点品种流通分析系统，并连续发布年度中药材重点品种流通分析报告。2013年，在以往统计的基础上，商务部进一步扩大了数据采集范围，优化了统计方式。现将2013年全年中药材重点品种流通情况分析如下：

一、中药材重点品种市场流通情况

纳入中药材重点品种流通分析系统的29种中药材的相关流通信息，来源于85个中药材产地的商务部门、17家中药材市场和6家中药材专业网站（名单附后）。为方便分析，现将29种中药材分为根茎类、花类、果实类、菌类和动物类五大类。

（一）根茎类药材

纳入统计的22种根茎类药材分别为：人参、三七、川芎、大黄、山药、太子参、元胡、丹参、天麻、半夏、白芷、甘草、地黄、当归、麦冬、牡丹皮、附子、厚朴、党参、黄连、黄芪、黄芩。

人参和三七依然是根茎类药材的代表，其价格涨跌一定程度上反映了中药材价格波动情况。2013年，全国中药材市场共销售人参约1.6万吨，市场存量约1456.1吨，市场平均价格671.1元/公斤，同比上涨87.5%，继续保持上涨态势；全国中药材市场共销售三七约1.2万吨，市场存量约1787.5吨，其中剪口三七市场平均价格为624.5元/公斤，同比下降20.5%。

（二）花类药材

金银花是唯一纳入统计的花类中药材，价格呈现稳定态势。据统计，2013年金银花全国种植面积约36万亩，产量约2.6万吨。通过全国中药材市场销售约3105.1吨，市场存量约952.7吨，平均价格115.0元/公斤，同比上涨24.3%。除金银花外，市场还大量流通着山银花。国家药典规定：金银花是忍冬科忍冬的干燥花蕾或初开的花，山银花为忍冬科植物灰毡毛忍冬、红腺忍冬、华南忍冬或黄褐毛忍冬的干燥花蕾或初开的花。金银花与山银花外形酷似，但化学成分有显著不同。山银花的花期更长，产量更高，价格明显低于金银花，因此市面上存在大量金银花、山银花混淆或者恶意添加现象。

（三）果实类药材

纳入统计的共有 4 种果实类药材，分别为枸杞、水飞蓟、连翘和山茱萸。其中枸杞主要种植于宁夏和新疆，产量相对稳定，价格变化不大。2013 年宁夏枸杞中药材市场的销售量约 9030.5 吨，价格为 45.1 元/公斤，较上年下跌 5.1%。水飞蓟通过药材市场的销售量为 3230.8 吨，平均价格为 12.5 元/公斤，较上年下跌 34%。水飞蓟近年来国内外需求增长都比较快，尤其是国外市场对水飞蓟提取物的需求增长较快，未来预计水飞蓟价格会呈现较大幅度的上涨。连翘和山茱萸都属于半野生药材，2013 年中药材市场的销量分别为 2898.7 吨和 4237.2 吨。连翘 2013 年平均价格为 46.55 元/公斤，同比上涨 40.6%，山茱萸价格约 35 元/公斤，同比上涨约 17.5%。

（四）菌类药材

纳入统计的菌类药材只有茯苓。茯苓是药食两用类药材，全国产量约为 5.1 万吨。全国中药材市场共销售茯苓约 5426.4 吨，其中白丁 4374 吨，价格为 20.3 元/公斤，同比下跌 4.7%；统片 1052.4 吨，价格为 18.7 元/公斤，同比下降 5.6%。茯苓最近几年供求平稳，价格基本稳定。今年安徽等地由于干旱产量略有下降，但是云南等地有增产迹象，总体来看，产销基本平稳。

（五）动物类药材

纳入统计的动物类药材是鹿茸，包括梅花鹿、新西兰鹿和马鹿 3 种，其中以梅花鹿鹿茸价格最贵。2013 年，梅花鹿鹿茸平均价格为 5464.7 元/公斤，同比下跌 11.1%；马鹿鹿茸平均价格为 1600 元/公斤，同比下跌 19.6%；新西兰鹿平均价格为 1275 元/公斤，价格呈现下跌态势。近几年，鹿养殖户扩产较多，尤其是新西兰鹿和马鹿的存栏量不断增加，鹿茸产量逐年提高，但品质又不及梅花鹿鹿茸。在供需失衡的情况下，新西兰鹿和马鹿鹿茸的后市价格有可能出现较大幅度的下滑。

二、中药材重点品种价格波动情况

（一）价格持续上涨品种

纳入统计的 29 种药材中，2013 年中药材市场中中药材价格同比上涨的有 9 种，涨幅较大的品种有：人参、当归、附子等根茎类药材。这些品种产地集中，易受自然灾害的影响。如人参价格涨幅较大是因为其被列为新资源食品，市场需求有较大增加，而人参种植周期为 6 年，短期内难以实现增种扩产，且政府在种参林地审批上趋于严格，一定程度上限制了人参的产量。

（二）价格持续下跌品种

价格同比跌幅的有 11 种，跌幅较大的分别为：三七、太子参、丹参、黄芩、水飞蓟。

与人参产业发展不同，三七的种植基地不需要经过政府严格审批，药农扩种相对容易，且三七的种植周期为三年，扩种相对容易。三七价格连续三年上涨，刺激了药农的种植积极性，主产地文山州纷纷扩大种植面积，快速扩张的种植面积致使产量明显超过需求，市场下行周期已经来临。2013 年，三七价格同比下降，其中剪口三七降幅为 20.5%，120 头三七降幅为 33.8%。随着产新期到来，预计三七供应量还将持续增多，后市价格将持续下降。太子参的情况与三七类似，目前价格已经跌为 2011 年的 20%，但是依然没有跌到谷底，预计后市价格会继续下跌。

黄芩也属于同样的情况，黄芩属于多年生草本，主产于河北承德和内蒙古赤峰，由于适应性强，北方地区都可以种植。受 2012 年价格上涨的影响，2013 年主产地都增加了种植面积，其中山西新增种植面积 3 万亩，承德新增种植面积超过 2000 亩。扩种自然带来产量的大幅提升，随之而来的是价格的大幅下降。2013 年产地价格已由 2012 年的 33 元/公斤下降到 15.7 元/公斤。预计 2014 年黄芩的种植面积会相应减少，价格有可能回归合理。

（三）价格基本持平品种

山药、枸杞、厚朴、茯苓、地黄等药材价格涨跌幅都在 5%左右，维持相对平稳状态。这些药材基本上以种植为主，比如山药和枸杞，食品应用量要超过药用量，价格波动幅度相对较小。厚朴属于林地经济作物，可以参照市场行情进行收获采伐，价格市场波动相对较小。

三、2013 年中药材流通特点

（一）中药材专业市场交易量开始出现下降

20 世纪 90 年代后期，经原卫生部、国家中医药局、国家工商行政管理局批准保留的 17 家中药材专业市场中，已有西安万寿路中药材市场、兰州黄河中药材市场、云南昆明菊花园中药材市场等呈现萎缩态势。纳入统计的 29 个大宗中药材品种中，有 18 个品种在中药材专业市场的交易量呈现大幅下滑现象。

（二）产地与医药企业对接成新趋势

近几年，中药材价格异常波动，对下游医药企业影响很大。不少医药企业为了应对药材原料价格的波动，纷纷在道地产区自建基地或者选择合适的供应商和种植大户开展订单生产，绕开中间环节，直接延伸到上游产业链。产地与药企对接模式既保证产品供应，又弥补价格波动带来的损失，已成为中医药产业发展的新趋势。

（三）中药材传统落后的流通方式仍未改变

目前我国中药材流通整体上仍为落后的农贸集市交易形式，组织化、规模化程度低，是我国流通领域现代化程度最低的行业之一。中药材产地初加工、包装、仓储与养护、物流等流通环节的落后状况尤为突出，已影响到中药产业和中医药事业的发展。发展中药材现代物流，开展中药材流通追溯体系建设，提升中药材质量，是推动中医药产业健康持续发展的必然要求和未来趋势。

附表：

1. 2013 年中药材重点品种销售情况
2. 2013 年中药材市场统计价格变化及走势预测
3. 2013 年中药材网站统计价格变化及走势预测
4. 参与统计的各地商务部门
5. 参与统计的 17 家中药材市场
6. 参与统计的 6 家中药材网站

附表 1：

2013 年中药材重点品种销售情况

序号	商品名称	品规	市场均价（元/公斤）	市场进货量（吨）	销售数量（吨）	销售额（万元）	市场存量（吨）
1	人参	统	671.1	16989.9	15533.8	1154083.7	1456.1
2	三七	剪口	624.5	3301.4	2711.6	280718.2	590.8
		60 头	593.6	2580.6	2296.6	158386.5	285
		80 头	525	2368.7	2151.9	142394.4	217.8
		120 头	439.2	3739.2	3258.1	169276.4	480.1
		无数头	416.3	1843.3	1633.5	95844	213.8
3	川芎	统	21.1	5420.4	4741.8	8765.2	688.6
4	大黄	水根	7.25	5930	5260	1382	1850
		甘肃统	15.9	33784.6	29874.6	51823	5750
5	山药	统	18.05	4637.2	4020.2	5451	717
6	山茱萸	河南 5%核	36.5	4588.1	4005.5	13227.4	632.6
		陕西 5%核	33.5	302.4	231.7	719.1	70.7
7	水飞蓟	统	12.5	3665.9	3230.8	5147.4	571.1

续 表

序号	商品名称	品规	市场均价（元/公斤）	市场进货量（吨）	销售数量（吨）	销售额（万元）	市场存量（吨）
8	太子参	宣州统	44	780	585	11580	195
		贵州统	73.4	2044.2	1842	9245.6	202.2
9	元胡	统	71.25	8431.4	8256.0	57165.8	750.5
10	丹参	北统	11.5	8980	11065	11084.5	5470
		安徽统	17.3	5215.8	4756.4	6314.7	459.4
		山东统	17	658	406.9	573.8	251.1
11	天麻	家种一等	150	1997.7	1907.9	26745.5	94.8
		家统	141	439.8	278.2	4012.6	161.6
12	半夏	统	76.1	7278	7296.2	63882.9	2380.8
13	白芷	亳统	14.6	3944.5	3595.1	4544.3	349.4
		河北统	10.25	800	680	686.5	170
14	甘草	新疆毛草	12.6	6300	6030	7258	270
		甘肃家统	15.2	46603.4	38878.8	39195	7724.6
15	地黄	统	14.3	7591.3	6772.9	8755.5	868.4
16	当归	箱归	59.3	41990.7	45154.1	242334.6	9696.6
17	麦冬	川统	39.8	3509.2	3214.5	14813.5	279.7
18	连翘	统	46.55	2925.3	2560.7	12049.3	374.6
19	牡丹皮	刮丹	26.9	4409.5	3990	11522.9	424.5
20	附子	统	44.7	2344.3	2152.1	12660.3	193.2
21	金银花	统	115	4057.8	3105.1	33489.2	952.7
22	茯苓	白丁	20.3	4729.8	4374	8081.8	385.8
		统片	18.7	1303.6	1052.4	1944.6	271.2
23	厚朴	统	16.1	2875.6	2656.3	3970.7	320.3
24	枸杞	宁夏统	45.1	7244	9030.5	38278.5	2288.5
25	党参	白条统	60.2	30692.9	34112.1	156727.7	5885.3
26	黄连	鸡爪统	95.7	1555.8	1399.4	13020.8	181.4
27	黄芩	家统	20.3	15408.0	23427.9	37615.4	8001.3

续　表

序号	商品名称	品规	市场均价（元/公斤）	市场进货量（吨）	销售数量（吨）	销售额（万元）	市场存量（吨）
28	黄芪	内蒙统	45	5755	5503.5	11310.5	261.5
		甘肃统	25.8	34651.8	36729.9	69808.3	9201.9
29	鹿茸	新西兰鹿	1275	1161.2	820.7	164038.5	340.5
		梅花鹿	5464.7	399.6	383.2	321025.9	16.8
		马鹿	1600	449	358.1	89294	90.9

注：数据来自于全国17个中药材市场的统计加和，部分品种各市场的商品分类标准有一定差异，统计数据与之前相比会稍有出入。

附表2：

2013年中药材市场统计价格变化及走势预测

序号	商品名称	品规	2011年市场均价（元/公斤）	2012年市场均价（元/公斤）	2013年市场均价（元/公斤）	价格同比（%）	17家市场价格走势预测
1	人参	统	315	358	671.1	87.5	看高
2	三七	剪口	551	785.3	624.5	－20.5	看低
		60头	382	720.5	593.6	－17.6	看低
		80头	370	695.2	525	－24.5	看低
		120头	345	663.1	439.2	－33.8	看低
		无数头	320	603.2	416.3	－31	看低
3	川芎	统	22	16.2	21.1	30.2	看高
4	大黄	水根	8	6.1	7.25	18.9	看高
		甘肃统	15	16.7	15.9	－4.7	看高
5	山药	统	30	18	18.05	0.3	看稳
6	山茱萸	河南5%核	37	31	36.5	17.7	看低
		陕西5%核	36	28.6	33.5	17.1	看低
7	水飞蓟	统	14	18.9	12.5	－34	看高

续 表

序号	商品名称	品规	2011年市场均价（元/公斤）	2012年市场均价（元/公斤）	2013年市场均价（元/公斤）	价格同比（%）	17家市场价格走势预测
8	太子参	宣州统	278	219.7	44	－80	看低
		贵州统	260	208.3	73.4	－65	看低
9	元胡	统	54	52.8	71.25	35	看高
10	丹参	北统	17	19	11.5	－39.5	看高
		安徽统	17	18	17.3	－3.9	看稳
		山东统	20	20.4	17	－16.7	看低
		野统	16	25.4	3.7	－85.4	看高
11	天麻	家种特等	150	188.6	190	0.74	看稳
		家种一等	130	162.7	150	－7.8	看稳
		家种二等	110	152.6	122.5	－19.7	看稳
		家统	90	152.2	141	－7.4	看稳
12	半夏	统	93	100.3	76.1	－24.1	看稳
13	白芷	亳统	17	14.7	14.6	－0.68	看稳
		川统	20	15.3	15.7	2.6	看稳
		河北统	17	13.4	10.25	－23.5	看稳
14	甘草	内蒙毛草	16	17.8	14	－21.4	看高
		新疆毛草	18	16.9	12.6	－25.4	看高
		甘肃家统	18	17.3	15.2	－12.1	看高
15	地黄	统	10	14.5	14.3	－1.4	看稳
16	当归	箱归	27	40.7	59.3	45.7	看高
17	麦冬	川统	78	55.8	39.8	－28.7	看低
18	连翘	统	24	33.1	46.55	40.6	看稳
19	牡丹皮	刮丹	33	36.5	26.9	－26.3	看稳
20	附子	统	26	25.3	44.7	76.7	看稳
21	金银花	统	135	92.5	115	24.3	看稳
22	茯苓	白丁	16	21.3	20.3	－4.7	看稳
		统片	15	19.8	18.7	－5.6	看稳

续　表

序号	商品名称	品规	2011年市场均价（元/公斤）	2012年市场均价（元/公斤）	2013年市场均价（元/公斤）	价格同比（%）	17家市场价格走势预测
23	厚朴	统	14	15.6	16.1	3.2	看稳
24	枸杞	宁夏统	48	47.5	45.1	－5.1	看稳
		新疆统	45	43.5	40	－8.1	看稳
25	党参	白条统	82	85.3	60.2	－29.4	看低
26	黄连	单支统	80	85.6	108.3	26.5	看高
		鸡爪统	75	81.1	95.7	18	看高
27	黄芩	家统	23	24.7	20.3	－17.8	看高
		未撞皮统	29	33	15.7	－52.4	看高
28	黄芪	内蒙统	24	30.3	45	48.5	看稳
		甘肃统	22	29.9	25.8	－13.7	看稳
29	鹿茸	新西兰鹿	1883	2440	1275	－47.8	看低
		梅花鹿	4272	6148	5464.7	－11.1	看高
		马鹿	1700	1991.1	1600	－19.6	看低

注：价格走势预测是根据17家中药材市场半数以上的预测统计。

附表3：

2013年中药材网站统计价格变化及走势预测

序号	商品名称	品规	2013市场均价（元/公斤）	走势预测
1	人参	统	594	看高
2	三七	剪口	780	看低
		60头	475	看低
		80头	447.5	看低
		120头	420	看低
		无数头	395	看低
3	川芎	统	18.42	看稳

续　表

序号	商品名称	品规	2013市场均价（元/公斤）	走势预测
4	大黄	水根	4.08	看高
		甘肃统	16.83	看高
5	山药	统	9.8	看稳
6	山茱萸	河南5%核	31.6	看低
		陕西5%核	30.8	看低
7	水飞蓟	统	17.3	看高
8	太子参	宣州统	41.4	看低
		贵州统	43.2	看低
9	元胡	统	77.33	看高
10	丹参	北统	13.25	看低
		安徽统	11.4	看低
		山东统	13.4	看低
		野统	14.75	看低
11	天麻	家种一等	143.75	看稳
		家种三等	108.75	看稳
		家种特等	167.5	看稳
		家统	117	看稳
12	半夏	统	84.67	看稳
13	白芷	亳统	13.2	看稳
		川统	17.4	看稳
		河北统	11.3	看稳
14	甘草	内蒙毛草	11.9	看稳
		新疆毛草	11.7	看稳
		甘肃家统	11.58	看稳
15	地黄	统	12.4	看低
16	当归	箱归	57.33	看稳
17	麦冬	川统	45.8	看稳
		野统	36	看稳

续　表

序号	商品名称	品规	2013市场均价（元/公斤）	走势预测
18	连翘	统	44.2	看稳
19	牡丹皮	刮丹	24	看稳
20	附子	统	59.6	看稳
21	金银花	统	112	看稳
22	茯苓	白丁	19.1	看稳
		统片	56.9	看稳
23	厚朴	统	12.1	看稳
24	枸杞	宁夏统	41.83	看稳
		新疆统	39.6	看稳
25	党参	白条统	48.5	看低
26	黄连	单支统	95.8	看高
		鸡爪统	92.2	看高
27	黄芩	家统	17	看稳
		未撞皮统	25.8	看稳
28	黄芪	内蒙统	21.8	看稳
		甘肃统	19.5	看稳
29	鹿茸	新西兰鹿	1175	看稳
		梅花鹿	6580	看高
		马鹿	1900	看稳

注：走势预测是根据参与直报的网站数据半数以上的预测结果。

附表4:

参与统计的各地商务部门

序号	药材名称	商务部门
1	人参	林口县商务局、吉林省商务厅、伊春市商务局、方正县粮食商务局
2	三七	砚山县商务局、广南县商务局、百色市靖西县商务局
3	川芎	汉中市商务局、彭州市商务局、平武县商务局、都江堰市商务局、什邡市商务局

续 表

序号	药材名称	商务部门
4	大黄	宕昌县商务局、岷县商务局、平武县商务局、阿坝州商务局
5	山药	贵港市商务局、恩施州商务局、蠡县商务局、焦作市商务局
6	山茱萸	汉中市商务局、金寨县商务局、浙江省商务厅、三门峡市商务局、石台县商务局、禹州市商务局
7	水飞蓟	吉林省商务厅、伊春市商务局
8	太子参	柘荣县经贸委、宣城市商务局
9	元胡	汉中市商务局、禹州市商务局、浙江省商务厅
10	丹参	禹州市商务局、商洛市商务局、三门峡市商务局、灵寿县商务局、陕县商务局、行唐县商务局、长葛市商务局、中江县商务局
11	天麻	汉中市商务局、罗田县商务局、恩施州商务局、达州市商务局、宜昌市夷陵区商务局、平武县商务局、昭通市商务局
12	半夏	阆中市商务局、潜江市商务局、恩施州商务局、禹州市商务局
13	白芷	安国市商务局、禹州市商务局、遂宁市商务局、长葛市商务局
14	甘草	乌兰察布市商务局、鄂尔多斯市商务局、盐池县商务局、酒泉市商务局、陇南市西和县、望奎县商务局
15	地黄	汉中市商务局、安国市商务局、禹州市商务局、长治市商务局、焦作市商务局、晋城市商务局、长葛市商务局
16	当归	宕昌县商务局、平武县商务局、恩施州商务局、甘肃省定西市商务局、丽江市商务局、阿坝州商务局、迪庆州外事和商务局、岷县商务局
17	麦冬	浙江省商务局、襄阳市商务局、三台县商务局
18	连翘	三门峡市商务局、陕县商务局、晋城市商务局、长治市商务局、商洛市商务局、围场县商务局
19	牡丹皮	亳州市商务局、铜陵市商务局
20	附子	汉中市商务局、江油市商务局、大理市商务局、楚雄州商务局、迪庆州外事和商务局、丽江市商务局、平武县商务局、安县商务局、
21	金银花	巨鹿县商务局、长葛市商务局、封丘县商务局、禹州市商务局、陕县商务局、罗田县商务局、平邑县流通业发展局、三门峡市商务局
22	茯苓	罗田县商务局、岳西县商务局

续　表

序号	药材名称	商务部门
23	厚朴	恩施州商务局、平武县商务局、都江堰市商务局
24	枸杞	中宁县商务局、巨鹿县商务局、陕县商务局
25	党参	汉中市商务局、宕昌县商务局、恩施州商务局、长治市商务局、阿坝州商务局、甘肃省定西市商务局、陇南市文县商务局、渭源县商务局、陇县商务局、岷县商务局
26	黄连	彭州市商务局、恩施州商务局、峨眉县商务局
27	黄芩	运城市商务局、乌兰察布市商务局、内蒙古兴安盟商务局、宽城县商务局、望奎县商务局、商洛市商务局
28	黄芪	锡林郭勒盟商务局、浑源县经济商务和信息化局、宕昌县商务局、兴安盟扎赉特旗商务局、赤峰喀喇沁旗商务局、赤峰市商务局、甘肃省定西市商务局、包头市商务局、呼和浩特市商务局、兴安盟突泉县商务局、长治市商务局、望奎县商务局、渭源县商务局、岷县商务局、围场县商务局
29	鹿茸	吉林省商务厅、赤峰市商务局、巴林左旗商务局、赤峰市商务局、乌兰察布市商务局、林口县商务局

附表 5：

参与统计的 17 家中药材市场（排名不分先后）

序号	中药材市场名称
1	安徽亳州中药材市场
2	河北安国中药材市场
3	成都荷花池中药材专业市场
4	东北参茸中药材市场
5	广东省普宁中药材专业市场
6	广西玉林中药材专业市场
7	哈尔滨三棵树中药材专业市场

续　表

序号	中药材市场名称
8	湖北李时珍中药材专业市场
9	湖南省长沙市高桥中药材专业市场
10	湖南省邵东县廉桥药材专业市场
11	吉林抚松长白山人参市场投资发展有限公司
12	江西樟树中药材市场
13	山东省鄄城县舜王城药材市场
14	云南昆明菊花园中药专业市场
15	云南省文山州三七国际交易中心
16	中国·文峰药材交易城
17	重庆市解放路药材专业市场

附表 6：

参与统计的 6 家中药材网站（排名不分先后）

序号	中药材网站名称
1	康美中药网（亳州）
2	药财盈中药材物联电子交易市场
3	药通网
4	中药材鼎信网
5	中药材天地网
6	中药贸易网

084

2012年中药材重点品种流通分析报告

商务部

2013年5月

为逐步掌握中药材流通数据信息，引导中药材种植与销售，促进中药材产业的健康有序发展，商务部于2012年初建立了“中药材重点品种流通分析系统”，并发布了《2011年中药材重点品种流通分析报告》和《2012年上半年中药材重点品种流通分析报告》。在去年统计的基础上，进一步扩大了数据采集范围，优化了统计方式，现将2012年全年中药材重点品种流通情况分析如下：

一、中药材重点品种市场流通情况

目前中药材重点品种流通分析系统主要统计了29种中药材，数据来源于85个中药材产地的商务部门、17家中药材专业市场和6家中药材专业网站（名单附后）。为方便分析，现将29种中药材分为根茎类、花类、果实类、菌类和动物类五大类。

（一）根茎类药材

纳入统计的22种根茎类药材分别为：人参、三七、川芎、大黄、山药、太子参、元胡、丹参、天麻、半夏、白芷、甘草、地黄、当归、麦冬、牡丹皮、附子、厚朴、党参、黄连、黄芪、黄芩。

人参和三七依然是根茎类药材的代表，其价格涨跌一定程度上反映了中药材价格波动。2012年，全国共销售人参约1.2万吨，市场存量约1829.3吨，市场平均价格358元/公斤，同比上涨13.6%，继续保持上涨态势；全国共销售三七约9673吨，市场存量约1628吨，其中剪口三七市场平均价格为785.3元/公斤，同比上涨42.4%。人参和三七都属于大宗商品，分别有产地专业药材市场：抚松长白山人参市场和文山三七国际交易中心，全国其他专业市场的人参和三七大部分采购自这两个市场，因此扣除市场间重复交易因素，人参和三七在国内中药材市场的实际销售量约为3492吨和1833吨。

（二）花类药材

金银花是唯一纳入统计的花类中药材，价格呈现整体下滑趋势。据统计，2012年全国金银花销售约9052.6吨，市场存量约1444.2吨，平均价格92.5元/公斤，同比下滑31.5%。

（三）果实类药材

纳入统计的共有4种果实类药材，分别为枸杞、水飞蓟、连翘和山茱萸。其中枸杞主要种植于宁夏和新疆，产量相对稳定，价格变化不大。2012年宁夏和新疆枸杞销售量分别为1.2万吨和5609.5吨，价格与去年基本持平，分别为47.5元/公斤和43.5元/公斤。水飞蓟主要作为植物提取物的原料，在中药材专业市场的销售量较少，水飞蓟提取物大部分产品用于出口，2012年水飞蓟提取物出口量为647.6吨，推测至少使用水飞蓟6000吨，而通过药材市场的销售量为1164.2吨，仅占水飞蓟总销量的14.5%。2012年水飞蓟平均价格18.9元/公斤，同比增加32.1%。连翘和山茱萸都属于半野生药材，2012年销量分别为3857吨和4410吨。连翘2012年平均价格为33.1元/公斤，同比增长37.9%，山茱萸价格约30元/公斤，同比下降约20%。

（四）菌类药材

纳入统计的菌类药材只有茯苓。全国共销售茯苓约9333.6吨，其中白丁6075.7吨，统片3257.9吨，价格分别为21.3元/公斤和19.8元/公斤，同比分别上涨33.1%和32.0%。

（五）动物类药材

纳入统计的动物类药材是鹿茸，包括梅花鹿、新西兰鹿和马鹿3种，其中以梅花鹿鹿茸价格最贵且呈现平稳上升态势，2012年梅花鹿鹿茸平均价格为6148元/公斤，同比上涨43.8%；新西兰鹿和马鹿鹿茸平均价格分别为2440元/公斤和1991.1元/公斤，价格也呈现小幅上涨态势。

二、中药材重点品种价格波动情况

（一）价格持续上涨品种

纳入统计的29种药材中，2012年价格同比上涨的有17种，涨幅较大的品种有：三七、天麻、人参、当归等根茎类药材。这些品种种植周期较长且产地集中，易受自然灾害的影响。以三七为例，2009年由于干旱原因三七严重减产，价格大幅上涨，直至2011年仍维持高位。2012年春季，云南文山州再次干旱，三七价格因此持续上扬。天麻价格的上扬也是因为年初产地气候干旱所致，但由于天麻库存量较大，预计高价难以长时间维持。2012年9月，原卫生部批准人参（人工种植）作为新资源食品，人参的药食两用新功能较大程度上扩大了市场需求，但人参种植周期约为6年，在短时间无法扩大种植面积的情况下，必然推高市场价格。2012年人参市场平均价格同比增加13.7%，预计后市仍有上涨空间。

（二）价格持续下跌品种

价格同比跌幅较大的有7种，分别为：山药、金银花、麦冬、白芷、川芎、山茱萸和太子参。这些药材的基本特点是种植周期短、种植区域相对分散，特别容易因扩产出现滞销现象。

价格降幅最大的是山药和麦冬，市场销售价格降幅超过 30%。山药是药食两用药材，由于其 1 年的种植周期，像普通的经济作物一样很容易出现大小年现象，2011 年山药价格整体较高，药农大量扩种，2012 年市场平均价格仅 18 元/公斤，降幅超过 40%。麦冬也属于同样的情况，麦冬主产于四川三台和湖北襄阳，受 2011 年价格上涨的影响，2012 年主产地都增加了种植面积。其中，三台新增种植面积 9031 亩，襄阳新增种植面积超过 1 万亩。扩种自然带来产量的大幅提升，随之而来的是价格的大幅下降。2012 年产地价格已由 2011 年的 115 元/公斤下降到 34 元/公斤。预计 2013 年麦冬的种植面积会相应减少，价格有可能回归合理。

金银花也是降幅较大的药材，2012 年价格同比下降 31.5%。金银花的大面积扩种源于 2009 年甲型 H1N1 流感的爆发，流感导致金银花需求大增，价格因此暴涨，山东、河南和河北等金银花主产地纷纷扩种。金银花价格连续上涨到 2011 年，2012 年以来开始一路下跌，但是若有新的疫情出现，后市价格仍有上涨的可能。

（三）价格基本持平品种

甘草、枸杞、附子、大黄和元胡等价格从 2011 年开始基本维持平稳。甘草是最常用药材，俗称“十药九草”，由于需求量大、供应相对稳定，再加上进口药材的补充，价格整体稳定，但甘草毕竟属于资源性产品，未来价格将持续看涨。附子属于 28 种毒性中药材之一，受炮制加工技术的限制，需求相对稳定，种植面积一般不会大幅增加，所以价格一直保持平稳。

附表：

1. 2012 年中药材重点品种销售情况
2. 2012 年中药材市场统计价格变化及走势预测
3. 2012 年中药材网站统计价格变化及走势预测
4. 参与统计的各地商务部门
5. 参与统计的 17 家中药材专业市场
6. 参与统计的 6 家中药材专业网站

附表 1:

2012 年中药材重点品种销售情况

序号	药材名称	商品规格	市场均价（元/公斤）	市场进货量（吨）	销售数量（吨）	销售额（万元）	市场存量（吨）
1	人参	统	358.0	11992.4	10168.2	434645.3	1829.3
2	三七	剪口	785.3	2031.7	1875.3	224195.6	328.4
		60 头	720.5	2180.5	1835.6	105434.7	315.4
		80 头	695.2	1826.8	1616.7	89609.0	264.6
		120 头	663.1	3070.0	2669.1	159949.6	468.5
		无数头	603.2	2084.6	1676.3	87187.4	252.0
3	川芎	统	16.2	25746.9	23472.2	33066.1	3006.2
4	大黄	水根	6.1	6296.9	5422.4	2850.8	2344.4
		甘肃统	16.7	37386.2	29678.1	48123.6	7392.0
5	山药	统	18.0	7615.2	5054.1	8159.2	2266.8
6	山茱萸	河南 5%核	31.0	2529.3	1884.0	4757.5	660.2
		陕西 5%核	28.6	3203.1	2526.1	7219.1	711.7
7	水飞蓟	统	18.9	1539.6	1164.2	1732.7	351.0
8	太子参	宣州统	219.7	1218.2	848.0	14007.2	374.3
		贵州统	208.3	2065.7	1837.3	40615.5	237.2
9	元胡	统	52.8	6244.5	6007.8	23288.6	833.1
10	丹参	北统	19.0	9047.5	11654.7	14022.2	5492.8
		安徽统	18.0	3638.7	3158.6	4981.5	525.1
		山东统	20.4	3404.7	2535.3	4087.1	894.3
		野统	25.4	316.5	254.1	497.2	95.2
11	天麻	家种特等	188.6	1133.8	663.0	18201.3	531.7
		家种一等	162.7	1422.8	1243.3	23979.2	298.3
		家种二等	152.6	104.6	84.7	2473.5	105.8
		家统	152.2	1491.3	1097.6	17575.9	529.7
12	半夏	统	100.3	8065.1	7714.2	74408.1	2800.4

续 表

序号	药材名称	商品规格	市场均价（元/公斤）	市场进货量（吨）	销售数量（吨）	销售额（万元）	市场存量（吨）
13	白芷	亳统	14.7	5909.7	5048.2	6590.0	875.4
		川统	15.3	2405.7	2086.5	2949.8	469.1
		河北统	13.4	740.4	525.5	739.0	214.8
14	甘草	内蒙毛草	17.8	1639.2	1203.4	1558.1	425.7
		新疆毛草	16.9	6279.2	5839.3	10341.0	909.8
		甘肃家统	17.3	26597.8	41184.6	69757.3	8427.2
15	地黄	统	14.5	29961.0	33547.4	44125.7	7529.1
16	当归	箱归	40.7	46984.8	49518.3	162080.4	11226.7
17	麦冬	统	55.8	5990.5	5310.9	28735.1	828.1
		野统	63.7	844.4	622.6	2542.7	221.7
18	连翘	统	33.1	4674.2	3857.1	11494.7	891.0
19	牡丹皮	刮丹	36.5	7300.5	6454.5	17190.1	899.6
20	附子	统	25.3	1525.0	1240.9	2903.5	253.5
21	金银花	统	92.5	10376.4	9052.6	89474.1	1444.2
22	茯苓	白丁	21.3	6075.7	5273.8	9905.1	1091.9
		统片	19.8	3257.9	2921.9	5223.5	795.2
23	厚朴	统	15.6	4892.9	4136.9	5383.5	905.1
24	枸杞	宁夏统	47.5	11006.1	12557.1	57235.8	2645.4
		新疆统	43.5	6062.0	5609.5	25460.9	852.4
25	党参	白条统	85.3	34580.0	36870.6	317185.1	6400.9
26	黄连	单支统	85.6	1703.9	1323.0	10250.8	430.7
		鸡爪统	81.1	3280.0	2745.4	21931.3	713.5
27	黄芩	家统	24.7	23326.1	30825.9	56304.5	8518.8
		未撞皮统	33.0	1806.8	1325.9	4287.0	480.9
28	黄芪	甘肃统	30.3	41232.1	41982.9	78358.4	10295.7
		内蒙统	29.9	32241.2	31906.6	75532.8	934.5

续 表

序号	药材名称	商品规格	市场均价（元/公斤）	市场进货量（吨）	销售数量（吨）	销售额（万元）	市场存量（吨）
29	鹿茸	新西兰鹿	2440.0	651.4	555.0	110185.9	96.5
		梅花鹿	6148.0	264.0	234.2	195438.3	29.8
		马鹿	1991.1	115.9	99.9	23105.7	18.3

注：数据来自于全国17个中药材市场的统计加和，因此不排除重复累加的可能。部分品种各市场的商品分类标准有一定差异，统计数据与之前相比会稍有出入。

附表2：

2012年中药材市场统计价格变化及走势预测

序号	药材名称	商品规格	2011年市场均价（元/公斤）	2012年市场均价（元/公斤）	价格同比（%）	17家市场价格走势预测
1	人参	统	315	358	13.7	高
2	三七	剪口	551	785.3	42.5	高
		60头	382	720.5	88.6	高
		80头	370	695.2	87.9	高
		120头	345	663.1	92.2	高
		无数头	320	603.2	88.5	高
3	川芎	统	22	16.2	—26.4	高
4	大黄	水根	8	6.1	—23.8	低
		甘肃统	15	16.7	11.3	低
5	山药	统	30	18	—40.0	高
6	山茱萸	河南5%核	37	31	—16.2	高
		陕西5%核	36	28.6	—20.6	高
7	水飞蓟	统	14	18.9	35.0	稳
8	太子参	宣州统	278	219.7	—21.0	低
		贵州统	260	208.3	—19.9	低

续 表

序号	药材名称	商品规格	2011年市场均价（元/公斤）	2012年市场均价（元/公斤）	价格同比（%）	17家市场价格走势预测
9	元胡	统	54	52.8	—2.2	高
10	丹参	北统	17	19	11.8	低
		安徽统	17	18	5.9	低
		山东统	20	20.4	2.0	低
		野统	16	25.4	58.8	低
11	天麻	家种特等	150	188.6	25.7	低
		家种一等	130	162.7	25.2	低
		家种二等	110	152.6	38.7	低
		家统	90	152.2	69.1	低
12	半夏	统	93	100.3	7.8	高
13	白芷	亳统	17	14.7	—13.5	低
		川统	20	15.3	—23.5	低
		河北统	17	13.4	—21.2	低
14	甘草	内蒙毛草	16	17.8	11.3	高
		新疆毛草	18	16.9	—6.1	高
		甘肃家统	18	17.3	—3.9	高
15	地黄	统	10	14.5	45.0	高
16	当归	箱归	27	40.7	50.7	高
17	麦冬	统	78	55.8	—28.5	稳
18	连翘	统	24	33.1	37.9	低
19	牡丹皮	刮丹	33	36.5	10.6	高
20	附子	统	26	25.3	—2.7	高
21	金银花	统	135	92.5	—31.5	高
22	茯苓	白丁	16	21.3	33.1	高
		统片	15	19.8	32.0	高
23	厚朴	统	14	15.6	11.4	高

续 表

序号	药材名称	商品规格	2011 年市场均价（元/公斤）	2012 年市场均价（元/公斤）	价格同比（%）	17 家市场价格走势预测
24	枸杞	宁夏统	48	47.5	—1.0	高
		新疆统	45	43.5	—3.3	高
25	党参	白条统	82	85.3	4.0	高
26	黄连	单支统	80	85.6	7.0	稳
		鸡爪统	75	81.1	8.1	稳
27	黄芩	家统	23	24.7	7.4	稳
		未撞皮统	29	33	13.8	稳
28	黄芪	甘肃统	24	30.3	26.3	稳
		内蒙统	22	29.9	35.9	稳
29	鹿茸	梅花鹿	4272	6148	43.9	高
		新西兰鹿	1883	2440	29.6	高
		马鹿	1700	1991.1	17.1	高

注：价格走势预测是根据 17 家中药材专业市场半数以上的预测统计。

附表 3：

2012 年中药材网站统计价格变化及走势预测

序号	药材名称	商品规格	市场价格（元/公斤）	走势预测
1	人参	统	287.0	稳
2	三七	剪口	897.5	低
		60 头	732.5	低
		80 头	716.3	低
		120 头	692.0	低
		无数头	653.8	低
3	川芎	统	12.8	低

续　表

序号	药材名称	商品规格	市场价格（元/公斤）	走势预测
4	大黄	水根	4.3	低
		甘肃统	13.9	低
5	山药	统	9.7	稳
6	山茱萸	河南5%核	20.3	低
		陕西5%核	20.4	低
7	水飞蓟	统	16.0	高
8	太子参	宣州统	170.0	低
		贵州统	173.8	低
9	元胡	统	56.0	高
10	丹参	北统	12.3	稳
		安徽统	12.7	稳
		山东统	13.1	稳
		野统	15.3	稳
11	天麻	家种特等	175.0	稳
		家种一等	146.3	稳
		家种二等	103.8	稳
		家统	116.0	稳
12	半夏	统	99.2	稳
13	白芷	亳统	9.6	稳
		川统	11.7	稳
		河北统	8.4	稳
14	甘草	内蒙毛草	12.1	稳
		新疆毛草	11.6	稳
		甘肃家统	13.1	稳
15	地黄	统	11.5	稳
16	当归	箱归	38.0	稳
17	麦冬	川统	47.8	低
		野统	40.3	低

续 表

序号	药材名称	商品规格	市场价格（元/公斤）	走势预测
18	连翘	统	25.6	稳
19	牡丹皮	刮丹	25.0	稳
20	附子	统	29.2	稳
21	金银花	统	86.0	稳
22	茯苓	白丁	17.4	稳
		统片	17.2	稳
23	厚朴	统	11.8	稳
24	枸杞	宁夏统	39.3	稳
		新疆统	35.8	稳
25	党参	白条统	84.2	低
26	黄连	单支统	73.8	稳
		鸡爪统	70.8	稳
27	黄芩	家统	19.2	稳
		未撞皮统	24.6	稳
28	黄芪	内蒙统	19.0	稳
		甘肃统	16.9	稳
29	鹿茸	梅花鹿	6060.0	高
		新西兰鹿	1940.0	稳
		马鹿	1300.0	稳

注：走势预测是根据参与直报的网站数据半数以上的预测结果。

附表 4：

参与统计的各地商务部门

序号	药材名称	商务部门
1	人参	林口县商务局、吉林省商务厅、伊春市商务局、铁力市商务局
2	三七	砚山县商务局、广南县商务局、百色市靖西县商务局

续　表

序号	药材名称	商务部门
3	川芎	汉中市商务局、彭州市商务局、平武县商务局、都江堰市商务局、什邡市商务局
4	大黄	宕昌县商务局、陇南市礼县商务局、平武县商务局、阿坝州商务局、甘孜州商务局
5	山药	贵港市商务局、恩施州商务局、蠡县商务局、禹州市商务局、焦作市商务局
6	山茱萸	汉中市商务局、金寨县商务局、浙江省商务厅、商洛市商务局、南阳市商务局、石台县商务局、禹州市商务局
7	水飞蓟	吉林省商务厅、伊春市商务局
8	太子参	福安市经贸委、柘荣县经贸委、宣城市商务局
9	元胡	汉中市商务局、邓州市商务局、浙江省商务厅
10	丹参	禹州市商务局、商洛市商务局、三门峡市商务局、灵寿县商务局、蒙阴县商务局、陕县商务局、行唐县商务局、滦平县商务局、长葛市商务局、长治市商务局、中江县商务局
11	天麻	汉中市商务局、罗田县商务局、恩施州商务局、达州市商务局、宜昌市夷陵区商务局、平武县商务局、巴中市商务局、昭通市商务局
12	半夏	阆中市商务局、潜江市商务局、恩施州商务局、陇南市西和县、长治市商务局、禹州市商务局
13	白芷	安国市商务局、禹州市商务局、遂宁市商务局
14	甘草	乌兰察布市商务局、鄂尔多斯市商务局、盐池县商务局、酒泉市商务局
15	地黄	汉中市商务局、安国市商务局、禹州市商务局、运城市商务局、焦作市商务局
16	当归	宕昌县商务局、德钦县商务局、平武县商务局、恩施州商务局、甘肃省定西市商务局、丽江市商务局、阿坝州商务局
17	麦冬	安县商务局、襄阳市商务局、三台县商务局
18	连翘	三门峡市商务局、陕县商务局、晋城市商务局、长治市商务局
19	牡丹皮	亳州市商务局

续 表

序号	药材名称	商务部门
20	附子	汉中市商务局、江油市商务局、大理市商务局、德钦县商务局、丽江市商务局、平武县商务局
21	金银花	巨鹿县商务局、长葛市商务局、封丘县商务局、禹州市商务局、陕县商务局、罗田县商务局、濮阳市商务局、平邑县流通业发展局、长治市商务局
22	茯苓	罗田县商务局、铜陵市商务局、岳西县商务局
23	厚朴	江西省商务厅、恩施州商务局、平武县商务局、都江堰市商务局
24	枸杞	中宁县商务局
25	党参	汉中市商务局、宕昌县商务局、德钦县商务局、商洛市商务局、恩施州商务局、长治市商务局、阿坝州商务局、甘肃省定西市商务局、陇南市文县商务局
26	黄连	彭州市商务局、恩施州商务局、峨眉县商务局
27	黄芩	运城市商务局、长治市商务局、乌兰察布市商务局、滦平县商务局、内蒙古兴安盟商务局、宽城县商务局、陕县商务局、围场县商务局、商洛市商务局
28	黄芪	锡林郭勒盟商务局、浑源县经济商务和信息化局、宕昌县商务局、兴安盟科右中旗经信局、赤峰市商务局、乌兰察布市商务局、甘肃省定西市商务局、包头市商务局、呼和浩特市商务局、兴安盟突泉县商务局、长治市商务局
29	鹿茸	伊春市商务局、吉林省商务厅、林口县商务局、赤峰市商务局、呼伦贝尔市商务局、铁力市商务局、乌兰察布市商务局

附表 5：

参与统计的 17 家中药材专业市场（排名不分先后）

序号	中药材专业市场名称
1	安徽亳州中药材市场
2	成都荷花池中药材专业市场

续　表

序号	中药材专业市场名称
3	东北参茸中药材市场
4	广东省普宁中药材专业市场
5	广西玉林中药材专业市场
6	哈尔滨三棵树中药材专业市场
7	河北安国中药材专业市场
8	湖北李时珍中药材专业市场
9	湖南省长沙市高桥中药材专业市场
10	湖南省邵东县廉桥药材专业市场
11	吉林抚松长白山人参市场投资发展有限公司
12	江西樟树中药材市场
13	山东省鄄城县舜王城药材市场
14	云南昆明菊花园中药专业市场
15	云南省文山州三七国际交易中心
16	中国·文峰药材交易城
17	重庆市解放路药材专业市场

附表 6：

参与统计的 6 家中药材专业网站（排名不分先后）

序号	中药材专业网站名称
1	康美中药网（亳州）
2	药财盈中药材物联电子交易市场
3	药通网
4	中药材鼎信网
5	中药材天地网
6	中药贸易网

085

2011年中药材部分重点品种流通分析报告

商务部

2012年6月

中药材是中医药产业的基础，中药材流通是药品流通的重要组成部分。针对近年来中药材价格的异常波动、产销信息不对称等问题，根据《全国药品流通行业发展规划纲要（2011—2015年》的要求，2012年，商务部建立了中药材重点品种流通分析制度，为政府和行业提供中药材流通的基本信息，促进中药材产业健康发展。目前已经完成2011年中药材部分重点品种种植、产地价格、销售、库存等基本市场信息统计分析，现将结果报告如下。

一、中药材重点品种和流通分析数据来源

中药材重点品种流通分析的统计品种分阶段逐步开展。首批统计分析的29种中药材是：人参、三七、川芎、大黄、山药、山茱萸、水飞蓟、太子参、元胡、丹参、天麻、半夏、白芷、甘草、地黄、当归、麦冬、连翘、牡丹皮、附子、金银花、茯苓、厚朴、枸杞、党参、黄连、黄芩、黄芪、鹿茸。今后将根据此项工作进展情况，逐步增加统计分析品种，使中药材重点品种流通分析系统能够尽量反映全行业情况。

本次29种中药材种植面积和产量统计数据来自于104个中药材产地的商务和农林部门；中药材市场流通情况来自于13个中药材专业市场［名单见附表3（略)］；有6个中药材专业网站［名单见附表4（略)］参与了有关数据的补充上报。

二、2011年29种重点中药材种植和产地价格情况

29种中药材2011年的种植面积、收获面积、产量、产地气候情况，将作为基础数据，可用于与以后年份中药材种植情况变化进行对比，发布中药材种植面积的增减，提前做出产业预警。

（一）根茎类药材

本次统计的根茎类药材有22种，占首批监测品种的76%。分别为：人参、三七、川芎、大黄、山药、太子参、元胡、丹参、天麻、半夏、白芷、甘草、地黄、当归、麦冬、牡丹皮、附子、厚朴、党参、黄连、黄芪、黄芩。以根茎类药材作为首批监测重点的原因是此类药材具有种植周期相对长、收获不具持续性、

相对更容易炒作的特点，近年来价格异常波动的品种多是以根茎类药材为主。现以三七、人参这两种药材为代表分析 2011 年根茎类药材的种植和产地价格情况，其他根茎类药材情况见附表 1（略）。

人参以吉林、黑龙江和辽宁三省种植为主。据中药材重点品种流通分析系统统计，2011 年全国人参种植面积 19830 亩，其中收获面积 4599 亩，产量 2680 吨。由于不同人参的等级价格差异较大，无法给出准确的价格，本次统计提供了产地平均参考价格，约为 285.8 元/公斤。

三七主要以云南和广西种植为主，2011 年两省现有三七种植面积 16 万亩，其中收获面积 4 万亩，产量 5623 吨，产地平均参考价格约为 276.7 元/公斤。

（二）花类药材

本次统计的花类药材仅有金银花一个品种，也是近几年价格波动较大的品种，尤其是遇到甲流、流感等突发性流行病时，价格更会出现非理性上涨。据中药材重点品种流通分析系统统计，2011 年金银花的主要产地山东、河南和河北的种植面积有 28.8 万亩，收获面积 20.6 万亩，产量 17445 吨，产地平均参考价格为 125 元/公斤。

（三）果实类中药材

本次统计的果实类中药材包括枸杞、水飞蓟、山茱萸、连翘四种药材。其中枸杞是药食两用中药材的代表，掌握枸杞的种植收获情况，对了解药食两用中药材具有重要意义。据中药材重点品种流通分析系统统计，2011，种植在宁夏和新疆的枸杞约有 32 万亩，其中收获面积约 30 万亩，产量约 6 万吨，产地平均参考价格为 40 元/公斤。

（四）菌类药材

本次统计的菌类药材为茯苓，属于使用广泛、应用量大的菌类药材。据中药材重点品种流通分析系统统计，2011 年我国茯苓种植面积约有 48300 亩，产量约有 2 万吨，产地平均参考价格约 14.5 元/公斤。

（五）动物类药材

本次仅纳入鹿茸一种动物类药材。目前鹿茸主要来自于三种鹿梅花鹿、马鹿和新西兰鹿，由于养殖集中、统计方便，因此选择为动物药的代表。据中药材重点品种流通分析系统统计，2011 年，我国现有养殖鹿 51943 头，可供采收鹿茸的鹿有 39915 头，产量约有 206 吨，产地平均参考价格约 1757 元/公斤。

三、2011 年 29 种重点中药材流通情况

以人参为代表分析 29 种中药材的流通情况，其他中药材流通情况见附表 2（略）。人参除了产地集中的特点外，在全国 17 家中药材专业市场都是主要的销售品种，同时还分别有自己的产地市场，如吉林省抚松人参交易市场和东北参茸

中药材交易市场。

据中药材重点品种流通分析系统统计，2011 年人参全国统货价格平均为 365 元/公斤，市场共购进 12039 吨，销售 9029 吨，存货 3009 吨，销售额 40 亿元。

十八　中医药统计

086

2012年中医药统计分析提要报告

国家中医药管理局规划财务司

2012年全国中医药统计摘编显示，在党中央、国务院的高度重视和大力扶持下，中医药事业在医疗、教育、科研等方面保持持续快速增长的良好势头，中医药财政投入力度进一步加大，中医药服务能力明显提升，中医药在维护人民群众健康和深化医药卫生体制改革中发挥出更大的作用。

一、中医医疗资源及服务

（一）全国中医药资源总量全面增长

2012年全国卫生机构中，中医机构（包括中医类医院、中医类门诊部、中医类诊所、隶属于卫生部门的中医科研机构）达到39305个，与2011年的38224个相比，增加了1081个，增幅为2.83%。目前，全国卫生机构中中医机构所占比例达到4.14%，高于2011年的4.01%。（注：该处所提隶属于卫生部门的中医药科研机构仅49个，而科技部提供的统计数据中医药科研机构有134个，原因是两个部委采用的是两套全然不同的统计体系。下文中医药科研部分，采用科技部统计数据。）

全国各类卫生机构中，在岗从业的中医药人员总数为476882人，比2011年的420329人，增加了56553人，增幅达13.45%。目前，全国中医药人员占全国卫生技术人员比例达到7.15%，高于2011年的6.79%；全国中医药人员占全国医药人员的比例达15.00%，高于2011年的13.98%。

在中医药人员构成中，中医执业医师305372人、中医执业助理医师51407人、中药师（士）107630人、见习中医师12473人。数据显示，各类中医药人员数与2011年相比均有大幅增长，中医执业医师、中医执业助理医师、中药师（士）和见习中医师分别增加了38147人、9360人、7514人和1532人，增幅分别为14.28%、22.26%、7.51%和14.00%。

全国各类卫生机构中医类科室床位总数为707262张，比2011年的598536张，增加了108726张，增幅达18.17%。目前，中医类科室床位总数占全国总床位数的12.36%，高于2011年的11.60%。（注：因2012年统计口径调整，为便于比较，2011年中医类科室床位数也根据最新统计口径进行调整。下文分科门急诊人次数及分科出院人数也作相应调整。）

（二）全国中医药资源可及性进一步提升

2012年全国万人口中医执业（助理）医师数达2.63人，比2011年的2.30人，增加了0.33人；按地区排名前五位的省份（直辖市）依次为北京、内蒙古、四川、甘肃和天津，分别达到每万人口6.35人、4.20人、3.99人、3.79人和3.78人。

2012年全国每万人口中医类医院床位数达4.53张，比2011年的3.93张，增加了0.60张；按地区排名前五位的省份依次为北京、新疆、甘肃、青海和湖南，分别达到每万人口7.50张、6.27张、6.08张、5.97张和5.54张。

（三）全国中医药服务规模不断增长

2012年，全国各类医疗卫生机构中医分科门急诊总人次达6.43亿，比2011年的5.46亿增加了0.97亿人次，增长17.86%。目前，中医分科门急诊总人次占全国门急诊总人次的15.26%，比2011年的14.18%提高了1个百分点；全国卫生机构中医分科出院人数达2022万，比2011年的1622万增加了400万，增长24.64%。目前，中医分科出院人数占全国出院总人数的11.34%，较2011年的10.63%有所提高。

（四）中医类医院资源总量持续较快增长

2012年全国中医医院2886个、中西医结合医院312个、民族医院199个，中医类医院总计共3397个，比2011年的3308个增加了89个，增幅为2.69%。

全国中医类医院人员总数达731415人，比2011年的662074人，增加了69341人。目前，中医类医院人员总数占全国医院人员总数的比例达到14.81%，较2011年的14.63%有所提高。从医院类型来看，中医医院655925人、中西医结合医院60831人、民族医院14659人，比2011年的中医医院599200人、中西医结合医院49340人、民族医院13534人，分别增加了56725人、11491人、1125人，增幅分别达到9.47%、23.29%和8.31%。

2012年全国中医类医院实有床位达612777张，比2011年的529349张，增加了83428张，增幅达15.76%。目前，中医类医院实有床位占全国医院实有床位数的比例达到14.72%，较2011年的14.29%有所提高。实有床位数在不同类型医院中的分布为：中医医院547967张、中西医结合医院49844张、民族医院14966张，比2011年的中医医院477078张、中西医结合医院38787张、民族医院13484张，分别增加了70889张、11057张、1482张，增幅分别达到14.86%、28.51%和10.99%。

2012年全国中医类医院的平均床位数和平均人员数首次超过全国医院的

平均水平，每院平均床位数达 180.39 张，同期全国医院的平均床位数为 179.99 张；每院平均职工人数为 215.31 人，同期全国医院的平均职工数为 213.55 人。

（五）中医类医院中医药服务规模快速增长

2012 年中医类医院总诊疗人次数达 4.51 亿，其中，门急诊人次数是 4.39 亿，比 2011 年的总诊疗人次数 3.97 亿和门急诊总人次数 3.88 亿，分别增加了 5400 万人、5100 万人，增幅分别达到 13.74%和 13.27%。2012 年中医类医院入院人数和出院人数分别为 1805.52 万人和 1798.95 万人，比 2011 年的 1476.92 万人和 1468.65 万人分别增加 328.60 万人和 330.29 万人，增幅分别达到 22.25%和 22.49%。

（六）中医类医院运行效率提高，与全国医院平均水平相比差距缩小

2012 年中医类医院病床周转次数为 30.73 次，病床工作日为 322.16 日，病床使用率为 88.02%，出院者平均住院日为 10.23 日。与 2011 年中医类医院的各项指标相比都有明显提高，病床周转次数比 2011 年的 29.01 次增加了 1.72 次，病床工作日比 2011 年的 313.26 日增加了 8.90 日，病床使用率比 2011 年的 85.82%增加了 2.20 个百分点，出院者平均住院日比 2011 年的 10.54 日减少了 0.31 日。虽然与全国医院平均水平相比仍有差距，但对比 2011 年数据分析结果，差距有所减少。目前，中医类医院病床周转次数比全国医院的 31.92 次低 1.19 次，病床工作日比全国医院的 329.70 日低 7.54 日，病床使用率比全国医院的 90.08%低 2.06 个百分点，出院者平均住院日比全国医院的 10.01 日高 0.22 日。（2011 年病床周转次数比全国医院的 30.18 次低 1.17 次，病床工作日比全国医院的 322.93 日低 9.67 日，病床使用率比全国医院的 88.48%低 2.66 个百分点，出院者平均住院日比全国医院的 10.30 日高 0.24 日。）

（七）中医综合医院患者就诊医疗费用略有上升，但总体低于卫生部门综合医院平均费用水平

2012 年政府办中医综合医院的门诊病人次均诊疗费用是 166.11 元（其中部属 348.70 元、省属 253.60 元、地级市属 177.76 元、县级市属 146.69 元、县属 113.10 元），比全国卫生部门综合医院的 198.35 元低 32.24 元。利用 GDP 价格平减指数调整后，2012 年政府办中医综合医院的门诊病人次均诊疗费用是 163.06 元，比 2011 年的 152.94 元增加了 10.12 元。

2012 年政府办中医综合医院的人均住院费用是 5482.53 元（其中部属 17848.03 元、省属 11847.80 元、地级市属 7541.39 元、县级市属 5088.51 元、县属 3531.64 元），比全国卫生部门综合医院的 7403.48 元低 1920.95 元。利用 GDP 价格平减指数调整后，2012 年政府办中医综合医院的人均住院费用是 5381.87 元，比 2011 年的 5206.28 元增加 175.59 元。

政府办中医综合医院出院者日均住院费用为543.39元（其中部属1202.76元、省属826.97元、地级市属584.76元、县级市属535.47元、县属420.59元），比全国卫生部门综合医院的793.46元低250.07元。利用GDP价格平减指数调整后，出院者日均住院费用比2011年增加32.49元。

（八）中医医院医师服务效率进一步提高

2012年政府办中医综合医院医师人均担负年诊疗人次是2007.31人次，比2011年增加85.58人次，比全国卫生部门综合医院的1908.15人次高99.16人次；医师人均担负年住院床日是837.18日，比2011年增加77.08日，比全国卫生部门综合医院的975.93日低138.75日；医师人均每日担负诊疗人次是8.03人次，比2011年增加0.37人次，比全国卫生部门综合医院的7.63人次高0.40人次；医师人均每日担负住院床日是2.29日，比2011年增加0.21日，比全国卫生部门综合医院的2.70日低0.41日。

二、中医药院校教育

2012年全国高等中医药院校45所，比2011年减少1所；设置中医药专业的高等西医药院校90所，比2011年增加2所；设置中医药专业的高等非医药院校118所。

（一）高等中医药院校学生规模稳步上升

2012年全国高等中医药院校毕业生数121075人，招生数156182人，在校学生数523385人，预计毕业生数129948人。比2011年全国高等中医药院校毕业生数118618人，招生数148213人，在校学生数490208人，预计毕业生数119122人，分别增加2457人，7969人，33177人和10826人。

（二）高等中医药院校外国留学生招生规模趋缓

2012年全国高等中医药院校招收外国留学生总数为1590人，在校留学生数5393人，当年毕（结）业生数2179人，授予学位数1113人。比2011年全国高等中医药院校留学生招生数1857人，在校学生数5631人，当年毕（结）业生数2136人，授予学位数928人，分别减少267人，减少238人，增加43人和增加185人。

（三）高等中医药院校教师资源增长、学历提升

2012年，全国高等中医药院校教职工总数达39265人，比2011年教职工总数37984人增加了1281人。其中专任教师24448人，比2011年的23492人增加了956人。专任教师学历构成有向高学历变化的趋势，对比两年构成，本科生减少1.61个百分点，由43.67％下降为42.06％，硕士、博士分别由38.25％和15.64％增加到38.93％和16.93％。

（四）研究生指导教师队伍不断壮大，硕士生导师增长迅速

2012年全国高等中医药院校研究生指导教师共计10568人。其中博士导师767人，硕士导师8876人，博士、硕士导师925人。比2011年分别增加4人、1051人和65人，其中硕士生导师增长远超2011年392人的逐年增长量。

（五）中等中医药学校学生规模保持稳定

2012年全国中等中医药学校共52所，招生数43439人，在校学生数126707人，预计毕业生数40230人。比2011年全国中等中医药学校招生数42733人，在校学生数130852人，预计毕业生数39976人，分别增加706人，减少4145人和增加254人。

（六）中等中医药学校教职工总数略有下降，专任教师数保持稳定

2012年全国中等中医药学校教职工数共计4267人，其中专任教师2970人。比2011年全国中等中医药学校教职工数4394人，其中专任教师2918人，分别减少127人和增加52人。

三、中医药科研

2012年，全国中医药科研机构共134个，其中：科学研究与技术开发机构88个；科学技术信息和文献机构2个；R&D活动单位27个；县属研究与开发机构17个。与2011年全国中医药科研机构的138个相比减少了4个（减少的全部为R&D活动单位）。

（一）全国中医药科研机构人员总数增加

2012年，全国中医药科研机构从业人员总数共19907人，与2011年全国中医药科研机构的19037人相比增加了870人。

按机构类别统计，科学研究与技术开发机构从业人员16875人；科学技术信息和文献机构从业人员130人；R&D活动单位从业人员2086人；县属研究与开发机构从业人员816人。

（二）全国中医药科研机构科技产出普遍增加

2012年，全国中医药科研机构在研课题共2472个，比2011年的2305个增加了167个。发表科技论文6518篇，其中国外发表511篇，出版科技著作281种。比2011年全国中医药科研机构发表的6118篇科技论文增加了400篇，其中国外发表的科技论文增加了144篇。

2012年，全国中医药科研机构专利申请受理数299件、专利授权数176件、专利所有权转让及许可数3件、专利所有权转让与许可收入10.3万元。与2011年相比，全国中医药科研机构专利申请受理数减少了41件，专利授权数增加了15件，专利所有权转让及许可数减少了1件，但专利所有权转让与许可收入减少了24.7万元。

2012 年，全国中医药科研机构参加对外科技服务活动工作量共 5645 人年，与 2011 年 5365 人年相比，全国中医药科研机构参加对外科技服务活动工作量增加了 280 人年。

（三）全国中医药科研机构重点发展学科数不断增加

2012 年，全国中医药科研机构重点发展学科数合计 191 个，其中：中医学 40 个、民族医学 3 个、中西医结合医学 7 个、中药学 68 个、中医学与中药学其他学科 5 个。与 2011 年相比，全国中医药科研机构重点发展学科数增加了 74 个，其中：中医学的重点发展学科增加了 7 个、中西医结合医学的重点发展学科增加了 4 个、中药学的重点发展学科增加了 3 个、中医学与中药学其他学科增加了 2 个。

四、中医财政拨款

2012 年中医机构财政拨款 202.30 亿元，与 2011 年 194.73 亿元相比，增长了 7.57 亿元，增幅为 3.89%，占医疗机构财政拨款 3464.65 亿元的 5.84%，与 2011 年占医疗机构财政拨款 3062.05 亿元的 6.36%相比，所占比重下降了 0.52 个百分点。比重下降的原因是医疗机构财政拨款的增幅远大于中医机构财政拨款增幅，医疗机构财政拨款的增幅为 13.15%，而中医机构财政拨款增幅仅为 3.89%。

中医机构 202.30 亿元的财政拨款中，172.68 亿元用于医疗卫生服务，比 2011 年的 168.98 亿元，增加了 3.7 亿元，增幅为 2.19%。

五、小结

（一）我国中医药事业资源总量保持持续增长的良好势头

统计分析表明，我国中医医疗资源总量在机构、床位、人员以及服务等方面均持续快速增长，中医药院校教育师资力量、学生规模进一步壮大，中医药科研能力与水平不断提升，中医药财政拨款力度进一步加大，这些充分显示中医药事业具备了一定发展条件，进入持续健康发展阶段。

（二）中医药能力与水平不断增强，在我国医疗卫生保健中的作用进一步增强

在医疗方面，2012 年全国卫生机构中医分科门急诊总人次占全国门急诊总人次的 15.26%，比 2011 年的 14.18%提高了 1 个百分点；全国卫生机构中医科出院人数占全国出院总人数的 11.34%，较 2011 年的 10.63%有所提高。在教育方面，各类学生规模持续增长。在科研方面，课题数、论文著作数、对外科技服务及重点学科发展数均有大幅度增加。2012 年全国每万人口中医类医院床位数达 4.53 张，比 2011 年 3.93 张，增加了 0.60 张；2012 年全国万人口中医执业

（助理）医师数达 2.63 人，比 2011 年的 2.30 人，增加了 0.33 人。中医药和西医药协调发展，共同担负起维护和增进人民健康的任务，已成为我国医药卫生事业的重要特征和显著优势。

（三）中医医院基础差、底子薄现状有了明显改善

数据显示，中医类医院保持较快规模增长同时，2012 年全国中医类医院的平均床位数和平均人员数首次超过全国医院的平均水平，每院平均床位数达 180.39 张，同期全国医院的平均床位数为 179.99 张；每院平均职工人数为 215.31 人，同期全国医院的平均职工数为 213.55 人。

（四）中医医院服务效率逐步提高，与全国医院相比差距进一步缩小

数据显示，中医类医院从病床周转次数、病床工作日、病床使用率、出院者平均住院日及医师人均产出指标来看，2012 年所有指标均比 2011 年有较大提升。尽管与全国医院的平均水平相比仍有差距，但差距明显缩小。

（五）中医医院在缓解“看病贵”中发挥积极作用

2012 年政府办中医综合医院的平均每诊疗人次医疗费为 166.11 元，人均住院费用是 5482.53 元，出院者日均住院费用为 543.39 元，相对于全国卫生部门综合医院的平均每诊疗人次医疗费 198.35 元，人均住院费用 7403.48 元，出院者日均住院费用 793.46 元分别低 32.24 元、1920.95 元和 250.07 元。充分发挥中医药特色与优势，为建立持续健康发展的基本医疗卫生制度提供了启示和参考。

087

2011 年中医药统计分析提要报告

国家中医药管理局规划财务司

2011 年全国中医药统计摘编显示，随着政府中医药投入不断增加，中医药事业在医疗、教育、科研等方面保持持续快速发展的良好势头，中医药在维护我国人民群众健康、促进基本医疗卫生制度建设中发挥出越来越重要的作用。

一、中医医疗资源及服务

（一）全国中医药资源总量

2011 年全国卫生机构中，中医机构（包括中医类医院、中医类门诊部、中医类诊所、隶属于卫生部门的中医科研机构）达到 38224 个，相对于 2010 年的 36763 个，增加了 1461 个。目前，全国卫生机构中中医机构所占比例达到 4.01%。

全国中医药人员总数为 420329 人，比 2010 年的 404372 人，增加了 15957 人。目前，全国中医药人员占全国卫生技术人员比例达到 6.79%。

全国中医药人员中，中医执业医师 267225 人、中医执业助理医师 42047 人、中药师（士）100116 人、见习中医师 10941 人。除见习中医师外，各类中医药人员相对于 2010 年均有所增长，中医执业医师、中医执业助理医师和中药师（士）分别增加了 10864 人、4304 人、3016 人。

全国卫生机构的中医分科床位总数为 722269 张，相对于 2010 年的 639480 张，增加了 82789 张，目前，全国卫生机构中医科床位数占全国总床位数的 14.00%。

（二）中医类医院中医药资源总量

2011 年全国中医类医院总共 3308 个，比 2010 年的 3232 个增加了 76 个。按机构类型看，中医医院 2831 个、中西医结合医院 277 个、民族医院 200 个，相对于 2010 年的中医医院 2778 个、中西医结合医院 256 个、民族医院 198 个均有所增加。

2011 年全国中医类医院实有床位达 529349 张，相对于 2010 年的 471289 张，增加了 58060 张，目前，中医类医院实有床位占全国医院实有床位数的比例达到 14.29%，较 2010 年的 13.91%有较快增长。实有床位数在不同类型医院中的分布为：中医医院 477078 张、中西医结合医院 38787 张、民族医院 13484 张，相对于2010年的中医医院424244张、中西医结合医院35234张、民族医院11811张，分别增加了52834张、3553张、1673张。从床位数的平均规模来看，2011年全国中医类医院的平均床位数为160.02张，略小于全国医院168.58张床位的平均水平。

全国中医类医院人员总数达662074人，相对于2010年的618106人，增加了43968人，其中中医医院599200人、中西医结合医院49340人、民族医院13534人，相对于2010年的中医医院558110人、中西医结合医院47480人、民族医院12516人，分别增加了41090人、1860人、1018人。

（三）全国中医类医院总收入、药品收入与药占比

2011年全国中医类医院总收入达1590.16亿元，其中药品收入为721.15亿元，药品所占比例为45.35％，相比去年的45.41％，降低了0.06个百分点。从机构类型上看，中医医院的药占比为45.63％、中西医结合医院的药占比为44.39％、民族医院的药占比为33.9％，相对于2010年中医医院的45.53％、中西医结合医院的45.69％、民族医院的35.58％，中医医院上升了0.1个百分点，中西医结合医院下降了1.3个百分点，民族医院下降了1.68个百分点。

（四）全国中医类医院资产情况

2011年中医类医院院均总资产为6045.71万元，其中固定资产为3760.16万元，比2010年院均总资产5141.01万元和固定资产院均3247.33万元有明显增长。2011年中医类医院的床均固定资产为23.50万元，高于2010年的22.70万元。2011年中医类医院院均净资产为3729.36万元，较2010年的3263.65万元有较大增长。但与全国医院的平均水平相比，中医类医院资产较为薄弱：2011年全国医院院均总资产为7589.85万元，院均固定资产为4851.24万元，床均固定资产为28.78万元，上述三项指标都明显高于中医类医院。

2011年中医类医院的资产负债率为38.31％，较2010年的36.52％略有上升，且比2011年全国医院资产负债率35.96％要高。

（五）全国中医类医院建筑面积情况

中医类医院院均房屋建筑面积和院均业务用房面积均有较大幅度增长：2011年院均房屋建筑面积为1.28万平方米，高于2010年院均1.08万平方米的水平；2011年院均业务用房面积为9399.02平方米，高于2010年院均8456.00平方米的水平。2011年的床均房屋建筑面积和床均业务用房面积分别为79.93平方米和58.74平方米，均高于2010年74.09平方米和57.99平方米的水平。

但与全国医院平均水平相比，中医类医院基础差、底子薄的现状较为明显：2011年全国医院院均房屋建筑面积为1.57万平方米，院均业务用房面积1.14万平方米，床均房屋建筑面积93.19平方米，床均业务用房面积67.33平方米，四项指标都远高于中医类医院的水平。

（六）中医药资源可及性

2011 年全国每万人口中医类医院床位数达 3.93 张，比 2010 年 3.52 张/万人，增加了 0.41 张/万人；地区排名前五位的省份依次为北京、新疆、青海、湖南和浙江，分别达到 5.86 张/万人、5.78 张/万人、5.35 张/万人、5.07 张/万人和 4.82 张/万人。

2011 年全国万人口中医执业（助理）医师数达 2.3 人/万人，相对于 2010 年 2.2 人/万人，增加了 0.1 人/万人；地区排名前五位的省份依次为北京、内蒙古、四川、天津和重庆，分别达到 5.65 人/万人、3.62 人/万人、3.43 人/万人、3.41 人/万人和 3.31 人/万人。

（七）全国中医药服务提供

2011 年，全国卫生机构中医分科门急诊总人次达 5.92 亿（注：不包括诊所、卫生所、医务室和村卫生室统计数字），比 2010 年的 5.32 亿增加了 0.6 亿人次，占全国门急诊总人次的 15.38%，比 2010 年的 14.90%增加了 0.48 个百分点；全国卫生机构中医分科出院人数达 1925 万，比 2010 年的 1665 万增加了 260 万，占全国出院总人数的 12.61%，比 2010 年的 11.78%增加了 0.83 个百分点。

（八）中医类医院中医药服务提供

2011 年中医类医院总诊疗人次数达 3.97 亿，其中，门急诊人次数是 3.88 亿，相比于 2010 年的总诊疗人次数 3.60 亿和门急诊总人次数 3.49 亿，分别增加了近 4000 万人次。

（九）中医类医院运行效率

2011 年中医类医院病床周转次数为 29.01 次，病床工作日为 313.26 日，病床使用率为 85.82%，出院者平均住院日为 10.54 日。与全国医院平均水平相比稍有差距，出院者平均住院日比全国医院的 10.30 日高 0.24 日，病床周转次数比全国医院的 30.18 次低 1.17 次，病床工作日比全国医院的 322.93 日低 9.67 日，病床使用率比全国医院的 88.48%低 2.66 个百分点。与 2010 年中医类医院的各项指标相比都有明显提高，出院者平均住院床日比 2010 年的 10.67 日减少了 0.13 日，病床周转次数比 2010 年的 27.87 次增加了 1.14 次，病床工作日比 2010 年的 305.37 日增加了 7.89 日，病床使用率比 2010 年的 83.66%增加了 2.16 个百分点。

（十）患者负担情况

2011 年政府办中医（综合）医院的平均每诊疗人次医疗费是 152.94 元（其中部属 310.26 元、省属 234.71 元、地级市属 163.96 元、县级市属 137.21 元、县属 102.33 元），比全国卫生部门综合医院的 186.06 元低 33.12 元，比 2010 年的 137.53 元增加了 15.41 元。扣除物价因素后，实际上增加 4.71 元。

2011年出院者人均医疗费是5206.28元（其中部属17458.07元、省属11183.49元、地级市属7078.75元、县级市属4912.21元、县属3209.01元），比2010的4878.33元增加327.95元。扣除物价因素后，实际上2011年出院者人均医疗费减少36.18元。

出院者平均每日住院医疗费是500.92元（其中部属1098.63元、省属752.35元、地级市属535.02元、县级市属506.90元、县属374.16元）。比2010年的460.66元增加40.26元，扣除物价因素后，实际上每天增加5.23元。

（十一）人均产出指标

2011年政府办中医（综合）医院医师人均担负年诊疗人次是1921.73人次，比全国卫生部门综合医院的1810.75人次高110.98人次；医师人均担负年住院床日是760.10日，比全国卫生部门综合医院的924.21日低164.11日；医师人均每日担负诊疗人次是7.66人次，比全国卫生部门综合医院的7.21人次高0.45人次；医师人均每日担负住院床日是2.08床日，比全国卫生部门综合医院的2.53床日低0.45床日。

二、中医院校教育

（一）设置中医药专业的高等院校

2011年全国高等中医药院校46所，设置中医药专业的高等西医药院校88所，设置中医药专业的高等非医药院校118所。其中，设置中医药专业的高等西医药院校比2010年的83所增加了5所，设置中医药专业的高等非医药院校总数减少了10所（减少原因是2011年高教统计未包括科研院所数据）。

（二）高等中医药院校的学生规模

2011年全国高等中医药院校毕业生数118618人，招生数148213人，在校学生数490208人，预计毕业生数119122人。相对于2010年全国高等中医药院校毕业生数114079人，招生数144919人，在校学生数460939人，预计毕业生数115279人，分别增加4539人，3294人，29269人和3843人。

（三）高等中医药院校的外国留学生规模

2011年全国高等中医药院校招收外国留学生总数为1857人，在校留学生数5631人，当年毕（结）业生数2136人，授予学位数928人。相比于2010年全国高等中医药院校留学生招生数1638人，在校学生数5860人，当年毕（结）业生数1507人，授予学位数793人，分别增加219人，减少229人，增加629人和增加135人。

（四）高等中医药院校教师资源

2011年，全国高等中医药院校教职工总数达37984人，比2010年教职工总数35942人增加了2042人。其中专任教师23492人，比2010年的21807人增加了1685人。专任教师学历构成有向高学历变化的趋势，对比两年构成，本科生减少2.3个百分点，由45.97%变动为43.67%，硕士、博士分别由37.55%和14.70%增加到38.25%和15.64%。

（五）研究生指导教师

2011年全国高等中医药院校研究生指导教师共计9448人。其中博士导师763人，硕士导师7825人，博士、硕士导师860人。比2010年分别增加50人，392人和101人。

（六）中等中医药学校院校

2011年全国中等中医药院校55所，设置中医药专业的中等西医院校142所，设置中医药专业的中等非医药院校170所。相比于2010年全国中等中医药院校65所，设置中医药专业的中等西医院校157所，设置中医药专业的中等非医药院校189所。分别减少10所，15所和19所。

（七）中等中医药学校学生规模

2011年全国中等中医药学校招生数42733人，在校学生数130852人，预计毕业生数39976人。相比于2010年全国中等中医药学校招生数57811人，在校学生数152973人，预计毕业生数39592人。分别减少15078人，减少22121人和增加384人。

（八）中等中医药学校教师

2011年全国中等中医药学校教职工数共计4394人，其中专任教师2918人。相比于2010年全国中等中医药学校教职工数5647人，其中专任教师3236人。分别减少1253人和减少318人。

三、中医药科研

（一）全国中医药科研机构

2011年，全国中医药科研机构共138个，其中：科学研究与技术开发机构88个；科学技术信息和文献机构2个；R&D活动单位31个；县属研究与开发机构17个。与2010年全国中医药科研机构的140个相比减少了2个。

（二）全国中医药科研机构人员

2011年，全国中医药科研机构新增人员1192人、减少人员559人，目前从业人员总数共19037人，与2010年全国中医药科研机构的17990人相比增加了1047人。

按机构类别统计，科学研究与技术开发机构从业人员15824人；科学技术信息和文献机构从业人员124人；R&D活动单位从业人员2310人；县属研究与开发机构从业人员779人。

（三）全国中医药科研机构科技产出

2011 年，全国中医药科研机构在研课题共 2305 个，比 2010 年的 2163 个相比增加了 142 个。发表科技论文共 6118 篇，其中国外发表共 367 篇，出版科技著作 258 种。比 2010 年全国中医药科研机构发表的 4997 篇科技论文相比增加了 1121 篇，其中国外发表的科技论文增加了 58 篇。

2011 年，全国中医药科研机构专利申请受理数 340 件、专利授权数 161 件、专利所有权转让及许可数 4 件、专利所有权转让与许可收入 35 万元。与 2010 年相比，全国中医药科研机构专利申请受理数增加了 122 件，专利授权数增加了 98 件，专利所有权转让及许可数增加了 2 件，但专利所有权转让与许可收入减少了 60 万元。

2011 年，全国中医药科研机构参加对外科技服务活动工作量共 5365 人年，与 2010 年相比，全国中医药科研机构参加对外科技服务活动工作量增加了 4398 人年。

（四）全国中医药科研机构重点发展学科

2011 年，全国中医药科研机构重点发展学科数合计 117 个，全部为科学研究与技术开发机构的重点发展学科，其中：中医学 33 个、民族医学 3 个、中西医结合医学 3 个、中药学 65 个、中医学与中药学其他学科 3 个。与 2010 年相比，全国中医药科研机构重点发展学科数增加了 11 个，其中：中医学的重点发展学科增加了 3 个、中西医结合医学的重点发展学科减少了 4 个、中药学的重点发展学科增加了 4 个、中医学与中药学其他学科增加了 1 个。

四、中医财政拨款

2011 年中医机构财政拨款 194.73 亿元，与 2010 年 160.58 亿元相比，增长了 34.15 亿元，占医疗机构财政拨款 3062.05 亿元的 6.36％，与 2010 年占医疗机构财政拨款 2344.52 亿元的 6.85％相比，所占比重下降了 0.49 个百分点。

中医机构 194.73 亿元的财政拨款中，168.98 亿元用于医疗卫生服务，相对于 2010 年的 144.74 亿元，增加了 24.24 亿元。

五、小结

（一）中医药事业在医疗、教育、科研方面全面发展，中医药财政拨款持续增加

相对于 2010 年，中医药资源、中医药服务、万人口中医床位及中医执业（助理）医师数、中医药各类院校的学生规模及教师资源均有所提升，中医药科研机构的人力资源及科技产出不断增加，中医药重点学科有所发展。中医药财政拨款从 2010 年的 160.58 亿元增加到了 2011 年的 194.73 亿元。

（二）中医药服务在我国医疗卫生保健中的作用不断增强

随着我国医药卫生事业快速发展，中医药服务进入加速发展的轨道，占我国医疗服务的比重不断增长，2011 年全国卫生机构中医分科门急诊总人次占全国门急诊总人次达到 15.38%；全国卫生机构中医科出院人数占全国出院总人数达到 12.61%。中医药和西医药互相补充、协调发展，共同担负着维护和增进人民健康的任务，这是我国医药卫生事业的重要特征和显著优势。

（三）中医类医院基础差、底子薄的现象依然明显

中医类医院院均总资产、院均固定资产、床均固定资产、院均房屋建筑面积、床均业务用房面积等指标均在全国医院的平均水平以下，提示还需大力加强中医类医院建设，改善中医类医院的基础条件。

（四）中医类医院服务效率不断提高，但与全国医院相比还有待进一步提升

从病床周转次数、病床工作日、病床使用率、出院者平均住院日及医师人均产出指标来看，2011 年均比 2010 年有较大提升。但由于中医类医院长期投入不足，基础差、底子薄的状况仍没有得到根本性改善，以及中医药自身特殊性，出院者平均住院日比全国医院稍高，病床周转次数、病床工作日和病床使用率比全国医院稍低。

（五）中医类医院在解决“看病贵”中作出积极贡献

中医类医院 2011 年出院者人均医疗费为 5206.28 元，名义上比 2010 年的 4878.33 元增加 327.95 元，但通过 GDP 价格平减指数扣除 1.0752 的物价波动后（即 5206.28 元除以 1.0752，得 4842.15 元），比 2011 年出院者人均医疗费减少 36.18 元，住院患者负担不升反降。较好地体现了中医药“简便验廉”的特色与优势，也为建立有效的持续健康发展的基本医疗卫生制度提供启示和参考。

088

中成药临床应用指导原则

国中医药医政发〔2010〕30号

前　言

为加强中成药临床应用管理，提高中成药应用水平，保证临床用药安全，国家中医药管理局会同有关部门组织专家制定了《中成药临床应用指导原则》（以下简称《指导原则》）。《指导原则》由四部分组成，第一部分为中成药概述；第二部分为中成药临床应用原则；第三部分为各类中成药临床应用；第四部分为中成药临床应用管理。

《指导原则》是为适应中成药临床应用管理需要而制定的，是临床应用中成药的基本原则。每种中成药临床应用的具体要求，还应以药品说明书、最新版本的《中华人民共和国药典》、《中华人民共和国药典—临床用药须知—中药卷》为准。在医疗工作中，临床医师应遵循中医基础理论，根据患者实际情况，选用适宜的药物，辨证辨病施治。

第三部分各论中为更好地说明各类中成药的特点，列举了部分中成药，列举的药物是《国家基本药物目录》中的药物和《国家基本药物目录》未包括但又属临床常用的中成药。

中药注射剂的临床应用及使用管理，《指导原则》提出了具体要求，同时还应遵照《卫生部关于进一步加强中药注射剂生产和临床使用管理的通知》（卫医政发〔2008〕71号）执行。

第一部分　中成药概述

中成药是在中医药理论指导下，以中药饮片为原料，按规定的处方和标准制成具有一定规格的剂型，可直接用于防治疾病的制剂。中成药有着悠久的历史，应用广泛，在防病治病、保障人民群众健康方面发挥了重要作用。

中成药的处方是根据中医理论，针对某种病证或症状制定的，因此使用时要依据中医理论辨证选药，或辨病辨证结合选药。

中成药具有特定的名称和剂型，在标签和说明书上注明了批准文号、品名、规格、处方成分、功效和适应证、用法用量、禁忌、注意事项、生产批号、有效期等内容。相对于中药汤剂来说，中成药无须煎煮，可直接使用，尤其方便急危病症患者的治疗及需要长期治疗的患者使用，且体积小，有特定的包装，存贮、携带方便。

一、中成药的常用剂型

中成药剂型种类繁多，是我国历代医药学家长期实践的经验总结，近几十年，中成药剂型的基础研究取得了较大进展，研制开发了大量新剂型，进一步扩大了中成药的使用范围。

中成药的剂型不同，使用后产生的疗效、持续的时间、作用的特点会有所不同。因此，正确选用中成药应首先了解中成药的常用剂型。

（一）固体制剂

固体剂型是中成药的常用剂型，其制剂稳定，携带和使用方便。

1. 散剂。系指药材或药材提取物经粉碎、均匀混合而制成的粉末状制剂，分为内服散剂和外用散剂。散剂粉末颗粒的粒径小，容易分散，起效快。外用散剂的覆盖面积大，可同时发挥保护和收敛作用。散剂制备工艺简单，剂量易于控制，便于婴幼儿服用。但也应注意散剂由于分散度大而造成的吸湿性、化学活性、气味、刺激性等方面的影响。

2. 颗粒剂。系指药材的提取物与适宜的辅料或药材细粉制成具有一定粒度的颗粒状剂型。颗粒剂既保持了汤剂作用迅速的特点，又克服了汤剂临用时煎煮不便的缺点，且口味较好、体积小，但易吸潮。根据辅料不同，可分为无糖颗粒剂型和有糖颗粒剂型，近年来无糖颗粒剂型的品种逐渐增多。

3. 胶囊剂。系指将药材用适宜方法加工后，加入适宜辅料填充于空心胶囊或密封于软质囊材中的制剂，可分为硬胶囊、软胶囊（胶丸）和肠溶胶囊等，主要供口服。胶囊剂可掩盖药物的不良气味，易于吞服；能提高药物的稳定性及生物利用度；对药物颗粒进行不同程度包衣后，还能定时定位释放药物。

4. 丸剂。系指将药材细粉或药材提取物加适宜的黏合剂或其他辅料制成的球形或类球形制剂，分为蜜丸、水蜜丸、水丸、糊丸、蜡丸、浓缩丸等类型。其中，蜜丸分为大蜜丸、小蜜丸，水蜜丸的含蜜量较少；水丸崩解较蜜丸快，便于吸收；糊丸释药缓慢，适用于含毒性成分或药性剧烈成分的处方；蜡丸缓释、长效，且可达到肠溶效果，适合毒性和刺激性较大药物的处方；浓缩丸服用剂量较小。

5. 滴丸剂。系指药材经适宜的方法提取、纯化、浓缩，并与适宜的基质加热熔融混匀后，滴入不相混溶的冷凝液中，收缩冷凝而制成的球形或类球形制剂。滴丸剂服用方便，可含化或吞服，起效迅速。

6. 片剂。系指将药材提取物、或药材提取物加药材细粉、或药材细粉与适宜辅料混匀压制成的片状制剂。主要供内服，也有外用或其他特殊用途者。其质量较稳定，便于携带和使用。按药材的处理过程可分为全粉末片、半浸膏片、浸膏片、提纯片。

7. 胶剂。系指以动物的皮、骨、甲、角等为原料，水煎取胶质，经浓缩干燥制成的固体块状内服制剂，含丰富的动物水解蛋白类等营养物质。作为传统的补益药，多烊化兑服。

8. 栓剂。系由药材提取物或药材细粉与适宜基质混合制成供腔道给药的制剂。既可作为局部用药剂型又可作为全身用药剂型，用于全身用药时，不经过胃，且无肝脏首过效应，因此生物利用度优于口服，对胃的刺激性和肝的副作用小，同时适合不宜或不能口服药物的患者。

9. 丹剂。系指由汞及某些矿物药，在高温条件下烧炼制成的不同结晶形状的无机化合物，如红升丹、白降丹等。此剂型含汞，毒性较强，只能外用。

10. 贴膏剂。系指将药材提取物、药材和/或化学药物与适宜的基质和基材制成的供皮肤贴敷，可产生局部或全身作用的一类片状外用制剂。包括橡胶膏剂、巴布膏剂和贴剂等。贴膏剂用法简便，兼有外治和内治的功能。近年来发展起来的巴布膏剂，是以水溶性高分子材料为主要基质，加入药物制成的外用制剂，和传统的中药贴膏剂相比，能快速、持久地透皮释放基质中所包含的有效成分，具有给药剂量较准确、吸收面积小、血药浓度较稳定、使用舒适方便等优点。

11. 涂膜剂。系指由药材提取物或药材细粉与适宜的成膜材料加工制成的膜状制剂。可用于口腔科、眼科、耳鼻喉科、创伤科、烧伤科、皮肤科及妇科等，作用时间长，且可在创口形成一层保护膜，对创口具有保护作用。一些膜剂尤其是鼻腔、皮肤用药膜亦可起到全身作用。

（二）半固体剂型

1. 煎膏剂。系指将药材加水煎煮，取煎煮液浓缩，加炼蜜或糖（或转化糖）制成的稠厚状半流体制剂。适用于慢性病或需要长期连续服药的疾病，传统的膏滋也属于此剂型，以滋补作用为主而兼治疗作用。

2. 软膏剂。系指将药材提取物、或药材细粉与适宜基质混合制成的半固体外用制剂。常用基质分为油脂性、水溶性和乳剂基质。

3. 凝胶剂。系指药材提取物与适宜的基质制成的、具有凝胶特性的半固体或稠厚液体制剂。按基质不同可分为水溶性凝胶和油性凝胶。适用于皮肤黏膜及腔道给药。

（三）液体制剂

1. 合剂。系指药材用水或其他溶剂，采用适宜方法提取制成的口服液体制剂，是在汤剂基础上改进的一种剂型，易吸收，能较长时间贮存。

2. 口服液。系指在合剂的基础上，加入矫味剂，按单剂量灌装，灭菌制成的口服液体制剂。口感较好，近年来无糖型口服液逐渐增多。

3. 酒剂。系指将药材用蒸馏酒提取制成的澄清液体制剂。酒剂较易吸收。小儿、孕妇及对酒精过敏者不宜服用。

4. 酊剂。系指将药材用规定浓度的乙醇提取或溶解而制成的澄清液体制剂。有效成分含量高，使用剂量小，不易霉败。小儿、孕妇及对酒精过敏者不宜服用。

5. 糖浆剂。系指含药材提取物的浓蔗糖水溶液。比较适宜儿童使用，糖尿病人慎用。

6. 注射剂。系指药材经提取、纯化后制成的供注入体内的溶液、乳状液及供临用前配制成溶液的粉末或浓溶液的无菌制剂。药效迅速，便于昏迷、急症、重症、不能吞咽或消化系统障碍患者使用。

（四）气体剂型

气雾剂：系指将药材提取物、药材细粉与适宜的抛射剂共同封装在具有特殊阀门装置的耐压容器中，使用时借助抛射剂的压力将内容物喷出呈雾状、泡沫状或其他形态的制剂。其中以泡沫形态喷出的可称泡沫剂。不含抛射剂，借助手动泵的压力或其他方法将内容物以雾状等形态喷出的制剂为喷雾剂。可用于呼吸道吸入、皮肤、黏膜或腔道给药。

二、中成药分类

中成药分类的方法较多，按中成药的功效可分为以下 20 类：

1. 解表剂。辛温解表、辛凉解表、扶正解表。

2. 泻下剂。寒下、温下、润下、逐水、攻补兼施。

3. 和解剂。和解少阳、调和肝脾、调和胃肠。

4. 清热剂。清气分热、清营凉血、清热解毒、清脏腑热、清退虚热、气血两清。

5. 祛暑剂。祛暑清热、祛暑解表、祛暑利湿、清暑益气。

6. 温里剂。温中祛寒、回阳救逆、温经散寒。

7. 表里双解。解表攻里、解表清里、解表温里。

8. 补益剂。补气、补血、气血双补、补阴、补阳、阴阳双补。

9. 安神剂。重镇安神、滋养安神。

10. 开窍剂。凉开、温开。

11. 固涩剂。固表止汗、涩肠止泻固脱、涩精止遗、敛肺止血、固崩止带。

12. 理气剂。理气疏肝、疏肝散结、理气和中、理气止痛、降气。

13. 理血剂。活血（活血化瘀、益气活血、温经活血、养血活血、凉血散瘀、化瘀消癥、散瘀止痛、活血通络、接筋续骨）、止血（凉血止血、收涩止血、化瘀止血、温经止血）。

14. 治风剂。疏散外风、平熄内风。

15. 治燥剂。清宣润燥、滋阴润燥。

16. 祛湿剂。燥湿和中、清热祛湿、利水渗湿、温化水湿、祛风胜湿。

17. 祛痰剂。燥湿化痰、清热化痰、润燥化痰、温化寒痰、化痰熄风。

18. 止咳平喘剂。清肺止咳、温肺止咳、补肺止咳、化痰止咳、温肺平喘、清肺平喘、补肺平喘、纳气平喘。

19. 消导化积剂。消食导滞、健脾消食。

20. 杀虫剂。驱虫止痛、杀虫止痒。

三、中成药安全性

中成药的历史悠久，应用广泛，大量研究和临床实践表明，在合理使用的情况下，中成药的安全性是较高的。合理使用包括正确的辨证选药、用法用量、使用疗程、禁忌症、合并用药等多方面，其中任何环节有问题都可能引发药物不良事件。合理用药是中成药应用安全的重要保证。

药物的两重性是药物作用的基本规律之一，中成药也不例外，中成药既能起到防病治病的作用，也可引起不良反应。

1. 中成药使用中出现不良反应的主要原因：

（1）中药自身的药理作用或所含毒性成分引起的不良反应；

（2）特异性体质对某些药物的不耐受、过敏等；

（3）方药证候不符，如辨证不当或适应证把握不准确；

（4）长期或超剂量用药，特别是含有毒性中药材的中成药，如朱砂、雄黄、蟾酥、附子、川乌、草乌、北豆根等，过量服用即可中毒；

（5）不适当的中药或中西药的联合应用。

2. 中成药使用中出现的不良反应有多种类型，临床可见以消化系统症状、皮肤粘膜系统症状、泌尿系统症状、神经系统症状、循环系统症状、呼吸系统症状、血液系统症状、精神症状或过敏性休克等为主要表现的不良反应，可表现为其中一种或几种症状。

3. 临床上预防中成药不良反应，要注意以下几个方面：

（1）加强用药观察及中药不良反应监测，完善中药不良反应报告制度。

（2）注意药物过敏史。对有药物过敏史的患者应密切观察其服药后的反应，如有过敏反应，应及时处理，以防止发生严重后果。

（3）辨证用药，采用合理的剂量和疗程。尤其是对特殊人群，如婴幼儿、老年人、孕妇以及原有脏器损害功能不全的患者，更应注意用药方案。

（4）注意药物间的相互作用，中、西药并用时尤其要注意避免因药物之间相互作用而可能引起的不良反应。

（5）需长期服药的患者要加强安全性指标的监测。

第二部分　中成药临床应用原则

一、中成药临床应用基本原则

1. 辨证用药。依据中医理论，辨认、分析疾病的证候，针对证候确定具体治法，依据治法，选定适宜的中成药。

2. 辨病辨证结合用药。辨病用药是针对中医的疾病或西医诊断明确的疾病，根据疾病特点选用相应的中成药。临床使用中成药时，可将中医辨证与中医辨病相结合、西医辨病与中医辨证相结合，选用相应的中成药，但不能仅根据西医诊断选用中成药。

3. 剂型的选择。应根据患者的体质强弱、病情轻重缓急及各种剂型的特点，选择适宜的剂型。

4. 使用剂量的确定。对于有明确使用剂量的，慎重超剂量使用。有使用剂量范围的中成药，老年人使用剂量应取偏小值。

5. 合理选择给药途径。能口服给药的，不采用注射给药；能肌内注射给药的，不选用静脉注射或滴注给药。

6. 使用中药注射剂还应做到：

（1）用药前应仔细询问过敏史，对过敏体质者应慎用。

（2）严格按照药品说明书规定的功能主治使用，辨证施药，禁止超功能主治用药。

（3）中药注射剂应按照药品说明书推荐的剂量、调配要求、给药速度和疗程使用药品，不超剂量、过快滴注和长期连续用药。

（4）中药注射剂应单独使用，严禁混合配伍，谨慎联合用药。对长期使用的，在每疗程间要有一定的时间间隔。

（5）加强用药监护。用药过程中应密切观察用药反应，发现异常，立即停药，必要时采取积极救治措施；尤其对老人、儿童、肝肾功能异常等特殊人群和初次使用中药注射剂的患者应慎重使用，加强监测。

二、联合用药原则

（一）中成药的联合使用

1. 当疾病复杂，一个中成药不能满足所有证候时，可以联合应用多种中成药。

2. 多种中成药的联合应用，应遵循药效互补原则及增效减毒原则。功能相同或基本相同的中成药原则上不宜叠加使用。

3. 药性峻烈的或含毒性成分的药物应避免重复使用。

4. 合并用药时，注意中成药的各药味、各成分间的配伍禁忌。

5. 一些病证可采用中成药的内服与外用药联合使用。

中药注射剂联合使用时，还应遵循以下原则：

（1）两种以上中药注射剂联合使用，应遵循主治功效互补及增效减毒原则，符合中医传统配伍理论的要求，无配伍禁忌。

（2）谨慎联合用药，如确需联合使用时，应谨慎考虑中药注射剂的间隔时间以及药物相互作用等问题。

（3）需同时使用两种或两种以上中药注射剂，严禁混合配伍，应分开使用。除有特殊说明，中药注射剂不宜两个或两个以上品种同时共用一条通道。

（二）中成药与西药的联合使用

针对具体疾病制定用药方案时，考虑中西药物的主辅地位确定给药剂量、给药时间、给药途径。

1. 中成药与西药如无明确禁忌，可以联合应用，给药途径相同的，应分开使用。

2. 应避免副作用相似的中西药联合使用，也应避免有不良相互作用的中西药联合使用。

中西药注射剂联合使用时，还应遵循以下原则：

（1）谨慎联合使用。如果中西药注射剂确需联合用药，应根据中西医诊断和各自的用药原则选药，充分考虑药物之间的相互作用，尽可能减少联用药物的种数和剂量，根据临床情况及时调整用药。

（2）中西注射剂联用，尽可能选择不同的给药途径（如穴位注射、静脉注射）。必须同一途径用药时，应将中西药分开使用，谨慎考虑两种注射剂的使用间隔时间以及药物相互作用，严禁混合配伍。

三、孕妇使用中成药的原则

1. 胎儿无损害的中成药。

2. 妊娠期妇女使用中成药，尽量采取口服途径给药，应慎重使用中药注射剂；根据中成药治疗效果，应尽量缩短妊娠期妇女用药疗程，及时减量或停药。

3. 可以导致妊娠期妇女流产或对胎儿有致畸作用的中成药，为妊娠禁忌。此类药物多为含有毒性较强或药性猛烈的药物组份，如砒霜、雄黄、轻粉、斑蝥、蟾酥、麝香、马钱子、乌头、附子、土鳖虫、水蛭、虻虫、三棱、莪术、商陆、甘遂、大戟、芫花、牵牛子、巴豆等。

4. 可能会导致妊娠期妇女流产等副作用，属于妊娠慎用药物。这类药物多数含有通经祛瘀类的桃仁、红花、牛膝、蒲黄、五灵脂、穿山甲、王不留行、凌霄花、虎杖、卷柏、三七等，行气破滞类枳实、大黄、芒硝、番泻叶、郁李仁等，辛热燥烈类的干姜、肉桂等，滑利通窍类的冬葵子、瞿麦、木通、漏芦等。

四、儿童使用中成药的原则

1. 儿童使用中成药应注意生理特殊性，根据不同年龄阶段儿童生理特点，选择恰当的药物和用药方法，儿童中成药用药剂量，必须兼顾有效性和安全性。

2. 宜优先选用儿童专用药，儿童专用中成药一般情况下说明书都列有与儿童年龄或体重相应的用药剂量，应根据推荐剂量选择相应药量。

3. 非儿童专用中成药应结合具体病情，在保证有效性和安全性的前提下，根据儿童年龄与体重选择相应药量。一般情况 3 岁以内服 1/4 成人量，3～5 岁的可服 1/3 成人量，5～10 岁的可服 1/2 成人量，10 岁以上与成人量相差不大即可。

4. 含有较大的毒副作用成分的中成药，或者含有对小儿有特殊毒副作用成分的中成药，应充分衡量其风险/收益，除没有其他治疗药物或方法而必须使用外，其他情况下不应使用。

5. 儿童患者使用中成药的种类不宜多，应尽量采取口服或外用途径给药，慎重使用中药注射剂。

6. 根据治疗效果，应尽量缩短儿童用药疗程，及时减量或停药。

第三部分　各类中成药临床应用

一、解表剂

解表剂是以麻黄、桂枝、荆芥、防风、桑叶、菊花、柴胡、薄荷、豆豉等药物为主组成，具有发汗、解肌、透疹等作用，用以治疗表证的中成药，解表剂分为辛温解表、辛凉解表和扶正解表三大类。临床以恶寒发热、舌苔薄白或黄、脉浮等为辨证要点。

临床可用于治疗普通感冒、流行性感冒、上呼吸道感染、扁桃体炎、咽炎等见上述症状者。

1. 辛温解表剂。适用于外感风寒表证。症见恶寒发热、头项强痛、肢体疼痛、口不渴、无汗或汗出而仍发热恶风寒、舌苔薄白、脉浮紧或浮缓等。例如感冒清热颗粒、九味羌活丸（颗粒）。

2. 辛凉解表剂。适用于外感风热证。症见发热、微恶风寒、头痛、口渴、咽痛，或咳嗽、舌尖红、苔薄白或兼微黄、脉浮数等。例如银翘解毒丸（颗粒、胶囊、片）、桑菊感冒片、柴胡注射液。

3. 扶正解表剂。适用于正气虚弱复感外邪而致的表证。可根据气血阴阳虚损的不同有所区别。气虚感冒者症见反复感冒、低热汗出、倦怠、舌质淡有齿痕、苔薄、脉弱等。例如玉屏风颗粒（口服液）、参苏丸（胶囊）。

注意事项：①服用解表剂后宜避风寒，或增衣被，或辅之以粥，以助汗出；②解表取汗，以遍身持续微汗为最佳。若汗出不彻，则病邪不解；汗出太多，则耗伤气津，重则导致亡阴亡阳之变；③汗出病瘥，即当停服，不必尽剂；④服用解表剂时忌生冷、油腻之品，多饮水，注意休息；⑤若外邪已入里，或麻疹已透，或疮疡已溃，或虚证水肿，均不宜使用。

二、泻下剂

泻下剂是以大黄、芒硝、火麻仁、牵牛子、甘遂等药物为主组成，具有通利大便、泻下积滞、荡涤实热或攻逐水饮、寒积等作用，用以治疗里实证的中成药。泻下剂分为寒下、温下、润下、逐水及攻补兼施五类。临床以大便秘结不通、少尿、无尿、胸水、腹水等为辨证要点。

临床可用于治疗便秘、肠梗阻、急性胰腺炎、急性胆囊炎、幽门梗阻、胸腔积液、腹水等见上述症状者。

1. 寒下剂。适用于里热与积滞互结之实证。症见大便秘结、腹部或满或胀或痛，甚或潮热、苔黄、脉实等。例如三黄片（胶囊、丸）、当归龙荟丸、复方芦荟胶囊。

2. 温下剂。适用于因寒成结之里实证。症见大便秘结、脘腹胀满、腹痛喜温、手足不温，甚或厥冷、脉沉紧等。例如苁蓉通便口服液。

3. 润下剂。适用于肠燥津亏、大便秘结证。症见大便干结、小便短赤、舌苔黄燥、脉滑实等。例如麻仁润肠丸（软胶囊）、麻仁滋脾丸。

4. 逐水剂。适用于水饮壅盛于里之实证。症见胸胁引痛或水肿腹胀、二便不利、脉实有力等。例如舟车丸。

5. 攻补兼施剂。适用于里实正虚而大便秘结证。症见脘腹胀满、大便秘结兼气血阴津不足表现。例如便通胶囊（片）。

注意事项：①泻下剂作用峻猛，大都易于耗损胃气，中病即止，慎勿过剂；②老年体虚，新产血亏，病后津伤，以及亡血家等，应攻补兼施，虚实兼顾。

三、和解剂

和解剂是以柴胡、黄芩、青蒿、白芍、半夏等药物为主组成，具有和解少阳、调和肝脾、调和肠胃等作用，用以治疗伤寒邪在少阳、胃肠不和、肝脾不和等证的中成药。和解剂分为和解少阳、调和肝脾、调和肠胃三类。临床以寒热往来、胸胁满闷、呕吐下利等为辨证要点。

临床可用于治疗疟疾、感冒、各类肝炎、胆囊炎、慢性肠炎、慢性胃炎、胃肠功能紊乱等见上述症状者。

1. 和解少阳剂。适用于邪在少阳证。症见往来寒热、胸胁苦满、心烦喜呕、默默不欲饮食，以及口苦、咽干、目眩等。例如小柴胡颗粒（片）。

2. 调和肝脾剂。适用于肝脾不和证。症见脘腹胸胁胀痛、神疲食少、月经不调、腹痛泄泻、手足不温等。例如加味逍遥丸、逍遥丸（颗粒）。

3. 调和肠胃剂。适用于肠胃不和证。症见心下痞满、恶心呕吐、脘腹胀痛、肠鸣下利等。例如半夏泻心汤等。

注意事项：①本类方剂以祛邪为主，纯虚不宜用；②临证使用要辨清表里、上下、气血以及寒热虚实的多少选用中成药。

四、清热剂

清热剂是以银花、连翘、板兰根、大青叶、黄芩、黄连、黄柏、栀子、丹皮、桑白皮、紫草等药物为主组成，具有清热泻火、凉血解毒及滋阴透热等作用，用以治疗里热证的中成药。清热剂分为清气分热（清热泻火）、清营凉血、清热解毒、气血两清、清脏腑热、清虚热等六类。临床以发热、舌红苔黄、脉数等为辨证要点。

临床可用于治疗各种感染性与非感染炎症性疾病如流感、流行性乙型脑炎、流行性脑脊髓膜炎、牙龈炎、急性扁桃体炎、流行性腮腺炎、各类肺炎、肝炎、胃肠炎、败血症、流行性出血热等见上述症状者。

1. 清气分热（清热泻火）剂。适用于热在气分、热盛津伤之证。症见身热不恶寒、反恶热、大汗、口渴饮冷、舌红苔黄、脉数有力等。例如牛黄上清丸（胶囊、片）、黄连上清丸（颗粒、片、胶囊）。

2. 清营凉血剂。适用于邪热传营，或热入血分证。症见身热夜甚、神烦少寐、时有谵语，或斑疹隐隐、发斑、出血、昏狂、舌绛、脉数等。例如石龙清血颗粒、五福化毒丸、新雪丸（颗粒、胶囊、片）。

3. 清热解毒剂。适用于火热毒邪引起的各类病证。症见口舌生疮、咽喉肿痛、便秘溲赤或大热渴饮、谵语神昏、吐衄发斑、舌绛唇焦；或头面红肿焮痛、痈疡疔疮、舌苔黄燥及外科的热毒痈疡等。例如西黄丸（胶囊）、双黄连合剂（颗粒、胶囊、片）、银黄颗粒（片）、板蓝根颗粒、季德胜蛇药片、连翘败毒丸（膏、片）、如意金黄散。

4. 清脏腑热剂。适用于火热邪毒引起的脏腑火热证。

心经热盛症见心烦、口舌生疮或小便涩痛、舌红脉数；肝胆火旺症见头痛、目赤、胁痛、口苦、舌红苔黄、脉弦数有力；肺热症见咳嗽气喘、发热、舌红苔黄、脉细数；热蕴脾胃症见牙龈肿痛、溃烂、口臭、便秘、舌红苔黄、脉滑数；湿热蕴结肠腑可见腹痛腹泻、脓血便、里急后重、舌苔黄腻、脉弦数。例如牛黄清心丸、龙胆泻肝丸、护肝片（颗粒、胶囊）、茵栀黄颗粒（口服液）、复方黄连素片。

5. 清虚热剂。适用于阴虚内热之证。症见夜热早凉、舌红少苔，或骨蒸潮热，或久热不退之虚热证。例如知柏地黄丸。

6. 气血两清剂。适用于疫毒或热毒所致的气血两燔证。症见大热烦渴、吐衄、发斑、神昏谵语等。例如清瘟解毒丸（片）。

注意事项：①中病即止，不宜久服；②注意辨别热证的部位；③辨别热证真假、虚实；④对于平素阳气不足，脾胃虚弱之体，可配伍醒脾和胃之品；⑤如服药呕吐者，可采用凉药热服法。

五、祛暑剂

祛暑剂是以藿香、佩兰、香薷、鲜银花、鲜扁豆花、鲜荷叶、西瓜翠衣等药物为主组成，具有祛除暑邪的作用，用以治疗暑病的中成药。祛暑剂分为祛暑解表、祛暑清热、祛暑利湿和清暑益气四类。临床以身热、面赤、心烦、小便短赤、舌红脉数或洪大为辨证要点。

临床可用于治疗胃肠型感冒、急性胃肠炎、小儿腹泻等见上述症状者。

1. 祛暑清热剂适用于夏月感受暑热之证。症见身热心烦、汗多口渴等。例如甘露消毒丸。

2. 祛暑解表剂适用于暑气内伏，兼外感风寒证。症见恶寒发热、无汗头痛、心烦口渴等。例如藿香正气水（丸、胶囊）、保济丸。

3. 祛暑利湿剂适用于感冒挟湿证。症见身热烦渴、胸脘痞闷、小便不利等。例如十滴水。

4. 清暑益气剂适用于暑热伤气，津液受灼证。症见身热烦渴、倦怠少气、汗多脉虚等。例如清暑益气丸。

注意事项：①暑多挟湿，祛暑剂中多配伍祛湿之品，但不能过于温燥，以免耗伤气津；②忌生冷、油腻饮食。

六、温里剂

温里剂是以制附子、干姜、肉桂、吴茱萸、小茴香、高良姜等药物为主组成，具有温里助阳、散寒通脉等作用，用以治疗里寒证的中成药。温里剂分为温中祛寒、回阳救逆、温经散寒三大类。临床以畏寒肢凉、喜温蜷卧、面色苍白、口淡不渴、小便清长、脉沉迟或缓为辨证要点。

临床可用于治疗慢性胃炎、胃及十二指肠溃疡、胃肠痉挛、末梢循环障碍、血栓闭塞性脉管炎、风湿性关节炎等见上述症状者。

1. 温中祛寒剂。适用于中焦虚寒证。症见脘腹疼痛、呕恶下利、不思饮食、肢体倦怠、手足不温、口淡不渴、舌苔白滑、脉沉细或沉迟等。例如附子理中丸(片)、黄芪建中丸。

2. 回阳救逆剂。适用于阳气衰微，阴寒内盛，甚至阴盛格阳或戴阳的危重病证。症见四肢厥逆、恶寒蜷卧、呕吐腹痛、下利清谷、精神萎靡、脉沉细或沉微等。例如参附注射液。

3. 温经散寒剂。适用于寒凝经脉证。症见手足厥寒，或肢体疼痛，或发阴疽等。例如小金丸、代温灸膏。

注意事项：①凡实热证、素体阴虚内热、失血伤阴者不宜用；②孕妇及气候炎热时慎用。

七、表里双解剂

表里双解剂是以解表药与治里药为主组成，具有表里双解作用，用以治疗表里同病的中成药。表里双解剂分为解表攻里、解表清里、解表温里三类。临床以表寒里热、表热里寒、表实里虚、表虚里实以及表里俱寒、表里俱热、表里俱虚、表里俱实等表现为辨证要点。

临床用于治疗急性胰腺炎、急性胆囊炎、胆石症、胃及十二指肠溃疡、肥胖症、习惯性便秘、痔疮、痢疾、胃肠型感冒、急性肾炎等有表里同病表现者。

1. 解表攻里剂。适用于外有表邪，里有实积之证。既有表寒或表热的症状，又有里实表现。例如防风通圣丸（颗粒）。

2. 解表清里剂。适用于表证未解，里热已炽之证。既有表寒或表热的症状，又见里热表现。例如葛根芩连丸。

3. 解表温里剂。适用于外有表证而里有寒象之证。临床兼见表寒与里寒的症状。小青龙胶囊（合剂、颗粒、糖浆）、五积散。

注意事项：①必须具备既有表证，又有里证者，方可应用，否则即不相宜；②辨别表证与里证的寒、热、虚、实，然后针对病情选择适当的方剂；③分清表证与里证的轻重主次。

八、补益剂

补益剂是以人参、黄芪、黄精、玉竹、当归、熟地、女贞子、鹿茸、肉苁蓉等药物为主组成，具有补养人体气、血、阴、阳等作用，用以治疗各种虚证的中成药。补益剂分为补气、补血、气血双补、补阴、补阳、阴阳双补六种，临床以气、血、阴、阳虚损不足诸症表现为辨证要点。

临床可用于治疗慢性心力衰竭、贫血、休克、衰老、退行性病变、内分泌与代谢性疾病出现气血阴阳虚损表现者。

1. 补气剂。适用于脾肺气虚证。症见肢体倦怠乏力、少气懒言、语声低微、动则气促、面色萎黄、食少便溏、舌淡苔白、脉弱或虚大，甚或虚热自汗，或脱肛、子宫脱垂等。例如参苓白术散（丸、颗粒）、补中益气丸（颗粒）。

2. 补血剂。适用于血虚病证。症见面色无华、头晕、眼花、心悸失眠、唇甲色淡、妇女经水愆期、量少色淡、脉细数或细涩、舌质淡红、苔滑少津等。例如归脾丸（合剂）、当归补血丸。

3. 气血双补剂。适用于气血两虚证。症见面色无华、头晕目眩、心悸气短、肢体倦怠、舌质淡、苔薄白、脉虚细等。例如八珍益母丸（胶囊）、乌鸡白凤丸（胶囊、片）、人参养荣丸。

4. 补阴剂。适用于阴虚证。症见肢体羸瘦、头晕耳鸣、潮热颧红、五心烦热、口燥咽干、虚烦不眠、大便干燥、小便短黄，甚则骨蒸盗汗、呛咳无痰、梦遗滑精、腰酸背痛、脉沉细数、舌红少苔、少津等。例如六味地黄丸、杞菊地黄丸（胶囊、片）、生脉饮（颗粒、胶囊、注射液）、百合固金丸。

5. 补阳剂。适用于阳虚证。症见腰膝酸痛、四肢不温、酸软无力、少腹拘急冷痛、小便不利，或小便频数、阳痿早泄、肢体羸瘦、消渴、脉沉细或尺脉沉伏等。例如金匮肾气丸（片）、四神丸（片）。

6. 阴阳双补。适用于阴阳两虚证。症见头晕目眩、腰膝酸软、阳痿遗精、畏寒肢冷、午后潮热等。例如补肾益脑片。

注意事项：①辨治虚证，辨别真假；②体质强壮者不宜补，邪气盛者慎用；③脾胃素虚宜先调理脾胃，或在补益方中佐以健脾和胃、理气消导的中成药；④服药时间以空腹或饭前为佳。

九、安神剂

安神剂是以磁石、龙齿、珍珠母、远志、酸枣仁、柏子仁等药物为主组成，具有安定神志作用，用以治疗各种神志不安疾患的中成药。安神剂分为重镇安神和滋养安神两类。临床以失眠、心悸、烦躁、惊狂等为辨证要点。

临床可用于治疗睡眠异常（失眠）、神经官能症、甲状腺机能亢进症、高血压、心律失常等出现上述症状者。

1. 重镇安神剂。适用于心阳偏亢之证。症见烦乱、失眠、惊悸、怔忡等。例如磁朱丸、朱砂安神丸。

2. 滋养安神剂。适用于阴血不足，心神失养证。症见虚烦少寐、心悸盗汗、梦遗健忘、舌红苔少等。例如天王补心丸（片）、养血安神丸、柏子养心丸（片）。

注意事项：①重镇安神类多由金石药物组成，不宜久服，以免有碍脾胃运化，影响消化功能；②素体脾胃不健，服用安神剂时可配合补脾和胃的中成药。

十、开窍剂

开窍剂是以麝香、冰片、石菖蒲等芳香开窍药物为主组成，具有开窍醒神等作用，用以治疗神昏窍闭（神志障碍）、心痛彻背诸证的中成药。开窍剂分为凉开（清热开窍）和温开（芳香开窍）两类。临床以神志障碍、情志异常为辨证要点。

临床可用于治疗急性脑血管病、流行性乙型脑炎、流行性脑脊髓膜炎、尿毒症、肝昏迷、癫痫、冠心病、心绞痛、心肌梗死等见上述症状者。

1. 凉开（清热开窍）剂。适用于温邪热毒内陷心包的热闭证。症见高热、神昏谵语，甚或痉厥等。例如安宫牛黄丸、清开灵注射液（胶囊、片、颗粒）、安脑丸、局方至宝丸。

2. 温开（芳香开窍）剂。适用于中风、中寒、痰厥等属于寒闭之证。症见突然昏倒、牙关紧闭、神昏不语、苔白脉迟等。例如苏合香丸、十香返生丸。

注意事项：①神昏有闭与脱之分，闭证可用本类药物治疗，同时闭症要与祛邪药同用，脱证不宜使用；②孕妇慎用或忌用；③开窍剂久服易伤元气，故临床多用于急救，中病即止。

十一、固涩剂

固涩剂是以麻黄根、浮小麦、五味子、五倍子、肉豆蔻、桑螵蛸、金樱子、煅龙骨、煅牡蛎等药物为主组成，具有收敛固涩作用，用以治疗气、血、精、津耗散滑脱之证的中成药。固涩剂分为固表止汗、敛肺止咳、涩肠固脱、涩精止遗、固崩止带五类。临床以自汗、盗汗、久咳、久泻、遗精、滑泄、小便失禁、崩漏、带下等为辨证要点。

临床可用于治疗肺结核病、植物神经功能失调、小儿遗尿、神经性尿频、神经衰弱、功能性子宫出血、产后出血过多、慢性咳嗽等见上述症状者。

1. 固表止汗剂。适用于体虚卫外不固，阴液不能内守证。症见自汗、盗汗。例如玉屏风颗粒。

2. 敛肺止咳剂。适用于久咳肺虚，气阴耗伤证。症见咳嗽、气喘、自汗、脉虚数等。例如固本咳喘片。

3. 涩肠固脱剂。适用于泻痢日久不止，脾肾虚寒，以致大便滑脱不禁证。

症见久泻久痢或五更泄泻、完谷不化、形寒肢冷、腰膝冷痛等。例如固肠止泻丸。

4. 涩精止遗剂。适用于肾气不足，膀胱失约证或肾虚封藏失职，精关不固证。症见遗精滑泄或尿频遗精等。例如缩泉丸（胶囊）、金锁固金丸。

5. 固崩止带剂。适用于妇女崩中漏下，或带下日久不止等证。症见月经过多、漏下不止或带下量多不止等。例如千金止带丸。

注意事项：涩剂为正虚无邪者设，故凡外邪未去，误用固涩剂，则有“闭门留寇”之弊。

十二、理气剂

理气剂是以枳实、陈皮、厚朴、沉香、乌药等药物为主组成，具有行气或降气作用，用以治疗气滞或气逆病证的中成药。理气剂分为行气剂和降气剂。临床以脘腹胀痛、嗳气吞酸、恶心呕吐、大便不畅、胸胁胀痛、游走不定、情绪抑郁、月经不调或喘咳为辨证要点。

临床可用于治疗抑郁症、更年期综合征、肠胃功能紊乱、慢性肝炎、慢性结肠炎、慢性胃炎、慢性胆囊炎等见上述症状者。

1. 行气剂。适用于气机郁滞证。行气剂可分为理气疏肝、疏肝散结、理气和中、理气止痛等。气滞证可见脘腹胀满、嗳气吞酸、呕恶食少、大便失常或胸胁胀痛，或疝气痛，或月经不调，或痛经。例如丹栀逍遥丸、逍遥丸（颗粒）、胃苏颗粒、元胡止痛片（颗粒、胶囊、滴丸）、三九胃泰颗粒、气滞胃痛颗粒（片）、妇科十味片。

2. 降气剂。适用于气机上逆之证。症见咳喘、呕吐、嗳气、呃逆等。例如苏子降气丸。

注意事项：①理气药物大多辛温香燥，易于耗气伤津，助热生火，当中病即止，慎勿过剂；②年老体弱、阴虚火旺、孕妇或素有崩漏吐衄者应慎用。

十三、理血剂

理血剂是以桃仁、红花、川芎、赤芍、三棱、莪术、乳香、没药、三七、水蛭、虻虫、苏木、大小蓟、花蕊石、血余炭、藕节等药物为主组成，具有活血祛瘀或止血作用，用以治疗各类瘀血或出血病证的中成药。理血剂分为活血祛瘀与止血两类。临床以刺痛有定处、舌紫黯、瘀斑瘀点、痛经、闭经、病理性肿块及各种出血病症（吐血、衄血、咳血、尿血、便血、崩漏及外伤）为辨证要点。

临床可用于治疗各类骨折、软组织损伤、疼痛、缺血性疾病（冠心病、缺血性脑血管病）、血管性疾病、血液病、风湿病、肿瘤等有瘀血表现及各类出血性疾病如外伤出血、月经过多、血小板减少性紫癜等见上述表现者。

1. 活血剂。又可分为活血化瘀、益气活血、温经活血、养血活血、凉血散瘀、化瘀消癥、散瘀止血、接筋续骨剂。适用于蓄血及各种瘀血阻滞跌打损伤病证。症见刺痛有定处、舌紫暗、舌上有青紫斑或紫点、腹中或其他部位有肿块、疼痛拒按、按之坚硬、固定不移等。例如丹参注射液、麝香保心丸、复方丹参片（胶囊、颗粒、滴丸）、血府逐瘀丸（胶囊）、冠心苏合丸（胶囊、软胶囊）、速效救心丸、地奥心血康胶囊、通心络胶囊、益母草膏（颗粒、片、胶囊）、接骨七厘散、伤科接骨片、云南白药（胶囊、膏、酊、气雾剂）、活血止痛散（胶囊）、舒筋活血丸（片）、颈舒颗粒、狗皮膏。

2. 止血剂。适用于血溢脉外的出血证。症见吐血、衄血、咳血、便血、尿血、崩漏等。例如槐角丸、三七胶囊（片）。

注意事项：①妇女经期、月经过多及孕妇均当慎用或禁用活血祛瘀剂；②逐瘀过猛或久用逐瘀，均易耗血伤正，只能暂用，不能久服，中病即止。

十四、治风剂

治风剂是以川芎、防风、羌活、荆芥、白芷及羚羊角、钩藤、石决明、天麻、鳖甲、龟板、牡蛎等药物为主组成，具有疏散外风或平熄内风等作用，用于治疗风病的中成药。治风剂分为疏散外风和平熄内风两类。临床以头痛、口眼㖞斜、肢体痉挛、眩晕头痛、猝然昏倒、半身不遂或高热、抽搐、痉厥等为辨证要点。

临床可用于治疗偏头痛、面神经麻痹、破伤风、急性脑血管病、高血压脑病、妊娠高血压、癫痫发作、震颤麻痹、小儿高热惊厥、流行性乙型脑炎、流行性脑脊髓膜炎等见上述症状者。

1. 疏散外风剂。适用于外风所致病证。症见头痛、恶风、肌肤瘙痒、肢体麻木、筋骨挛痛、关节屈伸不利，或口眼歪斜，甚则角弓反张等。例如川芎茶调丸（散、颗粒、片）、疏风活络丸。

2. 平熄内风剂。适用于内风证。症见眩晕、震颤、四肢抽搐、语言蹇涩、足废不用，甚或卒然昏倒、不省人事、口角歪斜、半身不遂等。例如天麻钩藤颗粒、松龄血脉康胶囊、华佗再造丸。

注意事项：①应注意区别内风与外风；②疏散外风剂多辛香走窜，易伤阴液，而助阳热，故阴津不足或阴虚阳亢者应慎用。

十五、治燥剂

治燥剂是以桑叶、杏仁、沙参、麦冬、生地、熟地、玄参等药物为主组成，具有轻宣外燥或滋阴润燥等作用，用于治疗燥证的中成药。治燥剂分为轻宣外燥剂与滋阴润燥剂。临床以干咳少痰、口渴、鼻燥、消渴、便秘、舌红为辨证要点。

临床可用于治疗上呼吸道感染、慢性支气管炎、肺气肿、百日咳、肺炎、支气管扩张、肺癌、习惯性便秘、糖尿病、干燥综合征、肺结核、慢性萎缩性胃炎等见上述症状者。

1. 轻宣外燥剂。适用于外感凉燥或温燥证。凉燥证症见头痛恶寒、咳嗽痰稀、鼻塞咽干、舌苔薄白；温燥证症见头痛身热、干咳少痰，或气逆而喘、口渴鼻燥、舌边尖红、苔薄白而燥。例如杏苏止咳糖浆（颗粒）。

2. 滋阴润燥剂。适用于脏腑津伤液耗的内燥证。燥在上者，症见干咳、少痰、咽燥、咯血；燥在中者，症见肌肉消瘦、干呕食少；燥在下者，症见消渴或津枯便秘等。例如养阴清肺口服液（膏、丸、糖浆）、蜜炼川贝枇杷膏。

注意事项：①首先应分清外燥和内燥，外燥又须分清温燥与凉燥；②甘凉滋润药物易于助湿滞气，脾虚便溏或素体湿盛者忌用。

十六、祛湿剂

祛湿剂是以羌活、独活、秦艽、防风、防己、桑枝及茯苓、泽泻、猪苓等药物为主组成，具有化湿利水、通淋泄浊作用，用于治疗水湿病证的中成药。祛湿剂分为化湿和胃、清热祛湿、利水渗湿、温化水湿、祛湿化浊五类。临床以肢体麻木、关节疼痛、关节肿胀、腰膝疼痛、屈伸不利及小便不利、无尿、水肿、腹泻等为辨证要点。

临床可用于治疗各类风湿病、各类骨关节炎、骨质增生及急性肾炎、慢性肾炎、肝硬化腹水、泌尿系感染、前列腺炎、前列腺增生、产后小便困难等见上述症状者。

1. 化湿和胃剂。又称燥湿和中。适用于湿浊内阻，脾胃失和证。症见脘腹痞满、嗳气吞酸、呕吐泄泻、食少体倦等。例如香砂平胃散（颗粒、丸）、枳术丸。

2. 清热祛湿剂。适用于湿热外感，或湿热内盛，以及湿热下注证。症见身目发黄、小便短赤，或霍乱吐泻、下利脓血便或大便臭秽、小便混浊，或关节红肿酸痛等。例如消炎利胆片（颗粒、胶囊）、妇科千金片、八正颗粒。

3. 利水渗湿剂。适用于水湿壅盛证。症见小便不利、水肿、腹水、泄泻等。例如五苓散（胶囊、片）。

4. 温化水湿剂。适用于阳虚不能化水和湿从寒化证。症见痰饮、水肿、小便不利、泻痢不止、形寒肢冷等。例如萆解分清丸、肾炎康复片。

5. 祛湿化浊剂。适用于湿浊不化所致的白浊、妇女带下等证。症见小便混浊、淋漓涩痛，或带下色白、质稠、状如凝乳或豆腐渣状，气味酸臭、舌苔厚腻、脉滑等。例如血脂康胶囊、白带丸。

6. 祛风胜湿剂适用于风湿痹阻经络证。症见肢体、肌肉、关节疼痛、酸楚、麻木、沉重以及关节肿大、变形、屈伸不利等。例如独活寄生丸。

注意事项：祛风湿剂多由芳香温燥或甘淡渗利之药组成，多辛燥，易于耗伤阴津，对素体阴虚津亏，病后体弱，以及孕妇等均应慎用。

十七、祛痰剂

祛痰剂是以半夏、贝母、南星、瓜蒌、竹茹、前胡、桔梗、海藻、昆布等药物为主组成，具有消除痰涎作用，用以治疗各种痰病的中成药。祛痰剂分为燥湿化痰、清热化痰、润燥化痰、温化寒痰和化痰熄风五类。临床以咳嗽、喘促、头疼、眩晕、呕吐等为辨证要点。

临床可用于治疗慢性支气管炎、肺气肿、支气管哮喘、神经性呕吐、神经官能症、消化性溃疡、更年期综合征、癫痫、中风、冠心病、肺炎、高血压病、眩晕等见上述症状者。

1. 燥湿化痰剂。适用于湿痰证。症见咳吐多量稠痰、痰滑易咳、胸脘痞闷、恶心呕吐、眩晕、肢体困重、食少口腻、舌苔白腻或白滑、脉缓或滑等。例如二陈丸、内消瘰疬丸、祛痰止咳颗粒。

2. 清热化痰剂。适用于痰热证。症见咳吐黄痰、咯吐不利、舌红苔黄腻、脉滑数。例如祛痰灵口服液、止咳橘红丸（颗粒、胶囊、片））、黄氏响声丸。

3. 润燥化痰剂。适用于燥痰证。症见咳嗽甚或呛咳、咯痰不爽，或痰粘成块，或痰中带血、胸闷胸痛、口鼻干燥、舌干少津、苔干、脉涩等。例如养阴清肺丸（膏、糖浆）、蜜炼川贝枇杷膏。

4. 温化寒痰。适用于寒痰证。症见咳吐白痰、胸闷脘痞、气喘哮鸣、畏寒肢冷、舌苔白腻、脉弦滑或弦紧。例如通宣理肺丸（颗粒、胶囊、片）。

5. 化痰熄风。适用于内风挟痰证。症见眩晕头痛，或发癫痫，甚则昏厥、不省人事、舌苔白腻、脉弦滑等。例如半夏天麻丸。

注意事项：①辨别痰病的性质，分清寒热燥湿、标本缓急；②有咳血倾向者，不宜使用燥热之剂，以免引起大量出血；③表邪未解或痰多者，慎用滋润之品，以防壅滞留邪，病久不愈；④辨明生痰之源，重视循因治本。

十八、止咳平喘剂

止咳平喘剂是以杏仁、苏子、枇杷叶、紫菀、百部、款冬花、桑白皮、葶苈子等药物为主组成，具有止咳平喘等作用，用以治疗各种痰、咳、喘证的中成药。临床以咳嗽、咯痰、哮喘、胸闷、憋气等为辨证要点。根据配伍不同又可分为清肺止咳、温肺止咳、补肺止咳、化痰止咳、温肺平喘、清肺平喘、补肺平喘、纳气平喘等。

临床可用于治疗急性支气管炎、支气管哮喘、慢性阻塞性肺病、肺源性心脏病、胸膜炎、肺炎、小儿喘息性支气管炎、上呼吸道感染等见上述症状者。例如蛤蚧定喘丸、固本咳喘片。

注意事项：外感咳嗽初起，不宜单用收涩止咳剂，以防留邪。

十九、消导化积剂

消导化积剂是以山楂、神曲、谷麦芽、鸡内金、莱菔子等药物为主组成，具有消食健脾或化积导滞作用，用以治疗食积停滞的中成药。消导化积剂分为消食化积剂和健脾消食剂两类。临床以脘腹胀闷、嗳腐吞酸、厌食呕恶、腹胀、腹痛或泄泻、舌苔腻等为辨证要点。

临床可用于治疗消化不良、小儿厌食症、胃肠炎、胆囊炎、细菌性痢疾等见上述症状者。

1. 消食化积剂。适用于食积内停之证。症见胸脘痞闷、嗳腐吞酸、恶食呕逆、腹痛泄泻等。例如保和丸（颗粒、片）、枳实导滞丸。

2. 健脾消食剂。适用于脾胃虚弱，食积内停之证。症见脘腹痞满、不思饮食、面黄体瘦、倦怠乏力、大便溏薄等。例如健脾丸、健儿消食口服液。

注意事项：①使用人参类补益药时，不宜配伍使用含莱菔子的药物；②食积内停，易使气机阻滞，气机阻滞又可导致积滞不化，配伍具有理气作用的药物，使气行而积消；③消导剂虽较泻下剂缓和，但总属攻伐之剂，不宜久服，纯虚无实者禁用。

二十、杀虫剂

杀虫剂是以苦楝根皮、雷丸、槟榔、使君子、南瓜子等药物为主组成，具有驱虫或杀虫作用，用以治疗人体消化道寄生虫病的中成药。临床以脐腹作痛、时发时止、痛定能食、面色萎黄，或面白唇红，或面生干癣样的白色虫斑，或胃中嘈杂、呕吐清水、舌苔剥落、脉象乍大乍小等为主要表现。

临床可用于驱杀寄生在人体消化道内的蛔虫、蛲虫、绦虫、钩虫等。例如乌梅丸。

注意事项：①宜空腹服，尤以临睡前服用为妥，忌油腻香甜食物；②有时需要适当配伍泻下药物，以助虫体排出；③驱虫药多有攻伐作用或有毒之品，故要注意掌握剂量，且不宜连续服用，以免中毒或伤正；④年老、体弱、孕妇等慎用或禁用；⑤临证时结合粪便检验，若发现虫卵，再辨证选用驱虫剂；⑥服驱虫剂之后见有脾胃虚弱者，适当调补脾胃以善其后。

第四部分　中成药临床应用管理

一、含毒性中药材的中成药临床应用管理

毒性中药材是指按已经公布的相关法规和法定药材标准中标注为“大毒（剧毒)”、“有毒”的药材。其中属于大毒的，是国务院《医疗用毒性药品管理办法》(1988年）颁布的28种毒性药材，包括砒石（红砒、白砒)、砒霜、水银、生马钱子、生川乌、生草乌、生白附子、生附子、生半夏、生南星、生巴豆、斑蝥、青娘虫、红娘虫、生甘遂、生狼毒、生藤黄、生千金子、生天仙子、闹羊花、雪上一枝蒿、红升丹、白降丹、蟾酥、洋金花、红粉、轻粉、雄黄。

含毒性中药材的中成药品种较多，分布于各科用药中，其中不乏临床常用品种。毒性中药材及其制剂具有较独特的疗效，但若使用不当，就会有致患者中毒的危险。且其中的毒性中药材的毒性范围广，涉及多个系统、器官，大部分毒性药材可一药引起多系统损伤，应引起重视。

另外，一些历代本草学著作中没有毒性记载的饮片及其制剂，近年来有研究报道其具有严重不良反应，比如，马兜铃、关木通、广防己、青木香、天仙藤等含马兜铃酸，处方中含有这些中药材的中成药，若长期服用，可能造成马兜铃酸的蓄积，导致肾间质纤维化，引起肾功能衰竭等不良反应。

因此，临床使用含毒性中药材的中成药时应注意：

1. 辨证使用是防止中毒的关键。不同的病证选用不同的药物治疗，有的放矢，方能达到预期效果。另外，还应注意因人、因时、因地制宜，辨证施治，尤其对小儿、老人、孕妇、哺乳期妇女、体弱者，更应注意正确辨证使用中成药。

2. 注意合理配伍。利用药物间的相互作用进行合理配伍用药，既可增强功效，又可减少毒性，如配伍相杀、相畏药。

3. 注意用量。含毒性中药材的中成药安全范围小，容易引起中毒，因而要严格控制剂量。既要注意每次用药剂量，还要注意用药时间，防止药物在体内蓄积中毒，同时还要注意个体差异，如孕妇、老人、儿童、体弱者要考虑机体特点。使用此类药，通常从小量开始，逐渐加量，而需长期用药的，必须注意有无蓄积性，可逐渐减量，或采取间歇给药，中病即止，防止蓄积中毒。

4. 建立、健全保管、验收、调配、核对等制度，坚持从正规渠道购进药品。

二、中成药不良反应的监测

在合理使用中成药的同时，应加强其不良反应的监测工作，逐步建立起完善的中成药不良反应监测体系，减少漏报率。一旦出现不良反应立即停药，并采取相应治疗措施。

特别加强中药注射剂、含毒性中药材中成药的不良反应监测，临床用药前应详细询问过敏史，重视个体差异，辨证施治。制定科学用药方案，避免中西药联合应用的不良反应，掌握含毒性药材中成药的用药规律。

建立中药严重不良反应快速反应、紧急处理预案，并建立严重病例报告追踪调查制度。对中药严重不良反应关联性进行分析评价时，必要时应追踪原始病案、药品生产厂家、批号及原料药的产地、采集、加工、炮制与制剂的工艺方法等。

对上市 5 年以内的药品和列为国家重点监测的药品，要报告该药品引起的所有可疑不良反应；对上市 5 年以上的药品主要报告该药品引起严重、罕见或新的不良反应。各省、自治区、直辖市药品监督管理部门和卫生行政部门是本地区实行药品不良反应报告制度的监管部门。国家对药品不良反应实行逐级、定期报告制度。严重或罕见的药品不良反应须随时报告，必要时可以越级报告。医疗预防保健机构发现严重、罕见或新的不良反应病例和在外单位使用药物发生不良反应后来本单位就诊的病例，应先经医护人员诊治和处理，并在 15 个工作日内向所在省、自治区、直辖市药品不良反应监测部门报告。

三、开展中成药临床应用监测、建立中成药应用点评制度

中成药临床使用时应针对实际情况，监测所使用的中成药品种、数量、合理用药情况和不良事件。特别是对风险较大、毒性明确的中成药，如中药注射剂和含毒性中药材的中成药，可进行重点监测。

处方点评制度和临床药师制度等的落实，可有效地促进中成药临床使用监测，及时获取中成药用量的动态信息、合理用药情况、药品不良事件发生情况等。

中成药处方点评内容包括辨证用药、用药剂量、用药方法、给药途径、溶媒、联合用药及配伍合理性、治疗过程中更换药品或停药的合理性等，定期进行中成药处方点评有利于提高临床用药的水平。

临床药师可参与临床药物治疗，监测患者用药全过程，对药物治疗做出综合评价，发现和报告药物不良反应，最大限度地降低药物不良反应及有害的药物相互作用的发生，从而更好地保证中成药的临床合理应用，减少和避免药源性伤害。

中药材与中成药流通相关网站

01. 国家中医药管理局 http：//www. satcm. gov. cn/
02. 商务部 http：//www. mofcom. gov. cn/
03. 国家食品药品监督管理总局 http：//www. sda. gov. cn/
04. 国家卫生和计划委员会 http：//www. nhfpc. gov. cn/
05. 国家发展和改革委员会 http：//www. sdpc. gov. cn/
06. 中国医药保健品进出口商会 http：//www. cccmhpie. org. cn/
07. 国家中药材流通追溯体系 http：//www. zyczs. gov. cn/
08. 中国中医研究院 http：//www. cacms. ac. cn/
09. 中华中医药学会 http：//www. cacm. org. cn/
10. 中国中医药报 http：//www. cntcm. com. cn/
11. 中国中医出版社 http：//www. cptcm. com/
12. 中国中医药科技开发交流中心 http：//www. tcm. cn/
13. 国家中医药管理局传统医药国际交流中心 http：//www. ciectcm. org/
14. 中国中医药考试认证网 http：//www. tcmtest. com. cn/
15. 中华中医药学会 http：//www. cacm. org. cn/
16. 中国中西医结合学会 http：//www. caim. org. cn/
17. 中国针灸学会 http：//www. caam. cn/
18. 中国针灸学会联合会 http：//www. wfas. org. cn/
19. 中国民族医药学会 http：//www. cmam. org. cn/
20. 中国中医药信息研究会 http：//www. ciatcm. org/
21. 中国中药协会 http：//www. catcm. org. cn/
22. 中国中医药研究促进会 http：//www. cracm. org/
23. 中国医学气功学会 http：//www. cmqg. cn/
24. 中国药膳研究 http：//www. chinayaoshan. com. cn/
25. 世界中医药学会联合会 http：//www. wfcms. org/
26. 中国食品药品检定研究院 http：//www. nicpbp. org. cn/
27. 国家药典委员会 http：//www. chp. org. cn/cms/home/
28. 国家中药品种保护审评委员会 http：//www. zybh. gov. cn/
29. 中国医学科技出版社 http：//www. cmstp. com/
30. 中国食品药品国际交流中心 http：//www. ccpie. org/

31. 中国药学会 http：//www. cpa. org. cn/
32. 中国医药商业协会 http：//www. capc. org. cn/
33. 中国非处方医药协会 http：//www. cnma. org. cn/
34. 中国医药包装协会 http：//www. cnppa. org/
35. 中国医药物资协会 http：//www. cmpma. cn/
36. 中国医药质量管理协会 http：//www. cqap. cn/
37. 中国医药生物技术协会 http：//www. cmba. org. cn/
38. 中国医药报刊协会 http：//www. cpica. org. cn/
39. 健康报网 http：//www. jkb. com. cn/
40. 中国医药集团总公司 http：//www. sinopharm. com/
41. 上海医药集团股份有限公司 http：//www. sphchina. com/
42. 华润医药集团有限公司 http：//www. crpharm. com/
43. 九州通医药集团 http：//www. jztey. com/
44. 国药集团药业股份有限公司 http：//www. cncm. com. cn/
45. 同仁堂 http：//www. tongrentang. com/
46. 九芝堂 http：//www. hnjzt. com/
47. 胡庆余堂国药号 http：//www. hqytgyh. com/
48. 同济堂 http：//www. tjtzy. com/
49. 唐老一正斋 http：//www. tlyzz. com/
50. 北京鹤年堂 http：//www. bjhnt. cn/
51. 大宁堂 http：//www. daningtang. com/
52. 叶开泰 http：//www. whjm. com/
53. 陈李济 http：//www. gzclj. com. cn/
54. 雷允上 http：//www. lys. cn/
55. 云南白药 http：//www. yunnanbaiyao. com. cn/
56. 马应龙药业 http：//www. mayinglong. cn/
57. 潘高寿 http：//www. gzpgs. com/
58. 东阿阿胶 http：//www. dongeejiao. com/
59. 海南省医药行业协会 http：//www. hn－medical. com/
60. 北京物资学院 http：//news. bwu. edu. cn/
61. 海南医学院 http：//www. hainmc. edu. cn/
62. 北京秦藤海南医药物流研究基地 http：//yywl. bjqtwl. com/